한일회담 청구권 교섭 핵심 자료집 II

대일청구요강안을 중심으로 한 실무교섭

한일회담
자료총서 20

한일회담 청구권 교섭 핵심 자료집 II

대일청구요강안을 중심으로 한 실무교섭

동북아역사재단 편

동북아역사재단
NORTHEAST ASIAN HISTORY FOUNDATION

발간사

한일관계에서 한일협정만큼 민감하고 논쟁적인 주제는 없을 것입니다. 한일 양국은 1951년 10월 국교정상화를 위한 회담을 시작하였습니다. 이후 회담은 13년 8개월에 걸쳐 중단과 재개를 되풀이하였고, 1965년 6월 한일 양국은 협정에 조인하였습니다. 한일회담은 광복 후 한일관계뿐만 아니라 한국현대사의 기본 틀을 만드는 과정이었습니다. 최근 한일 양국이 첨예하게 대립하는 근본 원인도 한일회담에 있다고 할 수 있습니다. 2018년 10월 30일 일제 강제동원 피해자 손해배상소송 판결과 2021년 1월 9일 일본군'위안부' 피해자 손해배상소송 판결은 1965년 한일협정이 지나간 과거가 아닌 현재진행형의 문제라는 사실을 확인시켰습니다.

한국 정부와 법원은 1910년 강제병합조약은 원천 무효이고 반인도적 범죄에 대한 배상 문제는 1965년 한일청구권협정으로 해결되지 않았다고 주장합니다. 하지만 일본 정부와 법원은 강제병합조약은 합법이고 청구권협정으로 모든 배상 문제가 해결되었다고 주장합니다. 한일협정에 대한 평가와 해석을 둘러싸고 이처럼 첨예하게 대립하는 근본 원인은 무엇일까요? 한일협정 해석을 둘러싼 갈등은 해결할 수 있는 것일까요?

이 문제들에 대한 해답을 찾기 위해서는 한일협정 조문 해석뿐만 아니라 협정이 어떤 과정을 거쳐 체결되었는지, 당시 양국 정부가 어떠한 역사인식과 전략을 토대로 협상하였는지를 한일회담 당시 관련 일차 자료에 근거하여 파악할 필요가 있습니다.

한일회담 외교문서가 공개된 계기는 강제동원 피해자들이 2002년 한국 정부를 상대로 문서공개요구소송을 한 것이었습니다. 강제동원 피해자들은 일본에서 제기한 소송에서 일본 법원이 1965년 청구권협정으로 모든 배상은 해결되었다는 판결을 내리자, 청구권협정에서 강제동원 피해자 문제가 어떻게 다루어졌는지 공개하라며 한국 정부를 상대로 소송을 하였습니다. 이후 2004년 강제동원 피해자들이 승소하였고, 한국 정부는 2005년 약 3만 5,000장의 관련 문서를 공개하였습니다. 일본에서도 시민 단체인 '일한회담문서 전면공개를 요구하는 모임'이 문서 공개를 요구하자, 일본 정부는 2008~2015년까지 약 9만 장의 문서를 공개하였습니다.

동북아역사재단은 한일 양국에서 한일회담 외교문서가 공개된 이후 국민대학교 일본학연구소와 협력하여 방대한 분량의 외교문서를 체계적으로 정리하는 작업을 해왔습니다. 그 첫 작업으로 한국외교문서를 체계적으로 분류·해제한 『한일회담 외교문서 해제집』 5권을 2008년에 발간하였습니다. 이후 소송을 통해 추가로 공개된 문서를 포함한 일본외교문서 약 9만 장을 체계적으로 분류하여 그 결과물을 2021년 『한일회담 일본외교문서 상세목록』 5권으로 발간하였습니다. 한국외교문서 원본은 〈동북아역사넷〉에서 제공하고 있으며, 일본외교문서 원본도 순차적으로 공개하고 있습니다. 또한 미국 국무성 문서도 국사편찬위원회의 협력을 받아 〈동북아역사넷〉에서 공개하고 있습니다.

이렇게 외교문서의 원문을 제공하는 작업은 한일회담의 전모를 밝히는 데 크게 기여하고 있지만, 외교문서를 찾아보는 일반 대중과 연구자, 정책 입안자들이 필기체로 된 방대한 문서에서 필요한 자료를 찾아내는 것은 쉬운 일은 아닙니다. 이에 우리 재단은 국민과 학계, 관계 기관에서 한일회담 관련 자료를 폭넓게 활용할 수 있도록 한일회담 관련 핵심 문서를 자료총서로 발간하는 작업을 하고 있습니다. 이 자료총서가 한일회담의 전모를 파악하고 핵심 쟁점이 어떻게 논의되었는지를 이해하고 한일회담에 대한 객관적인 이해를 토대로 현재 한국과 일본이 직면한 문제를 해결하는 데에 기여할 수 있기를 기대합니다. 나아가 앞으로 진행될 북일 국교정상화 관련 대응에도 도움이 될 것입니다.

한일회담 자료총서 발간 작업은 연구자들과 활동가들의 열정적인 노력이 있었기에 시작할 수 있었습니다. 외교문서가 공개될 수 있도록 노력하신 많은 분들과 방대한 분량의 외교문서를 한 장 한 장 검토해 주신 분들께 감사를 드립니다.

2025년

동북아역사재단 이사장

책머리에

1965년 한일협정 체제를 통해 한국과 일본은 국교를 정상화하며 새로운 시대를 열었다. 그러나 60여 년이 지난 오늘날, 한국 사회에서 청구권협정만큼 민감하고 소모적인 논쟁의 대상도 드물 것이다. 2018년 강제동원 피해자 손해배상 판결과 2021년 일본군'위안부' 피해자 배상 판결은, 이 협정이 단순한 과거의 기록에 머무는 것이 아니라 오늘날 우리 사회가 직면하고 있는 현재적 과제임을 다시금 확인시켜 주었다.

과거사 문제를 둘러싼 한일 양국의 입장은 평행선이다. 한국 정부는 2005년 8월, '위안부', 사할린동포, 원폭 피해 문제는 청구권협정으로 해결되지 않았으며, 강제동원 피해 배상 문제는 해결된 것으로 보아야 한다는 입장을 표명하였다. 한국 사법부는 2018년 10월, 강제동원 피해 또한 청구권협정으로 완전히 해결되지 않았다는 판결을 내렸다. 반면 일본 정부는 청구권협정으로 모든 청구권이 최종적·완전하게 해결되었다는 주장을 고수하고 있다. 이처럼 양국 간 대립의 근본을 이해하기 위해서는 1965년 또는 그 이전으로 거슬러 올라가 '한일청구권협정'이라는 최종 결과물 뒤에 가려진 협상 과정을 살펴볼 필요가 있다.

한일 국교정상화 교섭 과정은 길고도 험난하였다. 13년 8개월이라는 시간은 한국 외교사상 유례없는 오랜 협상 기간이었으며, 양국 간에 놓인 역사적 앙금과 현실적 이해관계의 간극이 얼마나 컸는지를 웅변한다. 특히 청구권 교섭은 치열한 논쟁과 감정 대립의 연속이었다. 비록 청구권 교섭이 식민지배 피해에 대한 배상이 아닌 한국의 독립으로부터 발생한 '법적·청산적 성질'의 청구권 해결로 귀착되었지만, 그 본질은 식민지배의 불법성 여부를 둘러싼 역사인식의 충돌에서 시작하여 국제법적 해석, 피해자 개인의 권리와 국가 간 조약의 상관관계 등 여러 가지 문제가 복잡하게 얽힌 고차

방정식이었다.

이 『한일회담 청구권 교섭 핵심 자료집』은 이처럼 복잡한 청구권 문제의 교섭과 관련한 한일 양국의 외교사료를 정리하여 한데 모은 것이다. 제1차~제7차 회담까지의 교섭 기록, 양국 정부의 대표단에 대한 훈령, 자체 회의 기록 및 국내 대응책 등 각종 자료를 알기 쉽게 정리하여 수록하였다. 교섭 당시의 국제 정세는 물론, 교섭에 영향을 미친 외부적 요소, 즉 미국의 관여 기록 등도 함께 담았다. 제3차 한일회담 결렬의 빌미가 되었던 구보타 간이치로(久保田貫一郎) 대표의 '역청구권' 주장과 '식민지 시혜론' 망언에 대해 한국 대표단이 어떻게 대응했는지, 파국으로 치닫던 교섭이 어떤 과정을 거쳐 타협에 이르게 되었는지, 논란의 중심에 놓였던 '김종필-오히라 메모'의 내용은 구체적으로 무엇이었고 어떠한 배경과 의미 속에서 작성되었는지 등 독자들은 이 자료집을 통해 역사 속에 파편처럼 흩어져 있는 주요 사건의 실체와 내막을 직접 확인할 수 있다. 이와 함께 현재까지도 최대 쟁점으로 남아 있는 청구권자금의 성격 규정 문제에 대해서도 입체적인 해석의 단초를 발견할 수 있다. 박정희 정권에게 청구권자금은 어떠한 의미였는지, 일본의 이케다 하야토(池田勇人), 사토 에이사쿠(佐藤栄作) 정권이 한일회담 말미까지 '청구권'이라는 용어 사용을 철저히 회피하고 '경제협력'을 주장한 이유는 무엇인지, 양국의 내부 문서가 각각 그들의 논리와 전략을 명확히 보여준다.

청구권 문제 교섭에서 신생 독립국이었던 한국 협상단은 시종일관 도덕적 우위와 인내심을 가지고 일본을 설득하려 했으며, 일본은 법리 논쟁을 통해 한국의 청구 범위를 최소화하는 데 집중했다. 협상자들의 발언과 주장에는 양국이 처한 현실을 바탕으로 국가의 미래를 염두에 둔 전략이 집약되어 있었다. 이러한 양국 대표단의 태도와 발언 내용도 이 자료집을 통해 확인할 수 있다.

현재의 한일 관계에서 청구권 문제를 비롯한 과거사 현안은 양국 관계를 불안정하게 만드는 요소다. 이 자료집은 이러한 현실 속에서 단순히 과거의 기록이라는 일차원적인 기능을 넘어, 과거를 성찰하고 현재를 직시하며 미래를 예견하기 위한 다차원적인 도구로 기능하고자 한다. 이 자료집은 '약속 위반'이나 '역사 왜곡'과 같은 단순한 정치적 구호를 넘어, 1965년 협정을 맺기까지 이를 둘러싼 첨예한 대립과 복잡한 계산, 그리고 고뇌에 찬 타협의 실체를 있는 그대로 보여준다. 우리는 이 기록을 통해

‘그렇게 합의되었기를 바라는’ 역사가 아니라 ‘실제로 무엇이 합의되었고 무엇이 미해결로 남았는지’를 바라보아야 한다. 지난 수십 년간 비공개로 묶여 있던 외교문서가 공개되면서 우리의 이해는 더욱 깊고 정교해졌다. 이 자료집은 지적 탐구의 연장선에서 보다 포괄적이고 체계적인 사료를 제공함으로써 논의의 수준을 한 단계 끌어올리는 것을 목표로 한다.

미래지향적 한일 관계는 과거에 대한 상호 배타적 해석 위에 세워질 수 없다. 그것이 고통스럽고 지난한 과정일지라도, 분쟁의 기원에 대해 증거에 기반한 공동의 이해를 모색하는 노력 위에서만 가능하다. 이 자료집은 정치적 편의가 아니라, 기록 그 자체에만 기반한 새로운 대화의 시작을 제안한다. 역사의 진실을 마주할 용기, 그리고 그 토대 위에서 새로운 관계를 모색하려는 의지를 가진 모든 이들에게 이 자료집이 귀중한 길잡이가 되기를 희망한다. 이 자료집이 학계와 시민사회, 정책 현장에서 두루 활용되어, 한국과 일본이 과거를 넘어 미래로 나아가는 길에 의미 있는 마중물이 되기를 기대한다.

마지막으로, 이 자료집이 발간되기까지 노고를 아끼지 않으신 유의상 전 외교부 대사(현 광운대학교 겸임교수)께 깊은 사의를 표한다. 유 대사는 이 자료집의 자료 정리부터 해제, 번역 및 감수에 이르기까지 전 과정을 혼자서 묵묵히 수행해 내셨다. 아울러 발간을 흔쾌히 허락해 주신 박지향 이사장님께도 감사의 말씀을 드린다.

2025년 가을

조윤수

차 례

한국 측의 '대일청구요강안' 8개 항목 제시와 일본 측의 역청구권 주장
제1차~제2차 한일회담

구보타 일본 대표의 식민지 시혜론 발언 제3차 한일회담

일본의 역청구권 주장 철회와 한일회담의 재개 제4차 한일회담

대일청구요강안에 대한 법리 논쟁 제5차 한일회담

청구권 문제의 정치적 타결에 앞선 마지막 실무 협상 제6차 한일회담

일러두기

이 자료집의 원문과 구성 원칙은 다음과 같다.

- 원문은 2005년 외교부에서 공개한 한일회담 외교문서이며, 동북아역사넷(contents.nahf.or.kr) 및 외교부 외교사료관, 국회도서관, 국가기록원에서 확인할 수 있다.
- 이 자료집은 공개된 문서 중 사료 가치가 크지 않은 일부 문서를 제외한 대부분의 문서를 수록하였다.
- 이 자료집에 수록된 문서의 문서명에 '전문', '공문', '내부 재가 문서', '훈령안', '보고서' 등을 첨기하여 문서의 종류를 구분할 수 있도록 하였다.
- 원문과 비교할 수 있도록 본문 왼쪽에 마이크로필름 프레임 번호를 제시하였다.
- 내용은 원문대로 표기하는 것을 원칙으로 하였다.
- 원문에는 없지만 편집 과정에서 추가한 내용은 [ ]로 처리하였다.
- 원문 상태가 좋지 않아 판독이 어려운 일부 단어는 □로 표기하였다.
- 이 자료집에 수록된 일본어 및 영어 사료는 감수자가 번역한 한글 번역본을 함께 수록하였다.

가독성을 고려하여 다음과 같이 수정하였다.

- 띄어쓰기와 맞춤법은 국립국어원 표준어 규정에 맞추었다.
- 원문의 명백한 오기 및 현대어 문법에 맞지 않는 단어는 일부 바로잡았다.
- 한자는 한글로 표기하되, 필요한 경우 원문을 병기하였다.
- 한자식 고어 일부와 고유명사는 현대어로 수정하였다.
- 『 』와 「 」는 서명, 신문·잡지명, 문서, 조약, 법령, 안을 제외하고 큰따옴표, 작은따옴표로 수정하였다.
- 문서의 제목과 번호, 날짜 위치는 문서의 유형에 따라 임의로 왼쪽, 오른쪽, 또는 중앙으로 편집하여 정렬하였다.

외래어 표기는 다음과 같은 규정을 적용하였다.

- 일본어 고유명사(인명, 지명 등)는 일본어 독음으로 표기하고 [ ]에 원문을 병기하였다.
- 고유명사와 보통명사가 결합된 일본어는 고유명사만 일본어 독음으로 표기하였다.
- 인명, 지명, 국명 중 주요한 것은 국립국어원 외래어 규정에 맞춰 표기하였다.

한국 측의 '대일청구요강안' 8개 항목 제시와 일본 측의 역청구권 주장

제1차~제2차 한일회담

한국 대표단은 제1차 한일회담 재산 및 청구권위원회(이하 청구권위원회[1]) 제1차 회의가 끝난 다음 날인 1952년 2월 21일 아래와 같은 8개 항목의 '대일청구요강안'[2]을 일본 측에 제시했다. 이 '요강안'은 제6차 한일회담 개최 기간 중이던 1962년 11월 12일 한국의 김종필 중앙정보부장과 일본의 오히라 마사요시(大平正芳) 외상 간에 청구권 금액에 관한 합의가 이루어질 때까지 일본 측과의 청구권 문제에 관한 교섭에서 논의의 핵심이 되는 중요한 문건이다. 요강안에는 식민 지배 피해에 대한 배상이 제외되고 기본적으로 반환청구와 채무 변제 요구 등의 내용만이 담겼으며, 청구 금액은 명기되지 않았다.

① 한국으로부터 가져온 고서적, 미술품, 골동품, 기타 국보, 지도 원판 및 지금(地金)과 지은(地銀)의 반환(문화적, 정치적 의미에서 친선을 위해 한국에의 반환 요청)

② 1945년 8월 9일 현재 일본 정부의 대 조선총독부 채무의 변제(조선총독부가 미군정청으로, 미군정청이 한국 정부로 계승됨에 따라 국가 계승 논리에 입각한 요청)

③ 1945년 8월 9일 이후 한국으로부터 이체 또는 송금된 금원(金員)의 반환(미군정청령 제33호에 위배된 행위이므로 원상 복구 요청)

④ 1945년 8월 9일 현재 한국에 본사(점) 또는 주 사무소가 있는 법인의 재일 재산의 반환(미군정청령 제33호에 바탕을 둔 요청)

⑤ 한국 법인 또는 한국 자연인의 일본국 또는 일본 국민에 대한 일본국채, 공채, 일본 은행권, 피징용 한인 미수금, 기타 청구권의 변제 (④항과 동일한 법적 근거)

---

1 한일 양측이 1952년 2월 15일 제1차 한일회담 제1차 본회의에서 합의한 의제에 따라 이 위원회의 정식 명칭은 '재산 및 청구권 문제 위원회'이나, 양측은 2월 23일 개최된 위원회 제2차 회의에서 편의상 이 위원회를 '청구권위원회'로 부르기로 합의하였다. 日本外交文書 1175, 日韓會談 第2回請求權委員會 議事要錄, 1952. 2. 23.

2 한국 외교문서 87, 제1차 한일회담: 청구권 관계자료, 7-1. 한국의 대일청구요강안, 1952. 2. 21.

⑥ 한국 법인 또는 한국 자연인 소유의 일본 법인의 주식 또는 기타 증권의 법적 증정

⑦ 전기(前記) 제(諸) 재산 또는 청구권에서 생(生)한 제(諸) 과실의 반환

⑧ 전기(前記) 반환 및 결제는 협정 성립 후 즉시 개시하여 늦어도 6개월 이내에 종료(대일강화조약 제15조의 조약 발효 후 6개월 이내에 연합국에 대한 반환, 보상 의무를 완료하도록 한 내용을 준용)

※ 괄호 안 내용은 1952년 2월 23일 청구권위원회 제2차 회의 시 한국 측이 설명한 내용을 인용자가 추가한 것임.

한국 대표단은 1952년 2월 23일 청구권위원회 제2차 회의에서 8개 항목을 요구하게 된 취지와 법적 배경을 설명했다. 기본적으로 대일강화조약 제4조 b)항에 바탕을 둔 청구라는 내용이었다.[3] 이에 대해 일본 측은 한국 측이 요구하는 항목의 구체 액수를 제시해 달라고 요청했다. 한국 측은 구체 액수는 양국이 가지고 있는 자료를 서로 제시하여 작성해 나가야 할 것이라고 응대하였다. 2월 27일 개최된 제3차 회의에서는 8개 항의 세목을 일본 측에 '참고'로 전달했다.[4] 한국 측이 제1차 한일회담 청구권위원회에서 제시한 대일청구요강안의 세목과 1949년에 작성된 '대일배상요구조서'의 내용을 비교하면 다음 표1과 같다.

표1과 같은 한국 측 요구에 대항하여 일본 측은 1952년 3월 6일 개최된 청구권위원회 제5차 회의에서 '재산 및 청구권의 처리에 관한 한일 간 협정의 기본 요강'을 제시하였다. 한국에 대한 소위 '역청구권'을 주장한 것이다. 일본 측 기본 요강의 핵심 요지는, 일본은 한국 내 일본재산에 대한 미군정의 처리의 효력을 인정하지만, 그 범위가 국·공유재산에 한정되므로 재한일본인이 소유하였던 사유재산은 별도의 협의 대상으로 해야 하며, 한국과 일본 간의 재산 및 청구권 처리는 일방적이 아닌 상호적이어야 한다는 것이었다.[5] 일본은 이 기본 요강에 관한 설명을 통해, 사유재산 청구권

---

3 한국 외교문서 86, 제1차 한일회담(1952. 2. 15-4. 21) 청구권분과위원회 회의록 1-8차, 제2차 청구권위원회 경과보고, 1952. 2. 23.

4 日本外交文書 382, 韓日間請求權協定要綱韓国側提案の細目.

5 日本外交文書 540, 두 번째 문서 3, 日韓兩國間に取極められるべき財産及び請求權處理に關する協定の

표1 제1차 한일회담 시 제시된 '대일청구요강안' 세목과 '대일배상요구조서' 내용 대비표

대일청구요강안 세목	대일배상요구조서	비고
제1항 한국으로부터 가져온 고서적, 미술품, 골동품, 기타 국보, 지도 원판 및 지금(地金)과 지은(地銀)의 반환 - 고서적(도쿄도 도서관 등 일본 내 12군데 소장본) - 미술, 공예품(도쿄 제실(帝室) 박물관 등 일본 내 4개 소장본 및 개인 소유본) - 지도 원판(17종류) - 지금: 1909~1945년까지 조선은행 보유 지금을 이관한 것 - 지은: 지금과 같음	제1부 현물 금, 지금, 금화, 지은, 서적, 미술품 및 골동품, 선박, 지도 원판, 기타(조선 측 은행 해외 점포 동산·부동산, 조선전업회사 도쿄지점 사택 관계, 경성발전회사 도쿄지점 비품)	- 대일배상요구조서(이하 조서)의 선박은 한일회담에서 독립 의제로 전환됨에 따라 대일청구요강안(이하 요강)에서 제외 - 조서의 기타(한국 관련 기업의 부동산, 비품 등)는 요강의 제4항목으로 분리 - 문화재는 추후 일반청구권과 분리, 독립 의제화
제2항 1945년 8월 9일 현재 일본 정부의 대조선총독부 채무의 변제 - 조선총독부 저금관리국의 일본 대장성 예금부에 대한 감정(勘定) - 간이생명보험 적립금 예금부 예금 - 간이생명보험 여유금 예금부 예금 - 우편연금 적립금 예금부 예금 - 우편연금 여유금 예금 - 대장성 예금부 등록 공제	제2부 확정 채권 일본계 통화, 일본계 유가증권, 상하이 달러화, 보험금, 은급(공무원 퇴직연금), 기타 미수금, 체신 관계 특별회계(우편환 우체국 저금, 간이보험)	- 조서의 확정채권 중 체신 관계 특별회계가 요강의 제2항 조선총독부 채권 항목으로 독립
제3항 1945년 8월 9일 이후 한국으로부터 이체, 송금된 금원(金員)의 반환		
제4항 1945년 8월 9일 현재 한국에 본사(점) 또는 주 사무소가 있는 법인의 재일재산의 반환 해당회사 명부: 별첨 A 및 B - A: 조선은행, 조선식산은행, 조선신탁은행, 조선 금융조합연합회, 조선총독부 철도국 공제조합, 조선장학회 유지재단 - B: 조일경금속주식회사 등 총 297개 회사		- 요강 제4항에 해당되는 법인은 SCAPIN 74호에 따라 폐쇄 기관으로 지정되어 청산 대상이 되었던 은행들과, 조선총독부 철도국 공제조합, 조선장학회 유지재단 등이며, 조서상에는 제1부 현물 부분에서 동산, 부동산 등 몇 가지만 거론

대일청구요강안 세목	대일배상요구조서	비고
제5항 한국 법인 또는 한국 자연인의 일본국 또는 일본 국민에 대한 일본 국채, 공채, 일본은행권, 피징용 한인 미수금, 기타 청구권의 변제 - 일본 국채, 일본 지방채, 일본 정부 보증사채, 일본 정부기관 사채 - 일본은행권, 일본 정부 지폐 - 조선은행의 일본은행에 대한 대월금 및 입체금 - 태평양전쟁 중의 한인 전몰자 조위금 및 유족 위자료 - 태평양전쟁 중의 한인 상병자 위자료 및 원호금 - 태평양전쟁 중의 한인 피징용자 미수금 - 태평양전쟁 중의 한인 피징용자 위자료 - 일본 정부 및 조선총독부 한인 공무원 은급 - 재일 한인의 본국 귀환 시의 예탁금 - 생명보험 계약자에 대한 책임준비금 및 미경과 보험료 - 재한금융기관의 대일 위체 수지 차익의 (집중 결제) 미청산분 - 조선식량영단의 수출 미곡 대금의 미수 기타 미청산금	제3부 중일전쟁 및 태평양전쟁에 기인하는 인적·물적 피해 ① 인적 피해(피동원 한국인 제 미수금) 사망자 조의금, 장례비, 유가족 위자료, 상이자 및 일반 노무자 위자료, 기타 부상자 상이수당, 퇴직수당, 상여금, 현금 기타 보관금, 미수 임금, 가정송금액, 징용 기간 연장 수당액 ② 물적 피해 일본군 점유 사용에 의한 피해, 부정 파산 또는 소모에 의한 피해, 기타 ③ 8·15 전후 일 관리 부정행위에 의한 손해액	- 요강 제5항은 조서의 제2부 확정 채권에 포함되어 있는 일부 항목과 제3부 중 인적 피해를 함께 처리 - 조서의 제3부 ②물적 피해 및 ③일 관리 부정 행위에 의한 손해액은 요강에서 제외
제6항 한국 법인 또는 한국 자연인 기타 증권의 법적인 증정(證定)		
	제4부 일본 정부의 저가 수탈에 의한 피해	요강에서 제외
제7항 전기(前記) 제(諸) 재산 또는 청구권에서 생(生)한 제(諸) 과실의 반환		요강에서 신설
제8항 전기 반환 및 결제는 협정 성립 후 즉시 개시하여 늦어도 6개월 이내에 종료		대일강화조약 제15조의 내용 원용

출처: 유의상, 『대일외교의 명분과 실리』, 역사공간, 2016, 146–147쪽

주장의 근거로 영미법(common law) 상의 '신탁양도의 법리'에 따른 법적 소유권(legal ownership)과 형평의 소유권(equitable ownership)의 분리 이론,[6] 재산 몰수 대상이 국유재산에 한정된 이탈리아 강화조약, 사유재산 보호를 규정한 헤이그 육전법규 제46조 등을 제시하면서, 한국에 남아 있는 일본인 사유재산의 권리는 여전히 일본 측에 남아 있다고 주장했다. 또한, 강화조약 제4조 b)항의 처분에 따른 최종적인 처리는 제4조 a)항에 따라 당사국 간의 특별 협정이 체결된 후에 이루어져야 한다는 주장도 함께 펼쳤다. 일본 측의 설명 중 한국을 특히 분노케 한 부분은 기본 요강 제1항이었다. 6·25전쟁으로 손실된 한국 내 일본 재산의 원상회복, 손해배상, 권리의 행사를 가능케 하는 조치를 취해 줄 것을 한국 측에 요구했기 때문이다.[7]

한국 측은 이러한 일본 측 주장에 대해 3월 10일 개최된 제6차 회의에서, "일본이 평화조약 제4조 b)항에 의하여 승인한 미군정청 법령 제33호에 따라, 1945년 8월 9일 또는 그 후 한국에 있는 일본 및 일본인의 모든 재산은 1945년 9월 25일부로 미군정청에 귀속되어(vested in) 그 소유가 되고(owned by), 1948년 9월 11일부 한미협정에 의하여 대한민국의 소유가 된 것이다. 따라서 한국에는 일본 또는 일본인의 재산은 아무것도 없다. 그러므로 평화조약 제4조 a)항에 의한 특별협정은 한국 및 그 국민의 일본 또는 일본 국민에 대한 청구권의 처리가 그 대상이 되는 것이다. 동(同) 항이 상호적 협정과 같은 표현을 취하고 있는 것은 동 항이 한일 간의 청구권의 문제뿐만 아니고 제2조, 제3조 제기의 제 지역과 일본 간의 문제를 포괄적으로 규정하고 있는 결과에 지나지 않는다"라고 반박했다. 또한, "재한 일본인 재산에 대해 동란[6·25전쟁]으로 인한 멸실, 피해의 경우에 있어 손해배상 또는 원상회복을 운운한다는 것은 언어도단"이라고 하고, "지금 공산주의를 분쇄코자 16개국의 자유 국가의 군대가 한국전선

基本要綱(日本側提案)

6 법적 소유권(legal ownership)은 어떤 재산에 대해 모든 권리를 행사할 수 있는 완전한 소유권을 의미하며, 형평의 소유권(equitable ownership)은 그 재산으로부터 창출되는 이익을 함께 향유할 수 있는 권리를 의미한다. 일본은 미군정청령 제33호에 의한 남한 내 일본재산의 몰수 및 한국 정부에 대한 이양 조치는 일종의 신탁 행위로서 법적 소유권은 상실되나 형평의 소유권은 남는다고 주장하였다.

7 日本外交文書 540, 日韓會談日本側代表團第二回打合せ檜次第, 請求權問題に關する日本側提案の說明(要旨), 1952. 3. 6.

에서 피를 흘리고 있는 이 때에 이러한 전란 피해로 인한 손해배상을 청구한다는 것은 국제정의에 반하는 것이라 단정하지 아니 할 수 없다. 따라서 금후 일본이 그러한 생각을 버리고, 다시 대안을 제출하지 않는 한, 이 이상 논의할 필요가 없다"라면서 강력히 반발하였다.[8]

3월 24일 제4차 본회의가 개최되었으나, 청구권 문제에 대한 공방이 재연되었을 뿐이다. 다만, 한국 측의 강한 반발에 따라 일본은 6·25전쟁으로 훼손된 일본인 재산의 원상회복 등 요구 부분에 대해서는 문구를 수정할 용의가 있다는 뜻을 밝혔다.[9] 양측은 본회의와 청구권위원회 회의에서 논의를 계속하였지만 서로 간의 대립은 해소되지 않았으며, 결국 제1차 한일회담은 1952년 4월 25일 결렬되고 말았다.

이후 한일회담은 1년여의 공백을 거쳐 1953년 4월 15일 제2차 회담으로 재개되었다. 회담재개 과정에서는 미국 측의 적극적인 중재가 큰 역할을 하였다. 한국 측은 1953년 5월 14, 23 및 28일, 세 차례에 걸쳐 개최된 제2차 한일회담 청구권위원회 비공식회의에서 대일청구권과 관련한 총 25개 항목의 조사를 요청하는 비망록(Aide-Memoire)[10]을 일본 측에 전달하였다. 표2는 비망록의 내용을 중심으로, 대일배상요구조서의 내용과 장박진의 연구 결과[11]를 참조하여 한국 측이 일본 측에 조회를 요청한 내용을 청구요강안 8개 항목에 맞추어 정리한 것이다. 이 요청에는 금액이 포함되어 있다.

---

8 한국 외교문서 86, 제6차 청구권위원회 경과보고, 1952. 3. 10, 369-377쪽; 日本外交文書 1184, 請求權問題に關する日本側提案に對する韓國側異見, 1952. 3. 10.

9 한국 외교문서 82, 제1차 한일회담 본회의 회의록, 제1-5차, 제4차 한일 정식회의의 경과보고, 1156-1159쪽.

10 한국 외교문서 718, 제5차 한일회담 예비회담, 일반청구권소위원회 회의록, 1-13차, 1960-61, 일반청구권 관계 문서 송부의 건; 日本外交文書 693, 여덟 번째~열 번째 문서, Aide-Memoire on talking of the 14th May, 1953, Aide-Memoire on talking of the 23rd May, 1953, Aide- Memoire on talking of the 28th May, 1953.

11 장박진, 『미완의 청산』, 역사공간, 2014, 441-443쪽.

표2 제2차 한일회담에서 한국 측이 일본 측에 조회 요청한 대일청구권 25개 항목

청구 요강 항목	조회 요청 내용	금액(엔)
1. 한국으로부터 가져온 고서적, 미술품, 골동품, 기타 국보, 지도 원판 및 지금, 지은의 반환	① 한국 국보, 역사적 기념물(미술 공예품, 고서적, 기타) 반환 청구에 관한 목록 제시 ② 한국 지도 원판, 실측지도 및 해도 반환 청구에 관한 목록 제시 ③ 조선은행권 발행 준비 재일(在日)분의 환원 방법 및 시기에 대한 일본 측 의견	
2. 1945년 8월 9일 현재 일본 정부의 대 조선총독부 채무의 변제	① 우편 위체, 저금 한국 측 수취 감정 ② 대차 결제 기준일 이후의 한국 측 수취 감정 ③ 간이생명보험 관계 수취금 * 이상 체신 관계 합계 ④ 전쟁 종결 직후 조선은행이 대신 지불한 일본 정부 일반 회계 세출 국고금(742,859,002엔) 및 일본은행에 대한 대월금(158,889,842엔)의 청산 방법 및 시기에 대한 일본 측 전문적 의견 ⑤ 구 조선총독부 도쿄출장소 자산(조선총독부 철도국 국원 공제조합 재산) 관리 상황 조회	1,475,967,080 173,846,433 391,352,433 2,041,166,477 90,174,844
3. 1945년 8월 9일 이후 한국에서 이체 또는 송금된 금원 반환	–	
4. 1945년 8월 9일 현재 한국에 본사(점) 또는 주 사무소가 있는 법인의 재일재산의 반환	① 최고사령부 SCAPIN 74호(1945. 9. 30)에 의한 특정 재한 활동 폐쇄 기관(조선은행, 조선식산은행, 조선신탁주식회사, 조선금융조합연합회)의 재일재산의 실체 및 그 관리 상황 조회 ② 최고사령부 SCAPIN 45호(1945. 9. 22) 및 GHQ/SCAPIN 1965호(1948. 11. 17)에 관련된 재한 회사 349사의 재일재산 관리, 청산 상황 및 동 소유 유가증권 재발행 상황의 조회 ③ 조선어업조합연합회 중앙회 재일자산(재시모노세키) 반환 방법에 관한 일본 측 의견 조회 ④ 조선장학회유지재단 재일재산 현황에 관한 조회 ⑤ 구 이(李)왕실 재산 한국국유화에 관한 건 통지	
5. 한국 법인 또는 한국 자연인의 일본국 또는 일본 국민에 대한 일본 국채, 공채, 일본은행권, 피징용 한인 미수금, 기타 청구권의 변제	① 한국인(법인 포함) 소유의 일본 유가증권(공채, 사채, 주식, 기타 증권) 상환, 기타 취급에 관한 일본 의견 ② 한국인 피징용 노무자에 대한 제(諸) 미불금 공탁분에 관한 자료 ③ 한국 안에서 교환, 회수하고 GHQ/SCAP 요원 및 일본 은행원 입회하에 소각된 일본은행권 및 일본 정부 소액 지폐의 대금 청산 방법 및 시기에 대한 일본 측 의견 ④ 태평양전쟁 중 한국인 전상병자, 전몰자 74,800명(미확정수, 추후 명부 제출 가능)에 대한 조의금 등 조치에 관한 일본 측 대책 및 의견	

청구 요강 항목	조회 요청 내용	금액(엔)
	⑤ 태평양전쟁 중 한국인 피징용 노무자(1946. 9. 30 신고자수 105,151명 중 징용 중 사망자 12,603명, 동 부상자 약 7,000명, 단 이상은 미확정 수치이며 추후 명부 제출 가능)에 대한 제(諸) 미불금 및 조위금 등 조치에 관한 일본 측 대책 및 의견	
	⑥ 한국인이 일본 및 일본 점령지역에서 귀국 시, 당해 지역 일본 관헌이 강제적으로 보관 기탁시킨 일본은행권, 일본군표, 일본 정부 소액 지폐 등의 보관 상황 및 동 대금청산 방법 및 시기에 대한 일본 측 전문적 의견	
	⑦ 한국인 가입자에 대한 일본 19개 생명보험회사	
	* 생명보험 책임준비금	400,000,000
	* 동 미경과 보험료 개산(概算)	50,000,000
	⑧ 13개 손해보험회사	
	* 미불 보험금	7,305,468
	* 동 13개 회사에 대한 조선화재해상보험회사의 재보험 회수금	10,030,690
	⑨ 일본 측 재한지점은행의 예금 및 위체 상환, 기타 잡비 대불(代拂)금	227,638,722
	⑩ 일본 내 은행에 대한 개인 예금	6,236,638
	⑪ 일본 내 은행 발행 송금 위체 중 받지 못했던 분	796,859
	⑫ 제(諸) 미수금 항목별 개산 금액 제시 및 일본 측 자료 조회 의뢰	
	- 조선전업주식회사 주문품 대금 전도금	6,187.067
	- 경성전기주식회사 주문품 대금 전도금	2,207,088
	- 남선전기주식회사 주문품 대금 전도금	801,016
	- 서선합동전기주식회사 주문품 대금 전도금	132,603
	- 농지개발영단 주문품 대금	282,806
	- 농지개발영단 공사 전도금	255,542
	- 마사회 종마 대금 전도금	841,745
	- 재외 일본 군부 기관의 공탁금 등	1,933,193
	- 마약 대금 미수금(일본 후생성 외)	12,985,725
	- 교통부 운임승차권 대금 기타 미수금	31,980,386
	- 임산물 공출 대금 미수금	5,965,627
	- 조선식량영단 미수금	53,995,432
	- 수리조합연합회 관계 미수금	88,910
	- 고(藁)공품 대금 미수금	3,563,321
	- 방송국 주문품 대금 전도금	115,604
	- 전매국 관계 미수금	5,140,174
6. 한국 법인 또는 한국 자연인 소유의 일본 법인의 주식 또는 기타 증권의 법적인 증정(證定)	-	

청구 요강 항목	조회 요청 내용	금액(엔)
7. 전기 제(諸) 재산 또는 청구권에서 생(生)한 제 과실의 반환	–	
일본 측에 대한 정식 제시 유보 항목 (※5월 28일 일본 제시 비망록 포함) * ①은 제1차 회담의 8개 「대일청구요강」에 포함된 항목으로 추후 정식 청구권 요구 대상으로 제기됨. * ②~⑧은 순수 청구권으로 분류될 수 있는 항목들이나 후에도 일본 측에 제시되지 않음. * ⑨~⑬은 제1차 회담 8개 대일청구요강에도 포함되어 있지 않던 항목이며, 후에도 일본 측에 제시되지 않음.	① 한국인 관리에 대한 은급 등 제 미불금 ② 제3국 소재 한국인(법인포함) 재산 회수 또는 보상 방법에 관한 건 ③ 일본 법인에 대한 한국 내 금융기관의 체류 임금 ④ 일본인에 대한 한국 내 금융기관의 체류 임금 ⑤ 일본 법인 및 일본인에 대한 가불금 ⑥ 일본 법인 및 일본인 미 납세금 ⑦ 무역 보상금 ⑧ 무역 보류금 ⑨ 군사행동으로 인한 피해 ⑩ 강제 철거 및 소개(疏開)로 인한 피해 ⑪ 1945. 8. 9 이후 일본 관리의 월권행위로 인한 피해 ⑫ 강제 공출로 인한 피해 ⑬ 공공단체 파괴 및 기업 정비로 인한 피해	약 500,000,000 – 509,461,246 211,241,763 1,165,62 162,210,215 117,617,200 102,577,550 232,398,883 11,055,612,536 231,585,225 1,848,880,437 38,010,686

출처: 유의상, 『대일외교의 명분과 실리』, 174-176쪽

일본 측은, 이번에는 한국의 25개 항목에 걸친 청구권 조회 요청에 대항하는 의미로, 5월 28일 비공식 회합에서 전쟁 종료 후 한국에서 미군정청과 한국 정부가 일본 재산에 대하여 취한 조치 및 현상에 대하여 다음과 같이 조회를 요청함으로써 1차 회담에 이어 역청구권을 주장하는 입장을 계속 이어갔다. 일본 정부가 이러한 조치를 취한 것은 한국뿐만 아니라 일본 국내에 대해서도 아직 역청구권을 포기하지 않고 있음을 보여주기 위한 목적에서였을 것이다. 한국 측이 이를 무시했음은 두말할 나위가 없다.

1. 미 점령군 진주 후의 일본 관련 재산의 상황

① 일본인이 소유하던 기업 또는 사업 관리 상황

- 한국에 본점 또는 주된 사무소를 둔 것에 대한 관리 방법(주식, 출자 지분), 그들 법인의 계속 또는 신 법인으로의 개편 여부, 임원들의 미불 급여 및 퇴직금 처리
- 본점이 일본에 있는 기업 등의 관리 상황
- 미 점령 지역 외에 소재한 기업 또는 사업 재산들의 정리 상황

② 일본인이 소유하던 다음 재산들의 관리 상황

- 토지, 건물, 기타 공작물/선박/주식, 출자, 지분, 사채 등/일본은행권, 조선은행권, 타이완은행권/예금, 대부금 등 채권/광업권, 어업권 등의 권리/특허, 저작권, 상표권, 실용신안권 등 무채재산/차입금 등의 채무

③ 조선총독부의 대부금, 출자금 등 채권의 상황

④ 국유재산 중 철도, 항만, 통신시설 등 기업용 재산의 관리 상황

2. 기타

① 위에서 제기한 각 재산 등이 미군으로부터 한국 정부에 인계된 방법

② 한국이 그 후 이러한 재산에 대해 취한 조치 들의 내용

③ 이러한 재산이 6·25전쟁으로부터 받은 영향

④ 이러한 재산의 현재 상황

⑤ 이러한 재산에 관한 관계 법령 및 관계 계수(係數)[12]

6월 11일 개최된 제3차 청구권위원회 회의에서 일본 측은 한국 측이 조사를 요청한 항목들에 대한 그간의 조치에 관해 다음과 같이 설명하였다.

① 한국 국보, 고서적 및 미술 공예품에 관해서는 외무성 담당 사무관을 전임시키는 한편, 문화재위원회의 협력을 얻어 조사 중

12 日本外交文書 693, 열한 번째 문서, 照會事項(日本側), 1953. 5. 28.

② 태평양전쟁 중 피동원자의 미청산 계정에 관해서는 전체적 숫자는 아직 계출되지 않았으나, 5월 말일 현재로 공탁된 액수는 ㉮ 육군 관계 해당자, 복원자 40,415명, 전사자 4,087명, 공탁금 24,770,720엔(일화), ㉯ 해군 관계 해당자 49,252건 공탁금 53,402,000엔(일화)과 같으며, 1인당 계산 기준은 일본인과 동일하게 취급할 것이고, 부양수당에 관하여는 일본에 거주하는 가족에 한하여만 지불 예정

③ 유골 주수(柱數)는 해군 관계 보관분 2,672주, 기 환송된 것 전반 2,677주, 후반 7,433주, 육군 관계 보관분 1,448주

④ 한국인 수요 유가증권(주식 국채)에 관하여는 상호의 자료를 대조하여 숫자적인 실체를 명확히 하고 이에 대해서도 담당 실무자 간 회합을 구성할 것[13]

양측은 상기 4개 항목별로 특별위원회를 구성하여 그 실체가 명백히 밝혀지는 대로 청산하기로 합의하였다. 6월 18일 전문가 회합이 한차례 개최되는 등 실질적인 토의가 이어지는 듯하였으나, 그 후 청구권 문제와 관련한 회의는 더 이상 열리지 않았다. 한일회담 자체가 여름휴가를 명분으로 7월 23일부터 휴회에 들어갔기 때문이다.[14]

한국 외교문서	일본 외교문서
1. 87, 제1차 한일회담: 청구권 관계자료, 7-1, 한국의 대일청구요강안, 1952. 2. 21	3. 1174, 일한회담 제1회 재산청구권 문제위원회, 한일 간 재산 및 청구권협정 요강 한국 측 제안(日韓会談第一回財産請求権問題委員会議事録, 添附 韓日間財産及び請求権協定要綱韓国側提案)
2. 86, 제1차 한일회담(1952. 2. 15-4. 21) 청구권분과위원회 회의록, 제1차 재산 및 청구권분과위원회 경과보고, 1952. 2. 21, Principles of the Draft Agreement on the Disposition of Property Claims between the Republic of Korea and Japan	

13 한국 외교문서 92, 제2차 한일회담(1953. 4. 15-7. 23) 청구권위원회 회의록, 제3차 한일 재산 및 청구권분과회의 경과보고서, 1953. 6. 15, 1155-1157쪽.

14 유의상, 『대일외교의 명분과 실리』, 180쪽.

한국 외교문서	일본 외교문서
4. 86, 제1차 한일회담(1952. 2. 15-4. 21) 청구권분과위원회 회의록, 제2차 청구권위원회 경과보고, 1952. 2. 23	5. 1175, 일한회담 제2회 청구권위원회 의사요록(日韓会談第2回請求権委員会議事要録), 1952. 2. 23
6. 86, 제1차 한일회담(1952. 2. 15-4. 21) 청구권분과위원회 회의록, 제3차 청구권위원회 경 과 보고, 1952. 2. 27 한국 측 회의록에는 세목이 적힌 문서가 첨부되어 있지 않음	7. 382, 한일 간 청구권 협정 요강 한국 측 제안의 세목(韓日間請求権協定要綱韓国側提案の細目) ※ 한국 측이 작성한 문서
	8. 540, 두 번째 문서, 일한 양국 간에 체결되어야 할 재산 및 청구권 처리에 관한 협정의 기본 요강(일본 측 제안)(日韓両国間に取極められるべき財産及び請求権処理に関する協定の基本要綱(日本側提案))
	9. 540, 다섯 번째 문서, 청구권 문제에 관한 일본 측 제안의 설명(요지)(請求権問題に関する日本側提案の説明(要旨)), 1952. 3. 6
10. 86, 제1차 한일회담(1952. 2. 15-4. 21) 청구권분과위원회 회의록, 제6차 청구권위원회 경과 보고, 1952. 3. 10	11. 1184, 두 번째 문서, 청구권에 관한 일본 측 제안에 대한 한국 측 이견(請求権問題に関する日本側提案に対する韓国側異見), 1952. 3. 10
12. 82. 제1차 한일회담(1952. 2. 15-4. 21) 본회의 회의록, 제4차 한일 정식회의 경과 보고, 1952. 3. 24	
13. 718, 제5차 한일회담 예비회담, 일반청구권소위원회 회의록, 1-13차, 1960-61, 일반청구권 관계 문서 송부의 건	
	14. 693, 여덟 번째 문서, Aide-Memoire on talking of the 14th May, 1953, Aide-Memoire on talking of the 23rd May, 1953, Aide-Memoire on talking of the 28th May, 1953
	15. 693, 열한 번째 문서, 照会事項(日本側)(조회사항(일본 측)), 1953. 5. 28
16. 92, 제2차 한일회담(1953. 4. 15-7. 23) 청구권위원회 회의록, 제3차 한일 재산 및 청구권분과회의 경과보고서, 1953. 6. 15	

1. 한국의 대일청구요강안, 1952. 2. 21, 국문본

한국 외교문서 87, 제1차 한일회담 청구권 관계자료, 7-1

한국 정부가 1952년 2월 20일 제1차 한일회담 청구권분과위원회 제1차 회의에서 일본에 대해 식민지배 피해에 대한 배상 요구가 아닌 법적으로 가능한 재산청구권 요구로 입장을 전환하였음을 밝힌 뒤, 2월 21일 일본 측에 제시한 8개 항목의 대일청구요강안이 수록된 문서다. 한국 측은 법적인 청구가 가능하다고 판단되는 항목들을 여기에 담았다.

일본 측은 한국 측의 이 청구요강안에 대항하는 의미로 1952년 3월 6일 제1차 한일회담 제5차 청구권분과위원회 회의에서 한국에 남기고 온 일본재산에 대한 역청구권을 주장하였다. 구보타 간이치로(久保田貫一郎) 일본 대표의 식민지 시혜론 발언으로 제3차 한일회담이 결렬되고 4년 6개월의 시일이 흐른 뒤 일본 측의 역청구권 포기로 양국은 한일회담(제4차 회담)을 재개하게 된다. 그 후 제6차 한일회담에 이르기까지 청구권 문제 교섭의 중심에는 이 청구요강안이 있었다.

韓國의 對日請求要綱案

(一九五二年 二月 二十一日 提供)

一、韓國으로부터 가져온 古書籍, 美術品, 骨董品 其他 國寶 地圖原版 및 地金과 地銀을 返還할 것.

二、一九四五年 八月 九日 現在 日本政府의 對朝鮮總督府債務를 辨濟할 것。

三、一九四五年 八月 九日 以後 韓國으로부터 移替 또는 送金된 金員을 返還할 것.

四、一九四五年 八月 九日 現在 韓國에 本社(店) 또는 主事務所가 있는 法人의 在日財産을 返還할 것。

五、韓國法人 또는 韓國自然人의 日本國 또는 日本國民에 對한 日本國債、公債 日本銀行券 被徵用韓人未收金 其他 請求权을 辨済할 것

六、韓國法人 또는 韓國自然人所有의 日本法人의 株式 또는 其他證券을 法的으로 證認할 것

七、前記 諸財産 또는 請求权에서 生한 諸果実은 返還할 것

八、前記 返還 및 決済는 協定成立後 即時開始하며 늦어도 六個月 以内에 終了할 것.

2. Principles of the Draft Agreement on the Disposition of Property Claims between the Republic of Korea and Japan, 1952. 2. 21, 한국의 대일청구요강안 영문본

한국 외교문서 86, 제1차 한일회담 청구권위원회 회의록 제1~8차, 제1차 재산 및 청구권분과위원회 경과보고, 1952. 2. 21

한국 측의 대일청구요강안 8개 항목이 영문으로 기재된 문서다. 이 문서는 제1차 한일회담 재산 및 청구권분과위원회 제1차 회의 영문 회의록에 첨부되어 있다.

ANNEX II

Principles of the Draft Agreement on the Disposition of Property Claims between the Republic of Korea and Japan

Proposed by the Korean side on Feb.21,1952

The Government of the Republic hereby requests the Government of Japan

1. to return the classical books and documents, art objects, curios, other national treasures, map negatives and gold and silver bullions taken away from Korea,

2. to repay the obligations and debts of the Government of Japan to the Government-General of Chosun as of August 9, 1945,

3. to return the monetary accounts transferred or remitted from Korea on and/or since August 9, 1945,

4. to return the properties in Japan of the juridical persons with head offices in Korea as of August 9, 1945,

5. to repay the national/or public bonds and the Bank of Japan notes, issued by the Japanese authorities, in possession of Korean nationals and/or juridical persons, the Japanese obligations to the conscripted Korean laborers and other claims of Korean nationals or its juridical persons to the Government of Japan and/or her nationals.

6. to recognize the legality of the Korean natural and/or juridical persons' ownership of the shares or other securities issued by Japanese juridical persons,

7. to return all the interests as have been or will have been yielded by the afore-mentioned properties and/or claims and

8. to put into execution all these above-mentioned returns and repayments of accounts relating to obligations within six months at latest after the conclusion of this Agreement.

3. 韓日間財産及び請求權協定要綱韓國側提案, 1952. 2. 21

日本外交文書 1174, 日韓會談第一回請求權委員會議事錄

일본 외교문서 제1회 청구권위원회 의사록에 첨부되어 있는 한국 측의 대일청구요강안 문서다. 국문본 및 일문 번역본이 수록되어 있다.

1.1~3

韓日間財産및請求權協定要綱韓國側提案

(一九五二年二月廿一日 提出)

一、韓國으로부터 가져온 古書籍、美術品、骨董品、其他國宝、地図原版및地金과 地銀을 返還할 것

二、一九四五年八月九日現在 日本政府의 対朝鮮總督府債務를 弁済할 것

三、一九四五年八月九日以後韓國으로부터 移替 또는 送金된 金員을 返還할 것

四、一九四五年八月九日現在 韓國에 本店 또는 主事務所 가 있는 法人의 在日 財産을 返還할 것

五、韓國法人 또는 韓國自然人의 日本國 또는 日本國民에
対한 日本國債、公債、日本銀行券、被徵用韓人未收
金、其他請求權을 弁済할 것

六、韓國法人 또는 韓國自然人所有의 日本法人의 株式 또는
其他證券을 法的으로 認定할 것

七、前記諸財産 또는 請求權에서 生한 諸果實을 返還
할 것

八、前記返還 및 決済는 協定成立後 即時開始하여
늦어도 六個月以内에 終了할 것

韓日間財産及び請求権協定要綱韓国側提案

（一九五二年二月二十一日提出）

一、韓国より運び来りたる古書籍、美術品、骨董品、その他の国宝、地図原版及び地金と地銀を返還すること

二、一九四五年八月九日現在日本政府の対朝鮮総督府債務を決済すること

三、一九四五年八月九日以後韓国より付替又は送金したる金員を返還すること

四、一九四五年八月九日現在韓国に本店あるいは主事務所のある法

五、韓国国民（法人を含む）の日本国あるいは日本国民（法人を含む）に対する公債、日本銀行券、被徴用韓人未収金及びその他の請求権を決済すること

六、韓国国民（法人を含む）の有する日本法人の株式又はその他の証券を法的に認定すること

七、前記諸財産又は請求権より生じたるまたは生ずべき諸果実を返還すること

八、前記返還及び決済は協定成立後即時開始され遅くとも六箇月以内に終了すること

4. 제2차 청구권위원회 경과보고, 1952. 2. 23

한국 외교문서 86, 제1차 한일회담 청구권위원회 회의록 제1~8차

1952년 2월 23일 개최된 제1차 한일회담 청구권위원회 제2차 회의 기록이다.

한국 대표단이 일본 측에 대일청구요강안 8개 항목과 관련하여 항목별로 그 취지와 법적 배경(기본적으로 대일강화조약 제4조 b)항에 바탕을 둔 청구라는 내용)을 설명한 내용이 수록되어 있다.

일본 측은 한국 측의 설명을 들은 후 구체 액수를 제시해 줄 것을 요청했으며, 이에 대해 한국 측은 양국이 가지고 있는 자료를 서로 제시하면서 충분히 토의한 후 구체 액수를 작성해 나가야 할 것이라고 하였다.

(副本은 大統領閣下)

韓日代第 2827 號

檀紀四二八五年二月二九日

駐日代表

公使 金溶植

外務部 長官 閣下

第二次請求權委員會經過報告件

題記 報告 別添과 如히 提出하오니 照覽하심을 仰望하나이다.

大韓民國駐日代表部

第二次 請求權委員會經過報告

一、開會

二月二十三日(土) 午前十時十五分 於 日本外務省

二、參席者

韓國側 ― 林代表、洪委員、李相德委員、李一雨委員

韓奎永 委員

日本側 ― 大野代表、石田委員、服部委員、廣田委員

重光委員、光藤委員、上田委員、

三、會議經過

(一) 韓國側 案에 對한 逐條說明

韓國側으로부터 前會議에서 提出한 要綱八項目의 趣旨

와 그 法的根據를 項目別로 概略다음과 如히 說明하

大韓民國駐日代表部

있음。

(1) 趣旨

1. 第一項의 韓國으로부터 가져간 古書籍、美術品、骨董品、地金、地銀 其他中에서 古書籍、美術品、骨董品等 國寶의 文化的 政治的인 意味에서 韓國에 返還해 주기 바란다. 元來 如斯한 財物은 不自然한 即奪取 或은 韓國의 意思에 反하여 가져온 것인바 其法的根據는 後에 說明하겠으며 이 点을 잘 認識하고 大局的見地에서 自進하여 返還해 주는 것이다。

2. 第二項의 日本政府의 對朝鮮總督府債務等에 對해서는

例之、郵便貯金 및 貯金計主人이 西紀一九四五年八月九日

現在로 決濟되지 안은 것을 決濟하자는 것은 即 未決濟算

討定을 말함이다.

iii 第三項의 移替 또는 送金된 金員返還에 対해서는 其

数字및 具体的인 法的根據는 後에 說明하겠으며 美軍政

法令 三十三号의 命令에 背馳된 即不法行爲임으로 原

狀回復하는 意味로 返還해 달나는 것이다.

iv 第四項의 本社(店) 또는 主事務所가 韓國에 있는 法人

의 在日財産의 返還에 対해서는 前記 三項에 準하며

軍政法令 三十三号 및 韓美財政協定에 依據한 것인바

前에 言及하는 軍政法令 三十三号및 條文等은 法理論

的으로 詳細히 後說하겠다.

v 第五項, 六項의 諸請求는 亦是 前記 四項과 同樣法的根據

大韓民國駐日代表部

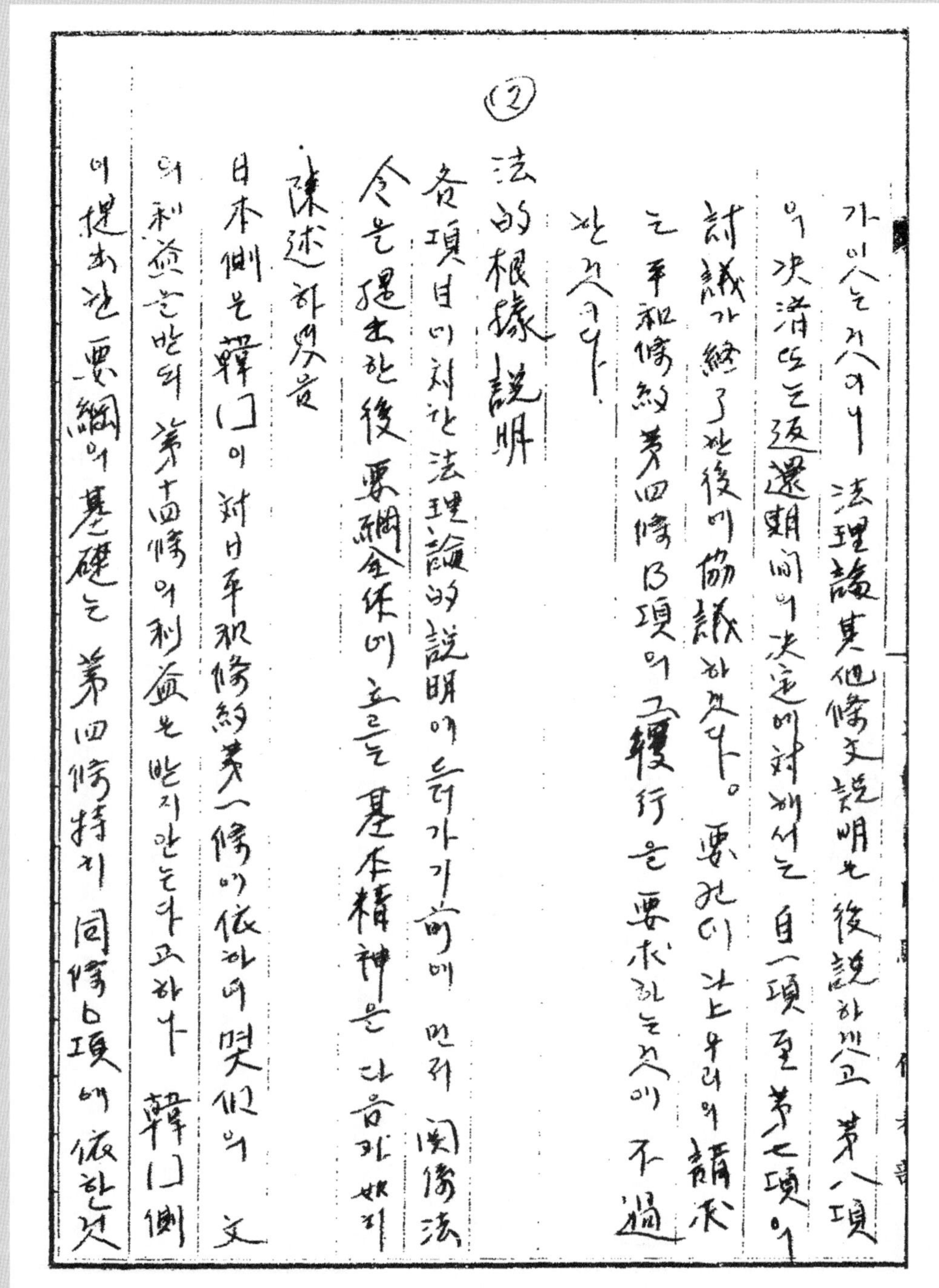

(2)

가 있는 것이나 法理論 其他條文說明은 後說하겠고 第八項
의 決濟 또는 返還期間에 決定에 對해서는 自一項至第七項이
討議가 終了한 後에 協議하겠다。 要컨대 以上 우리의 請求
는 平和條約 第四條 B項의 履行을 要求하는 것에 不過
한 것이다.

法的根據說明

各項目에 對한 法理論的 說明에 들어가기 前에 먼저 關係法
令을 提出한 後 要綱全休에 흐르는 基本精神은 다음과 같이
陳述하였음
日本側은 韓國이 對日平和條約 第一條에 依하여 맺어진 文
의 利益은 받되 第十四條의 利益은 받지 안는다고 하나 韓國側
이 提出한 要綱의 基礎는 第四條 特히 同條 B項에 依한 것

이라는 것을 強調하고 싶다. 即 第四條 b項에 依하면 日本이 承認하는 美軍政當局이 日本 또는 日本人의 財產에 対하여 取한 措置 即 美軍政法令 三十三号를 強調하고 싶다. 이 法令 三十三号의 內容은 後述하겠으나 此는 平和條約 第十四條의 規定보다 훨신 더 強力한 規定이다. 우리의 要求綱 基本精神은 平和條約 第四條에 依한 것이다.

1. 第一項의 返還要求에 対해서는 平和條約 第四條에 依하여 要求하겠으되 此는 法的으로 보다 政治的으로 解決되기를 바란다. 法的으로 「基本政策 賠償要綱」에 依하여 返還해 왔다는 것은 아니나 終戰後 日本은 이 原則에 依하여 各國에 대해는 財產을 返還하였다고 듣었으니 過去 日本이 우리나라에서 奪取한 國宝 乃至 文化財를 日本側이 他國

大韓民國駐日代表部

에対하여 行한바와如히 韓国에対하여서도 返還해주기 바란다.
또 地図原版은 旧朝鮮総督府의 予算에서 作成된것이고
地金, 地銀等은 発換準備로서 韓国銀行에 있던것이
日本銀行이 가져갔으니 韓国通貨制度의 基礎를 닦기爲하
여 右々 返還해주기 바란다.
換言하면 該項의 返還은 韓国側에서 法的으로 主張하기
以前에 終戦後日本側이 他国에 該種財産을 返還한바와
如히 積極的으로 返還해주기 바란다.
// 第二項에 対하여서는 西紀一九四五年八月九日現在까지의
朝鮮総督府의 日本政府에対한 請求権 例을보면 郵
便貯金 年金 等은 当時에는 朝鮮総督府는 美軍政
이 継承하고 美軍政은 韓国政府가 継承하였으니 日本政

府는 이를 大韓民國에 要請하야 왔다는 것이다.

iii) 第三項의 移替 또는 送金된 金員의 返還에 對하여는 前年 手交한 一九四五年 十二月 六日 發布 軍政法令 三十三號를 說明하겠다. 同令에 依하면 同年 八月 九日 現在 또는 以後 軍政長官 管轄內에 所在하던 日本 또는 日本人의 金、銀 其他에 對한 財産이든지 同年 九月 二十五日로부터 駐韓美軍政廳에 歸屬 所有된다고 規定되어 있다. 此에 對하여 日本側에서는 從來의 國籍法에 依하여 私有權不沒收原則에 違反된다고 하겠으나 이번 講和條約에 依하면 聯合國에 있는 日本 또는 日本人의 財産은 第十四條에 依하여 聯合國이 이를 留置、差押、清算、其他에 對한 處分이든지 할 수 있고 日本人私所有者는 이번 聯合國 各 國法에 依하여 賦與하는 權利가 있

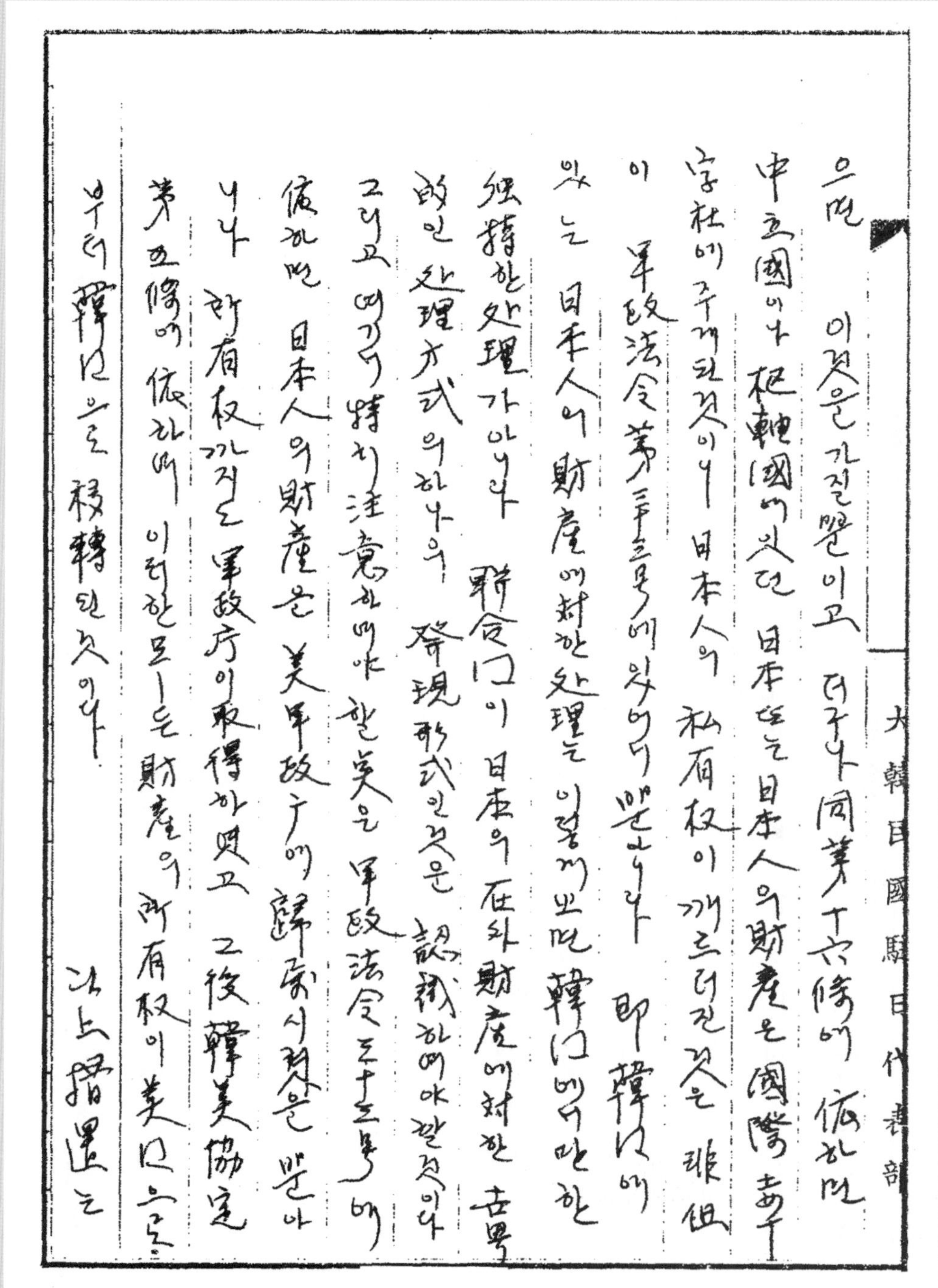

大韓民國駐日代表部

으면 이것은 가질뿐이고 더구나 同第十六條에 依하면

中立國이나 枢軸國에 있던 日本 또는 日本人의 財産은 國際赤十

字社에 주게된것이니 日本人의 私有权이 깨드러진 것은 非但

이 軍政法令第三十三号에 있어서 뿐아니라 即 韓国에

있는 日本人의 財産에 對한 処理는 이렇게보면 韓国에서만 한

独特한 処理가 아니라 聯合国이 日本의 在外財産에 對한 共通

的인 処理方式의 하나의 発現形式인 것은 認識하여야 할것이다

그리고 여기서 特히 注意하여야 할 点은 軍政法令 三十三号에

依하면 日本人의 財産은 美軍政广에 歸属시켰을 뿐아

니라 所有权까지도 軍政庁이 取得하였고 그後 韓美協定

第五條에 依하여 이러한 모ー든 財産의 所有权이 美国으로

부터 韓国으로 移轉된것이다 以上 措置는

國籍問題討議時에 있어서는 日本側에서는 終戰当時 韓國에 있은 日本人을 빼가 보고도 다 갔다는 것은 大端히 섭섭하게 아까 이야기하였음으로 우리는 이것은 첫재는 韓國이 한 것이 아니라 聯合國이 하였다는 것, 둘재는 그것도 韓國에서만 行하여진 것이 아니라 世界的으로 行하여진 것이고 其一環으로서 韓國에 나타난 것이다. 即 聯合軍의 日本의 在外財産에 対한 世界的인 処理形式의 一環이 即 軍政法令 三十三号이다. 則 日本은 美國에 있던 日本財産의 没收는 疑心치 않고 韓國에 있던 日本財産의 処分만은 疑心하느냐. 좀 終戰当時의 状態를 말하면 当時의 日本人의 財産이 軍政法令 三十三号에 依하여 美軍政厅에 歸屬한다고 現実된 것은 美軍이 上陸하고 나서 二, 三個月後이다.

大韓民國駐日代表部

一九四五年 九月七日까지는 事實上 朝鮮總督府와 日本軍行
政의 威力下에 있었다. 同年 十二月 九日까지 日本人의
財產所有는 認定하고 販賣를 認定하였으나 該法令
三十三号로 因하여 顚覆되였으나 当時의 如斯한 狀態下
의 金力이나 權力이였던 日本人의 財產은 莫大한 量이 日本으로
不法運搬되었다. 더구나 戰爭中 各港口에는 軍需物
資가 山積하였던 것이 日本으로 日本船舶団이 總動員되
어 運搬되었다. 우리는 其中에서 가장 確實이 把握
된 것 即 銀行을 通하여 送金된 金額만을 떼가지 請求
하는 것이다。

나、第四項의 在日財產返還要求에 對해서는 韓国에本
店이 있는 法人 即 韓国法人의 在日財產은 韓国自然人

의 그것과 꼭같은 理致로서 그 韓國法人에게 返還하여야
한다. 韓國法人中에 日本 또는 日本人의 投資가 包含
되여있는 境遇도 다음과 같은 理由로서 또한 같다.
一九四五年十二月六日字 在韓美軍政庁法令第三十三号「韓
國內日本人財産의 歸属」第二条에 依하면, 一九四五年八月
九日 또는 그以後 美軍政長官의 管轄內에 所在하는 日
本 또는 日本人의 財産은 如何한 것은 莫論하고 一九四五年 九月
二十五日字로써 美軍政庁에 歸属되어 所有되게 되여있다.
이러한 歸属財産은 그以後 一九四八年 九月十一日字「韓美
財政 및 財産協定」에 依하여 美國으로부터 大韓民國에
移轉되여 그 所有가 되여있다.
그러므로 韓國에 本店이 있는 어떤 会社에 日本 또는 日本人

大韓民國駐日代表部

에 所有하는 株式이 있었다면 그 株式은 前記法令第三十三號에 依하여 歸屬되는 것이다. (法令一八五號의 一四代特意書參照) 그러나 日本 또는 日本人의 株式이 을에 있던 法人은 그러한 株式의 量에 不拘하고 法令第三十三號에 依하여 그 株式이 美軍政廳所有가 되었다가 다시 上記韓美協定에 依하여 韓國所有로 移轉됨으로써 結局株式全部가 韓國 또는 韓國人의 所有인 韓國法人으로 되는 것이다.

이 境遇에 그 會社의 財産은, 이러한 株式의 歸屬과 移轉과 關係없이 依然이 法人인 그 會社의 所有임을 注意하여야 한다. 그 財産이 韓國에 있거나 日本에 있거나 不拘하고, 그 法人의 所有財産인 点에 있어서

付等差異가 없다。 이것은 自然人의 財產이 그所在에 依하여 影響은 받지 않는 것과 같다. 即 本店이 韓国에 있는 会社의 日本에 있는 支店의 財産는 이러한 韓国法人의 所有이다. 前에 그株式은 所有하던 日本또는 日本人은 叙上과 같이 그権利가 法令第三十三号에 依하여 美軍政庁에 歸屬되었으니 그는 이미 株主가 아니다. 그러므로 이러한 韓国法人의 在日財產도 그法人에게 返還하여야 한다

v. 第五項의 請求权弁済에 対해서는 一九四五年八月九日現在韓国에 本店을 둔 法人其他自然人의 日本또는日本人에 対한 請求权은 決済해야 한다는 것이다.

vi. 第六項의 株式또는 其他證券法的認定에 対해서는 一九四五年八月九日現在日本法人의 発行한 株式으로서 韓

大韓民國駐日代表部

國人이 가지고있는 것은 全部 無効化하고 再發行했다하나, 그것은 軍政法令 第三三號를 認定하지 않을뿐아니라 平和條約 第四條를 無視하는것으로 된다. 此際 株式證券의 認定만이 아니라 利益配當金 或은 解散된 會社가 있으면 그 財産도 返還해 주기 바란다.

VII 第七項의 諸果實返還에 對해서는 前記財産 또는 請求權에서 生한 利益 利子를 返還하라는 것이다.

VIII 第八項의 返還 및 決濟期間에 對해서는 平和條約 第十五條에 準하며 같은 返還方式으로 取하여야 할 것이다.

(二) 討議内容

以上 韓國側의 說明이 끝나자 日本側으로부터 「貴側의 說明으로서 大綱의 概略은 알았으나 具体的으로 어느 程度의 請求인지 例之 第一項에 있어 어느 程度의 古書籍, 美術品, 骨董品인지 具体的인 資料로 提出하여주기 바란다」 하여, 我側으로부터 「討論詳細한 리스트는 가지고 있으며, 具体的인 討議에 드러가기 前에, 우리側의 基本的 立場에 對한 日本의 態度의 開陳이 있어야 할 것이고, 또 具体的 問題에 對해서도 第二, 三, 四, 六의 各項에 對해서는 特히 第四項의 財産에 對해서는 如何히 日本에 가저갔는지 또는 第三項의 轉換도 어느 程度의 것인지 貴側으로서는 더 많은 資料가 있을 것이니 提出하여 주기 바란다」 한바, 日本側으로부터 「關係法的 資料는 提出하겠으나 各項目에 亘하는 具体的인 數字

大韓民國駐日代表部

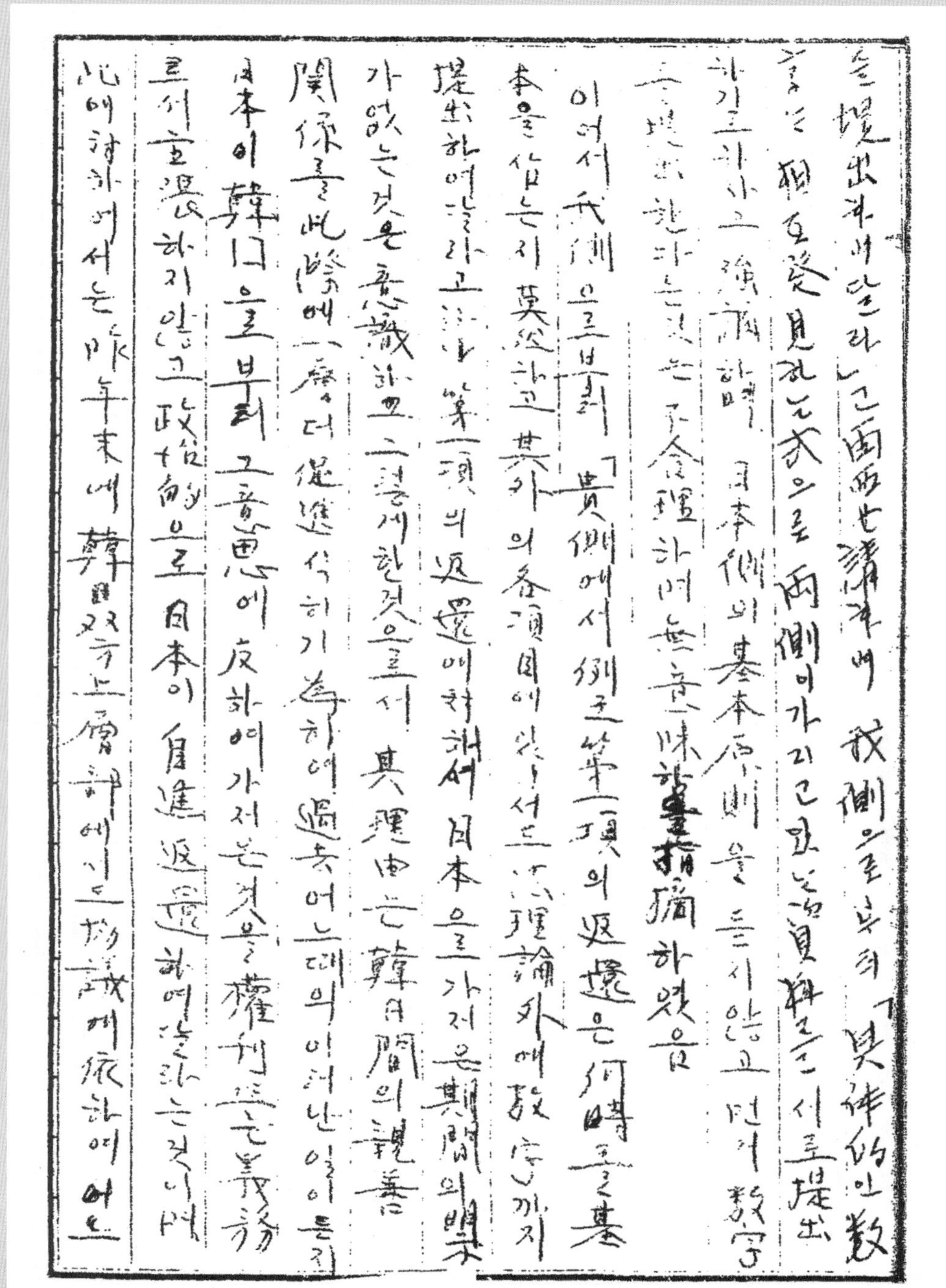
을提出케버닌다라는 西側의 請求에 我側으로부터 具体的인 數
字는 相互 發見된 方式으로 兩側이가지고 잇는 資料를 서로 提出
하기로하자고 強調하며 日本側의 基本原則을 듣지 않고 먼저 數字
를 提出한다는 것은 不合理하며 無意味하다고 指摘하였음
이어서 我側으로부터 「貴側에서 例로 第一項의 返還은 何時를 基
本으로 삼는지 莫然하고 其外 의 各項目에 있어서도 法理論外에 根據까지
提出하여 달라고 하나 第一項 의 返還에 対해서 日本으로 가져온 其期間의 限界
가 없는 것은 意識하고 그렇게 한것으로서 其理由는 韓日間의 親善
關係를 此際에 一層더 促進식히기 為하여 過去에 어느때의 이러난 일이 든지
日本이 韓國으로부터 그 意思에 反하여 가져온 것은 權利 또는 義務
로서 主張하지 않고 政治的으로 日本이 自進 返還하여 달라는 것이며
此에 対하여서는 昨年末에 韓國代表上層部에서도 協議에 依하여 어느

提案을 詳解를 보았다고 한다. 其外의 項目에 對해서는 따로 具体的인 數字는 提示하기 前에 우리의 返還原則에 對하여 日本의 見解表明을 要한 後 具体的인 數字等이 드러가자, 그 方式으로서 爲先 日本側으로부터 我側見解에 對하여 日本側의 質問을 받어 返還原則에 對한 討議를 더 繼續하자 고 提議한바 日本側「亦是 數字가 必要하다, 數字를 基礎로 해서 日本側意見을 發表하겠다」하여 我側은 부치「例之, 第三項과 境遇에 있어 韓國側에서는 送金했으나 日本側에서 支拂하였는지 그 狀態로는 모르나 爲先 法理論的인 解決이 必要하고 또 第四項의 境遇에 있어서도 推定額은 알수 있으나 財產目錄은 日本이 가지고 있으니 日本도 그 資料를 提出하여야 할것이 아니냐, 返還原則에 對하여 더 討議를 하자고 主張을 되푸리하고, 不明한 点

이라고 하면 質問함이 若干 있었으나 「兩 提議 외에 「日本側으로부터

具体的인 項目 點에 있어도 提出하게 되리라」 [illegible] 韓國

側은 數字 提示는 保留하고, 爲先 具体的 項目 程度는 日本

側의 質問에 따라 提出키로 하였음

(三) 發表事項

時日, 韓國側 要求에 對한 逐條 說明.

(四) 次期 會議 開催 件

二月 廿日(水) 午後 二時로 決定하였음

四. 閉會

正午 十二時 四十五分 閉會하였음

KOREA-JAPAN CONFERENCE (Confidential)

Summary Record of the Second Session of the Claims Committee

1. Date, time and place:

February 23rd (Saturday), 1952 10:15 hours - 12:45 hours

At Room No. 419, Ministry of Foreign Affairs

2. Conferees:

Japanese Delegates	Mr. Katsumi OHNO Mr. Tadashi ISHIDA Mr. Goro HATTORI Mr. Toshio MITSUDO Mr. Shigeru HIROTA Mr. Katsuo Ueda
Korean Delegates	Mr. LIMB Song Bon Mr. HONG Jin-ki Mr. LEE Sang Duk Mr. LEE Il Woo Mr. HAHN Kyu Young

3. Proceedings:

1. The Korean delegation gave the explanations item by item on its proposal as follows:

a. In regard to paragraph 1, return of precious articles is to be settled politically rather than legally for the future friendly relations between the Republic of Korea and Japan through the amicable cooperation of the Japanese Government,

b. With regard to paragraph 2, repayment of the obligations and debts of the Government of Japan to the Government-General of Chosun as of August 9, 1945 is to be made on the ground that the Government of the Republic of Korea took over the United States Military Government in Korea which had succeeded the Government-General of Chosun,

c. Concerning paragraph 3, return of monetary accounts transferred or remitted from Korea on and/or since August 9, 1945 is to be made in accordance with the USAMGIK Ordinance No. 33 promulgated on Dec. 6, 1945, by which all properties of Japan and its nationals under the jurisdiction of the United States Army Military Governor in Korea had been vested in and owned by the United States Army Military

Government

Government in Korea on September 25, 1945 and thereafter had been transferred to the Government of the Republic of Korea,

d. Regarding paragraph 4, return of properties in Japan of the Korean juridical persons with head offices in Korea as of August 9, 1945 is to be also made pursuant to the aforementioned Military Government Ordinance No. 33 and the Initial Financial and Property Settlement between the Government of the Republic of Korea and the Government of the United States of America dated September 11, 1949, just as dispositions of properties in Japan of its natural persons,

e. With respect to paragraph 5, repayment of claims of Korean nationals and its juridical persons to the Government of Japan and its nationals is to be made to the Korean nationals and its juridical persons with head offices in Korea,

f. Concerning paragraph 6, legality of Korean nationals' and/or its juridical persons' ownership of the shares or other securities issued by the Japanese juridical persons as of August 9, 1945, which, it is said, were nullified and reissued after the war, is to be recognized in accordance with the said Military Government Ordinance No. 33 and the Article 4 of the Peace Treaty,

g. Regarding paragraph 7, all the interests and profits as have been or will be yielded by the said properties and claims are to be returned and,

h. Regarding paragraph 8, method of return or repayment of the said properties and claims is to be treated as same as that of properties and claims in Japan of Allied nationals pursuant to the Article 15 of the Peace Treaty.

2. Japanese side wanted Korean side to submit the lists in which each paragraph of the Korean delegation's proposal has been itemized and figured in detail and Korean side made reply, saying that the lists could not be presented until the principles of whether or not the return would be made were fully discussed.

3. In this regard, Korean side agreed to produce only the detailed items in the coming session, reserving presentation of the figured lists.

4. The meeting adjourned at 12:45 hours. It was agreed to reconvene at 14:00 hours, February 27 (Wednesday), 1952 at the same conference room.

E N D

5. 日韓會談第2回請求權委員會議事要錄, 1952. 2. 23
日本外交文書 1175

회의 명칭을 편의상 청구권위원회(claims committee)로 하기로 결정하였다는 내용이 담겨 있는 일본 측의 제1차 한일회담 청구권위원회 제2회 회의 의사요록이다.

번역

일한회담 제2회 청구권위원회 의사요록

1. 일시 및 장소

소화23년(1948년)[15] 2월 23일(토) 오전 10시 10분~12시 45분

외무성 419호실

2. 참석자

일본 측 우시로쿠 과장, 한국 측 김태동 대표 결석, 그 외 쌍방 대표 전원 참석(이시다 이재국장을 포함)

3. 의사

가. 임 대표로부터 한국 측 제안 요강의 취지에 관해 각 항목별 개략적인 설명이 행해졌다.

나. 홍 대표로부터 이 요강의 이론적 근거에 관해 각 항목별 설명이 행해졌으며, 이에 의하면 한국 측의 금후 요구의 이론적 근거는 샌프란시스코 평화조약 제4조 b)에 의해 일본이 주한 미군정청령 제33호(소위 베스팅 디크리), 기타의 법령에 의한 재한일본재산 처리의 효력을 승인해야 한다는 것이 중심을 이루고 있음이 대략 분명해졌다.

단, 제1항의 문화재 등의 반환에 관해서는 일본 측의 정치적 고려를 기대하고 있다는 언급이 있었다.

다. 일본 측으로부터 한국 측의 이론과 일치되는 숫자 등 구체적 자료의 제시 요구가 있었으나 한국 측은 숫자를 제시하는 것은 거부하고, 다만 일본 측의 질문에 응하면서 어느 정도 구체적인 내용을 밝히겠다고 했다. 제1항에 관해서는 한국 측이 리스트를 제시하겠다는 뜻을 언급했다.

라. 다음 위원회는 2월 27일(수) 오후 2시부터 419호실에서 개최하며, 한국 측이 일

---

15 소화27년(1952년)의 오기로 보임.

본 측이 요구하는 세목(아이템) 등을 제시하고 일본 측이 질문을 행할 예정이다.

마. 한국 측으로부터 관계법문집이 제출되었으며, 일본 측으로부터도 유사한 참고 자료가 제출될 것이다.

바. 이 위원회의 명칭은 편의상 청구권위원회(claims committee)로 하기로 결정하였다.

日韓会談第二回請求権委員会議事要録

一、日時及び場所

昭和二十三年二月二十三日（土）午前十時十分－十二時四十五分

外務省、四一九号室

二、出席者

日本側後宮課長、韓国側金泰東代表欠席、その他の双方代表全員出席（石田理財局長を含む）。

三、議事

(一)林代表より、韓国側提案要綱の趣旨について各項別に概略の説明が行われた。

(二)洪代表より、右要綱の理論的根拠について各項別に説明が行われたが、これにより、韓国側の今次要求の理論的根拠は、桑港平和条約第四条(b)により、日本が、駐韓米軍政庁命令第三十三号（所謂ヴェスティング・デクリー）その他の法令によ る在韓日本財産処理の効力を承認すべきことを中心としていることが略々明かにされた。

但し、第一項の文化財等の返還については、日本側の政治的考慮を期待していることがうかがわれた。

(三) 日本側から、韓国側の理論と裏腹になっている数字等具体的資料の提示を求めたが、韓国側は数字を示すことは拒否し、ただ日本側の質問に応じて或程度具体的なものを示すことを承諾した。第一項については、韓国側がリストを提示する旨を述べた。

(四) 次回同委員会は二月二十七日(水)午後二時から四一九号室において開催され、韓国側が我方要求の細目(アイテム)等を提示し、日本側が質問を行う予定である。

(五) 韓国側から関係法文集が提出されたが、日本側からも同様な参考資料が追つて提出される。

(三) この委員会の名称を便宜上、請求権委員会（Claims Committee）とすることが決定された。

6. 제3차 청구권위원회 경과보고, 1952. 2. 27

한국 외교문서 86, 제1차 한일회담 청구권위원회 회의록 제1~8차

1952년 2월 27일 개최된 제1차 한일회담 청구권위원회 제3차 회의 기록이다.

한국 측이 일본 측에게 대일청구요강안 8개 항목의 세목을 정식이 아닌 참고용으로 제출한다는 내용이 적혀 있다. 보고서에는 일본 측에 전달한 세목이 첨부되어 있지 않다.

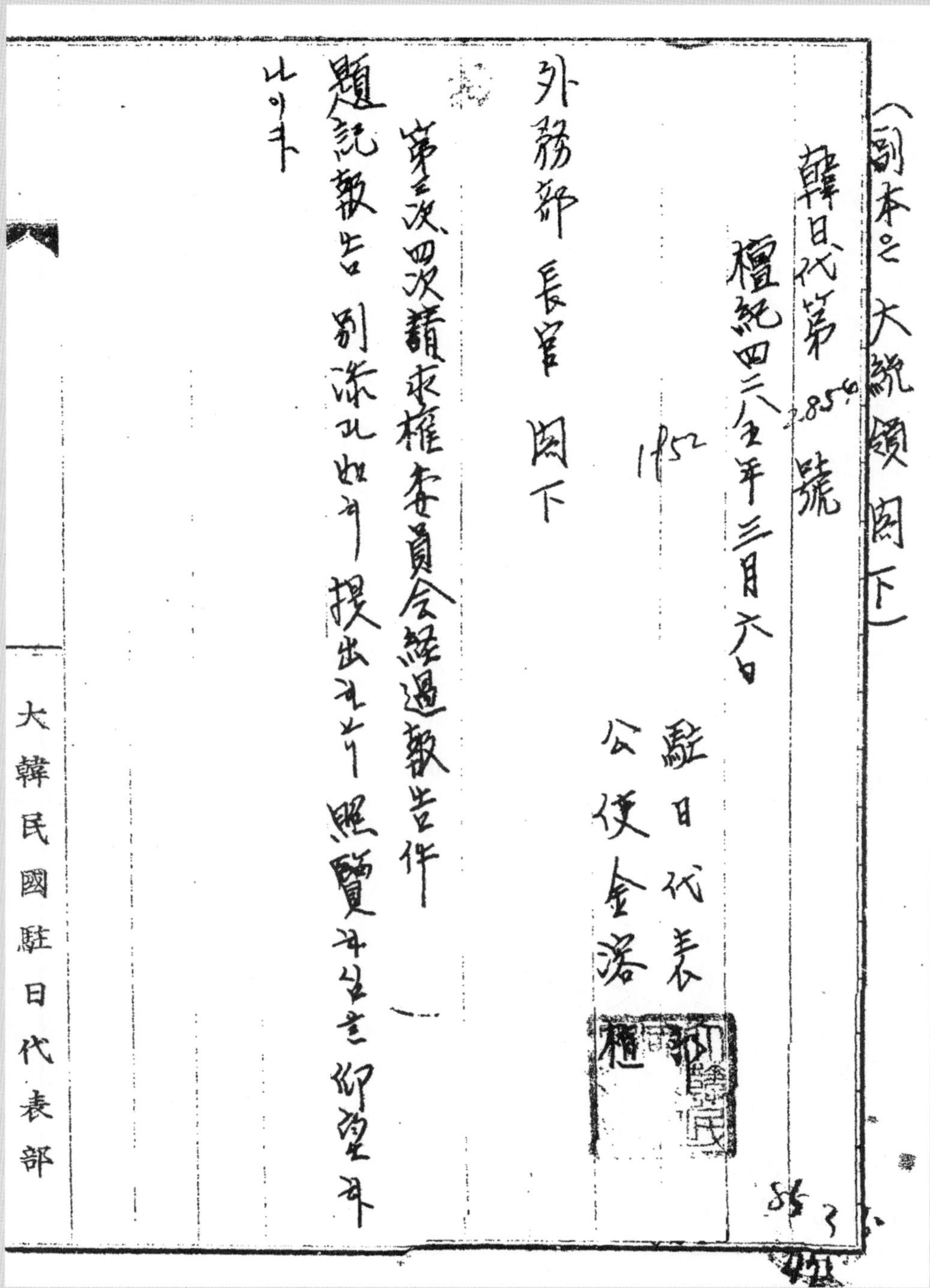
(副本은 大統領 閣下)

韓日代第 2854 號

1852

檀紀四二八三年三月六日

駐日代表

公使 金溶植

外務部 長官 閣下

第三次、四次請求權委員會經過報告件

題記報告 別添과 如히 提出하오니 照覽하심을 仰望하나이다

大韓民國駐日代表部

第三八請求權分委員會經過報告

一、開會日時:

二月廿日(水)午後二時十五分、於日本外務省

二、參席者:

韓國側 - 林代表、洪、金、崔、李相德、李壬雨、韓奎永 各委員

日本側 - 大野代表、上田、重光、斉藤、服部、広田 各委員

三、會議経過:

討議에 드러가기 前에 日本側은 前日 約束한 關係法令集을、韓國側은 韓國側 提出 請求要綱 各項에 亘하는 具体的인 細目表를 各々 提出한 後、(韓國側은 前記 細目表는 正式 提出하는 것이 아니고 參考에 供코저 提出함이라는 것을 附言하였음) 韓國側 提出 請求要綱 第一項 및 第二項에 對하여 左와 如한 質疑應答이 있었

大韓民國駐日代表部

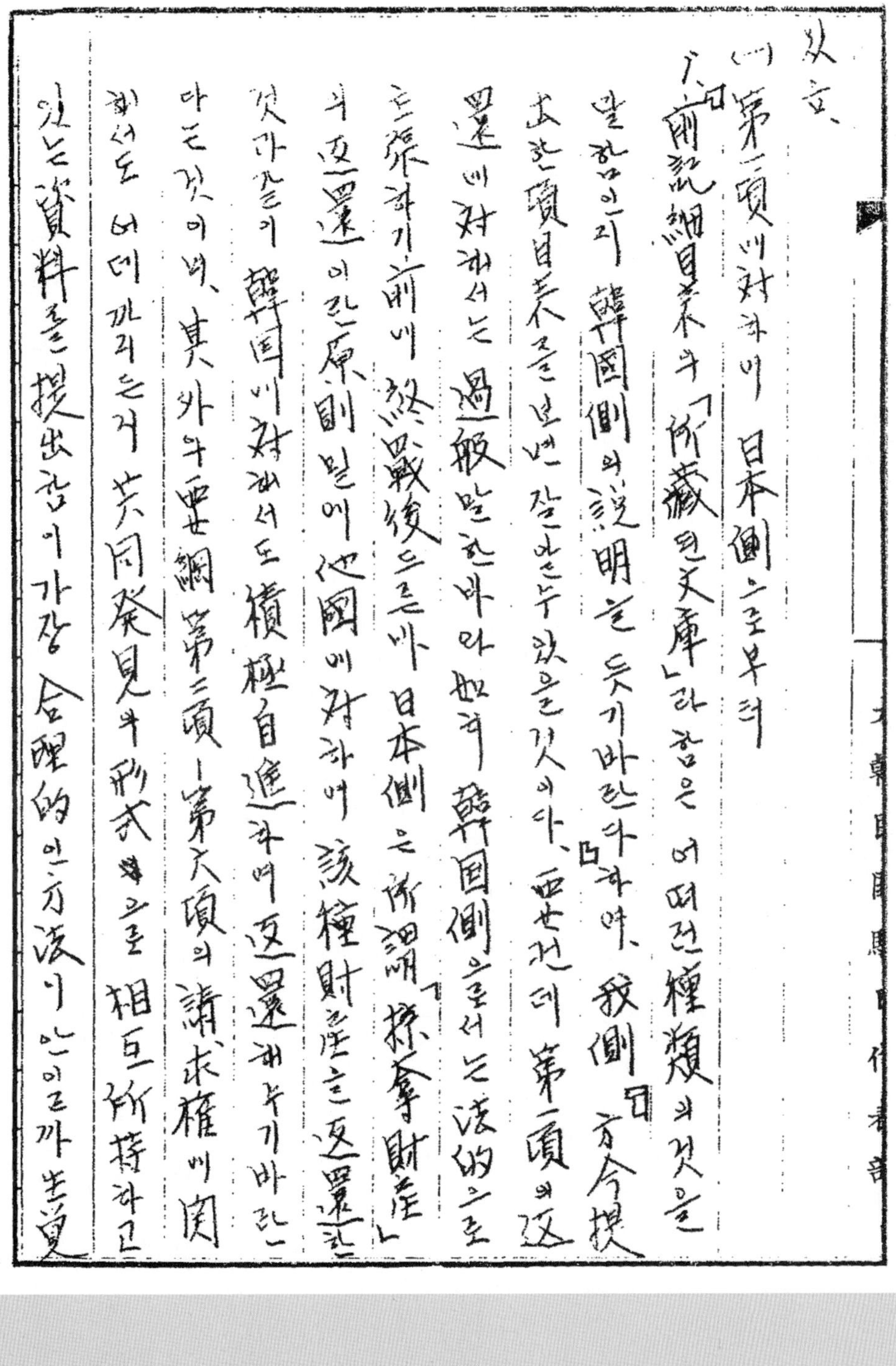

次立、
(一) 第一項에 対하여 日本側으로부터
「前記細目表와 「所藏된 文庫」라 함은 어떠한 種類의 것을
말함인지 韓國側의 說明을 듣기 바란다」하여, 我側「方今提
出한 項目表를 보면 잘 알수 있을 것이다. 要컨데 第一項의 返
還에 対해서는 過般 말한 바와 如히 韓国側으로서는 法的으로
主張하기 前에 終戰後 드른바 日本側은 所謂「掠奪財産」
의 返還이란 原則 밑에 他國에 対하여 該種財産은 返還한
것과 같이 韓国에 対해서도 積極自進하여 返還해주기 바란
다는 것이며, 其外와 要綱 第二項 ~ 第六項의 請求權에 関
해서도 어데까지는지 共同發見과 形式으로 相互所持하고
있는 資料를 提出함이 가장 合理的인 方法이 아이므까 生覺

한다」고 答弁한바 日本側「具体的으로 亦是 書面을 받게 주었으면 좋겠다」하며 我側「累次 말한 바와 如히 爲先 原則問題를 決定하고, 具体的인 것은 後로 미루는 것이 順序인 것이다. 貴側는 "리스트"에만 關心을 가지고 있으나 要는 "리스트"보다는 韓國 國民感情에 至大한 影響을 미쳤으니 政治的으로 返還하겠다는 原則을 決定하기 바란다. 何必 我側에만 "리스트"를 提出하라는지 그것은 一方的이다 니다」 日本側에서도 韓國에 返還할 確定 밑에 얼마나 調査되어 있는지 「그 程度를 알고 싶다」고 強調한 바, 日本側으로서 「韓國側에서 完全한 資料를 提出하기로 諒解하고 있으니 可能한 限 提出하여 주기 바란다」하며 我側「方今 提出한 項目表를 보면 一目瞭然한 것이라」고 反駁하였음

7)「韓國으로부터 가져온 特財」라 함은 何時부터 何時
든 말인지 說明을 듯기 바란다」하며 我側으로부터
「提案要綱에 特財를 限定하지 안는 것은 國寶返還에 밋
韓日兩國의 親善關係를 確立하겟다는 日本側誠意
에 期待하여 意識的으로 規定치 안혼 것이라」고 答弁
한바 日本側의 具体的인 特財에 依하여 判断한 것이 안닌
가」하고 兩貟間에 我側이 問題는 法的으로 우리가
堂々이 所有權을 主張할 수 잇으나 政治的特期에 있어
서는 戰時中의 掠奪財産이라고 局限하지 않고 古來로
韓國으로부터 日本으로 가져와 그것을 返還함으로써
韓日親善을 두려이 할것은 全部返還하여주기를
期待하는 것이나 貴側에서 어느程度 返還하겠다고
生覺한 것이 잇으면 말여주기 바라며 ── 또此에 対해서는

(東京 G.N)

昨年末의 上層部의 非公式協議에 依하여 어느程度 諒解를 보았으며 該 請求에 対해서는 別途協議함이 可한것이다」고 答弁한바, 日本側의 貴側은 上層部의 協議諒解가 있었다고 말하나 松平顧問은 関係하지 않고, 千葉委員이 言及한것 같은데 其実 誤解일 것이다」하며 我側의 「何如間 双方이 誠意를 가지고, 其所在地를 알려주면 簡単히 解決될 問題이나 双方이 関係資料를 提出하자」고 提議하였음.

iii) 「意思에 反하여 取得云云」에 対하여 說明을 바란다」하여 我側이 対해 基本政策要綱에 依하면 奪取 或은 強迫에 依한 取得으로 그 取得形式은 規定하였으나 法律的으로 보나 政治的으로 韓國에서 日本으로 運搬된것을 全般的으로 表現한 것이니 間或有効合法的으로 取得한 것도 있을 것인바 個人所有等은 그代価를 支拂하고 返還한수도 있을 것이며 될수잇으면 取得形式에 対해서는 言及하지말고 返還方法은 이제부터 双方交渉에 依하기로하고 그냥 返還해 달나는 것이라」는 答弁을 하였음.

ii、「返還狀態는 原狀을 말함인지 現狀을 말함인지」說明을 바란다하며, 我側기 取得形式이 多樣이니 만치 返還方法도 一件件 其狀態은 決定하는 것이 좋겠다」는 答弁을 하였음.

iii、「所在地는 明白히 해달나」하며 我側기 日本内에 現存하는 것은 말함이다」고 答弁하였음.

iv、「所記細目表中에 美術工藝品의 個人所有는 韓國側이 指摘할수있나」하며 我側기 어느程度 할수있으되 發表하면 行方不明될 憂慮가 有하니 保留하겠다」고 答弁하였음.

(東京 G.N)

11) 地圖原版이 所在地에 対한 質問에 対하여 我側의 過去에 原版은 朝鮮總督府가 日本에 있는 印刷所에 印刷하였든 것이나 勿論 日本内에 있을 것으로 日本으로서도 他國의 地圖原版을 가지고 있는다는 것은 所用 없을 것이니 返還 해주기 바란다고 發言하였음

12) 文庫名稱 調查與否에 対한 質問에 対하여 我側의 文庫의 圖書目錄을 보면 쉽게 알수 있는 것이나 그만하겠음

13) 地金, 地銀에 関한 說明要請에 対하여 我側의 日本銀行券을 發行하고 그代身 朝鮮銀行으로부터 日本으로 보내온 것이니 境遇에 따라서는 그代價를 返還하고 사도 좋으나 一九○九年부터 始作하여 日本으로 보내온 地金, 地銀은 그대로 返還해 준다는 것으로서 貨幣發行準備로서 絕對 必要하니 韓國의 經濟的 地盤을 닦는데도 도움이 된 것이니

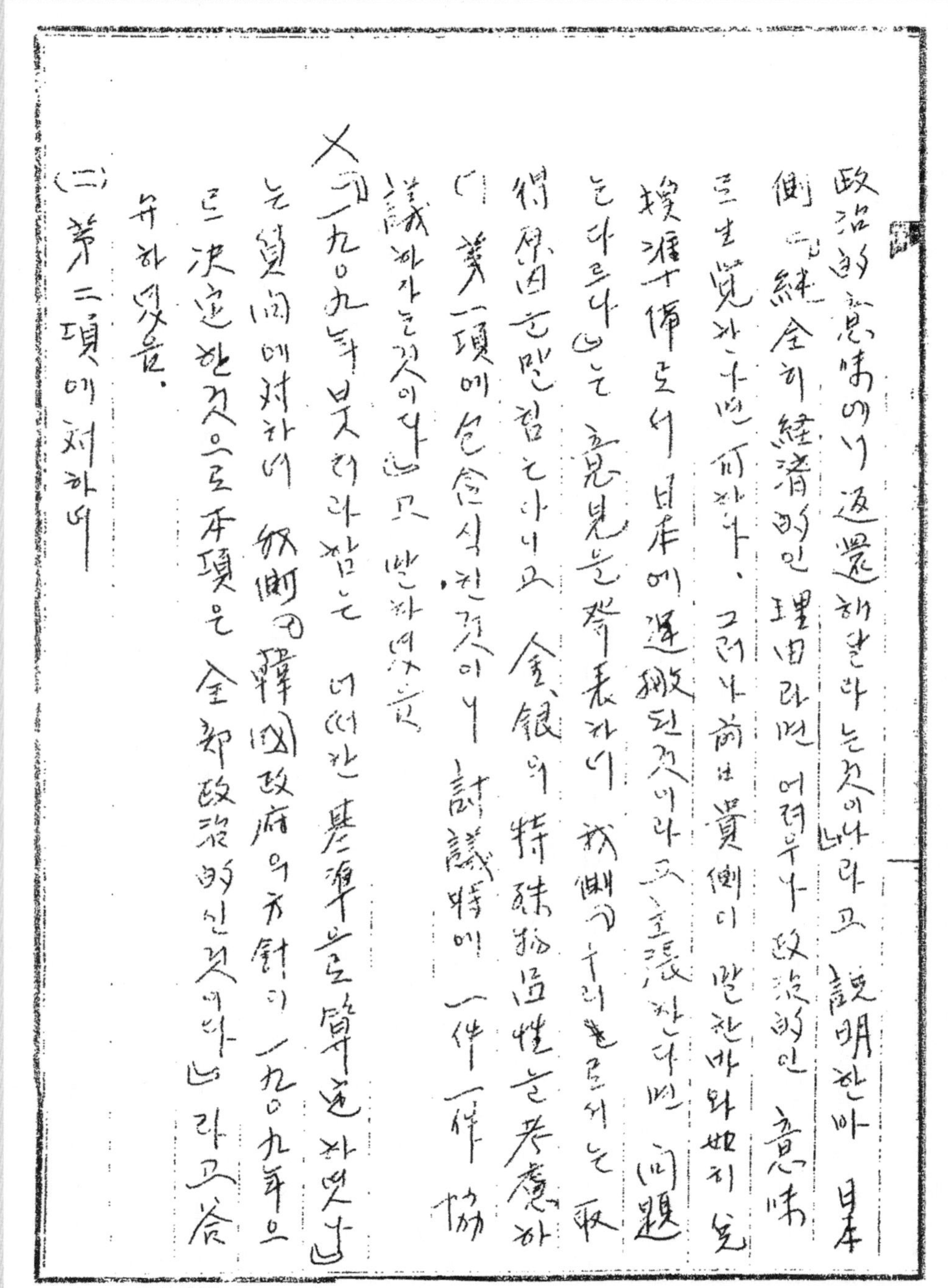
政治的意味에서 返還하라는 것이냐 라고 說明한바 日本
側은 純全히 經濟的인 理由라면 여하튼 政治的인 意味
로 生覺한다면 何如하냐, 그러나 前者는 貴側이 말한바와 如히 兌
換準備로서 日本에 運搬된 것이라고 主張한다면 問題
는 다르다는 意見을 發表하여 我側은 우리로서는 取
得原因을 말함은 아니고 金, 銀의 特殊物品性을 考慮하
여 第一項에 包含시킨 것이니 討議時에 一件一件 協
議하자는 것이냐고 말하였음.
X 그 一九0九年 보다 이라 함은 어떠한 基準으로 算定하였나
는 質問에 対하여 我側은 韓國政府의 方針이 一九0九年으
로 決定한 것으로 本項은 全部政治的인 것이다 라고 答
弁하였음.
(二) 第二項에 対하여

(東京 G.N)

1 日本側으로부터「韓國側에서 日本政府의 対朝鮮總督
府債務決済方法에対하여 合理的인 方法을 生覚한 것
이 있으냐」고 質問한데対하여 我側「該決済方法에関하여서
는 他項目과 같은 点이 없으며 特히 此에対하여서는 過去朝鮮
特本國總遞信 新関係者가 "ス徴"을 通하여 交渉한 바이
있으니 具体的인 討議時에 関係者를 불러도 좋다. 何
如間 此는 他項目에 一且하게 되니 一件, 一件 決定해 나가기 바란
다」고 答하였다. 日本側이 이어서「移替에対한 "아이디아"」
를 무러, 我側「此는 後日 関係者와 協議토록 하자」하
고「在日朝鮮總督府가 남은 貯金局은 [illegible]」하며
我側「貯金管理局이다」고 答하였다
11 日本側으로부터「Vesting Decree에 依하여 処
分된 財産目錄을 提出할 수 있느냐」는 提議에 対하여

我側이 過般 在韓日本財産의 処分에 対해서는 韓日前回会議時에도 言及한바와如히 前記財産処分에있어서는 이근인히 標札은부터 処分한것이아니고 一般的抽象的으로 處理되어 Inventory에도 抽象的으로 表示되어 韓國에 移讓될것이니 무슨 具体的 処分이 하나하나의 財産에 対하여 있는것은 아니라 処分財産의 指定額은 알수있는것이라」고 말한바 日本側이 適当한 時期에 総額만이라도 提出하여달라」는 再提議가 有하였음.

(三) 発表事項

特히, 出席者, 韓國側提案에 対한 質疑應答

(四) 閉会

三月一日(土) 午前十時 再開키로하고 午後三時五十分 閉会하였음.

三月一日은 우리 三一節慶祝日인 故로 三月三日(月) 午前十時로 変更함

JAPAN-KOREA CONFERENCE

Summary Record of the Third Session of the Claims Committee

1. Date, time and place:

February 27th (Wednesday), 1952 14:15 hours - 15:45 hours

At Room No. 419, Ministry of Foreign Affairs.

2. Conferees:

All committee members of both Delegations were present.

3. Proceedings:

(1) The Japanese Delegation submitted the Compilation of Ordinances Concerning Closed Institutions, etc. as reference materials.

(2) The Korean Delegation submitted the "Items of the Principles of the Draft Agreement on the Disposition of Property Claims between the Republic of Korea and Japan" for referential purpose.

(3) The Japanese Delegation raised several questions about the aforementioned principles and items and the Korean Delegation gave its answers to these questions. Through these questions and answers, the following points were made clear:

a. The Korean Delegation expressed its desire to make joint investigations on the details of the said items.

b. As to para. 1 of the Korean proposal (return of cultural items), the Korean Delegation stated that they desired that the matter should be given rather political consideration as a matter which would contribute generally to the betterment of both countries' relationship, without questioning the period and manner of transfer to Japan of the property

in

in question. The materialization of the return would be decided case by case, for instance, if necessary, properties acquired through due legal process might be paid for. They also stated that the properties could be returned to Korea in their present condition, that the reason for the request of original map plates was to economize future expenses and efforts, besides to contribute to good relationship of both countries, and that the gold bullion requested would be used for establishing the monetary system of the Republic of Korea.

c. A competent Korean expert would be called here when further discussions on the postal accounts and related matters were to be made at this committee.

d. The Korean Delegation explained that, when the Japanese property in Korea was transferred from the U. S. Military Government to the Korean Government, its detailed inventories were not attached to the Agreement between the Republic of Korea and the United States of America, nor was the disposition of the Japanese property completed during the period of the U. S. occupation.

(4) Though it was decided that the next (fourth) session of this committee would be convened from 10:00 hours, March 1st, 1952, at the same conference room, the date was later changed to March 3rd (Monday), upon the request of the Korean Delegation.

END

7. 韓日間請求権協定要綱韓国側提案の細目
日本外交文書 382

한국 측이 청구권위원회 제3차 회의에서 일본 측에 참고로 전달한 대일청구요강안 8개 항목의 세목이 수록된 문서다.

韓日間請求權協定要綱韓國側提案의細目

要綱第一項 項目 昭二七、

一、古書籍 ― 左記文庫에所藏된韓國書籍

1. 東京都 圖書寮
2. 〃 蓬左文庫
3. 〃 內閣文庫
4. 〃 國立圖書館
5. 〃 尊經閣文庫
6. 〃 成簣堂文庫
7. 〃 靜嘉堂文庫
8. 水戶市 彰考館文庫
9. 〃 德川家文庫(水戶家)

10 米澤市 米沢圖書館

11 萩市 洞春寺文庫

12 仙台市 伊達家文庫

二、美術工藝品 ― 左記の博物館에는 所藏되었거나 個人所有

이미 韓國所出品（持ち去ったもの）

1. 東京帝室博物館

2. 奈良帝室博物館

3. 京都大學陳列館

4. 東京大學陳列館

5. 個人所有

三、地圖原版

1. 韓國全土 百万分之一 白圖原版

二、韓國全土百分之一 地質圖原版

3. 〃 二十万分之一 原版

4. 〃 五万分之一 地質圖原版

5 韓國各地五万分之一 地形圖原版

6. 仝 二万五仟分之一 原版

7 仝 一万分之一 原版

8 一万分之一地形圖修正 原版

9. 仝 二万五千分之一 原版

10 仝 五万分之一 原版

11 一万分之一 全韓縮尺別実測 原版圖

12 仝 二万五千分之一 原圖

13 仝 五万分之一 原圖

大韓民國駐日代表部

大韓民國駐日代表部

14 仝 二十万分之一 原圖

15 仝 五十万分之一 原圖

16 仝 百万分之一 原圖

17 仝 百五十万分之一 原圖

四、地金 ― 自一九〇九年至一九四五年間에(に) 朝鮮銀行保有(の)地金을(を)移管한(したもの) 것

五、地銀 ― 自一九〇九年至一九四五年間에(に) 朝鮮銀行保有地銀을(を)移管한(したもの) 것

要綱第二項 内譯

一、朝鮮總督府貯金管理所の對中央（日本大藏省預金部）勘定

一、簡易生命保險積立金預金部預金

一、仝 余裕金預金部預金

一、郵便年金積立金預金部預金

一、仝 余裕金預金部預金

一、大藏省預金部登錄公債

大韓民國駐日代表部

要綱第四項 該當會社名簿

一、別表（A）

二、別表（B）

（但し會社名에는 追加할수 있음.）

することができる

要綱第五項目 内訳

一、日本國債 日本地方債、日本政府保証社債

日本政府機関社債

一、日本銀行券 日本政府紙幣

一、朝鮮銀行의日本銀行에對한貸越金및立替金

一、太平洋戦争中의韓人戦歿者弔慰金및遺族慰籍料

一、太平洋戦争中의韓人傷病者慰籍料및援護金

一、太平洋戦争中의韓人被徴用者未收金

一、太平洋戦争中의韓人被徴用者慰籍料

一、日本政府및朝鮮總督府의韓人公務員恩給

一、在日韓國人의本國帰還時에預託金

一、生命保険契約者에對한責任準備金및未経過保険料

大韓民國駐日代表部

一、在韓金融機関의 對日爲替尻の(集中決済)未清算分

一、朝鮮食糧營團의 輸出米穀代金の未收其他未清算金

別表 (A)

一、朝鮮銀行

一、朝鮮殖産銀行

一、朝鮮信託銀行

一、朝鮮金融組合聯合會

一、朝鮮總督府鉄道局共済組合

一、朝鮮奬學會維持財團

別表(B)

朝日軽金属株式会社	鐘淵西鮮重工業株式会社
小林鉱業株式会社	鐘淵朝鮮衣料株式会社
大東鉱業株式会社	鐘淵朝鮮商事K.K
大日工業株式会社	鐘淵朝鮮水産K.K
株式会社丁子屋商店	鐘淵朝鮮造船K.K
朝鮮郵船株式会社	鐘淵朝鮮販売K.K
朝鮮油槽船K.K	嘉納醸造株式会社
日窒鉱業開発K.K	株式会社漢城鉄工所
日本高周波重工業K.K	咸南鉄道株式会社
三井軽金属株式会社	木村製薬工業株式会社
愛国繊維株式会社	共栄殖産株式会社

大韓民國駐日代表部

旭興業株式会社

朝日醬油株式会社

朝鮮日醸造K.K

綾羽織布有限会社

安養化学工業株式会社

石川縣農業株式会社

合名会社宇野商店

英殖鉱業株式会社

K.K.에다닛도 파이프 朝鮮販賣

株式会社大橋農場

小野田機帆船株式会社

株式会社鐘淵京城販賣店

協和興産株式会社

匿名共和撚糸K.K

金井鉱業株式会社

郡山紙器株式会社

郡山紙工株式会社

郡山製紙株式会社

遠山鉱業株式会社

株式会社京城大沢商店

京城化學工業株式会社

京城電気株式会社

京仁商船株式会社

月星고무工業株式会社

元山港株式會社
興亜化學工業KK
黃海自動車工場
黃海食品加工有限會社
江華窯業株式會社
光州產業株式會社
財団法人交通康生會
興東產業合資會社
光德鉱山株式會社
小坂被服工場
西生工業株式會社
株式會社澤山兄弟商店

成歡鉱業株式會社
西鮮中央鉄道株式會社
西鮮電器共販KK
清津海陸作業KK
清津魚糧工業KK
清津辻木有限會社
鮮一絹織株式會社
川内里鉄道株式會社
全南道是製糸KK
株式會社[illegible]工場
株式會社第一化學興業所
第一被服工業株式會社

大韓民國駐日代表部

三成鉱業株式會社
三陟開発株式會社
匿名組合三和織物工場
昭陽鉱業株式會社
昭和麒麟麦酒株式會社 (キリンビール)
昌和工業株式會社
昭和酒類株式會社
城山農業株式會社
順安鉱業株式會社
親和鉱業株式會社
親和土地建物KK
仁川産業株式會社

大邱絹織株式會社
大光興業株式會社
大興鮮蒙交易株式會社
株式會社太平化學工業所
大陸ゴム工業株式會社
大陸窯工業株式會社
大和絹織工場
高瀬合名會社
株式會社高瀬農場
株式會社高橋商店
株式會社高福商店
高見酒造株式會社

匿名組合 高砂織物工場
多獅島鉄道K.K.
辰己物産株式会社
株式会社田中真商店
瑞豊鉄道株式会社
丹陽石炭株式会社
中外興業株式会社
中鮮電器共販K.K.
朝紡商事株式会社
株式会社朝鮮朝日組
朝鮮朝日紙業K.K.
朝鮮アルミニウム工業K.K.

朝鮮近海運輸株式会社
株式会社朝鮮栗本鉄工所
朝鮮呉羽紡績株式会社
朝鮮軽金属株式会社
朝鮮京南鉄道株式会社
朝鮮毛織株式会社
朝鮮光学工業株式会社
朝鮮鋼管株式会社
朝鮮鋼管販売K.K.
朝鮮興業株式会社
朝鮮鉱業振興株式会社
朝鮮鋼鈑工業株式会社

大韓民國駐日代表部

朝鮮雲母開発販賣KK
株式會社朝鮮衛生試驗所
朝鮮塩化工業株式会社
朝鮮鴨緑江水力発電KK
朝鮮小野田セメント製造KK
朝鮮織物株式會社
朝鮮火薬製造KK
株式會社朝鮮機械製作所
朝鮮教學圖書KK
朝鮮運業合資KK
朝鮮加鉄販賣KK
合資会社朝鮮均益貿易公司

朝鮮工作株式會社
朝鮮ゴム工業株式会社
朝鮮ゴム調帯KK
朝鮮三共株式會社
朝鮮参天堂製薬KK
朝鮮山皮鉱開発KK
朝鮮三立製薬KK
朝鮮自轉車製造KK
朝鮮重工業株式會社
朝鮮酒造株式會社
朝鮮昭和鉱業株式会社
朝鮮食糧營團

朝鮮神鋼金属 K
朝鮮人造石油 K
朝鮮水産開発 K
朝鮮水産化工 K
朝鮮住友軽金属 K
朝鮮住友製鋼 K
朝鮮製塩工業 K
朝鮮精機工業 K
株式会社 朝鮮製鋼所
朝鮮製紙株式会社
朝鮮製鉄株式会社
朝鮮製油株式会社

朝鮮皮革工業 K
朝鮮東亜交通機材 K
朝鮮東海電極 K
朝鮮特殊化学 K
朝鮮特殊合金 K
朝鮮特殊冶金 K
朝鮮電業株式會社
朝鮮電業製鉄 K
朝鮮電業製鉄 K
朝鮮電工株式會社
朝鮮鉛工業 K
朝鮮日産化学 K

大韓民國駐日代表部

朝鮮石炭配給会社
朝鮮石油株式会社
朝鮮石油配給 〃
朝鮮세멘트(セメント) 〃
朝鮮繊維工業 〃
朝鮮繊維再生工業 〃〃
朝鮮船舶運航統制 〃〃
朝鮮大陶工業 〃
朝鮮大和紡績 〃
朝鮮武田薬品工業 〃〃
朝鮮田辺製薬 〃
朝鮮煙草興業 〃〃

朝鮮農薬株式会社
朝鮮麦酒株式会社
朝鮮皮革株式会社
朝鮮비타민(ビタミン)肝油 〃
朝鮮福助足袋 〃
朝鮮藤沢薬品工業 〃〃
朝鮮物産株式会社
朝鮮刷子工業株式会社
朝鮮綿織株式会社
朝鮮報国鉱業 〃
朝鮮紡織株式会社
朝鮮琺瑯株式会社

株式会社朝鮮琺瑯製作所	東拓鉱業株式会社
朝鮮松下電器株式会社	東邦鉱業株式会社
朝鮮紡織株式会社	東邦被服株式会社
朝鮮無煙炭KK	東邦繊維工業株式会社
朝鮮明治乳業KK	東洋琺瑯KK
朝鮮메리야스KK	東和織物株式会社
朝鮮棉花KK	東和被服工業KK
朝鮮油脂株式会社	豊田繊維工業KK
朝鮮洋紙配給KK	永岡産業株式会社
朝鮮理研鉱業KK	中川鉱業株式会社
朝鮮理研航空機械KK	合資会社中島商店
朝鮮林業開発KK	合資会社中島秀裕郎

大韓民国駐日代表部

大韓民国代表部

朝鮮林産化工株式会社	南鮮合同電気株式会社
朝鮮燐状黒鉛 K.K	南鮮水産工業株式会社
朝鮮坩堝工業 K.K	南北棉業株式会社
朝鮮[illegible]邑 K.K	西日本汽船株式会社
朝鮮煉炭株式会社	日海土地建物株式会社
辻酒造株式会社	日電興業株式会社
株式会社辻本商店	日硬商事株式会社
東亜化学工業株式会社	日鮮砿業株式会社
東亜蚕糸株式会社	日本砿産株式会社
東亜被服株式会社	日本精工株式会社
東亜窯業株式会社	日本耐火材料株式会社
東宇興業 K.K	日本土建興業株式会社

日本農産化工株式会社
迫間興業株式会社
馬山皮革興業株式会社
半島製紙株式会社
半島農業土木KK
株式会社　平戸商店
弘中重工業株式会社
福助朝鮮販売株式会社
株式会社　福田又商店
釜山鎮埋築株式会社
富士麦酒株式会社
株式会社平安自動車商会

三菱マグネシウム工業KK
三ツ輪運輸商事KK
株式会社　三中井
宮本商店　株式会社
株式会社睦羅紗店
明治被服工業株式会社
森永朝鮮販売株式会社
合資会社　森農場
株式会社　森谷農場
八木窯業有限公司
遊仙鉱業株式会社
利原鉄山株式会社

大韓民国駐日代表部

平北鉄道株式会社
豊国製粉株式会社
合資会社豊林商会
北青鉄山株式会社
北鮮合同木材KK
北鮮製紙化学工業KK
北鮮電器共販KK
北鮮土地株式会社
北鮮硫鉄炭株式会社
北鮮林業株式会社
丸和工業株式会社
三井油脂化学工業KK

諸峴炭鉱株式会社
嶺南繊維工業KK
秋田証券株式会社
全々代倉庫株式会社
黄海農業株式会社
斎藤合名株式会社
斎藤精米株式会社
立石産業株式会社
朝鮮飛行機工業KK
蔚山建設株式会社
大邱証券株式会社
共同漁業株式会社

親和木材株式會社

株式會社成業社

朝鮮火災海上保険株式会社

株式会社朝鮮商業銀行

株式会社朝鮮貯蓄銀行

朝鮮無盡株式會社

山高証券株式会社

秋田水産工業株式会社

株式会社朝興銀行

朝鮮製錬株式会社

株式會社常盤洋行

美術工芸品　骨董

左記博物館及び個人が所蔵する韓国所出品（リスト提示）

東京国立博物館

奈良国立博物館

京都大学文学部陳列館

東京大学文学部陳列館

個人所有（東京大倉集古館、日本各地所在韓国鐘

その他）

外務省

美術工芸品 骨董

左記博物館及び個人が所蔵する韓国所出品（リスト提示）

東京国立博物館、

奈良国立博物館

京都大学文学部陳列館

東京大学文学部陳列館

個人所有（東京大倉集古館、日本各地所在韓国鐘

その他）

外務省

8. 日韓兩國間に取極められるべき財産及び請求權處理に關する協定の基本要綱(日本側提案) 1952. 3. 6

日本外交文書 540, 두 번째 문서의 3

일본 측이 제1차 한일회담 청구권위원회 제5차 회의(1952년 3월 6일 개최)에서 한국 측에 제시한 일본의 한국에 대한 역청구권 내용이 담긴 문서다.

일본은 한국 내의 일본재산에 대한 미군정청의 처리의 효력(미군정법령 제33호에 따른 일본재산의 미군정청 귀속 및 소유와 한미 간 협정에 의한 동 재산의 한국 이양 조치)을 인정하면서도 그 범위를 국·공립 재산에 한정시켜, 재한일본인이 소유하였던 사유재산에 대해서는 별도의 협의 대상으로 해야 하며, 한국과 일본 간의 청구권 처리는 일방적이 아닌 상호적이어야 한다는 내용이 기재되어 있다.

번역

일한 양국 간에 체결되어야 할 재산 및 청구권의 처리에 관한 협정의 기본 요강

1. (1) 일본국 및 대한민국은, 각각의 국민(법인을 포함한다. 이하 동일함)이 상대국의 영역에서 보유하는 재산에 관한 권리(이익 및 그 과실을 포함한다. 이하 동일함) 및 상대국 및 그 국민에 대하여 정당하게 취득한 그 외의 권리를 상호 확인하고, 그 권리의 행사가 방해받을 경우에는 이것을 회복하도록 하는 조치를 강구한다.

   (2) 전 항의 권리가 국가 또는 그 국민의 책임에 있어 방해받을 경우에는 그 국가 또는 국민은 각각 이것이 원상회복 또는 손해의 보상에 대한 책임을 진다.

   (3) 제(1)항의 회복 조치 및 제(2)항의 원상회복 또는 손해보상의 방법 등에 관해서는 당해 권리의 종류에 따라 별도 협의한다.

2. (1) 일본국 및 대한민국은, 연합국 최고사령관 또는 재한 미군 정부에 의해 또는 그 지령에 따라 행해진 상대국 및 국민의 재산의 처리의 효력을 승인한다.

   (2) 전 항에 있어 승인하는 효과의 범위에 관해서는 별도 협의한다.

3. (1) 일본국은, 일본국이 대한민국의 영역에서 보유하는 국유의 공용재산 및 공공복지용 재산을 대한민국에 무상으로 양도한다.

   (2) 일본국은, 일본국이 대한민국의 영역에서 보유하는 국유의 기업재산을 당해 기업이 발행한 공채의 미상환 잔고 등에 상당하는 자금이 일본국에 인도되었을 경우에 한해 대한민국에 양도한다.

   (3) 제(1)항의 공용재산 및 공공복지용 재산의 범위 및 전 2항의 양도의 방법 등에 관해서는 별도 협의한다.

   (4) 일본국이 대한민국의 영역에서 보유하는 재산으로 제(1)항 및 제(2)에 기재된 것을 제외한 일체의 재산에 관해서는 전기 1의 일본 국민의 재산의 취급에 준하여 취급한다.

4. (1) 일본국은, 대한민국의 문화적 세습재산에 속하는 미술적, 역사적 또는 고고학적 가치를 보유하는 물건으로, 무상으로 일본에 반출되고 현재 일본국이

소유하는 것을 현상 그대로 대한민국에 반환한다.

(2) 대한민국은, 일본국 또는 그 공공단체가 소유하는 문화재로, 교육과 그 외 목적을 위해 대한민국의 영역에 전시 또는 보유되고 있는 것을 현상 그대로 일본국 또는 그 공공단체에 반환한다.

(3) 일본국은, 구 일본 육군참모본부 육지측량부가 작성한 대한민국 영역의 원도 및 지도 원판으로, 현재 일본국이 소유하는 것을 사정이 허락하는 한 대한민국에 증여한다.

(4) 전 3항의 반환 또는 증여의 실시 세목에 관해서는 별도 협의한다.

(이 기본 요강에 기초하여 재산 및 청구권의 처리에 관해 구체적으로는 대략 별지 요령대로 조치한다.)

(별지)

일한 양국의 재산 및 청구권 처리요령(안)

1. 자금 운용부(구 예금부) 자금 특별회계

가. 우편저금, 진체저금, 우편송금 환

1) 1945년 8월 15일 이전, 조선총독부 체신관서에 예입된 우편저금, 진체예금, 우편송금 환은 일본에서 지불한다.

2) 1945년 8월 15일 이후 조선총독부 체신관서에 예입된 우편저금, 진체저금, 우편송금 환은 대한민국에서 지불한다.

3) 1945년 8월 16일 이후 일한 양국에서 지불 완료된 우편저금, 진체저금, 우편송금 환은 별도 조정 조치를 강구한다.

나. 간이생명보험, 우편연금

1) 조선총독부 체신관서와 계약된 간이생명보험, 우편연금은 대한민국에서 지불한다.

2) 조선총독부 체신관서와 계약된 간이생명보험, 우편연금의 여유금으로 일본측에 회금(回金) 완료된 것은 대한민국에 인도한다.

다. 대부금

예금부의 대한민국 지방공공단체 및 그 국민(법인 포함)에 대한 대부금은 당해 채무자가 이것을 지불한다.

라. 전기 가, 나, 다의 지불 방법, 조정 조치 인도 방법 등에 관해서는 별도 협의한다.

2. 재외 본사 주식 관계

가. 일본국은, 일본국 또는 그 국민이 대한민국에 본점이 있는 회사에 대해 보유하는 주주권으로 재한 미군 정부에 의해 매각된 것에 대해서는 그 회복을 주장할 수 없다.

단, 매각에 의해 발생한 매각 대금은 일본국 또는 당해 국민에게 인도한다.

나. 대한민국은, 일본국 또는 그 국민이 대한민국에 본점이 있는 회사에 대해 보유하는 주주권으로 재한 미군 정부에 의해 매각되지 않은 것에 대해서는 그 주주권의 존속을 법적으로 확인한다.

다. 전기 가, 나에 있어 매각 대금의 인도 및 주주권의 법적 확인 방법 등에 관해서는 별도 협의한다.

3. 공, 사채 관계

가. 일본국이 발행한 공채 및 일본국에 본점이 소재하는 회사가 발행한 사채는 그 발행자가 지불의 책임을 진다.

단, 연합국 최고사령관의 지령에 기반하여 무효가 된 증권은 그렇지 않다.

나. 대한민국은, 조선사업공채법, 미곡 생산재원확보에 관한 법률 등에 기반하여 발행된 공채의 미상환 잔고 등에 상당하는 자금을 일본국에 인도한다.

다. 대한민국에 있는 지방공공단체가 발행한 공채 및 대한민국에 본점이 소재하는 회사가 발행한 사채는 그 발행자가 지불의 책임을 진다.

라. 전기 가, 나, 다에 있어 지불 및 인도의 방법 등에 관해서는 별도 협의한다.

4. 일본은행권

일본국은, 일본은행권에 관해 일본은행이 채무자임을 확인한다.

그 결제 방법에 관해서는 별도 협의한다.

5. 조선은행권

대한민국은 조선은행권에 관해 조선은행 또는 그 승계자가 채무자임을 확인한다.

6. 피징용 한인의 미수금

일본국은, 피징용 한인의 미수금으로, 그 청구권이 일본국 및 그 국민으로부터 정당하게 취득한 것일 경우에 한해 그 권리를 확인한다.

그 지불 방법에 관해서는 별도 협의한다.

7. 기타 재산 및 청구권

일한 양국은 전기 각 항 이외의 기타 재산 및 청구권에 관해서도 사유재산권 존중의 원칙에 따라 해결한다.

단, 연합국 최고사령관 또는 재한 미군 정부의 지령에 의해 각각의 지역에서 실시된 조치의 효과에 관해서는 상호 존중한다.

해결의 구체적 방법에 관해서는 별도 협의한다.

日韓両国間に取極められるべき財産及び請求権の
処理に関する協定の基本要綱（日本側提案）

一、㈠日本国及び大韓民国は、それぞれの国民（法人を含む。以下同じ。）が相手国の領域において有する財産に関する権利（利益及びその果実を含む。以下同じ。）並びに相手国及びその国民に対して正当に取得したその他の権利を、相互に確認し、その権利の行使が妨げられているときは、これを回復する措置を講ずるものとする。

㈡前項の権利が国又はその国民の責任において侵害されているときは、その国又は国民は、それぞれ、これが原状回復又は損害の補償の責を負うものとする。

㈢第㈠項の回復の措置及び第㈡項の原状回復又は損害の補償の方法等については、当該権利の種類に応じ別途協議するものとする。

二、㈠日本国及び大韓民国は、連合国最高司令官又は在韓米軍政府

上

により、又はその指令に従つて行われた相手国及びその国民の財産の処理の効力を承認する。

(二) 前項において承認する効果の範囲については別途協議するものとする。

三、(一) 日本国は、日本国が大韓民国の領域において有する国有の公用財産及び公共福祉用財産を、大韓民国に、無償で譲渡する。

(二) 日本国は、日本国が大韓民国の領域において有する国有の企業用財産を、当該企業の発行した公債の未償還残高等に相当する資金が日本国に引渡された場合に限り、大韓民国に譲渡する。

(三) 第(一)項の公用財産及び公共福祉用財産の範囲並びに前二項の譲渡の方法等については、別途協議するものとする。

(四) 日本国が大韓民国の領域において有する財産で第(一)項及び第(二)項に掲げるものを除く一切の財産については、前記一の日本国民の財産の取扱に準じて取扱われるものとする。

四

(一)日本国は、大韓民国の文化的世襲財産に属する美術的、歴史的又は考古学的価値を有する物件で、無償でもたらされ且つ現に日本国が所有するものを、現状のまま、大韓民国に返還する。

(二)大韓民国は、日本国又はその公共団体の所有に係る文化財で、教育その他の目的のため大韓民国の領域において展示され又は保有されているものを現状のまま、日本国又はその公共団体に返還する。

(三)日本国は、旧日本陸軍参謀本部陸地測量部が作成した大韓民国領域の原図及び地図原版で、現に日本国が所有するものを、事情の許す限り、大韓民国に贈与する。

(四)前三項の返還又は贈与の実施細目については別途協議するものとする。

4

（この基本要綱に基いて、財産及び請求権の処理に関し、具体的には、大要別紙要領の通り措置するものとする。）

（別紙）

日韓両国間の財産及び請求権処理要領（案）

一、資金運用部（旧預金部）資金特別会計

1、郵便貯金、振替貯金、郵便送金為替

イ、一九四五年八月十五日以前、朝鮮総督府逓信官署に預入された、郵便貯金、振替貯金、郵便送金為替については、日本において支払うものとする。

ロ、一九四五年八月十六日以降、朝鮮総督府逓信官署に預入された、郵便貯金、振替貯金、郵便送金為替については、大韓民国において支払うものとする。

ハ、一九四五年八月十六日以降、日韓両国において支払済の郵便貯金、振替貯金、郵便送金為替については、別途調整の措置を講ずるものとする。

2、簡易生命保険、郵便年金

イ、朝鮮総督府逓信官署との間に契約された簡易生命保険、郵便年金については、大韓民国において支拂うものとする。
ロ、朝鮮総督府逓信官署との間に契約された簡易生命保険、郵便年金の余裕金にして、日本側に回金済みのものは、大韓民国に引き渡すものとする。

3、貸付金
預金部の大韓民国地方公共団体及びその国民（法人を含む）に対する貸付金は、当該債務者において、これを支拂うものとする。

4、前記1、2、3、における支拂の方法、調整の措置、引渡の方法等については別途協議するものとする。

二、在外本社株式関係
1、日本国は、日本国又はその国民が、大韓民国に本店の所在する会社に対して有する株主権で、在韓米軍政府により売却せられたものについては、その回復を主張しないものとする。

但し、売却により生じた売却代金は日本国又は当該国民に引き渡されるものとする。

2、大韓民国は、日本国又はその国民が、大韓民国に本店の所在する会社に対して有する株主権で在韓米軍政府により売却せられなかつたものについては、その株主権の存続を法的に確認するものとする。

3、前記1、2、における売却代金の引渡及び株主権の法的確認の方法等については別途協議するものとする。

三、公、社債関係

1、日本国の発行した公債及び日本国に本店の所在する会社の発行した社債については、その発行者が支払の責を負うものとする。

但し、連合国最高司令官の指令に基き、無効とされた証券についてはこの限りではない。

2、大韓民国は、朝鮮事業公債法、米穀生産財源確保に関する法律等に基き発行された公債の未償還残高等に相当する資金を、日本国に引き渡すものとする。

3、大韓民国は、日本国における地方公共団体の発行した公債及び大韓民国に本店の所在する会社の発行した社債については、その発行者が支払の責を負うものとする。

4、前記1、2、3、における支払並びに引渡の方法等については別途協議するものとする。

四 日本銀行券

日本国は、日本銀行券について、日本銀行が債務者であることを確認するものとする。

その決済の方法については、別途協議するものとする。

8

五 朝鮮銀行券

大韓民国は朝鮮銀行券について、朝鮮銀行又はその承継者が債務者であることを確認するものとする。

その決済の方法については別途協議するものとする。

六、被徴用韓人の未収金

日本国は、被徴用韓人の未収金にして、その請求権が、日本国及びその国民から正当に取得されたものである限り、その権利を確認するものとする。

その支拂の方法については、別途協議するものとする。

七、その他の財産及び請求権

日、韓両国は前記各項以外のその他の財産及び請求権についても、私有財産権尊重の原則に従い解決するものとする。

但し、連合国最高司令官又は在韓米軍政府の指令に従いそれぞれの地域において実施せられた措置の効果については、相互に尊重するものとする。

解決の具体的方法については、別途協議するものとする。

9. 請求權問題に關する日本側提案の說明(要旨), 1952. 3. 6
日本外交文書 540, 네 번째 문서

일본 측이 제1차 한일회담 청구권위원회 제5차 회의(1952년 3월 6일 개최)에서 한국 측에 제시한 일본의 한국에 대한 역청구권 내용을 설명한 자료 문서다.

번역

청구권 문제에 관한 일본 측 제안의 설명(요지)

1. 이번 청구권 문제의 가장 중요한 점은 일본이 평화조약에서 승인한 재한 미군 정부에 의한, 그리고 그 지령에 의하여 행하게 된 일본재산의 처분의 효력을 인정한다는 의미 여하에 있다.

한국 측의 청구권 문제에 관한 주장의 근거는 재한 미군 정부가 발포한 소위 Vesting Decree 제33호의 효과를 몰수와 같은 것으로 해석하려 하는 데 있다. 즉 한국 측은 1945년 12월 6일의 Vesting Decree 제33호에 의하여 미군 정부는 일본재산에 대한 절대적 그리고 최종적 처분권을 가지고 있고 이는 사실상 몰수와 같다고 주장하는 입장에 서 있다. 그러나 일본 측은, 일본은 미군 정부의 처분의 효력은 인정하였으되[제4조 (b)] 이는 점령군이 국제법상 합법적으로 행한 재산의 처분의 유효를 인정하고, 그리고 그 효력에 관련하여 언쟁은 하지 않겠다는 의미이며 국제법상 점령군에게 인정되어 있지 않은 처분까지 합법이라고 인정한 것은 아니라는 입장에 서 있다. 전기 Vesting Decree 즉 미군령 제33호는 일본 재산이 군정부에 Vested in and owned(귀속 소유되어 있다)고 규정되어 있으나 이는 '헤이그육전법규' 제46조가 "사유재산은 이를 몰수할 수 없다"라고 규정하고 있는 사유재산 몰수 금지 조항을 넘어서까지 유효하다는 것을 의미하는 것은 아니다. 미군 정부는 적국 재산을 직접 또는 포괄적으로 몰수할 수 없는 것이다. 미군 정부는 점령군으로서 관리자의 입장에서 적국 사유재산을 처분할 수 있으나 그 대가 및 과실에 대해서는 정당한 소유자인 원권리자가 청구권을 가지고 있다는 것은 당연하다. 이 권리는 재산의 이전과 관계없이 존속한다. 이는 마치 각국의 적산관리법에 있어서와 같이 또는 민법상의 신탁의 관념과 같이 정당한 소유자의 원권리자로서의 권리는 의연히 존속한다고 생각해야 한다. 대륙계의 법리론에 의하면 소유권의 이전이라는 것은 원권리자에게 하등의 Claim이든 부여치 않는 최종적 이전이라고 생각되나 Common Law(보통법)의 법리론은 소위 2중 소유권 Double Ownership의 법리론으로서 Vested and owned 됨으로써 legal ownership(법적 소유권)은 상실되나 equitable ownership(형평의 소유권)은 남는다고 생각된다. 영미법에서는 이 신탁의 관념과 기술이 여러 경우에 응용되어 있다.

‘헤이그 육전법규’에 명기되어 있는 사유재산권 존중의 원칙에 관해서는 제1차, 제2차 양 대전을 통하여 점령국은 반드시 엄밀히 이를 준수치 않은 감도 있는데, 소위 전시점령에 관하여 새로운 관례가 발생된 거와 같은 외관을 보이고 있는데도 불구하고 피점령국의 사유재산을 점령국 또는 점령군이 직접 또는 포괄적으로 몰수하였다는 실례를 들은 적이 없다. 물론 대일평화조약에 있어서는 그 제14조, 제16조와 같이 일본의 연합국, 중립국, 추축국에 있어서의 자산을 처분하는 것에 관해서 규정되어 있으나 이는 일본이 연합국과의 사이에 이 평화조약에 의하여 이러한 처분에 동의한 까닭으로 처음으로 가능한 것이다. 만약 일본이 이에 동의하지 않았다면, 가령 미국의 국내법인 적산관리법에 의하여 일본의 자산을 몰수하였다 할지라도 이 국내법에 의한 조치를 가지고서 곧 국제법상의 적국 사유재산 비몰수의 원칙에 대항할 수는 없을 것이다. 적국 재산 처분 문제로서 미국이 외국에 대항할 수 있는 것은 미국의 국내법인 적산관리법에 의한 것이 아니고 평화조약의 규정에 의한 것이다.

대일평화조약 제4조 (b)는 미국의 점령하에 있었던 한국의 일본재산, 권리, 이익에 관해서는 제14조에 있어서와 같이 이를 차압, 유치, 청산, 기타 어떠한 방법으로써 처분하는 권리를 한국에 인정한 것은 아니고 재한 미군 정부의 군 명령의 효력을 승인한 것뿐이다. 여기에 말하는 효력이라는 것은 대일평화조약의 제14조의 (a)의 2와 같은 효과는 아니고 점령군 명령의 효력을 가질 따름이다. 몰수는 포함치 않는다.

한국 측이 이 점을 정당히 이해하지 않고 대일평화조약 제4조 (b)는 제14조의 (a)의 2에 흡사하다든가 또는 그보다 더 강한 효력을 가지고 있다고 주장하는 데 대해서는 절대로 찬성할 수 없다. 제4조의 (a)에 있어서 당사국 간의 특별협정의 주제로 되어 있는 것은, 첫째 제4조의 (b)의 처분의 범주에 들어가지 않는 것이 있다면 그것에 관해서, 둘째로 제4조의 (b)의 군정부 명령으로서 처리된 것이라 할지라도 그 재산 및 재산이 매각된 경우에는 그 대가 등의 반환, 기타 청구권에 관해서일 뿐이며, 그 최종적 처리는 당사국 간, 당사자 간에 협정이 성립된 후에야 비로소 행하게 되는 것이다. 하나의 소위 사유재산 비몰수의 원칙은 여러 번의 시련을 거듭한 후 국제관습상의 하나의 원칙으로서의 지위를 유지하고 있다고 말할 수 있다. 따라서 1948년 12월 10일 국제연합 제3회 총회에서 채택된 세계인권선언 제17조 제2항은 “누구(何人)를 막론하고 그 의사에 반하여 재산을 탈취당하지 않는다”라고 규정하여 사유재산 존중의 원칙을 확인하고 있다. 대일평화조약에 있어서도 사유재산 존중의 원리는 당연한 전제로 되어 있다. 즉 대일평화조약의 전문에 "일본국으로서는 … 세계인권선언의 목적을 실현시키기 위하여 노력하고" 운운 규정되어 있다. 그리고 사유재산권을 정면으로 부정한 규정은 어디에도 없다.

단, 대일평화조약 제4조의 (a)의 2 및 제16조는 마치 전기 원칙을 부정하는 것과 같은 인상을 주기 쉽다. 또 사실 이러한 규정이 사유재산 존중의 원칙을 경시하고 있다는 비난을 면치 못할 것이다. 그럼에도 불구하고 단지 그러한 이유만으로 대일평화조약이 국제법상의 사유재산 존중의 원칙을 부정하고 있다고는 생각할 수 없다.

요컨대 재산 및 청구권 문제에 관하여 일본이 한국과의 사이에 대일평화조약 제4조에 의한 특별협정을 체결함에 있어서는 재한일본재산에 관해서는 재한 미군 정부 군령 제33호의 소위 Vesting Decree에 의하여 가령 당해(當該) 일본재산의 소유권(Title)이 미군 정부에 이전되었다 할지라도 그 소유권은 당연히 원 권리자에게 반환되어야 할 것이며, 또 만약 당해 재산이 미군 정부에 의하여 매각되어 있는 경우에는 원 권리자의 그 대가 등에 대한 청구권은 여전히 존재한다는 점이 인식되어야 한다. 예를 들면 적산관리인은 적산의 소유권을 가지며 그 경우에 주식 등은 관리인 명의가 될지 모르나, 그렇다고 원권리자의 주주권이 최종적으로 소멸한다는 것은 아니다. 그리고 그 최종적 해결만은 전후(戰後)의 조약의 주제가 된다. 대일평화조약 제4조 모두의 문구에서 볼 때 이는 명백하다. 한국과 일본 간의 재산 및 청구권의 처리는 상호적인 것이며 결코 일방적인 것은 아니다. 단지 제4조 (b)항의 규정에 의하여 재한 미군 정부의 처리의 효력을 일본이 인정하게 되어 있는 고로 일본 측의 본래의 주장이 어느 정도 한정되어 있다는 데 지나지 않는다.

다음에, 재한일본재산은 미군 정부로부터 한국 정부에 현실적으로 이전되었으나 이에 의하여 당해 재산 전부에 관한 미군 정부의 권한 전부가 한국에 이전된 것이 아니고 한국 정부는 단지 그 재산을 관리하는 입장에 놓였다는 것에 지나지 않는다. 교전국으로서, 나아가 점령군으로서 미군이 당연히 가지고 있던 처분권을 교전국 또는 점령군도 아닌 제3자에게 이양했다면 이는 명백히 국제법의 원칙을 무시했다고 하지 않을 수 없다.

결론적으로, 일본은 대일평화조약 제4조 (b)에 의하여 재한 미군 정부가 행한 재산 처분의 효력을 승인만 한 것으로서 재한 재산에 대한 본래의 권리 및 청구권을 방기한 것은 아니다. 그 재산 및 청구권이야말로 일본이 평화조약 제4조에서 예상하고 있는 특별협정의 주제가 되는 것이며, 이 특별협정에 있어 일본이 이를 방기한다면 다른 문제이나 적어도 그러한 방법으로써 일본이 방기하지 않는 한 그 재산에 대한 권리 또는 청구권은 당연히 존속한다.

2. 일본의 대안은 사유재산권 관련 서상(敍上)과 같은 근본 이념에 입각하여 구성되어 있다. 즉 제1항에서 재한일본재산, 권리, 이익을 확인하고, 동시에 위와 서로 대조하여 일본측도 한국 측의 재일재산 권리, 권익을 확인하는 취지이다. 즉 Vesting Decree의 효력을 인정하나, 그것이 끝까지 정당한 소유자가 소유하는 원소유권까지도 방기한다는 것은 아니라는 취지에 입각해 있음은 말할 것도 없다. 그리고 동란(動亂) 기타로서 현재의 일본재산의 훼손, 감실이 고려되는데 그 책임에 관해서도 규정코자 하는 바이다. 그 원상회복, 손해배상, 권리의 행사를 가능케 하도록 조치함을 바란다. 그에 대한 상세한 것은 별도 협의에 의한다.

제2항은 대일평화조약 제4조 (b)의 취지와 병행해서 일본에 관해서는 '스캡'의 지령으로 실시한 제 조치(예를 들면 재외회사령, 폐쇄기관령, 자작농창설특별조치법의 조치 등)의 효과를 승인하는 것이다.

제3항은 한국의 독립에 수반하여 계승될 국유재산의 규정인데, 국유재산으로서 공용에 부치게 되는 것에 관해서는 별도 협정하는 바에 의하여 한국 측에 양도하겠다는 취지다. 국유재산으로 기업용에 충당되어 있는 것은 조선사업공채법, 미곡생산재원 확보에 관한 법률 등에 의하여 발행된 공채의 미상환 잔고 등에 상당하는 자금을 일본에 인도하는 경우에 한하여 양도한다는 취지이며, 그 외의 재산에 관해서는 사유재산과 같은 원칙에 의하여 처리한다는 취지다.

제4항은 이상 제1항~제3항을 일체로서 취급해야 함을 확인하고 또 제1항 및 제3항의 구체적 실시가 상호 형평 그리고 실효적으로 행하게 되도록 확보한다는 취지이다.

이상의 원칙에 따라 개개의 케이스를 처리하는 원칙을 별지 요령에 기재하였는데, 이것은

○ 예금부 자금 관계에 대해서는 ① 우편저금, 진체저금, 우편위체, ② 간이생명보험, 우편연금, ③ 대부금 등에 관해 서로 간에 지불해야 하는 것 및 수령해야 하는 것을 규정하고,

○ 재외 본사 주식 관계에 관해서는, 주주권의 미군 정부에 의한 처분은 인정하나, 매각 등에 의해 발행한 대금의 인도를 요규하고, 매각되지 않은 것에 대해서는 주주권의 존속을 요구하는 것으로 했다(Vesting decree가 한국 측 주장대로가 아니라는 일본 측 입장이 근본이 되고 있다).

○ 공사채 관계, 일은권, 조선은행권에 관해서도 규정하였고, 또한 한인 피징용자 미수금에 대해서도 규정하였으며, 기타 재산 및 청구권에 있어서는, 별도 세목 협정의 단계에 이르게 되면 일본 측으로서는 특허권, 의장등록권, 저작권 등의 무체재산권에 대해서도 문제를 제기할 생각이다.

이상 기술한 바와 같이, 일본 측 대안은 국공유재산, 사유재산 등을 전부 포괄한 전반적인 것이며, 한국 측 제안에 비해 폭이 넓다. 한국 안에 대해 vesting decree의 효력론을 가지고 토론을 하더라도 일본 측이 구체안을 제출하지 않으면 이야기가 되지 않으므로, 지금 허락한다면 모레 회의에서 제안하고 설명할 때 법이론상의 논쟁을 행하는 것을 방책으로 삼고자 한다. 청구권 문제는 이렇게 쌍방이 견해를 제출함으로써 경색 국면에 이르게 될지도 모르겠으나, 무언가 타결의 여지가 있다면 그것을 놓치지 않는 방향으로 하고 싶다는 생각이다.

請求権問題に関する日本側提案の説明（要旨）

一、今次請求権問題の最重要点は日本が平和条約に於て承認した在韓米軍政府による及びその指令に基いて行われた日本財産の処分の効力を認めるという意味如何にかかつている。

韓国側の請求権問題に関する主張の根拠は在韓米軍政府の出した所謂 Vesting Decree No.33 の効果を没収と同様に解しようとするにある。即ち韓国側は一九四五年十二月六日の Vesting Decree No.33 により米軍政府は日本財産に対する絶対的且つ最終的処分権を有し、これは事実上没収と同様であると主張する立場に立つている。然し我方は日本は米軍政府の処分の効力は認めた（第四条(b)）のであるがこれは占領軍が国際法上適法に行つた財産の処分はこれを有効と認めそしてその効力について争うことはしないという意味のことであつて国際法上占領軍に認められていない処分まで合法であると認めたのではないという立場に立つている。前記 Vesting Decree 即ち米軍令第三十三号は日本財産が軍政府に Vested in and owned by （帰属され所有されている）と規定しているが、これはヘーグの陸戦法規第四六条が「私有財産はこれを没収することを得ず」と規定している私有財産没収の禁止の条項を超えて有効なものであるという意味ではない。米軍政府は敵国私有財産を直接且つ包括的に没収し得るものではない。米軍政府は占領軍として管理者の立場で敵国私有財産を処分し得るかその対価及び果実に対しては正当なる所有者である原。権利者が請求権を有することは当然である。この権利は財産の移転と無関係に存続する。これはあたかも各国の敵産管理法におけるが如くあるいは民法上の信託の観念の如く正当なる所有者の原権利者としての権利は依然として存続すると考えるべきである。大陸系の法理論からすれば所有権の移転ということは原。権利者に何等の claim をも与えぬ最終的移転と考えられるが Common Law の法理論は所謂二重所有権 Double ownership の法理論で Vested and owned されることによつて legal ownership は失われるが equitable ownership は残ると考えられるのである。米英法ではこの信託の考え方と技術とが種々の場合に応用されている。

Hague の陸戦法規に明記してある私有財産権の尊重の原則に関しては第一次、第二次両大戦を通じて占領国は必ずしも厳密にこれを遵守しなかつた観もあり謂わば戦時占領国に関して新しい慣例を生じたかの外観を呈しているにも拘らず被占領国の私有財産を占領国又は占領軍か直接且つ包括的に没収した実例あるを聞かない。成る程対日平和条約においてはその第十四条、第十六条の如く日本の連合国、中立国、枢軸国における資産を処分することに関して規定されているが、これは日本が連合国との間にこの平和条約によつて斯る処分に合意したから初めて可能なのである。若し日本かこれに同意していなかつたら仮りにアメリカの国内法たる敵産管理法によつて日本の資産を没収していたとしてもこの国内法に基く措置をもつて直ちに国際法上の敵国私有財産非没収の原則に対抗することは出来ないはずである。敵国財産処分問題でアメリカが外国に対抗し得るのはアメリカの国内法たる敵産管理法に基くのではなくして平和条約の規定に基いてである。

対日平和条約第四条(b)はアメリカの占領下にあつた韓国にあ

る日本の財産、権利、利益に付ては第十四条における如くにこれを差押え、留置し、清算し、その他何等かの方法で処分する権利を韓国に認めたのではなく、在韓米軍政府の軍命令の効力を承認しただけである。ここにいう効力とは対日平和条約の第十四条の(a)の2の如き効果ではなく占領軍命令の効力を指すに止まるのである。没収を含まないのである。

韓国側がこの点を正当に理解せず対日平和条約第四条(b)は第十四条の(a)の2に酷似するといい且つそれよりも更に強い効力を有すると主張するのには絶対に賛成出来ぬ。第四条の(a)において当事国間の特別取極の主題とされているのは、第一に第四条(b)の処分のはんちゅうに入らぬものが若しありとすればそれについて、第二に第四条の(b)の軍政府命令でカバーされたものにあつても、その財産及び財産か売却されていた場合にはその対価等の返還その他の請求権についてであり、その最終的処理は当事国間、当事者間に協定が成つて始めて行われるものである。惟うに私有財産非没収の原則は幾多の試練に堪えて国際慣習上の一原則としての地位を維持しているものといえる。さればこそ一九四八年十二月十日国連第三回総会で採択された世界人権宣言第十七条第二項は「何人もその財産を欲しいままに奪われることはない」と規定して私有財産尊重の原則を確認している。対日平和条約においても私有財産尊重の原理は当然の前提となつている。即ち対日平和条約の前文に「日本国としては、、、世界人権宣言の目的を実現するため努力し」云々とある。そして私有財産権を真向から反対している規定は何処にもない。

唯対日平和条約の第十四条の(a)の2及び第十六条はあたかも右原則を否定しているかの如き印象を与えやすい。また事実これらの規定が私有財産尊重の原則を軽視しているという非難は免かれぬ処であろう。それにもかかわらずそれだけの理由をもつて対日平和条約が国際法上の私有財産尊重の原則を否定していると考えられないのである。

要するに財産及び請求権問題について日本が韓国との間に対日平和条約第四条による特別取極を結ばんとするに当つては在韓日本財産については在韓米軍政府軍令第三十三号のいわゆる Vesting Decree により、仮りに当該日本財産のタイトルが米軍政府に移転されていたとしても、そのタイトルは当然原権利者に返還さるべきものであり、また若し当該財産が米軍政府によつて売却されていた場合には、原権利者のその対価等に対する請求権は依然として存在する点が認識さるべきものである。例えば敵産管理人は敵産のタイトルを有ちその場合株式等は管理人名義になるかも知れぬが、それでも原権利者の株主権が最終的に消滅するわけではない。そしてその最終的解決こそは正に戦後の条約の主題となるのである。対日平和条約第四条冒頭の文言からいつてもこのことは明らかである。

　韓国と日本との間の財産及び請求権の処理は相互的なものであり決して一方的なものではない。唯第四条(b)項の規定によつて在韓米軍政府の処理の効力を日本が認めることとなつているため日本側の本来の主張がある程度限定されているというに過ぎない。

次に在韓日本財産は米軍政府から韓国政府に現実に移転されたが、これによつて当該財産全部に関する米軍政府の権限全部が韓国に移譲されたのではなく、韓国政府は単にこれら財産を管理する立場におかれたにすぎないのである。交戦国として、更に占領軍として当然米軍の有していた処分権を交戦国でも占領軍でもない第三者にアメリカが移譲したとするならばこれは明かに国際法の原則を無視するものといわなければならない。

結論としていえば日本は対日平和条約第四条(b)によつて在韓米軍政府によつて行われた財産処分の効力を承認するだけであつて在韓財産に対する本来の権利及び請求権を放棄したのではない。これらの権利及び請求権こそは、日本が平和条約第四条の予想している特別取極の主題となるのであり、この特別取極において日本がこれを放棄するというのであれば別であるが少くともそういう方法で日本が放棄しない限りこれらの財産に対する権利又は請求権は当然存続するのである。

二

日本の対案は私有財産権について叙上のような根本理念に立つ

て構成されている。即ち第一項で在韓日本財産、権利、利益を確認することとし同時に右と相照応して我方も韓国側の在日財産、権利、利益を確認する趣旨である。即ち Vesting Decree の効力を認めるがそれはあくまで正当な所有者が有する原所有権までも放棄したものではないとの趣旨に立脚しているのは申すまでもない。なお動乱その他で現地の日本財産のき損滅失が考えられるがその責任については規定せんとするものである。これらの原状回復、損害賠償、権利の行使を可能ならしめるよう措置することを要求する。その詳細は別途協議による。

第二項は対日平和条約第四条(b)の趣旨と併せて日本に関してはSCAPの指令で実施した諸措置（例えば在外会社令、閉鎖機関令、自作農創設特別措置法の措置等）の効果を承認することとするものである。

第三項は韓国の独立に伴い継承せらるべき国有財産の規定であるが国有財産で公用に供せられたもの等については別に取極める所に従つて韓国側へ譲渡する趣旨である。国有財産で企業用に充てられたものについては朝鮮事業公債法、米穀生産財源確保に関する法律等に基いて発行された公債の未償還残高等に相当する資金を日本へ引渡す場合に限り譲渡せんとする趣旨であり、その他の財産については、私有財産と同様の原則によつて処理せんとする趣旨である。

第四項は以上第一項第二項第三項は一体として取扱わるべきものであることを確認し且つ第一項及び第三項の具体的実施が相互に衡平且つ実効的に行われるよう確保せんとする趣旨である。

以上の原則に従い個々のケースを処理する原則を別紙要領に掲げたものであるが、これは、

○予金部資金関係に付ては一、郵貯、振替貯金、郵便為替、二、簡易、生命保険、郵便年金、三、貸付金等に付き彼我の間に支拂うべきもの及び受取るべきものを規定し、

○在外本社株式関係に付ては、株主権の米軍政府による処分は認めるが売却等により生じたる代金の引渡を求めることとし、売却処分されなかつたものに付ては株主権の存続を求めることとした。(Vesting Decree が先方主張通りでないという我立場が根本になつている)。

○公社債関係、日銀券、鮮銀券に付ても規定し、又韓人被徴用者未収金に付ても規定し、その他の財産及び請求権においては、別途細目協定の段階に至らば、我方としては特許権、意匠登録権、著作権等の無体財産権に付ても問題を出したいと考えている。

以上概述の通り我が対案は国公有財産、私有財産等を全部包括した全般的のものであり、先方提案に比して間口が広い。先方案に対し Vesting Decree の効力論で討論だけしているも我方から具体案を出さなくては話にならぬので、此処で承認を得たら明後日の会議で提案しその説明の際に法理論上の論争を行うことを得策とするのである。請求権の問題はこうして双方の見解を出し合つて Dead Rock に乗り上げるかも知れぬが、その間に何等か妥結する余地あらばこれを逃さぬ様にしたい考えである。

10. 제6차 청구권위원회 경과보고, 1952. 3. 24
한국 외교문서 86, 제1차 한일회담 청구권위원회 회의록 제1~8차

1952년 3월 24일 개최된 제1차 한일회담 청구권위원회 제6차 회의 기록이다.

일본 측의 역청구권에 대하여 한국 측이 반박한 내용이 담겨 있다.

한국은, "일본이 평화조약 제4조 b)항에 의하여 승인한 미군정청 법령 제33호에 따라, 1945년 8월 9일 또는 그 후 한국에 있는 일본 및 일본인의 모든 재산은 1945년 9월 25일부로 미군정청에 귀속되어(vested in) 그 소유가 되고(owned by), 1948년 9월 11일부 한미협정에 의하여 대한민국의 소유가 된 것이다. 따라서 한국에는 일본 또는 일본인의 재산은 아무것도 없다. 그러므로 평화조약 제4조 a)항에 의한 특별협정은 한국 및 그 국민의 일본 또는 일본 국민에 대한 청구권의 처리가 그 대상이 되는 것이다"라는 요지로 반박했다.

第六次請求權委員會經過報告

一、開會

三月十日(月)午後三時二十分 於日本外務省

二、參席者

韓國側、日本側前回와 如함、我側金東祚委員特別參席

三、會議經過

日本側으로부터 前會議에 提出한 個案에 対한 韓國側 質問要請이 有하였으나 我側質問에 드러가기 前에 前記 日本側提案說明要旨에 対하여 左와 如한 韓國側異見을 發表하였음

イ、먼저 我側林代表로부터 要旨다음과 如한 意見開陳이 있었음

「前回에서 日本側으로부터 財産及 請求權處理에 関한 協

13

定의 基本要綱」및 說明要旨의 提出이 있었지만 質疑에 들어가기 前에 韓國側의 意見을 開陳하였다

먼저, 첫째로, 日本의 生覺이 아직 旧支配関係의 惰性으로부터 止揚되어 있지 않다는 印象을 가지지 않을 수 없는 同時에 一九四五年八月九日現在 韓國의 富의 殆半이 日本人의 財産이었다는 事實에 鑑하여 過去의 韓日合併에 代身하는 新經濟的 合併을 結果하는 것이라고 말 안할 수 없다

此案에 対하여 質問하기 前에 今次의 提案이 韓國側에 非常한 関心과 反響을 惹起시키는 重大한 案이라는 것을 理解해주기 바란다

貴說明中「日本은 平和條約 第四條B項을 留保하는 條件附로 承認하였다고 解釈되는 文言」、「國際法上 合理的으로 行한 財産의 処分만을 認定했다 하고、美軍政府의

銀座 ∘ 嶋屋製

법法令第三十三号의 処分을 條件附承認이라고 解釋되는 文言」
「平和條約第十四條、第十九條의 処分은 日本이 合意해서 되음으
로 可能한 것이고、第四條 b項에 있어서의 美軍政府의 処分"에
対해서는 "合意하지 않았다는 意見」、「在韓日本財産処分
에 関해서 占領軍으로서 當然히 美軍이 所有하고 있던 処分
權을 交戰國의 占領國도 않인 第三者(韓國)에 美國이 移讓
했다고 하면、此는 明白히 國際法의 原則을 無視한다고 안할 수
없다는 文言」、또 就中「韓國戰亂에 依한 現地의 日本財産의 [illegible]
毀損滅失의 責任을 追求하고、此에 対한 補償을 要求하는
것과 같은 文言」 等이 있는데 此는 너무도 國際正義又는 韓國
民族精神을 無視하는 極言이라고 말안할 수 없다
本委員会는「分科專門委員会」이지만、第四條 b項에 包含되
어 있는 이와 같은 政治的 背景、即 法令第三十三号 vested in and

13

條文에드러있는 基本精神乃至背景을 認識하고나서 出發
하지 안흐면 안된다
平和條約第四條a項은 全第二條a項과 対應하여 韓國의 政
治的인、나―가서 經濟的인 独立을 考慮하였다고 生覺하며 또
그렇게 確信하고있다 되푸리 말하건데 萬若日本이 第四條
a項에 疑義를 提出하고 그 變更이 生起한다면 韓國의 独立인
들 否定하는 結果가 되는것으로서 本委員会에서 容認할수없
는 重大問題가 惹起한다 따라서 本委員은 此問題는 相互
論議할수없으나 第四條a項에 関한 限 韓國側의 主張、解釋
이 絶対的、最後的인것이라는 것을 茲에 声明하는바이다
先日非公式会議에서 日本側은 英國에 있어서의 印度의 例를
들고 說明하였는데 "韓國과 日本" "印度와 英國"과의 関係는
그 根本에 있어 差異가 있고 同一하게 規律할수 없는것이라

銀座 ◦ 鳩居製

는것을理解해주기바란다
우리들의關係없는外國의例를云々한다는것은잘알가 해OK될것
이나、印度는英国의合意(CONSENT)下에独立된大英帝
国의一聯邦이라는事実을이저서는안된다
要컨데韓国과日本과의見解는以上과如히根本的으로差異
가있다 이根本問題를解決하지안는限、그細目에並하여
韓國의意見을陳述하거나또는質問한다는것은時間과労力의
消費라고生覺한다、 단、最後로質問하고저하는것은、
(1)、日本側의提案은日本의最高方針에依한것인지、또는
(2)、本提案은本分科委員会에서協議하기為하여提出된最後
的이안인「假案」이라고할수있는案인지、此를알고싶다
萬若此案이本委員会에서協議하기為한假案이라면問題
는다르다、日本側의最高方針에依한案이라면韓國은此

13

問題에 關한限 이以上 会談을 할 余地도 없고 또 그必要도 없다는것을 斷言하여 두다」 参考로 我國代表團으로부터 法理論上으로 是意見을 仔細히 開陳할 터이다

乙、이에서 我側代表團으로부터 要旨다음과 如한 意見發表가 有하였음

(一) 「第五回会議에서 日本側으로부터 提出한 「財産及請求權의 処理에 関한 協定의 基本要綱」 及 說明要旨에 対하여 韓國側은 다음과 如히 法理論上의 그 意見을 開陳한다

(二) 韓日兩國間의 請求權問題를 解決하는 関鍵이, 日本側의 指摘하는바와 如히 日本이 平和條約第四條 b 項에 依하여 承認한 在韓美軍政廳의 法令第三十三号의 精神의 認識 如何에 걸였다는것은 事實이다

(三) 日本側은 前記 法令 第三十三号가 韓國에 있는 日本財產

은 美軍政廳에 vested in and owned by 「歸屬所有되였다」고 規定되어 있는 것에 對하여, 此는 接收을 爲한 所有權取得이 아니고, 敵產管理로서의 信託的所有權의 取得이라고 主張하고 있다, 그렇나 同法令에 있어서는 日本의 主張을 뒷받침할 수 있는 何等의 文言도 없을 뿐 아니라, 도로혀 反對로 普通의 敵產管理法令에는 그例를 볼 수 없는 軍政廳에 依한 所有權의 取得을 明文으로써 積極的으로 規定하고 있다. 然而 美軍政廳의 그後의 措置, 即 該歸屬財產全部를 (賣却한 것에 關하여는 賣得金도 合하여) 一九四八年 九月 十一日字 韓美協定에 依하여 無條件으로, 나ー가서 大韓民國 國民의 福利를 爲하여 使用도록 하라는 要請下에 大韓民國에 移轉한 事實을 考慮해보면, 日本側의 主張은 何等의 根據없는 것이다.

13

四、에기에서 暫時, 平和條約에 있어서의 日本의 在外資産에 對
한 聯合國의 處理方式을 보건대, 첫째, 聯合國에 있는 그 財
은 第十四條에 此를 規定하여 聯合國에 그 最後的 處分權
을 賦與하고 私的所有者는 경우 各聯合國이 그 國內法으로써
賦與하는 權利 此를 保有시키고 다음에 中立國 및 樞軸
國에 있는 그 財은 第十六條에 此를 規定하여 私的所有者에게
는 何等의 權利도 賦與되지 않고 此를 全部 赤十字國
際委員會에 引渡하고 끝으로 解放國家인 大韓民國에 있
는 그 財에 關해서는 第四條에 依하여 日本으로 하여금 그 前記 法令
第三十三號의 措置, 即 韓國에 있는 모든 日本財産을 美軍
政廳의 所有에 歸屬시킨 措置 及 그 後 此를 大韓民國에
移轉한 措置를 承認시켰다、 即 聯合國은 日本의 그 本來
의 領土外에 있는 모든 財産을 世界的으로 非日本化하는

銀座 ◦ 鳩居製

措置와 一環으로서 韓國에 있어서는 法令第三十三号의 措置를 하였던 것이다 然而 이 어떠한 處理方式에 있어서도 私所有權은 無視 或은 적어도 輕視되어 있다

此에 対하여 日本側은 聯合國, 中立國及樞軸國에 있는 資産에 関하여는 此를 그 國内法에 依하여 没收하는 것은 國際法上의 敵國私有財産不没收의 原則에 違反되나, 平和條約에 依하여 如斯한 處分을 同條約이 合意하였음으로서 此로서 可能하게 되었음을 認定하면서 韓國에 있는 資産의 處理의 境遇에는 此를 認定하지 않는다, 即 美軍政廳이 그 命令으로써 私所有權을 没收하는 것은 "헤-그" 陸戰法規 第四十六條의 私所有權不没收의 原則에 違反하는 것으로 付 此를 認定할 수 없다, 왜냐하면 日本은 占領軍이 國際法上 適法으로 行한 財産의 處分만을 有効로 認定한 것이며 國際法上 占領軍에게 認定되어 있지 않은 處分까지 合法으로 認定하

13

제안한 것이 許可이라고 말하고 있다.
그러나 日本은 平和條約第四條B項에 依하여 美軍政廳의 法令을
그 以前 承認한 것으로서 何等의 留保도 부치지 안했다、그러므로
日本側 說明의 敍例로 볼 때에、만일 美國의 國內法인 敵産管
理法에 依하여 日本의 資産을 沒收하였다면 此는 國際法上의
敵産不沒收의 原則에 違反하되 日本이 第十四條에 依하여 此에
合意하므로서 그 措置가 可能하게 되었다고 한다면 韓國의
境遇에 있어 美軍政廳이 法令第三十三號에 依하여 日本의 資
産에 對하여 그 所有權을、最終的으로 取得한 것이 假令
私有財産不沒收의 原則에 抵觸된다 할지라도 美國의
境遇와 꼭 같은 理由로서、即日本이 第四條에 依하여 此를
承認함으로써、그 措置가 法的으로 可能하게 된 것이다.
第四條B項의 承認은 第十四條、第十六條의 合意와 그

銀座○鳩居堂製

性質에있어何等다름이없다 美軍政廳에依한處分이
法令, 國際法에맞는것이라할지라도 그것을 日本이無
條件으로承認한것은 聯合國에있는財產에關하여서聯合
國이行한處分이國際法에抵觸되는것이있다할지라도
日本이此에合意하는것과 그性質이무엇이달르나

(五) 더구나、日本側이 제기ㄱ 그 陸戰法規第四六條 私所有權不沒收의 原則、敵國財産不沒收의 原則、나아가서는 人權宣言第十七條의 所謂、私所有權의 尊重의 思想을 傳家의 寶刀로서 내걸면서 前記 諸境遇에 있어、私所有權을 沒收當해도、그 私所有權者 自身이 아니고、日本國이 此에 同意하는 것만으로써、곧 該原則이 依然 부서지지 안고、維持되어 있다고 하는데에 對해서도 疑心만 할 뿐 없다。왜냐하면、國家라 할지라도 國民의 財産을 함부로 處分 할 수 없도록 하는 것도 該原則의 要請의 하나인 까닭이다。

따라서、그보다는 오히려 戰爭終了後 敗戰國의 在外資産에 關해서는、그것이 私所有權인 境遇에 있어서도、前記 諸原則과는 全然 相違한 見地에서、此를 그 나라로부터 分離시키는 措置를 取하는 原則이、國際法上、이미 第一次大戰 때부터 形成되기 始作하여、第二次大戰後에 確立한 것으로 端的으로 보아야 할 것

13

이다、在外資産의 處理는 私所有權尊重의 原則에도 不拘하고、다强하고 높은 理想에 依하여 그나라의 本來의 領土外에 있는 財産에 關해서만 行하게 된다、韓國의 境遇에 있어、韓國에 있는 財産도、日本或은 日本人의 財産에 關해서만、如斯한 措置가 行하게 된 것으로서、韓國及韓國人의 財産、又는 日本本來의 領土에 있는 財産에 關해서는、私所有權尊重의 原則이 充分히 保持되어 있다、日本側은 如斯한 歷史的 現實에는 눈을 감아 보지 않고、法令第三十三號에 關하여、日本에 便利한 解釋을 하는데 急한 나머지、法令第三十三號에 依한 所有權의 最後的 取得의 措置及如斯한 所有權의 大韓民國에 對한 無條件讓渡를 가르켜、國際法違反이라고 斷定하는 것은、韓國側으로서는 遺憾의 뜻을 表하지 않을 수 없다、

(大) 要컨대、日本이 平和條約第四條B項에 依하여 承認한 美

軍政法令第三三號에依하여、一九四五年八月九日또는그後、韓國에 있는 日本國及日本人의 또는 財産은、一九四五年九月二十五日附로 美軍政廳에 歸屬되여、그所有가 되고、一九四八年九月十一日附韓美協定에 依하여 大韓民國의 所有가 된 것이다. 따라서、韓國에는 日本또는 日本人의 財産은 아무것도 없었다. 그러므로 平和條約第四條A項에 依한 特別協定은 韓國및그國民의 日本또는 日本國民에 對한 請求權과 處理가 그 對象이 되는 것이다. 同項이 相互的協定과 같은 表現을 取하고 있는 것은、同項이 韓日間의 請求權의 問題뿐만 아니고、第二條、第三條掲記의 諸地域과 日本間의 問題를 包括的으로 規定하고 있는 結果에 지나지 않는다、

(七) 韓國이 歸屬財産에 對하여 그 國策에 依하여 處分한 것은、叙上과 如히 自己에 도라 온 所有權에 依據한 行爲이다.

13

(11) 以上과 如히 韓國側의 說明이 끝난後 日本側으로부터 十分

間休憩要請이 有하여 我側同意하고, 午後三時四十分 再開

하였는데, 먼저 日本側으로부터

(12) 至今 韓國側의 說明을 들으니 韓國側에서 我側說明에 對하

여, 若干 誤解하고 있는 것 같다. 或是 日本側의 說明이 不充分

한 点이 있어 그런지 모르겠으나 至今까지의 說明은 다만 要旨이었

으나 今日은 韓國側의 誤解를 풀기 爲하여 좀더 具体的으로

說明코저 하는데, 此에 있어서는 韓國側에서 我案에 對하여 質問

을 하면 我側은 詳細히 答弁하겠다 (乙)는 提議가 有하였으나

我側 (丁) 日本側說明은 充分하며, 根本的인 問題에 있어서 見解

의 差異点이 있으니 이 以上 說明은 (或은 三回로) 必要는 없다. 至今까

지의 日本側의 說明의 要旨 또는 提案을 보면, 日本側의 誠意

를 疑心하지 않을 수 없다. 特히 在韓日本人 財産에 對한 勸[illegible]

으로 因한 滅失, 破損 등의 境遇에 있어 損害賠償 또는 原狀回復을 要求한다는 것은 言語道斷이다. 現下 共産主義를 粉碎코저 十六個國의 自由國家의 軍隊가 韓國戰線에서 피를 흘리고 있는 이때에, 이 같은 戰亂被害로 因한 損害賠償을 請求한다는 것은 國際正義에 反하는 것이라 斷定 아니 할 수 없다. 따라서 今後 日本側이 그 같은 主張을 버리고, 다시 代案을 提出하지 않는 限, 이 以上 論議할 必要가 없다 하고 日本側 提議를 一蹴하였음

(11), 發表事項

時日, 參席者, 日本側 要求에 對한 韓國側 意見表示

以, 閉會

三月二十四日(金), 午前十時 再開키로 하고, 午後四時三十分 閉會하였음

CONFIDENTIAL KOREA-JAPAN CONFERENCE

Summary Record of the Sixth Session of the Claims Committee

1. Date, time and place:

March 10, 1952 15:20 hours - 16:30 hours

at Room No. 419, Ministry of Foreign Affairs

2. Conferees:

All Committee-members of both Delegations, except Mr. Ishida, Mr. Ushiroku and Mr. Kim, were present. Mr. Dongjo Kim, member of Korean Delegation, Fisheries Committee was present as an observer.

3. Proceedings:

(1) Japanese side asked for having questions and answers on its proposal, but the Korean side viewed its difference on the Japanese proposal and gist of explanation thereon as per annex.

(2) After ten minutes' recess in response to the request of the Japanese side, the meeting was reopened at 15:45 hours.

(3) Japanese side stated that it would be proper to have questions and answers in detail on its proposal, but Korean side replied that it would be unnecessary to do so, because there was a fundamental difference in the legal assertions of both sides.

(4) It was decided, as a tentative schedule, that the next (seventh) session of this Committee be convened from 10:00 hours, Marsh 14th (Friday), 1952 at the same conference room.

Annex

"DIFFERENT VIEW OF KOREAN SIDE ON JAPANESE PROPOSAL REGARDING PROBLEM OF PROPERTY AND CLAIMS

Korean side sets forth its different view on Japanese proposal concerning property and claims between the Republic of Korea and Japan, and the gist of explanation thereon, submitted at the preceding session as follows:

It is true, as Japanese side indicated, that the key point for solving the problem on property and claims between the Republic of Korea and Japan lies in how Japan construes the spirit of the USAMGIK Ordinance No. 33, which Japan recognized under the paragraph (b) of the Article 4 of the Peace Treaty. Japanese side asserted that the said Military Ordinance No. 33 providing that "Properties of Japan or its nationals in Korea are vested in and owned by the U.S. Military Government in Korea" is not the provision for the acquisition of ownership for confiscation, but the one for that of the trust ownership for custody of enemy property, However, in the above Military Ordinance, there is no such an expression as to justify the view of Japanese side. On the contrary, the Ordinance directly provides for the acquisition of ownership by the U. S. Military Government in Korea which has never been described in the usual enemy property custody act. Accordingly, in view of the subsequent disposition made by the U.S. Military Government in Korea — the facts that all those vested properties (including the proceeds) were unconditionally transferred to the Government of the Republic of Korea to be used for the benefit of its nationals in accordance with "the Agreement between the Republic of Korea and the United States" dated September 11, 1948, the assertion of Japanese side has no ground.

Herewith, let us, for a while, observe how Japanese assets outside of Japan were disposed of in the Peace Treaty by the Allied Powers.

Firstly,

Firstly, concerning Japanese properties in the Allied countries, it is provided in the Article 14 of the Peace Treaty that to the Allied countries themselves the authorization finally to dispose of them is given and to the private owner, only the right to be granted by their national laws.

Secondly, as to Japanese assets in countries which were at war with any of the Allied Powers, it is provided in the Article 16 of the said Treaty that no authorization to dispose of them is given to the private owner and all of them are transferred to the International Committee of the Red Cross.

Thirdly, regarding Japanese assets in the liberated country, such as the Republic of Korea, the Article 4 of the said Treaty has made Japan recognize the disposition by the said Military Ordinance -- the disposition by which all Japanese assets in Korea were vested in and owned by the U.S. Military Government in Korea and thereafter transferred to the Government of the Republic of Korea. That is to say, in Korea, the Allied Powers took the disposition concerning the said Military Ordinance No.33, as one od dispositions to let all Japanese assets outside of Japan-proper be non-Japanese all over the world. Accordingly, in all those dispositions, private ownership was just ignored or at least regarded lightly.

Japanese side recognises that though confiscation of its private property in the allied, neutral and the axis countries by their national laws is a violation of the principle of non-confiscation of property owned by the individuals of the enemy country under the international law, it is possible only through Japan's consent in accordance with the Peace Treaty; while

Japan

Japan does not recognize disposition of the said property in Korea. Japanese side asserts herself that as it is a violation of the said principle described in the Article 46 of "the Hague Regulation Concerning the Laws and Customs of Land Warfare" that the U.S. Military Government in Korea confiscates the private property in its enemy country under or by its directive, Japan is unable to recognize the said disposition. The reason is that Japan recognizes as valid only the legitimate disposotion made by the Occupied Forces under the International Law and does not recognize as legitimate any disposition unauthorized to the Occupied Forces by the International Law.

However, Japan has recognized the USAMGIK Ordinance without any reservation, pursuant to the paragraph (b) of the Article 4 in the Peace Treaty. Therefore, if the explanation of Japanese side is that though confiscation of those Japanese assets by the enemy property law which is the national law of the United States is a violation of the principle of non-confiscation of private property of the hostile country under the international law, it is only possible because Japan concurred to the Article 14 in the said Treaty, then the disposition, in the case of Korea - the disposition recognized by Japan in accordance with the Article 4 in the said Treaty, -- even if the final acquisition of ownership of those Japanese assets by the U.S. Military Government in Korea by or under its Ordinance No. 33 is a violation of the principle of non-confiscation of private property, has also been legitimately granted by the same reason as in the case of the United States. Japan's recognition of the paragraph (b) of the Article 4 and its concurrence to the Article 14

and

and 16 of the said Treaty are same in their nature. Is there any difference between the unconditional recognition of the abovementioned Ordinance No. 33 and the concurrence to Article 14 and 16 of the said Treaty even if dispositions of those properties in the Allied countries by themselves and of those properties in Korea by the U.S. Military Government in Korea were out of the international law?

Furthermore, it can be deemed doubtful that Japanese side, insisting on the importance of the principle of non-confiscation of private ownership described in the Article 46 of the "Hague Regulation", the principle of non-confiscation of private property of the enemy country and the principle of respecting private ownership prescribed in the Article 17 of the "Universal Declaration of Human Rights" states that these principles are legitimized only by the consent of the Japanese Government and not by that of its private owner, even if private ownership is to be confiscated in all above cases. Because it is also one of demands of these principles not to let the nation dispose of its nationals' properties against their will. Accordingly, as to those properties outside of defeated countries after the end of war, it is to be rather considered that the principle of disposition to separate such a private ownership from its national nature, even if it is private ownership, from the viewpoint different from the said principles, had already grown up since the World War I and has been established after the World War II. Disposition of all those assets outside of the country is made only to properties located out of its mainland under the higher and more powerful ideal, notwithstanding the thought of

respecting

respecting private property. In the case of Korea, such a disposition was made only on the property of Japan or its nationals in Korea, and as to the property of Korea or its nationals in Korea or that of Japan or its nationals within Japan Proper, the thought of the said respecting of private ownership was fully maintained. Therefore, our Korean side cannot help expressing its great regret for such conclusion of Japanese side that, without understanding such a historical reality and by very hasty and easy-going interpretation to be convenient for itself, disposition for the final acquisition of ownership under or by the Military Ordinance No. 33 and the unconditional transfer of ownership to the Government of the Republic of Korea are violations of the international law.

In short, all properties of Japan or its nationals in Korea on or after August 9, 1945 were vested in and owned by the U.S. MG in Korea on September 25, 1945, under its Ordinance No. 33 recognized by Japan, pursuant to the paragraph (b) of the Article 4 in the Peace Treaty and thereafter owned by the Government of the Republic of Korea in accordance with the Agreement between the Republic of Korea and the United States dated September 11, 1948. Accordingly, there is no property of Japan or its nationals in Korea. Therefore, the objective of special arrangement by the paragraph (a) of the Article 4 in the said Treaty is to find out the means and ways for the disposition of property and claims of Korea or its nationals toward Japan or its nationals. The said provision gives such an expression as of the mutual agreement, but it is only because it provides comprehensively both the problem on property and

claims

claims between the Republic of Korea and Japan and the problem thereon between the area prescribed in the Articles 2 and 3 of the said Treaty and Japan.

As stated above, it is nothing but an action based on its vested ownership that the Government of the Republic of Korea disposed of those vested properties under its policy.

In the above, the fundamental position of Korean side has been clarified in connection with the view of the Japanese side. However, in short, Korean side cannot but be of such a deep impression that Japanese side, in its elements, has not yet been aloof from the idea of the old relation of domination.

Japanese side asserts its original right and asks for the reaffirmation thereof, based on the idea that it is fair and proper that Japan or its nationals possessed most of these properties in Korea as of August 9, 1945. However, such an assertion may be of implication of bringing forth a new economic annexation and of the request of Japan for a new "slavery condition of Korea" specified in the Cairo Declaration.

This committee is a kind of sub-committee, but the discussion on the problem of property and claims between the Republic of Korea and Japan has to start from being aware of the political significance therein. The paragraph (b) of the Article 4 in the Peace Treaty was provided in consideration of the political and economic independence of the Republic of Korea in conformity with the paragraph (a) of the Article 2 in the said Treaty. Accordingly, it can be said that embracing a doubt about the said provision is just same as doing so about the political and economic independence of the Republic of Korea.

11. 請求權問題に關する日本側提案に對する韓國側異見, 1952. 3. 10

日本外交文書 1184, 두 번째 문서

일본 측 역청구권 주장에 대하여 한국 측이 제6차 청구권위원회 회의에서 주장한 한국 측 이견을 일본 측이 그대로 일문으로 번역한 내용이 담긴 문서다.

이 문서의 국문본은 앞의 10번 문서에 포함되어 있으나 편의상 이곳에서 다시 한번 기재한다.

번역

청구권 문제 관련 일본 측 제안에 대한 한국 측 이견

(1) 제5회 회의에서 일본 측으로부터 제출한 '재산 및 청구권의 처리에 관한 협정의 기본 요강' 및 설명 요지에 대하여 한국 측은 다음과 같이 법리론 상의 그 이견을 개진한다.

(2) 한일 양국 간의 청구권 문제를 해결하는 관건이, 일본 측이 지적하는 바와 같이 일본이 평화조약 제4조 B항에 의하여 승인한 재한 미군정청 법령 제33호의 정신의 인식 여하에 있다는 것은 사실이다.

(3) 일본 측은 전기 법령 제33호가, 한국에 있는 일본재산은 미군정청에 vested in and owned by '귀속 소유되었다'라고 규정되어 있는 것에 대하여 이는 몰수를 위한 소유권 취득이 아니고, 적산관리로서의 신탁적 소유권의 취득이라고 주장하고 있다. 그러나 동 법령에 있어서는 일본의 주장을 엿볼 수 있는 하등의 문언도 없을 뿐 아니라 도리어 반대로 보통의 적산관리령에는 그 예를 볼 수 없는 군정청에 의한 소유권의 취득을 명문으로써 적극적으로 규정하고 있다. 그러나 미군정청의 그 후의 조치, 즉 그 귀속재산 전부를(매각한 것에 관해서는 매득금도 합하여) 1948년 9월 11일 자 한미협정에 의하여 무조건으로, 나아가서 대한민국 국민의 복리를 위하여 사용토록 하라는 요지하에 대한민국에 이전해 준 사실을 고려해 보면 일본 측의 주장은 하등의 근거도 없다.

(4) 여기에서 잠시, 평화조약에 있어서의 일본의 재외자산에 대한 연합국의 처리 방식을 보건데, 첫째, 연합국에 있는 그것은 제14조에 이를 규정하여 연합국에 그 최종적 처분권을 부여하고 사소유자는 겨우 각 연합국이 그 국내법으로써 부여하는 권리만을 보유시키고, 다음에 중립국 및 추축국에 있는 그것은 제16조에 이를 규정하여 개인 소유자에게는 하등의 권리도 부여치 않고 이를 전부 적십자 국제위원회에 인도하고, 끝으로 해방국가인 대한민국에 있는 그것에 관해서는 제4조에 의하여 일본으로 하여금 전기 법령 제33호의 조치, 즉 한국에 있는 모든 일본재산을 미군정청의 소유에 귀속시킨 조치 및 그 후 이를 대한민국에 이전한 조치를 승인시켰다. 즉 연합국은 일본의 그 본래의 영토 외에 있는 모든 재산을 세계적으로 비일본화

하는 조치의 일환으로서 한국에 있어서는 법령 제33호의 조치를 하였던 것이다. 그러나 어떠한 처리 방식에 있어서도 개인 소유권은 무시 혹은 적어도 경시되어 있다.

이에 대하여 일본 측은 연합국, 중립국 및 추축국에 있는 자산에 관해서는 이를 그 국내법에 의하여 몰수한다는 것은 국제법상의 적국 사유재산 불 몰수의 원칙에 위반되나 평화조약에 의하여 이러한 처분을 일본이 합의하였으므로 비로소 가능하게 된 것임을 인정하면서 한국에 있는 자산 처리의 경우는 이를 인정하지 않는다. 즉 미군정청이 그 명령으로서 개인 소유권을 몰수하는 것은 '헤이그 육전법규' 제46조의 소유권 불 몰수의 원칙에 위반하는 것으로서 이를 인정할 수 없다. 왜냐하면 일본은 점령군이 국제법상 적법으로 행한 재산의 처분만을 유효로 인정한 것이며, 국제법상 점령군에게 인정되어 있지 않은 처분까지 합법으로 인정하지 않는 까닭이라고 말하고 있다.

그러나 일본은 평화조약 제4조 B항에 의하여 미군정청의 법령을 그냥 승인한 것으로서 하등의 유보도 부치지 않았다. 그러므로 일본 측 설명의 설례(設例)를 빌려 말하면, 미국의 국내법인 적산관리법에 의하여 일본의 재산을 몰수하였다면 이는 국제법상의 적산 불 몰수의 원칙에 위반되나 일본이 제14조에 의하여 이에 합의함으로써 그 조치가 가능하게 되었다고 한다면 한국의 경우에 있어 미군정청이 법령 제33호에 의하여 일본의 자산에 대하여 그 소유권을 최종적으로 취득한 것이 가령 개인 소유권 불 몰수의 원칙에 저촉된다 할지라도 미국의 경우와 똑같은 이유로서, 즉 일본이 제4조에 의하여 이를 승인함으로써 그 조치가 법적으로 가능하게 된 것이다.

제4조 B항의 '승인'은 제14조, 제16조의 합의와 그 성질에 있어 하등 다름이 없다. 미군정청에 의한 처분이 가령 국제법을 넘는 것이라 할지라도 그것을 일본이 무조건으로 승인한 것은 연합국에 있는 재산에 관해서 연합국이 행한 처분이 국제법에 저촉되는 것이 있다 할지라도 일본이 이에 합의하는 것과 그 성질이 무엇이 다른가.

(5) 더구나, 일본 측이 이 '헤이그 육전법규' 제46조 개인 소유권 불 몰수의 원칙, 적국 재산 불 몰수의 원칙, 나아가서는 인권선언 제17조의 소위 개인 소유권 존중의 사상을 전가의 보도(寶刀)로서 내걸면서 전기 제 경우에 있어 개인 소유권을 몰수당

해도 그 개인 소유권자 자신이 아니고, 일본국이 이에 동의하는 것만으로써 곧 그 원칙이 의연(依然) 부서지지 않고, 유지되어 있다고 하는 데에 대해서도 의심 안 할 수 없다. 왜냐하면 국가라 할지라도 국민의 재산을 함부로 처분할 수 없도록 하는 것도 그 원칙의 요청의 하나인 까닭이다.

따라서, 그보다는 오히려 전쟁 종료 후 패전국의 재외자산에 관해서는, 그것이 개인 소유권인 경우에 있어서도 전기 제 원칙과는 전혀 상위한 견지에서 이를 그 나라로부터 분리시키는 조치를 취하는 원칙이, 국제법상 이미 제1차 대전 때부터 형성되기 시작하여 제2차 대전 후에 확립한 것으로 단적으로 보아야 할 것이다. 재외자산의 처리는 개인 소유권 존중의 사상에도 불구하고 더 강하고 높은 이상에 의하여 그 나라의 본래의 영토 외에 있는 재산에 대해서만 행하게 된다. 한국의 경우에 있어 한국에 있는 재산도, 일본 혹은 일본인의 재산에 대해서만 이러한 조치가 행하게 된 것으로서, 한국 및 한국인의 재산, 또는 일본 본래의 영토에 있는 재산에 대해서는 개인 소유권 존중의 사상이 충분히 고지되어 있다. 일본 측이 이러한 역사적 현실은 돌아보지 않고 법령 제33호에 관하여 일본에 편리한 해석을 하는 데 급한 나머지, 법령 제33호에 의한 소유권의 최후적 취득의 조치 및 이러한 소유권의 대한민국에 대한 무조건 양도를 가리켜 국제법 위반이라고 단정하는 것에, 한국 측으로서는 유감의 뜻을 표하지 않을 수 없다.

(6) 요컨대 일본이 평화조약 제4조 B항에 의하여 승인한 미군정청 법령 제33호에 의하여, 1945년 8월 9일 또는 그 후 한국에 있는 일본 및 일본인의 모든 재산은, 1945년 9월 25일부로서 미군정청에 귀속되어 그 소유가 되고, 1948년 9월 11일부 한미협정에 의하여 대한민국의 소유가 된 것이다. 따라서 한국에는 일본 또는 일본인의 재산은 아무것도 없다. 그러므로 평화조약 제4조 A항에 의한 특별협정은 한국 및 그 국민의 일본 또는 일본 국민에 대한 청구권의 처리가 그 대상이 되는 것이다. 동 항이 상호적 협정과 같은 표현을 취하고 있는 것은 동 항이 한일 간의 청구권의 문제뿐만 아니고 제2조, 제3조 제기의 제 지역과 일본 간의 문제를 포괄적으로 규정하고 있는 결과에 지나지 않는다.

(7) 한국이 귀속재산에 대하여 그 국책에 의하여 처분한 것은 서상(敍上)과 같이 자기에 돌아온 소유권에 의지한 행위이다.

(8) 이상에서 한국 측의 근본적 입장을 일본 측 의견과 관련지어 분명히 했는데, 요컨대 한국 측의 생각이 그 근본에서 아직 구 지배 관계의 타성에서 벗어나지 못한 듯한 인상을 받았다. 일본 측이 지금, 1945년 8월 9일 현재 한국의 부는 그 대부분이 일본 혹은 일본인의 소유였다는 사실과 그 재산의 정상적인 상태로서의 권리를 주장하면서 이에 관해 한국 측의 재확인을 요청하는 것, 그리고 제33호에 의한 소유권의 최종적 취득 조치 및 이 소유권의 대한민국에의 무조건 양도에 대해 국제법 위반이라고 단정하는 것에 대해 한국 측으로서는 유감의 뜻을 표하지 않을 수 없다. 다시 말해, 새로운 경제적 병합을 원하는 것이며, 카이로 선언에서 말하는 노예상태의 새로운 승인을 요구하는 것이라고 하지 않을 수 없다.

(9) 본 위원회는, 분과위원회이긴 하나, 한일 양국간의 재산 및 청구권 문제를 논의함에 있어서는 이 문제가 포함하는 정치적 의의의 충분한 인식에서 출발하지 않으면 안된다. 평화조약 제4조 B항은, 동 제2조 A항과 서로 맞물려 한국의 정치적, 경제적 독립에 대한 고려 위에서 규정된 것이다. 따라서 이 조문에 대해 의심을 품는 것은 한국의 정치적, 경제적 독립에 대해 의심을 품는 것이다.

(주. 이 문서는 한국대표부로부터 받은 것을 그대로 복제한 것임).

請求権問題に関する日本側提案に対する韓国側異見

(一) 第五回会議において、日本側より提出された「財産及び請求権の処理に関する協定の基本要綱」およびその説明要旨に対し、韓国側は、つぎのように、その異見を開陳する。

(二) 韓日両国間の請求権問題を解決する関鍵が、日本側の指摘するが如く、日本が平和条約第四条B項によつて承認した在韓美軍政庁の出した法令第三十三号の精神の認識如何にかゝつているということは、全くその通りである。

(三) 日本側は、前記法令第三十三号が、韓国にある日本財産は、美軍政庁に vested in and owned by「帰属され所有されている」と規定していることに対し、これは、没収の為の所有権取得ではなくして、敵産管理としての信託的所有権の取得であると主張をするのである。しかしながら、同法令においては、日本の主張を裏づけるに足る何等の文言もないのみか、却て、逆に、普通の敵産管理令にはその例を見難い単の政庁による所有権の取得を明文をもつて積極的に規定しているのである。しこうして、美軍政庁のその後の措置、すなわち、これら帰属財産全部を「売却したものについては、売得金もあわせて」、一九四八年九月十一日付韓美協定に基き、無条件に、しかも、大韓民国国民の福利のために使用するようにとの要件の下に、大韓民国に移転し与えた事実をおもいあわせるならば、日本側の主張は何等の根拠をも持たないのである。

ここにおいて、しばらく、平和条約における日本の在外資産に対する連合国の処理方式を観るならば、まず連合国にあるそれは、第十四条にこれを規定して、連合国にその最後的処分権を與へ、私所有権者は、僅かに各連合国がその国内法をもつて與へうる権利のみを保有せしめ、つぎに、中立国および枢軸国にあるそれは、第十六条にこれを規定して私所有権者には何等の権利をも與えずして、これを挙げて、赤十字国際委員会に引渡し、さらにつぎに解放国家である大韓民国にあるそれについては、第四条によつて日本をして前記法令第三十三号の措置、すなわち、韓国にあるすべての日本財産を美軍政庁の所有に帰属せしめた措置およびその後これを大韓民国に移転した措置を承認せしめたのである。すなわち、連合国は、日本のその本来の領土の外にあるすべての財産を、世界的に非日本化する措置の一環として、韓国においては、法令第三十三号の措置をしたのである。しこうして、このいづれかの処理方式においても、私所有権は無視、あるいは少くとも軽視されているのである。

これに対し、日本側は連合国、中立国、および枢軸国にある資産については、これをその国内法によつて没収することは、国際法上の敵国私有財産不没収の原則に違反するのであるが、平和条約によつて、かかる処分を日本が合意したから、初めて可能になつたのであるとして認めながら、韓国にある資産の処理の場合は、これを認めないのである。すなわち、美軍政庁が、その命令をもつて私所有権を没収することは、ヘーグ陸戦法規

第四六条の私所有権不没収の原則に違反するのであつて、これを認めることは出来ない。なぜなら、日本は、占領軍が国際法上適法に行つた財産の処分のみを有効と認めたのであつて、国際法上、占領軍に認められていない処分まで合法と認めたのではないからだ、とするのである。

しかしながら、日本は、平和条約第四条B項によつて、美軍政庁の法令をそのまま承認したのであつて、何等の留保を附していないのである。だから、日本側説明の設例を借りていうと、アメリカの国内法たる敵産管理法によつて、日本の資産を没収したならば、これは国際法上の敵産不没収の原則に違反するのであるが、日本が、第十四条によつてこれに合意したことにより、その措置が可能になつたのであるとするならば、韓国の場合、美軍政庁が法令第三十三号によつて日本の資産に対しその所有権を最終的に取得したことが、たとへ私有財産不没収の原則に抵触するものとしても、アメリカの場合とまさに同じ理由によつて、すなわち、日本が第四条によつてこれを承認することによつて、その措置が法的に可能になつたわけである。第四条B項の「承認」は第十四条、第十六条の合意とその性質において何も変らない。美軍政庁による処分が、たとえ国際法を超ゆるものであつたとしても、それを日本が無条件に承認したのは、連合国にある財産について連合国がなす処分が国際法に触れるものであつても、日本がこれに合意するのと、その性質はひとしいではないか。

(五)

しかも、日本側が、ヘーグ陸戦法規第四六条私所有権不没収の原則、敵国財産不没収の原則、さらには人権宣言第十七条にいういわゆる私所有権の尊重の思想を、伝家の宝刀として持出しながら、前記の諸場合、私所有権を没収されても、その私所有権者自身ではなしに、日本国がこれに同意するだけによつて、直ちに、これらの原則はなお破れずに維持されたことになると、いうことに対しても疑はなきを得ない。なぜなら、国家といえども国民の財産をほしいままに処分することができないようにすることも、これらの原則の要請の一つであるからである。

従つて、それよりは、むしろ戦争終了後敗戦国の在外資産については、それが私所有権である場合においても、前記諸原則とは全然違つた見地から、これをその国から切離す措償をする原則が、国際法上すでに、第一次大戦の時から形成され始め第二次大戦後にいたり確立したものと端的に見るべきであろう。在外資産の処理は、私所有権尊重の思想にもかかわらず、さらに強く高い理想に基いて、その国の本来の領土の外にある財産についてのみ行われるのである。韓国の場合、日本あるいは日本人の財産についてのみ、かかる措償が行われたのであつて、韓国及び韓国人の財産、また日本本来の領土にある日本財産については、私所有権尊重の思想が充分に保持されているのである。日本側はかかる歴史的現実には目を向けずして、法令第三十三号について日本に便利な解釈を引出すに急のあまり、法令第三十三号による所有権の最後的取得の措置およびかかる所有権の大韓民国への無条件譲渡をもつて、国際法違反と断定するのは、韓国側としては、遺憾の意を表せざるを得ないのである。

(六) 要するに日本が平和条約第四条(B)項によつて承認したる美軍政庁法令第三十三号によつて、一九四五年八月九日、あるいは其の後韓国にある日本および日本人のすべての財産は、一九四五年九月二十五日付をもつて、美軍政庁に帰属しその所有となり、一九四八年九月十一日付韓美協定に基き、大韓民国の所有となつたのである。従つて韓国には日本あるいは日本人の財産は何もないのである。だから平和条約第四条A項による特別取極は、韓国および其の国民の日本あるいは日本国民に対する請求権の処理がその対象となるわけである。同項が相互的協定の如き表現を取つているのは、同項が韓日間の請求権の問題のみではなく、第二条、第三条掲記の諸地域に日本との間の問題を包括的に規定したためにすぎない。

(七) 韓国が帰属財産に対しその国策に基き処分したのは、叙上の如く自己に帰属したる所有権に基く行為である。

(八) 以上において、韓国側の根本的立場を、日本側の意見との関連において明らかにしたが、要するに、韓国側としては、日本側の考え方は、その根本において未だ旧支配関係の惰性から止揚されていないという印象を深くせざるを得ない。一九四五年八月九日現在韓国の富は、その大部分が、日本あるいは日本人の所有であつた事実を、日本は正当なる状態として、このままの権利を主張し、今これについて韓国側の再確認を求めることは、すなわち新しい経済的併合を結果するものであり、カイロ宣言にいう奴隷状態の新しき承認を求むるものである、といわざるを得ない。

(九) 本委員会は、分科委員会ではあるが、韓日両国間の財産及び請求権問題の論議にあたつては、この問題の含む政治的意義の充分なる認識から出発せねばならない。平和条約第四条B項は、同第二条A項と照応して、韓国の政治的経済的独立への考慮の上に規定されたものである。従つて、この条文に対し疑義をさしはさむことは、韓国の政治的経済的独立に対し疑義をさし挿むことである。

(注　この文書は韓国代表部より受理したものをそのまま複製したものである。　亜　二)

12. 제4차 한일 정식회의 경과보고, 1952. 3. 24

한국 외교문서 82, 제1차 한일회담 본회의 회의록, 제1~5차

1952년 3월 24일 개최된 제1차 한일회담 제4차 본회의 기록이다.

청구권위원회가 일본의 역청구권 주장으로 대립되자 양국 대표단은 본회의를 개최하여 타개책을 찾으려 하였다. 그러나 본회의에서도 청구권 문제에 대한 공방이 재연되면서 양 측간 대립은 해소되지 못하였고, 결국 제1차 한일회담은 결렬되고 말았다.

이 문서에는 청구권 문제를 둘러싸고 이어진 양측의 논쟁 기록이 담겨 있다.

第四次韓日正式会議経過報告

一、開會： 三月二十四日(月) 午前十時十分 於日本外務省

二、出席者：

1、韓國側 ― 梁大使、金公使以下十三名

2、日本側 ― 松本代表以下十名

三、會議経過：

日本側代表로부터 過般本人이 梁大使를 만났을때、今後每週月曜日定例本會議를 開催함이 若何하냐는 提議有한데 對하여 本人亦是贊成한바 있어 今日第四次正式會議를 열게 된것인데、먼저 至今까지의 三分科委員会(基本、請求權、漁業)의経過報告를 事務局을 通하여 行하게 함이 어떠냐 는 提議가 有하여、我側 此에 同意、事務局으로부터 左와 如한 別添報告

大韓民國駐日代表部

書記 朗讀하였음

(一) 議事

一. 基本関係委員会経過報告

二. 請求権委員会経過報告

三. 漁業委員会経過報告

(二) 代表発言

一. 委員会経過報告是正、

事務局으로부터 経過報告朗讀하고 此後 日本側代表로부터 韓国側代表와 互見 関係提議가 有함에 対하여, 我側代表로부터 前記三委員会経過報告中「請求権委員会」의 経過報告에 있어 韓国側報告와는 다른 点이 有하니 是正하여 달라는 提議가 有하여, 日本側此에 同意, 請求権分科委員会에 回附, 研究是正토록하였음

11. 質疑應答、

請求權問題에 對하여 我側으로부터

咊 표는 懸案問題中에서 第一重要한 請求權問題에 對하여、

日本政府 및 日本側代表의 (見)本的인 見解에 疑問이 있으니 說明

을 要하고 左記와 如히 質問、日本側 答弁하였음

① 我側「日本側이 平和條約의 全條項을 認定하는가 알고 싶다」、

고 質問한데 對하여、日本側「勿論 平和條約의 全條項을 尊重한

다는 根本的인 精神은 疑心할 余地 없고、또 이 尊重한 立場에서 韓日

會議를 하는 것이라」는 答弁이 有하였음、

② 我側「美軍政法令 三十三号를 承認 및 尊重하는가」하고 무른

데 對하여、日本側「該法令 三十三号를 日本이 認定하느냐 平和條

約第四條 B項에 依하여 認定하였다」고 答弁하였음「勿論이다」고 答弁하였음

③ 我側「美軍政法令第三三号를 指摘하는 平和條約第四條(b)項을 認定하느냐」고 무른데 對하여, 日本側「該法令三三号를 日本이 認定하는 것은 平和條約第四條(b)項에 依한 것이라」고 答弁하였음

④ 我側「平和 日本側은 韓國의 어느 部分에나 韓國에 있던 有体財産(PHYSICAL ASSETS)에 對하여 "JURISDICTION"을 主張하느냐」고 무른바, 日本側 "JURISDICTION" 說明要請이 有하여, 我側「此는 管轄을 意味하는 것으로서 日本이 某種의 權利를 主張하는 것이냐」고 무른바, 日本側「韓國側의 說明한 그로는 不充分하니 答弁키 困難하나 日本으로서는 平和條約第四條(b)項에 對하여 美軍占領當局의 行한 諸般措置의 效力을 承認하는 것으로 여기에서는 "JURISDICTION"은 合當치 않다」는 答弁이 有하여, 我側 다시 "JURISDICTION"이라 함은 韓國의

一部 又는 韓國에 있는 有体財産에 對한 請求權(CLAIM)이라
고 說明한바, 日本側 納得하고 「그러하면 日本으로서도 거기에 對하
여 請求權을 가지고 있다」고 말하였음.

이어서 我側으로부터 다시 韓國의 一部에 對한 管轄權主張與
否를 무렀드니 日本側 「國家의 權利로서의 行政權이라든가 或은 裁
判權에 對해서는 管轄權은 主張하지 않으며, 財産에 對한 事實上의
權利 請求權이라면 主張하겠다」 하여, 我側 「그러면 在韓有体財
産에 對하여 CLAIM으로 가지고 있나」 하고 再質問한바, 日本側
「國際法上 認定되는 最終的인 請求權은 가지고 있다」 하였음.

이에 對하여 我側으로부터 具体的인 有体財産의 例를 說明하
라는 提議가 有하여, 「日本側」 日本으로서는 國際法諸學者間에 在
韓美軍政府에 合法的으로 許諾한 有体財産의 處分에 對해서는

大韓民國駐日代表部

此를 認定하며, 許諾되지 않은 範圍에 對해서까지 그 處分을 認定할 수는 없을 뿐 아닌바, 此에 對해서는 原狀回復, 또는 그 所有權을 確認해야 할 것이라 하여, 我側 「方今 當側에서 法令 第三三号를 認定한다고 하였는데, 會談에 와서 말하는 것으로는 該法令의 一部만을 認定하는 것이냐」고 兩質問한바, 日本側 「在韓日本財産의 法的性格은 國際法의 原則에 依하여 決定되어야 될 것이다. 此는 平和條約 第四條 (a)項과 (b)項과의 關聯에서 決定되는 것이다. 日本은 美軍政의 財産處分의 効力은 認定하며, 그 効力에 對해서 論爭할려는 것은 아니고, 國際法과 慣習을 넘어서 處分한 効力뿐에 對해서는 此를 認定할 수 없다는 것이라」고 答하며, 我側 「그러면 日本은 美軍政의 宣言을 認定하느냐」고 무른바, 日本側 「勿論이라」고 對答하였음

이에서 (我側으로부터 「韓國側으로서는 美軍政法令三十三號는 聯合軍이 내린 法令이나 "헤이그" 陸戰法規와 第四十六條에 違反되지 않는다고 生覺하는데, 日本側은 該軍政法令三十三號가 國際法上 違反되는 訓令이 있었다고 生覺하는지 或은 없다고 生覺하는지」 答辯을 바란다 한바, 日本側 「國際法의 原則에 違反할 수 없는 것으로서 勿論國際法의 原則에 準據하여 決定해야 된다」 하며, 我側 「法令三十三號의 解釋與否를 묻는 것이 아니고, 法令三十三號의 어느 部分이 國際法과 違反으로 生覺하는가 하는 것이다」 고 다시 說明하니, 日本側 「法令三十三號를 日本側과 如何히 解釋하느냐 國際法違反이 있었다고 生覺한다」 하며, 我側 「그렇다면가」 하고 反問하니, 日本側 「國際法의 原則에 依하여 解釋하다면 該法令은 國際法違反이 아니라」 하며, 我側 「그러면 法令三十三號를 내린 占領當局도 日本側과 同意見이라고 生覺하느냐」 고 하니 日本

大韓民國駐日代表部

側 그렇다 하고, 此法令은 占領軍의 命令이기 때문에 國際法의 原則에 違反하지 않는 것이라고 答示하였음

그러하여 我側으로부터 日本이 在韓日本有体財産에 對한 請求權을 撤回하지 않는 限 韓日會談은 아무 成果를 얻지 못할 것이라는 意思를 表明하니, 日本側으로부터 大端히 遺憾의 뜻을 表하고, 日本政府로서나 本代表로서나. 이 點에 對한 双方의 法律的 見解로서 本會談에서 可能한 限의 成果를 얻는 것이 우리의 使命이라 生覺하는 故로, 日本側이 이 見解를 撤回할 수 없는 點은 遺憾일시 몰르겠으나. 이 外에도 여러가지 問題가 있으니 此를 解決함으로 可能한 限 成果를 올려, 貴國이 獨立한 것을 契期로 韓日間의 友好의 基礎를 닦고려고 生覺할 뿐이라」고 하며, 我側의 最近 드른바에 依하면 日本側은 韓國에 對하여 請求權을 主張한다 하나 美國政府 및 民間側의 見解에 依하면 平和条約에 依하여 日本은 韓國에 對하며 財産請求.

權이없다하며、또國際司法裁判廷의意見도그렇다하는데, 더구나日本側이在韓財産에對하여韓國戰亂으로因한損害의賠償또는原狀回復을要求하는것은言語道斷이라하고日本側의說明을要請한바、日本側으로부터自案起草者를通하여左와如한說明이有하였음.

日本側起草者로부터日本側提案및說明要旨에對하여韓國側에서誤解하고있는듯하니둘로区分하여說明한다하고、

「①軍政法令第三十三号는日本財産이美軍政府에 VESTED IN AND OWNED BY (歸屬所有되었다)고規定되어있으나、此는헤ー그陸戰法規第四十六条의敵國私有財産을沒收한다는意味는아니고、各國의敵産管理法에있어서와如히 또는民法上의信託의觀念과如히正當한所有者의原權利者로서의權利는依然히存續되는것으로生覺되니美軍政府는占領軍으로서管理者의立場에서敵國私有財産을処分할

大韓民國駐日代表部

수 있으나 그 辨償 및 果實에 關하여서는 正當한 所有者인 原權利者가 請求權을 갖는 것으로서, 이 權利는 財産의 移轉과는 無關係로 存續한다는 것을 意味한다. 따라서 이것은 平和条約 第四条(A)項의 特別協定의 對象이 되리라

② 戰乱으로 因한 補償 云云에 關해서는 日本側 提案을 잘 읽어보면 그 中에는 財産의 被害에 關하여 그 被害가 不可抗力으로 起因된 것이라면, 此에 對해서는 免責한다는 것이 强하게 IMPLY 되어 있으며, 무엇이든지 補償反還해 달라는 것은 안이고 滅損滅失에 關하여서는 理由 如何에 依하여 韓國側의 法的 責任을 免케 하자는 精神이라」고 말하였음. 說明이 끝난 後, 日本側 代表로부터 發言하기를 「韓國側에서는 日本側이 戰乱으로 因한 損害賠償을 要求하는 것으로 誤解하고 있는 듯 하나, 前番 會議時에도 本人이 言明한 바와 如히 現下 貴國 및 貴國人이 戰乱으로 因하여 입은

被害에 對하여 十分의 同情을 表한 것이다. 따라서 万若 貴側이 我側提案
要綱中의 該文句에 誤解를 갖는다면 此는 本人의 本意가 아니다. 貴國
及國民이 不幸한 事態에 빠져 있다는 것은 누구에게든지 是認할 수 없
는 不幸之事이다. 故로 絶對로 그런 意思는 없다고 明言한데 對하여 我
側은 그러나 日本側의 이 說明要旨에는 戰亂으로 因한 損害賠償要求
가 表現되여 있지 않는가 하고, 日本側의 說明要旨를 朗讀한바, 日本側
은 그것은 要旨뿐이고, 全部에 亘하여 詳說 못하여 誤解가 생긴 듯하나,
趣旨는 方今 我側에서 말한바와 如하다. 따라서 貴側의 誤解를 풀기
爲하여 至今 行한 我側의 說明을 正式說明으로서 記錄에 남겨둔다든가
或은 別途로 文書化하며 提出함이 어떠냐는 提議가 有하여 我側再
發言하기를 韓國側은 日本側의 이번 提案及說明要旨를 文書化하여야 하
였다. 此는 國聯軍에 依하여 破壞된 것도 大部分이니 國聯에 對하여는

LA-M한 것이라고 生覺하였다고 또 外國記者들도 알고 있어 하며 그 趣旨를 내라고 主張하였다. 本人이 累次言明한 바와 如히 友好的으로 會議하며 平和的으로 共存하자는 것이고, 「究極」에 있어서는 共産勢力과 싸우자는 것이라고 말하였다. 日本側 [illegible] 緊張한 態度로 韓國側의 國[illegible]部의 意見은 「動亂」이라는 字句에 너무 置重하는 것같은데 그 表現에는 國際連合軍이 IMPLY된 것은 勿論이고 또 國家로는 國民의 責任에 依하지 않은 損害가 發生한 境遇, 此를 讓[illegible] 又는 免責의 "OUTLET"가 되도록 하게 되여 있다

[illegible]하여 하시 되풀이한 바이나 韓國側의 誤解가 없도록 如斯한 日本側의 主張을 兩文書化하여 提出함이 如何하냐는 提案이 有하였으나 我側은 그 必要는 없고 要는 오로지 懸案問題를 友好的으로 하고 [illegible]에 解決하겠다는 根本精神이 必要하다

이러한 精神下에 該問題는 分科委員會에 回附하여 좀더 詳細히
檢討하여 双方의 滿足하는 共通點을 發見함이 좋을 것이라
諸商 双方이 生覺하는 點을 披瀝하면 會談은 成果를 올일 것이다
고 言及한바 日本側도 「同感이다」 하였음 此에 附言하여 我側으로부터
「日本側의 分科委員會의 委員에게 特히 말하고저 하는 것은 問題
取扱에 있어 韓國에 對하여 請求權을 主張한다면 成果가 나지 않을
것이나 그렇한 主張을 撤回하면 問題는 簡單히 解決될 것이라」
고 한바、 日本側은 「法律的인 基礎理論에만 置重말고 技術的
으로 討議하면 可할 것이라」 고 말하였음
끝으로 特히 我側代表로부터、 韓國과 日本은 友好的으로 살어야
할 運命에 있기 때문에、 過去不快할지 모르나、 今後의 韓日兩國
의 友好的關係를 爲하여 基本的인 點은 몇가지 뿐이라 하고

大韓民國駐日代表部

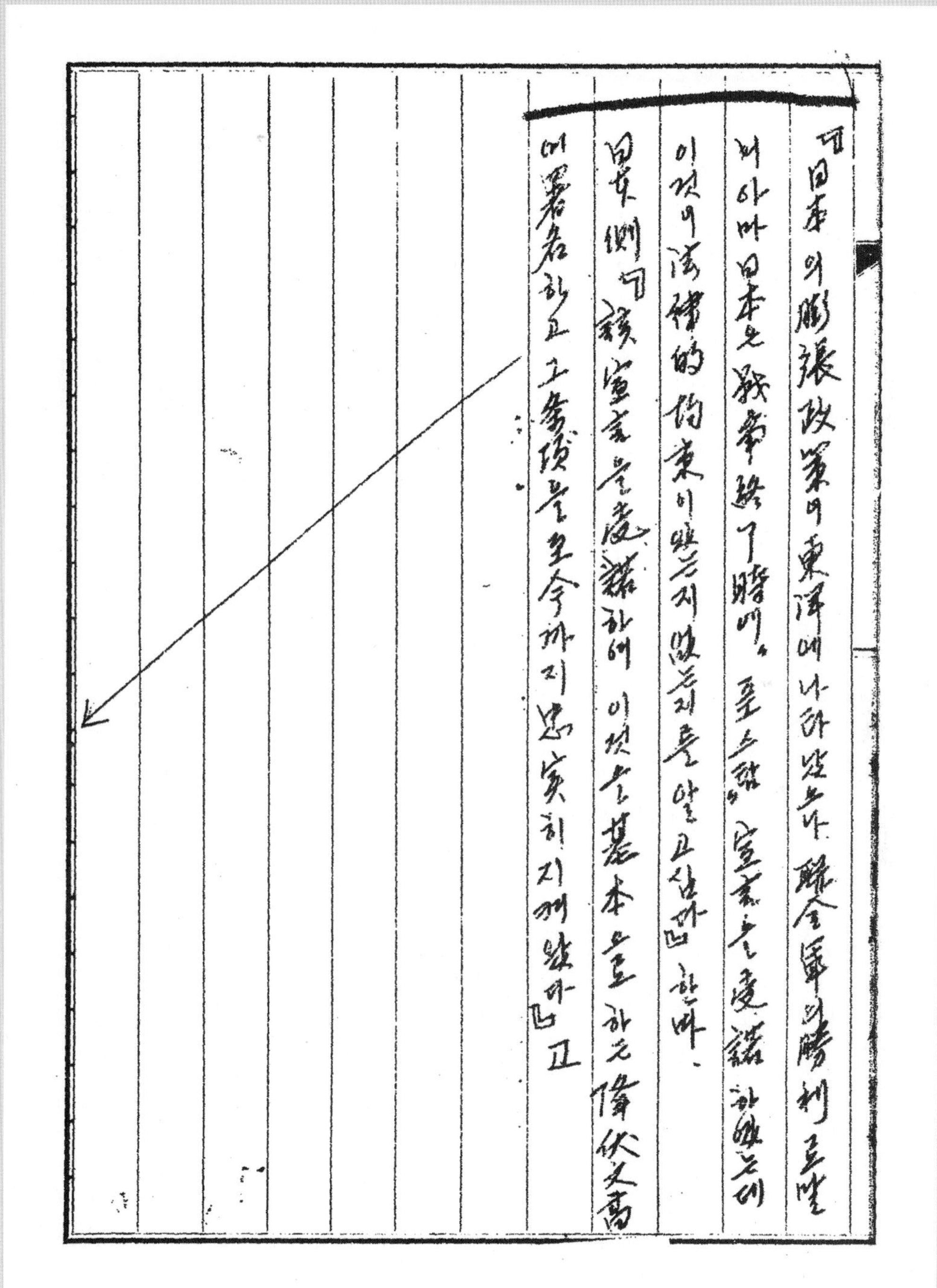

但 日本의膨張政策이東洋에나타났으나 聯合軍의勝利로말
미아마日本은戰爭終了時에 포스담宣言을受諾하였는데
이것이法律的拘束이있는지없는지를알고싶다 한다.
日本側이該宣言을受諾하여 이것을基本으로하는降伏文書
에署名하고 그條項을오늘까지忠實히지켜왔다고

答辯하며 我側 繼續하는 길을 「日本은 포스담宣言에서 引用된 카이로宣言을 受諾하였는데 이 宣言에 依하면 日本은 韓國을 掠取하였고 其他 東洋地域을 盜取하였다고 한 것을 承認한 것인데 掠取나 盜取는 不法行爲이다. 故로 이 掠取 또는 盜取는 法律上 無效한 것이므로 따라서 韓國에 있어서의 모든 行爲는 無效가 되니 日韓併合條約도 無效라는 結論이 된다. 因하여 日本이 韓國에서 取得한 모든 財產權은 無效다. 美軍政法令 三十三號가 나왔다고 生覺한다. 第二次大戰後의 모든 日本財產은 處理도 그러한 趣旨下에 行하여 왔다고 生覺한다. 二十万乃至三十万 韓國人은 全部 그러하게 生覺하고 있으나 日本側은 韓國人의 이러한 國情을 알을

보는 것을 友好的으로 處理하여야 한다」라고 日本側

「日本은 "카이로宣言"에 依한 "포스담宣言"을 文字

그대로 지켜왔다는 것을 世界各國이 잘 아는 바이므로

그 結果 이번 平和條約이 生起인 것이다

따라서 日本은 平和條約第二條、第四條特히 第四條에 依하여

將次 韓日親善關係를 爲하여 誠實히 實行하여왔으니

그 點 理解해주기 바란다고 말하였음

三、發表事項

兩日 參席者 前記 分科委員會 經過報告와 此에 對한 雙方의 意見

交換이 있었다는 것을 正式 發表키로 함

四、閉會

三月二十二日(土) 午前十時 再開키로 하고 午前十二時五十分 閉會하였음

第四回本會議에対한基本関係委員会의報告(案)

基本関係委員会는 第三回本会議의 決定에依據하야、

議題第一「外交関係를包含한両国基本関係의樹立」에関한

討議를為한分科委員会로서設置되어、三月二十二日까지에

六次의会合을하였다

그中、第一、第二및第三次会議에서는日本側提案인日韓友好條約案에対하여説明및質疑応答이行하여졌고、第四및第五次會議에있어서는韓國側対案인韓日基本條約案에対하여説明및質疑応答이行하여졌다

以上으로韓日双方의見解가大略明瞭히되였음으로第六次會議에서는韓日双方의案의調整을企図하여韓日共同案作成에着手하였다

大韓民国駐日代表部

第四回本會議に対する基本関係委員會の報告（案）

基本関係委員會は、第三回本會議の決定に基き、議題第一「外交関係を含む両國基本関係の樹立」に関する討議のための分科委員會として設けられ、三月二十二日までに六回の會合を行った。

そのうち、第一、第二及び第三回会議においては日本側提案の日韓友好条約案について説明及び質疑応答が行われ、第四及び第五回會議においては韓國側対案たる韓日基本條約案について説明及び質疑応答が行われた。

以上により日韓双方の見解が略々明瞭となったので、第六回會議では日韓双方の案につき調整をはかり日韓共同案の作成に着手した。

大韓民國駐日代表部

第四回本會議에있어서、請求權委員會의報告

本會議에있어서決定된五議題中의第二議題인財産및請求權의處理에關한問題에対하여서는「請求權委員會」에있어서今日까지에六次의會議를거듭하였다.

第一次委員會議에있어서韓國側이「韓日間財産및請求權協定要綱案」을提出하고第二次會議에있어서說明을行하였다。韓國側은다시第三次會議에있어서[右要綱의細目을提示하고、]第三次會議및第四次會議에있어서、韓國側提案및細目에対하여서의質疑応答이韓日代表間에行하여졌다

日本側은、第五次四會議에있어서、対案으로서「日韓間에締結될財産및請求權의處理에關한協定의基本要綱案」을提出하고說明을行하였다。 그러나 이것은日本側의提案의一部分

이었지「全部는 않이다. 이에 対하여 韓国側은、第六次「会議에
있어서「諸般懸案問題에関한 日本側提案에対한 韓国側意見」
을 開陳하였다
日本側은 是에、日本側提案에対한 質問応答을 行할 順序라고
述하였으나、韓国側은 両国의 原則問題에関한 法律的主張에
있어서 根本的으로 対立이 있기 때문에 細目에 対한 質問을 必要치
않는다는 旨 対答하였다、 目下에 있어서 本件에 対하여서는 討
議가 停滞하고 있었다。
前記報告中「韓国側은 両国의 原則的問題에 関한 法律的主
張에 있어서 根本的인 対立이 있어、細目에 対한 質問을 必要치 않
는다고 対答하였다」云云의 日本側報告에 対하여 韓国側으로부터
左記와 如히 是正할 것을 提議하였음

記

"韓国側은 日本側이 韓国에 있는 日本 又는 日本人의 財産에 関하여 그 所有權을 主張하는 立場에서서、韓国側의 立場과는 根本的으로 対立이 있어 이 以上 그 細目에 関하여 質問할 必要를 認定치 안는다는 것을 指摘하였다" 云々

第四回本會議における漁業委員會報告

二月二十日の第一回漁業委員會は日韓両代表の挨拶及び日本側提案の日韓漁業協定案の提案理由の説明のみで終り第二回より韓國側の右日本側提案に対する質疑及び日本側のこれに対する応答が行われ、第八回まで続行された。質疑の主な対照となったのは、日本案の第二條(公海自由の原則)、第四條(差し当りの保存措置)、第五條(保存措置違反に対する罰則関係事項)、第六條(委員會)、第七及び第三條との関係(委員會の通報と両締約國共同の措置)等であった

第九回會議において韓國側が対案を提出し提案理由の説明があった

大韓民國駐日代表部

KOREA-JAPAN CONFERENCE

Summary Record of the Fourth Plenary Session

(3)

1. Date, time and place:

March 24th, 1952 10:10 hours — 11:50 hours

2. Conferees:

All members of both Delegations, except Mr. Iguchi, Mr. Nishimura, Mr. Murakami, Mr. Ishida and Mr. Kawasaki, were present.

3. Proceedings:

(1) There were made summary reports of three committees of Korea-Japan Conference (Basic Relations Committee, Claims Committee, Fisheries Committee) as per annex I, II, III.

(2) It was agreed that the Korean draft report of Claims Committee should be produced to the sub-committee for further study.

(3) The Japanese Delegation made its reply on the following questions raised by the Korean Delegation:

a. Asked whether Japan recognizes all provisions of the Peace Treaty, the Japanese Delegation said, "Of course, the fundamental spirit of respecting all provisions of the said Treaty admits no doubt."

b. Asked if Japan recognizes and respects the USAMGIK Ordinance No. 33, the Japanese Delegation replied, "Of course".

c.

c. Questioned whether Japan recognizes paragraph (b) of the Article 4 in the Peace Treaty indicating the USAMGIK Ordinance No. 33, the Japanese Delegation said, "It is based upon paragraph (b) of the Article 4 in the Peace Treaty that Japanese recognizes the said Military Ordinance No. 33".

d. Asked if Japan claims jurisdiction over any part of Korea or any physical assets in Korea, the Japanese Delegation made its reply, "Japan has its claims over Japanese physical assets in Korea".

e. Questioned whether or not Japan claims jurisdiction over any part of Korea, the Japanese Delegation stated, "Japan does not claim any jurisdiction over the so-called administrative or judicial powers as the national power, but has the final claims on physical assets to be recognized by the international law".

Then, the Korean Delegation requested the Japanese Delegation to explain in particular an example of physical assets in Korea and Japanese Delegation made an explanation as follows:

"Japan has its claims to any property other than disposed by the US Military Government in Korea within the scope recognized by the international law and wants to confirm and recover the status quo over any dispositions made not by the U.S. Military Government but by the Government of the Republic of Korea:

In this connection, the Korean Delegation raised question on whether Japan recognizes the said Military Ordinance No. 33,

as

as an authentic directive, the Japanese Delegation answered, "The legal character of Japanese property in Korea should be decided in accordance with the international law and in connection with paragraphs (b) and (a) of the Article 4 in the Peace Treaty. Japan recognizes the validity of dispositions made by the U.S. Military Government and has no intention to dispute on the validity thereof. Japan is unable to construe the validity of disposition made by the United States Military Government as having been beyond the scope of the international law".

f. Asked whether Japan recognizes the Potsdam Declaration, the Japanese Delegation said, "Of course".

g. Asked what part of the said Military Ordinance No. 33 is considered to be a violation of the international law, the Japanese Delegation stated, "The Ordinance does not violate the principle of the international law if construed, as the Japanese Delegation does, pursuant to the principle of international law, for the Ordinance is a directive issued by the Occupation authorities."

h. The Korean Delegation expressed its view that, unless Japan withdraws its claims over Japanese physical assets in Korea, this conference would not bring out any results. The Japanese Delegation showed its great regret, saying that they felt it regrettable not to be able to withdraw their legal views since it was considered to be their mission to realize the possible results in this conference, but they had the intention to lay the foundation of friendly relations between the Republic of Korea and Japan by solving various pending problems

i.

i. Upon the statement of the Korean Delegation that it was unreasonable for Japan to claim not only for Japanese property in Korea but also for compensation of Japanese property damages resulted from the Korean war or recovery of their status quo, the Japanese Delegation clarified its position as follows:

"1. The USAMGIK Ordinance No. 33 provides that "the title to -- property -- is hereby vested in and owned by the Military Government in Korea", but this provision does not imply anything which may override the provisions of the so-called Hague Regulation Concerning the Law and Customs of Land Warfare which prescribes that no private property can be confiscated (Article 46). Just as in the case of Enemy Property Acts of every country or the idea of trust in civil law, it is properly concluded that the right of the original owner as the rightful owner still exists, and therefore, though the U.S. Military Government may dispose of its enemy private property as an occupation force, as a custodian, the original owner must be allowed the claim to the proceeds or fruits of disposition as the rightful owner. This ownership exists continuously regardless of the transfer of the property. Accordingly, this is the particular objective of paragraph (a) of the Article 4 in the Peace Treaty; and

"2. Concerning the expression of "war damages", the Japanese proposal positively implies the spirit of relieving the Republic of

Korea

Korea of legal responsibility for property damages or losses under inevitable circumstances according to the causes therefor."

j. The Korean Delegation pointed out that claim for compensation of war damages was expressed in the gist of the Japanese explanation on its proposal. The Japanese Delegation stated that, owing to the brief explanation, the Korean Delegation might misunderstand Japan's position, but Japan's intention was just as stated above, and proposed to record or write separately as a formal explanation for the purpose of clearing misunderstanding of Korean Delegation. However, the Korean Delegation returned a negative, saying that Japan's claim was against the United Nations because most of Japanese properties in Korea were destroyed by the United Nations Forces. The Japanese Delegation stated that, as to the said expression, the Korean Delegation seemed to adhere to the word "war", but it did not imply the United Nations Forces, and that the Japanese proposal was written so as to give the outlet for relieving from responsibility for irresponsible war damages. And the Japanese Delegation proposed again to write separately its view as a formal explanation. However, the Korean Delegation said that it was essential to solve all pending problems with friendly spirit in the earliest possible time, and it would be proper to submit this problem to the sub-committee and to find something in common with each other through the detailed study thereon. In addition, the Korean Delegation desired that all sub-committee members should abandon their

claims

claims over Korea for all problems to be easily settled. The Japanese Delegation responded that both sides should discuss technically without adhering to the fundamental theory of legality.

k. Asked whether or not "the Potsdam Declaration" accepted by Japan has the legal restraint, the Japanese delegation replied, "Japan accepted the said Declaration and has faithfully fulfiled all its provisions." The Korean Delegation continued to state, "Japan accepted the Cairo Declaration as quoted in the Potsdam Declaration. According to this Declaration, Japan recognized that she seized Korea and other areas of Orient, and stole their properties, and seizure and looting are illegal acts. Accordingly, it is concluded, that, as seizure and looting are legally invalid, all acts taken by Japan in Korea are ineffective, and also the Treaty of Annexation between Korea and Japan is so. Therefore, all properties acquired by Japan or its nationals in Korea are null and void. It is believed, from the said viewpoint, that the USAMGIK Ordinance No. 33 has come out as a method of disposition of all Japanese properties after the World War II. Korean people have also the same view as stated above, and so the Japanese Delegation, realizing such a feeling of the Korean people, should friendly discuss on all problems". Japanese Delegation made a reply, "Japan has faithfully fulfiled all provisions of the Potsdam Declaration. The said facts have been recognized by the world countries, as a result of which the Peace Treaty has been concluded. It is therefore desired that the Korean

Delegation

Delegation realize the facts that Japan has earnestly complied with the said Declaration and that she is desiring to establish the future amicable relations between Japan and the Republic of Korea in accordance with Articles 2, 4, etc. of the Peace Treaty.

4. It was decided that the next (5th) session should be reconvened from 10:00 hours, March 31st (Monday), 1952 at the same conference room.

ANNEX I

T R A N S L A T I O N

Report of the Basic Relations Committee
to the Fourth Plenary Session

The Basic Relations Committee, which was established as a sub-committee for the discussion of the first item of the agenda, "establishment of the basic relationship between the two countries, including diplomatic relation", upon the decision made at the Third Plenary Session, held six sessions until March 22nd.
Of these sessions, at the First, Second and Third Session, explanations and questions and answers were made on the Draft Treaty of Amity between Japan and the Republic of Korea presented by the Japanese side, and at the Fourth and Fifth Session, on the Draft Basic Treaty between the Republic of Korea and Japan presented by the Korean side as a corresponding draft.
Since views of both sides have generally been clarified through these discussions, both sides started to draft cooperatively a joint Draft Treaty at the Sixth Session, adjusting the drafts of both sides.

ANNEX II

T R A N S L A T I O N

Report of the Claims Committee to the
Fourth Plenary Session

The Claims Committee held six sessions up to this date, concerning the problem of the disposition of property and claims, which is the 2nd item of five items of the agenda decided at the Plenary Session.

At the First Session the Korean side presented "Draft Principles of Agreement on Property Claims between the Republic of Korea and Japan," and gave its explanations at the Second Session. The Korean side further submitted the tiems of the abovementioned draft principles at the Third Session, and questions and answers were exchanged between the Japanese and Korean Delegates at the Third and Fourth Session concerning the Korean draft and its items.

At the Fifth Session, the Japanese side presented, as a corresponding draft, "Basic Principles of Agreement to be concluded between Japan and the Republic of Korea concerning the Disposition of Property and Claims," and gave its explanations. However, this was only part of the Japanese proposal, not the whole. Toward this, the Korean side expressed "Different Opinions of the Korean Side on the Japanese Proposal concerning the Problem of Claims." Though the Japanese side stated that the questions and answers were to be made concerning the Japanese proposal,

the

the Korean side replied that it deemed unnecessary to made questions, as there was a radical discrepancy in the legal opinions on the principal problems between both sides. At present, the discussion on the subject problem is at a standstill.

ANNEX III

TRANSLATION

Report of the Fisheries Committee
to the Fourth Plenary Session

The First Session of the Fisheries Committee held on February 20th recorded the addresses given by the Delegates of both sides and the statement by the Japanese side of the reasons of proposing the Draft Agreement for Fisheries, and from the Second down to the Eighth Session, all the sessions were devoted to questioning and answering about the Japanese draft. The main objects of the Korean questioning were Art. II (principle of the freedom of the high seas), Art. IV (urgent measures for conservation), Art. V (matters concerning penalty regulations against violation of the conservation measures), VI (Commission) of the Japanese draft, Article VII and Article III (relation between information by the Commission and the joint measures by the signatories), etc.

At the Ninth Session, the Korean side introduced its counter-proposal and gave its explanations thereon.

13. 일반청구권 문서 송부의 건, 1961. 3. 30

한국 외교문서 718, 제5차 한일회담 예비회담 일반청구권소위원회 회의록, 1~13차

한국 측이 제2차 한일회담 재산 및 청구권위원회 회의 비공식회의에서 일본 측에 전달한 비망록(Aide-Memoire) 사본이다.

한국 측은 이 비망록을 통해 대일청구요강안 관련 총 25개 항목의 조사를 일본 측에 요청하였다. 그러나 그러한 사실을 잊고 있다가 1961년 3월 22일 개최된 제5차 한일회담 예비회담 일반청구권소위원회 제7차 회의에서 일본 측이 이를 언급하면서 다시 알게 되었다. 결국 한국 측은 일본 측으로부터 이 비망록 사본을 전달받았다.

번역

한국이 일본 측에 전달한 비망록 3건

1953년 5월 14일 자 비망록

1. 한국 국보, 역사적 기념물(미술 공예품, 고서적 등) 반환청구에 관한 일록(日録) 제시 협의의 건
2. 한국 지도 원판, 실측지도 및 해도 반환청구에 관한 목록 협의의 건
3. 한국인(법인 포함) 소유의 일본 유가증권(공채, 사채, 주식 및 기타 증권) 상환 및 기타 취급 방법에 관한 일본 측 의견 조회 건
4. 한국인 징용 노동자에 대한 미지급금 공탁분에 대한 자료 협의의 건

1953년 5월 23일 자 비망록

1. 1945년 9월 30일 자 SCAPIN 74호에 의한 특정 재한 활동 폐쇄 기관(조선은행, 조선식산은행, 조선신탁주식회사, 조선금융조합연합회)의 재일재산 실체 및 그 관리 상황 조회에 관한 건
2. 1945년 9월 22일 자 SCAPIN 45호 및 1948년 11월 17일 자 SCAPIN1 965호 관련 재한 회사 349개 사의 재일재산 관리 청산 상황 및 동 소유 재평가증권 재발행 상황 조회의 건
3. 태평양전쟁 중 한국인 전상자, 전사자 74,800명(미확정 수, 추후 명단 제출 가능)에 대한 조위금 등 조치에 관한 일본 측 대책 또는 의견
4. 태평양전쟁 중 한국인 피징용 노무자(1946년 9월 30일 현재 신고자 수 105,151명 중 징용 중 사망자 12,603명, 부상자 약 7,000명, 단, 이상은 미확정 수이나 추후 명부 제출 가능)에 대한 미지급금 및 조위금 등 조치에 관한 일본 측 대책 또는 의견
5. 한국 내에서 교환 회수, SCAP 요원 및 일본은행원 입회하에 소각할 수 있는 일본은행권 및 일본 정부 지폐 대금 청산 방법 및 시기에 대한 일본 측 의견
6. 한국인이 일본 및 일본 점령 지역에서 적국일 때 해당 지역 일본 관헌에 강제적으로 보관 기탁할 수 있는 일본은행권, 일본 군표, 일본 정부 지폐 등 보관 상황 및 동 대금 청산 방법 및 시기에 대한 일본 측의 전문적 견해
7. 전쟁 종결 직후 조선은행이 대납 지급한 일본 정부 일반회계 세출 국고금 742,859,002엔 및 일본은행에 대한 대월금 158,889,842엔 청산 방법 및 시기에 대한 일본 측의 전문적 견해
8. 조선은행권 발행준비금 재일분 환원 방법 및 시기에 대한 일본 측 의견
9. 구 조선총독부 도쿄출장소 자산(조선총독부 철도국 국원 공제조합 재산) 관리 상황 조회의 건
10. 조선장학회 유지재단 재일재산 현황 조회에 관한 건

1953년 5월 28일 자 비망록

1. 구 이(李)왕가 재산의 한국국유화에 관한 건 통지
2. 조선어업조합연합회 중앙회 재일자산 등 반환 방법에 관한 일본 측 의견 조회에 관한 건
3. 미납수금 항목별 개략 금액 제시 및 일본 측 자료와 조회 의뢰의 건

A부

조선전업주식회사 주문품 대금 선급금 ······ 6,187,067엔
경성전기주식회사 〃 ······ 2,207,088엔
남조전기주식회사 〃 ······ 801,016엔
서선합동전기주식회사 〃 ······ 132,603엔
농지개발영단 〃 ······ 282,806엔
마사회종마대금 선입금 〃 ······ 841,745엔

B부

재외 일본 군부기관 공탁금 등 ······ 1,933,193엔
마약대금 미수금(일본 후생성 외) ······ 12,985,725엔
교통부 운임 승차권 기타 미수금 ······ 31,980,386엔
임산물 공출 대금 미수금 ······ 5,965,687원
조선식량영단 미수금 ······ 53,995,432엔
수리조합연합회 관련 미수금 ······ 88,910엔
농지개발영농조합공사 선금 ······ 255,542엔

C부

한국인 가입자에 대한 일본 19 생명보험회사의 생명보험 책임준비금 ······ 400,000,000엔
동 미경과보험료 추정치 ······ 50,000,000엔

13개 손해보험사 미지급 보험금 ………………………………… 7,305,468.33엔

13개 손해보험사에 대한 조선화재해상보험사의 재보험 회수금

…………………………………………………………………………… 10,030,690.83엔

일본 측 재한 지점 은행의 예금 및 환전환급금 및 기타 잡비 대불금

…………………………………………………………………………… 227,638,722,25엔

D부

우체국환전저축 한국 측 수신계좌 ……………………………… 1,475,967,080엔

대차결재 기준일 이후 한국 측 수취계좌 ……………………… 173,846,433엔

간이생명보험 관련 수취금 ……………………………………… 391,352,964엔

짚공예품 대금 미수금 …………………………………………… 3,563,321원

방송국 주문품 대금 선급금 ……………………………………… 115,604원

전매국 관련 미수금 ……………………………………………… 5,140,174엔

상기 A, B, C, D 각 부의 내용 내역은 한국대표부 한규영 서기관을 통해 수시 문의 바람.

D부 (보류사항)

정식 제시를 유보하는 청구권 항목 및 대략적인 금액

1. 한국인 공무원에 대한 은급 등 미지급금(일본 은급국에 따르면 약 5억 엔)에 관한 건
2. 제3국 소재 한국인(법인 포함)의 재산 회수 또는 보상 방법에 관한 사항
3. a. 일본 법인에 대한 국내 금융기관의 연체 임금 ……… 509,461,246엔
   b. 일본인에 대한 국내 금융기관의 연체 임금 …………… 211,241,763엔
   c. 일본 법인 및 일본인에 대한 가불금 ………………… 1,165,626엔
   d. 일본 법인 및 일본인의 미납 세금 …………………… 162,210,215엔
   e. 무역 보상금 …………………………………………… 117,617,200엔
   f. 무역 보류금 …………………………………………… 102,577,550엔
   g. 군사행동으로 인한 피해 ……………………………… 232,398,883엔

단기 4294 년 3 월 30 일

한일 예회 제 62 호

제 5 차 한일 회담 예비회담
수석 대표 대리 기 윤 근

외 무 부 장 관 귀하

일반 청구권 관계 문서 송부 의건

머리의건, 3 월 22 일 에 개최된 제 7 차 일반 청구권 소위원회 에서 일본측 이 언급한 Aid Memoire (제 7 차 일반 청구권 소위원회 회의록 일본측 발언 참조) 에 관하여 대표부 의 한일 회담 관계 서류 를 조사한바 1953 년 제 2 차 한일 회담시 청구권 관계 비공식 회의 석상 에서 아국측 이 일본측 에 3 차 에 걸처 Aid Momoire 라고 제목 을 붙인 "메모" 형식 의 문서 를 전달 하였다는 기록 은 있으나 원문 을 발견치 못 하여 일본측 에 요청 하여 원문 이 일어로된 동문서 의 사본 을 받었사압기에 이를 첨송 하오니 사수 하시와 검토 하시기 바라나이다.

별첨: 상기 문서 사본

이 상

AIDE-MEMOIRE on talking of the 14th May. 1953

1、韓國国宝、歴史的記念物（美術工芸品、古書籍その他）返還請求に関し目録提示打合せの件

2、韓国地図原版、実測地図及び海図返還請求に関し目録打合せの件

3、韓國人（法人も含む）所有の日本有価証券（公債、社債、株式その他の証券）償還その他取扱方法に関する日本側意見照会の件

4、韓國人被徴用労務者に対する諸未払金供託分に対する資料打合せの件

AIDE-MEMOIRE on talking of the 23rd May, 1953

1. 1945年 9月 30日付 SCAPIN 74号による 特定在韓 活動閉鎖機関（朝鮮銀行、朝鮮殖産銀行、朝鮮信託株式会社、朝鮮金融組合連合会）の在日財産の 実体 並びに その 管理状況照会の件

2. 1945年 9月 22日付 SCAPIN 45号 及び 1948年 11月17日付 SCAPIN 1965号に 関連する 在韓会社 349社の 在日財産管理 清算状況 及び 同所有 有価証券 再発行 状況照会の件

3. 太平洋戦争中の 韓国人 戦傷病者、戦没者 74,800名（未確定概数・追て名簿提出可能）に対する 弔慰金等 措置に 関する 日本側 対策 又は 意見

4. 太平洋戦争中 韓国人 被徴用 労務者 （1946年 9月 30日 現在 申告者数 105,151名 内 徴用中 死亡者 12,603名、同負傷者 約 7,000名 但し、以上は 未確定数なるも、追て 名簿提出可能）に 対する 請未払金 及び 弔慰金等 措置に 関する 日本側 対策 又は 意見

5. 韓国内に おいて 交換回収し SCAP 要員 並びに 日本銀行員 立会の下に 焼却せる 日本銀行券 及び 日本政府紙幣 代り金 清算 方法 並びに 時期に 対する 日本側 意見

6. 韓国人が 日本 及び 日本占領地域より 帰国の 時、当該地 日本官憲に

強制的に 保管寄託せる 日本銀行券、日本軍票、日本政府紙幣等 保管状況 及び 同代り金清算方法 並びに 時期に 対する 日本側専門的意見

7. 戦争終結直後 朝鮮銀行が 立替支払いたる 日本政府 一般会計歳出国庫金 742,859,002円 及び 日本銀行に 対する 貸越金 158,889,842円 清算方法及び 時期に 対する 日本側 専門的意見

8. 朝鮮銀行券 発行 準備在日分還元方法及び 時期に 対する 日本側意見

9. 旧朝鮮総督府 東京出張所資産（朝鮮総督府 鉄道局職員共済組合財産）管理状況照会の件

10. 朝鮮奨学会維持財団 在日財産現況に 関する 照会の件

AIDE-MEMOIRE on talking of the 28th May, 1953

1. 旧李王家財産 韓國國有化に関する件 通知

2. 朝鮮漁業組合連合会中央会 在日資産等 返還方法に関する 日本側意見照会の件

3. 諸未收金 項目別 概算金額提示 及び 日本側資料と照会依頼の件

Aの部

朝鮮電業株式会社 注文品代金前渡金		6,187,067円
京城電気株式会社	〃	2,207,088円
南朝電気株式会社	〃	801,016円
西鮮合同電気株式会社	〃	132,603円
農地開発営団	〃	282,806円
馬事会種馬代金前渡金	〃	841,745円

Bの部

在外日本軍部機関の供託金等	1,933,193円
麻薬代金未收金(日本厚生省外)	12,985,725円
交通部運賃乗券その他未收金	31,980,386円
林産物供出代金未收金	5,965,627円
朝鮮食糧営団未收金	53,995,432円
水利組合連合会関係未收金	88,910円

農地開発営団工事前渡金	255,542円
Cの部	
韓国人加入者に対する日本十九生命保険会社の生命保険責任準備金	400,000,000円
同未経過保険料概算	50,000,000円
13損害保険会社の未払保険金	7,305,468.33
同13会社に対する朝鮮火災海上保険会社の再保険回収金	10,630,690.83
日本側在韓支店銀行の預金並びに為替組戻しその他雑費代払金	227,638,722.25
Dの部	
郵便為替貯金韓国側受け取り勘定	1,475,967,080円
貸借決裁基準の日後における韓国側受け取り勘定	173,846,433円
簡易生命保険関係受取金	391,352,964円
薬工品代金未収金	3,563,321円
放送局注文品代金前渡金	115,604円
専売局関係未収金	5,140,174円

以上A.B.C.D.各部の内容明細については韓国代表部

韓奎永書記官 経由にて 随時御照会被下度

D の 部 (保留事項)

正式提示を 留保する 請求权項目 及び 概算金額

1. 韓国人官吏に 対する 恩給等請求払金
(日本恩給局に よれば 約5億円) に 関する件

2. 第3国 所在の 韓国人(法人をも含む) 財産回収 又は 補償
方法に 関する件

3. a. 日本法人に 対する 韓国内金融機関の 滞り債金
509,461,246円

b. 日本人に 対する 韓国内金融機関の 滞り債金
211,241,763円

c. 日本法人 並びに 日本人に 対する 仮払金
1,165,626円

d. 日本法人 並びに 日本人の 未納税金
162,210,215円

e. 貿易補償金 117,617,200円

f. 貿易保留金 102,577,550円

g. 軍事行動に 因る 被害 232,398,883円

14. Aide-Memoire on talking of the 14th May 1953, the 23rd May 1953, the 28th May 1953
日本外交文書 693, 여덟 번째 문서

일본 측 외교문서에 수록되어 있는 1953년 5월 14일 자, 5월 23일 자, 5월 28일 자 비망록 문서다.

AIDE-MEMOIRE on talking of the 14th May, 1953

一、韓国々宝、歴史的記念物（美術工芸品、古書籍その他）
返還請求に関し目録提示打合せの件

二、韓国地図原版、実測地図及び海図返還請求に関し目録提示打合せ
の件

三、韓国人（法人も含む）所有の日本有価証券（公債、社債、株式その
他証券）償還その他取扱方法に関する日本側意見照会の件

四、韓国人被徴用労務者に対する諸未払金供託分に対する資料打合せ
の件

AIDE-MEMOIRE on talking of the 23rd May, 1953

一、一九四五年九月三十日付SCAPIN七四号による特定在韓活動閉鎖機関（朝鮮銀行、朝鮮殖産銀行、朝鮮信託株式会社、朝鮮金融組合連合会）の在日財産の実体並びにその管理状況照会の件

二、一九四五年九月二十二日付SCAPIN四五号及び一九四八年十一月十七日付SCAPIN一九六五号に関連する在韓会社三四九社の在日財産管理、清算状況及び同所所有有価証券等発行状況照会の件

三、太平洋戦争中の韓国人戦傷病者、戦歿者七四、八〇〇名（未確定概数、追て名簿提出可能）に対する弔慰金等措置に関する日本側対策又は意見

四、太平洋戦争中韓国人被徴用労務者（一九四六年九月三十日現在、申告者数一〇五、一五一名内徴用中死亡者一二、六〇三名、同負傷者約七、〇〇〇名但し、以上は未確定数なるも、追て名簿提出

可能）に対する諸未払金及び弔慰金等措置に関する日本側対策又は意見

五、韓国内において交換回収しSCAP要員並びに日本銀行員立会の下に焼却せる日本銀行券及び日本政府紙幣代り金清算方法並びに時期に対する日本側意見

六、韓国人が日本及び日本占領地域より帰国の時、当該地日本官憲に強制的に保管寄託せる日本銀行券、日本軍票、日本政府紙幣等保管状況及び同代り金清算方法並びに時期に対する日本側専門的意見

七、戦争終結直後朝鮮銀行が立替支払いたる日本政府一般会計才出国庫金七四二、八五九、〇〇二円及び日本銀行に対する貸越金一五八、八八九、八四二円清算方法及び時期に対する日本側専門的意見

八、朝鮮銀行券発行準備在日分還元方法及び時期に対する日本側意見

九、旧朝鮮総督府東京出張所資産（朝鮮総督府鉄道局局員共済組合財産）管理状況照会の件

十、朝鮮奨学会維持財団在日財産現況に関する照会の件

AIDE-MEMOIRE on talking of the 28th May, 1953

一、旧李王家財産韓国国有化に関する件通知

二、朝鮮漁業組合連合会中央会在日資産等返還方法に関する日本側意見照会の件

三、諸未収金項目別概算金額提示並びに日本側資料と照合依頼の件

Aの部

注文品代金前渡金 六一八七〇六七円

〃 二二〇七〇八八〃

〃 八〇一〇一六〃

〃 一三二六〇三〃

〃 三八二八〇六〃

八四一七四五〃

Bの部

在外日本軍部機関の供託金等 一九三三一九三〃

麻薬代金未収金（日本厚生省外）	一二九八五七三五円
交通部運賃乗車券代その他未収金	三一九八〇三八六〃
林産物供出代金未収金	五九六五六二七〃
未収金。	五三九九五四三二〃
関係未収金	八八・九一〇〃
工事前渡金	二五五五四二、〃

G の部

韓国人加入者に対する日本十九生命保険会社の生命保険責任準備金	四〇〇〇〇〇〇〇〇円
同未経過保険料概算	五〇〇〇〇〇〇〇〃
十三損害保険会社の未払保険金	七三〇五四六八・三
同十三会社に対する朝鮮火災海上保険会社の再保険回収金	一〇〇三〇六九〇・八
日本側在韓支店銀行の預金並に為替組戻しその他雑償代払金	二二七六三八七二二・二

日本内銀行に対する個人預金　六二三六六三八・七六円

日本内銀行の発行せる送金為替にして受け取らざる分　七九六八五九・六七〃

D の部

郵便為替貯金韓国側受け取り勘定　一四七六九六七〇八〇円

貸借決裁基準の日後における韓国側受け取り勘定　一七六八四六四三三〃

簡易生命保険関係受取金　三九一三五二九六四〃

[illegible]工品代金未収金　三五六三三二一〃

放送局注文品代金前渡金　一一六六〇四〃

専売局関係未収金　六一四〇一七四〃

以上ABCD各部の内容明細については韓国代表部韓奎永書記官経由にて随時御照会被下度

D′の部（保留事項）

正式提示を留保する請求権項目及び概算金額

一、韓国人官吏に対する恩給等諸未払金（日本恩給局によれば約五億円）に関する件

二、第三国所在の韓国人（法人をも含む）財産回収又は補償方法に関する件

三、a、日本法人に対する韓国内金融機関の滞り貸金　五〇九、四六一、二四六・〇〇

b、日本人に対する韓国内金融機関の滞り貸金　二一一、二四一、七六三・〇〇

c、日本法人並びに日本人に対する仮払金　一、一六五、六二六・〇〇

d、日本法人並びに日本人の未納税金　一六六、二一〇、二一五・〇〇

e、貿易補償金　一一七、六一七、二〇〇・〇〇

f、貿易保留金　一〇三、五七七、五五〇・〇〇

g、軍事行動に因る被害　二三三、三九八、八八四・〇〇

h、強制撤去並びに疎開に因る被害　一、一〇五、六一二、五三六・〇〇

j、一九四五年八月九日以後日本官吏の越権行為に因る被害　二三一、五八五、二二五・〇〇

j、強制供出に因る被害　一、八四六、八八〇、四三七・〇〇

k、公共団体の破壊並びに企業整備に因る被害　三六、〇一〇、六八六・〇〇

15. 照會事項(日本側), 1953. 5. 28
日本外交文書 693, 아홉 번째 문서

일본 측이 1953년 5월 28일 청구권 관련 비공식 회합에서 한국 측에 조회를 요청한 내용이 담긴 문서다.

한국 측이 제2차 한일회담 재산 및 청구권위원회 비공식회의를 통해 일본 측에 대일청구요강안 관련 25개 항목에 대한 조회를 요청하자, 일본 측은 이에 대항하는 의미로 전쟁 종료 후 한국에서 미군정청과 한국 정부가 일본재산에 대하여 취한 조치 및 현상에 대한 조회를 요청하였다.

번역

조회 사항(일본 측), 1953. 5. 28

I. 미 점령군 진주 후 일본 및 일본인의 재산 상황에 관해

1. 일본인이 소유하거나 지배했던 기업 또는 사업관리 상황은 어떻게 되었는가

가. 한국에 본점 또는 주된 사무소를 둔 것

1) 관리 방법 – 관리인을 임명하여 관리했는가 또는 예를 들어 법인의 경우 일본인 소유 주식, 출자, 지분 등을 매각하고 새로운 권리 관계에 기초한 임원의 선임 등을 행하여 운영하는 방법에 의했는가

2) 그러한 법인격은 그대로 승계되는 것으로 했는가, 또는 일단 정산 후 새로운 법인으로 개조했는가. 이 경우 그 자산 및 부채는 어떻게 처리되었는가

3) 임원 또는 종업원에 대한 미불 급여 또는 미불 퇴직금 등의 처리는 어떻게 되어있는가

나. 기업 또는 사업과 관련하여 그 본점이 일본에 있는 것의 관리는 어떻게 했는가

다. 기업 또는 사업 재산으로 미군 점령지역 외에 소재하고 있는 것의 정리는 어떻게 되어 있는가

2. 일본인(일본이 주로 지분을 보유하고 있었던 법인을 포함)이 소유했던 다음 재산은 어떻게 관리되었는가(단, 전기 1에 있어 설명된 것은 제외)

가. 토지, 건물 기타 공작물

나. 선박

다. 주식, 출자, 지분, 사채 등

라. 일본은행권, 조선은행권, 타이완은행권 등의 통화

마. 예금 또는 대부금 등의 채권

바. 광업권, 어업권 등의 권리

사. 특허권, 저작권, 상표권, 실용신안권 등의 무체재산권

아. 차입금 등의 채무

3. 조선총독부(그 하부 기구를 포함)의 대부금, 출자금 등의 채권은 어떻게 되어 있는가

4. 국유재산 가운데 철도, 항만, 통신시설 등의 기업용 재산의 관리는 어떻게 되어 있는가

II. 전기 I의 각 항의 재산 등은 미 점령군으로부터 한국 정부에 어떻게 인계되었는가

III. 한국은 그 후 이러한 재산 등에 관해 어떠한 조치를 취했는가

IV. 이러한 재산은 1950년 6월 이후의 동란에 의해 어떠한 영향을 받았는가

V. 이러한 재산은 현재 어떻게 되어 있는가

VI. 이상 각 항에 관한 관계 법령 및 관계 계수

二八、三、二八

照会事項（日本側）

第一　米占領軍の進駐後、日本及び日本人の財産状況に関し

一、日本人が所有し又は支配していた企業又は事業の管理はどのようになされたか。

A　韓国に本店又は主たる事務所を有したもの

(一)管理の方法ー管理人を任命して管理したか又は、例えば法人の場合は日本人所有株式、出資、持分等を売却し新たな権利関係に基き役員の改選等を行つて運営する方法によつたか。

(二)それらの法人格はそのまま継続するものとされたか、又は一応清算の上新しい法人に改組されたか。この場合その資産及び負債は、如何に処理されたか。

(三)役員又は従業員に対する未払給与又は未払退職金等の処理

はどうなつているか。

B企業又は事業で、その本店が日本にあるものの管理はどのように行われたか。

C企業又は事業の財産で米占領地域外に所在しているものの整理はどうなつているか。

三日本人（日本人が主たる持分を有していた法人を含む）が所有していた左記財産はどのように管理されたか。（但し、前記一において説明されたものを除く。）

1土地、建物その他の工作物

2船舶

3株式、出資、持分、社債等

4日銀券、鮮銀券、台銀券等の通貨

5預金又は貸付金等の債権

6 鉱業権、漁業権等の権利

7 特許権、著作権、商標権、実用新案権等の無体財産権

8 借入金等の債務

三 朝鮮総督府（その下部機構を含む）の貸付金、出資金等の債権はどうなつているか。

四 国有財産のうち鉄道、港湾、通信施設等の企業用財産の管理はどのようになつているか。

第二 前記第一の各項の財産等は、米占領軍から韓国政府にどのようにして引継がれたか。

第三 韓国はその後これらの財産等についてどのような措置をとつたか。

第四 これらの財産は一九五〇年六月以降の動乱により如何なる影響を受けたか。

第五　これらの財産は現在どうなつているか。

第六　以上各項についての関係法令及び関係計数。

16. 제3차 한일재산 및 청구권분과회의 경과 보고서, 1953. 6. 15

한국 외교문서 92, 제2차 한일회담 청구권위원회 회의록, 제1~3차

1953년 6월 11일 개최된 제2차 한일회담 청구권위원회 제3차 회의 기록이다.

이 회의에서 일본 측은 한국 측이 조사를 요청한 항목들에 대한 그간의 조치 결과와 관련, 4개 항목에 관해 설명하였으며, 양측은 이 4개 항목별로 특별위원회를 구성하여 실체를 밝힌 후 청산하기로 합의하였다.

第三次韓日財産請求權分科會議經過報告書

一、時日과 場所 檀紀四二八五年六月十五日(木) 自오고五一至오二一四五

日本外務省會議室第四一七號

一、出席者

韓國側 前回와 同一함

但 李相德專門委員 처음으로 參席

日本側 前回와 同一함

但 久保田首席代表 OBserver로 參席

一、會議經過와 討議事項

가、開會劈頭에 韓國側 張代表로부터 今次會議부터 參席케된 李相德專門委員을 紹介하고 財産請求權問題에 關한 實體를 明白히 하기 爲하여는 此分科會議로서는 非

大韓民國駐日代表部

能率的이며 迅速한 進捗을 期하기 困難하다는 理由로 今後
에는 非公式事務担当者部會를 頻繁하게 갖어 그 事務進捗
狀態에 따라서 重要한 境遇에만 이러한 形式的인 合科會를 隨
時로 開催하자고 動議한 바에 對하여 日本側의 同意가 있은 後에
議事進行에 들어 갔음.

나、 我側 張代表로부터 第二次合科會議後 그間 張、韓、
一 廣田、上田、張、韓 一 久保田、廣田、上田의 第三次 및 第四次 非公
式會談을 갖었다는 것과 同會合을 通하여 韓國側이 財產
請求權部會 八大要項目의 提出을 畢了한 것을 다시 確認
한다음 그 上三四로 나누워 提議한 各項目請求에 對하여 日
本側의 事務的 進捗狀況을 물은 바에 對하여 日本側으로부터
上記四項目에 關한 說明이 있었으며 各項目別로 Ad hoc [illegible]

[illegible]를 構成하여 그 全体가 明白히 되는대로 返還支払할 수 있는 것은 即時 實行할 것으로 合意를 보았음

記

一、韓國國宝古書籍 및 美術工芸品에 関하여는 外務省에 担当事務官을 專任하고 一方 文化財委員会의 協力을 얻어 調査하고 있으나 아직 完了되지 않었으므로 近日에 関係担当官으로부터 概括的 説明을 할 수 있겠다고 日側이 説明한데 對하여 我側 張代表로부터 最速時日 안에 完了하여 줄 것을 再催促하였다.

二、太平洋戰争中 被動員者의 未清算 計定에 関하여는 全体的 數字는 아직 計出되지 않었으나 五月末日 現在로 供託된 額數는 左記와 如히 但 一人에 對한 計算의 基準은 日本人과 同一하게 取

大韓民國駐日代表部

扱하고 扶養手當에 關하에는 日本에 居住하는 家族에 限하여
만 支払할 것이라 하였음

(1) 陸軍関係

該当者、復員者 四〇、四一五名、戰死者 四〇八七

供託金 二四、七七〇、七二〇円(〇銭)

2. 海軍関係

該当者 四九二五二件

供託金 五三、四〇八、〇〇〇円(〇銭)

三、遺骨柱数

(1) 海軍関係 保管分 二六七二柱

既還送된 것 前段 二六七七柱、後段 七四二二柱

(2) 陸軍関係 保管分 一四四八柱

四、韓國人所有有價証券(株式國債)에 關하여는 相互의 資料를 對照하여 數字的으로 實体를 밝히고 이에 對하여도 担當事務者會合을 構成하기로 하였음.

구보타 일본 대표의 식민지 시혜론 발언

제3차 한일회담

제2차 한일회담이 중단된 1953년 7월 23일로부터 며칠 지나지 않은 7월 27일에 6·25전쟁의 휴전협정이 조인되었다. 이에 따라 전쟁 중 북한군의 침투를 봉쇄하고 물품의 밀반입·반출을 막기 위해 연합군이 한반도 주변에 설정하였던 클라크 라인(해상 방위수역 또는 연합군 수역, 한국이 설정한 평화선과 그 수역이 거의 일치)도 8월 27일을 기해 정지되었다.[1] 한국 정부는 클라크 라인이 정지되자 1952년 1월 18일에 선포한 평화선을 침범한 일본 어선에 대한 나포를 강화하기 시작하였다. 한국은 휴전 후 주권 수호를 위한 의지 표명 차원에서, 그리고 동시에 회담에 소극적인 일본에 대한 불만의 표시로서 일본 어선 나포를 강화하였던 것이다.[2]

한국 측에 의한 어선 나포가 늘어나자 일본 어업 관계자들의 자국 정부에 대한 진정도 점차 늘어나게 되면서 이 문제가 일본 국내적으로 정치 문제화되기 시작하였다. 일본 외무성은 한국 측에 어선 나포를 항의하는 한편, 미국에 대해서는 문제 해결을 위한 개입을 요청하였다. 1953년 9월 18일 아라키 에키치(新木榮吉) 주미일본대사는 외무성에 "미국 정부가 한·일 양국에 대해 휴회 중인 회담의 재개를, 그리고 일본에 대해서는 대한 청구권의 포기 등 가능한 양보를 해서 한일 간의 제 현안을 해결할 것을 권고하고 있다"라는 보고를 하였다.[3] 상황이 이처럼 전개되자 한일회담 재개에 소극적이던 일본 정부의 태도가 바뀌면서 일본 측은 한국 측에 제3차 회담의 개최를 제의하였다.

제3차 회담(일본은 처음에는 3차가 아닌 '재개 한일회담'이라고 불렀음)[4]은 1953년 10월 6일 제1차 본회의가 개최되면서 시작되었다. 그러나 각 위원회가 본격적인 토의에 들어가기도 전에 10월 15일 청구권위원회 제2차 회의에서 행해진 구보타 간이치

---

1 미국은 한반도 사태가 확정되지 않은 관계로 클라크 라인을 폐지하지 않고 정지하기로 결정하였다. 유의상, 『대일외교의 명분과 실리』, 181쪽.

2 유의상, 『13년 8개월의 대일협상』, 역사공간, 2016, 56, 57쪽.

3 日本外交文書 690, 35번째 문서(전문), 李ライン問題に關しての國務省係官談話要旨の件, 1953. 9. 18.

4 日本外交文書 1915, 日韓國交正常化交渉の記錄 總說 II. 第2, 3次會談.

로(久保田 貫一郎) 대표 발언을 둘러싸고 한국이 반발하면서 회담은 또다시 좌초되고 말았다.

제3차 회담에 임하는 한국 대표단의 입장은 제2차 회담에서 일본 측에 조사를 요청한 청구권 구체 내역 25개 항목에 대해 성의 있는 회신을 받지 못함에 따라 다시금 원칙론 주장을 통해 (청구권에 따른) 반환의 원칙을 확립해 나간다는 것이었다. 물론 일본의 대한 청구권(역청구권) 주장은 성립하지 않는다는 확고한 전제가 깔려 있었다.[5] 일본 또한, 회담에 앞서 개최된 사전 대책 회의에서 구보타 대표가 "청구권 문제와 관련 한국 측의 의향을 더 타진해 볼 필요가 있으나, 한국이 어선 나포를 통해 일본에 계속 압박을 가해 온다면 회담의 결렬까지도 고려하면서 청구권위원회에서 한국에 공세적인 입장을 취해야 한다"[6]라고 발언한 데서 알 수 있듯이, 강경 입장을 취해 나간다는 방침을 정하였다.

청구권 문제와 관련한 양측의 강경 입장으로 회담은 시작부터 대립상황에 부딪히게 되었다. 한국은 대일강화조약 제4조 b)항과 미 국무부의 조약해석[아래 참고자료 내용 참조]에 따라 일본이 한국에 대한 역청구권 주장을 포기해야 한다고 역설하였다. 이에 대해 일본은 재산청구권에 관한 종전 방침에 아무런 변화가 없다면서 대한 청구권 주장을 포기하지 않을 것이라는 입장을 밝혔다.[7] 이렇게 시작된 논쟁은 결국 1953년 10월 15일의 청구권위원회 제2차 회의에서 일본 측 구보타 대표의 '식민지 시혜 발언'으로 이어졌다.[8] 한국 측은 10월 20일 개최된 제3차 본회의에서 구보타의 발언을 "① 한국이 대일강화조약 체결 전에 독립한 것은 국제법 위반이다, ② 연합국 전후 처리의 일환으로 일본인을 한국에서 송환한 것은 국제법 위반이다, ③ 미군정청의 일본 재산 처리와 미 국무성의 (군정청령 제33호 제4조 b)항에 대한) 견해는 국제법 위반이다,

---

5 유의상, 『대일외교의 명분과 실리』, 183, 184쪽.

6 日本外交文書 1059, 再開日韓會談 第1回各省事前協議會議事錄, 1953. 10. 2.

7 한국 외교문서, 97, 제3차 한일회담 청구권위원회 회의록, 제1~2차, 1953. 10. 9~15, 재산 및 청구권분과위원회 제1차 회의 보고서, 1953. 10. 9.

8 한국 외교문서, 97, 재산 및 청구권분과위원회 제2차 회의 보고서, 1953. 10. 15; 日本外交文書 174, 請求權部會 第2回會議議事要錄, 1953. 10. 15.

④ 포츠담 선언 수락에 의해 일본도 간접적으로 수락한 카이로선언에서 사용된 조선인의 '노예 상태'라고 하는 단어는 연합국이 전시 흥분상태였기 때문에 나온 표현이다, ⑤ 일본의 36년간의 통치는 한국에 유익하였다"[9]로 정리하고, 이 발언에 대한 일본 측의 해명을 요구하였다. 일본 측은 물론 이에 응하지 않았다.

결국 제3차 회담은 개최된 지 2주 만인 10월 21일 제4차 본회의에서 결렬되고 말았다. 제3차 회담의 결렬은 구보타 '망언'이 직접적인 원인이 되었지만, 이보다 근본적인 이유는 일본이 역청구권 주장을 포기하지 않았기 때문이라고 보는 것이 타당하다. 한국 대표단의 머릿속에는 일본의 역청구권 포기 없이는 청구권 교섭이 원만히 진행될 수 없으며, 청구권 교섭의 진전 없이는 다른 현안들의 타결 또한 무의미하다는 인식이 자리 잡고 있었다.[10]

참고자료

미국의 샌프란시스코 대일강화조약 제4조에 대한 견해

제1차 회담 한국 수석대표인 양유찬 주미대사는 일본인 사유재산 청구권(역청구권) 문제를 둘러싸고 일본 측과 대립이 계속되자 1952년 3월 25일 미군정청 법령 제33호와 재한일본인 사유재산의 관계 및 대일강화조약 제4조 b)항에 관한 미국 정부의 공식 견해를 묻는 서한을 미국 국무부에 보냈다. 미 국무부는 제1차 한일회담이 결렬되고(4월 25일), 대일강화조약이 발효된(4월 28일) 직후인 4월 29일에서야 한국 측에 아래와 같은 답신(주요 내용 발췌)을 보내왔다.[11]

---

9 日本外交文書 170, 再開日韓交渉 第3回本會議議事要錄, 1953. 10. 20. 한국 외교문서(95, 1953)에는 김용식 대표의 발언을 별첨한다고 기록되어 있으나 첨부되어 있지 않다.

10 유의상, 『대일외교의 명분과 실리』, 195~199쪽.

11 미 국무성은 1952년 4월 29일 강화조약 해석이 담긴 서한을 한국 측에 전달했으나 일본 측에는 이를 알리지 않고 있다가, 외신 보도를 접한 일본 측으로부터 문의가 있자 2주 정도 지난 시점에서 비로소 일본

The United States is of the opinion that by virtue of article 4 b) of the Treaty of Peace with Japan and the relevant directives and acts of the United States Military government in Korea all right, title and interest of Japan and of Japanese nationals in property within the jurisdiction of the Republic of Korean have been divested. Accordingly, in the opinion of the United States, valid claim to such assets or to an interest therein cannot be asserted by Japan. The disposition of such assets, which Japan has recognized as valid in Article 4 b) of the Treaty, is relevant, however, in the opinion of the United States, in the consideration of the arrangements contemplated by Article 4(a) of the Treaty.[12]

[인용자 번역] 미국은 일본과의 강화조약 제4조 b)항, 재한 미군정청의 관계 지령과 조례 등에 의해 한국 내에 있는 일본과 일본 국민의 재산의 모든 권리, 소유권 및 이해관계는 박탈되었다는 견해를 가지고 있다. 따라서 미국은 그러한 재산에 대한 청구권 또는 그 재산에 관한 이해관계는 일본에 의해 주장될 수 없다는 의견이다. 그러나 일본이 조약 제4조 b)항에서 유효하다고 인정한 그 재산의 처분은 조약 제4조 a)항에서 상정하고 있는 '협정'에서의 고려사항과 관련이 있다고 본다.

미 국무부의 답신은 원칙적으로 일본은 강화조약 제4조 b)항 및 관련 법령 등에 따라 재한 재산에 대한 청구권을 주장할 수 없다고 하고 있지만, 뒷부분에 그 재산의 처분은 제4조 a)항에서 상정하는 (한일 간의) 협정에서 고려 사항과 관련이 있다는 내용을 추기(追記)함으로써 일본으로 하여금 한국의 청구권 주장에 '시비'를 걸 수 있는 여지를 주고 말았다. 미국이 이러한 답변을 한 것은 (한국이 일본으로부터 받아야 할) 약간의 예외를 제외하고 한일 양국의 청구권 주장이 상쇄되는 것이 공평한 해결책이라는 입장을 갖고 있었기 때문이다.[13] 미국의 이 같은 입장 표명으로 인하여 일본은 제3차

측에게 그 내용을 알려주었다.

12 한국 외교문서 86, 구 일본 및 일본인 재산 처리에 관한 군정법령 및 대일강화조약 중 의의 해명에 관한 건(청구권 조항 해석에 관한 1952. 4. 29 미 국무부 회한 송부의 건).

13 Memorandum by the Assistant Secretary of State for Far Eastern Affiars(Allison) to the Secretary

회담까지 역청구권 주장을 멈추지 않았다.

1953년 10월 21일 제3차 회담이 구보타 일본 대표의 '식민지 시혜론' 발언으로 결렬된 후 한국 측이 '구보타 발언'의 철회와 함께 일본의 역청구권 주장 포기 없이는 회담 재개에 응할 수 없다는 입장을 고수하자, 중재에 나선 미국 측은 1955년 11월 대일강화조약 제4조에 관한 두 번째 해석 내용을 일본 측에 전달하면서 일본의 역청구권 포기를 유도하였다(이 해석 내용은 1956년 9월경 한국 측에 통보되었으며, 1957년 12월 31일 자 각서로 한일 양국 정부에 공식 통보됨).[14] 그러나 이 두 번째 해석에서도 "미국이 한국 당국에 이양한 재한일본재산에 대해서는 한국이 완전한 통제권을 가진다"라고 하면서도, "한일 간 특별협정에서는 한국 정부의 재한일본재산 취득에 따라 한국의 일본에 대한 청구권이 어느 정도까지 소멸되었다든가 또는 만족되었다든가 하는 결정이 포함되어야 한다"라고 함으로써 한국 편을 완전히 들어주지는 않았다. 결국 일본은 미국의 설득으로 역청구권을 포기함으로써 제4차 회담이 개최되었다.[15]

미국 외교문서	한국 외교문서	일본 외교문서
		1. 690, 35번째 문서(전문), 이 라인 문제에 관한 국무성 관계관 담화 요지의 건(李ライン問題に関しての国務省係官談話要旨の件), 1953. 9. 18
		2. 1059, 재개 일한회담 제1회 각성 사전협의회의사록(再開日韓会談 第1回各省打合会議事録), 1953. 10. 2

of State, Washington, April 28, 1952, *FRUS Vol. XIV, 1952-1954*, p.1256. 이 문서는 앨리슨 차관보가 4월 29일 양유찬 대사와의 면담을 앞둔 애치슨 국무장관에게 참고용으로 작성하여 전달한 것이다.

14 미국이 주한대사대리 명의로 한국 외무장관에게 보낸 '각서'는 한국 외교문서 100, 제4차 한일회담 예비교섭, 1956-58(V.2 1957), 1885-1887쪽에 있으며, 주일대사 명의로 1957년 12월 31일 일본 외상에게 보낸 각서는 日本外交文書 1592 韓國に對する請求權問題に關する合衆國政府の解釋について, 1957. 7. 23에 포함되어 있다.

15 유의상, 『13년 8개월의 대일협상』, 54, 55쪽.

미국 외교문서	한국 외교문서	일본 외교문서
	3. 97, 제3차 한일회담 청구권위원회 회의록, 제1~2차, 1953. 10. 9~15, 재산 및 청구권분과위원회 제1차 회의 보고서, 1953. 10. 9	
	4. 97, 제3차 한일회담 청구권위원회 회의록, 제1~2차, 1953. 10. 9~15, 재산 및 청구권분과위원회 제2차 회의 보고서, 1953. 10. 15	5. 174, 청구권부회 제2회 회의 의사요록(請求権部会第2回会議議事要録), 1953. 10. 15
	6. 95, 제3차 한일회담 본회의 회의록 및 1-3차 한일회담 결렬 경위, 1953. 10-12, 제3차 본회의 경과보고, 1953. 10. 20	7. 170, 재개일한교섭 제3회 본회의 의사요록(再開日韓交渉第3回本会議議事要録), 1953. 10. 20
	8. 86, 제1차 한일회담 청구권분과위원회 회의록, 구 일본 및 일본인 재산처리에 관한 군정법령 및 대일강화조약 중 의의 해명에 관한 건(청구권 조항 해석에 관한 1952. 4. 29 미 국무부 회한 송부의 건)	
9. *FRUS Vol. XIV, 1952-1954*, Memorandum by the Assistant Secretary of State for Far Eastern Affairs (Allison) to the Secretary of State, Washington, April 28, 1952		
	10. 100, 제4차 한일회담 예비교섭, 1956-58(V.2 1957), 미일평화조약 제4조의 해석에 관한 주한미대사관 각서, 1957. 12. 31	11. 1592, 한국에 대한 청구권 문제에 관한 합중국 정부의 해석에 관해 등(韓国に対する請求権問題に関する合衆国政府の解釈について等), 1957. 7. 23

1. 李ライン問題に關しての國務省係官談話要旨の件, 1953. 9. 18

日本外交文書 690, 35번째 문서(전문)

아라키 에키치(新木榮吉) 주미일본대사가 한일 양국 간 회담 재개를 포함한 현안에 관해 미 국무부로부터 청취한 미국 정부 입장을 외무성 본성에 보고한 전문이다.

미국 측은 일본이 대한 청구권 포기를 통해 한국과의 회담을 재개할 것을 권고하였고, 이러한 미국 측 입장에 따라 회담 개최에 소극적이던 일본 정부의 태도가 바뀌면서 한국 측에 제3차 회담의 개최를 제의하였다.

번역

이 라인 문제에 관한 국무부 담당관의 언급 요지의 건

1953년 9473 암호 워싱턴 본성 9월 17일 1605 발

9월 18일 0820 착

수신: 오카자키 대신

발신: 아라키 대사

이 라인 문제에 관한 국무부 담당관의 언급 요지의 건

제1143호(대지급)

왕전(往電) 제1136호에 관해

국무부 담당관의 연락에 따르면, 국무부는 국방부와의 협의를 마쳤으며, 금 17일 오후(워싱턴 시간) 재경[도쿄] 미국대사관에 훈령을 보내기로 되어 있다는 취지의 이야기이다. 국무부로서는 재경 미국대사관이 외무성에 정식으로 회답을 하기 전에 당 대사관에 대해 내용을 통보하는 것은 적당하지 않다는 입장을 가지고 있으나, 담당관이 대사관원에 대해 요지를 은밀히 알려준 바는 다음과 같다.

1. 일한 양국에 대해 전에 중지된 일한 교섭을 신속하게 재개할 것을 권고한다.
2. 일본에 대해서는 대한 청구권의 포기 등 가능한 한 양보를 하여(담당관은 to meet more than half way(일본 측이 절반 이상 양보)란 표현을 사용했다.) 일한의 제 현안을 해결하도록 권고한다. 다만, 어업 문제에 관해서는 공해에서의 어업의 자유라고 하는 원칙 포기를 시사하는 것은 아니고, 또한 긴급 처리를 필요로 하는 성질상 본건을 우선 꺼내 경우에 따라 잠정적 해결을 시도하는 것도 일본 정부가 판단할 문제다.
3. 금후 한국 부흥비가 일본에 있어서는 어느 정도 지변이 가능한지도 일정 정도 한국 정부의 의향에 좌우될 것이며, 이 점에 따라 일본이 한국에 대해 관대한 조치를 취하는 것이 득책이라고 생각된다. 이러한 취지는 존슨 국무차관보 대리가 오가사와라 대장대신에게 이야기해 놓았다.

배포선: 대신, 차관, 관방장, 국장, 차장, 총무과, 아시아1과, 아시아 2과, 구미1과, 조약 1과, 2과, 3과

B 5.1.0. J/K(S)1

本電の保管及パラは厳重にされたい

昭和二八　九四七三　暗　ワシントン　九月一七日一六、〇五発　アニ
本省　一八日〇八、二〇着

岡崎大臣　　新木大使

（李ライン問題に関しての国務省係官談話要旨の件）

第一一四三号（大至急）

往電第一一三六号に関し

国務省係官よりの連絡によれば、国務省は国防省との協議を終り、本十七日午後（ワシントン時間）在京米国大使館へ訓令を発することとなつている趣である。国務省としては在京米国大使館より外務省へ正式に回答を行う前に当大使館に対して内容を通報することは適当でないとの立場を持しているが係官が館員に対して要旨を内報せるところ左の通り。

一、日韓両国に対してさきに中止せる日韓交渉を速かに再開することを勧告する。

外務省

（第一一四三号の二）

二、日本に対しては対韓クレイムの放棄等出来得る限りの譲歩を為し（係官は to meet more than half way との表現を用いた。）日韓の諸懸案を解決するよう勧告する。但し、漁業問題に関しては公海における漁業の自由と云う原則放棄を示唆するものではなく、又緊急処理を必要とする性質上本件を先づ取上げ、場合により暫定的解決を図ることも日本政府の判断による問題である。

三、今後朝鮮復興費が日本においてはどの程度支弁されるかも、ある程度朝鮮政府の意向に左右されるところあり、この点より見ても日本が朝鮮に対して寛大なる措置をとることが得策であると考えられる。右趣旨はジョンソン国務次官補代理よりも小笠原大蔵大臣へお話しして置いた。

（了）

配布先　大臣、次官、官房長、局長、次長、総、ア一、二、欧米一、条約一、二、三

外務省

2. 再開日韓會談第1回各省事前協議會議事錄, 1953. 10. 2
日本外交文書 1059

제3차 한일회담을 앞두고 회담에 임하는 일본 측 입장을 정하기 위하여 1953년 10월 2일 개최된 관계 성의 사전협의회 기록이다.

이 협의회에서 일본의 구보타 간이치로 수석대표는 "청구권 문제와 관련 한국 측의 의향을 더 타진해 볼 필요가 있으나, 한국이 어선 나포를 통해 일본에 계속 압박을 가해 온다면 회담의 결렬까지도 고려하면서 청구권위원회에서 한국에 공세적인 입장을 취해야 한다"는 발언을 함으로써 일본 측이 강경한 태도를 취해 나가야 한다는 점을 강조하였다.

번역

재개 일한회담 제1회 각성 협의회 의사록

1. 일시 장소: 1953년 10월 2일, 외무성 회의실
2. 참석자: 외무성 구보타 참여, 다케우치 아시아 2과장, 다카하시 조약 1과장, 각 담당관
   법무성 쓰루오카 입관부장, 이케가와 민사 제5과장, 각 담당관
   농림성 아오이 수산청장관, 나가노 차장, 담당관
   운수성 구니야스 해운조정부장, 담당관
   대장성 요시다 이재국 총무과장, 담당관
3. 토의 내용

다케우치 과장이 회담 재개에 이르게 된 경위에 관해 간단히 설명한 후 구보타 참여가 금후의 교섭 진행 방식에 관한 각성의 의견을 요청했다. 중요한 질의응답은 다음과 같다.

요시다(대장성 이재국 총무과장) – 청구권 문제는 결국 정치적 판단에 맡기는 방법 외에는 없다. 청구권위원회의 금후의 진행 방식에 관해서는 정치적으로 판단하여 배의 키를 어느 쪽으로 향하게 할 것인가를 정해야 한다. 종래와 같이 사전에 해결 방침을 정하지 말고 사실 심사를 할 것인가, 아니면 방침을 정해서 그곳에서 이야기할 것인가를 정해야 한다. 만약 종래와 같은 이야기를 해 나간다면 한국 측이 단도직입적으로 나올 경우 우리 측이 확실한 결심이 없는 한 상대방의 주장에 말려들 우려가 있다. 우리 측에 이유가 있더라도 그 이유 때문에 회담을 결렬로 이끌면 안 된다고 한다면 우리 측 위원은 매우 어려운 입장에 처해 지게 된다.

쓰루오카 입관차장 – 국적 처우 문제에 관해서는 일본 측은 최후의 선까지 내놓았으므로 이 이상 위원회를 개최하더라도 더 이상 실질적으로 제의할 것은 없다. 만약 대국적 견지에서 어쩔 수 없이 우리 측이 양보해야 할 부분이 있더라도 그것을 위원회에서 양보하는 것은 불가능하므로 구보타·김 회담에서 일거에 이야기하는 것이 좋겠

다. 입관으로서는 금번 회담에서는 위원회 방식을 취하지 않기를 희망한다. 만약 위원회를 개최한다고 하더라도 그것은 병행적인 형태가 아닌 종속적인 것으로 해서 개최하길 원한다. 괜찮다면 국적처우위원회는 가급적 천천히 개최하는 것 외에는 방법이 없다.

다케우치 과장 – 한국 측은 현재 어업 문제에서 유리한 지위에 있으므로 다른 문제에 대해서도 강경하게 나올 공산이 있다. 우리 측으로서는 결렬의 경우의 선전에 대비하고 다른 제 요건에 관해서도 제3자가 볼 때도 공평하다고 생각할 수 있는 안을 한국 측에 던져 놓을 필요가 있지 않은가.

구보타 참여 – 위원회는 당면 어업위원회만의 활동에 국한시켜 놓는 것이 좋을 것으로 생각된다. 청구권에 관해서는 사전에 방침을 정하는 것보다는 한국 측의 의향을 잘 타진할 필요가 있는 것이 아닌가. 한국 측이 상호 양보로 해결할 의지가 있는지 어떤지가 문제다. 나로서는 한국 측이 호양의 성의가 있는지에 대해 의심의 여지가 있다. 회담 개최 중에도 한국 측이 어선 나포 등의 압력을 가해 온다면 예를 들어 현재의 일한 관계를 더욱 악화시키는 결과가 되더라도 회담을 깨는 고려를 하지 않을 수 없다. 청구권위원회의 의사 방법에 관해서는 금번 회의는 우리 측이 공세적으로 나가고, 지난 회의에서 우리 측이 제출한 조회에 대한 한국 측의 답을 요구하기로 하자. 또한 우리 측이 설명하더라도 아직 문화재에서 2회 정도는 버틸 수 있을 것이다. 당분간 위원회의 교섭은 느림보주의로 해나가고 그러한 가운데 상층부가 방침을 정해줬으면 좋겠다.

한편, 수산청과 대장성과의 사이에는 대장성이 어민의 생활비 대출 등의 조치를 고려하고 있는바, 실 피해액은 어느 정도인가 등의 질문에 대해 수산청이 어획액 연 80억 엔이 있으나 이것은 다른 어장으로 전환이 불가능(중공 관계, 계절 관계)하므로 전액 손실에 의한 보상 조치는 아직 고려하지 않고 있다는 문답이 있었다.

다케우치 아시아 2과장이 조선인의 일본화 문제를 꺼낸 데 대해 쓰루오카 부장, 이케가와 민사과장은 이 생각에는 유력한 근거가 있다고 생각할 수도 있지만, 실제 문제로는 조선인은 동화시키기 어려운 민족이고, 2세의 간이 귀화 등의 문제도 있으나 동양 사회에서는 부모와 자식 간에 호적이 다르면 좋지 않아 보인다는 등의 의견이 있다.

이상.

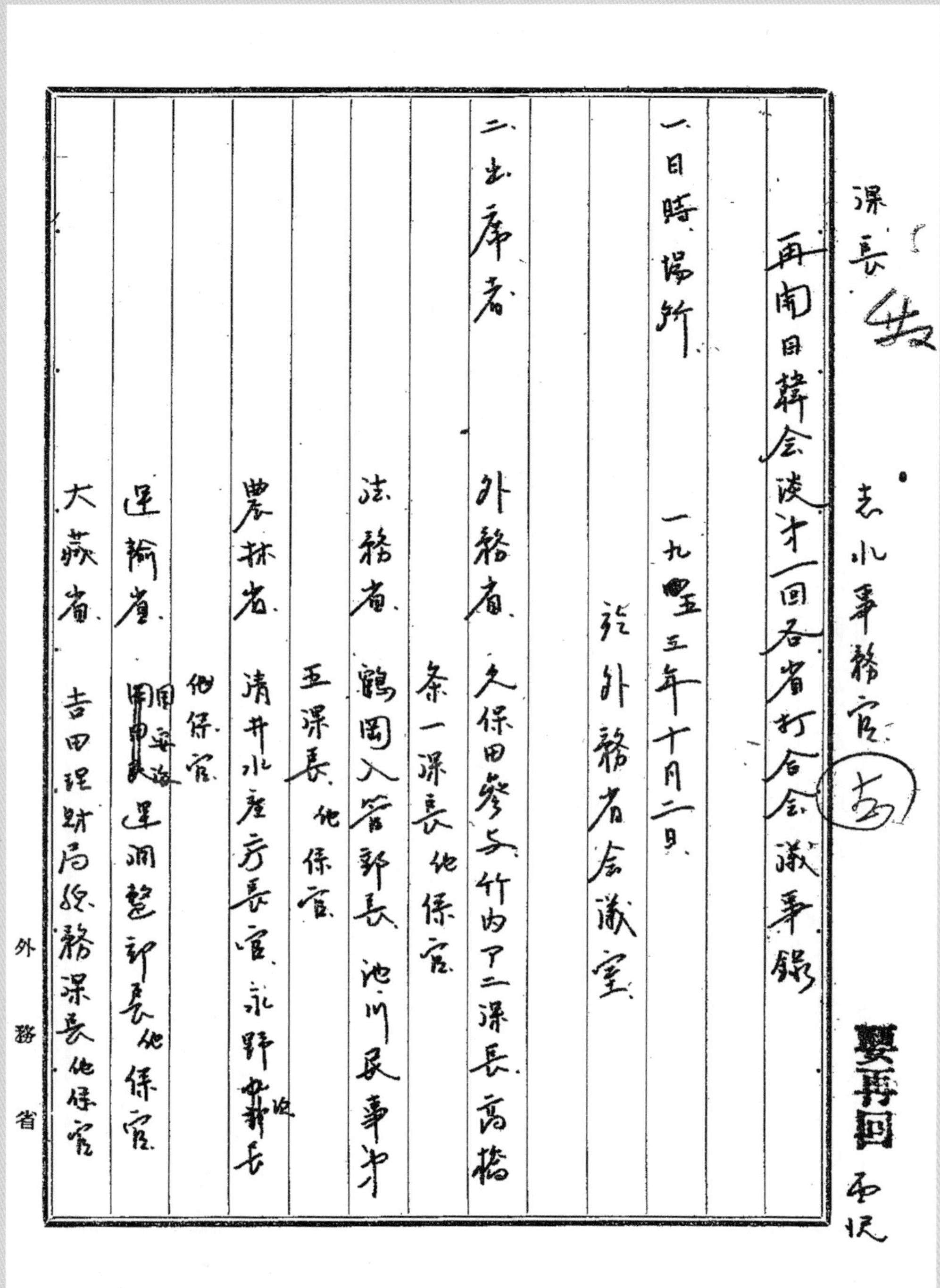
課長 （印）

再開日韓会談第一回各省打合会議事録

志水事務官（印）

一、日時、場所

一九五三年十月二日

於外務省会議室

二、出席者

外務省　久保田参与、竹内アジア二課長、高橋条一課長他係官

法務省　鶴岡入管部長、池川民事第五課長他係官

農林省　清井水産庁長官、永野漁政部長他係官

運輸省　田中（安藤）運輸監理部長他係官

大蔵省　吉田理財局外務課長他係官

要再回　西沢

外務省

No. 2

三、議事次第

竹内課長から会談再開に至るまでの経緯について簡単な説明があった後、久保田参与から今後の交渉の進め方について各省の意見をもとめた。

主要な質疑応答は左の通りである。

吉田（蔵、理財局総務課長）― 請求権問題に関する米（請求権問題は）国の見解は韓国側は充分承知しているし結

外務省

No. 3

結局この問題は政治的判断にまつ他はない。

即ち

一、請求権部会の今後のやり方については政治的に判断して梶をどちらに取るか決めて貰いたい。

即ち従来通り、予め方針を決めることなく事実審査を続けるか、それとも方針をきめてそこに落着するよう話合うか。（解決）

若し、従来通りの話を進めるという場合は、韓

外務省

No.4

国側が単刀直入に切出して来た場合、わが方に
確たる決心のない限り、先方の主張に追いまくら
れるおそれがある。わが方に言分はあつても
それがために会談を決裂させてはならないとい
うのであればわが方委員は非常に苦しい立場に立たせら
れるおそれがある。

鶴関入管次長―国籍処遇問題については

外務省

No.5

日本側は最後の線まで出してあるのでこれ以上部会を開いても実質的に提議することはない。若し大局的見地から止むを得ずわが方に譲るところありとしてもそれを部会で譲歩することはできないので、久保田・金会談で一挙に話して欲しい。又、管としては今回の会談には部会方式を採らないことを希望するし、若し部会を開くとしてもそれは試行的

外務省

No. 6

な形でなく縦列的なものとして関りて欲しい。

さもなければ、国籍処遇部会としてはできるだけ避けるより他に方法がない。

[illegible]君 ——

竹内アニ課長 —— 韓国側現在漁業問題で有利な地位にあるので、他の問題に対しても強引に出て来る公算がある。

外務省

No. 7

わが方としては決裂の場合に備えて、他の諸
の宣傳歟
案件についても第三者から見ても公平妥当と思
われる案を韓国側に叩きつけて置く必要が
あるのではないか。
久保田参与——部会は当面漁業部会だ
けの活動に留めて置くことがよいように思う。
請求権については予め方針を決めるよりは、

外務省

No. 8

韓国側の意向をもっとよく打診する必要があるのではないか。韓国側が相互譲歩で解決する肚があるかどうかが問題である。自分としては韓国側に互譲の誠意があるか否かは疑わしいと思う。会談開催中にも韓国側が漁船拿捕等の圧力をかけてくるならば、たとえ現在の日韓両国関係を更に悪化させるとも

結果になろう

外務省

No. 9

会談打切りを考慮せざるを得ないであろう。　請求権部会の議事方法については今回はわが方から攻勢に出て前回わが方から提出した照会に対する回答を求めてもよい。またわが方で説明するとしてもまだ文化財で二回位は要すことが出来る。　当面部会の交渉は緩歩主義でやってそのうちに上層

外務省

No. 10

部が方針を決めて貰うこととしたい。

なお水産庁と大蔵省との間には、大蔵省から漁民の生活補償金付等の措置は考慮しているが、実被害額は幾何か等の質問に対して、水産庁から漁獲額年八十億円であるが、これは他の漁場え転換出来ない（中共関係、季節関係）ので全損になる

外務省

No. 11

補償措置はまだ考慮していないとの回答があり

竹内アジア二課長から、朝鮮人の日本化の問題を尋ねたのに対し、鶴岡部長、池川課長から交々、この考方には有力な根拠ありと考えられるも、実際問題としては朝鮮人は同化し難い民族であるし、二世の簡易帰化等の問題もあるが東洋社会では親子異籍は具合がよくないようである等の意見があった。以上

外務省

3. 재산 및 청구권분과위원회 제1차 회의 보고서, 1953. 10. 9

한국 외교문서 97, 제3차 한일회담 청구권위원회 회의록, 제1~2차, 1953. 10. 9~15

1953년 10월 9일 개최된 제3차 한일회담 청구권분과위원회 제1차 회의 보고서다.

이 회의에서 한국 측은 대일강화조약 제4조 b)항과 미 국무부의 조약 해석에 따라 일본이 한국에 대한 역청구권 주장을 포기해야 한다고 역설하였다. 이에 대해 일본 측은 재산청구권에 관한 종전 방침에 아무런 변화가 없다면서 대한 청구권 주장을 포기하지 않을 것이라는 입장을 밝힘으로써 양국 간에 갈등의 조짐이 다시금 일기 시작하였다.

韓日代第 [illegible] 號
檀紀四[illegible]年十月十四日

外務部長官 閣下

大韓民國駐日代表部
公使 金溶植

韓日會談第一次財産及請求權分科會議經過報告의 件

標記의 件에 關하여 別添 韓日會談第一次財産及請求權分科會議經過 報告書를 上達하오니 查收하시옵기 仰望하나이다.

別添 韓日會談第一次財産及請求權分科會議經過
報告書

大韓民國駐日代表部

韓日會談財産및請求權分科委員會第一次會議報告書

一、時日及場所 檀紀四二八六年十月九日 自午前十時三十分至仝十一時三十分

於 日本外務省第四二九號室

二、出席者

韓國側

張代表（OBS）

洪法務局長

柳參事官（OBS）

崔總領事（OBS）

李韓銀外國部長

張（通）韓（奎）兩書記官

日本側

大韓民國駐日代表部

久保田外務省參與(OBS)
坂田大藏省理財局長
武內外務省亞細亞第二課長
上田大藏省理財局外債課長
吉田〃 〃 總務課長
木志外務省條約局第三課事務官

三、會議經過와 討議事項

會議劈頭에 韓國側으로부터 討議方法에 關하여 前番會識를 反省하여 그 實体把握(facts finding)의 方法으로서는 何等의 成果를 얻으지 못한 事實을 指摘하고 이번 會議에서는 事實確定의 根據가 될 返還의 原則을 討議設定하는 方法을 取하자고 提議한바에 依하여 彼此意見이 熱烈하게 交換

되였음

1. 返還原則論과 實体的 事務的 把握

韓國側으로부터 「前番會議에서는 所謂 fact finding 即 所謂 請求權対象의 實体를 먼저 把握하기 爲하여 韓國側으로부터 하여 約五項目에 関한 [illegible]을 提出하여 日本側의 調査를 要請한바 있었으나 三個月이 經過하여도 日本側으로부터 何等의 誠意있는 対答을 얻지 못하였을뿐 아니라 日本側은 韓國이 限死코 反対하는 所謂 在韓日本請求權에 関한 反対提案을 하여왔으니 事實把握에서도 依然히 対立이 나타나는것일뿐더러 把握할 實体의 範囲가 擴大하므로 時間도 많이 걸릴것이니 今次會議에서는 返還의 原則을 討議確定시키는것이 先決問題라 하면서 韓國側은 이러한 立場에서 從來 數次

大韓民國駐日代表部

會議에서 主張한 根據와 去般 第二次会議 財産分科委員会會議
에서 提出한 美國國務省의 法令 第三十三号 解釋에 関한 覺書를
主張의 論據로 삼어서 「韓國에는 日本또는 日本人의 請求權
은 아무것도 없고 旣往 旣經 提出한 項目과 앞으로 提出할
項目에 関하여 日本에 対한 韓國의 請求權을 返還하여야 한
다」고 主張하나 日本側의 이에 対한 見解를 討議하고저 이 会
議를 進行시키자」고 하니 日本側에서는 「財産請求權에 関하
여 日本側으로서는 從來의 理論的見解를 抛棄할 수 없는
것이다」 美國國務省의 覺書(寫本)도 檢討하였으나 平和
條約 第四條 b項目에 関한 美國과 韓國의 解釋은 同質
에 指摘된 私有財産을 沒收하게 됨으로 國際法에 違反抵
觸하게 되니 不當케 解釋하면 되지 않는다」고 하므로

韓國側은「日本의 好不好와 関係없이 바로 그 処分의 無効를

美國의 國務省이 그것을 没收라고 断定하는데 日本이 아니

라고 하는 것은 우습지 않으냐」그 追究하여 日本側은「美國國

務省覺書에도 그 前段에 있어서는 日本의 請求權이 없다고

하였으나 그 後段에 있어서는 政治的 意味의 言句로 있어이

하는 것을 兩國間의 交渉에 依하여 解決하여야 한다고 言及

하여 있으며 本件에 関聯하여 日本側이 関心하는 것은 昨年

会談中 梁大使와 柳本首席代表와의 非公式会談에 있어서

梁大使가 發言한 内容이다 即日本側 MEMO에 依하면

梁大使는 四月一日 非公式会談에서「請求權에 関하여는

日本側이 一切의 在韓請求權을 抛棄(give up)하는 同時

에 韓國이 그 対日請求權을 抛棄(give up)하면 彼此問題

大韓民國駐日代表部

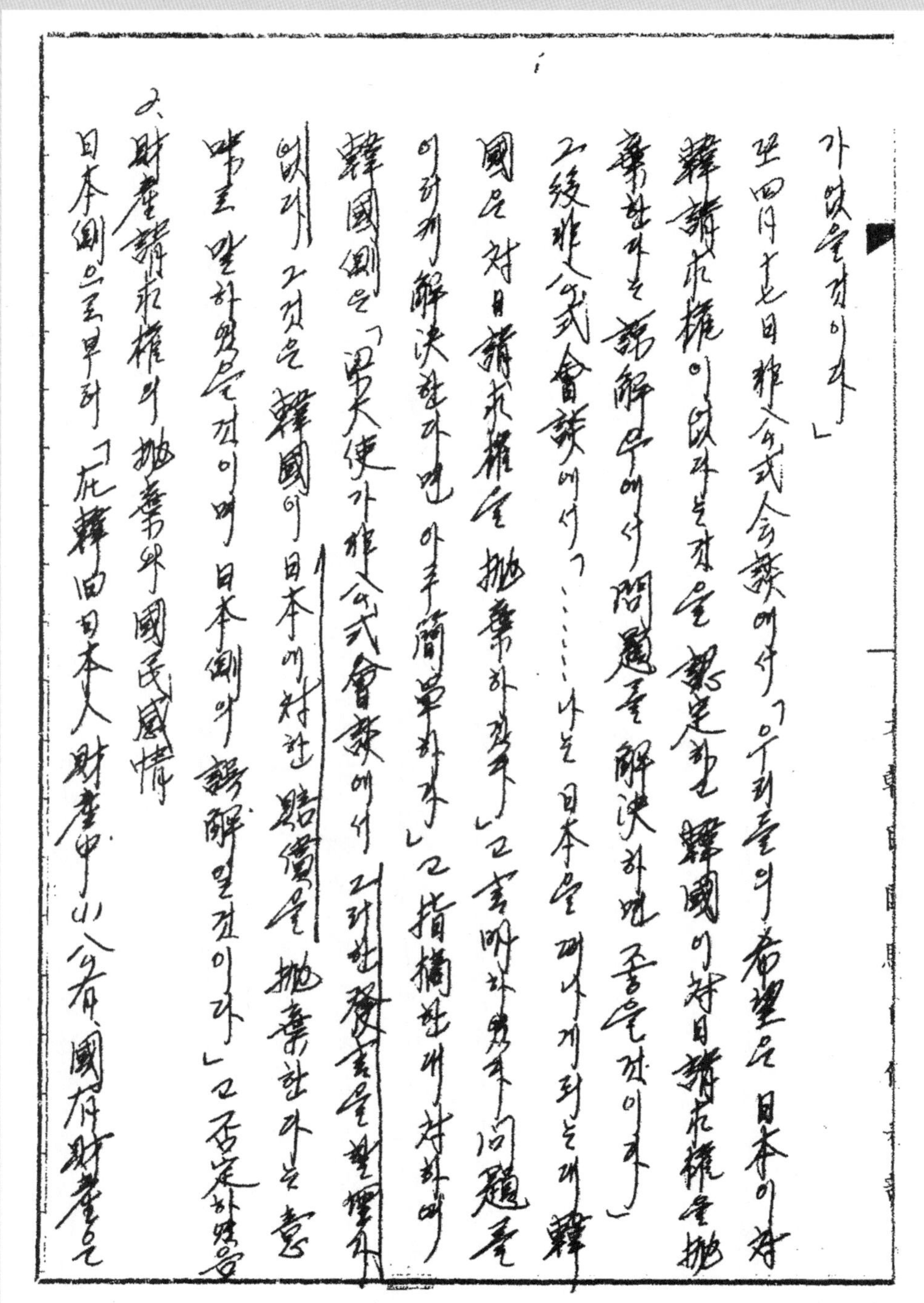
가 있을 것이다」

또 四月十七日 非公式会談에서「우리들의 希望은 日本이 対韓請求權이 없다는 것을 認定하고 韓國이 対日請求権을 抛棄한다는 諒解 밑에서 問題를 解決하면 좋은 것이다」

그後 非公式會談에서「……나는 日本을 떠나게 되는데 韓國은 対日請求権을 抛棄하였다」고 声明하여 주었으면 問題를 이렇게 解決한다면 아주 簡単하다」고 指摘한데 対하여 韓國側은「梁大使가 非公式會談에서 그러한 發言을 했을 理由 없다」 그것은 韓國이 日本에 対한 賠償을 抛棄한다는 意味로 말하였을 것이며 日本側의 誤解일 것이다」고 否定하였음

2、財産請求權의 抛棄와 國民感情

日本側으로부터「在韓舊日本人財産中 以公有 國有財産은

國際法에 있어서의 所謂國家繼承의 原則에 依하여 當然히 韓國이 相續하게 되나 (2) 그 私有財産者가 一方的으로 韓國으로 歸屬된다면 即 何等의 理由없이 沒收當하게 된다면 日本國民感情이 容赦하지 않게 된다. 現在日本國民感情面에 있어서 特히 韓國으로부터 歸國한 者中에는 過激한 感情을 吐露하는 자도 있으며 例컨대 韓國이 旧日本人財産을 沒收한 以上 이에 對處하여 在日韓人의 財産을 沒收하여서 歸還者에게 分配하자는 까지 極論하는 者도 있다」고 發言하나

이에 對하여 韓國側은 「國民感情에 있어서도 現象으로 보면 오히려 日本보다도 韓國이 더 一層 깊은 뿌리를 가지고 있다. 即 日總督時代의 經濟的統計에 依하면 全在韓財産의 構成이 九十五%가 日本人의 손으로 돌아가고 韓人財産은 五%

에 不過하였다. 이러한 資本構成의 數字는 日本의 對韓經濟的 政策에 있어서 經濟的 搾取政策을 取하였다는 것을 表示하는 것이다. 이러한 政治的 乃至는 經濟的 不平等한 制度 以外 日本人에 對한 差別的 待遇밑에서 蓄積된 財産이 在韓日本人財産인 것이다. 韓日合邦當時에 財産構成을 본다면 日本人의 財産은 하나도 없다시피 했던 것이 終戰 때는 九十%로 變하는 此狀態를 直視하여야 한다. 이것을 聯合國으로 美討宣書에 依하여 「韓人의 奴隸狀態」라고 指稱하였던 그 것을 日本이 承認한 것은 事實이다. 그러므로 在韓美軍政廳의 命令에 依하여 在韓舊日本人의 財産이 韓國으로 歸屬된 것이다. 이에 對하여 日本國家가 그 個人에게 補償하느냐 아니하느냐는 日本國의 內部的인 問題에 지나지 않는다고 反駁하면서 韓國側의 主張에 對하여 日本側이 明確한 對答을 强硬히 要求하니 日本側에서는 「端的으로 말하자면 日本側은 「노ー」라는 할수밖에 없다. 此分科委員会에 있어서는 互讓精神으로 双方抛棄가 可하다」말하므로 韓國側으로부터 「日本側 要求는 互讓精神의 方法을 主張하나 元來韓國의 對日請求權은 日本의 그것과 對立하는 性質의 것이 아니다. 万一日本側의 所謂請求權에 對한는 것이라면 對日賠償請求權이 그것이 될것이다. 現在우리가 要求하는 것은 例컨대 太平洋戰爭中 韓人被徵用者의 未淸算賃金 其他 確定債權과 같은 淸算的性質이며 政治的主張보다 法律的淸算的請求權이라는 範疇에 局限된 것이다. 그러므로 兩國의 請求權의 基礎

大韓民國駐日代表部

에는 何等의 共同한 마음이 없으므로 所謂 互讓精神(give and take)이 成立될 餘地가 없는 것이다. 또 例를 擧하여서 말하면 最近 日本政府는 比島國, 인도네시아, 버마等 南方諸國에 對하여 賠償을 履行하기 爲하여 交涉하고 있으나 그것도 三十五年間에 亘하여 日本의 搾取를 받은 韓國에 比較하면 問題가 아니라는 것이다」라고 主張하면 日本側은 何故 相殺하려고 하는가. 日本側이 法的으로 支拂義務가 있는 것은 相殺하여 주라고 해서 내겠다. 卽 賃金 未拂金 같은 것은 내겠다고 提案하는 것을 拒否하였음

四. 次回會議

第三次會議의 時日을 十月十五日(木) 午前 十時半부터 日本外務省 第四九號室에서 開催하기로 決定하였음

4. 재산 및 청구권분과위원회 제2차 회의 보고서, 1953. 10. 15

한국 외교문서 97, 제3차 한일회담 청구권위원회 회의록, 제1~2차, 1953. 10. 9~15

1953년 10월 15일 개최된 제3차 한일회담 청구권분과위원회 제2차 회의 보고서다.

이 회의에서 이루어진 구보타 일본 측 대표의 식민지 시혜 발언이 제3차 한일회담을 결렬로 내몰았다. 구보타의 발언 내용은 한일 양국의 기록에 차이가 있으므로 여기서는 양국의 회의 기록을 모두 수록한다.

구보타 발언 중 문제가 된 부분의 한일 외교문서 원문 대비표

한국 측 발언	구보타 대표 발언	
	한국 외교문서	일본 외교문서
일본이 대한 청구권 주장을 계속할 경우 한국은 대일 청구권에 새로운 고려를 하여야 할 것이다. 한국은 일본이 재한 전(全)일인 재산, 즉 한국의 부의 80%를 점하는 재산의 반환을 요구할 줄은 조금도 예상하지 않았기 때문에 이러한 배상적 성질의 것을 보류하고, 같은 정치적 경제적 기구에서 분리됨으로써 일어나는 법적 청산적 성질의 청구를 합리적인 범위 내에서 일본의 반환을 요구, 청구하였던 것이다.	한국 측에서 대일 청구권에 있어서 새로운 고려, 즉 배상을 요구한다면 일본은 그 동안 한인에게 입힌 은혜, 즉 치산, 치수, 전기, 철도, 항만 시설에 대하여서까지 그 반환을 청구할 것이다. 일본은 매일 2천만 엔 이상의 보조를 하였다.	일본의 청구권도 법률적인 것이다. 국유재산마저 돌려달라고 하지 않는다. 한국 측이 국회 의결 운운하면서 배상을 요구하지 않은 것은 현명한 일이었다. 만일 그러한 제안을 했다면 일본 측으로서는 한국에서 민둥산을 녹화한 일, 철도를 깔은 일, 항만을 건설한 일, 논을 조성한 일, 대장성의 돈을 많은 해는 2천만 엔, 적은 해는 1천만 엔 지출하여 한국 경제를 배양한 일을 반대 제안으로 제출하고, 한국 측의 요구와 상쇄했을 것이다.

한국 측 발언	구보타 대표 발언	
	한국 외교문서	일본 외교문서
일본이 없었더라도 한국은 근대국가로서 당연한 진보를 거두었을 것이다.	당시 외교사적으로 볼 때 일본이 진출하지 않았더라면 러시아 또는 중국에게 점령되어 현재의 북한같이 더 비참하였을 것이다.	대표 자격으로 말하는 것이 아니니 기록해서는 곤란하나, 일본이 가지 않았다면 한국이 더 좋아졌을지도 모르지만, 한편으로는 나빠졌을지도 모른다. 나의 외교사 연구 결과로 볼 때 일본이 가지 않았다고 하면 중국 또는 러시아가 들어왔을 수도 있다고 생각한다.
카이로선언에서 한국인의 노예 상태라고 한 의미가 무엇인지?	연합국이 전시 중 흥분하여서 말한 것이며 연합국 자체의 인격을 손상하게 할 것이다.	(사견 전제하에) 연합국은 전시 흥분상태에서 그러한 것을 말하였으며, 그것은 오히려 연합국 스스로 품위를 손상시킨 것이라고 생각한다. 지금이라면 연합국이 그러한 것을 이야기하지 않았을 것이다.
평화조약 성립 전에 일본의 동의를 얻지 않고 한국을 독립시킨 것, 60만 명의 일본인을 강제퇴거 한 것은 문제 삼지 않고 사유재산의 귀속과 같은 작은 문제를 국제법위반이라고 하는가?	연합국의 한 짓은 다 국제법 위반이라고 생각한다.	사견이지만, 우리들로서는 (강화조약 성립 전에 영토를 독립시켜) 사유재산을 몰수한 것은 국제법 위반이라고 생각한다. 나로서는 미국이 그러한 국제법을 위반하였다고는 생각할 수 없지만, 만일 그렇다 하더라도 그렇지 않은 것으로 해석하고 있다. 미국이 몰수하였다고 해서 국제법상 인정할 수는 없다. 그러나 위반했다고 해도 일본은 연합국에 대해서는 청구권을 포기하고 있다. 영토는 조약으로 결정된 것으로 문제는 없다. (일본) 국민이 귀환된 것은, 이것은 점령군의 정책에 의한 것으로 다른 문제이다.

韓日會談 第二次 財産 및 請求權分科會議 經過 報告書

一、日時 및 場所 檀紀四二八六年 十月十五日 自 一〇、三〇 至 一二、三〇

日本外務省 第四一九號

二、參席者

韓國側 前回와 同一함

但 林、張 兩代表 參席

日本側 前回와 同一함

三、會議經過와 討議事項

大韓民國駐日代表部

會議는 韓國側에서 國宝인 古書籍에 關한 照會迫에
關하여 그 目錄을 提出하므로써 始作되었으나 그 返還의 根據
論에 있어서 韓國側이 Restitution 原則을, 日本은 義
務的으로 返還하지 못하겠다는 점을 各各 主張한 점으로 말미
아마 意見의 一致를 보지 못하고 다음 此 財産 및 請求權
問題를 討議함에 있어서 在韓日人財産 取得의 不當性 如
何가 論議됨에 隨伴되어 가장 根本的인 聯合國의 戰後
處理에 關한 法理論이 交換되었으나 同 論議를 通하여
結局 日本側에서 (1) 平和條約締結 以前에 日本과 關係없
이 領土를 處理(韓國의 解放과 獨立시킴을 意味함) 한
事實에 對하여 (2) 聯合國의 命令으로 말미암아 在韓日人
六○万이 日本 本土로 返還한 事實에 對하여 (3) 聯合軍

의命令을 말미암아 在韓日人財産이 沒收된 事實과 그렇게 處理하였다는 美國國務省의 見解에 對하여 國際法違反이라고 發言하고, (4) 가이로 宣言에서 "韓國人의 奴隸狀態"……라고 宣明된 것은 聯合國의 憎惡의 表現이라고 하였을 뿐만 아니라, 甚至於는 三十六年間 日本의 韓國不法統治는 韓國國民에게 恩惠를 베풀었다고까지 極言한 것이 動機로 되어 兩國의 法理的 見解가 完全히 對立되고 말었음

1. 古書籍에 關한 照會 追加와 返還의 根據

韓國側은 우리 前番會議(今番會議)에 있어서 韓國側에서 提出한 請求權項目 照會事項에 對한 追加分으로서 韓國國宝인 古書籍目錄(第二次分)을 提示한 것에 對하여 日

本側이 「그런 請求權의 內容으로서 提示하는 바」고 운운이
動機로 되어 韓國側으로부터 「그러한 Restitution의 範疇
에 들어가는 것이다」、第二次本會議에 있어서의 金公使의 發言中
Reparations(賠償)에 對하는 返還項目으로서 淸算關係를
包含한 것이라」고 說明하나
日本側에서는 「今春會議에서 提出된 古書籍目錄을 받아서
調査한 結果에 依하면 저의 大部分이 正當한 手段으로 取得한
것이 없음. 韓國側의 目錄은 明治廿三年(西紀一八九〇年)、大
正三年(西紀一九一四年) 或은 昭和十六年(西紀一九四一年)
의 內閣調査를 資料로 한 데서 맨들었다고 思料된다. 이
렇게 正當히 取得한 所謂 韓國國寶를 모조리 返還하라는 것
은 마치 美國 보스톤 博物館에 있는 日本의 浮世繪를 저기 있는

다는것만을 理由로하여 返還하라는것과 같은것이다 万一当
時總督의 強權으로서 搬出된것이 있다면 얼마든지 返還하
겠다 無償을 取得한것은 全然 없다고 생각한다고 主張하
므로 韓國側에서는 [illegible]官 個人의 家室 또는 古書籍 搬
出에 関한 實例를 擧示하에 「当時中樞院에서 研究한다고
하면서 道知事 또는 警察署長을 通하여 搬出되었으며 그後
에는 返還되지않었다 이러한 強制搬出의 現象은 全韓國에
亘하여 發生하였던 것이라고 說明하면서 「無償으로 奪取한
것이라고 反駁하였음」
이에 對하여 日本側으로부터 「宮内省 또는 國會圖書館責任
者가 言明한바에 依하면 搬出圖書는 韓國에두고 왔다고 한다.
古書籍 取得에있어서 何等不當性이 없으므로 義務로서

大韓民國駐日代表部

返還할 것이없다. 그러므로 請求, 返還 이라는 用語로서
取扱하지 않고, 特히 李大統領이 關心을 가지고 있는 것쯤
은 贈물의 形式을 한다면 別途로 考慮하겠다고 說明하
니 韓國側에서는 至今까지의 此分科委員會에서는 韓國側
에서도 返還要求의 根據는 밝히지 않고, 何如튼 古書籍
과 美術品에 限하여는 日本側에서 自發的으로 返還하겠다
는 雰囲氣로 作業을 始作하였던 것이다. 萬一 日本側에서
이제 새삼스러히 이 問題에 對한 態度를 고쳐 義務的으로
返還할 것은 全然 없다. 全部가 合法的으로 取得한 것이라고
主張한다면 에가서 韓國側으로서도 法的見解를 分明히 主
張하겠다. 과.
元來 韓國 所有이었던 古書籍其他의 国宝가 現在 日本에

있다는것만을우리가立証하면 三十五年間의日本의権力機構下에
서는그것은全部가不法量日本에搬出取得되었다고推定받어
야할것이나. 그것이正当히取得되었다는것은日本側이一々히立
証하여야할것이다. 그러므로우리는韓国所有와日本所在의事
実만立証하여 여기서 그返還을絶硬히主張하는바이다
라고追求하여反駁하니 日本側은 假令 韓国의그主張
이正当한다더라도 韓国側의古書籍目録에는德川時代
에갖이고온것이包含되어있는것은不当하다고主張하였음
韓国側은「그러한것은우리가立証하겠다」고對答하였음
又. 聯合国의戰後処理의問題案
앞으로의會議運営에関하여 韓国側에서 原則論을明白

히하기 前에는 會議가 進捗하지 않을 것을 日本側은 互讓
精神으로 妥協하자는 것을 各各 主張한 後 韓國側에
서는 反轉하여 「韓國의 對日請求權은 對日賠償請
求的 性格의 것은 包含시키지 않고 純全한 法的 請求
關係에 局限하였으므로 日本이 끝까지 相殺를 主張한다면
韓國側은 對日請求權 제외에서 다시 새로운 考慮를 하여야
할 것이다」 韓國은 會에서는 가 水原 虐殺事件, 所謂 治安
維持法 違反이라 하여 處刑된 事實 合併時의 不法 殺戮
件에 對한 賠償, 總督統治를 通하여 世界市場價格보다
低價로 韓國의 米穀 其他 重要物資를 日本으로 搬出한
低物價 收奪의 賠償을 請求할 것을 要求하고 있다.
韓國側은 日本이 對韓請求權을 主張한 것은 在韓 前日人

財産 即 韓國의 富의 公加를 占하는 財産의 返還을 要求
할 權은 조금도 予想하지 않었기 때문에 이러한 賠償的
性質의 것을 保留하고 같은 政治的 協商的 機構에서 分離
하는 件 달 어나는 法的 請算的 性質의 請求를 合理的
인 範圍 內에서 日本의 返還을 要求, 請求하였던 것이다.
그 點에도 不拘하고 日本이 三十六年間, 그 權力 機構下에 있
어서 不當하게 蓄財한 財産 一切를 請求하는 것은 不當한
일이매 우리의 賠償要求와 對應하는 性質의 것이라고 主
張하나 日本側에서 「韓國側에 對日請求權에 있어서 새로
운 要處 即 賠償을 要求한다면 日本은 그동안 韓人에게 있
인 恩惠 即 鑛山 治水 實業 鐵道 灌溉施設에 對하여서
까지 그 返還을 請求할 것이다. 日本은 每日 二億万円 以上의 補

助를 하였다」고 主張하자 韓國側이 「그런 말은 日本
이 韓國을 占領하여 그러한 일을 하지 않았으면 韓國人은
그동안 잠자고 있었을 것이라는 前提下에서만 成立한다.
日本이 없었더라도 韓國은 近代國家로서 當然한 進步를
거두었을 것이라」고 反駁하였음.
日本側에서 「當時 外交史的으로 볼때 日本이 進出하지 않았
더라면 露國 또는 中國에게 占領되어 現在의 北韓 같이 더
悲慘하였을 것이라」고 言外에 있는 底意를 吐露하자.
韓國側에서는 이러한 不遜한 態度에 對하여 「日本이 補
助金을 提供하였다는 것은 韓人을 爲하여 한 것이 아니고 日本
의 權力機構의 擁護를 爲하여서 한 것이라」고 反駁하면서
「韓國側은 此 會議에 있어서 過去를 허물리 말자고 하였다.

日本側이 그렇게까지 主張한다면 此會議는 危險하게 하는 것이다 다시 말하면 日本側이 謙遜한 態度로 臨하기 바란다 고 主張하니 日本側은 過去를 말하지 말고 또 賠償等을 청하지 말고 法律面에 있어서 討議하자고 又轉한 것이 契機로 되어 討議는 在韓日人 舊財産의 正當性 如何에 集中 되었음

韓國側은 주로 在韓日人의 舊財가 正當하다고 생각한 나 當時 資本構成만 보드라도 九五%가 日本人이었으므로 되었던 事實까지도 平等한 機會에 依하여 獲得하였던 것으로 생 각한다 一例를 들으면 營業權 鑛業權 같은 官憲許可에 依 한 것은 韓人은 全然 許可하지 몰하였으며 甚至於는 沐浴理 髮業 및 煙草販賣業까지 日人의 손으로 集中되었었던

大韓民國駐日代表部

을 어떠케 보고 있느냐고 물으니 日本側은「그것은 資本主
義時代에 있어서는 할 수 없는 일이라고 對答하였음
韓國側으로부터「그렇다면 聯合國이 왜 그 카이로宣言에 있
어서 韓國人의 奴隸狀態」라고 指摘하였느냐」고 물으니 다
日本側은「그것은 聯合國이 戰時中 興奮하여서 말한 것이
며 聯合國 自體의 人格을 損傷하게 할 뿐이다」라고 對答하
였음.
日本側에서부터「韓國側 見解에 依하면 日本의 對韓請求權은
成立되지 않는다고 主張하나, 벨사이유 條約 第十一編 四卷 [illegible]
為第一에 依하면 獨逸은 聯合國의 從此 敵産 積轉命
令의 效力을 認定하나, 그 代價에 對한 請求權은 있었다」고 主張
그으로 바지 대國條項에 있어 德國財産은 淸算하는 權利

는 있으나, 그 代價는 返還하라고 各그 規定된 것을 보아 日本도
對韓請求權이 成立된다고」 反論한 바에 對하여 韓國側이
「벨사이유 條約에 있어서의 移轉(transfer) 命令과 法令 第
三十三號의 命令과는 事情이 다르다. 英國의 敵產管理令
에도 接收(custody)라고 規定되었으나 所有(ownership)
라고는 規定되지 않았다 이렇게 歸屬뿐만 아니라 所有까지
規定한 國際的 先例는 없다. 또 該法令이 主体인 當事國으
로서의 美國도 이것을 沒收하는 見解를 갖고 있는 까닭上, 即 歸
屬 所有 即 沒收의 意圖로 聯合國인 美國이 如斯한 結果
그 所有權이 一旦 美國當局에 歸屬되었다가 韓美間 財政
및 財產協定에 依하여 韓國을 讓渡된 것이다. 그러므로,
万一 日本이 不平이 있으면 美國에 對하여 하는 것이 妥當하다

大韓民國 駐日代表部

뿐만 아니라, 한걸음 나아가서 第二次大戰後條約에는 解放이라는 새로운 國際法的 現象이 發生하였다. 그러므로 聯合國의 戰後處理에 있어서 第一次大戰後와는 다르다. 即 桑港平和條約締結 以前에 財産處理보다 더 重要한 獨立處理를 日本의 同意없이 實施하였다. 即 奴隸狀態에 있던 韓人을 日本으로부터 解放시키기 爲하여 韓國을 獨立시킬 그때 살던 日人 70万을 一時에 追放하고 그 財産을 沒收하여 韓國에 歸屬시켰다. 이 財産의 接收라는 것은 이러한 解放이라는 처리는 處理의 하나의 現象에 不過하다. 이러한 事實은 私有財産沒收보다도 從來의 國際法에 비추어보면 어떠케 說明할런지 가려고 물으니 「日本側은」 그러한 聯合國의 한 짓은 다一國際法違反이라고 생각한다고 對答하였음.

韓國側으로부터 「日本側의 在韓財産의 処理에 関하여 私有와 国有를 区別한다고 主張하고 있으나 現代에 있어서는 実際 이처럼 区別을 하는 것이 合理的이 아닌 境遇가 많다. 例컨대 鐵道事業, 電氣事業等 国家的 性格을 띠운 大事業을 私營으로 하느냐 国營으로 하느냐는 国策如何에 依하여 決定되는 것이므로 이런 事業이 被征服国家가 被主되는 경우에 新国家에 継承되는 是否는 国有国營, 또는 私有私營이라는 偶然한 要素에 依하여 左右된다는 것이 입의 不合理하게 되었다. 뿐만 아니라, 近代戰은 그 性格上 總力戰 임으로 国家는 그 国民이 個人財産을 徵發하여 国家 戰爭에 動員되었다는 것을 想起하여야 된다. 그러므로, 參考로 말한다면 戰時의 請求 또는 在韓에 있는 日本人財産을 軍事鹵獲物로 取扱하여 没收하였다

한편 對日平和條約에 依하면 聯合國에 있는 日本人財產뿐
만 아니라, 在韓國 中立國에 있는 日人財產도 그 所有者와의
關係없이 沒收하였다. 이 點 聯合의 處置도 國際法違反이
라고 生覺하느냐고 물으니 日本側은 그렇다. 私有權不沒
收의 原則에 違反하여 國際法違反이다라고 對答하였음
이에 對하여 韓國側은 그렇지 않다. 이번 戰後에 있어서
聯合國이 日本人財產處理狀況을 보면 日本固有의 領土內에 있는
私有財產은 依然히 尊重하였으며 오직 그 在外財產을 非
日本化하였으나 이러한 世界的인 非日本化措置의 一環으로서
在韓日人財產을 處理한 것이다. 韓國即奴隷狀態의 地
域에 所在하던 日人財產은 元來 權力的 搾取에 依하여 不法
하게 取得하였던 것이라고 한에서 沒收한 것이니 諸地域을

解放시킨다는 데 二次大戰後의 새로운 高次的 理想 即 私有所
有權尊重보다도 더 高次的이오 더 強한 理想을 實現시키기
爲하여 取하여진 것이라고 說明하니 日本側은 聯合國
이 中立國에 所在하는 日人財產까지 没收한 것은 不當하다고 主
張하였음

韓國側은 다시 聯合國의 高次的 政策으로 하다는 實例로
서 對伊條約에 있어서의 에치오피아 條項에 言及하여
英美兩國은 에치오피아에 所在하는 伊太利財產을 返還
하는 것을 認定하지 않었다고 主張하니 日本側에서는 「그
未割讓地域에 있는 財產과 被割讓國(伊口)에게 返還
하는 것이 當然하다. 伊太利의 에치오피아 進出에 關하여
英美兩國은 當初부터 此를 承認하지 않었으나 事情이

다르다. 그러나 佛國이 承認하였던 것이다. 但 그 境遇가 다르므로 一律論으로는 말할 수 없으니 그것을 相互協議하에서 決定하여야 될 것이라고 主張하였다

韓國側으로부터「日本側은會議運営方法에關하여어떠케
決定인가」라고물은바에対하여日本側은다른問題가具
体化할때까지기다리자고前提하고「此際請求權分
科委員會議는漁業問題와關聯이있으므로來週頃
漁業分科委員會議에있어서日本側에서提示할提
案에対하여万一韓國側에서賛成하지않으면此分科會議
도接近은보지못할것으로생각한다고強調하였음
韓國側에서「記錄을作하여보겠는데、日本側은前此에、
韓國側의主張에対하여、「노-」라고말하지않을수없으며、그
러나、法的義務가있는것은支払하겠다고하면서例를未拂
賃金같은것이다하였는데、그렇냐」고물으니、日本側은
「그렇다고」即答하였음、

大韓民國 駐日代表部

韓國側으로부터「韓國側에서 既往提出한 各請求項目 中 어떠한 項目에 關하여 即答할 수 있는가」라고 물었으나、日本側은「例컨대、戰時中 被徵用者에 對한 未清算의 件은 支拂할 것이라고」對答하였음、

끝으로 韓國側으로부터、此會議의 經過를 살펴「어느 곳으로 보든지、日本은 先進된 立場에 있음에도 不拘하고、三十六年 日本이 取한 不愉快한 事實을 말하자면 限이 없는 것이다、兩國의 親善을 圖謀하기 爲하여 早速히 會談을 妥協시켜야 될 것이다、此會談을 妥協시킴에 있어서는 日本으로 嚴然한 現實、即 戰後、美國이 取한 處分으로 말미암아、結果된 國際政治의 現實을 事實그대로 是認하여야 될 것이다고」發言하니、日本側은「前述하지 않은 것까지 言及하였으나、他意가 있는 것이 아니었으니、万一日本側의 不遜한 態度나 印象을 준 것이 있으면 容赦하여 달나고」하고、「韓日關係를 早速히 解決하기 爲하여 努力하겠다고」対答하였음、

四、次回會議의 日字

다음 會議를 十月廿二日(木) 午后二時頃에 日本外務省 第四一七号室에서 하기로 決定하였음

大韓民國駐日代表部

5. 請求權部會 第2回會議議事要錄, 1953. 10. 15
日本外交文書 174, 두 번째 문서

1953년 10월 15일 개최된 제3차 한일회담 청구권위원회 제2차 회의 일본 측 기록이다.

구보타 일본 측 수석대표의 식민지 시혜 발언이 수록되어 있다.

번역

재개 일한 교섭 의사 요록

청구권위원회 제2회 　　　　　　　　　　아시아국 제2과

1953. 10. 15

1. 1953년 10월 15일 10시 45분-12시 25분 외무성에서 개최
2. 참석자

일본 측: 외무성 구보타 참여
다케우치 아시아국 2과장
기모토 조약국 3과장 대리
대장성 한다 이재국장
우에다 외채과장

한국 측: 홍진기 법무부 법무국장
임철호 외교위원회 위원
장경근 외교위원회 위원
유태하 주일 대표부 참사관
이상덕 한국은행 외국환부장
장수홍, 한규영 서기관

3. 의사 개요

가. 모두에, 한국 측 홍 국장이 지난번 회담의 추가분이라면서 새로이 한국 국보 고서적 목록(제2차분)을 제시하였으며, 구보타 대표가 이 문화재에 관해서도 한국 측이 말하는 반환의 내용이 되는가 질문한 데 대하여, 홍 국장은 반환의 내용이 되는 것이라 생각하며 제2회 본회의에서 김 대표가 언명한 바와 같이 배상에 대비(對比)되는 의미의 반환이며 대일 청구의 청산 관계의 문제라고 답했다.

1) 이어서 홍 국장은, 일본 측이 제2회 본회의에서 양 대사가 시카고와 다른 곳에서 반복해서 재한일본재산은 전 한국재산의 85%를 차지하고 있다고 말하고 있는 것과 관련하여 그 숫자의 근거가 어디에 있는가 질문한 데 대하여 다음과 같이 설명했다.

이 85%라고 하는 숫자의 근거는 종전 전 구조선은행이 매월 발행하였던 조사월보를 근거로 하고 있으며, 종전 전 발행된 각호를 종합해서 분석한 결과다, 이것은 자료에 나타난 것을 종합한 것이며, 나타나 있지 않은 것도 다수 있다라고 말했다. 일본 측이 그것은 은행이 발행한 자료를 근거로 한 것이므로 투자 관계를 주로 해서 나타낸 숫자는 아닌가 질의한 데 대하여, 홍 국장은, 투자 관계만을 말한다면 [일본 기업이] 중요 기업의 90% 이상을 차지하고 있다, 양 대사는 국공유, 사유의 전 재산에 관해 말하고 있는 것이며, 토지의 소유 구성에 관해서는 일본인 소유가 60~70%를 넘으며, 한국인은 광업권, 어업권을 모두 보유하지 못했다, 우리들의 계산에 따르면 정확한 숫자는 아니지만, 한국과 같은 피지배국에 있어서는 일본재산은 80%를 넘고 있다라고 했다.

이에 대해 구보타 대표는, 양 대사는 반복해서 일본이 한국의 전 재산의 85%를 반환하라고 말하고 있으며, 이것은 한국을 재지배하는 것을 의미하는 것이라고 말씀하고 계시나 이것은 큰 오해이며, 일본으로서는 다시 되돌리고자 하는 의향은 털끝만큼도 없다, 전 재산의 85%가 일본에 속한다고 하는 것은 투자만이라면 여하튼 부정한 표현이라고 강조했다.

2) 구보타 대표는 이어서 문화재 문제에 관해 언급하면서, 한국 측이 제시한 리스트에 관해 일단 관계자가 조사한 바에 의하면 재일한국 문화재는 대부분 메이지 이전에 정당한 수단으로 일본에 들여온 것이 많고, 총독부 시대에 모두 일본에 반입된 것은 없다, 나 자신의 조사에 따르면 한국 측 리스트는 메이지 23년[1890년]부터 다이쇼 3년[1914년]까지의 박물관 발행의 리스트 혹은 존경각(尊經閣) 등의 소장품 리스트를 기록해 둔 것이다, 그러한 문화재는 대체로 매입 또는 정당한 절차를 밟아 입수한 것이다, 사견이긴 하지만 리스트 소재의 문화재를 전부 반환하라고 하는 것은 보스턴 박물관 소장의 우키요에(浮世絵) 리스트를 제시하고 전부 반환하라고 하는 것과 대략 마찬가지라고 생각된다, 강권 혹은 기타 방법으로 탈취된 약탈품과 같은 것이 있다면 문제없이 반환한다, 오늘의 이 리스트에 관해서도 조사는 해보겠지만, 내 생각에는 약탈품 같은 것은 없는 것으로 생각된다라고 말했다.

3) 이어 전회 위원회 회의에서 문제가 된 작년 마쓰모토, 양 대사 비공식 회담 시 청구권 상호 포기에 관한 양 대사의 발언에 관해 한국 측은 일본 측의 오해라고 말하고 있으나, 당시 배석 통역의 임무를 담당했던 오노 공사에게 확인한 바에 의하면 동 공사는 양 대사는 공식회담의 석상에서는 언급하지 않았으나 비공식 회담에서는 확실히 발언하였으며 우리 측의 비공식 회담 기록이 틀림이 없다고 말하고 있다고 한 데 대하여,

홍 국장은 다음과 같이 응대하였다.

"당시부터 본인은 계속해서 회담에 관계하고 있는데 양 대사가 귀임 후 제1차 회담 결렬 직전의 일본 측과의 비공식 회담에 김 공사와 함께 본인도 참가했다. 그때 일본 측은 다섯 가지 현안의 해결 방법으로 우선 기본, 국적 및 선박의 세 문제를 타결하고 재산 및 어업 두 문제를 상설위원회에 넘겨 해결을 기하는 안을 제시했다. 그때 일본 측은 한국경제부흥의 견지에 서서 종래의 논의는 '물에 흘려보내자[지나간 일을 없었던 것으로 하자]'라고 했으며, 한국 측이 '물에 흘려보내자'라고 하는 것은 구체적으로 어떠한 것을 의미하는가 질문하자 마쓰모토 대표는 그것 이상 말하지 않아도 이해할 수 있지 않느냐고 했으며, 경제 부흥 운운은 '물에 흘려보내자'라고 하는 것이 불명확하다면 찬성할 수 없다고 말했다. 양 대사, 마쓰모토 전권의 비공식회담 시 본인은 배석하지 않았으나 그때 이미 이야기가 되었다고 한다면 new and free footing[새롭고 자유로운 입장]과 같은 이야기는 나오지 않았을 것이다. 당시 본국으로부터의 훈령은 대개 알고 있는데 청구권 포기와 같은 지령은 한 번도 없었다. 또한 오늘 아침에도 김 대표는 양 대사가 포기론을 제안했다고 하는 것은 기억하지 못한다고 말했다."

이에 대해 구보타 대표가 그러한 논의를 해보아야 결말이 나지 않을 것이며 일본 측이 상호 포기론을 제안한 적은 없다고 응수한 데 대하여,

유 참사관은 발언권을 구한 후 다음과 같이 말했다.

"나는 제1회 회담 때부터 알고 있지만, 솔직히 말한다면 일본의 대한국 주장은 본심에서 나온 것이 아니라 무언가 감정이 뒤섞인 것이 아닌가 생각된다. 한국 측이 가지고 있는 생각은 일본의 주장은 자연적으로 소멸할 것이라고 진작부터 대표부 내에서도 이야기하고 있다. 양 대사가 언급한 것에 관해서는 오노 씨와 단둘이서 비공식으로 만나기도 하였고 반드시 나올 것이라고 생각했지만 전혀 이야기된 적

이 없다, 기억을 되살려 보았지만 그러한 것은 전연 없었고 양 대사가 말씀하신 것은 무언가 단어의 사용과 관련한 통역의 실수가 아닌가 생각된다. 다음으로 보물의 문제에 관해 구보타 대표가 조금 전에 무상으로 일본에 가져온 것은 전연 없다고 하셨는데, 나 자신의 이야기를 한다면 내 집은 소위 옛날 집으로서 보물이 많았지만 어렸을 때 총독부의 중추원이 한국의 보물을 조사, 연구한다고 하면서 경찰을 통해 전부 제출하라고 해서 제출했다. 그 후 반환해달라고 진정했으나 조사 중이라는 답과 함께 반환되지 않았다. 결국 종전 후 사방을 조사했으나 그 보물들의 행방은 전연 알 수 없었다. 이것은 내 집에서의 체험이지만, 이 외에도 경찰이나 관리는 보물을 가져갔다. 제2차 회담 직전에 이름은 말하지 않겠지만 외무성의 모 고관은 보물 그 외의 것은 한국에 반환해야 하지 않겠느냐고 말했다. 구보타 대표는 전문가의 이야기라고 하면서 문화재는 한국에 놔둔다는 방침이었으며 일본에는 가져오지 않았다고 말하고 있으나 예를 들어 제국호텔의 매점과 같은 곳에서 어린시절 본 것과 같은 보물이 판매되고 있는 것을 보고 옛 생각이 났다. 이러한 것은 여기에 와 계신 분들은 도저히 믿을 수 없을 것이다."(유 참사관의 이 발언에 이어 문화재 문제에 관해 다음과 같은 토의가 전개되었다.)

나. 구보타 대표가 그러한 물건이 있다면 당연히 반환해야 할 것이라고 하자, 홍 국장은 국보 문제에 관해서는 작년 회담에서 그 해결 방법으로 고분의 발굴 매매 기타 사정으로 일본에 반출된 것이 있으므로 청구한다는 법적 근거를 논의하는 것을 중지하였고, 일본 측이 자발적으로 반환한다는 분위기가 조성되었다. 지금 일본 측은 부당하게 반출되어 온 것은 없다고 이야기하고 있지만, 우리들로서는 이것은 종래의 협의 방향과는 약간 다른 느낌이 든다라고 말했다. 구보타 대표는 본인이 들은 바에 따르면 한국 측이 제시한 리스트에 관해 그 입수 경로를 조사해보니 부당한 것은 없었으며 통치 이후는 전부 한국에 남겨두었다고 하는 것이다, 요컨대 일본으로서는 의무로서 반환할 것은 없으며 청구권 문제와는 별개의 기초로서 생각해 볼 수 있을 것인즉 이 문제는 문화협정의 내용이 되리라고 생각한다라고 했다. 이에 대해 유 참사관이 그러한 이야기는 한국 측이 생각한 바와 다르다고 하자 구보타 대표는 리스트에 있는 물건이 전부 일본으로 반출되었다

고 생각하고 있기 때문에 이야기가 다른 것이라고 지적하였다. 유 참사관은 국제회의에 제출하기 위해 한국이 심혈을 기울여 만든 것이므로 정확한 것이라고 주장하였으며, 장 위원은 박물관 소장품 중에는 박물관이 일반 일본인으로부터 구입했다고 하더라도 그 일본인은 경찰서장이나 관리가 한국인으로부터 구입하거나 강제적으로 증여받거나 한 물건을 소유한 것일 수 있다고 하였고, 이어 홍 국장은 다음과 같이 말했다.

"일본 측이 의무로서 반환할 물건은 없다, 별도의 기초로서 하자고 말한다면 원래 한국에 있어야 할 물건이 일본에 존재하고 있다는 사실만으로도 당시의 권력기구가 정당한 수단으로 일본에 가져왔다고 하는 입증 책임은 일본 측에 있다고 생각한다. 한국 측은 작년 제안의 제1항목에 약탈했다라는 표현을 사용하지 않고 별다른 설명 없이 일본에 '반출되었다'라는 표현을 사용하였다. 당시 일본 측은 양국 친선을 위해 청구권 문제와는 별개로 고려하겠다고 하여 가만히 있었다. 그러나 일본 측이 의무로서 반환할 것이 없다고 한다면 36년간의 일본 지배의 실정으로 보아 그 입수 경로 등에 관해 입증 책임은 일본 측에 있어야 한다. 한국에 입증 책임을 물어서는 안 된다."

이에 대해 구보타 대표는 홍 위원이 말한 대로라고 하더라도 도쿠카와 시대에 일본에 반입된 것이 많은데 그것은 어찌할 것인가라고 하자, 이 위원은 제1회 회담 시 도래의 원인을 묻지 않고 어쨌든 반환하겠다고 하는 것이 일본 측의 태도였다, 예를 들어 지도 원판에 관해서는 일본에 있더라도 쓸모가 없으므로 반환하자, 다만 개인의 소유로 되어 있는 국보는 문제가 있을 수 있지만 사들여 우호 관계를 위해 반환해도 좋다는 이야기였다라고 했다. 유 참사관이 일본인은 한국에 두고 왔다고 말하지만 종전 시와 그 이전과는 사정이 다르다, 현재 　　　씨는 상당히 많은 것을 일본에 가지고 왔다라고 하였으며, 구보타 대표는 　　　씨가 약탈했다고는 생각하지 않는다고 답하자 유 참사관은 　　　와 같은 인물이 금을 반출해 왔다고는 생각하지 않는다라고 말했다.

홍 위원은 이 문제만으로도 여러 가지 불유쾌한 것을 이야기하지 않을 수 없으며, 많은 시간을 소모하게 된다고 하자 구보타 대표는 문화재에 관해서는 청구권 문제와는 별개로 국교가 회복되면 본인으로서는 증여하도록 정부에 진언해도 좋다, 이 문제에 관해서는 쌍방 주장의 기초가 다르다, 이 문제는 문화협정의 내용으로 삼으면 될 것이다라고 했다. 이 위원이 지도 원판은 도쿄에 있다고 하자, 우에다 과장이 지도 원판의 문제에 관해서는 일본 측은 현존한다면 건네주어도 좋다고 말한 것은 확실하나, 총사령부에 의하면 접수 또는 소실 등으로 원판은 존재하지 않는 것으로 알고 있다, 지도를 주겠다고 하는 문제와 국보라고 하는 것은 성질이 다르다, 약탈해 온 것은 문제없이 돌려준다고 해도 한국 측이 '가지고 왔다'라고 하는 표현을 사용한 것은 이 문제를 토의하게 될 경우 이런 저런 문제가 발생할 것이므로 이러한 표현을 한 것이라고 생각한다, 당시는 리스트를 제시하지 않았지만 약탈품에 해당하는 것이 없으므로 정부 상층부에서 정치적으로 판단해 주었으면 하는 것이었다, 이 부장이 이야기한 개인의 물건은 곤란하지만 국유의 물건은 비교적 용이하다, [한국 측에] 준다고 하면 최초는 약탈품, 그 다음은 국유품의 순서가 될 것이다라고 했다. 홍 위원은 이에 대해, 이 문제에 관해서는 한국 측에서는 처음부터 약탈이라는 표현은 사용하지 않았다, 그 당시부터 일단 청구권 문제에서 제외했다, 국보 반입의 정당성의 유무를 일본 측이 지금 새로이 꺼낸다면 한국 측으로서는 종래의 방침을 버리고 새로운 입장을 취하지 않을 수 없다, 반증 자료도 수집하지 않으면 안 되고 시간도 걸릴 것이다라고 했다. 우에다 과장은 구보타 대표가 이야기하는 것은 외무성의 조사에 의하면 36년 이전의 물건이 많으며, 그 가운데에도 국유의 물건은 정치적으로 고려한다, 개인에 속하는 물건은 그 소유자가 약탈한 것이 아니라고 말하고 있다라고 말하자, 유 참사관은 전연 그런 식으로 온 것이 없다는 말인가라고 반문했다. 우에다 과장이 본인이 들은 이야기로는 현지에서 나온 것은 현지 박물관에 놔둔다는 방침이었다고 말한 데 대하여, 홍 위원은 일본 측이 그런 식으로 말한다면 한국 측은 이 문제를 청구권의 문제에 넣겠다, 또한 입증 책임을 일본 측에 묻겠다라고 주장하자, 구보타 대표는 국보 문제는 문화협정에 넣어야 할 성질의 것이며, 다만 청구권의 내용이 되는 것은 그 반환에 이의는 없으나 리스트 기재의 품목이 전부 한국이 가는 것은 아니라고 응대했다. 홍 위원은 일본 측은 결국 국보 문제의 취급 방법에 관해 어떻게 할 심산인가, 리스트 기재 물건을 일본 측이 입증할 것인가라고 한 데 대하여, 구보타 대표는 이 문제에 관해서는 법률 문제를 떠나 한국의 독립을 축하한다는 견지에서 일본 정부가 적당한 물건을 한국에 주는 것이 될 것이라고 말하자 유 참사관은 적당한 물건 가지고는 안될 것이다라고 말참견을 하였으며, 홍 위원은 오늘 제시한 리스트 가운데 고전에는 춘향전, 심청전의 원본과 같은 일류 물건이 있으며, 한국에게는 매우 귀중한 물건이라고 하였다. 구보타 대표는 그러한 물건에 관해서는 일본 정부가 사본을 만든 후 건네줄 수도 있을 것이다라고 하였다. 이 위원은 그 반대 방법을 취하면 어떻겠냐고 하자 구보타 대표는 개인의 사유품을 구입하는 것은 예산 조치가 필요하며, 재일문화재의 실정에 관해서는 차기 회의에서 좀 더 상세히 일본 측이 설명하겠다고 하고 문화재 문제에 관한 토의를 일단 끝냈다.

다. (한국 측은 청구권 문제 토의의 원칙론을 꺼내면서)

홍 위원은 한국 측으로서는 원칙론을 결정하지 않는 한 지난번 회담과 같이 아무런 진전도 없게 될 것이라고 말하였다. 구보타 대표는 일본 측은 종래의 주장을 견지하고 있으며 이 문제의 해결 방법으로서는 쌍방이 양보하는 것 외에는 달리 방도가 없다, 일본 측으로서는 한국 측이 일방적 주장을 하고 일본 측만이 양보하는 것은 곤란하다라고 하자, 이에 대해 홍 위원은 일본 측에서 양보라고 말하지만 일본 측의 정치적인 대한 청구권과 한국 측의 법률적인 청산 문제와는 성질이 다르며 양보는 불가능하다, 일본 측이 그러한 청구권을 주장한다면 한국 측으로서도 별도로 생각을 달리 하지 않을 수 없다라고 강조한 데 대하여, 구보타 대표 및 우에다 과장이 일본 측 청구권도 법률적 기초에 의한 것이며 일한 쌍방 청구권은 동일한 범주에 속하는 것이라고 답했다. 이에 대해 홍 위원은 다음과 같이 말했다.

"한국 국회에서는 수원의 학살사건, 병합 직후에 있었던 각지의 학살, 일본 지배 36년간 치안유지법 기타에 의한 독립운동자의 투옥 및 사망에 대한 배상, 또는 세계시장가격보다 명백하게 부당히 싼 값으로 한국산 쌀을 구매하고 그것을 일본으로 가져간 것 등에 관해 일본에 보상하라고 하는 결의가 이루어졌다. 일본 측의 청구권에 관해서는 전연 생각해보지도 않았다. 일본의 국민 소득도 참고로 하면서 일본의 재판에서 다툴 수 있는 법률적, 청산적 항목을 골라 정치적 색채가 있는 것은 피했다. 일본 측 요구가 36년간 축적된 부를 돌려달라고 하는 것이면 우리들은 36년간의 피해를 보상하라고 이야기하지 않을 수 없다."

이에 대해 구보타 대표는, 일본의 청구권도 법률적 것이다, 국유재산마저 돌려달라고는 하지 않는다, 한국 측이 국회의 결의 운운하면서 배상을 요구하지 않은 것은 현명한 일이었다, 만일 그러한 제안을 했다면 일본 측으로서는 한국에 민둥산을 녹화한 일, 철도를 부설한 일, 항만을 건설한 일, 논을 조성한 일, 대장성의 돈은 많은 해에는 2천만 엔, 적은 해에도 1천만 엔 지출하여 한국경제를 배양한 일들을 반대 제안으로 제출하고 한국 측의 요구와 상쇄했을 것이다라고 했다.

이러한 구보타 대표의 발언에 대해, 홍 위원은 우선 일본인이 오지 않았더라면 한국인은 잠자고 있었을 것이라는 전제에서 이야기하는 것인가, 일본인이 오지 않았더라면 한국은 훨씬 더 잘했을 지도 모른다(흥분한 모습으로)라고 말했다.

구보타 대표는 대표라고 하는 자격으로 말하는 것이 아니므로 기록해서는 곤란하다면서, 일본인이 가지 않았더라면 한국이 더 좋아졌을지 모르지만 한편으로는 나빠졌을지도 모른다, 본인의 외교사 연구의 결과로 볼 때 일본이 가지 않았다면 중국이나 러시아가 [한반도에] 들어왔을 수도 있었을 것으로 생각된다라고 말했다. 이에 장 위원 및 유 참사관으로부터 구보타 대표는 일본으로부터 천만 엔 또는 이천만 엔의 보조금이 있었다고 하는데 이것은 한국의 이익을 위한 것이 아니고 일본인을 위한 것이었다, 그 돈으로 경찰이나 형무소가 만들어진 것은 아니겠지만 그러한 기분으로 말한다면 이야기가 되지 않는다, (회담을) 중단하는 것이 좋겠다와 같은 발언이 이어졌다. 구보타 대표는 한국 측이 배상적인 요구가 있는 것처럼 이야기했기 때문이라고 답하자, 유 참사관은 이전 일을 잊어버리자, 미안하다는 기분으로 회의를 진행한다면 이야기는 다르겠지만이라고 하자, 구보타 대표는 서로 장래에 대해 생각하고 회의를 진행했으면 한다, 실로 근본적인 법률적 근거에 입각해서 청구권 문제에 관해 이야기하고 싶다라고 한 데 대하여, 홍 위원은 법률적인 것에 한정하여 이야기한다면 일본인의 한국에 있어서 부의 축적이 한국인과 경제적으로 제휴하여 만든 결과라고 생각하는가, 36년 전에 제로였던 것이 이처럼 커진 것은 권력 관계에 의한 것으로 한국인과의 기회균등에 따라 이루어진 것은 아니다, 관의 면허, 허가를 요하는 사업에 한국인이 참가할 수 없었다는 것 등에 관해서는 어떻게 설명한 것인가라고 물었다.

구보타 대표는 그와 같은 세세한 것을 이야기한다면 36년간은 자본주의 경제 기구의 아래에 있었기에 기회균등이라고 할 수 있으며 경영 능력이 있는 일본인의 기업이 크게 되었다고 생각할 수 있고 현재의 수정자본주의 시대의 이전의 평등이라고 하는 것을 생각해야만 할 것이라고 답했다. 이 위원은 언덕을 오르게 되면 쌍방의 의견은 근본적으로 다르게 된다고 하자, 구보타 대표는 그러한 낡은 이야기를 꺼내면 이야기가 다를 수밖에 없다고 했다.

홍 위원은 카이로선언에서 연합국이 한국민을 노예 상태에 있다고 했는데 이것은 무엇을 의미하는가라고 압박하자, 구보타 대표는 사견을 전제로, 당시 연합국은 전시의 흥분상태에서 그러한 것을 말한 것이며, 오히려 연합국 스스로의 품위를 손상시킨 것이라고 생각한다, 지금이라면 연합국은 그와 같은 것은 이야기하지 않을 것이다라고 했다. 장 위원이 일본인의 손에 농지의 많은 부분이 들어간 것은 동양척식 등이 조선총독부의 정책하에 얻은 것에 의한 것으로 기회균등하에 있었던 것이 아니다라고 말한 데 대하여, 구보타 대표는 옛날 이야기를 하고 싶지는 않지만 일본인의 이익만을 위한 것이 아니었다, 일본인의 경제적 원조 없이는 한국경제는 배양이 불가능 했을 것으로 생각한다라고 말했다. 이에 대해 이 위원은 그것이라면 한국은 배상적인 것을 이야기하지 않고 있으므로 일본 측도 권력 관계에 의한 것은 주장해서는 안 된다라고 했다. 구보타 대표는 한국 측이 36년에 해당하는 배상을 요구하지 않은 것은 현명했다, 그러나 권력 관계 운운은 승복할 수 없다라고 말했다. 이에 우에다 과장은 한국에 있는 재산이 권력기구 아래에서 만들어진 것이므로 배상에 상당한다고 하고 있으나 한국에 대한 배상의 유무에 관해 우리들은 별도의 생각을 가지고 있으며, 없다고 생각하고 있다, 한국 측에서 배상을 요구하지 않았으므로 일본에는 청구권이 없다고 하는 생각과 관련해서는 우리들은 다른 생각을 하고 있다라고 말했다.

라. 홍 위원은 구보타 대표가 호양의 정신으로 양보하자고 주장하고 있으나, 한국 측에는 양보할 여지가 없다고 하였으며, 계속해서 재한 재산 처분의 효력 문제에 관해 다음과 같이 논의가 이루어졌다.

구보타 – 한국 측은 일본이 4조 b)항의 효력을 승인했으므로 일본에 대한 청구권은 없다고 하고 있으나, 베르사유조약 제10편 4관의 부속서에 독일도 연합국도 상호 상대국이 전시 중 발령한 적산의 이전 명령의 효력을 인정하고 있다. 이것은 4조 b)항과 마찬가지 표현이며 쌍방은 배상 청구권을 상실하지 않고 있다. 거기에 더하여 독일은 별도의 조항에서 이것을 포기하고 있다. 또한 동 조약에서 체코는 독일 재산을 청산하는 권리를 부여받았으나 청산 대금은 독일에 반환하는 의무가 부과되었다. 그러한 점에서 생각해 볼 때 4조 b)항에 관한 일본 측 법률론은 무리한 것이 아니다.

홍 – 법령 제33호를 일본 측은 적산관리 조치라고 하고 있으나 이전 조치의 내용이 문제다. 영국의 대적거래법은 vest의 의미만을 포함하고 있으며 제33호와 같은 own이라고 하는 단어가 없다. 베르사유조약의 단순한 이전 명령과 제33호의 '귀속되고 … 소유된다'(…vested in…and owned by…)와는 다르며, 효력의 승인의 단어를 논하는 것보다도 own이라고 하는 단어가 지니는 의미로 논해야만 한다. 일본재산 처분의 당사자인 미국이 그 소유권을 취득하고 이것을 한국에 이전한 것이라고 하고 있다. 일본 측의 구상 청구의 주장은 미국에 행해야만 한다. 한국은 미국으로부터 재산을 받아 그 관리권을 얻었을 뿐이다. 이것은 일본 측에 전달한 미국 서한으로도 판단이 가능하며, 베르사유조약 당시와 이번 대일전에서는 전쟁에 의한 사유재산의 처리 방식이 다르다. 베르사유조약 당시의 국제 선례에서는 own이 사용되지 않았으나, 당시와 제2차 세계대전 때와는 사정이 다르다. 사유재산뿐만 아니라 더 중요한 영토 문제에 관해서도 평화조약 성립 전에 일본의 동의를 구해 독립시킨 것도 선례가 없다. 이것은 사유재산의 문제라기보다도 일본의 동의를 통해 이루어졌다는 점에서 보다 큰 것이라 할 수 있다. 60만의 일본인이 맨몸으로 강제퇴거 당한 것도 커다란 문제다. 일본은 이러한 커다란 문제를 국제법 위반이라고 생각하지 않으며, 사유재산과 같은 작은 문제에 관해서만 국제법 위반이라고 하는 것인가.

구보타 – 사견이지만, 우리들로서는 (강화조약 성립 전에 영토를 독립시키고) 사유재산을 몰수한 것은 국제법 위반이라고 생각한다. 본인으로서는 미국이 그러한 국제법 위반을 했다고는 생각할 수 없지만, 만일 그렇다고 하더라도 그렇지 않은 것처럼 해석하고 있다. 미국이 몰수했다고 해서 국제법상 인정할 수는 없다. 그러나 만일 위반했다고 하더라도 일본은 연합국에 대해서는 청구권을 포기했다.

홍 – 행위자인 미국 자신은 일본재산의 몰수라고 해석하고 있다.

구보타 – 그러한 생각은 가장 권력이 강한 자가 국제법을 만든다는 것이 된다. 국제법은 약자의 음성도 들어야만 한다.

이상덕 – 평화조약 전의 영토 처리라든가 일본인이 60만 퇴거당한 것도 국제법 위반이라고 생각하는가.

구보타 – 영토는 조약으로 정하는 것이므로 문제가 없다. 국민이 귀환된 것은 이것은 점령군의 정책에 의한 것으로 별개의 문제다.

장경근 – 참고로 이야기하지만, 철도나 기타의 것은 국유도 가능하고 사유도 가능하다. 그것이 우연히 사유였다고 하면 신정부가 계승하지 못한다는 것은 이상하다. 지금에 와서 사유재산에 관해 무조건적으로 종래의 국제법을 주장할 수는 없는 것이다.

홍 – 참고로 구보타 대표에게 사견을 말하는 것이지만, 총력전이 되면 국민의 사유재산은 모두 전쟁 목적에 따라 총동원된다. 전쟁 후의 사유재산의 처리 방침도 이 견지에서 행해진다. 연합국, 추축국, 중립국에 있는 사유재산도 처분되었다. 특히 중립국에 있는 재산에 관해서는 문제가 있다. 이번 평화조약은 국제법에 위반한다고 생각된다.

구보타 – 나는 이것을 시인하지 않는다. 귀하는 이것을 지지하는가. 민주주의는 원래 개인의 존중에 있는 것이다. 평화조약은 국제법의 정신을 지키고 있다고 생각하지 않는다.

홍 – 일본의 재외 재산을 경시하기 위한 것은 아니다. 일본의 권력기구에 의해 신장된 것을 권력으로부터 떼어내자고 하는 별도의 이념인 것이다. 사유재산의 면에서 말한다면 무시당할지도 모르지만 일본 프로파로부터 떼어내어 노예 상태로부터 해방 시킨다고 하는 것보다 고귀한 목적을 위해 취해진 조치다.

구보타 – 중립국이었던 일본재산에 관해 취해진 조치는 홍 위원의 이론이 적용되지 않는다.

홍 – 이탈리아 조약에서 에티오피아에 있었던 이탈리아 재산은 거의 무시당했다. 병합된 약한 국가의 존중이 가장 강하다.

구보타 – 개인주의를 존중하는 연합국이 중립에 있는 개인의 사유재산을 처분하는 것은 국제법의 존중은 아니다.

우에다 – 일단 국제법을 볼 때 이탈리아 조약에서도 할양지에 있는 사유재산은 별도 취급하고 존중받았다. 이탈리아에 의한 에티오피아의 병합은 연합국에 의해 승인되지 않았기 때문이며, 덜레스의 평화조약 초안에도 처음에는 4조 a)항만 있었다고 들었다.

홍 – 4조의 b)항은 우리들의 노력의 결과로 삽입된 것이다.

우에다 – 참고로 묻지만, 한국 측은 미국이 주장하기 때문에 옳다고 생각하고 있는 것인가, 아니면 근대전의 신 관념으로부터 미국이 그러한 것을 했다고 하는 것인가. 홍 위원께서 말하는 의도가 미국이 했기 때문에 옳다고 하는 것이라면 본인은 미국은 종래의 국제법의 관념으로부터 벗어난 이상한 것을 했다고 생각하며, 비판받아야만 한다고 생각한다. 한국은 전쟁에 참가하지 않았고, 홍 위원이 말씀하는 국제법이 변했다고 하는 것만으로는 이번 처리는 설명이 되지 않는 느낌이다.

홍 – 한국은 해방국이라고 하는, 해방이라고 하는 새로운 이념에 있으며, 인도, 미얀마의 영국의 자발적 의사에 의한 독립과 한국과는 사정이 다르다.

우에다 – 사정은 여러 가지 있으나 미국이 행하였기 때문에 당연하다고 하는 한국 측의 주장은 이야기가 되지 않는다.

마. 이어서 구보타 대표는 청구권 문제를 해결하기 위해서는 가능하다면 서로 양보해 가기를 바란다, 지금과 같은 토의를 해서는 별로 건설적이지 못하다라고 말했다. 이에 대해 홍 위원은 일본 측은 이 분과위원회의 금후 진행 방식에 관해 어떠한 생각을 갖고 있는가 물었으며, 구보타 대표는 다른 위원회가 진행되어 타결에 이를 때까지 이 위원회는 공부하지 않아도 되지 않는가 생각한다고 답했다. 이에 대해 이 위원은 어업 문제만을 이야기하는 것인가라고 물었고, 구보타 대표는 어업도 있고, 국적 처우 문제도 있다라고 답하였으며, 유 참사관은 그렇다면 이야기가 다르다, 전반적으로 모든 문제에 관한 이야기를 해야 하는 것이고 이 청구권분과 위원회도 그와 같이 진행해 나가길 바란다라고 주장하면서, 이 문제와 어업은 관

련성이 있는가, 어업에서 이야기가 잘 되지 않으면 다른 네 개의 문제 전부의 이야기가 진전을 보지 못하게 되는가 질문하자, 구보타 대표는 전체로서 해결을 하자고 하는 것은 물론 그렇고 한국 측 주장과 같이 이 문제만을 진전시켜 나가는 것은 일본 측만의 양보가 되므로 어업에 관해서는 내주에 회의가 개최되므로 그 결과를 보고 이 문제에 관한 이야기를 진전시켜 나가자고 하면서, 회담은 전체적인 것이므로 어업이 타결되지 않으면 회담 전체도 타결되지 않을 것이라고 답했다.

계속해서 홍 위원은 한국 측 기록을 위해 확실히 해두고자 한다고 전제하면서, 제1회 위원회 회의 시의 요지 다음과 같은 구보타 대표의 발언에 관한 한국 측 의사록을 읽었다. "일본 측은 한국이 주장하는 것과 같이 일방적인 청구에 관해서는 '노'라고 말할 수밖에 없으며, 양 대사가 언명했다고 하는 상호 포기라면 좋으며 상쇄하더라도 일본 측이 법률적으로 지불 의무가 있는 것의, 예를 들면 미불 급여와 같은 것이라면 지불한다"고 했으나 이것으로 괜찮은가 하자, 구보타 대표는 일본 측은 아직 상호 포기는 제안한 적이 없으나 그리된다 하더라도 미불 급여와 같은 것은 지불할 것이라고 긍정했다. 이어서 한국 측은 일본 측이 지불 의무가 있다고 하는 것의 내용을 더 상세히 말해줄 것을 희망하고 한국 측이 제시한 항목 중에는 일본에서 법률적으로 지불하지 않으면 안 되는 것이 있다, 국채 등은 어찌 할 것인가라고 물었는데, 구보타 대표도 한국 측이 약간 양보해서 오면 명확히 하자, 상세한 것은 거래, 타협이 이루어지지 않으면 말할 수 없으므로 여기서는 분명한 답을 하지 않겠다라고 답하였고, 이 위원이 추가로 한국 측이 제시한 항목에 관해 일본 측의 생각을 알고 싶다고 하자 일본 측은 오늘은 시간도 없으므로 이 정도로 하자고 하여 다음 회의는 일단 22일에 하는 것으로 결정했다.

바. (임철호 위원의 발언)

최후에 본 회담 중 계속 침묵을 지켰던 임철호 위원이 폐회 후 돌연 발언하고 요지 다음과 같이 말했다.

"내가 아는 한 일본이 참가한 국제회의에서 이 회담과 같이 일본어가 사용되어 자유롭게 의견이 교환된 예는 없다고 생각한다. 이것은 일한 양국의 문제를 해결하는 커다란 열쇠를 의미하는 것이다. 일본은 어느 점으로 보나 한국의 형이며 지리적으로도 가깝고 리드하는 국가가 아닌가 생각한다. 오늘 구보타 대표의 이야기를 들으니 어찌하여 그러한 이야기를 했을까 생각하게 된다. 옛날의 불쾌한 것을 이야기하고 싶지 않으나 국제간에 새롭게 발생하는 사실, 이것은 현실이며 일본의 모든 지도자들은 이러한 적확한 사실을 인정하지 않는가. 미국이 국제법을 위반했다고 하는데 이것은 낡은 사고방식이다. 이런저런 방면에서 아직 위상이 낮은 한국에 대해 아시아를 리드하는 나라로서 일본은 반공 및 세계평화를 위해 큰 기분으로 하루라도 빨리 양국 관계를 해결하여 손을 잡아야 한다. 강한 단어를 사용했는지 모르겠는데, 일한 회담도 세 번째가 된다. 36년간의 불유쾌한 것을 끄집어낸다면 한이 없을 것이다. 서로 있거나 없거나 한 것을 끄집어내기보다 현안을 신속하게 해결해서 손을 잡고 나가길 바란다."

이에 대하여 구보타 대표는 다음과 같이 응대하였다.

"오늘은 예기치 않았던 것까지 이야기하게 되었다. 임 위원의 큰 기분에는 찬성한다. 본인은 일한 친선이 일본 외교의 기본이라고 생각하며, 따라서 무언가 해서 이 회담을 마무리할 수 있도록 노력하고 있다. 본인의 오늘 발언 중에 혹시 일본이 위세를 부린다는 느낌이 들도록 한 것이 있다면 사죄한다. 그러나 여러 면에서 일본만이 양보하는 해결에는 국민감정도 있으므로 일본 측 대표로서는 응하기 어렵다."

再開日韓交渉議事要録

アジア局第二課

請求権部会第二回

昭和二八、一〇、一五

一、一九五三年一〇月一五日一〇時四五分～一二時二五分外務省にて開催

二、出席者

日本側　外務省　久保田参与
竹内アジア局二課長
木本条約局三課長代理
大蔵省　阪田理財局長
上田外債課長

韓国側　洪璡基法務部法務局長
任哲鎬外交委員会委員
張暻根外交委員会委員
柳泰夏駐日代表部参事官
李相徳韓国銀行外国為替部長
張師弘、韓奎永書記官

三

議事概要

(一)冒頭、先方洪局長より前回会談の際の追加分であるとして新に韓国国宝古書籍目録（第二次分）の提示があつたので、久保田代表からこの文化財についても韓国側でいう返還の内容をなすものかと質問したのに対し、洪局長から返還の内容をなすものと考えており、第二回本会議において金代表が言明されていたように、賠償に対比する意味の返還であつて対日請求の清算関係の問題であると、答えた。

(二)次いで洪は、第二回本会議において日本側からの、梁大使がシカゴその他で屡々在韓の日本財産は全韓国財産の八五％を占めていると声明しているがその数字の根拠を何に置くやと質問したことに関し次の説明をした。

この八五％という数字の根拠は終戦前旧朝鮮銀行が毎月発行していた調査月報をソースとするもので終戦前発行の各号を綜合し分析した結果である。これは資料に現われたものを綜合したもので、現われていないものも多数ある旨述べた。わが方からそれは銀行発行の資料を根拠においたものであるから投資関係を主として指すものでないかと質したところ洪は、投資関係のみを取れば重要企業の九〇%以上を占めている。梁大使は国公有、私有の全財産についていつており、土地の所有構成については日本人所有は六〇―七〇%を越え、韓国人は鉱業権、漁業権を全く有しなかつた、私達の計算では正確な数数はないが、韓国の如き被支配国においては日本財産は八〇%を越えている。

右に対し久保田代表から、梁大使は屡々日本が韓国の全財産の八五%を返還しろといつておりこれは韓国を再支配するということを意味するものだといわれておるがこれは大変な誤解であり、日本としては取戻すという意向は毛頭ない。全財産の八五%が日本に属するということは投資だけなら兎も角不正確な表現であると強調した

(2) 久保田代表は次いで文化財問題に言及し、韓国側提示のリストにつき一応関係筋につき調査したところ、在日韓国文化財は大部分明治以前に正当な手段で日本に入ったものが多く、総督府時代にゴッソリと日本に搬入したものはない。私自身の調べでは貴方のリストは明治二三年から大正三年までの博物館発行のリストあるいは尊経閣等の所蔵品リストを書き抜いたものである。それ等文化財は大体買入その他正当な手続を踏むで入手したものである、私見ではあるがリスト所載のものを全部返還せよということは、ボストン博物館所蔵の浮世絵のリストを提示して全部返還せよというに等しいと大雑把に考える、強権その他で取上げられた掠奪品のようなものがあれば問題なく返還する。本日のリストについても調査はするが、私の考えでは右のようなものはないと考える、と述べた。

(3) 更に前回部会で問題とされた昨年松本、梁大使非公式会談の際における請求権相互放棄に関する梁大使の言明について、韓国側は、日本側の誤解の如く言われておるが、当時陪席通訳の任にも当つた大野公使に確かめたところ、同公使は梁大使は公式会談の席上では言及されなかつたが非公式会談ではつきり言明され、わが方の非公式会談記録に間違はないと言つていると述べたに対し、

洪は次のように応えた。

「当時より自分は引つづき会談に関係しているが、梁大使が帰任後、第一次会談の決裂直前の日本側との非公式会談に金公使とともに自分も参加した。その際日本側は五懸案の解決方法として一先づ、基本、国籍及び船舶の三問題を妥結し、財産及び漁業の二問題を常設委員会において解決をはかるという案を提示された、その際日本側は韓国経済復興の見地に立つて従来の議論は「水に流す」と云われたので、韓国側から「水に流す」とは具体的に如何なることを意味するのかと質問したところ、松本代表はそれ以上言わなくてもおわかりだろうと云われたので、経済復興云々は「水に流す」ということが不明確では賛成できないと云つた。

梁大使、松本全権の非公式会談の際自分は陪席していなかつたが、その時すでに話合が出来ていたとすれば、new and free footing のような話は出ない筈である。当時本国からの訓令は大概承知しておるが、請求権放棄というような指令は一つもなかつた。また、今朝も金代表は放棄論を梁大使が提案されたということは覚えていないと、云われていた。」

みぎに対し久保田代表から左様な議論をしていては水掛論に終るが、日本側で双互放棄論を提案したことはなかつたと応えたところ、

柳参事官は発言を求めて次のように述べた。

「自分は第一回会談の際から承知しているが、ざつくばらんに云つて日本の対韓主張は本気から出たものではなく何か感情のもつれかと思われる。韓国側のもつて行方では日本の主張は自然に消滅するとかねがね部内でも話していた。梁大使の云われたことについては大野氏と一人で非公式に会つたこともあつたが、必ず出る筈と思うのに全然話

しに出なかった、記憶を洗ってみたが、そういうことは全然ないので梁大使の言われたということは何か言葉の使い方か通訳の誤りと思われる。

次に宝物の問題について久保田代表から先程無償で日本に持って来られたものは全然ないというような言い方をされたが、私自身のことを云うと私の家は所謂旧家で宝物は多かったが、子供の時総督府の中枢院で韓国の宝物を調査研究するということで警察を通じて全部提出させられた。私のところのみでなく私の地方の旧家は恣く提出を求められた。その後返還方陳情したが調査中という回答で返還されていない、結局終戦後諸方を調べたがその行方は全然わからなかった。これは私の家の体験であるが、この他にも警察とか官吏は宝物をただ取りしている。第二次会談の直前であるが名前は差控えるが、外務省の某高官は宝物その他は韓国に返還しようではないかと云われた。久保田代表は専門家の話だとして文化財は韓国に留め置く方針であって、日本に来ていないと云われるが、例えば帝国ホテルの売店のような処で子供の時見たような宝物が売りに出されているのを見て昔が思出される、こういうことはここに列席しておられる方には到底信じられないであろう。」

（みぎ柳の発言につづいて文化財問題に関し次のような論議が展開された）

(二)

久保田代表からそのような物があれば当然返還すべきであると答えたところ、洪から、国宝問題については昨年会談の際その解決方法として古墳の発掘売買その他の事情で日本に搬出されたものがあるので、請求するという法的根拠を論議することを止めて、日本側で自発的に返還するという雰囲気でことを運ばれた。今、日本側では不当に運ばれて来たものはない、と言われたが、私達としてはこれは従来の話合の運び方と少し違う気がする、と述べた。久保田代表から私の聞いたところでは提示のリストについてその入手経路を調べたところ不当なものはなく、統治以後は全部韓国に残つているということである、要するに日本としては義務として返還するものはない、請求権問題とは別個の基礎で考えられるということでこの問題は文化協定の内容をなすものと考えている。これに対し柳から、そういう話は韓国側で考えていたことと違う、と答え、久保田代表から、リストにある物が悉く日本に持つて来たと考えるから話が違うのだと指摘したところ、柳は、国際会議に提出するもので韓国側ではねりにねつて作製したものであるから正確である、と主張し、張は、博物館所蔵のもののうちには、博物館が一般日本人から買上げたとしても、その日本人が所有していたのは警察署長や官吏が韓国人から取上げたり、強制的に贈与させたものがある」と言つたのにつづけて洪は次のように述べた。

「日本側で義務として返還するものはない、別の基礎によると言われるなら、元来韓国にあるべきものが日本に存在しておると言う事実だけで当時の権力機構からして、正当な手段で日本に来たという立証責任は日本側にあると考える。韓国側昨年の提案の第一に掠奪したという言葉を使用せずに理窟抜きで日本に「持ち来られた」という言葉を使用した、当時日本側では両国親善のため請求権問題とは別個に考慮するということであつたので黙つていた。しかし日本側で義務として返還するものがないと言われると三六年間の日本支配の実情からみてその入手経路等についての立証責任は日本側ですべきで、韓国に立証責任を求められない筈である。

みぎに対し久保田代表から洪委員の言うようにしても徳川時代に日本に入つたものが多くそれはどうする気かと答えたところ、李から第一回会談の時は渡来の原因如何と問はず兎に角返還しようという日本側の建前であつた、例えば地図原版については日本に在つても仕様がないので返そう。ただし個人の所有にかかる国宝は問題であるが買上げて友好関係のために返してもよいという話だつた。柳から日本人は韓国に置いて来たと云はれるが、終戦時とその以前とは事情が違う。現に■■■■■■■■氏は随分日本に持ち込んで来た。と述べたので久保田代表から■■氏が掠奪したとは考えられない、と答えたところ（柳は■■の如き人物が金を出して持つて来たとは考えられない）と述べた。

洪委員からこの問題だけでもいろいろな不愉快なことを云い合わなければならないし、非常に時間をとると述べたので久保田代表から文化財については請求権問題とは別個に国交が恢復すれば私自信としては贈与するよう政府に進言してもよい。この問題については双方主張の基礎が違う。この問題は文化協定の内容をなすものである。李から地図原版は東京にある、と述べたのに対し、上田課長から地図原版の問題については日本側で現存していれば渡してもよいと言つたことは確であるが、総司令部による接収とか焼失とかで原版は存在していないと承知している。地図を差上げますという問題と国宝とは性質が違う。掠奪して来たものは問題なく返すにしても、貴方で「持ち来りたる」という表現を使われたのはこの問題を討議していては色々の問題が発生するのでこういつた表現にしたと思う。当時はリストを提示されなかつたが掠奪品に該当するものがないので、政府上層部で政治的に判断してもらうということであつた、李部長の言われた個人のものは困難があるが国有のものは比較的容易である、差上げるにしても最初は掠奪品、次は国有の順である。洪はこれに対し、この問題については韓国側では始めから掠奪して来たという表現は使わなかつた。その当時から一応請求権問題から外して来た。国宝搬入の正当性の有無を日本側が今新しく持出されるならば、韓国側としては従来の方針を捨てて出直さねばならない、反証資料も集めねばならないし、時間もかかると述べたので、上田課長から久保田代表の云われているのは、外務省の調べだと三六年以前のものが多い、そのうちでも国有のものは政治的に考える、私人に属するものはその所有者が掠奪したものでないと云つているのである、と述べたところ、柳は全然来ていないのかと反問した。上田課長から自分が聞いた話では現地から出たものは現地の博物館に留めて置くという方針だつたと述べたのに対し、洪から日本側でそのように言われるのなら、韓国側では本問題を請求権の問題に入れる、且つ立証責任を日本側で持たれたいと主張したので、久保田代表から国宝問題は文化協定に入るべき性質のものである、ただし請求権の内容をなすものであればその返還に文句はないが、リスト記載のものが全部韓国に行くことにはならないと応じ、洪から、日本側は結局、国宝問題の取扱方に関しいかにする心算か、リスト記載のものを日本側で立証するかと述べたのに対し久保田代表から、この問題については法律問題を離れて韓国の独立を祝するという見地から、日本政府において適当なものを差上げるということになると述べたところ、柳は適当なものでは仕様がない、と口を出し、洪から本日提示したリストの中の古典に付春香伝、沈青伝の原本のような一流のものがあり、韓国にとつては非常に貴重なものであると述べたので、又久保田代表からそのようなものについては、日本政府でコッピーを作り、差上げるということになるかも知れないと答え、李はその逆をされたらどうかと口をはさみ、久保田代表は個人の私有品を買上げることは予算措置が必要であるし、在日の文化財の実情については次回にでももつと詳しく日本側から説明すると述べ、文化財問題の討議を一応打切つた。

(三)（韓国側は請求権問題討議の原則論を持出し、）

洪から、"韓国側としては原則論を決定しない限り、前回会談の際のように何等の進展はみない、と述べたので、久保田代表から日本側は従来の主張を堅持しており、この問題の解決方法としては双方から歩み寄るより他に道はない、日本側としては韓国側の一方的主張を入れてわが方のみが譲歩するのは困ると応え、これに対し洪は貴方で歩み寄りと云われても、日本側の政治的な対韓請求権と韓国側の法律的な清算問題とでは性質が違うので歩み寄りはできない、日本側でそのような請求権を主張されるなら、韓国側としても別に考え直さねばならない、と強調したので、久保田代表及び上田課長から日本側請求権も法律的基礎によるものであり、日韓双方請求権は同じ範疇に属すると答えた。これに対し洪は次のように述べた。

韓国国会においては、水原の虐殺事件、併合直後における各地の虐殺、日本支配三十六年間において治安維持法その他による独立運動者の投獄及び死亡に対する賠償、あるいは世界市場価格より明かに不当の安価で韓国産米を買上げ、それを日本に移入したこと等について日本に補償させろという決議が行われた。私達は初めから日本側に対して戦術が下手であつた。日本側の請求権については全然考えても見なかつた。日本の国民所得も参考にし、日本の裁判所においても争い得るような法律的、清算的項目を選び出し政治的色彩のあるものは避けた、日本側要求が三十六年間の蓄積を返せというならば、私達は三十六年間の被害を償却せよといわざるを得ない。これに対し久保田代表から、日本の請求権も法律的なもののみである。国有財産まで返せとはいつていない、韓国側が国会の決議云々を持出されて賠償を要求されなかつたことは賢明であつた。かりにそのような提案をされたとしたら、日本側としては、韓国においてハゲ山を緑にしたこと、鉄道を敷いたこと、港湾を建設したこと、米田を造成したこと、大蔵省の金を多い年は二千万円、少い年でも一千万円も持出して韓国経済を培養したことを反対提案として提出し、韓国側の要求と相殺したことであろう。

みぎ久保田代表の発言に対し、洪から先ず、日本人が来なかつたら韓国人はねむつていたという前提で物を云われておるのか、日本人が来なければ韓国はもつとよくやつたかも知れないと（興奮の様子で）述べた。

久保田代表は代表と言う資格で言うのでないから記録をとつては困るが日本人が行かなかつたならば韓国はもつとよくなつたかも知れないしあるいは悪くなつたかも知れない。私の外交史の研究の結果からみると日本が行かなかつたとすれば支那かロシアが入つて来たであろうと考えていると述べたのに対し、張及び柳から久保田代表は日本から千万円とか二千万円の補助金があつたというが、これは韓国人の利益のためのものではなく、日本人のためであつた。その金で警察とか刑務所が造られたのではなかつたが、そういう気持で言うなら話にならぬ、（会談を）止めた方がいいなどと発言したので、久保田代表から、韓国側で賠償的な要求があるようなことを云われたからである、と答え、柳はさらに前のことを水に流す、すまなかつた位の気持で会議を進めて行くなら話は別である、と述べたので久保田代表からお互に将来のことを考えて会議を進めたい、真に根本的な法律的な根拠に立つて請求権問題について話したいと述べたのに対し、洪から、法律的に限定して話すとなると日本人の韓国における富の蓄積が韓国人と経済的に提携した結果形成されたと考えるか、三六年前に零であつたものが、このように大きくなつたのは権力関係によるもので韓国人と機会均等の下で得られたものではない、官の免許、許可を要する事業に韓国人が参加できなかつたこと等はいかに説明するかと述べた。

久保田代表からそのような細かいことを云々されるが、三六年間は資本主義経済機構の下にあつたので機会均等であつたにしろ、経営能力のある日本人の企業が大きくなつたと考えられる、現在の修正資本主義時代の以前の平等ということを考えてみるべきである、と答え、李からさかのぼると双方の意見は根本的に違うと言い、久保田代表から、そう古いことを言出されたら話が違うと述べた。

洪はカイロ宣言において連合国が韓国民を奴隷状態にある

と言つているが、これはどおいうことを意味するかと詰め寄
つたのに対し、久保田代表は私見であると前提して、当時連
合国は戦時の興奮状態であのようなことを言つたので、むし
ろ連合国自らの品位を傷けるものと考える、今となつては連
合国は左様なことは云わなかつたであろうと述べた。張から
日本人の手に農地の大きな部分が入つたのは東洋拓殖等が朝
鮮総督府の政策の下に得たことによるもので、機会均等の下
においてではなかつた、と述べたので久保田代表から古い話
をしても始まらないが日本人の利益のためだけではなかつた、
日本人の経済的援助なくしては韓国経済は培養できなかつた
と考えると答えた。これに対し李はそれ故韓国は賠償的なこ
とを云つていないのだから、日本側も権力関係に立つものは
主張すべきではないと述べたので、久保田代表から韓国側が
三六年にわたる賠償を要求しなかつたのは賢明であつた、し
かし権力関係云々は承服できない、と述べたのに続けて上田
課長から韓国にある財産が権力機構の下に出来たのであるか
ら賠償に相当すると云われているが、韓国に対する賠償の有

無について我々は別な考方をしており、無いものだと思つている、韓国側で賠償を要求しないのであるから、日本には請求権がないという考方と我々は違う考方をしている、と述べた。

(四)洪から、久保田代表は、互譲の精神で歩み寄りを主張されているが、韓国側には歩み寄る余地はないと述べたのにつづいて在韓財産処分の効力問題について次のような議論が行われた。

久保田ー貴方は日本が四条(b)項の効力を承認したから日本は対韓請求権はないといわれておるが、ヴェルサイユ条約第十編四款の附属書でドイツも連合国も相互に相手国が戦時中出した敵産の移転命令の効力を認めている。これは四条(b)項と同じ表現であるが、双方は賠償請求権を失つていなかつた。もつともドイツは別の条項でこれを放棄している。また同条約でチェッコはドイツ財産を清算する権利を与えられたが、清算代金はドイツに返還する義務を課せられた。それから考えても四条(b)項に関する日本側法律論は無理なものではない。

洪ー法令第三三号を日本側は敵産管理措置だというが、移転措置の内容が問題である。英国の対敵取引法は vest のみをのせていて第三三号のように own という文字がない、「ヴ」条約の単なる移転命令と三三号の「帰属されるもの、、、、所有される」（、、、、vested in and owned by、、、、）とでは違う、効力の承認の言葉で論ずるよりも、own という言葉の持つ意味で論ずべきである。日本財産処分の当事者米国がその所有権を取得し、これを韓国に移転したといつている。日本側の求償請求の主張は米国に向けるべきである。韓国は米国から財産をもらい、その管理権を得ただけである。これは差上げてある米国書簡からも判る筈である。ヴェルサイユ条約の当時と今度の対日戦では戦争による私有財産の処理の仕方は違つている。「ヴ」条約当時の国際先例では own が使われたことがないが、当時と第二次大戦時では事情が違う。私有財産のみならず、もつと大事な領土の問題についても平和条約成立前に日本の同意を得ずして独立させたことも先例がない。これは私有財産の問題よりも、日本の同意を経ずして行われた点でもつと大きなことである。六〇万の日本人が丸裸で強制退去せしめられたことも大きな問題である。日本はこのような大きな問題を国際法違反と考えないで、私有財産のような小さな問題のみについて国際法違反というか。

久保田ー私見だが、私達としては（講和条約成立前に領土を独立させ）、私有財産を没収したことは国際法違反と考えている。私としては、米国がそういう国際法に違反したとは考えられず、仮りにそうであつてもそのようでないように解釈している。米国が没収したといつたからとて国際法上認めることはできない。ただしかりに違反としても日本は連合国に対しては請求権を放棄している。

洪ー行為者自身である米国自身では日本財産の没収だと解釈している。

久保田ーそういう考え方は最も権力あるものが国際法を作るということになる。国際法は弱者の声も聞く筈である。

李相徳ー平和条約前の領土処理や日本人が六〇万退去させられたということも国際法違反と考えるか。

久保田ー領土は条約で決まつたので問題はない。国民が帰えさせられたということは、これは占領軍の政策によることで別問題である。

張暻根ー参考までにいうが鉄道やその他のものは国有にも私有にでもできる。それがたまたま私有であれば新政府が継承できないのはおかしい。今となつては私有財産について無条件には従来の国際法を主張できない。

洪ー御参考までに久保田代表に対して私見としていうが、総力戦になると国民の私有財産はすべて戦争目的に捧げられ総動員される。戦争後の私有財産の処理方針もこの見地から行われる。連合国、枢軸国、中立国にある私有財産も処分をされている。特に中立国にある財産については問題があある。今度の平和条約は国際法に違反であると考えられるか。

久保田ー私はこれを是認しない。あなたはこれを支持されるか。民主主義は元来個人の尊重である。平和条約は国際法の精神を貫いたものと考えない。

洪ー日本の在外の財産を軽視するためではない、日本の権力機構によつて伸長されたものを権力から切離すという別の理念である。私有財産の面からいうと無視されているかも知れないが、日本プロパーから切離し奴隷状態から解放するというより高い目的のためにとられた措置である。

久保田ー中立国にあつた日本財産についてとられた措置は洪さんの理論は適用されない。

洪ーイタリア条約でエチオピヤにあつたイタリア財産は非常に無視されている。併合された弱い国の尊重が最も強い。

久保田ー個人主義を尊重する連合国か中立国にある個人の私有財産を処分するということは、国際法の尊重ではない。

上田ー一応国際法的にみてイタリア条約でも割譲地にある私有財産は別扱にされ尊重されている。イタリアにあるエチオピヤの併合は連合国によつて承認されないからであり、「ダレス」の平和条約草案でも初めは四条(a)項のみであつたと聞いている。

洪ー四条の(b)項は私達の努力の結果挿入されたものである。

上田ー参考までにおうかがいするが、貴方はアメリカが主張しておるから正しいと考えているのか、あるいは近代戦の新観念からアメリカがああいうことをした、のだというのか、洪さんのいう意図が、アメリカがしたことであるから正しいというのであれば、自分は、米国は従来の国際法の観念からはずれたおかしなことをしたと考えるし、批判を受けるべきものと考える。韓国は戦争に参加したのではないし、洪さんのいう国際法が変つたということだけでは、今度の処理は説明がつかないような気がする。

洪－韓国は解放国であるということの解放という新しい理念であつて、インド、ビルマの英国の自発的意思による独立と韓国とでは事情が違う。

上田－事情はいろいろあるが、米国がやつたのであるから当然そうだという貴方の主張なら話にならない。

(五) 次いで久保田代表から、請求権問題を解決するためには出来るなら歩み寄つて進めたい、今のような議論をしていては余り建設的でないと述べたのに対し、洪から、日本側では、この分科委員会の今後の進め方について考えられているか、とただしたので、久保田代表から、他の部会が進行して、過決するまで、この部会は余り勉強しなくてもよかろうと考えている、と答えた。これに対し李から漁業問題だけを言うのかと、質問したので久保田代表は、漁業もあるし、国籍処遇の問題もあると答え、柳からそれでは話が違う、全般的にすべての問題の話を進めるということであつたからこの請求権分科委員会もそのように進めたい、と主張し、この問題と漁業は関連性があるのか、漁業で話がつかねば他の四問題全部の話がつかぬというのか、と質問し、久保田代表から全体として解決をはかることは勿論であるか、韓国側主張のようにこの問題のみを進めることは日本側のみの譲歩になる、漁業については来週会議が開催されるので、その結果の見透しでこの問題についての話を進めて見よう、会談は全体的のものであるから、漁業が妥結しなければ会談全体も妥結しない、と答えた。

次いで洪から、韓国側記録のため確かめて置きたいと前提し、第一回部会の際の要旨次の如き久保田代表の発言に関する韓国側議事録を読み上げ、「日本側では、韓国の主張する如き一方的な請求についてはノーと言わざるを得ないが、梁大使の言明したという相互放棄ならよろしい、相殺するとしても日本側が法律的に支払義務のあるようなもの例えば未払給与のようなものなら支払う」といわれたがこれでよろしいかとただし、久保田代表は日本側はまだ相互放棄は提案したことがないが、さうなつても、未払給与のやうなものは払うと肯定した。ついで韓国側から日本側で支払義務があるとするものの内容をもつと詳細に述べられたいと希望し、韓国側提示の項目中には日本で法律的に支払わねばならないものがある。国債などはどおするかと、訊ねたので、久保田代表からも少し歩み寄つて来た時に明らかにしよう、詳しいことは、取引、妥協がかたまつて来なければ言えないのでここでは明答を差控えると答え、李からさらに、韓国側提示の項目について日本側の考え方をうかがいたいと切出して来たが、日本側から本日は時間もないのでこれだけにしようとて、次回会議は一応二十二日と決定した。

(六)任哲鎬委員の発言)

最後に本会談中終始沈黙していた、任哲鎬委員は、閉会後突然発言し要旨次のように述べた。

私の知つておる限り日本の参加した国際会議でこの会談のように日本語が使用されて自由に意見が交換された例はないと思う。これは日韓両国の問題を解決する大きな鍵を示すものである。日本はどの点からみても韓国の兄貴であり、地理的にも近いし、リードする国ではないかと思う、今日久保田代表のお話を聞いておると、どうしてあのような話をされるのかと思う、昔の不愉快なことを言いたくないが国際間に新しく起つている事実、これは現実である、日本の指導者の皆様はこういう適確な事実を認められないのか、アメリカが国際法に違反されたというがこれは古い考え方である。あらゆる方面で低い程度の韓国に対しアジアのリードする国として日本は反共及び世界平和のために大きな気持でお互に一日も早く両国関係を解決して手を握るべきである。強い言葉を使つたかもしれないが、日韓会談も三度目である、三六年間の不愉快なことを言い出しては限りがない。お互にあつたこととなかつたことを持出すより懸案を早く解決して手を握つて行きたい。

これに対し久保田代表から次のように答えた。

本日は予期しないことまで述べざるを得ないことになつたが、任委員の大きな気持には賛成である。自分は、日韓親善が日本外交の基本であると思えばこそ何とかしてこの会談をまとめようと努力しているのである。自分の本日の発言中もし日本が威張つているというひびきを与えたものがあつたとすれば、おわびする。ただし、あらゆる面で日本のみが譲歩する解決には国民感情もあるので日本側代表としては応じ難いのである。

6. 제3차 본회의 경과보고, 1953. 10. 20

한국 외교문서 95, 제3차 한일회담 본회의 회의록 및 1-3차 한일회담 결렬 경위, 1953. 10-12

1953년 10월 20일 개최된 제3차 한일회담 제3차 본회의 경과보고서다.

이 회의에서 한국 대표단은 구보타 일본 대표가 10월 15일 청구권위원회 제2차 회의 시 행한 발언에 관한 해명을 요구하였으나 구보타 대표는 이에 응하지 않았으며, 이에 따라 한국 측은 10월 21일 제4차 본회의에서 제3차 한일회담의 결렬을 선언하였다.

韓日會談第三次本會議經過報告

一、時日 및 場所 四二八六年十月二十日(火) 自十時四五分 至十二時五十分

於日本外務省第四一九號室

一、參席者 我側 金溶植、任哲鎬、張暻根、洪璡基、崔圭夏、李相德、李壬道、金永完、張潤傑、韓麒鳳

日本側 久保田貫一郎、下田武三、鈴木政勝、小島太作、高橋覺、大畑哲郎、竹內春海、木本三郎、清井正、永野正二、大戶正良

一、討議事項

開會劈頭 我側 金代表는 去十月十五日에 財產請求權委員會에서 日本側 久保田代表가 發言한 內容에 對하여 我側의 意見을 別紙와 如히 發表하였다.

大韓民國駐日代表部

이에 對하여 日本側 久保田代表는, 「此會談은 進行함에 있어서 兩國이 相互平等한 立場에서서 相互尊敬하며 懸案을 解決하여 가야 한다는 것은 本代表로서도 同感으로 여기고 있는 바이다. 또 善隣國家로서 親善關係를 維持하여 나간다는데 對하여서도 同感이며, 我側으로서도 이런 精神을 가지고 이 會談을 進行하여 왔다고 믿는 바이다. 그러나 會議를 進行함에 있어서 어떤 点에 關하여 意見의 對立이 있다는 것은 當然한 일이며, 一方의 意見을 貫徹시키기 爲하여 他方의 意見만을 撤回하라 한다는 것은 國際會議의 慣例上 있을 수 없는 일이라」라고 前提하고 大略 다음과 같이 答弁을 하였음.

(1) 「貴代表는, 講和條約締結前에 韓國이 獨立된 것은 國際法違反이라」고 本人이 發言하였다고 하나, 本人이 말한 意味는, 韓國의 獨立에 關하여 最終的으로 終結을 짓는 것은 講和條約에 依하여 行하는 것이 通例이며, 日本

으로서는 戰爭의 最終的終結은 桑港平和条約으로서 된것이다. 그 前에
日本이 行한 것은 一種의 臨時的行爲인것이며, 따라서 基本에 関한 限 韓國의
独立을 承認한 日字는 桑港平和条約發效日인것이다.
(2) 貴代表는 "日本敗戰과 同時에 在韓日人을 全部 撤收시킨 것이 國際法
違反"이라고 本人이 発言하였다고 하나, 本人은 이런 말을 한 일이 絶対로
없다.
(3) 在韓日本國有 및 私有財産에 対한 請求權에 関하여 —
占領地域에 있어서 官有財産을 没收하는 것은 別問題이나, 私有財産
에 関한 限, 이것은 尊重되어야 한다는 것이 國際法上 原則이다. 따라서 在
韓美軍政法令 第三十三号에 関한 解釈이 不幸하게도 韓日間에 相違되다.
日本으로서는 日本側의 意見을 撤回시킬 수 없다. 따라서 萬一 이 法令을
日本側의 解釈대로 解釈치 않고, 韓國側의 解釈대로 解釈한다면

大韓民國駐日代表部

이 解釋은 國際法違反인 것이다。

(4) 포쓰담宣言에 引用된 카이로宣言의 "韓民族이 奴隷狀態"에 있다는 文句에 關하여 —

日本은 포쓰담宣言을 受諾하였고、또 于今까지 忠實히 履行하여왔다고 믿는바。그러나 本人의 生覺에 依하면 該宣言의 文章은 그 文章이 表示하는 法律的 效果를 目的으로 하는 것이므로、日本이 受諾한 것은 그 法律的 效果를 受諾한 것이다。따라서 그 外의 文句에 關한 解釋에는 달를은 解釋이 생길수 있다。

(5) 日本의 過去의 韓國統治가 韓民族에 恩惠를 주었다는데 關하여 —

本人으로서는 이런 問題는 建設的이 아님으로 TOUCH 하고싶지 않았었다。日本은 敗戰하여서 更生하였고、韓國은 獨立하였음으로 過去는 生覺치 않고 이 会談을 進行하는 것이 좋다고 生覺한다。貴國側에서는 本

人의 發言이 破壞的이라고 말하나, 本人으로서는 오히려 貴國側이 會議
에 直接關係없는 이야기를 하고, 本人의 發言에 過度한 異議를 부처
議論을 더욱 複雜하게 한다고 生覺한다. 要는 本人의 發言에 對하여
貴側이 誤解하다고 하나, 誤解할 問題가 아니다. 따라서 日本의 韓國統
治가 韓民族에 恩惠를 베풀었다는 問題에 關하여는 肯定도 否定도 할 수
없다」.
金代表「本人은 지난 財産請求權委員會의 我側 報告書를 精讀하고
몇가지 点을 明白히 해야겠다고 生覺하므로, 몇가지 質問을 하겠다. 貴下
는 尙今 大韓民國이 講和條約發效前에 獨立한 것을 國際法違反이라고
生覺하는가」
久保田代表「日本側으로서는 戰爭은 講和條約으로서 終結한다……」고 하여 말
한 것을 되푸리 함에

大韓民國駐日代表部

金代表 再次追窮 質問하니

久保田代表, 「이것은 從來의 國際法의 慣例로 보아 異例라고 말한 것이다.
따라서 積極的 國際法違反인지 違反안인지 하는 問題에 對한 答
弁은 保留하겠다」 고 答弁하였음.

金代表는 「率直하게 말하라」 고 追窮하니

下田代表(日外務省條約局長)는 「카이로宣言에는 日本이 參加하지 않았으
며, 이 카이로宣言에 있는 韓國獨立問題가 포쓰담宣言에 引用되며, 이를
日本이 受諾하고, 降伏文書에 署名을 한 것이라. 따라서 이 降伏文書署
名以後는 日本은 完全獨立國家가 아니었었으며, 이 地位는 마치 民法에
있어서 未成年者와 같았는 것이라. 따라서, 勿論 降伏文書에서 포쓰담
宣言을 受諾 한다 고하여, 韓國의 獨立을 認定 하기는 하였으나, 日本이
聯合軍에 依하여 占領 當하고 있었을때는 日本은 韓國의 獨立을 決定

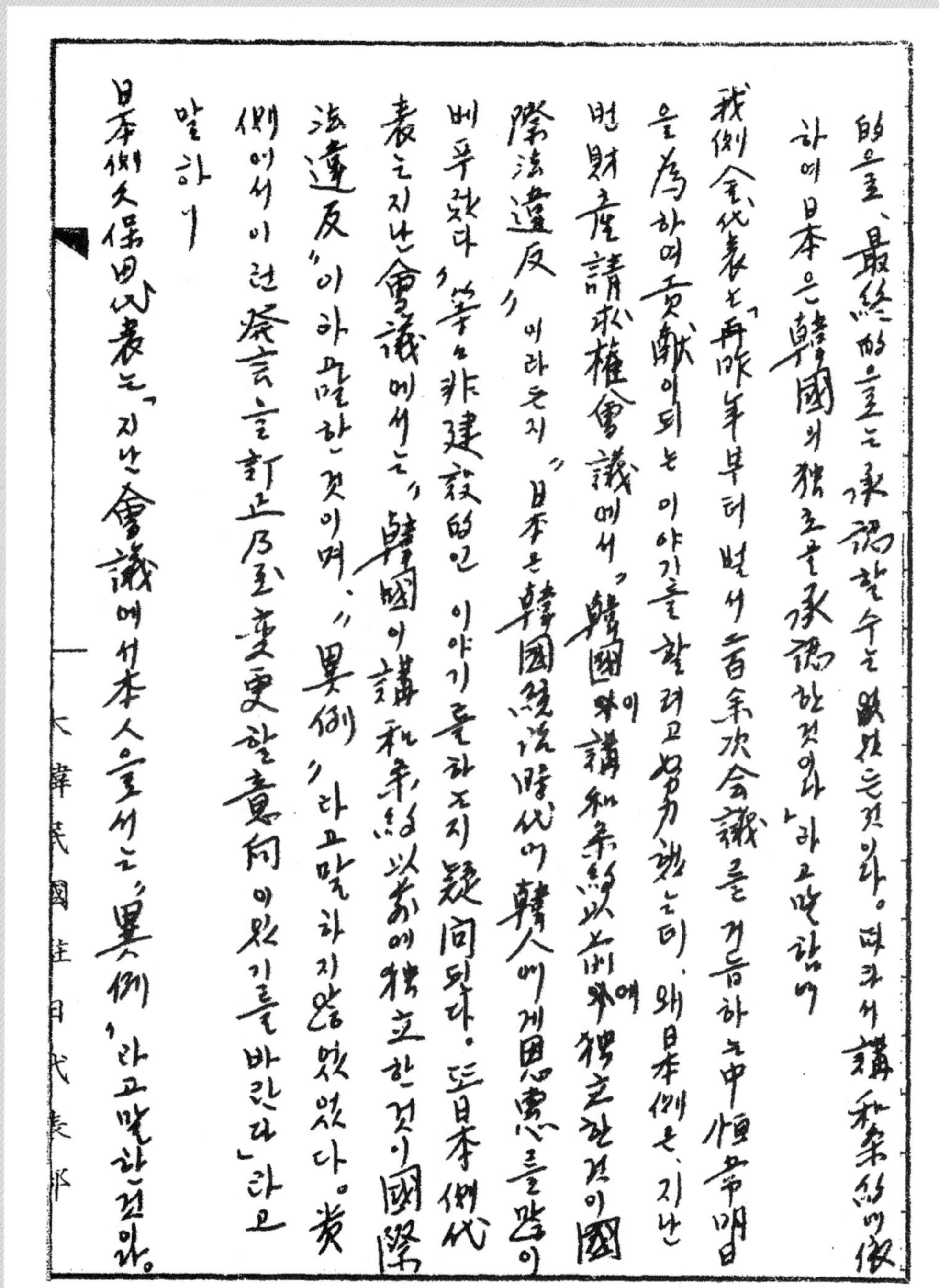

的으로、最終的으로는 承認할수는 없다는것이다。 따라서 講和條約에 依하여 日本은 韓國의 獨立을 承認한것이다」라고 말하며

我側 代表는「再昨年부터 벌써 三百余次 会議를 거듭하는中 恒常 明日을 爲하여 貢獻이되는 이야기를 할려고 努力했는데、왜 日本側은、지난번 財產請求權會議에서「韓國이 講和條約以前에 獨立한 것이 國際法違反」이라든지「日本은 韓國統治時代에 韓人에게 恩惠를 많이 베푸렀다」等의 非建設的인 이야기를 하는지 疑問된다。또 日本側代表는 지난 會議에서는「韓國이 講和條約以前에 獨立한 것이 國際法違反」이라고 말한 것이며、「異例」라고 말하지 않었었다。我側에서 이런 發言을 訂正乃至 変更할 意向이 있기를 바란다」라고 말하니

日本側 久保田代表는「지난 會議에서 本人으로서는「異例」라고 말한것이다。

大韓民國 駐日代表部

또 이런 말을 本人으로서 할 意向은 조금도 없었는데 會談進行中 韓國側 代表에 끌리어 드러가서 이런 말을 한 것이며, 나로서 自發的으로 特別한 意圖가 있어서 한 말은 아니다」라고 弁明하였음.

我側 金代表는「問題를 整理할 必要가 있다고 느끼나」고 前提하고「二次大戰直後 在韓日人을 强制撤去시킨 것은 國際法違反이라고 主張하는가」고 質問한 則 日本側 久保田代表는「그런 말을 한 일이 없다」고 否認하고「萬一 貴側의 記錄에 本人이 그렇게 말한 것으로 되여 있으면 取消하여 주기 바란다」라고 말하였음.

我側 金代表는「아직도 貴下는 포쓰담 宣言에 있는 "韓民族의 奴隸狀態..."의 文句는 聯合國이 興奮하고 있었으므로 因하여 使用

한 文句라고 生覺하는가」고 質問하니

日本側久保田代表는「그렇다. 萬一聯合國이 現在같은 狀態에서 포츠담宣言文을 作成하였드라면 그런 文句를 使用치않었을것이라」라고 答弁하였음.

我側金代表는「日本이 韓國을 統治하여서 韓國에 恩惠를 베푸렀다고 貴下는 아직 믿고있는가」고 質問하니.

日本側久保田代表는「그말은 貴國側에서 日本의 韓國統治의 "마이너스"(-)된 面만을 말하였으므로, "푸라스"(+)된 点도 있다는 것을 말한것이라. 따라서 이런말은 韓國側이 먼저 發言하기始作한것으로 發生한말이라. 그런故로 本人의 이發言을 後半만 들어서 이야기하면 안된다」

고答弁함에

我側金代表는「그러면 이 發言은 公的發言이였든가」고 質問하니

大韓民國駐日代表部

日本側久保田代表는「勿論個人으로 말한 것은 아니며, 公的資格으로 말한 것이다. 그러나 이런 發言을 하라는 政府의 訓令에 依하여 發言한 것은 아니다.」라고 答하였음.

我側金代表는「아직껏 貴國側에서는 韓日間의 基本的인 問題이며 이 韓日會談을 順序로이 圓滿하게 解決할 根本的 精神이 될 問題에 關한 貴國側 意見이 옳다고 하니 甚히 遺憾된 일이다. 따라서 이런 問題를 먼저 解決하지 않고, 어찌 이 會談을 잘 進行할 것인가」고 말하니

日本側久保田代表는「이 問題는 此韓日會談의 議題事項과는 別問題이나 이 問題에 關하여 反復討議하여야 限이 없다」고 말하였음.

日本側下田代表는「第二次世界大戰以後에는 從來의 國際法에 異

側가 되는 CASE가 많이 생긴 것이며. 韓國의 對日講和條約前의
獨立도 어떤 異例의 하나이며, 이 韓國의 獨立은 當時의 世界情
勢에 依據하여 取해진 措置이라. 이것을 法的으로 본다면 何等
國際法違反이 안인 것이라。」라고 말함에
我側金代表는 日本側下田代表로부터 對日講和條約前에 韓國이 獨
立한 것이 國際法違反이 아니라는 것을 確認받은 後, 日側久保田代
表에게
「貴國側代表團의 一員으로서 以上과 같은 發言을 하였는데 首席
代表로서의 意見을 말하라」고 하니
久保田代表는 「只今은 答弁 못하겠다」고 回避하였으므로,
我側金代表는 「國際會議의 先例로 보아 一國의 代表團의 一員이
그 會議席上에서 發言한 것에 關하여 그 나라의 首席代表가 發言을

大韓民國駐日代表部

못한다는 것은 奇異한 事實이라」고 말하고 答弁을 하라고 말하니

日側 久保田代表는 「必要하다면 다음 本会議 까지에는 生覚하여

서 答弁하겠다」고 말하였음.

一、次回会議 十月二十一日(水) 十時半부터 하기로 하였음.

그代身 十月二十一日 開催予定의 漁業会議는 十月二十二日에、

十月二十二日 開催 予定의 請求権会議는 十月二十三日에

順延키로 함.

7. 再開日韓交涉 第3回本會議議事要錄, 1953. 10. 20
日本外交文書 170, 두 번째 문서

일본 측의 제3차 한일회담 제3차 본회의 기록이다.

번역

재개 일한 교섭 제3회 본회의 의사요록

1. 일시 및 장소: 1953년 10월 20일 오전 10시 40분-12시, 외무성 제419호실

2. 참석자

일본 측: 시게미쓰 조약국 제3과장이 새로이 참석, 아오이 수산청장관 및 오토 해양1과 장이 결석, 그 외는 전 회와 동일

한국 측: 유태하 참사관 및 한규영 서기관 결석, 김학원 서기관 참석, 그 외 전회와 동일

3. 의사 개요

김 대표는 위원회의 진전과 관련하여 한마디 하고 싶은 말이 있다, 일본 측도 하고 싶은 말이 있을 것이다라고 하였으며, 구보타 대표가 없다고 하자 김 대표는 준비한 성명을 다음과 같이 읽었다.

"나(김 대표)는 앞선 10월 6일의 회의에서 교섭의 조기 타결은 평등과 상호 신뢰에 기반을 두고 달성되어야 하며, 불필요한 적대적 분위기는 이에 도움이 되지 않는 것이라고 강조했다. 진실된 협력은 해결의 열쇠이며, 초석이다. 우리는 진지하게 토의해야 하며, 이러한 태도만이 선린 관계 수립에 도움이 된다. 따라서 지난주 사태는 이러한 의도에 반하는 것이었다. 청구권위원회에서 일본 측 발언은 너무나도 부당한 것으로 한국 측으로서는 그 석명을 기다리느라 다른 위원회를 연기하지 않을 수 없었다. 다음과 같은 일본 측 발언은 중요하며 특히 주의를 기울여 주기 바란다. 즉 일본 측은 다음 다섯 가지를 언명했다.

1) 한국이 평화조약 성립 전에 독립한 것은 국제법 위반이다.
2) 연합국의 전후 처리의 일환으로 이루어진 일본인의 한국으로부터의 퇴거는 국제법 위반이다.
3) 재한 미군 정부의 일본재산 처리는 국제법 위반이며, 미 국무부 의견도 또한 국제법 위반이다.
4) 포츠담선언 수락에 따라 일본도 간접적으로 수락한 카이로선언에 사용된 조선

인민의 '노예 상태'라고 하는 표현은 연합국이 전시의 흥분상태 때문에 사용한 것에 지나지 않는다.

5) 일본의 36년간의 통치는 조선에 시혜적이었다.

이상에 관해 석명을 요구한다. 이것은 과거의 군국주의를 정당화하는 것이다. 일본은 조선을 불법적, 강제적으로 점령했다. 일본은 폭력과 탐욕에 의해 조선에 침입한 것이며, 조선은 일본에 의한 최초의 희생국이다. 일본이 은혜라고 부르는 것에 의해 조선의 자원은 착취당했고, 수십만의 조선인이 투옥되었으며, 그 중 누군가는 옥사했다. 그 외에도 기본적 인권에 반해 언론, 집회는 억압당했다. 또한 일본의 태평양전쟁에도 동원되었다. 이것은 어느 것이든 일본만을 위해 기여한 것이다.

연합국은 조선 인민이 '노예 상태'에 있었음을 착오 없이 인정했다. 1943년 11월 27일 카이로회담은 '조선 인민의 노예 상태에 유의하고'라고 언급하고 있다. 1945년 포츠담선언에도 카이로선언은 인용되고 있다. 이것은 기본적인 원칙이다.

두 번째로 일본인의 퇴거를 지목하여 미국의 국제법 위반이라고 하고 있으나, 카이로선언에는 일본을 점령지역으로부터 축출하는 것으로 언급하고 있다.

세 번째로 카이로선언은 조선을 노예 상태로부터 자유롭게 하여 독립이 있게 한다고 언급하고 있으며 일본은 이것을 수락했다. 1948년 8월 15일 모든 관계 국가가 한국을 승인하였으며, 유엔도 승인했다. 일본은 이것도 국제법 위반이라고 할 것인가.

네 번째로, 일본의 재한재산은 조선인의 착취를 통해 축적된 것이다. 법령 33호에 의해 미군 정부가 일본재산을 처분한 것은 이 사실에 기초한 것이다. 일본은 평화조약의 상당 조항에 의해 재연합국 중립국 재산의 처분을 인정하였다. 재산의 반환은 몰수가 아니다. 적국에 불법적으로 빼앗긴 재산을 반환하는 의미로 연합국에 의해 이행된 조치다. 미국도 이 점에 관해서는 마찬가지 해석을 하고 있다. 구보타 대표의 발언은 이 기본원칙에 반한다. 만약 구보타 대표의 발언이 잠재의식에 기반을 두고 이루어졌다고 한다면 일본은 조선에 대한 불법적인 지배를 부활하고자 하는 것이라고 말하지 않을 수 없다.

일본 측이 일한 양국의 기본 관계와 연합국의 전후 처리의 합법성에 따라 회의 진행의 적당한 수단을 고려해 줄 것을 희망한다."

구보타 대표는, 평등과 상호 신뢰의 정신에 의해 회의가 진행되어야 한다는 것에 대해서는 동감이다, 그러한 정신으로 일본 측은 지금까지 교섭에 임해왔다, 어떤 문제에 관해서는 의견이 대립하는 것은 회의의 성질상 당연한 것이며, 이 경우에도 어느 일방만의 주장이 전부 통용되고 다른 일방이 전부 양보하는 것은 국제회의의 성질상 있을 수 없는 일이다라고 하고,

지난주 청구권위원회에서 언급한 것은 다음과 같다고 했다.

1) 한국의 독립에 관해 내가 말한 것은 이것은 평화조약에 맡겨지는 것이 보통이라는 의미이다. 일본은 평화조약이 전쟁의 최종적 조치를 결정하는 것이라고 생각하고 있으며, 일본이 볼 때에는 그 이전은 최종적인 것이 아니다.
2) 조선으로부터의 퇴거에 관해서는 이것을 국제법 위반이라고 생각하는가라는 한국 측 질문이 있었지만, 나는 그것은 위반이든 아니든 여기서는 얘기하지 않는다고 확실히 언급한 것 뿐이다.
3) 재산 문제에 관해서는 관·공유 재산은 별개로 하고 사유재산은 존중되는 것이 국제법 원칙이라고 생각한다. 현재 불행하게도 법령 제33호에 관해 양국의 견해가 대립하고 있다. 일본으로서는 한국의 해석을 취한다면 국제법 위반이라고 생각한다.
4) 카이로선언, 포츠담선언은 일본이 충실하게 이행했다. 이것을 수락한 것은 그 법률적 의미를 이행하면 좋을 것이라고 보았기 때문이며, 법률적 의미를 지니지 않는 자구에 관해 상대방의 해석을 인정했다고는 생각하지 않는다.
5) 총독부 통치의 문제에 관해서는 나는 건드리고 싶지 않았기에 회담 시작 이래 지금까지 언급한 적이 없다. 지난주는 한국 측의 질문이 있어 답하지 않을 수 없었다. 나는 본 교섭에서 이 문제를 논하는 것은 건설적이지 않다고 생각한다. 일본은 종전에 의해 다시 태어났고, 한국은 새로이 독립함으로써 양국은 새로운 관계를 맺게 되었으므로 과거를 되돌이켜 보면서 비건설적인 것을 이야기하는 것은 멈추고 싶다. 내가 이야기한 것이 파괴적이라고 하는데 내가 받은 인상으로는 한국 측은 의제와 직접 관계없는 것을 언급하면서 의미를 과도하게 부여하여 문제를 불필요하게 복잡하게 하는 것은 아닌가.

김 대표 발언의 결론에 관해서는 그 의미가 확실치 않았지만, 만약 김 대표의 발언

이 내가 석명하라고 하는 의미라면 이 문제는 석명 운운의 문제가 아니므로 내가 석명할까 말까는 이야기하지 않겠다.

김 대표는 재차 첫 번째 사안에 관해 구보타 대표가 언급한 의미가 명료하지 않으나 귀견에 따르면 평화조약 이전의 한국독립의 사실은 국제법 위반인가 질문하였다.

구보타 대표는 내 입으로는 국제법 위반이라고 말한 적이 없다, 한국의 독립은 일본 입장에서 말한다면 평화조약에 의해 처음 인정된 것이다라고 답하였다.

김 대표는 구보타 대표의 답변은 질문에 대한 것이 아니다, 한국 독립의 사실은 국제법 위반인가 아닌가 다시 물었다.

구보타 대표는 나는 종래의 국제법에 입각해서 본다면 이례적이라고 말한 것에 지나지 않는다고 답했다.

김 대표는 다시금, '이례'라는 것은 똑바로 말하면 위반이 아니냐고 질문하였으며, 구보타 대표가 위반이 되는지 아닌지에 관해서는 나는 말하지 않겠지만 '이례'인 것이 맞다고 반복하자, 김 대표는 본 교섭은 중요하므로 솔직하게 이야기하고 싶다, 이례라고 하는 것은 exceptional이라고 하는 것이라 생각되는데 한국독립의 사실은 국제법에 따른 것이 아니라고 말하는 것이냐고 추궁함에, 구보타 대표는 그 점에 관해서는 해석은 여러 가지가 있을 수 있으며 그 해석에 관해서는 말하지 않을 것이고 다만 '이례'라고만 하겠다, 나는 이 회담의 진행상 그러한 문제에 답하는 것은 적당하지 않다고 생각한다라고 말했다.

시모다 조약국장은, 법률 해석의 문제이므로 본인이 말하겠다고 전제하면서, 카이로 선언에는 일본은 참가하지 않았으나 카이로선언을 인용한 포츠담선언은 일본이 수락하였고 항복문서에도 서명했다, 강화 발효 전의 문제에 관해서는 일본은 미성년자가 충분한 법률행위가 불가능한 것과 같이 아직 독립하지 않았기 때문에 한국의 독립에 대해서도 최종적인 승인을 할 수 없었다, 평화조약에 의해 최초로 승인한 것이며, 카이로선언은 일본에게는 직접적인 관계가 없다라고 설명했다.

김 대표는 이 문제는 중요한 문제이므로 백번 이야기해도 모자람이 없다, 일본 측이 지금 하고 싶지 않다면 내일 해도 좋다, 만일 일본의 진의가 '이례'라고 한다면 지난주 발언한 '흥분상태 운운'이라든가 '위반'이라든가의 표현은 변경된 것인가, 이것을 발설한 의도는 어디에 있는가라고 물었다.

구보타 대표는 전에 말한 대로 '이례'다, 그 의미가 무엇인가 물었는데 한국이 질문했으므로 어쩔 수 없이 답한 것 이외에는 다른 뜻은 없다, 두 번째 사안인 퇴거 문제에 관해서는 한국 측이 일본은 이것을 국제법 위반이라고 생각하는가 질문한 데 대하여 나는 위반이냐 아니냐 말하지 않겠다고 답하고자 한다, 네 번째 사안인 '전시상태의 흥분' 운운에 대해서는 나도 그와 같이 말했다, 지금이라면 연합국은 이러한 것은 말하지 않았을 것이라고 생각한다, 다음 한국에 대한 이익(benefit) 운운에 관해서는 나도 그렇게 말했지만 그것은 한국 측이 마이너스 측면만 이야기하니까 나로서는 메릿트(merit)도 있었다고 이야기할 수밖에 없었다, 그 반쪽만이 전달되었다고 하면 곤란하다라고 말했다.

김 대표는 지난 위원회와 금일의 구보타 대표의 발언은 공식적인 것인가 물었다.

구보타 대표는 위원회에서는 나는 옵서버이지만 개인적인 발언은 아니다, 그러나 또한 정부의 훈령에 의한 것도 아니다라고 답했다.

이어 김 대표는 이익(benefit) 운운에 관해 2, 3차례 물었으며, 구보타 대표와 시모다 국장이 한국 측이 마이너스 면만 이야기한다면 일본 측으로서는 전부가 나빴다고는 할 수는 없다고 이야기할 수밖에 없다고 답하자, 김 대표는 중대한 관심사(great concern)이며, 일부이기는 하지만 공식적인 발언이므로 한마디 한마디 분명하게 해야 한다고 말했다.

구보타 대표가 끝이 없으므로 이 이야기는 이 정도로 하면 좋겠다고 하자, 김 대표는 집요하게 첫 번째 사안이 명확하지 않다고 이야기하였으며, 시모다 국장은 평화조약 전의 한국의 독립은 예외적인 것이다, 한국은 1948년 성립했으나 당시 일본은 아직 독립하지 않았으며 유엔은 일본의 독립을 기다릴 수 없었다, 그것은 예외적인 것이긴 하나 국제정세에 의한 것이라고 생각한다, 그것을 일본은 국제법 위반이라고는 말하지 않는다, 일본이 법률적으로 한국의 독립을 승인한 것은 평화조약에 의해서다라고 설명했다. 김 대표는 다시금 '위반'인가 묻고 시모다 국장은 그렇게는 생각하지 않는다고 답하였으며, 구보타 대표는 '이례'다, 그 이상은 말하고 싶지 않다고 답했다.

이에 대해 김 대표는 국제회의에서 일방의 발언에 대해 상대방이 해명을 요구했을 때 답을 주지 않는 일은 없다고 압박하였으며, 결국 금일의 다섯 가지 가운데 두 번째 사안 이하 네 가지 사안에 관해서는 전부 회답했으며 나머지 첫 번째 사안에 관해서 다음 회의에서 최종적인 답변을 주기로 하였다.

차기 회의에 관해 한국 측은 명일 속행되어야 한다고 주장하였으며, 일본 측은 이 문제가 해결되지 않으면 다른 문제로 넘어갈 수 없는 성질의 것은 아니므로 차기 본회의는 정례대로 내주 화요일로 하고 그간 예정대로 내일은 어업, 모레는 청구권위원회를 개최하기를 원한다고 했으나 한국 측이 이를 받아들이지 않음에 따라 결국 명일 21일 오전에 다시 본회의를 개최하고 다른 위원회는 순차적으로 일자를 연기하기로 했다.

再開日韓交渉第三回本会議議事要録

アジア局第二課
昭和二八、一〇、二〇

一、日時及び場所　一九五三年十月二十日午前十時四十分－十二時、外務省第四一九号室

二、出席者

日本側　重光条約局第三課長が新に出席、清井水産庁長官及び大戸海洋一課長が欠席、その他前回通り

韓国側　柳泰夏参事官及び韓奎永書記官欠席、金学完書記官出席、その他前回通り

三、議事概要

金代表から、部会の進展について一言したいことがある。日本側にも発言したいことがあろう。と述べたのに対し、久保田代表が否ウと答えるや金代表は用意した声明を次のように読み上げた。

『自分（金代表）はさきに十月六日の会議で、交渉の早期妥結は平等と相互信頼に基いてのみ達成されるもので、不必要な敵

対的雰囲気はこれに役立つものでないと強調した。真の協力は解決の鍵であり、コーナーストーンである。われわれは真摯に討議すべきであり、このような態度のみが善隣関係樹立に役立つ。しかるに先週の事態は、この意図に反するものであつた。請求権部会における日本側発言は余りにも不当(アンリーズナブル)で韓国側としてはその釈明を待つためにこの部会を延期せざるを得なかつた。みぎの日本側発言は重要であるので特に注意を払いたい。すなわち日本側は次の五つの言明をした。

(一)韓国が平和条約成立前に独立させられたことは、国際法違反である。

(二)連合国の戦後処理の一である日本人の朝鮮からの引揚は国際法違反である。

(三)在韓米軍政府の日本財産処理は国際法違反であるし、米国務省の見解もまた国際法違反である。

(四)ポツダム宣言受諾により日本も間接に受諾しているカイロ宣言に用いられている朝鮮人民の「奴隷状態」という語は、連合国が戦時の興奮状態にあつたために用いられたものに過ぎない。

(五)日本の三十六年間の統治は朝鮮にとつて恩恵的であつた。

以上について釈明を要求する。これは過去の軍国主義を正当化するものである。日本は朝鮮を不法に且つ強制的に占領した。日本は暴力と貪慾によつて朝鮮に侵入したのであり、朝鮮は日本の最初の犠牲である。日本が恩恵と呼ぶものによつて朝鮮の資源は搾取され、数十万の朝鮮人が投獄され、そのある者は獄死した。その他にも基本的人権に反して言論、集会は抑圧されていたのである。また日本の太平洋戦争にも動員されている。これらはいずれも日本のためにのみ寄与したものである。

連合国は、朝鮮人民が「奴隷状態」にあつたことを誤りなく認めた。一九四三年十一月二十七日のカイロにおける会議は「朝鮮人民の奴隷状態に留意し」と述べている。一九四五年のポッダム宣言にもカイロ宣言は引用されている。これは基本的な原則である。

第二に日本人の引揚を目して米国の国際法違反であると云われるが、しかしカイロ宣言には日本を占領地域から駆逐すると述べている。

第三にカイロ宣言は朝鮮を奴隷状態から自由にし、独立のものたらしめると述べてあり日本はこれを受諾したのである。一九四八年八月十五日に全ての関係国が韓国を承認し、国連も承認している。日本はこのことをも国際法違反であるというのか

第四に、日本の在鮮財産は朝鮮人を搾取することによつてのみ蓄積されたものである。法令三十三号により米軍政府が日本財産を処分したのはこの事実に基くものである。日本は平和条約の相当条項によつて在連合国中立国財産の処分を認めている。財産の返還は没収でない。敵国に不法にとられた財産を返還する意味で連合国によつて行われた措置である。米国もこの点についてはみぎと同じ解釈である。久保田代表の言はこの基本原則に反する。若し久保田代表の発言が潜在意識に基いて行われたとするならば、日本は朝鮮の不法な支配を復活しようとしているといわざるを得ない。

日本側が日韓両国の基本関係と連合国の戦後処理の合法性に従つて会議進行の適当な手段を考慮することを望む。

これに対し、久保田代表から、平等と相互信頼の精神によつて会議が進められるべきことについては同感である。また善隣友好でなければならないことにも同感である。そういう精神で日本側は今まで交渉に臨んできた。ある問題については意見の対立することは会議の性質上当然であり、この場合も一方のみが主張を全部通して、一方が全部譲るということは国際会議の性質上あり得ない。

先週の請求権部会で述べたことは次の通りである。

(イ)韓国の独立について自分の述べたのは、これは平和条約でもたらされることが普通であるという意味である。日本は平和条約が戦争の最終的措置を決めるものと考えるので、日本から見れば、それ以前は最終的なものでない。

(ロ)朝鮮からの引揚については、これを国際法違反と考えるかとの韓国側質問はあつたが、自分はそれは違反であるともないともここでは言わないとハツキリ述べたはずである。

(ハ)財産問題については、官公有財産は別として私有財産は尊重されるのが国際法の原則と思う。現在不幸にして法令三十三号に関し両国の見解は対立している。日本としては韓国の解釈をとれば国際法違反になると考えている。

(ニ) カイロ宣言、ポツダム宣言は日本は忠実にこれを履行した。これを受諾したことは、その法律的意味を履行すればよいので、法律的意味を持たない字句につき相手方の解釈を認めたことであるとは考えていない。

(ホ) 総督府統治の問題については自分としてはふれたくなかつたので会談開始以来これまで述べたことはなかつた。先週は韓国側の質問があつたので答えざるを得なかつたのである。自分は本交渉でこの問題を論ずることは建設的でないと思う。日本は終戦により生れ替り、韓国は芽出たく独立し、両国は新たな関係に立つたので、過去を振返つて非建設的なことを話し合うことは止めたい。自分の述べたことが破壊的であるといわれるが、自分の印象では韓国側は議題に直接関係のないことに言及して余り意味をつけすぎて問題を不必要に複雑にしているのではないか。

金代表の発言の結論については、余り意味がハッキリしなかつたが、仮に金代表の言が自分に釈明せよという意味であるならば、この問題は釈明云々の問題ではないので、自分から釈明するとかしないとかは言わない。と述べた。

金代表は重ねて、第一点に関する久保田代表の云われた意味が明瞭でないが、貴見によれば、平和条約以前の韓国独立の事実は国際法違反であるかと質し、

久保田代表は、自分の口からは国際法違反であるとは云つていない。韓国の独立は日本から云えば平和条約によつてはじめて認めたものである。と答えたが、

金代表は、みぎの回答は質問に答えていない。韓国独立の事実は国際法違反であるかと喰い下り、

久保田代表から、自分は従来の国際法から見れば異例であると述べたにすぎないと答えたが、

金代表はなおも、「異例」とは正しく云えば違反なりやと質し、久保田代表が、違反なりや否やについては自分からは申上げないが「異例」であると繰返したのに、

金代表は、本交渉は重要であるので卒直に話したい。異例とはエクセプショナルということであると思うが、韓国独立の事実は国際法に従つたものでないと云われるのかと追求し、久保田代表は、その点については解釈はいろいろあるので申述べる

ことは差控えるが、ただ「異例」と申上げるのみである。自分はこの会談の進行上そういう問題に答えることは適当でないと思うと述べた。

下田条約局長から、法律解釈の問題であるから自分から申上げると前提して、カイロ宣言には日本は参加していないが、カイロ宣言を引いたポツダム宣言は日本は受諾し、降伏文書にも署名した。講和発効前の問題については、日本は恰も未成年者が充分な法律行為ができないと同じように、未だ独立していなかつたので、韓国の独立に対しても最終的な承認をすることはできなかつた。平和条約によつてはじめて承認したのであり、カイロ宣言は日本には直接の関係はないと説明し、

金代表は、この問題は重要な問題であるので、そのためには百回費しても少くない。日本側において今、やりたくないなら明日もやつてもよい。若し日本の真意が「異例」というのであれば先週発言の「興奮状態云々」とか「違反」とかの語は変更されたのであるか。これを云い出された意図は何であるかと喰い下り、

久保田代表から、前に申上げた通り「異例」である。その意図如何といわれるが、韓国が質問するので已むを得ず答えたまでで他意はない。第二点の引揚問題については韓国側が日本はこれを国際法違反と考えるかと質問したのに対して、自分は違反だとも違反でないとも言わないと答えてある。第四点の「戦時状態の興奮」云々の点に対しては、自分もそのとおり言つた。今であれば連合国はこういうことは言わなかつたと思う。次に韓国に対するベネフィット云々の点については自分もそう言つたが、それは韓国側がマイナス許りあげるから自分としてはメリットもあつたと云わざるを得なかつたのである。その半分だけを伝えてもらつては困ると述べた。

金代表は部会と本日の貴代表の発言は公式の言明であるかと訊ねたのに対し、

久保田代表は、部会においては自分はオブザーバーではあるが個人の発言ではない。しかし、また、政府の訓令に基くものではない、と答えた。

次いで金代表はベネフイト云々の点について食下り二、三の押問答があつたが久保田代表及び下田局長から韓国側がマイナスの面のみをあげるならば日本側としてはすべてが悪かつたことばかりということはないといわざるを得ない、と述べたのに対し、

金代表は、重大関心事（グレート・コンサーン）である、一部であるとは言え公式なものであるから片言隻句も明らかにさるべきである、と述べたので

久保田代表から際限がないからこの話はいい加減にしてはどうかと言つたのに金代表はなおも執拗に第一点が明確でない、と言張るので

下田局長から、平和条約前の韓国の独立は例外的なものであ

る、韓国は一九四八年成立したが当時日本はまだ独立していなかつたのに連合国は日本の独立まで待つことができなかつたのであるそれは例外的なものではあるが国際情勢によるものと考えられる。それを日本は国際法違反とは言わない。日本が法律的に韓国の独立を承認したのは平和条約によつてである、と説明したが、金代表はなおも「違反」であるかと聞き返し、下田局長は、そうは思わないと答え、久保田代表は「異例」である、それ以上はいいたくないと答えた。

これに対し金代表は国際会議で一方の発言に対して相手方が解明を求めた時に解答しないということはないと迫り、結局、本日の五点のうち第二点以下の四点については全部回答ずみであるので、残された第一点について次回に最終的に答えることとなつた。

次回の日取りについて韓国側は明日続行すべきことを主張し、日本側からこの問題が解決しなければ他の問題に進めないというの性質のものではないので次回本会議は定例通り来週の火曜日としその間に予定通り明日は漁業、明後日は請求権と部会を開きたいと述べたが韓国側が承知せず、結局明二十一日午前に再び本会議を開き他の部会は順次日取りを繰延べることとした。

8. 구 일본 및 일본인 재산 처리에 관한 군정법령 및 대일강화조약 중 의의 해명에 관한 건(청구권 조항 해석에 관한 1952. 4. 29 미 국무부 회한 송부의 건)

한국 외교문서 86, 제1차 한일회담 청구권분과위원회 회의록

제1차 한일회담 한국 측 수석대표였던 양유찬 주미 한국대사의 요청에 따라 미국 국무부 존 앨리슨(John Allison) 차관보가 대일강화조약 제4조에 관한 미 국무부의 해석 내용을 양 대사에게 전달한 서한이다.

번역

구 일본 및 일본인 재산 처리에 관한 군정법령 및 대일강화조약 중 의의 해명에 관한 건(청구권 조항 해석에 관한 1952. 4. 29 미 국무부 회한 송부의 건)

1952년 4월 29일

각하,

본인은, 각하께서 대일강화조약 제4조의 효력과 재한 일본 및 일본인 재산에 관한 미군정의 지령에 관한 미국 측의 공식 해석을 요청한 1952년 3월 25일 자 각하의 서한을 잘 받았음을 확인하는 영광을 가집니다.

미국은 일본과의 강화조약 제4조 b)항, 재한 미군정청의 관련 지령과 조례 등에 의해 한국 내에 있는 일본과 일본 국민의 재산의 모든 권리, 소유권 및 이해 관계는 박탈되었다는 견해를 가지고 있습니다. 따라서 미국은 그러한 재산에 대한 청구권 또는 그 재산에 관한 이해 관계는 일본에 의해 주장될 수 없다는 의견입니다. 그러나 일본이 조약 제4조 b)항에서 유효하다고 인정한 그 재산의 처분은 조약 제4조 a)항에서 상정하고 있는 협정에서의 고려사항과 관련이 있다고 봅니다.

본인이 각하에 대해 최대한의 배려를 하고 있음을 다시 한번 확인하고자 합니다.

국무장관을 대신하여

/서명/ 존 엠 앨리슨

양유찬 박사 각하

한국 대사

워싱턴 디 씨

694.95/3-2552

April 29, 1952

Excellency:

I have the honor to acknowledge the receipt of your note of March 25, 1952, in which you request an official United States interpretation of the effect of Article 4 of the Treaty with Japan, and the relevant directives of the United States Military Government with respect to the property of Japan and Japanese nationals in Korea.

The United States is of the opinion that by virtue of Article 4(b) of the Treaty of Peace with Japan and the relevant directives and acts of the United States Military Government in Korea all right, title and interest of Japan and of Japanese nationals in property within the jurisdiction of the Republic of Korea have been divested. Accordingly, in the opinion of the United States, valid claim to such assets or to an interest therein cannot be asserted by Japan. The disposition of such assets, which Japan has recognized as valid in Article 4(b) of the Treaty, is relevant, however, in the opinion of the United States, in the consideration of the arrangements contemplated by Article 4(b) of the Treaty.

Accept, Excellency, the renewed assurance of my highest consideration.

For the Secretary of State:

/s/ John M. Allison

His Excellency
Dr. You Chan Yang
Ambassador of Korea,
Washington, D. C.

694.95/3-2552

9. Memorandum by the Assistant Secretary of State for Far Eastern Affairs (Allison) to the Secretary of State, Washington, April 28, 1952

FRUS Vol. XIV, 1952-1954, University of Wisconsin-Madison, Digital Libraries

미 국무부 앨리슨 극동담당 차관보가 1952년 4월 29일 양유찬 대사와의 면담을 앞둔 애치슨 국무장관에게 대화 참고용으로 작성하여 전달한 문서다.

한일 간 초기 청구권 교섭에 대한 미국 국무부의 시각을 확인할 수 있다.

미국 위스콘신(매디슨)대학교 전자도서관에 소장된 미국외교문서(*Foreign Relations of the United States*)에서 옮겼다.

번역

극동담당 차관보(앨리슨)가 국무장관에게 전달하는 메모

No.564

694.95B1/4-2852

CONFIDENTIAL [WASHINGTON,] April 28, 1952

주제: 예정된 주미한국대사 양유찬 박사와의 면담

양유찬 한국대사가 일본과의 우호조약 교섭을 위해 한국 대표단 수석대표를 맡았던 도쿄에서 최근 돌아왔습니다. 양 대사는 4월 29일 면담을 요청해왔으며, 이 자리에서 협상의 진행 상황을 논의할 것으로 예상됩니다.

1951년 10월 20일 도쿄에서 한일우호조약 체결을 위한 예비회담이 SCAP의 중재로 열렸으며, SCAP는 옵서버로 참석했습니다.

공식회담은 1952년 2월 15일 도쿄에서 다음과 같은 의제를 토대로 시작되었습니다.

1. 외교관계 수립
2. 재일 한인의 지위
3. 한일 간 청구권 문제의 해결
4, 어업권
5. 해저전선의 이관
6. 통상항해조약의 후속 협상을 위한 근거 마련

공식 협상은 미국 측 옵서버의 입회 없이 진행되었습니다. 초기 협상은 상당히 순조롭게 진행되었고, 1번과 2번 항목에 대해서는 큰 어려움 없이 합의가 이루어졌습니다. 그러나 3번과 4번 항목에 대해서는 심각한 이견이 발생하고 있습니다.

청구권과 관련해 일본은 금전적 합의 또는 1945년 8월 9일 현재로 한국에 등록된 선박에 대해 10억 엔 상당의 현물 합의를 제시하였으나 한국 측은 이 제의를 아직 수용하지 않았습니다.

한국 대표단은 한국에 본사를 둔 옛 일본계 기업의 청산된 일본 내 지점 자산을 요구하고 있는데, 그 근거는 그러한 자산들이 미군정령 제33호에 따라 귀속되어 한국 정부에 넘겨야 할 재산이기 때문이라는 것입니다. 일본인들은 한국 내 일본 사유재산에 대한 역청구권의 성격으로 간주될 수 있는 것을 주장하고 있습니다. 한국인들은 그 사유재산은 대일강화조약으로 일본이 포기한 것이라고 여기고 있습니다.

형식적으로 청구권 문제는 다자간 평화조약 제4조의 구성과 관련이 있습니다. 제4조 (a)항은 일본과 일본이 포기한 지역을 관리하는 당국 간의 재산 및 청구권 처분은 일본과 그러한 당국 간의 협정의 대상이 된다고 규정하고 있으며, 다만, 그 경우 제4항 (b)항의 영향을 받는다고 규정하고 있습니다. 제4조 (b)항에 의해, 일본은 미군정의 지령이나 지령과 관련하여 행해진 일본재산의 처분에 대한 유효성을 인정하고 있습니다. 국무부의 의견으로는 일본인은 한국 내 재산에 대한 소유권을 주장할 수 없으나, 그러한 재산의 손실이 제4조 (a)항에 명기된 특별협정 체결시 고려될 권리가 있습니다. 또한, 국무부는 일본인이 소유하고 있던 조선기업의 일본 내 재산은 주한 미군정의 관할권에 속하지 않았으며, 대한민국의 재산이 되지 않았다는 입장을 취해 왔습니다. 따라서, 약간의 예외와 함께 상호 청구권 포기가 공평한 해결 방안이 될 수 있을 것으로 보입니다.

그러나 한국 측은 협상을 더 이상 진행하기 전에 일본의 일방적인 청구권 철회를 주장하고 있습니다. 양 박사는 1952년 3월 25일 자 서한을 통해 일본의 주장을 반박할 수 있도록 조약 제4조 (b)항에 대한 국무부의 해석을 요청했습니다. 답신을 준비했는데 이 답신은 한국 측 입장을 지지하지만 한국 내 일본재산의 상실이 제4조 (a)항의 한국 측 청구권을 고려함에 있어 관련이 있다는 내용이 담겨 있습니다. 이 왕복 서한은 참고로 첨부합니다(Tab B).

어업 문제도 큰 논쟁의 대상이 되고 있습니다. 애초 한국의 입장은 SCAP가 일본 어선이 조업할 수 있는 수역을 제한하기 위하여 설정한 소위 맥아더라인을 대일평화조약에 명문화해야 한다는 것이었습니다. 미국은 이 요구를 받아들이지 않았고, 그 후 이 선은 폐지되었습니다. 그러자 한국 정부는 한반도를 둘러싸는 광범위한 공해상에 한국 측의 어업 통제를 목적으로 한국 측 관할권을 설정하는 일방적인 선언을 발표하였습니다. 이 선언은 미국을 비롯한 외국의 지지를 전혀 받지 못하고 있습니다.

우리는 양측에 자원보존의 원칙에 기초하면서 양국 어민이 조업할 수 없도록 공해수역을 획선하지 않는 방식으로 어업협정 교섭을 하는 것이 바람직하다는 점을 일깨워 왔습니다. 최근 미국이 협상한 어업협정은 자원보존 원칙에 입각한 조약이라는 점을 지적해 주었습니다. 미국-일본-캐나다 조약이 그 예입니다. 일본 정부는 현재 한국과의 협상에서도 자원보존 원칙을 따를 의향이 있는 것으로 추정되며, 실제로 현재 일본 정부는 이 원칙에 따라 한-일 상호 관심 수역에서 자국민의 조업을 일방적으로 제한할 의향을 표명하고 있습니다. 또한, 일본은 조약과는 별개로 어업 문제에 관한 협상을 뒤로 미룰 의향도 가지고 있습니다.

전체적으로 양측의 협상은 의구심과 상호 비방의 양상으로 전개되고 있습니다. 물론 한국인의 일본인에 대한 자연스러운 불신이 가장 큰 문제 중 하나이며, 특히 한국인들은 힘이 센 이웃국가의 한국에 대한 청구권 주장을 수용할 수 없다면서 이에 대해 가장 큰 우려를 나타내고 있습니다. 이러한 악감정의 대부분은 유감스럽게도 대통령, 외무부 장관, 심지어 한국 측 수석대표인 양 박사에 의해 언론 또는 공공 연설을 통해 확산되고 있습니다. 이러한 선전에 의해 타협을 통한 문제 해결을 점점 더 어렵게 하는 감정적인 분위기가 조성되고 있는 것입니다.

국무부 관리들은 워싱턴 주재 대사관을 통해 한국 정부가 이러한 감정적인 폭발을 자제하도록 설득하려고 여러 차례 시도했지만 거의 성공하지 못했습니다. 정책적으로 우리는 도쿄와 부산에 있는 우리 공관들에게 양측의 이견을 조정하고 공평한 조약의 체결을 돕기 위해 양측과 밀접하게 접촉하도록 지시했습니다. 그러나 동시에 미국이 협상에 공개적으로 개입하는 것은, 한국은 미국이 개입하고 있다고 믿고 있음에도 불구하고, 현명치 못하다고 인식하고 있습니다. 왜냐하면 조약이 영구적인 가치를 가지려면 조약의 조건은 어느 정부에 대한 외부 압력으로부터 자유로운 독립적인 협상을 통해 합의되어야 한다고 믿기 때문입니다.

국무부는 양국의 우리 공관들에게 청구권 및 어업 문제를 추후 협상을 위해 유보하고, 현재 대부분 해결된 나머지 쟁점들을 처리하는 조약의 조속한 체결을 해당국 정부에 건의할 것을 권고해왔습니다. 한국과 일본이 건전하고 우호적인 관계를 발전시키기 위해 조약의 조기 체결을 위한 진전을 이루는 것이 태평양 지역의 안정을 위해서 중요합니다.

건의 사항

양 박사와의 논의 시 다음과 같은 사항을 건의합니다:

(1) 한일 관계를 건전하고 공평한 기초 위에 놓게 될 조약의 조기 타결이 한국과 극동 지역 모두에게 매우 중요하다는 점을 강조

(2) 양측의 어느 정도의 융통성과 타협 의지가 필요하며, 상호 더 큰 이해의 분위기에서 협상을 지속하는 것이 중요하다는 점을 지적

양 박사에 대해서는 양 박사와 그의 정부 고위 관료들에 의한 무분별한 성명이 중요한 조약의 만족스러운 체결 전망에 대단히 큰 손상을 끼치고 있다는 데 대해 강력하게 주의를 환기하고, 미국은 일본에 대해서도 동일한 주문을 하고 있다는 점을 알릴 필요

진전 방법과 관련한 구체적인 논의가 이루어진다면, 미해결 청구권 문제의 경우 조약의 진전을 위해 양측이 상대방 영토 내 재산에 대한 청구권을 철회하거나 이 문제에 대한 협상을 추후로 연기할 것을 양 박사에게 제안할 수 있습니다. 어업과 관련하여 이 문제도 현재 협상의 틀 밖에서의 추가 논의를 위해 남겨두자는 제안을 할 수 있습니다.

who had received his formal appointment on April 18, assumed charge. He presented his letter of credence on May 9.

No. 564

694.95B1/4-2852

Memorandum by the Assistant Secretary of State for Far Eastern Affairs (Allison) to the Secretary of State [1]

CONFIDENTIAL [WASHINGTON,] April 28, 1952.

Subject: Forthcoming Interview with the Korean Ambassador, Dr. Yu Chan Yang.

Dr. Yu Chan Yang, the Korean Ambassador, has recently returned from Tokyo, where he has been head of the Korean delegation to negotiate a Treaty of Friendship with the Japanese Government.[2] Dr. Yang has requested an appointment with you on April 29, at which time it is expected that he will wish to discuss the progress of these negotiations.

Preliminary discussions looking toward the negotiation of a Korean-Japanese Treaty of Friendship were opened at Tokyo on October 20, 1951, under the exercise of good offices by SCAP, who furnished an observer.[3]

Formal negotiations were commenced at Tokyo on February 15, 1952, on the basis of the following agenda:

1. Establishment of diplomatic relations.
2. Status of residents in Japan of Korean ancestry.
3. Settlement of claims between Korea and Japan.
4. Fishing rights.
5. Transfer of marine cables.
6. Establishment of a basis for subsequent negotiation of a Treaty of Commerce and Navigation.

The formal negotiations have been conducted without the presence of an American observer. Initial progress was fairly smooth and agreement was achieved on items 1 and 2 of the agenda without undue difficulty. With respect to items 3 and 4, however, increasingly serious disagreement has developed.

With regard to claims, the Japanese having offered monetary settlement or settlement-in-kind for vessels having Korean registry as of August 9, 1945 in an amount of one billion yen. The Koreans

---

[1] Drafted by Arthur B. Emmons, III, Acting Officer in Charge of Korean Affairs.

[2] The negotiations had been suspended on Apr. 25.

[3] For a summary of this phase of the talks, see Emmons' memorandum of a conversation held on Dec. 12, 1951, between Ambassador Yang and Allison, in *Foreign Relations,* 1951, vol. VII, Part 1, p. 1311.

have not as yet formally accepted this offer. The Korean delegation has put forward a demand for the liquidated assets of branch properties in Japan of former Japanese-owned corporations having headquarters in Korea, on the ground that such assets were vested under United States Military Government Ordinance 33 to be turned over to the Korean Government. The Japanese have introduced what can be considered in the nature of a counter-claim for private Japanese property in Korea, which the Koreans regard as renounced by the Treaty of Peace with Japan.

Formally, the claims issue turns on the construction of Article 4 of the multilateral Treaty of Peace, (Tab A).[4] Article 4 (a) provides that the disposition of property and claims between Japan and authorities administering renounced territories shall be the subject of special arrangements between Japan and such authorities, subject, however, to paragraph 4(b). By paragraph 4(b), Japan recognizes the validity of dispositions of Japanese property made by or pursuant to United States Military Government directives. In the Department's opinion, the Japanese are precluded from asserting claims to property in Korea, but are entitled to have the loss of such property taken into account in connection with the special arrangements contemplated by paragraph 4(a). Also, the Department has taken the position that the property in Japan of Korean corporations which were beneficially Japanese-owned was not within the jurisdiction of the United States Military Government in Korea and has not become the property of the Republic of Korea. Hence, with minor exceptions the mutual waiver of claims would appear to be an equitable solution.

The Koreans, however, have insisted upon the unilateral withdrawal of the Japanese claims before proceeding further with the negotiations. By letter, dated March 25, 1952, Dr. Yang requested an interpretation by the Department of Article 4(b) of the Treaty, to assist the refutation of Japanese claims. A reply has been prepared which supports the Korean position but goes on to indicate that the loss of Japanese property in Korea is relevant to the consideration of Korean claims under paragraph 4(a). Copies of this exchange of correspondence are attached for reference (Tab B).[5]

---

[4] Not printed.

[5] Not printed. The draft U.S. reply reads in part:

"The United States is of the opinion that by virtue of Article 4(b) of the Treaty of Peace with Japan and the relevant directives and acts of the United States Military Government in Korea all right, title and interest of Japan and of Japanese nationals in property within the jurisdiction of the Republic of Korea have been divested. Accordingly, in the opinion of the United States, valid claim to such assets or to an interest therein cannot be asserted by Japan. The disposition of such assets, which Japan has recognized as valid in Article 4(b) of the Treaty, is relevant, however, in

Continued

The fisheries question has also been a matter of great contention. The Korean position was initially that the so-called MacArthur Line established by SCAP, limiting the area in which Japanese fishing boats could operate, should be written into the Japanese Peace Treaty. The United States did not acquiesce in this request and the Line has now been abolished. The Korean Government then issued a unilateral declaration purporting to establish Korean jurisdiction over extensive high seas areas surrounding the peninsula for fishing control purposes.[6] This declaration has received no support either from the United States or other foreign nations.

We have urged upon both sides the desirability of negotiating a fisheries agreement based upon the principle of conversation and not upon an attempt to delimit high seas areas from which fishermen of either nation should be excluded. In so doing, it has been pointed out that fishing treaties which have recently been negotiated by the United States are based upon the conservation principle. The United States-Japanese-Canadian Treaty is an example. Furthermore, the Japanese Government presumably would be willing to follow the conservation principle in the current negotiations with Korea and, in fact, has now expressed willingness for the present unilaterally to restrict fishing operations of its nationals in waters of mutual Japanese-Korean concern in accordance with this principle. The Japanese are also willing to defer the fisheries issue for later negotiation apart from the treaty.

In general, the negotiations on each side have been marked by suspicion and by recrimination. One of the major problems is, of course, the natural Korean distrust of the Japanese, and the Koreans are most concerned over any claims from this powerful neighbor which they consider to be extravagant. Much of this acrimony unfortunately has been aired in the press or in public statements, particularly on the part of Korean officials including the President, the Foreign Minister, and even Dr. Yang himself, as head of the Korean delegation (Tab C).[7] The effect of this has been to create an

---

the opinion of the United States, in the consideration of the arrangements contemplated by Article 4(a) of the Treaty."

The note was delivered without change on Apr. 29. (See the memorandum of conversation, *infra.)*

In a memorandum to Johnson dated Apr. 17, McClurkin had in part stated: "The Mission at Tokyo has informed us that they believe the Japanese claims are largely for bargaining purposes to counter the Korean claims and that they have, several times, informed representatives of the Japanese Foreign Office of the inadvisability of making such claims and thus exacerbating Korean-Japanese relations." (694.95B1/4-1252)

[6] The boundary of this area became known as the "Rhee Line".

[7] Not found attached.

emotional atmosphere in which it has been increasingly difficult to reach any compromise solution.

Officers of the Department have on frequent occasions attempted to dissuade the Korean Government through its Embassy in Washington from these outbursts, but with little success. As a matter of policy, we have instructed our missions in Tokyo and Pusan to use their good offices informally with each side in an effort to moderate the differences which have arisen and to assist in the conclusion of an equitable treaty. At the same time, however, it has been considered unwise for the United States to intervene openly in the negotiations, despite Korean anxiety that we do so, since it is believed that if the treaty is to have permanent value its terms must be arrived at through independent negotiation, free from outside pressure on either Government.

The Department has recommended to our missions in both countries that they suggest to the respective governments the holding in abevance of the claims and fisheries issues for later negotiation, and the prompt conclusion of a treaty disposing of the remaining issues, most of which have now been resolved. It is important in the interests of the stability of the Pacific area that Korea and Japan take this major step forward in developing a sound and friendly relationship.

Recommendations

In your discussion with Dr. Yang, it is recommended that:

(1) You stress the vital importance both to Korea and to the stability of the Far East of the early conclusion of a treaty which places Korean-Japanese relations on a sound and equitable basis.

(2) You point out the necessity for a certain degree of flexibility and willingness to compromise on each side, and the importance of continuing the negotiations in an atmosphere of greater understanding. Dr. Yang's attention might be called in a forceful manner to the great damage which intemperate statements on his part and on the part of other high officials of his government are causing to any prospects for the satisfactory conclusion of this important treaty, and he might be informed that we are making the same representations to the Japanese.

If specific discussion arises as to methods of making progress, it might be suggested to Dr. Yang in the case of the unresolved claims issue that in the interests of moving ahead with the treaty each side withdraw its claims to property in the territory of the other or, alternatively, that negotiation on this issue be deferred to a later date. With regard to fisheries, the suggestion might be made that this issue also be left for further discussion outside of the framework of the present negotiations.

10. 미일평화조약 제4조의 해석에 관한 주한미대사관 각서, 1957. 12. 31

한국 외교문서 100, 제4차 한일회담 예비교섭, 1956-58(V. 2 1957)

미 국무부가 대일강화조약 제4조에 관해 두 번째 해석하고 그 내용을 한국 측에 공식적으로 전달한 주한미국 대사대리 명의의 외교 공한[16]이다.

교부는 이를 각서로 번역하였음.

번역

미일평화조약 제4조의 해석에 관한 주한미대사관 각서, 1957. 12. 31

번호: 604

미국대사 대리는 외무부 장관에게 경의를 표하며, 대한민국과 일본 간 청구권 청산과 관련한 대일강화조약 제4조의 해석에 대한 미국 정부의 입장을 담은 다음과 같은 성명문을 전달하게 되어 영광으로 생각합니다.

1952년 4월 29일 한국 대사에게 보낸 각서에서 국무부는 대일강화조약 제4조를 다음과 같이 해석했습니다.

"대일강화조약 제4 (b)조와 주한 미군정의 관련 지침 및 조치에 따라 대한민국 관할권 내의 일본 국민과 일본의 모든 권리, 권한 및 이익은 소멸되었다는 것이 미국의 의견이다. 이에, 일본은 그러한 자산 또는 그에 따른 이익에 대한 유효한 청구권을 주장할 수 없다는 것이 미국의 의견이다. 그러나 조약 제4 (a)조에 규정된 특별협정과 조약 제4 (b)조에서 일본이 유효하다고 인정한 자산의 처분이 관련이 있다는 것이 미국의 의견이다."

현재에도 미국의 의견은 위에서 표명한 내용과 같습니다. 이러한 의견을 도출하게 된 근거와 강화조약의 관련 조항을 설명하면 도움이 될 것입니다. 미군정의 관할권에 포함되는 한국 내 일본의 재산은 소멸 후 대한민국에 양도 되었습니다. 한국에 독립 국가를 건립하기 위해서는 일본과의 연계를 완전히 깨끗이 끊어야 한다고 판단했기 때문입니다. 이것이 한국 당국이 한국재산에 대한 완전한 통제권을 확보하도록 하기 위한 처분명령과 양도협약의 목적이었습니다. 법률적 관점에서 귀속권과 보상 문제의 구분이 인정되지만, 미국 정부는 현재 상황에서 보상에 대한 일본의 주장은 귀속명령, 양도 협정 및 강화조약 제4(b)조의 표현, 근거 및 의도에 부합하지 않는다고 판단합니다.

일본 및 일본 국민에 대한 한국의 청구권의 경우 한국 내 일본 소유재산이 처분되면서 이미 어느 정도 충족이 되기는 했으나, 강화조약 작성자들은 이 조약에서 해결책을 제시하기에 충분한 사실을 확보하고 있거나 관련 법 이론에 대한 충분한 분석이 이루어졌다고 생각하지 않았습니다. 따라서 일본의 다른 전 식민지와 마찬가지로 이 문제는 당사국들이 체결할 특별협정의 대상으로 온전히 남겨두었습니다. 조약 작성자들은 제4 (a)조에 규정되어 있는 특별협정을 논의하는 과정에서 당사국들이 일본이 소유했던 한국 내 재산이 처분되었다는 사실을 고려할 것이라고 생각했기 때문에, 위의 의견서에서 그러한 재산의 처분이 특별협정을 체결할 때 '관련이 있다'라고 언급한 것입니다. 따라서 한국과 일본 간의 특별협정을 체결하는 과정에서 한국 정부가 한국 내 일본 자산을 인수하면서 한국의 대일 청구권이 어느 정도의 범위로 소멸 또는 충족된 것인지 판단해야 합니다.

미국은 대일강화조약의 관련 조항에 대한 미국의 책임을 고려하여 1952년 4월 29일 자 국무부 각서에서 제시한 해석을 한국 대사에게 전달하는 것이 적절하다고 생각했습니다. 그러나 당사국들이 강화조약에 규정된 특별협정을 체결하는 과정에서 한국 내 일본재산의 처분을 어떻게 반영해야 하는가에 대해 미국이 의견을 제시하는 것은 적절하지 않다고 생각합니다. 특별협정은 두 정부 사이의 일이며, 당사국 또는 당사국이 책임을 부여한 관련 당국이 당사국들이 제시할 수 있는 관련 법 이론과 사실을 종합적으로 검토한 후에 판단할 수 있는 사안입니다.

미국 대사관,

서울, 1957년 12월 31일

No. 604

The Chargé d'Affaires ad interim of the United States of America presents his compliments to His Excellency the Minister of Foreign Affairs and has the honor to transmit the following statement of the position of the Government of the United States on the interpretation of Article 4 of the Treaty of Peace with Japan with respect to settlement of claims between the Republic of Korea and Japan.

In a note to the Ambassador of Korea of April 29, 1952, the Department of State interpreted Article 4 of the Japanese Peace Treaty as follows:

> "The United States is of the opinion that by virtue of Article 4(b) of the Treaty of Peace with Japan and the relevant directives and acts of the United States Military Government in Korea all right, title and interest of Japan and of Japanese nationals in property within the jurisdiction of the Republic of Korea have been divested. Accordingly, in the opinion of the United States, valid claim to such assets or to an interest therein cannot be asserted by Japan. The disposition of such assets, which Japan has recognized as valid in Article 4(b) of the Treaty, is relevant, however, in the opinion of the United States, in the consideration of the arrangements contemplated by Article 4(a) of the Treaty."

The United States Government remains of the opinion expressed above. It may be useful to explain the reasoning behind that

opinion

opinion and the pertinent articles of the Peace Treaty. Japanese properties in that part of Korea within the jurisdiction of the United States military government were vested and thereafter transferred to the Republic of Korea because the establishment of an independent state in Korea appeared to require a clean and absolute break of the ties to Japan. It was the intention of the vesting decree and the transfer agreement to put the Korean authorities in full control of the properties, and while from the juridical point of view it is recognized that a distinction is possible between vesting title and the question of compensation, claims by Japan to compensation are regarded by the United States Government in the circumstances as incompatible with the language, rationale and intent of the vesting decree, the transfer agreement, and Article 4(b) of the Peace Treaty.

When it came to Korean claims against Japan and Japanese nationals, the drafters of the Peace Treaty did not consider that they had before them either sufficient facts or sufficient analysis of applicable legal theories to lay down a solution in the Treaty, although it was obvious that such claims had already been met to some degree by the vesting of Japanese-owned property in Korea. Accordingly, as in the case of other former Japanese territories, they left these questions entirely to arrangements to be made by the countries concerned. They contemplated that in the special arrangements referred to in Article 4(a) the parties would take into account the fact that Japanese-owned properties in Korea had been vested - hence the statement in the above opinion that such disposition was "relevant" in the consideration of the special arrangements. Thus the special arrangements between Korea and Japan would encompass determination of the extent to which Korean

claims

claims against Japan should be considered to be extinguished or satisfied by virtue of the take-over by the Korean Government of Japanese assets in Korea.

It was appropriate, it is believed, for the United States to give the interpretation set forth in the Department of State's note of April 29, 1952, to the Korean Ambassador because of the responsibility of the United States for the treaty provisions; but it does not appear appropriate for the United States to express opinions as to just how the disposition of Japanese properties in Korea is to be taken into account by the parties in entering into the special arrangements contemplated by the Treaty. The special arrangements are a matter between the two governments concerned, and such a determination can only be made by the parties themselves or by an authority which might be charged by them with doing so and after full examination of the facts and applicable legal theories which the parties might present.

Embassy of the United States of America,

Seoul, December 31, 1957.

11. 韓國に對する請求權問題に關する合衆國政府の解釋について

日本外交文書 1592

미 국무부가 대일강화조약 제4조에 관해 두 번째로 해석하고 그 내용을 일본 측에 공식적으로 전달한 주일미국 대사 명의의 외교 공한이다.

10번 문서(주한미국대사 대리가 한국 정부에 보낸 각서)의 내용과 동일하므로 국문 번역은 생략한다.

CONFIDENTIAL *Confidential*

No. 1010

The Ambassador of the United States of America presents his compliments to His Excellency the Minister of Foreign Affairs and has the honor to transmit the following statement of the position of the Government of the United States of America on the interpretation of Article 4 of the Treaty of Peace with Japan with respect to the settlement of claims between Japan and the Republic of Korea:

In a note to the Ambassador of Korea of April 29, 1952, the Department of State interpreted Article 4 of the Treaty of Peace with Japan as follows:

"The United States is of the opinion that by virtue of Article 4(b) of the Treaty of Peace with Japan and the relevant directives and acts of the United States Military Government in Korea all right, title and interest of Japan and of Japanese nationals in property within the jurisdiction of the Republic of Korea have been divested. Accordingly, in the opinion of the United States, valid claim to such assets or to an interest therein cannot be asserted by Japan. The disposition of such assets, which Japan has recognized as valid in Article 4(b) of the Treaty, is relevant, however, in the opinion of the United States, in the consideration of the arrangements contemplated by Article 4(a) of the Treaty."

The United States Government remains of the opinion expressed above. It may be useful to explain the reasoning behind that opinion and the pertinent articles of the Peace Treaty. Japanese properties in that part of Korea within the jurisdiction of the United States Military Government were vested and thereafter transferred to the Republic of Korea because the establishment of an independent state in Korea appeared to require a clean and absolute break of the ties to Japan. It was the intention of the vesting decree and the transfer agreement to put the

Korean authorities in full control of the properties, and while from the juridical point of view it is recognized that a distinction is possible between vesting title and the question of compensation, claims by Japan to compensation are regarded by the United States Government in the circumstances as incompatible with the language, rationale and intent of the vesting decree, the transfer agreement, and Article 4(b) of the Peace Treaty.

When it came to Korean claims against Japan and Japanese nationals, the drafters of the Peace Treaty did not consider that they had before them either sufficient facts or sufficient anaylsis of applicable legal theories to lay down a solution in the Treaty, although it was obvious that such claims had already been met to some degree by the vesting of Japanese-owned property in Korea. Accordingly, as in the case of other former Japanese territories, they left these questions entirely to arrangements to be made by the countries concerned. They contemplated that in the special arrangements referred to in Article 4(a) the parties would take into account the fact that Japanese-owned properties in Korea had been vested - hence the statement in the above opinion that such disposition was "relevant" in the consideration of the special arrangements. Thus the special arrangements between Korea and Japan would encompass determination of the extent to which Korean claims against Japan should be considered to be extinguished or satisfied by virtue of the take-over by the Korean Government of Japanese assets in Korea.

It was appropriate, it is believed, for the United States to give the interpretation set forth in the Department of State's not of April 29, 1952, to the Korean Ambassador because of the responsibility of the United States for the treaty provisions; but it does not appear appropriate for the United States to express opinions as to just how the disposition of Japanese properties in Korea is to be taken into account by the parties in entering into the special arrangements contemplated by the Treaty. The special arrangements are a matter between the two governments concerned, and such a determination can only be made by the parties themselves or by an authority which might be charged by them with doing so and after full examination of the facts and applicable legal theories which the parties might present.

Embassy of the United States of America,

Tokyo, December 31, 1957.

（仮訳）

日韓請求権の解決に関する日本国との平和条約第四条の解釈についてのアメリカ合衆国の見解の表明

千九百五十二年四月二十九日の韓国大使あての書簡において、国務省は、日本国との平和条約第四条を次のとおり解釈した。

合衆国は、日本国との平和条約第四条(b)並びに在韓合衆国軍政府の関係指令及び措置により、大韓民国の管轄権内にある財産についての日本国 及び日本国民のすべての権利、権原及び利益が処分されたという見解を有している。したがつて、合衆国の見解によれば、日本国は、これらの資産又はこれらの資産についての利益に対する有効な請求権を主張することができない。しかしながら、日本国が平和条約第四条(b)において有効と認めたこれらの資産の処理は、合衆国の見解によれば、平和条約第四条(a)に規定されている取極の考慮において直接関係をもつものである。
国務省は、前記の見解を今も有している。この見解の背後にある論拠及び平和条約の該当条項について説明することは有益であろう。朝鮮における独立国家の設立のためには日本国とのつながりを完全に断ち切ることが必要と思われたので、合衆国軍政府の管轄権内にあつた朝鮮の部分における日本の財産は、所属を変ぜられ、その後大韓民国に移転された。所属変更命令及び移転協定の意図するところは、韓国の当局に前記の財産を完全に支配させることにあつた。法的見地からいえば、権原の所属の変更と補償の問題との区別は可能であると認められるが、合衆国政府は、日本国の補償請求は、右の事情のもとにおいて、所属変更命令、移転協定及び平和条約第四条(b)の文言、理由及び意図と相容れないものであると考える。
平和条約の起草者は、日本国及び日本国民に対する韓国側の請求権が問題となつた時に、この請求がすでに在韓日本財産の所属変更によりある程度満たされたことは明らかであつたが、平和条約中に解決を定めるには、十分な事実も、また、適用される法理論の十分な分析も持ち合わせているとは考えなかつた。したがつて、日本国の他の旧領土の場合と同じく、平和条約の起草者は、これらの問題を全く関係国間の取極に任せた。平和条約の起草者は、第四条(a)にいう特別取極において当事国は在韓日本財産がすでに所属を変ぜられたという事実を勘案するであろうと考えた。かくて、前記の処理が特別取極の考慮において「直接関係をもつ」ものであると前記の見解において表明した次第である。したがつて、日本国と韓国との間の特別取極は、在韓日本資産を韓国政府が引き取つたことにより、いかなる程度まで日本国に対する韓国側の請求権が消滅し、又は充足されたと認めるべきであるか、その程度の決定を含むこととなろう。

合衆国が千九百五十二年四月二十九日の韓国大使あての国務省の書簡に述べた解釈を示したことは、平和条約の規定に対する合衆国の責任からみて、適当であつたと信ぜられる。しかしながら、平和条約に規定されている特別取極の締結に当つて在韓日本財産の処理が両当事国によりまさしくいかに勘案されるべきであるかについて合衆国が意見を述べることは、適当とは思われない。特別取極は、関係両政府間の問題であり、このような決定は、当事国自身又はその決定をすることを両当事国により委嘱される機関が、当事国の提示する事実と適用される法理論とを十分に検討した後にのみなすことができるものである。

일본의 역청구권 주장 철회와 한일회담의 재개

제4차 한일회담

예상치 못했던 상황 전개로 회담이 결렬되자 그간 한일회담에의 개입을 자제해 왔던 미국이 적극적으로 한·일 양국에 대한 중재 노력을 기울이기 시작한다. 미국은 회담 결렬 후 한 달이 채 못되는 시점인 1953년 11월 초에 ① 회담 재개 시 일본이 (구보타 발언과 관련) 한국 측의 감정을 완화시킬 수 있는 내용을 인사말에 포함하고, ② 청구권 문제는 양국이 상호 포기하되 일본이 한국에 징병, 징용자들의 미지불 임금과 은급(연금의 일본식 표현)을 지불하고 국유문화재 일부를 증여 형식을 통해 반환하며, ③ 한국은 억류 중인 일본 어선과 어민을 돌려보내는 내용의 중재안을 마련하였다. 일본은 이 안을 수용하였으나 한국은 구보타 발언과 관련한 일본 측 발언 내용에 불만을 표하면서 반대하였다. 미국 측은 일본 측과의 협의를 통해 구보타 발언에 관한 표현이 수정된 새로운 중재안을 한국 측에 제시하였으나, 일본의 역청구권 포기 내용이 포함되어 있지 않았기에 한국 측은 이 수정안도 거부하였다.[1] 미국 측은 대일강화조약 제4조에 관한 재해석(본 사료집 제2장 참고자료 참조)을 통해 일본이 역청구권을 완전히 포기하도록 유도하는 한편, 한국에 대해서도 회담을 재개할 것을 계속 종용하였다.[2]

한일 양국은 한일회담 재개를 위한 교섭이 공전하는 가운데에도 한국에 억류된 일본 어민들과 불법 입국 및 일본 국내법 위반 등의 혐의로 오무라(大村) 수용소에 수용되어 있던 한인들의 상호 송환 문제를 해결하기 위한 교섭을 계속 진행하였는데, 이 교섭이 결국 한일회담 재개를 위한 교섭으로 이어졌다. 양측은 9개월여에 걸친 교섭 끝에 1957년 12월 31일 총 8건의 문서, ① 공동성명서(공동발표문), ② 구보타 대표 발언 및 재한 재산에 대한 청구권 철회 관련 구상서, ③ ②에 대한 한국 측 접수 확인 구상서, ④ 대한민국과 일본국 간의 전면 회담 재개에 관한 각서, ⑤ 일본 내에 억류된

---

1 日本外交文書 1675, 日韓問題に關する對美折衝の經緯, 작성일자 불명.

2 유의상, 『13년 8개월의 대일협상』, 63, 64쪽.

한국인 및 한국 내에 억류된 일본인 어부에 대한 제 조치에 관한 대한민국 정부 및 일본 정부 간의 양해각서, ⑥ ⑤의 부속 문서(제2차 대전의 종료 전부터 일본에 계속 거주하던 한인을 입국자 수용소에 수용하는 것을 자제한다는 내용), ⑦ 합의의사록, ⑧ 구두 전달문(한국 미술품 반환)에 조인하고[3] 한일회담 재개에 합의하였다. 한국이 회담 재개에 합의하게 된 것은 미국의 적극적인 중재 노력이 있었기 때문이기도 하지만, 이보다 결정적인 이유는 일본이 그간 무리하게 주장해온 한국에 대한 역청구권을 완전히 포기하였기 때문이라고 보는 것이 타당하다.[4] 일본 정부는 어느 정도 경제력이 회복되자 한국에서 사유재산을 몰수당한 자국인들에 대한 보상이 가능토록 국내 조치[5]를 취하게 되었으며, 이에 따라 한국에 대한 청구권 주장도 철회할 수 있었던 것으로 보인다.

제4차 회담은 1958년 4월 15일~12월 19일(전반기), 8개월 중단 기간을 거쳐 1959년 8월 12일~11월 2일(후반기)간 개최되었으며, 4개월 뒤인 1960년 4월 15일 열린 본회의를 마지막으로 종료되었다. 회담은 앞선 회담과 마찬가지로 본회의와 각 의제별 분과위원회, 그리고 수석대표 간 비공식협의로 진행되었는데, 한 가지 차이점은 일본이 한국에 대한 역청구권을 공식적으로 철회한 관계로 청구권 관련 의제가 한국의 대일 청구권에 한정되면서 종전의 '재산청구권위원회'라는 명칭이 '한국청구권위원회'로 개칭된 것이다.[6] 한국청구권위원회는 5월 20~29일 간 세 차례 개최되었는데, 5월 29일 제3차 회의에서 '일반청구권소위원회', '문화재소위원회', '선박소위원회'로 분리하여 개최하는 것으로 의견을 모았다. 문화재소위원회는 6월 4일~12월 13일간 총 12회, 선박소위원회는 6월 6일~12월 6일간 총 24회, 일반청구권소위원회는 12월 1일~17일간 3회에 걸쳐 개최되었다. 일반청구권소위원회의 개최가 늦어진

---

3 한국 외교문서 100, 1896-1901(⑥~⑧ 문서는 여기에 첨부되어 있지 않다.); 日本外交文書 1527, 韓抑留日本人漁夫と在日收容韓人等の措置及び日韓間全面會談再開に關する日韓兩國政府間取極並びに本件取極實施のためにとるべき措置についての閣議請議の件, 1957. 12. 30.

4 유의상, 『13년 8개월의 대일협상』, 65쪽.

5 일본은 1957년 3월 각의에서 재외 재산 보유자에 대한 정부의 법적 보상 의무는 없으나, 그들의 특별한 사정을 고려하여 정책적 조치를 취하기로 결정하였다. 장박진, 『미완의 청산』, 역사공간, 2014, 482쪽.

6 한국 외교문서 708, 제4차 한일회담 본회의 회의록, 제1-15차, 1958. 4. 15-60. 4. 15, Summary Record of the Second Plenary Session of the Fourth Korea-Japan Overall Talks, 1958. 4. 22.

이유는, 일본이 어업 및 평화선위원회의 진행 상황을 이 소위원회의 개최와 결부시켰기 때문이다. 1958년 12월 17일 개최된 일반청구권소위원회 제3차 회의에서 한국 측은 1952년 2월의 제1차 한일회담에서 일본 측에 제출한 대일청구요강을 토대로 협의할 것을 제의했다. 그러나 일본은 이 문제를 더 연구한 후 공식 견해를 제시할 것이라는 선에서 대응하는 등 전혀 성의를 보이지 않았다.[7]

제4차 한일회담 기간 중 일본이 추진한 재일 한인의 북한송환사업이 회담에 상당한 악영향을 미쳤다. 한국은 재일 한인의 북한송환을 저지하고자 하였으나 실패하고 말았다. 어렵게 중단과 재개를 거듭하던 제4차 회담은 1960년 4월 19일 이승만 정권이 학생 혁명에 의하여 붕괴되면서 아무런 성과도 거두지 못하고 종료되고 말았다.

한국 외교문서	일본 외교문서
1. 100, 4. 제4차 한일회담 재개 합의문서, 1957. 12. 31	2. 1527, 한국 억류 일본인 어부와 재일수용 한인 등의 조치 및 일한 간 전면회담 재개에 관한 일한 양국 정부 간 합의 및 본 건 합의 실시를 위해 취해야 할 조치에 관한 각의 청의 건(在韓抑留日本人漁夫と在日収容韓人等の措置及び日韓間全面会談再開に関する日韓両国政府間取極並びに本件取極実施のためにとるべき措置についての閣議請議の件), 1957. 12. 30
3. 708, 제4차 한일회담 본회의 회의록, 제1-15차, 1958. 4. 15-60. 4. 15, Summary Record of the Second Plenary Session of the Fourth Korea-Japan Overall Talks, 1958. 4. 22	
4. 104, 제4차 한일회담 청구권위원회 회의록, 1958. 5. 20-12. 17, 일반청구권소위원회, 제3차 회의 결과 보고 전문, 1958. 12. 17	

7 한국 외교문서 104, 제4차 한일회담 청구권위원회 회의록, 1958. 5. 20-12. 17, 일반청구권 소위원회, 제3차 회의 결과 보고 전문, 1958. 12. 17.

1. 제4차 한일회담 재개 합의문서, 1957. 12. 31
한국 외교문서 100

구보타 일본 대표의 식민지 시혜 발언 등으로 결렬되었던 한일회담을 제4차 회담으로 재개하기 위해 양국이 작성한 합의문서다.

합의문서는 총 8건, ① 공동성명서(공동발표문), ② 구보타 대표 발언 및 재한 재산에 대한 청구권 철회 관련 구상서, ③ ②에 대한 한국 측 접수 확인 구상서, ④ 일본 내에 억류된 한국인 및 한국 내에 억류된 일본인 어부에 대한 제 조치에 관한 대한민국 정부 및 일본 정부 간의 양해각서, ⑤ ④의 부속 문서(제2차 대전의 종료 전부터 일본에 계속 거주하던 한인을 입국자 수용소에 수용하는 것을 자제한다는 내용), ⑥ 대한민국과 일본국 간의 전면 회담 재개에 관한 각서, ⑦ 합의의사록, ⑧ 구두 전달문(한국 미술품 반환) 작성되었는데, 한국 외교문서에는 이중 ①, ②, ③, ④, ⑥ 문서가 수록되어 있다.

「發表」

1957.12.31

一九五三년十월 한일회담이 결렬한 이후 한일당사자 와 노력이 결실되여 금일 오후 시 동경에서 한일본회와 의 개시를 위한 예비회담 종결에 수반하는 제반문서 가 김유택 주일대사 와 후지야마 일본외무대신 사이에 서명되고 다음과 같은 「공동성명서」가 발표 되었다

공동성명서

一九五七년十二월三十一일자 주일 대한민국 대표부 수석 「김유택」대사 와 일본국 외무대신 「후지야마 아이이찌로」 간에 개최된 회담에서 일본정부는 제二차 세계대전 종결 이전부터 일본에 거주하여 온 한국인으로서 일본, 외국인수용소 에 억류되어 있는 자를 석방할것이며 또한 대한민국정부는 한국내 외국인수용소 에 억류되어 있는 일본인 어부를 송환하고 또한 제二차 세계대전 종결후 의 한국인불법입국자 와 송환을

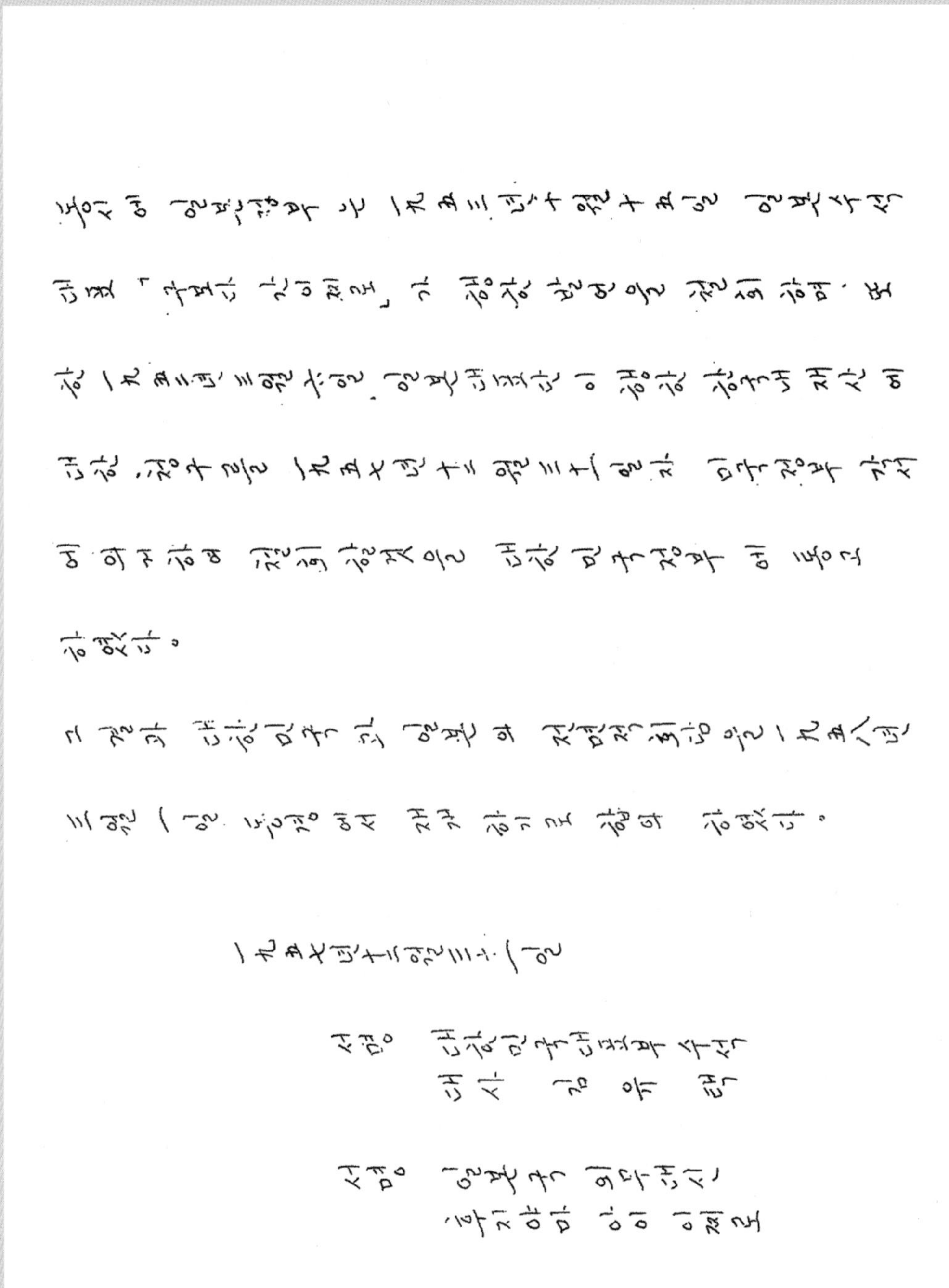

동시에 일본정부는 一九五三년十월十五일 일본수석대표「구보다 간이찌로」가 행한 발언을 철회하며, 또한 一九五二년三월六일, 일본대표단이 행한 한국내 재산에 대한 청구를 一九五七년十二월三十一일자 미국정부 각서에 의거하여 철회할것을 대한민국정부에 통고하였다。

그 결과 대한민국과 일본의 전면적회담을 一九五八년三월一일 동경에서 재개하기로 합의하였다。

一九五七년十二월三十一일

서명 대한민국대표부수석
대사 김 유 택

서명 일본국 외무대신
후지야마 아이이찌로

[illegible]

口上書

外務部는 大韓民國 駐日代表部에 敬意를 表하며 同代表部에 對하여 다음과 같이 通告하는 榮光을 가지는 바입니다.

日本政府는 韓國代表團이 抗議하였던 바 있는 一九五三年十月十五日에 日本首席代表 久保田貫一郎이 行한 發言을 撤回합니다. 또한 日本政府는 一九五七年十二月三十一日字「韓日請求權解決에 關한 對日平和條約 第四條의 解釋에 對한 美國見解의 表明書」에 依據하여 一九五二年三月六日 韓日會談에서 日本代表團이 行한 韓國에 있는 財産에 對한 請求權 主張을 撤回합니다.

一九五七年十二月三十一日

東京

별첨三號

口 上 書

大韓民國 駐日代表部는 外務省에 敬意를 表하며 一九五七年 十二月 三十一日字 外務省의 口上書 第　號를 接受하였음을 通告하는 榮光을 가지는 바입니다。

一九五七年十二月三十一日

東京

第五號

日本内에 抑留된 韓國人및 韓國内에 抑留된 日本人漁夫에 對한 諸措置에 關한 大韓民國政府및 日本政府間의 諒解覺書

大韓民國政府와 日本政府는 다음과 같은 諸措置를 取할 것을 合意하였다。

日本政府는 第二次世界大戰終結前부터 日本에 居住하여온 韓國人으로서 日本內 外國人收容所에 抑留中에 있는 者를 釋放한다。

大韓民國政府는 刑期를 滿了하고 韓國內 外國人收容所에 抑留中에 있는 日本人漁夫를 日本으로 送還한다。 그리고 韓國政府는 第二次世界大戰終結後에 不法入國한 韓國人의 送還을 받아드린다。

本諒解覺書는 署名日字로써 效力을 發生한다。

一九五七年 十二月三十一日 東京에서 二通을 作成한다

大韓民國政府를 代表하여

日本國政府를 代表하여

第四號

大韓民國과 日本國間의 全面會談 再開에 關한 覺書

大韓民國政府와 日本國政府는 下記 時日, 場所에서 大韓民國과 日本國間의 全面會談을 再開하기로 合議하였다.

時日 一九五八年 三月 一日
場所 東京

一九五八年 十二月 三十一日 東京에서 二通을 作成한다.

大韓民國政府를 代表하여
日本國政府를 代表하여

2. 在韓抑留日本人漁夫と在日收容韓人等の措置及び日韓間全面會談再開に關する日韓兩國政府間取極並びに本件取極實施のためにとるべき措置についての閣議請議の件, 1957. 12. 30

日本外交文書 1527

한일회담 재개를 위하여 양국 간 합의에 이른 문서의 각의 통과를 위한 기본 문서와 동 합의 문서 8건, ① 일본 내에 억류된 한국인 및 한국 내에 억류된 일본인 어부에 대한 제 조치에 관한 대한민국 정부 및 일본 정부 간의 양해각서(일문, 영문), ② ①의 부속 문서(제2차 대전의 종료 전부터 일본에 계속 거주하던 한인을 입국자 수용소에 수용하는 것을 자제한다는 내용)(일문, 영문), ③ 대한민국과 일본국 간의 전면 회담 재개에 관한 각서(일문, 영문), ④ 합의의사록(일문, 영문), ⑤ 구보타 대표 발언 및 재한 재산에 대한 청구권 철회 관련 구상서(일문, 영문), ⑥ ⑤에 대한 한국 측 접수 확인 구상서(일문, 영문), ⑦ 구두 전달문(한국 미술품 반환)(일문, 영문), ⑧ 공동발표문(일문, 영문), ⑨ 미 국무부의 대일강화조약 제4조에 관한 견해 표명 문서 및 ⑩ 설명문이 수록되어 있다.

번역

일본국에 수용되어 있는 한인 및 한국에 수용되어 있는 일본인 어부에 대한 조치에 관한 일본국 정부와 대한민국 정부 간의 양해각서

※ 앞의 한국 외교문서에 포함되어 있으므로 번역 생략함.

부속 양해

일본국과 대한민국 간의 전면회담이 1958년 3월 1일 재개되고, 피퇴거 강제자의 인수를 위한 조치를 포함한 일본국에서의 한인 거주자의 처우 문제가 그 회담에서 신속하게 토의되어 해결된다는 기대하에 일본국 정부는 만족스러운 합의가 이루어질 때까지 제2차 세계대전 종료 전부터 일본국에 계속해서 거주하고 있는 한인을 입국자 수용소에 억류하기 위하여 수용하는 것을 자제한다. 입국자 수용소에 수용되어 있는 한인 거주자를 석방함에 있어서는 그들에 대한 생활 지도의 필요도 고려하는 것으로 한다.

1957년 12월 31일

일본국과 대한민국 간의 전면회담의 재개에 관한 각서

※ 앞의 한국 외교문서에 포함되어 있으므로 번역 생략함.

합의의사록 비공표

1. 일본국 외무대신

일본국에 수용되어 있는 한인 및 한국에 수용되어 있는 일본인 어부에 대한 조치에 관한 양해각서의 제1단에 관해, 일본국 정부는 각서의 효력 발생일부터 1개월 반 이내에 규정된 조치를 완료한다.

대한민국 대표부 대표

전기 각서의 제2단에 관해, 대한민국 정부는 각서의 효력 발생일부터 1개월 반 이내에 규정된 조치를 완료한다.

2. 대한민국 대표부 대표

본 대표는 일본국에서의 한인 거주자의 처우 문제가 재개되는 대한민국과 일본국 간의 전면회담에서 토의될 시 불법입국자의 강제퇴거 문제도 토의의 주제가 되는 것으로 양해한다.

일본국 외무대신

본 대신도 그와 같이 양해한다.

3. 대한민국 대표부 대표

본 대표는 재개되는 대한민국과 일본국 간의 전면회담에서의 의제가 제1회, 제2회 및 제3회 한일회담에서 토의된 5항목임을 양해한다.

본 대표는 또한 전면회담에서 토의되는 이 5항목에는 다음 문제가 포함되는 것으로 양해한다.

1) 기본 관계에 관해

a. 1910년 및 그 이전에 체결된 조약 및 협정이 효력을 갖지 않는다는 사실의 확인에 관한 사항

b. 주권의 존중 및 불간섭

2) 한인 거주자의 지위 및 처우에 관해

a. 일본국에서의 한인 거주자의 지위

b. 한인 거주자가 취득한 재산권

c. 귀국하는 한인의 휴대 재산

3) 어업 및 '평화선'에 관해

a. '평화선'에 관한 사항

b. 어업 분쟁의 방지 및 어업자원의 보존을 위한 조치를 규정하는 어업협정의 체결에 관한 사항

일본국 외무대신

본 대신도 그와 같이 양해한다.

4. 대한민국 대표부 대표

대한민국의 청구권에 관해, 한국 측은 이전의 회담에서 한국 측이 제출한 안을 토의 및 해결하기 위해 재개되는 전면회담에서 제출한다.

일본국 외무대신

그 경우에 일본 측은 대한민국의 그러한 청구권의 해결을 위해 성의를 가지고 토의하는 것에 이의 없다.

일본국 외무대신

본 대신은 1957년 12월 31일 자 '일한 청구권 해결에 관한 일본국과의 평화조약 제4조의 해석에 관한 미합중국의 견해 표명'에 관해서는, 대한민국 정부도 이 표명과 같은 의견임을 양해한다. 또한 본 대신은 이 미합중국의 표명이 재산청구권의 상호 포기를 의미하는 것은 아님을 양해한다.

대한민국 대표부 대표

본 대표의 양해도 그와 같다.

1957년 12월 31일
일본국 외무대신 (서명)
대한민국 대표부 대표 (서명)

구상서

(구보타 대표 발언 철회 및 일본의 청구권 주장 철회 관련)

※ 앞의 한국 외교문서에 포함되어 있으므로 번역 생략함.

구상서

(위 구상서에 대한 대한민국 대표부의 회신 구상서)

※ 앞의 한국 외교문서에 포함되어 있으므로 번역 생략함.

구두 전달 사항 (비공표)

가급적 빠른 시기에 일본국 정부는 현재 정부 소유로 되어 있는 한국 미술품으로 즉시 인도가 가능한 것을 대한민국에 넘겨주고 기타의 한국 미술품의 후일의 인도에 관해서는 전면회담에서 토의 및 처리하는 것으로 한다.

공동발표

※ 앞의 한국 외교문서에 포함되어 있으므로(공동성명서) 번역 생략함.

일한 청구권의 해결에 관한 일본국과의 평화조약 제4조 해석에 관한 미합중국의 견해 표명

※ 앞 장의 11번 문서와 동일한 문서이므로 번역 생략함.

설명서

1. 본 건 일한 정부 간 합의 타결에 이르기까지의 경위

(1) 작년 3월 이래 개시된 억류자 상호석방에 관한 일한 교섭은 전면회담 재개에의 예비교섭의 의미가 추가되면서 난항을 거듭, 금년 6월 14일 기시 총리 도미 직전에 이르러 양국 대표 간에 거의 의견 일치를 볼 정도로 되었으나 이에 대해 한국 본국 정부로부터 다시금 수정 요구가 제출되는 바람에 이 요구를 둘러싸고 지금까지 약 6개월에 걸쳐 절충이 계속되어 왔다.

한국 측의 수정 요구는 1) 재산청구권에 관한 것, 2) 퇴거 강제처분에 관한 것, 3) 문화재 인도에 관한 것 세 가지로 나눌 수 있는데, 그 중 재산청구권에 관한 수정 요구는 집요하기 이를 데 없었으며 우여곡절을 거쳐 12월 29일에 이르러 서야 후지야마 외무대신과 김 대사와의 회담에서 한국 측은 만일 일본 측이 기타 수정점을 그대로 수락한다면 재산청구권에 관한 수정 요구를 철회할 것이라는 뜻을 표명했다.

이러한 한국 측의 기타 수정점에 관해서는 이것을 그대로 수락하는 것이 전혀

문제가 없는 것은 아니었지만, 이것들에 관한 자구 절충을 주장하는 것은 다시금 교섭의 결렬을 의미하는 것이 되며, 또한 과거 길게는 3년 이상 외국 땅에서 고통을 받고 있는 억류 어부와 그 귀국을 기다리고 있는 가족의 심정을 헤아려 이번에 정치적 인도적 견지에서 다소의 문제는 있지만 교섭의 연내 타결을 도모해야 한다는 견지에서 한국 측의 기타 수정점을 수락한 결과 여기에 금일 각의 청의한 대로의 합의문에 쌍방의 의견 일치를 보게 된 것이다.

2. 다음 합의문의 주요 내용은 다음과 같다.

1) 일한 양국 정부는 한국 억류 일본인 어부와 피퇴거 강제 재일 한인의 상호 석방, 한인 불법입국자의 한국에 의한 수용을 각각 1개월 반 이내에 완료

2) 전면회담은 상호 석방 완료 후 3월 1일 재개

3) 현재 수용 중인 한인 피퇴거 강제자의 석방은 석방 후 당분간의 생활지도의 필요를 계속 고려하며 순서에 따라 시행

4) 금후 한인 강제 퇴거자의 신규 수용은 전면회담에서 그 인수 기준 등이 토의되므로 당분간 자제

5) 재개되는 전면회담의 의제는 이전 회의와 동일하게 기본관계, 재일 한인의 국적처우 문제, 재산청구권 문제, 어업 문제 및 선박 문제의 5항목으로 하며, 그 가운데 한국 병합에 관한 제 조약 및 병합 이전의 제 조약이 효력을 지니지 않는다는 사실의 확인에 관한 사항 및 소위 '평화선'에 관한 사항도 포함

6) 일본 측은 a) 구보타 발언 철회, b) 일한 청구권의 해결에 관한 평화조약 제4조의 해석에 관한 미국 정부의 견해 표명을 기초로 한 재한 일본재산에 대한 청구권 주장을 철회

일한 청구권의 해결에 관한 평화조약 제4조의 해석에 관한 미국 정부의 견해라고 하는 것은 한마디로 하면 일본의 한국에 대한 청구권은 평화조약 제4조 b)에 의해 소멸되었으나, 동 조약 제4조 a)에 의해 한국의 대일 청구권을 해결하기 위한 협정을 체결할 시 이 사실이 감안되어야 한다는 해석임.

7) 한국 측도 이러한 미국 정부의 해석에 동의, 다만 이것은 청구권의 상호 포기는 아니며 전면회담에서 우리 측은 한국의 청구권을 해결하기 위해 성의를 가지고

토의

8) 일본 정부는 가급적 빠른 시기에 정부 소유의 한국 미술품으로 즉시 인도가 가능한 것을 한국에 인도, 기타 한국 미술품의 후일 인도에 관해서는 전면회담에서 토의 및 처리한다는 뜻을 표명

総第一五五五号

昭和三十二年十二月三十日

外務大臣　藤山　愛一郎

内閣総理大臣　岸　信介殿

在韓抑留日本人漁夫と在日収容韓人等の措置及び日韓間全面会談再開に関する日韓両国政府間取極並びに本件取極実施のためにとるべき措置についての閣議請議の件

今般在韓抑留日本人漁夫と在日収容韓人等の措置及び日韓間全面会談再開に関し日韓両国政府間に意見の一致を見たるにより、右に関する日韓両国間取極並びに本件取極実施のためにとるべき措置につき、関係書類を具して閣議の決定を求める。

外務省

閣議決定（案）

一　日本国において収容されている韓人及び韓国において収容されている日本人漁夫に対する措置に関する日本国政府と大韓民国政府との間の了解覚書並びに附属了解をそれぞれ別紙一及び二の案によつて署名及び頭字署名することとする。

二　日本国と大韓民国との間の全面会談の再開に関する覚書を別紙三の案により署名することとする。

三　前記の了解覚書及び覚書に関連し、別紙四の合意された議事録を署名することとする。

四　前記の了解覚書及び覚書に関連し、昭和二十八年の日韓会談における久保田代表の発言の撤回及びアメリカ合衆国の見解の表明を基礎として在韓財産に対する主張を撤回することに関する別紙五の口上書を大韓民国代表部との間に往復することとする。

外務省

五　韓国美術品に関し、別紙六の口頭伝達事項（英文）を述べることとする。

六　附属了解、合意された議事録及び口頭伝達事項は非公表とする。

七　日本国において収容されている韓人及び韓国において収容されている日本人漁夫に対する措置に関する日本国政府と大韓民国政府との間の了解覚書、日本国と大韓民国との間の全面会談の再開に関する覚書、並びに昭和二十八年の日韓会談における久保田代表の発言の撤回及びアメリカ合衆国の見解の表明を基礎として在韓財産に対する主張を撤回することに関する往復口上書は公表することとする。

八　本件取極調印の上はその実施のため、関係各省において、夫々左の措置をとるものとする。

(一)　釈放される韓人刑余者に対する生活指導その他の治安対策

外務省

(二) 日本人漁夫の引取り及び韓人送還のための船舶の手配その他の措置

(三) 再開される全面会談の準備

(四) 以上各項に必要な予算措置

外務省

（仮訳）

日本国において収容されている韓人及び韓国において収容されている日本人漁夫に対する措置に関する日本国政府と大韓民国政府との間の了解覚書

日本国政府及び大韓民国政府は、次の措置を執ることを合意した。

日本国政府は、第二次世界大戦の終了前から日本国に引き続き居住している韓人で日本国の入国者収容所に収容されているものを釈放する。

大韓民国政府は、刑を了して大韓民国の外国人収容所に収容されている日本人漁夫を日本国に送還し、及び第二次世界大戦後の韓人不法入国者の送還を受け入れる。

この了解覚書は、署名の日に効力を生ずる。

千九百五十七年十二月三十一日に東京で、本書二通を作成した。

日本国政府のために

大韓民国政府のために

MEMORANDUM OF UNDERSTANDING BETWEEN THE GOVERNMENT OF JAPAN AND THE GOVERNMENT OF THE REPUBLIC OF KOREA REGARDING MEASURES ON KOREANS DETAINED IN JAPAN AND ON JAPANESE FISHERMEN DETAINED IN KOREA

The Government of Japan and the Government of the Republic of Korea have agreed to take the following measures:

The Government of Japan will release those Koreans who have been residing in Japan since prior to the end of World War II and who are being detained at the Aliens Detention Camps in Japan.

The Government of the Republic of Korea will repatriate to Japan the Japanese fishermen who have served out their sentences and are being detained at the Aliens Detention Camp in Korea; and will accept the deportation of Korean illegal entrants after the end of World War II.

The present memorandum of understanding shall come into force on the date of signature.

Done in duplicate at Tokyo, this thirty-first day of December, 1957.

For the Government of Japan:

For the Government of the
Republic of Korea:

（仮訳）　非公表

附属了解

日本国と大韓民国との間の全面会談が千九百五十八年三月一日に再開され、かつ、被退去強制者の引取りのための措置を含む日本国における韓人居住者の処遇の問題がその会談においてすみやかに討議され解決されるという期待のもとに、日本国政府は、満足な取極がなされるまで、第二次世界大戦の終了前から日本国に引き続き居住している韓人を入国者収容所に抑留するために収容することを自制する。入国者収容所に収容されている韓人居住者を釈放するに当つては、その差し当つての生活指導の必要も考慮するものとする。

千九百五十七年十二月三十一日

CONFIDENTIAL

ANNEXED UNDERSTANDING

In the expectation that the overall talks between Japan and the Republic of Korea will be resumed on March 1, 1958, and that the problem of the treatment of Korean residents in Japan, including arrangements for the acceptance of deportees, will be discussed and settled without delay at those talks, the Government of Japan will, until satisfactory arrangements are made, refrain from detaining those Koreans who have been residing in Japan since prior to the end of World War II, to keep them in the Aliens Detention Camps. In releasing the Korean residents detained at the Aliens Detention Camps, necessity for the help for their livelihood during the initial period after their release will also be taken into consideration.

December 31, 1957.

（仮訳）

日本国と大韓民国との間の全面会談の再開に関する覚書

日本国政府及び大韓民国政府は、次に示す時及び所において日本国と大韓民国との間の全面会談を再開することを合意した。

時　千九百五十八年三月一日

所　東京

千九百五十七年十二月三十一日に東京で、本書二通を作成した。

日本国政府のために

大韓民国政府のために

MEMORANDUM CONCERNING THE RESUMPTION OF THE OVERALL TALKS BETWEEN JAPAN AND THE REPUBLIC OF KOREA

The Government of Japan and the Government of the Republic of Korea have agreed to resume the overall talks between Japan and the Republic of Korea at the time and the place designated below:

Time: March 1, 1958

Place: Tokyo

Done in duplicate at Tokyo, this thirty-first day of December, 1957.

For the Government of Japan:

For the Government of the Republic of Korea:

（仮訳）　非公表

合意された議事録

1　日本国外務大臣

日本国において収容されている韓人及び韓国において収容されている日本人漁夫に対する措置に関する了解覚書の第一段に関し、日本国政府は、覚書の効力発生の日から一箇月半以内に、規定された措置を完了する。

大韓民国代表部代表

前記の覚書の第二段に関し、大韓民国政府は、覚書の効力発生の日から一箇月半以内に、規定された措置を完了する。

2

大韓民国代表部代表

本代表は、日本国における韓人居住者の処遇の問題が再開される大韓民国と日本国との間の全面会談において討議される時に、不法入国者の強制退去の問題も討議の主題になると了解する。

日本国外務大臣

本大臣も、そのとおり了解する。

3

大韓民国代表部代表

本代表は、再開される大韓民国と日本国との間の全面会談における議題が、第一回、第二回及び第三回の韓日会談において討議された項目であると了解する。

本代表は、さらに、全面会談で討議されるこの五項目には次の問題が含まれると了解する。

(1) 基本関係について

a 千九百十年に及びその前に締結された条約及び協定が効力を有しない事実の確認に関する事項

b 主権の尊重及び不干渉

(2) 韓人居住者の地位及び処遇について

a 日本国における韓人居住者の地位

b 韓人居住者が取得した財産権

c 帰国する韓人の持帰り財産

(3) 漁業及び「平和ライン」について

a 「平和ライン」に関する事項

b 漁業紛争の防止及び漁業資源の保存のための措置を定める漁業協定の締結に関する事項

日本国外務大臣

本大臣も、そのとおり了解する。

4

大韓民国代表部代表

大韓民国の請求権に関し、韓国側は、以前の会談において韓国側が提出した案を討議及び解決のため再開される全面会談において提出したい。

日本国外務大臣

その場合には、日本側は、大韓民国のそれらの請求権について、解決のため、誠意をもつて討議することに異存はない。

日本国外務大臣

本大臣は、千九百五十七年十二月三十一日付の「日韓請求権の解決に関する日本国との平和条約第四条の解釈についてのアメリカ合衆国の見解の表明」については、大韓民国政府もこの表明と同意見であると了解する。さらに、本大臣は、このアメリカ合衆国の表明が財産請求権の相互放棄を意味するものではないと了解する。

大韓民国代表部代表
本代表の了解も、そのとおりである。

千九百五十七年十二月三十一日

日本国外務大臣
（署　　名）

大韓民国代表部代表
（署　　名）

CONFIDENTIAL

AGREED MINUTES

1. Minister for Foreign Affairs of Japan:

With reference to the first paragraph of the Memorandum of Understanding regarding Measures on Koreans Detained in Japan and on Japanese Fishermen Detained in Korea, the Government of Japan will complete the prescribed measures within one and a half months from the date of the coming into force of the Memorandum.

Chief of the Korean Mission in Japan:

With reference to the second paragraph of the said Memorandum, the Government of the Republic of Korea will complete the prescribed measures within one and half months from the date of the coming into force of the Memorandum.

2. Chief of the Korean Mission in Japan:

I understand that when the problem of treatment of Korean residents in Japan is discussed at the overall talks to be resumed between the Republic of Korea and Japan, the problem of the deportation of illegal entrants will also be a subject of discussion.

Minister for Foreign Affairs of Japan:

So do I. 3.

3. Chief of the Korean Mission in Japan:

I understand that the agenda of the overall talks to be resumed between the Republic of Korea and Japan will be the same five items that were discussed at the first, second and third Korea-Japan Conferences.

I further understand that the following problems are included in the said five major items to be discussed at the overall talks:

1) Basic Relations

a. Matters concerning the confirmation of the fact that the treaties and agreements concluded in and before 1910 are null and void.

b. Respect for and non-intervention in sovereign rights.

2) Status and Treatment of Korean Residents

a. Status of Korean residents in Japan.

b. Property right acquired by Korean residents.

c. Property to be taken by repatriating Koreans.

3) Fisheries and "Peace Line"

a. Matters concerning "Pea Line".

b. Matters concerning the conclusion of a fishery agreement to provide for measures to prevent

fishing

fishing disputes and to conserve fishery resources.

Minister for Foreign Affairs of Japan:

So do I.

4. Chief of the Korean Mission in Japan:

In connection with the Korean claims, the Korean side would like to submit for discussion and settlement at the overall talks to be resumed the same proposal that it had submitted at the previous talks.

Minister for Foreign Affairs of Japan:

In such case, the Japanese side has no objection to discussing for settlement such Korean claims with sincerity.

Minister for Foreign Affairs of Japan:

I understand that with respect to the "Statement of U.S. Position on Interpretation of Article 4 of the Japanese Peace Treaty with Respect to the Korean-Japanese Claims Settlement" dated December 31, 1957, the Government of the Republic of Korea is also of the same opinion with the said Statement. I further understand that the said U.S. Statement does not signify the reciprocal renunciation of the property claims.

Chief

Chief of the Korean Mission in Japan:

It is also my understanding.

Minister for Foreign Affairs of Japan

Chief of the Korean Mission in Japan

December 31, 1957.

（仮訳）

口上書（日本側）

外務省は、在本邦大韓民国代表部に敬意を表するとともに、同代表部に次のとおり通告する光栄を有する。

日本国政府は、千九百五十三年十月十五日に久保田貫一郎日本側首席代表が行い韓国側代表が抗議した発言を撤回する。さらに、日本国政府は、千九百五十七年十二月三十一日付の「日韓請求権の解決に関する日本国との平和条約第四条の解釈についてのアメリカ合衆国の見解の表明」を基礎として、千九百五十二年三月六日に日本国と大韓民国との間の会談において日本側代表が行つた在韓財産に対する請求権主張をここに撤回する。

千九百五十七年十二月三十一日

No. 201/A1

NOTE VERBALE

The Ministry of Foreign Affairs presents its compliments to the Korean Mission in Japan and has the honour to notify the latter as follows:

The Government of Japan withdraws the remarks made by Mr. Kanichiro Kubota, Chief Japanese Delegate, on October 15, 1953, against which the Korean Delegation protested. Further, the Government of Japan hereby withdraws the claim to property in Korea made by the Japanese Delegation at the Japan-Korea Talks on March 6, 1952, on the basis of the "Statement of U.S. Position on Interpretation of Article 4 of the Japanese Peace Treaty with Respect to Korea-Japanese Claims Settlement" dated December 31, 1957.

Tokyo, December 31, 1957.

（仮訳）

口上書（韓国側）

在日本国大韓民国代表部は、外務省に敬意を表するとともに、千九百五十七年十二月三十一日付の外務省の口上書第 201/A1 号を受領したことを確認する光栄を有する。

千九百五十七年十二月三十一日

PKM-65

NOTE VERBALE

The Korean Mission in Japan presents its compliments to the Ministry of Foreign Affairs and has the honour to acknowledge the receipt of the latter's Note Verbale No. 201/A1 dated December 31, 1957.

Tokyo, December 31, 1957.

（非公表）

口頭伝達事項

なるべく早い時期に、日本国政府は、現在その所有に係る韓国美術品で直ちに引き渡すことが可能なものを大韓民国に渡すこととしたく、その他の韓国美術品の後日の引き渡しについては、全面会談において討議及び処理することとする。

CONFIDENTIAL

(Oral Statement)

The Government of Japan will turn over to the Republic of Korea, at an early possible date, those Korean art objects now in its possession in which the immediate transfer is possible, and for the later transfer of other Korean art objects discussion and settlement will be made at the overall talks.

共同発表

昭和三十二年十二月三十一日に日本国藤山外務大臣と在本邦大韓民国代表部代表金裕沢大使との間で行われた会談において、日本国政府が、第二次世界大戦の終了前から日本国に引き続き居住している韓人で日本国の入国者収容所に収容されているものを釈放することと及び大韓民国政府が、韓国の外国人収容所に収容されている日本人漁夫を送還し、かつ、第二次世界大戦後の韓人不法入国者の送還を受け入れることとが合意された。

同時に、日本国政府は、大韓民国政府に対し、日本国政府が、昭和二十八年十月十五日に久保田貫一郎日本側首席代表が行つた発言を撤回し、かつ、昭和三十二年十二月三十一日付の合衆国政府の見解の表明を基礎として、昭和二十七年三月六日に日本国と大韓民国との間の会談において日本側代表が行つた在韓財産に対する請求権主張を撤回することを通告した。

その結果、日本国と大韓民国との間の全面会談は、東京で昭和三十三年三月一日に再開されることが合意された。

JOINT COMMUNIQUE

At a meeting between Mr. Aiichiro Fujiyama, Minister for Foreign Affairs of Japan, and Ambassador Yu Taik Kim, Chief of the Korean Mission in Japan, on December 31, 1957, it has been agreed that the Government of Japan will release those Koreans who have been residing in Japan since prior to the end of World War II and who are being detained at the Aliens Detention Camps in Japan and that the Government of the Republic of Korea will repatriate Japanese fishermen detained at the Aliens Detention Camp in Korea and also will accept the deportation of Korean illegal entrants after the end of World War II.

At the same time the Government of Japan has notified the Government of the Republic of Korea that it withdraws the remarks made by Mr. Kanichiro Kubota, Chief Japanese Delegate, on October 15, 1953, and that it also withdraws the claim to property in Korea made by the Japanese Delegation at the Japan-Korea Talks on March 6, 1952, on the basis of the Statement of the United States Government dated December 31, 1957.

As a result, it has been agreed that the overall talks between Japan and the Republic of Korea will be resumed in Tokyo on March 1, 1958.

December 31, 1957.

（仮訳）

日韓請求権の解決に関する日本国との平和条約第四条の解釈についてのアメリカ合衆国の見解の表明

千九百五十二年四月二十九日の韓国大使あての書簡において、国務省は、日本国との平和条約第四条を次のとおり解釈した。

合衆国は、日本国との平和条約第四条(b)並びに在韓合衆国軍政府の関係指令及び措置により、大韓民国の管轄権内にある財産についての日本国及び日本国民のすべての権利、権原及び利益が処分されたという見解を有している。したがつて、合衆国の見解によれば、日本国は、これらの資産又はこれらの資産についての利益に対する有効な請求権を主張することができない。しかしながら、日本国が平和条約第四条(b)において有効と認めたこれらの資産の処理は、合衆国の見解によれば、平和条約第四条(a)に規定されている取極の考慮において直接関係をもつものである。

国務省は、前記の見解を今も有している。この見解の背後にある論拠及び平和条約の該当条項について説明することは有益であろう。朝鮮における独立国家の設立のためには日本国とのつながりを完全に断ち切ることが必要と思われたので、合衆国軍政府の管轄権内にあつた朝鮮の部分における日本の財産は、所属を変ぜられ、その後大韓民国に移転された。所属変更命令及び移転協定の意図するところは、韓国の当局に前記の財産を完全に支配させることにあつた。法的見地からいえば、権原の所属の変更と補償の問題との区別は可能であると認められるが、合衆国政府は、日本国の補償請求は、右の事情のもとにおいて、所属変更命令、移転協定及び平和条約第四条(b)の文言、理由及び意図と相容れないものであると考える。

平和条約の起草者は、日本国及び日本国民に対する韓国側の請求権が問題となつた時に、この請求がすでに在韓日本財産の所属変更によりある程度満たされたことは明らかであつたが、平和条約中に解決を定めるには、十分な事実も、また、適用される法理論の十分な分析も持ち合わせているとは考えなかつた。したがつて、日本国の他の旧領土の場合と同じく、平和条約の起草者は、これらの問題を全く関係国間の取極に任せた。平和条約の起草者は、第四条(a)にいう特別取極において当事国は在韓日本財産がすでに所属を変ぜられたという事実を勘案するであろうと考えた。かくて、前記の処理が特別取極の考慮において「直接関係をもつ」ものであると前記の見解において表明した次第である。したがつて、日本国と韓国との間の特別取極は、在韓日本資産を韓国政府が引き取つたことによりいかなる程度まで日本国に対する韓国側の請求権が消滅し、又は充足されたと認めるべきであるか、その程度の決定を含むこととなろう。

合衆国が千九百五十二年四月二十九日の韓国大使あての国務省の書簡に述べた解釈を示したことは、平和条約の規定に対する合衆国の責任からみて、適当であつたと信ぜられる。しかしながら、平和条約に規定されている特別取極の締結に当つて在韓日本財産の処理が両当事国によりまさしくいかに勘案されるべきであるかについて合衆国が意見を述べることは、適当とは思われない。特別取極は、関係両政府間の問題であり、このような決定は、当事国自身又はその決定をすることを両当事国により委嘱される機関が、当事国の提示する事実と適用される法理論とを十分に検討した後にのみなすことができるものである。

Statement of U.S. Position on Interpretation of Article 4 of the Japanese Peace Treaty with Respect to Korean-Japanese Claims Settlement

In a note to the Ambassador of Korea of April 29, 1952, the Department interpreted Article 4 of the Japanese Peace Treaty as follows:

"The United States is of the opinion that by virtue of Article 4(b) of the Treaty of Peace with Japan and the relevant directives and acts of the United States Military Government in Korea all right, title and interest of Japan and of Japanese nationals in property within the jurisdiction of the Republic of Korea have been divested. Accordingly, in the opinion of the United States, valid claims to such assets or to an interest therein cannot be asserted by Japan. The disposition of such assets, which Japan has recognized as valid in Article 4(b) of the Treaty, is relevant, however, in the opinion of the United States in the consideration of the arrangements contemplated by Article 4(a) of the Treaty."

The Department remains of the opinion expressed above. It may be useful to explain the reasoning behind that opinion and the pertinent articles of the Peace Treaty. Japanese properties in that part of Korea within the jurisdiction of the United States military government were vested and thereafter transferred to the Republic of Korea because the establishment of an independent state in Korea appeared to require a clean and absolute break of the ties to Japan. It was the intention of the vesting decree and the transfer agreement to put the Korean authorities in full control of the properties, and while from the juridical point of view it is recognized that a distinction is possible between vesting title and the question of compensation, claims by Japan to compensation are regarded by the United States Government in the circumstances as incompatible with the language, rationale and intent of the vesting decree, the transfer agreement, and Article 4(b) of the Peace Treaty.

When it came to Korean claims against Japan and Japanese nationals, the drafters of the Peace Treaty did not consider that they had before them either sufficient facts or sufficient analysis of applicable legal theories to lay down a solution in the Treaty, although it was obvious that such claims had

already

already been met to some degree by the vesting of Japanese-owned property in Korea. Accordingly, as in the case of other former Japanese territories, they left these questions entirely to arrangements to be made by the countries concerned. They contemplated that in the special arrangements referred to in Article 4(a) the parties would take into account the fact that Japanese-owned properties in Korea had been vested - hence the statement in the above opinion that such disposition was "relevant" in the consideration of the special arrangements. Thus, the special arrangements between Korea and Japan would encompass determination of the extent to which Korean claims against Japan should be considered to be extinguished or satisfied by virtue of the take-over by the Korean Government of Japanese assets in Korea.

It was appropriate, it is believed, for the United States to give the interpretation set forth in the Department's note of April 29, 1952, to the Korean Ambassador because of the responsibility of the United States for the Treaty provisions; but it does not appear appropriate for the United States to express opinions as to just how the disposition of Japanese properties in Korea is to be taken into account by the parties in entering into the special arrangements contemplated by the treaty. The special arrangements are a matter between the two governments concerned, and such a determination can only be made by the parties themselves or by an authority which might be charged by them with doing so and after full examination of the facts and applicable legal theories which the parties might present.

説明書

一、本件日韓政府間取極の妥結に至るまでの経緯。

㈠昨年三月以来開始された抑留者相互釈放に関する日韓交渉は、全面会談再開への予備交渉の意味も加わつたため難航を極め、本年六月十四日岸内閣総理大臣渡米直前に至り、漸く両国代表間にほぼ意見の一致をみる所まで漕ぎつけたが、これに対し韓国本国政府から更に修正要求が提出されたため、本要求をめぐり今日まで約六カ月にわたり、折衝が続けられてきた。

韓国側の修正要求は、(イ)財産請求権に関するもの、(ロ)退去強制処分に関するもの、(ハ)文化財の引渡に関するものの三つに分けられるが、就中財産請求権に関する修正要求は誠に執拗を極めたのであるが、迂余曲折を経て遂に十二月二十九日に至り、

藤山外務大　と　大使との会談に　い　、韓国側は、若し日本側がその他の修正点をそのまま受諾するならば、財産請求権に関する修正要求を撤回する旨申出てきた。

右の韓国側のその他の修正点については、これを　そのまま受諾することは必ずしも問題なしとはしないが、これ等の点について字句折衝を持ちだすことは、再び交渉の決裂を意味するわけであり、且過去長きは三年以上も異郷で辛惨をなめている抑留漁夫とその帰国を待つ留守家族の心情を察し、この際政治的人道的見地から多少の問題はあつても。交渉の年内妥結を図るべきであるとの見地から、韓国側のその他の修正点を受諾した結果、ここに本日閣議請議したとおりの取極案文に双方の意見の一致をみるに至つた次第である。

二、右取極案文の主要な内容は次のとおり。

(一)日韓両国政府は、韓国抑留日本人漁夫と被退去強制在日韓人の相互釈放、韓人不法入国者の韓国側による引取りを夫々一カ月半以内に完了すること。

(二)全面会談は、相互釈放完了の上三月一日再開すること。

(三)現に収容中の韓人被退去強制者の釈放は、釈放後における差当つての生活指導の必要を考慮しつつ逐次行うこと。

(四)今後の韓人強制退去者の新規収容は、全面会談で、その引取基準等が討議されるので、差当りこれを自制すること。

(五)再開される全面会談の議題は、前の会議と同様基本関係、在日韓人の国籍処遇問題、財産請求権問題、漁業問題及び船舶問題の五項目であり、その中には、韓国併合に関する諸条約及びそ併合前の諸条約が効力を有しない事実の確認に関する事項及びいわゆる「平和ライン」に関する事項も含まれている。

(六)日本側は(a)久保田発言を撤回し、又(b)日韓請求権の解決に関する平和条約第四条の解釈についての米国政府の見解の表明を基礎として、在韓日本財産に対する請求権の主張を撤回する。

日韓請求権の解決に関する平和条約第四条の解釈についての米国政府の見解とは、一言にしていえば、日本の韓国に対する請求権は平和条約第四条(b)に基いて消滅したが、同条約第四条(a)に基く韓国の対日請求権を解決するための取極めを行うに当つて、右の事実が勘案せられるべきであるとの解釈である。

(七)韓国側も右米国政府の解釈に同意したこと、ただし、右は請求権の相互放棄ではなく、全面会談においてはわが方は韓国の請求権を解決するため誠意をもつて討議すること。

(八)日本政府は、なるべく早い時期に政府の所有にかかわる韓国美術品で直ちに引渡しが可能なものを韓国側に引渡すこととし、その他の韓国美術品の後日の引渡しについては、全面会談においで討議および処理することとする旨を述べることになつている。

三、本件取極により、わが方としてとるべき措置は、すべて行政権の範囲内に属するものであるから、国会の承認を求める必要はない。

四、なお、本件取極実施のため、関係各省において措置方取り計らうことが必要となる主な事項は次のとおりであると思われる。

(一)釈放される韓人刑余者に対する生活指導その他の治安対策

(二)日本人漁夫の引取り及び韓人送還のための船舶の手配その他の措置

(三)再開される全面会談の準備

(四)以上各項に必要な予算措置

3. Summary Record of the Second Plenary Session of the Fourth Korea-Japan Overall Talks, 1958. 4. 22

한국 외교문서 708, 제4차 한일회담 본회의 회의록, 제1-15차, 1958. 4. 15- 60. 4. 15

1958년 4월 22일 개최된 제4차 한일회담 제2차 본회의 요록이다.

일본이 한국에 대한 역청구권을 공식적으로 철회한 관계로 제4차 한일회담에서는 청구권 관련 의제가 한국의 대일 청구권에 한정되면서 종전의 '재산청구권위원회'라는 명칭이 '한국청구권위원회'로 개칭되었으며 이러한 사실은 제2차 본회의에서 확인되었다.

번역

제4차 한일회담 제2차 본회의 회의록

1958년 4월 22일, 도쿄

요록 번호. II

제4차 한일 전면회담 제2차 본회의

1. 일시 및 장소: 1958년 4월 22일, 오전 10시 45분-11시 7분
2. 참석자:

한국 측: 불참한 김 대사를 제외하고 지난 회의와 동일

일본 측: 불참한 이타가키 국장을 제외하고 지난 회의와 동일

3. 회의록

a) 4차 한일 전면회담의 의제 채택

사와다: 4차 한일 전면회담의 의제는 1957년 12월 31일에 합의한 내용과 동일하게 한다.

임: 4차 한일 전면회담의 의제는 1957년 12월 31일에 합의한 내용과 동일하게 한다.

(양측이 4차 한일 전면회담의 의제에 합의했다)

b) 4차 한일 전면회담의 절차상의 문제에 관한 결정

(1) 언어

사와다: 일본 측은 일본어 또는 영어를, 한국 측은 한국어 또는 영어를 사용한다. 각 측은 상대방이 사용하는 언어를 이해하기 위해 자체적으로 통역 서비스를 제공한다.

임: 한국 측은 한국어 또는 영어를, 일본 측은 일본어 또는 영어를 사용한다. 각 측은 상대방이 사용하는 언어를 이해하기 위해 자체적으로 통역 서비스를 제공한다.

(양측이 위에서 언급한 것과 같이 언어 문제에 대해 합의했다)

(2) 요록

사와다: 각 측이 본회의 요록을 작성하기 위한 담당자를 1명씩 지정한다. 지정된 담당자가 번갈아 가며 영어로 요록을 작성한다. 이렇게 작성한 요록을 양측 담당자가 가서명하고 다음 본회의에서 제출하여 양측 수석대표가 확정한다.

임: 각 측이 본회의 요록을 작성하기 위한 담당자를 1명씩 지정한다. 지정된 담당자가 번갈아가며 영어로 요록을 작성한다. 이렇게 작성한 요록을 양측 담당자가 서명하고 다음 본회의에서 제출하여 양측 수석대표가 확정한다.

(양측이 요록 작성에 대해 합의했다)

(3) 보도자료

임: 각 측이 언론 담당자를 지정한다. 각 본회의 종료 시 양측 수석대표의 결정에 따라 언론 담당자가 공동 보도자료를 작성한다.

사와다: 각 측이 언론 담당자를 지정한다. 각 본회의 종료 시 양측 수석대표의 결정에 따라 언론 담당자가 공동 보도자료를 작성한다.

(양측이 보도자료 문제에 합의했다)

c) 위원회 구성

임: 전면회담의 원활한 진행을 위해 위원회 구성에 관하여 다음과 같이 제안한다. 설치할 위원회를 나열하면 다음과 같다.

1. 기본관계위원회
2. 한국청구권위원회

   이 위원회 산하에 하기 3개 소위원회를 설치한다.

   a. 선박반환소위원회
   b. 예술품반환소위원회[8]
   c. 기타청구권소위원회
3. 재일한국인 법적지위위원회
4. 어업 및 평화선위원회

이러한 제안사항을 검토해 줄 것을 요청한다.

---

8 문화재 반환에 관한 소위원회를 의미한다.

사와다: 위원회 구성에 대한 제안은 실무차원에서 검토할 내용이라고 생각한다 (약 2분이 지난 후). 제안한 내용은 물론 검토를 위해 정부에 전달하겠다. 최대한 빠른 시일 내에 답변하겠다.

임: 좋다.

d) 다음 본회의 일정

임: 1958년 4월 23일에 3차 본회의를 개최하는 것을 제안하고 싶다.

사와다: 좋다. 내일 (1958년 4월 23일) 오후 4시 어떤가?

임: 이의 없다.

e) 요록 및 보도자료 작성 담당자 지정

임: 언론 담당자와 요록 작성 담당자를 지정하는 것이 어떤가?

사와다: 좋다. 우리 측에서는 오쿠마를 요록과 보도자료 작성 담당자로 지정하겠다.

임: 우리 측에서는 최규하를 요록과 보도자료 작성 담당자로 지정하겠다.

f) 2차 본회의에 관한 보도자료

사와다: 보도자료 문안을 낭독해 보겠다. "4차 한일 전면회담의 2차 본회의가 1958년 4월 22일 오전 10시 30분 외무성에서 개최되었다. 이번 회의에서 양측은 전면회담의 의제가 1957년 12월 31일에 합의한 내용과 동일하다는 데 동의하고 회담의 절차상의 문제에 대해 합의했으며, 1958년 4월 23일에 3차 본회의를 개최하기로 결정했다."

임: 4차 한일 전면회담의 2차 본회의가 1958년 4월 22일 오전 10시 30분 외무성에서 개최되었다. 이번 회의에서 양측은 전면회담의 의제가 1957년 12월 31일에 합의한 내용과 동일하다는 데 동의하고 회담의 절차상의 문제에 대해 합의했으며, 1958년 4월 23일에 3차 본회의를 개최하기로 결정했다.

(이에 양측 수석대표가 보도자료 초안을 결정했다)

회의는 1958년 4월 22일 오전 11시 7분에 종료되었다.

끝.

Tokyo, April 22, 1958

SUMMARY RECORD
No. II
THE SECOND PLENARY SESSION OF THE FOURTH KOREA-JAPAN OVERALL TALKS

1. Time and place : From 10:45 a.m. to 11:07 a.m. on April 22, 1958

2. Conferees:

The Korean side : Same as in the previous session except Amb. Kim who was absent.

The Japanese side : Same as in the previous session except Director Itagaki who was absent.

3. Proceedings:

a). Adoption of the agenda of 4th Korea-Japan Overall Talks

MR. SAWADA:

The agenda of the 4th Japan-Korea Overall Talks will be the same as agreed on December 31, 1957.

AMB. LIMB:

The agenda of the 4th Korea-Japan Overall Talks will be the same as agreed on December 31, 1957.

(Both sides agreed on the agenda of the 4th Korea-Japan Overall Talks.)

b). Decision on the procedural matters for the 4th Korea-Japan Overall Talks

(1) Language:

MR. SAWADA:

The Japanese side will use Japanese or English and the Korean side will use Korean or English. Each side will provide its own translation service for comprehension of the languages spoken by the other side.

AMB. LIMB:

The Korean side will use Korean or English and the Japanese side will use Japanese or English. Each side will provide its own translation service for comprehension of the languages spoken by the other side.

(Both sides agreed on the language matter as mentioned above.)

(2) Summary record:

MR. SAWADA:

Each side will designate one officer for drafting summary records on the meetings of the plenary session. The summary records will be drafted in English alternately by the designated officers. The summary records so drafted will be initialed by the both officers and will be presented to the following plenary session for the confirmation by the Chief Delegates of both sides.

AMB. LIMB:

Each side will designate one officer for drafting summary records on the meetings of the plenary sessions. The summary records will be drafted in English alternately by the designated officers. The summary records so drafted will be initialed by the both officers and will be presented to the following plenary session for the confirmation by the Chief Delegates of both sides.

(Both sides agreed on the compiling of summary records.)

(3) Press release

AMB. LIMB:

Each side will designate one press officer. Joint press release will be made through the press officers, upon decision by the Chief Delegates of the both sides at the end of each plenary session.

MR. SAWADA:

Each side will designate one press officer. Joint press release will be made through the press officers, upon decision by the Chief Delegates of the both sides at the end of each plenary session.

(Both sides agreed on the matter of press release.)

c). Composition of Committees

AMB. LIMB:

For the smooth proceeding of the Overall Talks, I would like to make the following proposal in organizing the committees of this Talks. I will name the committees to be set up.

1. Committee on Basic Relations
2. Committee on Korean Claims against Japan
   In this committee, three sub-committees will be set up as follows:
   a). Sub-committee on return of Vessels
   b). Sub-committee on return of Korean Art Objects
   c). Sub-committee on other Claims
3. Committee on Legal Status of Korean Residents in Japan
4. Committee on Fishery Problems and Peace Line

These are my proposal. I request you, gentlemen, to consider the above my proposal.

MR. SAWADA:

I think your proposal on composition of the committees is subject to consideration of the administrative level meeting. (After interval about two minutes or so.) Of course, I will refer your proposal to my Government for consideration. I will reply to you as soon as possible.

AMB. LIMB:

AMB. LIMB:

It seems all right.

d). Setting of the date of the next plenary session.

AMB. LIMB:

I would like to propose April 23, 1958 as the date for the third plenary session.

MR. SAWADA:

All right. How about holding the meeting at 4 p.m. tomorrow(April 23, 1958)?

AMB. LIMB:

No objection.

e). Designation of officers for compiling of the summary records and for press release.

AMB. LIMB:

How about designating press officer and officer for drafting summary record?

MR. SAWADA:

All right. On behalf of our side, I will designate Mr. Okuma as officer in charge of drafting summary records and press release for the Japanese Delegation.

AMB. LIMB:

I designate Mr. Kyu Hah Choi as officer for both drafting summary records and press release for the Korean Delegation.

f). Press release concerning the second plenary session.

MR. SAWADA:

I will read the text of press release. "The second plenary session of the Fourth Japan-Korea Overall Talks was held at the Ministry of Foreign Affairs at 10:30 a.m. on April 22, 1958. At this meeting both sides confirmed that the agenda of the Overall Talks would be the same as agreed on December 31, 1957, and agreed on relevant procedural matters for the Talks. It was further agreed that the third plenary session would be held on April 23, 1958."

AMB. LIMB:

The second plenary session of the Fourth Korea-Japan Overall Talks was held at the Ministry of Foreign Affairs at 10:30 a.m. on April 22, 1958. At this meeting both sides confirmed that the agenda of the Overall Talks would be the same as agreed on December 31, 1957, and agreed onrelevant procedural matters for the Talks. It was further agreed that the third plenary session would be held on April 23, 1958.

- 4 -

(Thus, both Chief Delegates decided to release the draft to the press.)

The meeting was adjourned at 11:07 a.m. on April 22, 1958.

- The end -

4. 일반청구권소위원회 제3차 회의 결과 보고 전문, 1958. 12. 17

한국 외교문서 104, 제4차 한일회담 청구권위원회 회의록, 1958. 5. 20-12. 17

1958년 12월 17일 개최된 제4차 한일회담 일반청구권소위원회 제3차 회의 결과 보고 전문이다.

제3차 회의에서 한국 측은 1952년 2월의 제1차 한일회담에서 일본 측에 제출한 대일청구요강을 토대로 협의할 것을 제의했다. 그러나 일본은 이 문제를 더 연구한 후 공식 견해를 제시할 것이라는 선에서 대응하는 등 전혀 성의를 보이지 않았다

번역

제4차 한일회담 일반청구권소위원회 제3차 회의 결과 보고 전문

번호. MTB－093

일자. 1218

수신처: 대통령실, 외무부 장관

일반청구권에 관한 기타청구권소위원회 3차 회의가 12월 17일 오전 10시 일본 외무성에서 개최되었습니다. 다음 회의 일자는 12월 24일로 잠정 결정했습니다.

이 회의에서 우리 측은 1957년 12월 31일 자 합의의사록에 따라 기존 회담과 동일한 한국 청구권 8개 항목이 논의의 주제가 되어야 하지만, 예술품 문제는 이미 다른 곳에서 논의하고 있으므로 본 소위원회에서는 예술품을 제외한 나머지 항목에 대해 논의한다고 말했습니다. 일본 측은 쇼지 수석위원이 의회 출석으로 인해 이번 회의에 참석하지 못했기 때문에 즉시 답변할 수는 없으나 한국 측 발언을 검토한 후 다음 회의에서 답변하겠다고 했습니다.

임 대사

INCOMING TELEGRAM

MINISTRY OF FOREIGN AFFAIRS
R. O. K.

NO. MTB-093
DATE 1218

CODE
CLASSIFICATION

TO. Office of the President & Foreign Minister

The third session of the Sub-Committee on Other Claims regarding general claims was held at 10 a.m. on December 17 at the Japanese Foreign Ministry. Next meeting was tentatively decided to be held on December 24.

Our side stated at this meeting that though, in accordance with the agreed minutes of December 31, 1957, the same 8 items of Korean claims as submitted at the previous talks should be the subject of discussions at the Sub-Committee, this Committee would take up those items minus those on art objects, since the matter on art objects was already under discussions at another place. The Japanese side answered that, the Japanese chief member Shoji was absent at this meeting attending the Diet session, it is unable to give a prompt reply / thereto.

TIME RECEIVED
DEC 18 1958

INFO. TO:

CLEARANCE:

CENSOR

COMMUNICATION SECTION

REPRODUCTION FROM THIS COPY, IF CLASSIFIED, IS PROHIBITED

INCOMING TELEGRAM

MINISTRY OF FOREIGN AFFAIRS
R. O. K.

NO. MTB-093
DATE

CLASSIFICATION

TO. Page two

thereto, but that it would put forth reply at the next session after studying our statement.

Ambassador Limb

담	담당	과장	국관	차관	장관	월 일	공람	정무국

DEC 19 1958

TIME RECEIVED

INFO. TO:

CLEARANCE:

CENSOR

REPRODUCTION FROM THIS COPY, IF CLASSIFIED, IS PROHIBITED

COMMUNICATION SECTION

대일청구요강안에 대한 법리 논쟁

제5차 한일회담

제2차 한일회담에서 한국 측이 일본 측에 대일청구요강안의 상세에 관한 조회를 요청한 이후, 한일회담 자체가 중단되거나 파행적으로 진행되는 바람에 제4차 회담까지 이 청구요강안에 대한 토의가 제대로 이루어지지 못하였다. 청구요강안에 대한 한일 양국의 본격적인 토의가 이루어진 것은 양국의 정권이 바뀐 후 1960년 10월 말에 속개된 제5차 한일회담부터다.

제5차 회담에 임하는 한국 정부는 이승만 정권에서의 9년간의 교섭 과정, 즉 양국 간에 좁혀지지 않는 입장 차이로 교섭이 중단과 재개를 반복했던 과정을 교훈으로 삼아, 앞으로의 회담에서는 정치적 타협을 통하여 최종 합의를 이루어나갈 수밖에 없다는 생각을 하고 있었다. 청구권 문제와 관련해서는 앞선 정권에서 준비했던 자료들이 불완전하였음을 인정하고 재개되는 회담에서 일본과의 토의를 거쳐 대일 청구권 항목을 확정지어 나간다는 방침을 수립하였다. 다만, 회담 재개 전부터 양국 언론에 보도되곤 하던 차관 공여 등 일본이 주장하는 '경제협력 방식'에 의한 청구권 문제의 해결은 고려치 않는다는 방침하에 회담에 임하였다.[1] 회담 시작 후 휴회기간이었던 1961년 1월 13일 작성한 '한국청구권위원회 한국 측의 기본 정책 시안'에는 일본 측에 요구하는 금액에 관한 입장(일본의 대 필리핀 배상액 8억 불보다 적은 것이 되지 않도록 하며, 일본이 경제 원조로 6억 불을 제의하는 경우도 순청구권으로 최소 2 내지 3억 불 변제받도록 노력)도 포함되어 있다.[2]

일본 또한 이전 회담에서 취했던 입장, 즉 한국이 어업 문제에 양보하지 않는 한 문화재, 선박, 기타 문제에 관해 어떠한 양보도 하지 않는다는 입장을 견지할 경우 회담이 진전을 이루지 못할 것이라는 인식을 갖고 있었다. 따라서 어업 문제의 진행에 구

---

1 한국 외교문서 716, 한일회담 예비회담 일반 문제, 1960-61, 한일 예비회담 진행 요강 제1호(작성일자 불명).

2 한국 외교문서, 718, 제5차 한일회담 예비회담 일반청구권소위원회 회의록, 제1~13차(1960-61), 한국청구권위원회 한국 측의 기본정책(시안), 1961. 1. 13.

애됨이 없이 각 문제를 해결해 나간다는 입장을 새로이 취하였다. 그러나 청구권 문제에 관해서는 경제협력 방식에 의한 해결 방안을 염두에 두면서 해결 시점은 국교 정상화 이후로 미룬다는 소극적인 태도를 견지하였다.[3]

제5차 회담은 1961년 '5·16 군사정변'으로 중단될 때까지 본 회담이 개최되지 않은 채 예비회담의 형태로 개최되었으나, 총 17차례 개최된 양국 수석대표 간 비공식 회의에서 이전 4차 회담과는 달리 주요 의제에 관한 본격적인 협의가 진행되었고, 각 분과위원회에서도 활발한 토의가 이루어졌다. 청구권 문제는 일반청구권소위원회가 1960년 11월 10일부터 1961년 5월 10일까지 총 13차례 개최되었다(비공식 회의 2회 별도 개최). 제5차 회의까지는 한국이 일본 측의 최대 관심사인 어업 문제 협의에 적극 응하지 않음에 따라 일본 측도 청구권 문제에 소극적 태도를 취하면서 소강상태가 이어졌다. 그러나 1961년 3월에 들어 한국이 어업 문제 협의에 동의하고, 3월 9일 미 국무부의 '대일강화조약 제4조에 대한 해석 각서'가 대외적으로 공표되면서 본격적인 실무협의가 시작되었다.

한국 측은 제5차 한일회담 일반청구권위원회 제1차(11월 10일) 및 제2차(11월 18일) 회의에서 제1차 한일회담 시 일본 측에 제시한 바 있는 대일청구요강안 8항목을 다음 표1과 같이 다시 제시하였다.[4] 이후 개최된 일반청구권위원회 제3~제13차 회의에서는 한국 측이 제시한 청구권 8항목을 둘러싸고 양측간에 치열한 법리 논쟁이 전개되었다.

제5차 회담의 전반적인 분위기는 이승만 정권하에서 진행된 회담 때보다 부드러워졌다고 할 수 있지만, 청구권 문제를 다루는 분과위원회에서는 위의 표 2에서 보듯이 양국 대표단 간에 격렬한 논쟁이 이어졌다. 논쟁 대상은 한국의 대일 청구권 주장과 관련하여 ① 미 국무부의 대일평화조약 제4조 관련 견해 표명에 대한 해석, ② 재한

---

3 日本外交文書 1407, 第5次日韓全面會談に關する基本方針(案), 1960. 8. 25.

4 한국 외교문서 718, 제5차 한일회담 예비회담 일반청구권소위원회 제1차 회의 회의록, 1960. 11. 10, 제2차 회의 회의록, 1960. 11. 18.

표1 제1차 회담과 제5차 회담의 대일청구 8항목 대비표

항	제1차 회담 시(1952. 2. 27)	제5차 회담 시(1960. 11. 10/11. 18)
1	한국으로부터 가져온 고서적, 미술품, 골동품, 기타 국보, 지도 원판 및 지금(地金)과 지은(地銀)을 반환할 것 - 고서적(도쿄도 도서관 등 일본 내 12군데 소장본) - 미술, 공예품(도쿄 제실(帝室) 박물관 등 일본 내 4개 소장본 및 개인 소유본) - 지도 원판(17종류) - 지금: 1909년부터 1945년까지 조선은행 보유의 지금을 이관한 것 - 지은: 지금과 같음	조선은행을 통해 반출된 지금, 지은의 반환을 청구함. ① 1909년부터 1945년까지의 기간 중 일본이 조선은행을 통하여 반출해 간 것임. ※ 고서적, 미술품, 골동품, 기타 국보, 지도 원판 등 문화재가 제외된 것은 예술품(문화재)반환소위원회가 별도로 설치되었기 때문임.
2	1945년 8월 9일 현재 일본 정부의 대 조선총독부 채무를 변제할 것 - 조선총독부 저금관리국의 일본 대장성 예금부에 대한 감정 - 간이생명보험 적립금 예금부 예금 - 간이생명보험 여유금 예금부 예금 - 우편연금 적립금 예금부 예금 - 우편연금 여유금 예금 - 대장성 예금부 등록 공제	1945년 8월 9일 현재 일본 정부의 대 조선총독부 채무의 변제를 청구함. ① 체신부 관계 - 우편저금, 진체(振替)저금, 위체(爲替)저금 등 - 국채 및 저축채권 등 - 조선간이생명보험 및 우편연금 관계 - 해외 위체저금(8차 회의 시 우편위체로 정정), 채권 - 군정법령 제33호에 따라 동결된 한국 수취금 - 기타 ② 1945년 8월 9일 이후 일본인이 한국 내 각 은행에서 인출한 예금액 ③ 한국에서 수입된 국고금 중 무실 세출로 인한 한국 수취금 관계 ④ 조선총독부 동경사무소 재산 ⑤ 기타
3	1945년 8월 9일 이후 한국으로부터 이체 또는 송금된 금원(金員)을 반환할 것	1945년 8월 9일 이후 한국으로부터 이체 또는 송금된 금원의 반환을 청구함. ① 8월 9일 이후 조선은행 본점에서 재일본 도쿄 지점에 이체 또는 송금된 금원 ② 8월 9일 이후 재산금융기관을 통하여 일본으로 송금된 금원 ③ 기타
4	1945년 8월 9일 현재 한국에 본사(점) 또는 주 사무소가 있는 법인의 재일재산을 반환할 것 - A: 조선은행, 조선식산은행, 조선신탁은행, 조선금융 조합연합회, 조선총독부 철도국공제조합, 조선장 학회유지재단 - B: 조일경금속주식회사 등 총 297개 회사	1945년 8월 9일 현재 한국에 본사(점) 또는 주사무소가 있는 법인의 재일재산의 반환을 청구함. ① 연합군최고사령부 폐쇄기관령에 의하여 폐쇄 청산된 한국 내 금융기관의 재일본 지점 재산 ② 최고사령부 SCAPIN 1965호에 의하여 폐쇄된 한국 내 본점 보유 법인의 재일본 재산 ③ 기타

항	제1차 회담 시(1952. 2. 27)	제5차 회담 시(1960. 11. 10/11. 18)
5	한국 법인 또는 한국 자연인의 일본국 또는 일본 국민에 대한 일본 국채, 공채, 일본은행권, 피징용 한인 미수금, 기타 청구권을 변제할 것 - 일본국채, 일본지방채, 일본 정부보증사채, 일본 정부 기관 사채 - 일본은행권, 일본 정부지폐 - 조선은행의 일본은행에 대한 대월금 및 입체금 - 태평양전쟁 중의 한인 전몰자 조위금 및 유족 위자료 - 태평양전쟁 중의 한인 상병자 위자료 및 원호금 - 태평양전쟁 중의 한인 피징용자 미수금 - 태평양전쟁 중의 한인 피징용자 위자료 - 일본 정부 및 조선총독부 한인 공무원 은급[연금] - 재일 한인의 본국 귀환 시의 예탁금 - 생명보험 계약자에 대한 책임준비금 및 미경과 보험료 - 재한금융기관의 대일 위체[외환] 수지 차익의 (집중 결제) 미 청산분 - 조선식량영단의 수출 미곡 대금의 미수 기타 미 청산금	한국 법인 또는 한국 자연인의 일본국 또는 일본 국민에 대한 일본 국채, 공채, 일본은행권, 피징용 한인의 미수금, 보상금 및 기타 청구권의 변제를 청구함. ① 일본 유가증권 ② 일본계 통화 ③ 피징용인 미수금 ④ 전쟁으로 인한 피징용자의 피해에 대한 보상 ⑤ 한국인의 대 일본 정부 청구 은급 관계 및 기타 ⑥ 한국인의 대 일본인 또는 법인 청구 ⑦ 기타
6	한국 법인 또는 한국 자연인 소유의 일본 법인의 주식 또는 기타 증권을 법적으로 증정(證定)할 것	한국 법인 또는 한국 자유인 소유의 일본 법인의 주식 또는 기타 증권을 법적으로 인정할 것을 청구함. ① 1945년 8월 9일 현재로 한국 법인 또는 자연인이 소유하고 있던 일본 법인의 주 또는 증권은 앞으로도 계속하여 유효한 것으로 법적으로 인정케 하려는 것임.
7	전기(前記) 제(諸) 재산 또는 청구권에서 발생한 제 과실을 반환할 것	전기 제 재산 또는 청구권에서 발생한 제 과실의 반환을 청구함.
8	전기 반환 및 결제는 협정 성립 후 즉시 개시하여 늦어도 6개월 이내에 종료할 것	전기 반환 및 결제는 협정 성립 후 즉시 개시하여 늦어도 6개월 이내에 종료할 것

출처: 유의상, 『대일외교의 명분과 실리』, 267-269쪽

표2 제5차 한일회담 예비회담 일반청구권소위원회 회의 개최 현황

회의	개최 일자		양측 수석위원	주요 토의 내용
제1차	1960	11. 10	유창순/니시하라	- 양측 수석위원 인사 - 한국 측, 대일청구 8항목 제시
제2차		11. 18	문철순/요시다	- 한국 측, 8항목 상세 설명
제3차		12. 10	유창순/니시하라	- 한국 측, 8항목 설명에 대한 일본 측 의견 요구 - 일본 측, 각 항목에 대한 자세한 설명 듣기를 희망
제4차	1961	2. 3	이상덕/요시다	- 한국 측, 항목 별 토의에 들어가기를 희망 - 일본 측, 유창순 수석위원 귀임 후 양측 수석위원 간 회의 진행 방식 협의 희망
제5차		3. 8	유창순/니시하라	- 양측, 미 국무부 각서 3. 9에 대외 발표 합의 - 일본 측, 사실 관계 확인을 위한 WG 구성과 사실 관계 확인 후 법률 문제, 미 국무부 각서 해석 등에 관한 토의 희망 - 한국 측, 사실 관계 확인을 위한 WG 설치에 반대, 8개 항목에 대한 토의 희망
제6차		3. 15	유창순/우라베	- 한국 측, 미 국무부 각서 발표에 따른 입장 표명 - 청구 제1항목에 관한 일본 측 질의 및 한국 측 답변
제7차		3. 22	이상덕/요시다	- 미 국무부 각서 관련 제6차 회의에서의 한국 측 입장 표명에 대한 일본 측의 반론 - 청구 제2항목에 관한 일본 측 질의 및 한국 측 답변
제8차		3. 29	이상덕/요시다	- 미 국무부 각서 관련 일본 측 반론에 대한 한국 측 재반론(한국의 8개 항목 청구는 reparation이 아닌 restitution) - 청구 제2항목에 관한 토의 계속
제9차		4. 6	이상덕/요시다	- 미 국무부 각서 관련 한국 측 재반론에 대한 일본 측 재반론(한국은 원래 reparation을 청구할 수 없었다는 입장) - 일본 측은 또한 미군정령 제33호의 효력이 미치는 공간적, 시간적 범위에 대한 입장 표명(한국이 1945년 8월 9일 이후의 조치에 대한 반환을 요구함에 따른 이의 제기) - 청구 제3항목에 대한 토의

회의	개최 일자		양측 수석위원	주요 토의 내용
제10차	1961	4. 13	이상덕/ 요시다	- 미 국무부 각서 관련 일본 측의 재반론에 대한 한국 측 재반론 - 군정령 제33호의 시간적 범위에 대한 일본 측 입장에 대한 한국 측 반론 - 청구 제4항목에 대한 토의
제11차		4. 21	이상덕/ 요시다	- 미국 각서 관련 한국 측 재반론에 대한 일본 측 재반론 - 마군정령 제33호 관련 한국 측 반론에 대한 일본 측 재반론 - 청구 제4항목에 대한 토의 계속
제12차		4. 28	이상덕/ 요시다	- 미국 각서 관련 일본 측 재반론에 대한 한국 측 재반론 - 미군정령 제33호 관련 일본 측 재반론에 대한 한국 측 재반론 - 청구 제5항목에 대한 토의 · 일본 측은 한국 법인 또는 자연인의 범위와 관련 북한 또는 일본에 재류 중인 한국인의 포함 여부를 질문 · 또한 제5항목은 사적 청구가 많으므로 국교 회복 후 일본의 일반 법률에 따라 개별적으로 해결하는 방안 제시 · 한국 측은 국교 회복에 선행한 국가 보상 요구
제13차		5. 10	이상덕/ 요시다	- 미 국무부 각서, 미군정령 제33호 관련 한국 측 재반론에 대한 일본 측 재반론 - 청구 제5항목에 대한 토의 계속

* 한국 측: 유창순 한국은행 부총재, 문철순 주일 대표부 참사관, 이상덕 한은 국고부장
* 일본 측: 니시하라 나오토(西原直廉) 대장성 이재국장, 요시다 노부쿠니(吉田信邦) 대장성 이재국 차장, 우라베 도시오(卜部敏男) 외무성 참사관

출처: 유의상, 『대일외교의 명분과 실리』, 275-276쪽.

일본재산 몰수를 위한 미군정령 제33호에 나오는 관할구역 및 날짜(1945년 8월 9일) 관련 해석, ③ 개인 청구권 처리 문제, ④ 한국이 미 불화로 제시한 청구권 액수에 적용할 환율 문제 등이었다. 실무선에서는 쉽사리 합의에 도달하기 어려운 이 같은 안건들에 대한 치열한 논쟁이 전개되고 있는 가운데, 양국 수석대표들은 비공식 회의에서 청구권 문제를 정치적으로 해결해 나가야 한다는 점에 점차 공감대를 넓혀나가게 되었다. 한국 측은 공식적으로는 청구권 문제의 경제 협력방식 해결 방안을 고려하지 않는다는 입장이었으나, 비공식적으로는 이에 관한 논의에도 응하였다. 어찌 보면 청구권소위원회에서 실무자들 간에 벌어진 논쟁은 정치적 타협을 위한 명분 쌓기 과정이었다고도 할 수 있을 것이다.[5]

청구권위원회 회의 가운데 특히 주목해야 할 회의는 청구요강 제5항목이 토의된 제12차(1961년 4월 28일) 및 13차(1961년 5월 10일) 회의다. 2회에 걸쳐 토의된 제5항목은 사적(개인) 청구권에 해당되는 항목으로서, 일본이 먼저 국교 정상화 후 일본 국내법에 의하여 개인 베이스로 처리하자고 한 데 대하여, 한국은 일본 국내법이 아닌 새로운 기초에서 개인 베이스가 아닌 국가 베이스로 국교 정상화 이전에 보상해 줄 것을 요구하였다. 특히, 한국 측은 한국인 피징용자들에 대한 보상(원호) 문제에 관하여, "우리는 나라로서 청구한다. 개인에 대하여는 국내에서 조치하겠다"라고 하고, "보상금 지불 방법 문제인데 우리는 우리 국내 문제로서 조치할 생각이며, 이 문제는 인원수라든가 금액의 문제가 있으나 여하튼 그 지불은 우리 정부 손으로 하겠다"라는 입장을 수차례 반복하여 표명하였다.[6] 한국으로서는 대일 청구의 근거가 되는 많은 자료가 일본 정부의 손에 놓여 있었고, 일본 국내법에 의한 처리를 수용할 경우 일본의 식민지지배를 정당한 것으로 인정하는 형국이 되기 때문에 이와 같은 국가 베이스에 의한 보상을 주장할 수밖에 없었던 것이 아닌가 생각된다.[7]

---

5 유의상, 『13년 8개월의 대일협상』, 72, 73쪽.

6 한국 외교문서 718, 제5차 한일회담 일반청구권소위원회 제13차 회의 회의록 송부의 건, 1961. 5. 12, 1134-1137쪽.

7 유의상, 『대일외교의 명분과 실리』, 279쪽.

한국 외교문서	일본 외교문서
1. 716, 제5차 한일회담 예비회담 일반문제, 1960-61, 한일 예비회담 진행 요강 제1호, 작성일자 불명	2. 1407, 제5차 일한전면회담에 관한 기본 방침(안)(第5次日韓全面会談に関する基本方針(案)), 1960. 8. 25
3. 718, 제5차 한일회담 예비회담 일반청구권소위원회 회의록, 제1~13차(1960-61), 한국청구권위원회 한국 측의 기본정책(시안), 1961. 1. 13	
4. 718, 제5차 한일회담 예비회담 일반청구권소위원회 회의록, 제1~13차(1960-61), 제1차 회의 회의록, 1960. 11. 10	
5. 718, 제5차 한일회담 예비회담 일반청구권소위원회 회의록, 제1~13차(1960-61), 제2차 회의 회의록, 1960. 11. 18	
6. 718, 제5차 한일회담 예비회담 일반청구권소위원회 회의록, 제1~13차(1960-61), 제3차 회의 회의록, 1960. 12. 10	
7. 718, 제5차 한일회담 예비회담 일반청구권소위원회 회의록, 제1~13차(1960-61),'제4차 회의 회의록, 1961. 2. 3	
8. 718, 제5차 한일회담 예비회담 일반청구권소위원회 회의록, 제1~13차(1960-61),'제5차 회의 회의록, 1961. 3. 8	
9. 718, 제5차 한일회담 예비회담 일반청구권소위원회 회의록, 제1~13차(1960-61),'제6차 회의 회의록, 1961. 3. 15	
10. 718, 제5차 한일회담 예비회담 일반청구권소위원회 회의록, 제1~13차(1960-61), 제7차 회의 회의록, 1961. 3. 22	
11. 718, 제5차 한일회담 예비회담 일반청구권소위원회 회의록, 제1~13차(1960-61), 일반청구권소위원회에 관한 청훈의 건, 1961. 3. 24	

한국 외교문서	일본 외교문서
12. 718, 제5차 한일회담 예비회담 일반청구권소위원회 회의록, 제1~13차(1960－61), 재산청구권 문제에 관한 미 국무성 각서에 관한 정부의 입장 훈령의 건, 1961. 3. 29	
13. 718, 제5차 한일회담 예비회담 일반청구권소위원회 회의록, 제1~13차(1960－61), 제8차 회의 회의록, 1961. 3. 29	
14. 718, 제5차 한일회담 예비회담 일반청구권소위원회 회의록, 제1~13차(1960－61), 제9차 회의 회의록, 1961. 4. 6	
15. 718, 제5차 한일회담 예비회담 일반청구권소위원회 회의록, 제1~13차(1960－61), 일반청구권소위원회 관계 문서 송부의 건, 1961. 4. 7	
16. 718, 제5차 한일회담 예비회담 일반청구권소위원회 회의록, 제1~13차(1960－61), 일반청구권소위원회 관계 청훈에 관한 건, 1961. 4. 8	
17. 718, 제5차 한일회담 예비회담 일반청구권소위원회 회의록, 제1~13차(1960－61), 일반청구권소위원회 관계 청훈에 대한 답신 건, 1961. 4. 11	
18. 718, 제5차 한일회담 예비회담 일반청구권소위원회 회의록, 제1~13차(1960－61), 제10차 회의 회의록, 1961. 4. 13	
19. 718, 제5차 한일회담 예비회담 일반청구권소위원회 회의록, 제1~13차(1960－61), 일반청구권소위원회 관계 청훈에 관한 건, 1961. 4. 17	
20. 718, 제5차 한일회담 예비회담 일반청구권소위원회 회의록, 제1~13차(1960－61), 제11차 회의 회의록, 1961. 4. 21	

한국 외교문서	일본 외교문서
21. 718, 제5차 한일회담 예비회담 일반청구권소위원회 회의록, 제1~13차(1960-61), 일반청구권소위원회 관계 문서 송부의 건, 1961. 4. 24	
22. 718, 제5차 한일회담 예비회담 일반청구권소위원회 회의록, 제1~13차(1960-61), 일반청구권소위원회 관계 청훈에 대한 답신 건, 1961. 4. 24	
23. 718, 제5차 한일회담 예비회담 일반청구권소위원회 회의록, 제1~13차(1960-61), 일반청구권소위원회 관계 청훈에 관한 건, 1961. 4. 25	
24. 718, 제5차 한일회담 예비회담 일반청구권소위원회 회의록, 제1~13차(1960-61), 일반청구권소위원회 관계 청훈에 관한 건, 1961. 4. 25	
25. 718, 제5차 한일회담 예비회담 일반청구권소위원회 회의록, 제1~13차(1960-61), 일반청구권소위원회 관계 청훈에 대한 답신 건, 1961. 4. 27	
26. 718, 제5차 한일회담 예비회담 일반청구권소위원회 회의록, 제1~13차(1960-61), 일반청구권소위원회 관계자료 송부의 건, 1961. 4. 27	
27. 718, 제5차 한일회담 예비회담 일반청구권소위원회 회의록, 제1~13차(1960-61), 제12차 회의 회의록, 1961. 4. 28	
28. 718, 제5차 한일회담 예비회담 일반청구권소위원회 회의록, 제1~13차(1960-61), 제13차 회의 회의록, 1961. 5. 10	
29. 718, 제5차 한일회담 예비회담 일반청구권소위원회 회의록, 제1~13차(1960-61), 제13차 일반청구권소위원회에서 일본 측이 행한 발언 요지 송부의 건, 1961. 5. 11	

1. 한일 예비회담 진행 요강 제1호, 1960년(상세 작성일자 불명)

한국 외교문서 716, 제5차 한일회담 예비회담 일반 문제, 1960-61

제5차 한일회담 예비회담을 앞두고 한국 정부가 작성한 회담 진행 요강이 담긴 문서다.

이 문서에서 한국 정부는 앞선 정권에서 준비했던 자료들이 불완전하였음을 인정하고 재개되는 회담에서는 일본과의 토의를 거쳐 대일 청구권 항목을 확정해 나간다는 방침을 수립하였다. 회담 재개 전부터 양국 언론에 차관 공여 등 일본이 주장하는 '경제협력 방식'이 보도되었으나, 한국 정부는 경제협력에 의한 청구권 문제의 해결은 고려치 않는다는 방침을 수립하였다.

이 용지는 국민의 세금으로써 구입된 것이다

韓日豫備會談 進行要綱 (第一號)

一. 基本方針

(1) 豫備會談에 있어서는 各問題의 實際的인 事務的 檢討와 日本側의 새로운 態度를 探知하여 本會談에서 政治的 妥協決定을 함에 必要한 諸般解決策을 模索하는데 目標를 둔다.

(2) 豫備會談을 二個段階로 区分하고 第一段階에 있어서는 我側의 態度의 具体的 表明을 可及的 保留하고 日本側의 態度의 非公式 打診에 注力하며 第二段階에 가서 日本側 態度를 考慮한

然後 我側의 中間的 態度는 示唆乃至表明
하도록 할 것.

(3) 日本側은 十一月二十日의 總選擧結果 判明時까
지 確實한 態度表明은 保留할 것이 豫想되
는 바 如斯한 境遇 我側은 第二段階로의
進入은 日本總選擧完了時까지 保留할
것이 [illegible]함.

외 무 부

이 용지는 국민의 세금으로써 구입된 것이다

韓日豫備會談進行基本要綱

一、基本方針

(1) 豫備會談에 있어서는 各問題의 實際的인 事務的 檢討와 日本側의 새로운 態度를 探知하여 本會談에서 政治的 妥協 決定을 함에 必要한 諸般解決 要求를 模索하는데 그 目的을 둔다.

(2) 會議는 「韓日 [illegible]次會談」이라고 規定하되 於第四次 會談까지의 兩國間의 合意 乃至 了解事項 및 討

이 용지는 국민의 세금으로써 구입된 것이다

議內容은 이를 可及的 簡要重點[illegible]하여 文書을
進行시킨다.

(5) 會議의 組織과 進行要領은 可及的 第四次會
議時와 같이 한다.

(6) 用語는 國語, 英語 및 日本語로 한다. 公式文書는
正文이 英文으로 作成토록 한다.

二. 各問題에 對한 解決原則

(1) 法的地位委員會

이 용지는 국민의 세금으로써 구입된 것이다

第四次會談末에서 거의 合意에 到達한 바
있는 內容을 基礎(大略)로 하여 可及的 早速히 解
決하되 다음의 諸點에 關한 我側의 主張을
貫徹시키고 이 問題는 本會議에
서 實質的 合意에 到達토록 한다.

(ㄱ) 終戰以前부터 繼續하여 日本에 居住하고 있는
者(以下 "在日韓人"이라고 함)에게 有利한
諸般의 法的保障(例컨대 內國民待
遇 等)을 確立하여 日本에서 安
住케 함을 主目的으로 한다.

(ㄴ) 在日韓人의 食糧國籍問題 및 이에 附隨

되는 補償金問題는 我側으로서는 이를
提起하지 않기로 한다.

(ㄷ) 在日韓人에 対하여는 退去強制에 関한
日本国의 法令의 適用을 免
除乃至 緩和適用케 한다.

(ㄹ) 在日韓人의 北送을 禁止하는 條項을
挿入토록 한다.

(ㅁ) 在日韓人中 歸国者에 対하여는
無制限으로 財産의 搬出과 送金을

許容하며 그 節次와 形式에 對하여는
別途로 合意토록 한다.

(2) 韓國請求權委員會.

(ㄱ) 一般請求權委員會.

~~(A) 日本側이 提出한 對案을 檢討한다.~~

a. (甲) ~~我側에서~~ 從來 我國이 要求한 諸
項目中 二重計算한 部分 및 事
實上 旣히 受取한 部分 乃至 根
據가 薄弱한 部分을 滅除하고 그
確實한 項目을 提示하여 이에 對

이 용지는 국민의 세금으로써 구입된 것이다

한 日本側의 原則的인 債務承認을 強力히 要求한다。

(b) 前記 原則이 確認되면 專門家에 依한 債權額을 算出 確定케 한다 (註) 最初請求額은 約 十五億弗로 함

(c) 如何한 境遇에 있어서도 請求와 最少額은 比律賓 賠償額 總額(八億弗)보다 적을 수 없다。

(d) 所謂「經濟協力」이라 하여 借款

이 용지는 국민의 세금으로써 구입된 것이다

云々하는것은 本請求權問題와는
嚴格히 區別되어야하며, 그에 關
하여는 別途로 ~~交涉할 意思가 있다.~~ 取扱하기로한다

(ㄴ) 船舶小委員會

(a) 要求船舶總噸數를 標準十으로
하여 이에 相當하는 價値의 新船舶
또는 現存可用船舶을 返還
받도록 한다

(b) 要求船舶名簿는 이를 分割提

이 용지는 국민의 세금으로써 구입된 것이다

出치말고 各議題別(A·B)로 一括하여 提出하고 (註) ~~第四次會談에 있어서는 各議題別 船舶委請을 數次에 걸쳐 分割提出할 方針이었음~~

(C)

議題(C)와 (d)는 이미 解決된 것으로서 處理한다. (註) 議題(C)는 日本의 対韓貸與船舶 五隻又에 関한 것이며 議題(d)는 第一次會談時 現在로 在韓國際聯合軍에게 拿捕処分된 船舶에 関한 것임.

이 용지는 국민의 세금으로써 구입된 것이다

(ㄷ) 文化財小委員會.

(a) 日本國有및公有의韓國文化財는 이를全部返還토록要求한다.

(b) 個人所有의韓國文化財는日本側이可及的多數를返還토록要求한다.

(3) 平和線및漁業委員會

~~(ㄱ) 我國의漁業및國防上利益을平和線과~~

(a) 日側으로 하여금 會談初에 平和線 尊重 原則에 基한 새로운 誠意있는 協定案을 提出토록 要求한다

(b) 國內外의 反響을 參酌하여 適當한 時期에 我側이 前記原則에 立脚한 協定要綱을 提示한다

(c) 平和線 內 問題 解決은 我側으로서는 早急히 서둘지 않고 日側이 請求權 問題等에 있어서 誠意를 表示한 後 最終段階에 가서 妥協을 企圖한다.

이 용지는 국민의 세금으로써 구입된 것이다

(4) 基本關係委員會.

(ㄱ) 韓日兩國의 關係는 條約으로서 規制하고 從前의 兩國間의 關係文書는 無效임을 確認한다.

(ㄴ) 大韓民國政府가 韓國의 唯一한 合法政府임을 承認하고 北傀儡와 如何한 關係도 맺지 않을 것을 日本側으로 하여금 確約케 한다.

(ㄷ) 外交關係를 條約發效와 同時에 樹立하고 大使를 交換한다.

(2) 通商 및 航海에 關한 條約은 別途交涉締結케 한다.

三. 行政事務에 關한 節次

(1) 會談進行에 關한 報告는 首席代表가 遲滯없이 外務部長官앞으로 한다.

(2) 特別한 連絡協議事項이 있을 時에는 適

이 용지는 국민의 세금으로써 구입된 것이다

當한 人員이 出張 또는 皈國하여 政府方針과 正確한 執行을 確保토록 한다.

(3) 本部와 代表团에서와 公式代弁人을 指定하고 그 以外의 人員은 發表事項에 干與치 않는다.

2. 第5次日韓全面會談に關する基本方針(案), 1960. 8. 25
日本外交文書 1407

제5차 한일회담에 임하는 일본 측의 기본 방침이 수록된 문서다.

일본은 제4차 한일회담까지는 한국이 어업 문제에 양보하지 않을 경우 청구권 문제와 문화재나 선박 문제에 관해 한국 측에 어떠한 양보도 하지 않는다는 입장하에 회담에 임해왔다. 그러나 양국 공히 정권이 바뀐 상황에서 시작되는 제5차 회담에서는 어업 문제의 진전에 구애됨이 없이 각 문제를 해결해 나간다는 입장을 새로이 취하면서, 청구권을 제외한 다른 문제들에 있어 양국 간 합의가 이루어질 경우 우선 국교를 정상화한다는 방침을 수립했다. 청구권 문제에 관해서는 경제협력 방식에 의한 해결 방안을 염두에 두면서 해결 시점은 국교 정상화 이후로 미룬다는 입장이었다.

번역

제5차 일한 전면회담에 관한 기본 방침(안)

(각의 양해 안)

1960. 8. 25

아시아국

1. 본 방침을 결정하는 이유

과거 8년간 4회에 걸친 일한 전면회담의 지금까지의 경위를 고려, 금번 제5차 전면회담에서는 회담 전에 먼저 제 현안에 대한 우리 측의 기본적인 입장을 정하고, 이것을 적절히 상대 측에 표명해 가면서 절충해 가지 않으면 회담을 이 이상 실질적으로 진전시켜 나갈 수 없는 단계에 와 있음을 인정하지 않을 수 없다.

따라서 한국에서 신정권의 성립과 함께 일한 간의 분위기가 호전되고 있는 지금 다음의 방침에 의해 회담에 임하고 가급적 신속하게 이것을 타결짓도록 한다.

2. 일반 방침

1) 종래의 교섭에서는 한국 측이 어업 문제에 관해 양보하지 않는 한 문화재, 선박 기타 문제에 관해 우리 측으로서는 어떠한 코밋트도 하지 않는다는 방침을 취했으나, 이번에는 이것을 바꾸어 어업 문제의 진행에 구애되지 않고 각 문제를 해결해 나간다.

(주. 각 위원회에서 결정한 사항은 국교의 수립과 함께 효력을 발생하는 것임)

2) 후술하는 이유에 의해 청구권 문제의 해결은 곤란한 것으로 생각되므로 청구권 이외의 문제에 관해 의견 일치를 본 때에 국교를 수립한다. 청구권에 관해서는 조약 중에 이것에 관한 1조를 포함한다.

3. 각 문제에 관한 방침

1) 어업 문제

(1) 이 라인에 관한 한국 측 주장은 철회시킨다.

(2) 한국의 영해(해양법회의의 결정을 고려한다) 외의 일정 수역에 어족 보존 및 한

국 어업 육성을 위해 잠정 조치로서 조정 구역을 설정한다.

2) 재일한국인 법적지위 및 처우

(1) 샌프란시스코 평화조약 발효와 동시에 일본 국적을 상실하였음을 확인한다.

(2) 종전 전부터 계속해서 일본에 재류하는 한인으로 금후에도 일본에 재류할 사람에 대해서는 영주를 허가한다. 이러한 한인의 강제퇴거 기준에 관해서는 일반 외국인보다 관대한 실시 기준을 세운다

(3) 재산권 기타 처우는 현재와 마찬가지로 한다.

(4) 귀국 시 그 재산을 원칙적으로 모두 가져가는 것을 허가한다. 다만 그 방법, 시기 등에 관해서는 양국 정부 간에 협의한다.

3) 문화재

일본의 조선 지배 기간 중 조선으로부터 가져온 문화재로 현재 일본국의 국유로 존재하고 있는 것은 원칙적으로 국교 정상화 후 한국 정부에 인도한다.

4) 선박

일정 수량의 각종 선박을 국교 정상화 후 한국에 인도하는 것으로 한다.

5) 재산청구권 문제

기본적으로는 '미국의 해석'에 따라 처리해야 하지만, 그 교섭은 (1) 매우 곤란하고 장기화될 것으로 예상된다. (2) 한국과의 사이에 이 문제를 해결한 경우 북한과의 문제가 발생한다. (3) 국내적으로는 구재산권자 보상 문제가 야기된다. 따라서 이번에는 이 문제를 국교 정상화 후로 미루도록 노력한다. 교섭 상황에 따라서는 한국의 경제 및 사회 복지에 기여한다는 취지로 국교 정상화 후에 한국에 대해 경제원조를 제공하는 것도 고려한다.

第5次日韓全面会談に関する基本方針（案）

（閣議了解案）

昭35.8.25

アジア局

I　基本方針を決定する理由

過去8年間4回にわたる日韓全面会談のこれまでの経緯に鑑み、今回の第5次全面会談においては、予め諸懸案に対するわが方の基本的な肚をきめ、これを適宜先方に示しつつ折衝するのでなければ、会談をこれ以上実質的に進めえない段階に来ていると認められる。よつて韓国における新政権の成立に伴い日韓間の空気が好転しているこの際、後記の方針により会談に臨み、なるべく速やかにこれを妥結させることとする。

II　一般方針

(1)　従来の交渉においては、韓国側が漁業問題について譲歩しない限り、文化財、船舶その他の問題についてわが方としては何らのコミットをしないという方針をとつていたが、今回はこれを改め、漁業問題の進行に拘らず各問題ごとに解決していく。

（注、各委員会において決定した事項は国交の樹立とともに効力を発生するものである）

(2) 後述の理由により、請求権問題の解決は困難と思われるので、請求権以外の問題について意見一致をみたときに国交を樹立する。請求権については条約中にこれに関する一条を設ける。

Ⅲ 各問題に関する方針

(1) 漁業問題

(イ) 李ラインに関する韓国側主張はこれを撤回せしめる。

(ロ) 韓国の領海（海洋法会議の決定を考慮する）外の一定水域に、漁族保存及び韓国漁業育成のため、暫定取極として、調整区域を設ける。

(2) 在日朝鮮人の法的地位及び処遇

(イ) 桑港平和条約発効と同時に日本国籍を喪失したことを確認する。

(ロ) 終戦前から引続き日本に在留する朝鮮人で今後も日本に在留する者に対しては永住を許可する。これら朝鮮人の強制退去基準については、一般外国人より寛大な実施上の基準を設ける。

(ハ) 財産権その他の処遇は現在どおりとする。

(ニ) 帰国に当つては、その財産を、原則として、すべて持帰ることを許す。ただしその方法、時期等については追つて両国政府間で協議する。

(3) 文化財

わが国の朝鮮支配期間中に、朝鮮から運び来つた文化財で、現在わが国の国有として存在するものは、原則として、国交正常化の後、韓国政府に引渡す。

(4) 船舶

一定数量の各種船舶を、国交正常化の後、韓国に引渡すこととする。

(5) 財産請求権問題

基本的には「アメリカの解釈」によつて処理さるべきであるが、その交渉は(イ)極めて困難かつ長期化するものと予想される。(ロ)韓国との間にこの問題を解決した場合北鮮との問題が発生する。(ハ)国内的には旧財産権者補償問題を惹起する。よつてこの際は本問題を国交正常化の後にもちこすよう努力する。交渉の状況によつては、韓国の経済及び社会福祉に寄与するという趣旨で、国交正常化の後に、韓国に対して経済援助を与えることも考慮する。

3. 한국청구권위원회 한국 측의 기본 정책(시안), 1961. 1. 13

한국 외교문서 718, 제5차 한일회담 예비회담 일반청구권소위원회 회의록, 제1~13차(1960-61)

제5차 한일회담 예비회담이 시작된 후 연말연시 휴회 기간 중 한국 정부가 작성한 청구권 문제 관련 기본 정책 시안이 담긴 문서다.

이 문서에는 한국이 일본에 요구할 청구권 금액에 관한 내용도 포함되었다.

이 용지는 국민의 세금으로써 구입된 것이다

韓國請求權委員會

韓國側의 基本政策 (試案)

一. 日本側의 態度

1. 平和線에 關한 我側의 讓步를 確認하지 않는 限 對韓請求權 弁済의 言約을 回避하고 있다.

2. 그러나 韓國의 請求權에 對한 어느 程度의 弁済必要性을 認識하고 있는 것으로 生覺되며, 特히 終戰前의 被徵用者에 對한 補償金 및 恩給 等 私에 關하여는

의 무 부

非公式的이나마, 이미 어느 程度로 弁済의 意思를 表示한바도 있다.

3. 韓國에 対한 債務弁済에 있어서는, 日本側은 可能하다면 請求權에 対한 弁済라는 名目이 아니라 「経済援助」 形式으로서 解決하고저 努力하는 [illegible]하다.

4. 이와같은 日本側의 主張은 韓國의 対日請求權의 法的根據를 不贊하는데에서 派生되는 한便 設使 그 法的正當性을 承認한다고 하드래도, 日本의 対韓請求權의 抛棄와 同時에 韓國側의 対日本請求權의 「어느 程度의 相殺」를 認定하는 一九五七年十二月三十一日字 美國의 覺書

에따라 兩側의 請求權을 相互相殺하고, 그代身 日本이 經済援助를 提議하여 이 問題를 解決하려는 것으로 思料된다.

5. 이와같이 하여, 日本이 「GARIOA」 및 「EROA」 에 基한 對美債務二〇億中 六億弗만을 韓國에게 援助하고, 나머지 債務는 이를 抹消하려는 생각을 가지고 있는 듯한데, 이렇게되면, 日本은 對美債務와 對韓債務를 同時에 解決해버리는 結果가 될뿐만아니라, 援助額使用에 있어서도 相當한 干涉을 行할수 있다는 一擧兩得의 效果를 거두게될수 있게된다.

二. 我側의 基本態度

1. 日本側이 平和線問題와 本財産請求權의 連関的 解決을 固執하고 있으므로 平和線問題를 此置하고 本問題만을 單独的으로 解決하기는 困難할 것이다. 따라서 平和線問題에 있어서 我側이 어느 程度 日本側要求를 들어줄수 있는가를 研究함이 本問題解決上 極히 必要하다.

2. 請求權問題에 関한 美國政府의 前記覺書에서 表明된 立場을 排除하기는 困難하므로, 또한 日本의 対韓經濟援助의 意識도 있으므로, 우리側의 請求權의 全部의 弁済를 期待하기는 困難한 일이라는

이 용지는 국민의 세금으로써 구입된 것이다

것을 覺悟하여야 할 것이다.

3. 我側이 최근까지 準備하고 있는 資料에 依한 請求概略總額數는 約 三百六十六億円 (十五対一로 換算하면 約 二十四億弗)에 達하고 있다. 그러나 請求權의 種類에 따라서는 法的根據 또는 立證資料가 貧弱한 것도 있으므로 우리側이 强行할 수 있는 要求額數는 日本의 對比賠償額 總八億弗 (純賠償額 五億五千萬弗, 經濟協調 二億五千萬弗)보다 적은 것이 되지 않도록 努力하여야 하며 日本이 六億弗 經濟援助提議를 受諾하는 境遇에도 純請求權으로서는 最小限 二乃至三億弗은 辨濟받도록 積極

힘써야 할 것이다.

三、 앞으로의 會議運營方針

1. 財産請求權에 關한 法理論의 討議는 差置하고 具体的인 請求權 內容의 檢討를 繼續케 한다.

2. 請求權 各 項目의 討議에 關하여는 우리側이 이미 提出한 八個項目을 그 順序대로 行하지 않고 比較的 法的根據 및 主證資料의 確實한 것부터 順次的으로 行하도록 한다. 即 第二項(朝鮮總督府의 對日本債權), 第五項(日本의 各種 有價

證券, 被徵用韓人未收金, 韓國人의 對日本政府 및 個人에 對한 債權(第二), 第三項(一九四五年八月九日 以後 日本으로 不法移替 또는 送金된 金員) 第四項(韓國內 本社를 가지고 있는 法人의 在日財産)、第一項(地金 및 地銀), 第六項(韓國人 所有 日本法人의 株式 또는 其他證券)의 順으로 行하도록 한다.

3. 具体的인 請求權 內容의 相互檢討는 一般請求權 委員會의 公式會議에서 行하지 말고 關係實務者로 構成된 非公式會議에서 行하도록 한다. 이와 같은 方式은 討議의 早速한 進展과 秘密維持를

存하여도 必要하다.

4. 具体的인 請求權内容檢討를 通하여 相互間에 意見이 一致되지 못하는 問題는 一旦保留케 하고 残餘問題로 넘어가도록 하되 끝끝내 解決을 보지 못하는 諸般請求權内容은 이를 一括하여 高位層의 政治的인 妥協에 맡기기로 한다.

이 용지는 국민의 세금으로써 구입된 것이다

韓國의 對日請求權 內譯 (概略)

一. 地金 및 地銀

1. 返還要求量　地金　約二億五千万 그람(二十五万Kg)

地銀　約九千萬 그람(九万Kg)

2. 返還要求根據　弱

3. 證據提示資料　充分

(註) 右記 地金 및 地銀은 日政當局에서 約五億六千万圓의 代金을 國債等으로 支拂하고 搬出하여간 것이므로

리 무 부

이 용지는 국민의 세금으로써 구입된 것이다

우리側에서 前記 代金을 還拂하고 返還받아야 할 것임.

二. 朝鮮總督府의 對日政債權

返還要求額 總 約 五十六億八千萬圓

(內譯)

1. 遞信部關係 債權

가. 要求額 約 二十一億圓

나. 返還根據 强

다. 證據資料 大部分 完全

2. 一九四五. 八. 九以後 日本이 韓國內 各銀行에서 引出한 金員

가. 要求額 約 二十六億七千萬圓

나. 返還根據 弱

다. 立證資料 微弱

3. 日本國庫金 勘定上 債權

가. 要求額 約 九億圓

나. 返還根據 強

다. 證據資料 充分

4. 朝鮮總督府의 在日財產

가. 要求額 約 一千萬圓

나. 返還根據 要檢討

다. 證據資料 充分

三、一九四五.八.九 以後 日本으로 引揚 移替 또는 送金된 金員

이 용지는 국민의 세금으로써 구입된 것이다

返還要求額 總 約 八億九千萬圓

(內譯)

1. 朝鮮銀行本店으로부터 在日支店에 送金된 金員

가. 要求額 約 二億三千萬圓

나. 返還根據 強

다. 証據資料 充分

2. 在韓日本系銀行의 支店으로 在日本店에 送金된 金員

가. 要求額 約 六億六千萬圓

나. 返還根據 強

다. 証據資料 充分

四. 韓國內本社를 가지고 있는 法人의 在日財産

외 무 부

이 용지는 국민의 세금으로써 구입된 것이다

要求額 總 約 十六億七千萬圓

(內譯)

1. 特殊金融機關의 在日財產

가. 要求額 約 十四億七千萬圓

나. 要求根據 弱

다. 證據資料 充分

2. 其他法人의 在日財產

가. 要求額 約 二億圓 [推算] (全部未調査狀態에 있음)

나. 要求根據 弱

다. 證據資料 未調査狀態

五. 各種有價證券, 被徵用韓人未收金, 韓國人의 對日本政府

외 무 부

이 용지는 국민의 세금으로써 구입된 것이다

對個人에 對한 債權等

要求額 總 約二三二億六千萬圓

(內譯)

1. 日本有價證券(日債, 地方債, 政府保證社債, 政府機關社債, 政社債, 一般株式)

가. 要求額 約七四億五千萬圓

나. 要求根據 證券의 收容에 따라 相異

다. 証據資料 大部分 充分

2. 日本銀行通貨

가. 要求額 約一六億圓

나. 要求根據 確

외 무 부

다. 證據資料 充分

3. 被徵用韓人未收金

가. 要求額 約二億四千萬円(推算)

나. 要求根據 確實(日本側도 同調)

다. 證據資料 더 確實

4. 戰爭으로 因한 人的被害補償

가. 要求額 約一三二億(要再檢討)

나. 要求根據 弱

다. 證據資料 弱

5. 韓國人의 對日本政府請求(恩給)

가. 要求額 約三億(以南分만)

나. 要求根據 要檢討

이 용지는 국민의 세금으로써 구입된 것이다

다. 證據資料 充分

6. 韓日人의 対日本法人 請求(保險額)

가. 要求額 約 四億七千萬圓 (推算)

나. 要求根據 強

다. 證據資料 要調查

7. 韓國人所有日本法人의 株式 또는 其他證券

要求額 總 約 二千萬圓

要求根據

證據資料

외 무 부

4. 제5차 한일회담 예비회담 제1차 일반청구권소위원회 회의록, 1960. 11. 10

한국 외교문서 718, 제5차 한일회담 예비회담 일반청구권소위원회 회의록, 제1~13차(1960-61)

1960년 11월 10일 개최된 제5차 한일회담 예비회담 일반청구권소위원회 제1차 회의 회의록이다.

이 회의에서 한국 측은 제1차 한일회담 시 일본 측에 제시하였던 대일청구요강안 8개 항목을 재차 제시하였다.

제 5차 한일회담 예비회담 제 1차 일반청구권
소위원회 회의록

1. 일시 : 단기 4293 년 11 월 10일 오전 11시부터 30분간

2. 장소 : 일본 외무성 회의실

3. 참석자 :

한국측	수석 의원	유 창 순
	의원	문 철 순
	〃	엄 영 달
	〃	정 순 근
	〃	최 광 수
	옵서버	진 필 식
		정 일 영
		이 수 우
		박 상 두
일본측	주 사	西原直廉
	부주사	吉田信邦
	〃	卜部敏男
	보 좌	櫻井芳雄
	〃	玉置明楊
	〃	杉田昌久
	〃	兼松武
	〃	前田利一
	〃	柳谷謙介
	〃	井口武夫
	〃	杉山茂樹
	〃	池部健
		久一
	옵서버	宇山厚

4. 회의 개요 :

니시하마 : 제가 본소위원회에서 일본측을 대표한 니시하마 대장성 이재국장이올시다.
오늘 한일간의 현안을 해결하기 위하여 본소위원회가 개최되었음을 흔쾌하게 생각합니다. 일본측을 대표한 본인으로서는 이번 회담에서 모든 현안이 원만하게 해결되기를 충심으로 기원합니다.
(이러한 인사에 이어 일본측 의원의 소개가 있었음)

유 창순 : 제가 한국측을 대표한 유 창순이올시다. 현재 한국은행부총재로 있읍니다.
전체회의에서 수석대표께서 이미 표명하신바와 같이 한일간의 제현안을 조속히 해결하여 양국간의 국교를 정상화 하려는것은 우리측의 일관된 진정한 념원입니다.
나의 생각으로는 국교 정상화는 평등하고 우호적인 통상교역을 위시한 양국간의 긴밀한 경제협력으로서 크게 견고히 되는것을 아는바 우리 위원회가 오늘부터 다루기로 되여 있는 한국청구권문제의 성의있는 해결은 장차 우리가 기대하는 양국간의 경제적 공존 공영의 길로 전진하는데 있어서 길을 닦는 [illegible]이 될것으로 믿습니다. 이러한 의미에서 본의원회 진행에 있어서 여러분의 성실한 논의와 협력을 요망합니다.
(이러한 인사에 이어 한국측의원을 소개하였음)

니시하마 : 용어 신문발표 의사록등 의사진행에관하여 어떻게 하였으면 좋겠읍니까.

유 창순 : 의사진행에 있어서는 본회의에서 결정한바와같이 과거의 방식을 따름이 좋겠읍니다.

(2)

!!니시하때!! : 좋습니다. 그러면 일본측의 신문발표 담당자로 !!마에다!! 북동아 과장을 지명합니다.

유 창 순 : 한국측 신문보도 담당자는 업 영달 아주과장을 지명합니다.

!!니시하때!! : 미안한 말씀이오나 년말과 예산편성관계등으로 본인이 빈득이 본위원회에 참석하지 못할때가 있을것 같습니다. 그러한때에는 !!니시대!!나 !!우따베!! 부주사가 본인을 대리할것이오며, 그때 그때의 토의 내용에 따라 관계자가 !!옵서버!!로 참석하겠으니 양해하여 주시기 바랍니다.

유 창 순 : 양승하겠읍니다.
내가 알기로는 양수석 대표께서 본소위원회를 오늘로 결정하면서, 동위원회에서 한국측의 청구요강의 설명이 있기로 양해하였다고 들었는데, 의의가 없다면 , 내가 이자리에서 그설명을 하겠읍니다.

!!니시하때!! : 의의 없읍니다.

유 창 순 : 한국의 청구 요강은 이미 1952년에 설명한바 있으므로 다 알고 게실것이나, 수석대표간에 합의하였다함으로 동 청구 8개항목을 다시 제시하겠읍니다.

1. 조선은행을 통하여 반출된 지금과 지은의 반환을 청구함
2. 1945년 8월 9일 현재 일본정부의 대 조선총독부 채무의 변제를 청구함.
3. 1945년 8월 9일 이후 한국으로부터 이체 또는 송금된 금원의 반환을 청구함.

(3)

4. 1945년 8월 9일 현재 한국에 본사(점)-- 또는 주사무소가 있는 법인의 재일재산의 반환을 청구함.

5. 한국법인 또는 한국 자연 인의 일본국 또는 일본 국민에 대한 일본국채 공채 일본은행권 피징용 한인의 미수금 보상금 및 기타 청구권의 변제를 청구함.

6. 한국법인 또는 한국 자유인 소유의 일본법인의 주식 또는 기타 증권을 법적으로 인정할것을 청구함.

7. 전기 제재산 또는 청구권에서 생한 제과실의 반환을 청구함.

8. 전기 반환및 결제는 협정성립후 즉시 개시하여 늦어도 6개월 이내에 종료할것.

이상의 한국의 청구에 대하여 이야기할것은 없읍니까.

니시하라 : 없읍니다.

유 창순 : 그러면 다음회의에서 일본측의 이에대한 회답이 있기를 바랍니다.

니시하라 : 다음회의의 날자에 대하여는, 한국도 그렇겠읍니다만, 이번달과 내달은 예산편성의 시기이므로, 이재국은 이와 관련하여 대단히 분주하여 내주 회의를 갖기는 시간적으로 어렵읍니다. 그러므로 나중에 외무성과 대표부가 연락하여 시일을 정하였으면 좋겠읍니다.

유 창순 : 본위원회는 하위원회와 관계가 있으므로, 귀측의 사정이 허락하면 하위원회와 같이 일주일후 즉 내주 목요일에 제2차 회의를 갖었으면 좋겠읍니다.

(4)

니시하라씨 ; 우리도 매주 일회식 회의하기를 원합니다만, 아까 말한바와같은 이유로 다음 회의 일자를 "우라베"참사관이나 "마에다" 과장을 통하여 결정하기를 원합니다.

유 창 순 : 일본측의 사정이 정 그러하다면, 내주 어느날에 회의를 갖기로 합의하고 구체적인 날자는 우리측의 문 철순 대표와 연락하여 결정하기 바랍니다. 그러나 여기서 한 말씀 하여둘것은 우리가 1952년에 8개항목의 청구요강을 제시한바 있으나, 일본측은 이에 대한 아무런 태도 표명이 없었으며, 또한 1957년의 한일회담 재개를 위한 합의 의사록에도 제 4차 회담에서 이를 토의하게되어있었으나 일본측은 동 토의에 소극적이 었읍니다. 따라서 나는 조속한 시일내에 일본측의 회답이 있기 바라는 바입니다.

니시하라씨 : 그러면, 내주에 제2차 본 소위원회를 갖기로 하고 본인이 대장성에 도라가 시간관게를 보고 내주 수요일 부터 토요일 사이에 날자를 택하도록 하겠읍니다.
그러면 오늘은 이만 끝이겠읍니다.

(이상)

5. 제5차 한일회담 예비회담 제2차 일반청구권소위원회 회의록, 1960. 11. 18

한국 외교문서 718, 제5차 한일회담 예비회담 일반청구권소위원회 회의록, 제1~13차(1960-61)

1960년 11월 18일 개최된 제5차 한일회담 예비회담 일반청구권소위원회 제2차 회의 회의록이다.

한국 측은 제1차 회의 시 일본 측에 제시한 대일청구요강 8개 항목에 대하여 설명하였다.

회 의 록

제 5 차 한일회담 예비회담

일반청구권소위원회 제 2 차 회의

1. 시일 및 장소 : 단기 4293 년 11 월 18 일 11:00 – 11:30

일본 외무성 회의실

2. 참 석 자 : 한국측 – 문 철 순 대표 (수석위원 대리)

엄 영 달 전문위원

정 순 근 보좌관

최 광 수 보좌관

(옵서버) 정 일 영 전문위원

이 수 우 보좌관

박 상 두 보좌관

일본측 – 요시다 부수석위원 (대장성 이재국차장)

우라베 대표 (외무성 참사관)

한다 보좌관 (대장성 외채과장)

가네마쓰 보좌관 (외무성 조약과장)

마에다 보좌관 (외무성 북동아 과장)

야나기야 보좌관 (북동아과 사무관)

이[illegible]에 보좌관 (〃)

(옵서버) 우 야 마 대표 (외무성 참사관)

3. 토의내용

오시다 위원 — 오늘 일본측 수석위원인 이나시■■(?) 대표가 예산편성 관계등으로 바빠서 본회의에 참석치못하였으므로 본인이 일본측을 대표하겠으니 양해하여달라.

문철순 위원 — 우리측에서도 수석위원인 유 창 순 대표가 일시 귀국하였기 때문에 오늘은 본인이 한국측을 대표하겠다.

오시다 위원 — 지난번 회의때 청구권 문제에 관하여 한국측이 제시한 8 개항목은 1952 년 제 1 차 한일회담당시에 한국측이 제출하였던 안과 다소 상이한 점이 있는것 같고 또 오늘 이 회의에 참석한 일본측위원 대부분이 이문제에 처음 관여하는 사람들이므로 한국측에서 각항목에 대한 추호설명을 하여줄수 없겠는가.

문철순 위원 — 지난 회의때 우리측이 제시한 8 개항목은 그 내용에있어 제 1 차회담당시와 같은것이고 다만 표현이 약간 다른곳이 있을뿐인다. 물론 각항목별의 자세한 설명은 토의가 진행됨에 따라 행하여질것이나, 그이전에 우선 1952 년 12 월 31 일 예비교섭 종료시에 서명한 합의의사록 (Agreed Minutes) 에서 규정되어있는바와 같이 이 8 개항목을 본 청구권 소위원회의 토의의 대상으로 확인함이 어떤가. 합의의사록에도 일본측이 이 8 개항목에

대하여 성의를 가지고 토의에 응한다고 되어있으므로

별이의가 없을줄아나, 다만 정확을 기하기 위하여 원측적으로

확인하려는것이다.

오시다 위원ㅡ그것은 종래의 정부간의 약속이니 거기에 따라 하는데

이의없다.

문철순 위원ㅡ그러면 이 8 개항목을 토의의 대상으로 확인하는 것인가.

오시다위원 ㅡ그렇다.

문철순위원 ㅡ그러면 8 개항목에 대한 대체적인 설명을 하겠다.

설명은 엄 영 달 전문위원이 담당한다.

(엄 영 달 전문위원은 별첨과 같은 추표설명을 행함.)

오시다 위원ㅡ한국측이 제시한 8 개항목의 내용에 대하여서는 종래 일본측으로서도 연구를 하여오던 바이나 ~~[struck out]~~, 지금 제세한 설명을

들었으므로 이것을 연구해서 이다음회의때 그 사실,

금액, 인수 등에 관하여 한국측에 질문을 하고자한다.

한가지 첨가할것은 오늘 들은 설명과 우리가 가진 과거의

기록을 대조하여본때 대체로 같은것 같으나 약간의

Nuance 가 있는것 같다.

문철순위원 ㅡ그 내용은 대체로 같은것이다. 오늘의 설명은 대체적인

것이며 자세한 설명은 항목별로 토의할때 하고자한다.

그러나 그 전에라도 일본측에서 질문이 있다면 응하겠다.

오시다위원 — 지금의 설명은 잘 들었으나 내용이 복잡한것이므로 간혹 그 정확한 의미를 파악치 못한곳도있다. 그러나 한국측에 지장이 없다면 오늘 설명한것을 " 메모 " 하여주시면 고맙겠다. 앞으로 우리측에서 관계자료를 조사하는데 매우 도움이 될것같다.

문철순위원 — 오늘 설명한것을 그대로 메모하여주는것은 좋으리라고 생각한다. 이것은 회의때가 아니드라도 적당한때 연락을 취하도록하겠다.

오시다위원 — 알았다. 우리의 질문은 차기회의때 행하겠는데, 물론 이것은 질문을 한번에 끝낸다는것은 아니다.

문철순위원 — 다음 회의개최 일자는 우리측 수석위원이 귀임한후에 상의하여결정코자하는데 어떤가.

오시다위원 — 우리측도 총선거와 정부수립등으로 수석위원이 바쁘니 다음에 연락을 취하여 결정함이 좋겠다.

문철순위원 — 그러면 외무성과 연락을 취하겠다. 오늘 신문발표에 관하여서는 한국측이 제 1 차 회의때 제시한 8 개항목을 일반 청구권 소위원회의 토의의 대상으로 확인하고 이에대한 한국측의 대체적인 설명이 있었다고 함이 어떤가.

오시다위원 — 좋다.

이 상

한국의 대일청구 요강

(개략 설명)

1. 조선은행을 통하여 반출된 지금과 지은의 반환을 청구함.

본항의 청구는 1909 년 부터 1945 년까지의 기간중 일본이 조선은행을 통하여 반출하여 간것임.

2. 1945 년 8 월 9 일 현재 일본정부의 대 조선총독부 채무의 변제를 청구함.

본항에 포함될 내용의 일부는 다음과 같다.

1) 체신부 관계

ㄱ) 우편저금, 진체저금, 위체저금 등

ㄴ) 국채 및 저축채권 등

ㄷ) 조선간이생명보험 및 우편년금 관계

ㄹ) 해외위체저금 및 채권

ㅁ) 군정법령 제 3 호에 의하여 동결된 한국수취금

ㅂ) 기타

2) 1945 년 8 월 9 일 이후 일본인이 한국내 각 은행에서 인출한 예금액

3) 한국에서 수입된 국고금 중 무실세출로 인한 한국수취금 관계

4) 조선총독부 동경사무소 재산

5) 기타

3. 1945년 8월 9일 이후 한국으로부터 이체 또는 송금된 금원의 반환을 청구함

본항의 일부는 좌기사항을 포함한다.

1) 8월 9일 이후 조선은행 본점에서 재일본 동경지점으로 이체 또는 송금된 금원

2) 8월 9일이후 재한금융기관을 통하여 일본으로 송금된 금원

3) 기타

4. 1945년 8월 9일 현재 한국에 본사 또는 본점 또는 주사무소가 있는 법인의 재일재산의 반환을 청구함.

본항의 일부는 좌기사항을 포함한다.

1) 연합군 최고사령부 폐쇄기관령에 의하여 폐쇄청산된 한국내 금융기관의 재일지점 재산

2) SCAPIN 1965호에 의하여 폐쇄된 한국내 본점보유 법인의 재일재산

3) 기타

5. 한국법인 또는 한국자연인의 일본국 또는 일본국민에 대한 일본국채, 공채, 일본은행권, 피징용한인의 미수금, 보상금 및 기타청구권의 변제를 청구함.

본항의 일부는 좌기사항을 포함한다.

1) 일본유가증권

2) 일본계통화

[illegible] 피 징용인 미수금

4) 전쟁으로 인한 피 징용자의 피해에 대한 보상

5) 한국인의 대 일본정부 청구

은급 관계 및 기타

6) 한국인의 대일본인 또는 법인 청구

7) 기타

6. 한국 법인 또는 한국자연인 소유의 일본 법인의 주 또는 기타 증권을 법적으로 인정할것을 청구함.

본항의 내용은 1945년 8월 9일 현재로 한국 법인 또는 자연인이 소유하고있던 일본법인의 주 또는 증권은 앞으로도 계속하여 유효한것으로 법적으로 인정케 하라는 것임.

7. 전기 제 재산 또는 청구권에서 생한 제 과실의 반환을 청구함.

본항의 설명은 수석위원이 돌아온후에 상의한후 답하겠다.

8. 전기 반환 및 결제는 협정성립후 즉시 개시하여 늦어도 6개월이내에 종료할것.

6. 제5차 한일회담 예비회담 제3차 일반청구권소위원회 회의록, 1960. 12. 10

한국 외교문서 718, 제5차 한일회담 예비회담 일반청구권소위원회 회의록, 제1~13차(1960-61)

1960년 12월 10일 개최된 제5차 한일회담 예비회담 일반청구권소위원회 제3차 회의 회의록이다.

한국 측은 제2차 회의에서 8개 항목에 대해 설명하였으므로 이에 대해 일본 측이 의견을 제시해 줄 것을 요구하였으나, 일본 측은 각 항목에 대한 보다 자세한 설명을 듣기를 희망하였다.

회 의 록

제 5차 한일회담 예비회담

일반청구권 소위원회 제 3차 회의 회의록

1. 시일 및 장소 단기 4293 년 12 월 10 일 오전 11 시 — 11 시 40 분
일본 외무성 회의실

2. 참 석 자 : 한국측 —

	유 창 순	수석위원
	문 철 순	대 표
	이 상 덕	대 표
	김 정 염	전문위원
	엄 영 달	전문위원
	최 광 수	보 좌 관
(옵서버)	정 일 영	전문위원
	이 수 우	보 좌 관

일본측 —

니시하라	(西原)	수석위원
요시다	(吉田)	부수석
우라베	(卜部)	대표
마에다	(前田)	보 좌
가네마쓰	(兼松)	〃
이구찌	(井口)	〃
사구라이	(櫻井)	〃
다마기	( )	〃
야나기야	(柳谷)	〃
이께베	(池部)	〃

3. 토의내용 :

(유 창순 수석위원은 토의개시 이전에 금반 새로히 착임한 이 상덕 대표와 김 정염 전문위원을 일본측에 소개하였다.)

유 창순 대표 — 본인이 약 4 주일간 귀국하였다가 돌아와 이자리에서 다시 여러분을 대하게된것을 매우 기쁘게 생각하는바이다.
특히 본인의 부재중에 본위원회의 의제의 실질에 관한 유익한 회의가 있었음은 더욱 반가운일이다.
재론할 필요도 없이 오늘 이곳에 모인 우리들은 상호신뢰와 협조의 정신을 가지고 본 일반청구권 문제가 공정히 해결되도록 최선의 노력을 다하여야할것이다.
근자에 와서 국가간에 상호접촉과 협조의 기회가 현저히 팽배하여 가고있는바 우리는 상호 협력을 통하여 양국간의 궁극적인 이익을 도모하지않으면 안될것이다. 본인이 재차 강조하고자하는것은 장래의 한일간의 경제협조의 성패여부가 본 회담에 임하는 일본측 대표 여러분의 태도여하에 달려있다해도 과언이 아닌것이다.
이제 한국측에서 우리의 대일청구권을 제시한 이상, 일본측이 이에대한 어떤 반응을 표시하여야할 시기라고 생각한다.
따라서 본인은 니시하라 대표로부터 우리 청구권의 일부나 또는 전체에 대한 어떤 반응을 듣고자 원한다.

니시하라 대표 — 이제 유 대표께서 말씀하신바와 같이 본인도 본일반 청구권 위원회의 주요목적의 하나가 한일간의 우호 협력관계를 촉진시키고자한는데 있는것으로 알고있다.
한국측에서 제시하신 8 개항목은 이미 제 1 차 회담 당시에 제시 되었던것이므로 우리도 이에대한 연구를 하여오던터이며 또한 귀측의 설명을 들은바도 있으나 아직도 그 내용을 정확히 알자면 한국측으로부터 설명을 더 들어야하겠다.

소위원회의 제 1 차 회의때에도 본인의 개인사정을 말한바 실은 제 2 차 회의시에는 본인이 참석하지 못하여 매우 미안하게 생각한다.

여러분이 아시는바와같이 방금 예산심의를 위한 의회의 특별회의가 개최중이여서 극히 바쁘다. 본인의 생각으로는 본 소위원회도 다른 위원회와 보조를 마추어 진행되어야한다고 생각하는데 어떻게 하였으면 좋을지 유 대표의 의견을 들었으면 한다.

유 창순 대표 - 본인도 부득이 곧 귀국치 않으면 안될사정인바 우리측에 관한한 본인의 부재중에는 문 철 순 대표나 또는 이 상 덕 대표가 본인을 대신하게 될것이다. 본인의 부재가 회의진행에 아무런 지장을 주지않을것이다.

니시하라 대표 - 그렇다면 우리측은 아마 오시다 부주사 나 우라베대표가 본인을 대신하게 될것이다.

지금 유 대표께서 8 개항목에 대한 일본측의 반응을 구하였으나 지 금 말한바와 같이 한국측의 설명을 좀더 듣고서 말하고자하니 설명을 먼저 하여주는것이 어떤가.

유 창순 대표 - 우리측이 이미 귀측에게 8 개항목 전체에 대한 전반적인 설명을 한이상 우선 귀측에서 이 청구권에 대한 어떤 전체적인 반응은 말할수있을것으로 생각한다.

니시하라대표 - 그 뜻은 알겠으나 8 개항목의 내용을 제세히 모르고서는 어떤 반응을 말할수는 없다. 만일 내용을 명확히 알지못하고서 반응을 표시한다면 오히려 후에 어떤 오해를 가져올수도 있지않은가.

유 창순 대표 - 그렇다면 어떤 특정한 항에대한 구체적인 질문을 행하겠는가.

니시하라대표 - 아직 그렇게 구체적인 질문을 제시하도록 준비가 되어 있지않다. 모르는점을 좀더 연구해서 질문하고자한다.

그러나 하나 예로서 질문을 한다면 제 1 항에 관한 제 1 차 한일회담 당시의 한국측 청구권 내역을 보면 한국으로부터 가져온 금괴 및 은괴의 반환을 청구한다고 되어있는데 이번 청구서에는 구 조선은행을 통하여 반출된 금괴 및 은괴의 반환을 요구한다고 되어있으니 어찌된것인가.

유창순 대표 — 본인이 아는바로는 그전의 8 개항의 제 1 항에는 금괴 및 은괴 이외에 문화재나 선박이 포함되어있었던것이나 이것이 선박소위원회와 문화재소위원회로 분리되었으므로 그렇게된것이다.

니시하라 대표 — 알겠다. 또 구 조선은행을 통하여 반출한것이라하였는데 이것은 *physically* 가지고왔다는것을 의미하는듯하나 우리는 그 대가를 지불하고 가지고온것이다.

유창순 대표 — 나로서는 우리측이 일본측이 지불하였다는 명목상의 대가를 일화로 환불할 용의가 있다고 생각한다. 이 것은 구 조선은행을 통하여 반출된 화폐금에 관한것으로 다른 지금과는 관련없는 이야기이다. 이 지금 은 구조선은행에 의하여 통화 발행준비금으로 매입되었던것이나 그후에 자취를 감추어 버렸다. 일본당국은 이 지금을 준비금으로서 조선은행 금고에 보관하였어야 할것이나 그렇게하지 않았던것이다.

니시하라 대표 — 지금 한국의 통화발행제도 및 통화재는어떤것인가.

유창순 대표 — 그것은 반듯이 금 준비를 필요를하는것이아니다. 그러나 이것은 여기서는 관계없는 이야기이다.

니시하라 대표 — 다만 참고로 물어보았을뿐이다.

유창순대표 — 본인은 오늘 여기나오신 일본대표단의 한분한분이 어느 특정한 문제에대하여 각각 책임을 가지고 있다고는 생각치 않으나

■■해도 ■떤 특정 항목에 대한 일본측의 반응이나 또는 그렇지 ■■■ 며 전반적인 반응을 표시해 주실수 없는가.

(여기서 일■■은 유창순 수석위원이 통역없이 영어로 회의를 진행하므로 일본 대표단 중에 이를 해득하지 못하는 사람이 있다하여 통역을 세울것을 원하여 관례에 따라 일본측 "이게베" 보좌관이 통역을 함.)

니시하라 대표 — 반복하는것 같으나 예컨데 지금 언급이 있은 지금, 지은 문제 같은것도 좀더 이에대한 재세한 질문이 있고 또 그것을 연구한 후에야 반응을 말할수있지 그전에는 무어라 말할수 없다.

유창순 대표 — 그러면 8 개항목 전체에 대한 전반적인 질문을 행하겠는가.

니시하라 대표 — 우리로서는 먼저 각항에 대한 한국측의 자세한 설명을 듣기를 원한다.

유창순 대표 — 우리의 걱정은 단른 위원회들이 상당한 정도로 진전을 보이고있다는것이다. 만일 본 청구권 위원회의 진행이 지체된다면 궁극적으로 비평을 면치 못하게 될것이다. 따라서 본인은 본 위원회의 의사를 촉진시킬것을 바란다.

니시하라 대표 — 본인도 다른 위원회의 진행사황을 들어 알고있으나 본위원회의 진행만이 유독 지연되고있다고는 보지않는다. 또 반응을 표시하라고하나 우리측이 아직 잘 모르므로 답을할수가 없는것이고 무리로 반응을 표시한다해도 오해를 이르킬우려가 있는 것이다. 그러니 먼저 내용를 잘 연구하는것이 어떨가한다.

유창순 대표 — 잘 알았다. 본위원회의 진행을 어떤면 특정항목에 대한 구체적 질문을 행한다는 방법으로 진행한다면 매우 지루한것이 되겠으므로 만일 일■측이 포괄적인 질문을 행한다면 이에 응할 것이■ 이렇게 ■■적 검토를하여 일본측이 논평을하여줄수있는가.

니시[illegible] 대표 — 8 개항에 대한 전반적인 질문을 하라는 말씀이나 실은 [illegible]자신도 그 내용을 잘 모르는것이므로 우리측 내부에서 상의한 뒤에 회답하도록하겠다. 달리 무슨 말씀하실것이 있는가.

유창순 대표 — 본인 내주 화요일 (12 월 13 일)에는 귀국하므로 그 이전에 본위원회를 한번더 개최함이 어떤가.

니시하라 대표 — 좋다고 생각하나 그 이전까지 포괄적인 연구를 할수 있을것같지않다.

유창순 대표 — 그렇다면 본인의 부재중에라도 회의를 하여도 무방하다.

니시하라 대표 — 기술적인 토의에는 수석위원이 꼭 참석하여야할 필요는 없을줄 안다.

유창순 대표 — 그러면 우리측에서는 문 철 순 대표가 책임을 지고 일본측과 연락하도록 하겠다.

니시하라 대표 — 그러면 우리측에서는 마에다 북동아과 과장이 책임지고 연락하되록 하겠다.

오늘은 이것으로 산회함이 어[illegible].

유창순 대표 — 좋다.

7. 제5차 한일회담 예비회담 제4차 일반청구권소위원회 회의록, 1961. 2. 3

한국 외교문서 718, 제5차 한일회담 예비회담 일반청구권소위원회 회의록, 제1~13차(1960-61)

1961년 2월 3일 개최된 제5차 한일회담 예비회담 일반청구권소위원회 제4차 회의 회의록이다.

제5차 한일회담 예비회담 한국청구권 위원회
일반청구권 소위원회 제4차 회의 회의록

1. 개최 일시: 단기 4294년 2월 3일 오후 3시 ── 3시 30분

2. 개최 장소: 일본 외무성 회의 실

3. 참 석 자 :

한국측 ─	이 상 덕	대표
	문 철 순	대표
	정 일 영	전문위원
	심 명 원	전문위원
	정 순 근	전문위원
	김 태 지	보좌관
(옵서버)	이 수 우	전문위원
	박 문 범	전문위원
일본측 ─	"요시다"(吉田)	부주사
	"우라베"(卜部)	대표
	"마에다"(前田)	보좌
	"사구라이"(櫻井)	보좌
	"다마오끼"(玉置)	보좌
	"혼다" (本多)	보좌
	"이데우찌"(井出)	보좌
	"이께베" (池部)	보좌
	"히사이찌"(久一)	보좌

2. 토의 내용

오시다 대표 -- 니시하라 수석대표는 오늘 바빠서 나오지 못하였기 때문에 내가 그의 대신을 할 것이다.

이상덕 대표 -- 우리측에서는 유창순 수석대표가 아직 도착하지 않았으므로 내가 대신 회의를 주관할 것이다. 본 위원회의 우리측 대표단에 정일영, 심명원, 김태지 제 위원이 새로 포함되었다.

오시다 대표 -- 유창순 수석대표는 언제 올 예정인가?

이상덕 대표 -- 내주쯤 올 것으로 생각한다.

오시다 대표 -- 청구권 문제는 대단히 복잡하므로 앞으로 이 문제의 토의를 어떻게 하여 나갈 것인지에 관하여 한국측 유창순 수석대표가 도착한 후 일본측의 니시하라 수석과 서로 비공식으로 협의하는 것이 좋을 것으로 일본측은 생각하고 있다.

이상덕 대표 -- 우리측 생각으로는 유창순 수석대표가 오기 이전이라도 회의를 빨리 진행시키고 싶다. 잘 아시다싶이 본 일반 청구권 소위원회는 이전에도 큰 진전이 없었는데 이는 유감스러운 것이다. 한국측으로서는 한일간의 제 현안문제가운데서 가장 중요하다고 생각되는 청구권문제가 조속하고 원활히 해결되어야 전체적인 문제의 해결에 도움이 될 것이라고 생각하고 있다. 따라서, ~~청구권문제에 관한 토의를 조속히 진행시키기 위하여~~ 한국측은 조속히 청구권의 항목별 토의에 들어 갈 것을 희망한다. 또한 항목별 토의에 있어서는 청구권의 내용이 복잡함에 비추어 필요에 따라 "워킹. 그룹"을 활용하여 나가는 것이 좋을 것이라고 생각한다. 다시 되풀이 하지만 우리측으로서는 유창순 대표가 이전이라도 조속히 회의를 진행시켰으면 한다.

오시다 대표 -- 한국측에서 지금 말씀하신 취지는 알겠다. 일본측도 한국측에서 희망하는 방향으로 회의를 진행시켜 나가도록 힘쓰겠다. 그러나 아까도 말한 바와 같이 청구권문제는 대단히 복잡하고 "데리케이트"한 것이기 때문에 유창순 대표가 도착한 다음 양측의 수석대표끼리 앞으로의 회의진행 방법에 관하여 비공식으로 토의하는 것이 좋을 것으로 생각한다.

이상덕 대표 -- 그러한 비공식 회의를 유[illegible] 수석대표가 오시[illegible] 이전이라도 갖도록 하자.

요시다 대표 -- 니시하라 대표와 의논해서 추후 연락하겠다.

이상덕 대표 -- 한국측으로서는 내주 적어도 1회 공식 회합을 갖기를 희망하며 그 이전에 나 자신이 니시하라 대표 혹은 다른 대표와 비공식 회의를 개최하였으면 한다.

요시다 대표 -- 니시하라 대표와 잘 의논해서 통보하겠다.

이상덕 대표 -- 나와 귀하라도 좋으니 만나도록 하여 보자.

요시다 대표 -- 그것에 관하여도 추후 연락하겠다.

(신문 발표에 관하여는 정순근 위원과 마에다 북동아과장이 !!일반 청구권 소위원회의 앞으로의 회의 진행 방법에 관하여 토의하였다.!!라고 할 것에 합의함.)

8. 제5차 한일회담 예비회담 제5차 일반청구권소위원회 회의록, 1961. 3. 8

한국 외교문서 718, 제5차 한일회담 예비회담 일반청구권소위원회 회의록, 제1~13차(1960-61)

1961년 3월 8일 개최된 제5차 한일회담 예비회담 일반청구권소위원회 제5차 회의 회의록이다.

양측은 대일강화조약 제4조에 관한 미 국무부 해석 내용을 3월 9일 대외 발표하기로 합의하였다. 일본 측은 한국 측이 앞선 회의에서 상세 설명한 대일 청구 8개 항목에 대한 사실 관계 확인을 위해 working group 구성을 희망하였으나, 한국 측은 이에 반대하고 바로 8개 항목에 대한 토의를 진행하기를 원하였다.

회 의 록

제 5 차 한일 회담 예비 회담 일반 청구권 위원회

1. 시일 및 장소 : 단기 4294 년 3 월 8 일 오전 11 시 - 12 시 20 분

2. 참 석 자 :

한국측 -	유 창 순		수석위원
	이 상 덕		대 표
	문 철 순		"
	심 명 원		전문위원
	정 일 영		"
	김 정 훈		보 좌 관
	진 필 식	(옵서 - 버)	대 표
	이 수 우	(")	전문위원
일본측 -	니시하라	(西原)	수석위원
	요시다	(吉田)	부 수 석
	우라베	(卜部)	대 표
	마에다	(前田)	보 좌
	이구찌	(井口)	"
	사구라이	(櫻井)	"
	다마기	(玉置)	"
	야나기야	(柳谷)	"

3. 토의 내용:

유창순 수석 위원 은 토의 개시전에 심(?)원 전문 위원 과 김정훈 보좌관 을 소개 하였음.

일본측 - 통역 을 내여주면 좋겠다.

한국측 - 전예 에 따라 일본측 에서 내여 주면 좋겠다.

한국측 - 과거 의 회담 경과 와 그 기록 을 보고 느낀것은 지난번에 한국이 제출한 8 개 항목 의 토의 를 진행 시키는 것으로 알고 있었으나 토의가 되지 않아서 실망 하였다. 그러나 최근 양국 의 수석 대표 끼리 의 합의 에 의하여 8 개 항목 을 본위원회 에서 토의 하게 된것으로 알고 있다. 이에 따라 본위원회 에서는 양국민 의 열망 에 응하여 이 의제 를 조속 히 토의 진행 하기를 희망 한다.

일본측 - 전번 회의 이래 별반 진전 이 없었는것은 사실이다. 그런대 일본측 은 평와 조약 4 조 B 항 에 관련된 1957 년 12 월 31 일자 의 US Memorandum 과 Agreed Minutes 를 공표 하려고 하는데 한국측 의 견해 는 여하 한가.

한국측 - 일본측 제의 에는 이의 가 없다. 나도 참석한 양국 수석 대표간 의 회합 에서 이의 발표 를 합의 한바 있으므로 이것 을 기쁘게 생각 한다.

일본측 - 공표 시일을 명 9일로 하면 어떨까가, 또 시간은 몇시면 좋겠는가.

한국측 - 한국측은 명 9일로 하되 특별한 시간을 생각 하지 않는다.

일본측 - US Memorandum 과 Agreed Minutes 의 발표에 따라 이에 관한 특별한 해석 또는 견해의 발표 용의는 없는가.

한국측 - 내생각으로서는 일본측에서 US Memorandum 등의 발표와 동시에 특별한 견해 또는 해석을 발표 하는것으로 생각 하고 있었는데.

일본측 - 나로서는 일본측이 특별한 무었을 발표할것이 없는것으로 알고 있으며 Fact Finding 에 관한것을 진행 시키므로서 그후에 법률 문제 및 US Memorandum 등에 관한 해석 문제를 하는것이 좋다고 생각 하고 있다. 그리고 Fact Finding 를 위하여는 Working Group 를 조직 하면 어떻겠느냐. 국회 관계로 인하여 불려 나가야 되고 하니 앞으로 몹시 바쁘다.

한국측 - 전에 우리가 Working Group 를 제안 한것은 Item by Item 로 토의 하다가 필요 하면 ~~필요 하면~~ Working Group 를 만들자는 것이다. 우리로서는 Fact Finding 에 들어가기전에 Discussion 을 진행 시키는 것이 좋을 것으로 확신 하고 있으며 단순한 Fact Finding 에만 많이 대하여서는 의문 으로 생각 한다.

일본측 - 이야기 한것 처름 나도 국회 들어가야 하며 앞으로 더욱 바쁘짐으로 Fact Finding 를 진행 시킴이 좋을 것이라고 본다. Fact Finding 이 어느정도 진행 된후에 법률 문제등 Discussion 을 하게 되면 나도 그때에는 참석 할수 있을것이다.

한국측 - 귀측이 말하는 Working Group 를 조직 하면 이것은 Standing Sub-Committee 가 되며 이는 이 위원회 에 대치 하게될 염려 가 있으니 특별한 의제 토의를 위하여 Ad-Hoc Committee 는 설치 하는것이 좋으나 일본측 이 말하는것 같은 항구적인 성질 을 갖인 Working Group 는 곤란 하다.

일본측 - 나자신 은 Working Group 조직 을 그렇게 어렵게 생삭 하지 않는다. Discussion 을 하기전에 Fact Finding 을 하면 좋겠다는 취지 로서 Working Group 조직이 어려운 문제를 포함 해서 곤란 하다면 이위원회 에서 해도 좋다.

한국측 - 일본측 대표 의 이야기 를 특별히 Working Group 를 조직 하지않고 이위원회 에서 직접 진행 시킨다는 것으로 해석 해도 좋으냐. 우리측 의견 은 필요 할때 Working Group 를 만드는것은 좋을뿐 아니라 청구권 의 복 [illegible]가하여 때로는 필요 하지만 본위원회 에 대신 할 Standing Sub-Committee 같은 Working Group 설치 는 곤란 하다는 것이다.

일본측 - 알겠다. 특별히 [illegible] 지 않으도 좋다. 그러나 본위원회 에서 취급 하드라도 Fact Finding 먼저 들어가고 그 후에 Discussion 에 들어 갓으면 좋겠다고 생각 한다.

한국측 - 니시하라 대표 의 말 에 의하면 8 개항목 을 Discuss 하는지 않는지 의문 이 된다. Fact Finding 만 하고 Discussion 을 않하자는 것은 곤란 하다.

일본측 - Fact Finding 해서 Discussion 을 전혀 하지 않는다는 의미 는 아니다. Fact Finding 하는 동안 에 자연히 Discussion 도 나올것이지만 내가 국회 에 많이 나가게 되는고로 자주 참석 할수 없음으로 가급 법률문제 같은것은 후에 하자는 의미 이다.

한국측 - 솔직히 말하여 일본측이 오늘 이석상 에서 US Memorandum 등 에 관한 견해 또는 해석 등을 하는 것으로 생각 하였는데, 그리고 양수석 대표간 에 US Memorandum 관 일반적 문제 토의에 관하여 언급한바 있음으로 일반적 문제 토의 도 있을것으로 생각 하였다.

일본측 - 양수석 대표간 에 General Discussion 의 토의 에 관하여서도 약간 의 합의가 되였다고 들었다. General Discussio을 취급할 필요는 있다. 그러나 여기서 시간 을 많히 허비할 필요는 없다. US Memorandum 에 관하여서는 한국측에서 무었이 있은것으로 생각 하였다.

한국측 - 일본측 대표가 General Discussion을 취급할 필요가

있으나 오히려 여기서 시간을 허비 [illegible] 있[illegible]는데
대하여는 찬성 이다. 우리들은 [illegible] 일[illegible]적인 토의만 하고
있었다. 우리들은 이를 길게 하지말고 8 [illegible]목 에 관한
실질적 토의 에 들어가기 바란다.

일본측 - US Memorandum 에 대하여 길게 이야기 할
필요 가 없다는 것은 최종 단계 에 이야기 될것으로 보기에
그렇게 말하였음으로 이것은 끝맞었다는 의미는 아니니
오해 없기를 바란다.

일본측 - 회의 진행 은 이정도 로 끝 이면 어떻겠느냐. 그리고 다음
회의 는 15 일 (수요일) 11 시 로 하는것이 어떻할까.

한국측 - 10 시 반 이 좋을것 같다.

일본측 - 그렇게 하자. 그리고 시문 발표 에는 :

(1) US Memorandum 은 명일 발표 키로 합의 하였다.

(2) 소위원회 토의는 실질적인 토의 에 들어간다.

(3) 내주 수요일 15 일 10 시반 에 본 소위원회 를 개최 한다.

이상 의 3 개 항목 의 결정 으로 발표 하자.

한국측 - 좋다. 그리고 일본측 의 이야기 를 명확히 하고저 하는데
Item by Item 로 토의를 진행 시키고
를 수반 시키도록 한다는 것으로 해석 한다.

일본측 - 각항목 토의 에 들어 가는 것으로 [illegible] 에 발표 하고 그리고
Fact Finding 를 진행 시키[illegible] General [illegible]scussion

도 들어 가게 되는 것으로 본다. 그리고 내가 없을 경우 에는 요시다가 수석 대리 를 하겠다.

한국측 - 내가 없을경우 에는 이상덕 대표 가 수석 위원 이 될것으로 양해 하라.

이 상

9. 第5次 한일회담 예비회담 第6次 일반청구권소위원회 회의록, 1961. 3. 15

한국 외교문서 718, 第5次 한일회담 예비회담 일반청구권소위원회 회의록, 第1~13次(1960-61)

1961년 3월 15일 개최된 第5次 한일회담 예비회담 일반청구권소위원회 第6次 회의 회의록이다.

이 회의에서 한국 측은 대일강화조약 第4조에 관한 미국의 견해 표명에 대해 입장을 밝혔다. 이어진 토의에서는 대일 청구 第1항목(지금, 은)에 대한 일본 측의 질의와 한국 측 답변이 이루어졌다.

번역

최근 여러 매체에 나타난 일본 당국의 발언에 따르면, 일본 당국은 일본이 과거 일본인이 소유했던 한국 내 재산의 처분의 유효성을 인정한 사실이 이번 위원회에서 논의될 예정인 한국의 대일 청구권에 영향을 미쳐야 한다는 생각을 갖고 있는 것으로 보인다. 그러나 매우 미묘한 방식으로 문제의 실체에 대한 독자의 공정한 의견을 왜곡시키는 경향이 있는 위에서 언급한 아이디어보다 이 위원회의 작업에 더 해를 끼칠 수 있는 것은 없다. 대일평화조약 초안이 공개되기 전에 한국 정부가 정리한 대일 청구권은 그 규모가 엄청났으며, 이는 일제 치하에서 한국 국민들이 오랜 기간 동안 많은 피해와 고통을 겪은 데 따른 당연한 결과였다. 그러나 한국 정부는, 일본이 평화조약, 특히 동 조약 제4조의 조항을 포함한 평화조약을 수락한다는 사실을 통보받았을 때, 일본이 과거 일본인이 소유했던 한국 내 재산에 대한 유효한 청구권이 없음을 인정한 점을 고려하여 일본에 대한 기존 청구권의 대부분을 포기하기로 결정하였다.

한국의 대일 청구권은 8개 항목으로 규정되어 1952년 제1차 한일 전면회담에 제출된 것으로서, 이는 원 청구권의 나머지 부분 중 최소한의 것에 불과하며, 따라서 일본이 '대일평화조약 제4조의 해석에 관한 미국의 견해 표명'을 수락한 것에 영향을 받을 여지가 전혀 없는 것이다.

회 의 록

제 6 차 일반 청구권 소위원회 (한일회담 예비 회담)

1. 시일 및 장소 : 단기 4294 년 3 월 15 일 오전 10 시 30 분 부터 12 시 55 분 까지

2. 참석자 :

	성명	직위
한국측	유창순	수석위원
	이상덕	대표
	문철순	〃
	정일영	전문위원
	심명원	〃
	김정훈	보좌관
	이수우	옵서-버 (전문위원)
	이향태	〃 〃
일본측	우라베 (卜部)	수석위원대리
	마에다 (前田)	보좌
	이구찌 (井口)	〃
	사구라이 (櫻井)	〃
	다마기 (玉置)	〃
	야나기야 (柳谷)	〃
	이께베 (池部)	〃
	수기다 (杉田)	〃
	혼다 (本田)	〃

3. 토의 내용 :

일본 수석 위원 대리 우라베는 니시하라 수석 위원은 국회 에 참석 중이며 요시다 차장 은 감기로 인하여 본위원회 에 참석 하지 못함을 통고 하였음.

한국측 - 8 개 항목 의 실질적 토의 에 들어감에 앞서 장래 에 있어서 대단히 중요 하다고 생각 되며 또한 최근 일본 신문 지상 에 8 개항목 에 대하여 오해 가 있는듯이 보도 되여 있음으로 몇가지 해명 을 하겠다.

According to the statements made by the Japanese authorities as have recently appeared on various publications, it seems that the Japanese authorities entertain an idea that the Korean claims against Japan, substance of which is now scheduled to be discussed at this Committee, should be affected when the fact (that Japan has recognized the validity of the disposition of properties in Korea formerly owned by Japanese) was taken into account by Korea. Nothing, however, can be more hazardous for the work of this Committee than the idea mentioned above, which, in a very subtle way, tends to prejudice the readers' fair opinion on the true picture of the issue. The original Korean claims against Japan as were compiled by the Korean Government before the disclosure of the draft of the Japanese Peace Treaty, were of an enormous magnitude, which was rather a natural outcome of the heavy damage and sufferings of the Korean people under the Japanese occupation for so many a year. When the Korean Government was informed of the acceptance by Japan of the Peace Treaty including in particular the provisions of Article 4 thereof, however, the Korean Government decided to waive most of her original claims against Japan in consideration of the fact that Japan recognized that she had no valid claims to properties in Korea formerly owned by Japanese.

The Korean claims against Japan which were defined in eight items and submitted to the first Over-all Korea-Japan Talks in 1952, are only of the minimum of the remainder of the original claims, and as such in no way to be affected by the acceptance by Japan of the "Statement of U.S. position on Interpretation of Article 4 of the Japanese Peace Treaty."

일본측 - 이것은 US Memorandum 발표 에 대하여 한국측 입장 을 밝혔는것으로 본다. 일본측 은 US Memorandum 에 관하여 일본측 입장 을 밝힐 준비 를 하지 않엇으니 다음 기회 에 미루겠으나 당장 한마디 한다면 지금 행한 발언 은 US Memorandum 전체 에 관한 이야기 가 아니고 그 일부 에 중점 을 두어 이야기 한것 갔다.

한국측 - 지금 내가 이야기 한것은 US Memorandum 의 일부 뿐만 아니라 전부 에 걸쳐서 이야기 한것이다.

일본측 - 청구권 위원회 를 성공리 에 진행 시키기 위하여 한일 양국 의 의견 의 대립 을 깊게 검토 하는 것을 피하고 싶다.

한국측 - 지금 단계 에서 어떠한 종류 의 해석 의 차이 에 의하여 본위원회 의 진행이 방해 되여서는 않된다는 것은 좋은 생각 이다.

일본측 - 지금 발언한 요지 를 우리들에게 문서 로 전하여 줄수 없겠는가.

한국측 - 좋다. 그렇게 하겠다.

일본측 - 어떠습니까. 이대로 회의 를 진행 시키면 좋겠읍니까. 또는 일본측 의 US Memorandum 에대한 입장 을 밝힌 후 회의 를 진행 시키면 좋을 까요.

한국측 - 좋다. 이대로 회의를 진행 시키자

일본측 - 작년 12 월 10 일 한국 의 청구권 8 개 항목중 제 1 항목 에 대하여 요시다 차장 이 질문 을 진행 시켰으나 조금 모르는 점이 있으니 질문 을 하겠다.
즉 조선 은행 에서 반출된 지금 과 지은 을 일본측 이 당시 지불한 금액 을 지불 하고 지금 지은 을 다시 갖어가겠다고 하였다. 이에 대한 법적 근거 를 모르겠다.

한국측 - 조선 은행은 당시 의 규정 에 의하여 통화 발행 을 위한 보증 준비 로서 지금 지은 을 준비 하기를 요구 받고 통화 가 발행 되였다. 그러나 일본 정부는 이지금은을 모조리 갖어가고 한국 은 종이만 갖이고 있다. 한국 은 아직 이 일본 은행권 을 갖이고 있다. 우리들은 일정한 금액 의 일본 은행권 을 보유 하고 있으나 우리들은 이와 같은 조직 에 의하여 우리들이 보유 하게된 일본 은행권 을 Redeem 하고저 한다.

일본측 - 지금은의 반환 과 일본 은행권 의Redeem 과는 별문제 라고 생각 한다. 통화 발행 을 위한 지금은과 일본 은행권 은 동일 한 액수 가 아니다. 조선 은행권이 발행 될때에는 그발행고 전액 에 대하여 지금은의 준비 가 필요 하게 된것은 아니다. 조선 은행법 제 22 조 1 항 에 보면 조선 은행권 은 금은과 일본 은행권 의 준비 로써 발행 하게 되여 있다. 이것은 통화 발행고와 지금은의 준비량 과 동일 하지 않는다는 것을 말하는 것으로 동액 의 지금은 을 다시 사들이겠다는 근거 를 잘 알수 없다.

한국측 - 일본 은행권 에 관하여 내가 이야기 한것은 발권

준비의 지금은 과 일본 은행권 의 관계를 이야기 한것이다. 그러나 이것은 일부에 지나지 않으며 일본정부가 지금은 을 반환 할 용의 가 있다면 우리들은 그당시 일본이 지불한 금액을 지불할 것이다. 내가 일본은행권 을 이야기 한것은 지금은과 조선은행권 과 의 지불 수단 관계를 이야기 한것 뿐이다. 일본 은 우리의 지금은 을 처리 하여 버렸다. 그후의 발행 준비는 일본 은행권 뿐이며 일본 은행권 은 지금은 을 대신 하였으며 이 일본 은행권 이 한국인 수중 에 있다. 발행준비를 위한 지금은 의 준비가 발행고의 몇 퍼 - 센트 가 되였던간에 화폐로서 가치를 유지 하는것은 이것뿐이며, 그러나 이것은 하나의 종이짝 에 지나지않게 되였다.

일본측 - 한국측 에서 이야기 한것처름 piece of papers 라고 하였는데 당시 의 조선 은행권 은 경제적 가치를 그대로 지니고 있었으며 이것은 piece of papers 아니라고 생각 하는 것이 좋을것이다.

한국측 - piece of papers 라고 한데 관하여 오해 가 있으니 이야기 한다. 이것은 한국 사람이 지니고 있는 일본 은행권 을 이야기 한것이니 오해 없기를 바란다.

일본측 - 지금은 반환 과 일본 은행권 청구는 [illegible] 되여야 한다. 귀하 의 이야기를 잘 모르겠다.

한국측 - 나의 이야기 는 즉 지금은 을 반환 하면 일본 은행권 에 대한 청구액 을 감한다는 것은 예시적 이야기 고 결국 전반적 청구 에 대하여 감할것을 고려 한다는 이야기 다.

일본측 - 우리로서는 귀하 의 이야기 에 대하여 Take Note 하겠다.

그리고 수석 에게도 이야기 하겠다. 우리로서는 그기에 대하여 어떻다 이야기 할수 없다. 어데까지나 지금은 반환 에 대한 법적 근거 에 대하여 이야기 하자. 그리고 조선 은행권 발행준비를 위하여 지금은 을 사들있다고 하는데 그러한가.

조선 은행법 제 17 조 2 항에 보면 지금은 의 매매 에 관하여 규정 되여 있다. 조선 은행 이 사들있다는 지금은 은 Reserve 만 위한것이 아니고 매매도 있었음으로 이점 오해 없기를 바란다.

한국측 - 우리들로서는 조선 은행 은 통화 발행 을 위한 외에는 지금 의 매매 는 하등 의 의의 가 없었다.

3

일본측 - 한국측 이야기 는 법률적 근거 가 아니고 그렇게 생각 하니 반환 하여 달라고 요청 하는 것 같다. 조선 은행 의 몇 퍼 - 센트 가 지금은 의 준비 로서 발행 되였으니 그 몇 퍼 - 센트 를 반환 하여 달라고 하면 또 이야기 할수 있는데 조선 은행 이 ~~조선 은행~~ 이 사들인 일본 은행권 에 대하여서도 동가격인 지금은 을 반환 하여 달라고 한것이 법적 근거 가 있는것인가.

한국측 - 그러면 질문 을 하겠다. 만약 조선 은행권 을 [illegible]
지금은 을 샀다면 조선 은행권 의 가치 는 무었인가.

일본측 - 유수석 은 은행가 이니 나로서 설명할 필요 가 없다고 본다.
이것의 대답 은 간단 하다고 생각 한다.

한국측 - 나로서는 상금 귀하 의 이야기 를 알지 못하겠다.
조선 은행권 으로서 금은 을 사고 그 조선 은행권 을
금은 및 일본 은행권 으로 가치 를 유지 하고 있었는데
왜 이것에 대한 청구 를 하지 못하겠느냐. 당시 의
지불 수단 인 일본 은행권 을 Redeem 하고저 하는데
이것이 그른가.

일본측 - 지금은 을 팔고 조선 은행권 을 받은 사람 은 그것으로
생활 을 하였으며 지금은 은 반다시 Reserve 하기위한
것이 아니므로 이의 반환 을 청구 할수 없다.

√ 한국측 - 다시 야기 하겠다. 우리들은 오늘날 일본당국이 우리들
에게 그렇게 하게 하였는 즉 지금은 을 사들이게한 지불수
단인 일본은행권 을 소지 하고 있다. 그 일본 은행권 으로써
한국인 이 물건 을 샀다는 것을 부인 하는것은 아니다.

금은 준비는 조선 은행권 발행 의 준비 보증 이다.
한국인 이 갖이고 있는 이 일본 은행권 이 어떻게 되여
한국인 이 소유 하고 있다는 것을 알고 있을 것이다.
우리들 은 이 화폐 의 가치 의 반환 을 요구 하는 것이다.

일본측 - 각항목 토의를 연결 시키지 말고 각 항목 토의를 진행 시키자.
제 5 항목 의 2를 이야기 하는것 같다. 지금은 의 반환에 관하여서는 아직 그 법적 근거를 모르겠다.

한국측 - 조선 은행 이 사들인 금은 은 은행권 발행 외 에는 없었다. 이 지금은 을 일본 이 갖이고 갔다. 우리는 생각 하기를 그러한 금 이라는 것이 보통 상품 과 는 다른 기능을 갖이고 있음으로 전부 일본 으로 갖이고 갔다는 것은 식민지 정책 의 표본 으로 생각 한다. 우리들 의 화폐 의 보증 인 지금은 이 우리들에게는 없었다, 우리들 은 Claims 에서 역사적 사실 을 고려 않을수 없다, 금은 자체 에 대하여서도 그러한 의미 에서 생각 해야된다. 일본 이 여러가지 법률 을 만들어서 한국 의 지금은 을 송두리체 갖어가는 입법 을 했다. 금집중 운동, 금헌납, 금사용 제한 등 이것이 전부 어떠한 필요가 있어서 했느냐 하는것을 이야기 할것 없이 금은 은 보통 의 상품 과 는 달리 하나 의 지불수단 의 기능 이 있는 까닭이다. 우리는 이러한 이야기 는 하구 싶지 않으나 당시 의 법 이 나온 역사적 사실 을 중요시 하며 식민지 정책 의 하나 로 본다. 하나 의 역사적 사실 로된 형식적 법률론 보다도 이 청구권 에서는 형평적인 입장 에서 이야기 해야 된다.

일본측 - 지금 이야기 로서 잘 알겠으며 금은 이 특별한 것으로 생각 하여야 한다는 것으로 본다. 더욱이, 형평적 으로 이야기

하자는데 에는 그 뜻을 잘 알겠다. 우리의 임무 로서 는 오늘 의 이야기 그리고 작년 12 월 10 일 의 이야기 로서 제 1 항 의 토의 는 대부분 이 된것 으로 본다.
단지 한국측 이 한 이야기 로써 식민지 정책 이라고 하였오 나 일본 본토 에서도 금 에 대하여 똑같이 그렇게 하였다면 이것은 식민지 정책 이 아니라고 본다.
이러한 것을 자주 이야기 할것을 한국측 에서도 피하기를 원하고 있으며 형평적 인 입장 에서 이야기 하자니 그 뜻을 잘 알겠다.

한국측 - 우리로서는 조선 은행법 제 22 조 에 의한것으로 확신 하고 있으며 현재 의 한일간 의 원칙 으로써는 형평 의 원칙 을 지적 하는 것이다.

일본측 - 강조 하는 점 에 대하여 잘 알겠다. 그외에 질문 이 없으면,

한국측 - Fact Finding 로서 우리측 이 갖이고 있는 지금은 반출 에 관한 수자 를 대조 하여 보면 어떻겠느냐.

일본측 - 나로서는 돌연히 그문제 를 처리 할수 없다.
니시하라 주사 에게 이야기 하겠으나 한국측 이 준다면 참고로 받겠다. 그리고 유 대표 가 이야기 한것을 우리들에게 적어 줄수 없겠느냐. 그리고 일차 매수요일 10 시 30 분 부터 이 소위원회 를 한다는 것으로 하는것이 어떻겠느냐.

한국측 - 좋다.

일본측 - 신문 발표 는 어떻게 하면 좋겠느냐.

즉 1) US Memorandum 에 대한 한국측 입장 의 설명 이 있었다.

2) 일본측 의 견해 표명 은 차기 에 하기로 하였다.

3) 지금은 에 관한 이야기 를 하였다.

는 정도로 하면 어떻겠느냐.

한국측 - 그정도면 좋다고 생각 한다. 그리고 US Memorandum 에 대하여 내가 이야기 한것은 신문 발표 를 위한것이 아니다. 이는 본소위원회 에서 설명 하기 위한 것이 였다. 신문 발표 에는 그정도 로 하여 쌍방 에서 1 명식 지명 하자. 그리고 제 1 항목 에 관한 법적 근거 에 대하여 차후 에도 발언 할 권한 을 Reserve 한다.

일본측 - 신문발표 는 그렇게 하자. 법적 근거 에 관한 발언 의 Reserve 도 좋다. 이에 관하여서는 우리도 이야기 할 것이 있을것이다.

12 시 55 분 에 끝임.

이 상

10. 제5차 한일회담 예비회담 제7차 일반청구권소위원회 회의록, 1961. 3. 22

한국 외교문서 718, 제5차 한일회담 예비회담 일반청구권소위원회 회의록, 제1~13차(1960-61)

1961년 3월 22일 개최된 제5차 한일회담 예비회담 일반청구권소위원회 제7차 회의 회의록이다.

일본 측은 지난 회의에서 (대일강화조약 제4조에 관한) 미 국무부 해석(견해 표명)에 관해 한국 측이 표명한 입장에 대해 반론을 펼쳤다. 이어 대일 청구 제2항목(조선총독부 채무)에 대한 일본 측의 질의와 한국의 답변이 이어졌다.

회 의 록

제 5 차 한일 회담 예비 회담 일반 청구권 소위원회
제 7 차 회의 회의록

1. 시일 및 장소: 단기 4294 년 3 월 22 일 오전 10 시 30 분 - 12 시 까지

2. 참석자 :

한국측 -	이상덕	대표 수석 위원 대리
	이천상	"
	문철순	"
	정일영	전문 위원
	심명원	"
	김정훈	보좌관
	황수영	자문위원 옵서 - 버
	이수우	전문 위원 "
일본측 -	요시다 (吉田)	대표 주사 대리
	우타베 (卜部)	"
	마에다 (前田)	보좌
	이구찌 (井口)	"
	사구라이 (櫻井)	"
	가네마쯔 (兼松)	"
	야나기야 (柳谷)	"

다마기 (玉置) "

혼다 (本田) "

수기야마 (杉山) "

이께베 (池部) "

수기다 (杉田) "

히사 이찌 (久一) "

3 토의 내용 :

회의 개시전 에 이천상 대표 및 황수영 전문 위원 을 소개 하였음.

일본측 - US Memorandum 에 대하야 전번 회의 에서 한국측이 의견 을 표명 한바 있으니 일본측 의 견해 를 이야기 하겠다.

그리고 지난 3 월 15 일 제 6 차 본 위원회 에서 유수석 위원 이 행한 Statement 와 17 일 에 일본측 에 전달 한 Gist 에 대하여 일본측 의 견해 를 표명 하겠다. (별모 송부한 발언 을 계속 함. 참조 : 한일 예회 3 월 24 일자 제 59 호)

한국측 - 이상 이야기 한것을 문서 로 줄수 없겠느냐.

일본측 - 차후 정리 하여 주겠다.

한국측 - 평화 조약 제 4 조 B 항 에 관하여 한국측 과 일본측 의 견해 차이 가 있음 을 잘안다. 지금 이야기한것을 서면 으로 받은후 Discuss 하겠다. 그러나 여기서 직각적 으로 한마디 이야기 하겠지 마는 일본측 이 재한 재산 을 처리 한것은 US Memorandum 을 수락 함으로써 비로소 포기 한것이 아니라 평화 조약 제 4 조 B 항 에 의하여 포기 한것이다. 일본측 은 평화 조약 제 4 조 항 에도 불구 하고 재한 재산 에 대한 청구권 이 있다고 함으로써 한일 회담 이 진섭 못하였다가 US Memorandum 에서 확인 된것에 불과 하고 평화 조약 당초 부터 이미 없었던 것이다. 1952 년 2 월 에 제시된 우리의 8 개 항목은 평화 조약 제 4 조 B 항 에 의하여 일본측 의 재한 재산 청구 가 없는 것으로 생각 하여 제출 되였다.
그후 에 US Memorandum 이 나왔으나 우리의 청구권 에 새로운 변동 이 없는 것은 당연 하다. 일본측 에서 말 하기를 1952 년 2 월 에 제출한 8 개 항목 은 유일 하고 정식 으l 대일 청구권 이고 8 개항목 이전 에 한국측 이 생각 한것은 별개 문제 라고 하며 재한 재산 에 대한 일본 의 청구권 이 8 개 항목 에서 고려 되여야 한다는 것은 이상 의 경위 에 비추어 맞찌 않는 이야기 다. 문서 가 입수 되면 검토 한후 에 더 이야기 하겠다.

일본측 - 일본측 견해중 제삼 점 에 관한 고려 문제는 양국 의 교섭 에 의하야 결정 지울 문제 라는 검에 대하여 는 언급 이 없는데 일본측 의견 에 이의가 없다는 것으로 생각 해도 무방 한가.

한국측 - 아니다. 문서로 주면 검토 하여 대답 할것이다.

일본측 - 그러면 이문제 는 이정도 로 하고 8 개 항목중 제 2
항 에 들어가자.

한국측 - 좋다. 전번 회의 때 한국측 에서 보낸 지금은 반출량
에 관한 수자 는 받었는지.

일본측 - 요시다 차장 은 상금 도 보지 않았으나 틀림 없이 받었다.
제 2 항목 의 일본 정부 의 대일 총독부 채무란 무슨
의미 냐. 어떠한 의미냐. 즉 국가 계승 의 문제 같은
기본적 의미 를 들었으면 좋겠다.

한국측 - 과거 에 설명 을 가한바 있고 8 개 항목 을 제출할때에
Memo 에 적어준데에도 있지만 채권 성 에 대한
채무 가 주로 된다. 그리고 1945 년 8 월 9 일 이후
일본인 이 군정 법령 33 호 를 위반 하여 재산 이동 한
것을 일본정부 에 추궁 하는 것이다.

일본측 - 총독부 채무 의 변재란, 가령 일반 회계, 특별 회계 에
궁하여 총독부 회계 전체 에 관한 이야기 같기도 한데
지금 설명한 이야기 로서는 어떠한 성질 의 것이냐
하는 것을 잘 모르겠다.

한국측 - 우리가 제출한 설명서 외 에 총독부 채무 로서 다른것은
더 생각 하고 있지 않다. 그래서 포괄적 으로 이야기
하는것 보다 하나 하나 세목 에 들어가면서 이야기 하자.

일본측 - 그렇다면 구[illegible] 으로 여기[illegible]는것이 좋으나 좌우간 이것은 총독부 채무 라는 이야기 인가.

한국측 - 그렇다.

일본측 - 그렇다면 여기 에 예거된 되로 질문 하겠다. 우편 저금 에 대한 채권 을 이야기 하여달라.

한국측 - 체신관계 전문 위원 이 오게 되여 있으나 오지 않으서 나 의 설명 이 불충분 하면 다음 에 보충 하겠는데 이것은 결국 우편 과초금 을 청구 하는것이다. 그당시 한국 의 우편 과초금 은 모다 일본 대장성 에 집중 되였다. 내용 은 우편 저금, 우편 환금, 위채, 체신 관청 의 세입금, 체신 서업 의 수입금등, 수입과 지출 의 차액 을 과초금 으로 하여 대장성 에 집중 되였으며 이것을 청구 하는것이다.

일본측 - 조금 모르는 점 이 있다. 우편 저금 은 체신성 의 일 로서 총독부 에 의탁 되였으며 말하자면 체신성 이 하는 일 을 총독부 가 의탁 받으서 한일인데 이점 에 대하여 어떻게 생각 하느냐.

한국측 - 그관계 에 관하여서는 조사 하겠으나 좌우간 군정청 에 의하야 우리에게 이양 된 채권 이라는점 은 마찬가지다.

일본측 - 그렇다면 일반적인 채권 채무는 [illegible]언정 총독부의 채권 채무는 되지 않는다. 이것은 이[illegible]로 놔두고 우리가 알기로서는 우편 저금과 진체저금은 알겠으나 위체 저금이란 무엇이냐.

한국측 - 인쇄의 잘못일것이다. 우편 위체의 말이다.

일본측 - 1953 년의 제 2 차 회담에서 우편 저금의 과초금으로서 14 억이 계산 되여 있는데 현재도 그런가.

한국측 - 우리측에서 제시 한것인가.

일본측 - 1953 년 5 월 28 일의 Aid Memoire 로서 제출 되였다.

한국측 - 확인 하여 보겠다.

일본측 - 지금 이야기 한것은 우편 저금의 과초금으로서 이야기한것이 옳은가.

한국측 - 옳다.

일본측 - 우리들의 생각으로서는 총독부의 채무로서 좀 이상하다. 우리들도 연구 하여 보겠다. 그리고 총독부의 채무란 종전 당시의 것인가.

한국측 - 그렇다.

일본측 - 그 금액 에 대하여서는.

한국측 - 금액 에 있어서는 쌍방 의 장보 가 있음으로 별반 출립 이 없을것으로 생각 한다.

일본측 - 우편저금 은 이정도로 하고 당시 대장성 에서는 과초금 을 받아드려 이를 환원 융자 하여 공공 사업 을 하였다. 그리고 이러한 저금 은 총독부 의 채무 가 아니고 대 개인 과의 문제 라고 생각 하는데 어떻게 생각 하느냐.

한국측 - 개인 의 문제가 될수 없다.

일본측 - 국채 내지 채권 은 체신부 관계 로서 청구 하느냐.

한국측 - 그렇다. ?

일본측 - 어떠한 형태 를 갖이고 있었나. 등록 국채 가 아닌가.

한국측 - 내가 아는한 에서는 등록 국채 이다.
간이 생명 보험 은 특별 회계 로서 그적립금 과 여유금 으로 국채 를 매입 하고 또 대장성 의 예금부 에 예금 되였다.

일본측 - 그렇다면 예금부 에 예금 된 금 액 을 청구 하는 것인가.

한국측 - 그렇다.

일본측 - 우편 저금 , 간이보험 에는 한국 에 있었는 일본사람도 많이 가입 하고 있었는데 여기에 대하여서는 어떻게 생각 하느냐.

한국측 - 그것은 군정령 33 호 에 의하여 귀속 되였다.

일본측 - 일본 에 있었든 한국인 이 우편 저금 또는 간이 보험 에 가입 하고 있었는데 여기 에 대하여서는 .

한국측 - 다음 항목 이 그에 해당 될줄안다.

일본측 - 잘 알겠다. 오늘 은 이정도로 하고 다음 계속 하자. 신문 발표 는 전과 여히 참사관 과 마에다 보좌 에게 일임 하자.

한국측 - 좋다. 다음 회기는 역시 다음 수요일 10 시 30 분
부터 하자.

일본측 - 좋다.

이 상

12 시에 끝남.

11. 일반청구권소위원회에 관한 청훈의 건, 1961. 3. 24

한국 외교문서 718, 제5차 한일회담 예비회담 일반청구권소위원회 회의록, 제1~13차(1960-61)

제5차 한일회담 예비회담 일반청구권소위원회 제7차 회의 시 행해진 일본 측의 발언 요지에 대해 우리 측이 반박할 내용을 본부에 청훈한 문서다. 일본 측 발언 요지가 첨부되어 있다.

번역

3월 22일 청구권소위원회 제7차 회의에서의 요시다 주사 대리 발언 요지

일본 측은 3월 15일 개최된 본 소위원회 제6차 회의에서 한국 측 유창순 수석위원이 낭독한 진술 및 이후 3월 17일 한국 측이 제출한 진술의 요지를 신중하게 검토하였습니다.

일본 측으로서는 이 진술서에서 한국 측이 제기한 여러 문제를 포함하여 한국 측의 청구권 주장에 대한 일본 측의 법률적 견해는 추후 적절한 기회에 수시로 밝힐 생각입니다만, 우선 본 건과 관련하여 다음과 같이 그 견해를 말씀드리고자 합니다.

1957년 12월 31일 주일미국대사가 일본 외무대신에게 통보한 '미국의 견해 표명'에 따르면,

(1) 일본이 평화조약 제4조 b항에 의해 재한 일본재산의 처리의 효력을 승인한 것은 제4조 a항에 규정된 특별협정의 고려에 'relevant' 하다,

(2) 평화조약의 기초를 작성한 자는 한국의 청구권이 재한일본재산의 귀속 변경으로 인하여 어느 정도 충족된 것은 분명하지만, 평화조약 중에 해결을 규정하기에는 충분한 사실도, 또한 적용될 수 있는 충분한 분석도 가지고 있지 않다고 생각했기 때문에 이러한 문제를 모두 관계국 간의 협정에 맡겼다는 점 및,

(3) 이 특별협정은 한국이 재한일본재산을 취득함으로써 어느 정도까지 한국의 대일청구권이 소멸 또는 충족되었다고 인정할 것인지에 대한 결정을 포함해야 한다.

가 명시되어 있습니다.

이는 일본이 재한 일본재산의 처리의 효력을 승인함으로써 어느 정도까지 한국의 대일청구권이 소멸 또는 충족되었는지는 한국 측이 일방적으로 결정할 사항이 아니라 한일 간의 교섭에서 결정되어야 한다는 것을 의미하며, 이 범위에 대한 결정이야말로 본 소위원회의 가장 중요한 임무 중 하나입니다.

이 점은 지난 회의에서 우라베 주사대리가 "유 수석위원의 발언은 '미국의 견해 표명'을 전체적으로 보신 후의 발언이라기보다는 그 일부에 특히 중점을 둔 발언으로 보인다"는 취지로 이미 지적한 바 있습니다.

애초에 한국 측의 8개 항목의 대일청구는 평화조약 발효 전인 1952년 2월 21일에 한국 측에 의해 제시되었으며, 이 '미국의 견해 표명'의 일부는 처음에는 같은 해 4월 29일 미국 국무장관이 워싱턴 주재 한국대사에게 통보한 것이지만, 1차에서 3차에 걸친 한일회담에서 청구권 문제에 관한 일본과 한국의 법적 견해가 근본적으로 대립하고 그것이 하나의 큰 원인이 되어 이들 회담이 모두 실패로 끝났기 때문에 한일 양국이 조속히 우호 관계를 수립하기를 열망한 미국으로부터 한일 양국이 이를 기초로 우호적으로 청구권 문제를 해결하고 한일회담을 성공리에 이끌 수 있도록 하기 위해 일본 측에 제시된 것임을 한국 측도 잘 알고 있습니다.

한국 정부는 1957년 12월 31일에 서명된 합의의사록 제4항에서 한국도 상기 '미국의 견해 표명'과 같은 의견임을 확인하였습니다.

또한 일본 정부는 1957년 12월 31일의 구상서에 의해 위의 '미국의 견해 표명'을 기초로 재한일본재산에 대한 청구권 주장을 철회한 것입니다.

한 가지 더 말씀드리고 싶은 것은 지난번 본 소위원회에서 유 수석위원이 한국 측이 애초 매우 방대한 대일청구 원안을 작성하였으나, 일본이 구재한일본재산에 대한 정당한 청구권이 없음을 인정한 점을 감안하여 구재한일본재산을 훨씬 상회하는 금액을 차감한 후, 8개 항목의 대일청구로 제1차 회담에서 제출했다고 말씀하셨으나, 일본 측으로서는 한국 측이 제1차 회담에 제출한 8개 항목만을 한국 측의 유일한 공식적인 대일청구권으로 간주하고 있으며, 따라서 이 8개 항목만이 애초부터 교섭의 기초가 되었다고 생각하는 것입니다.

이상과 같은 '미국의 견해 표명'의 표현, '미국의 견해 표명'이 제시되게 된 경위, 한국이 '미국의 견해 표명'과 일치하는 의견임을 확인한 사실, 그리고 '미국의 견해 표명'을 근거로 일본이 재한 재산에 대한 청구권 주장을 철회한 경위에 비추어 볼 때, 1960년 11월 10일 열린 본 소위원회 제1차 회의에서 한국 측이 제출한 '한국의 대일청구요강'에 기재된 8개 항목의 청구권이, 일본이 재한일본재산 처리의 효력을 승인한 것에 의해 당연히 영향을 받아야 함은 분명합니다.

「극비」

한일 예회 제 59 호

단기 4294 년 3 월 24 일

제 5 차 한일 회담 예비회담

수석 대표 대미 김 윤 근

외 무 부 장 관 귀 하

「사본」

일반 청구권 소위원회 에 관한 청훈 의 건

머리의건, 3 월 22 일 일반 청구권 소위원회 제 7 차 회합 에서 표명된 일본측 Position 에 관하여 별첨문 과 같은 Gist 를 입수 하였음으로 자이 송부 하오니 사수 하시기 바라오며, 본건 취급 에 관하여 다음과 같이 청훈 하오니 가부를 조속히 지시 하여 주시기 바라나이다.

기

1. 차기 일반 청구권 소위원회 에서 (3 월 29 일) 일본측 주장 을 반론 함이 좋을듯 생각 되는데 귀견 여하 이며,
2. 반론 의 요지는 별첨안 과 같이 함이 좋을듯 사료 하며 또 일본측이 문서 로서 Gist 를 요구 할때에는 수교 하여도 무방 하다고 생각 하는바이며,
3. 3 월 22 일 일본측 이 별첨 Gist 내용 의 발언 을 하였을 당시, 경과 보고 에도 언급 (참조: JW-03131) 한바와 같이 일본측 Gist 를 입순한후 검토 하여 이야기 하겠지만, 직각적 으로 한마디 하겠다고 전제 하고 일본 의 대한 청구권 이라는것은 1957 년 12 월 31 일 의 US Memorandum 을 수락 함으로서

비로서 포기 한것이 아니라, 평화조약 제 4 조 B 항 에서 포기 된것이다. 최초 부터 우리는 일본 의 청구권 포기를 고려 해서 8 개항목만 제출 하였음으로 US Memorandum 에 의해서 8 개 항목이 영향 을 받지 않는다는것은 당연한 일이다. 라고 반박 하였으나 그러한 고려 는 한국 이 일방적 으로 할것이 아니라 한일간 교섭 에 있어서 결정 될것이며 이 Extent 의 결정 이야말로 본소위원회 의 가장 중요한 임무 의 하나 라는 일본측 주장 에는 언급 하지 않었읍니다. 이것은 앞으로 중요 한 문제가 파생 될 염려가 내포 하고 있는 문제 라고 짐작 됨으로 이점 을 여하히 반론 할것이나 에 관하여 기히 동일자 전보 로서 청훈 한바 있아온데 차기 3 월 29 일 회합 에는 부득불 답변 을 요하는 입장 이오니 이상 사정 참작 하시고 별첨안 과 같은 반박 을 할이 여하 하오리까가 청훈 하는 바입니다.

별첨: 아측의 반박안

이 상

사본

3 월 22 일 에 개최된 제 7 차 본 [illegible] 에서
일본측 은, 제 6 차 소위원회 에서 한국측 이 진술한 1957 년
12 월 31 일 자 " 대일 평화 조약 제 4 조 해석 에 관한 미국
정부 입장 에 대한 미국 각서 " 에 관한 의견 에 대하여
오지 다음과 같은 주장 을 행하였다.

즉 일본측 은,

1. 한국 의 소위 8 개 항목 대일 청구권 은 1952 년 2 월 21 일
에 일본측 에 제출 되였다.

1. 일본 은 1957 년 12 월 31 일 에 비로소 재한 구 일본 재산 에
대한 청구권 주장 을 철회 한것이며 언이나 이러한 철회 는
동일자 상기 미국 각서 가운데 여하한 청구권 철회가 한국
의 대일 청구권 을 어느 정도 소멸 시킨것이라는 것을 기초
로 행해진것이다.

1. 일본 의 재한 재산 청구권 철회 로 어느 정도 한국 의 대일
청구권이 소멸 되었는가 하는것은 한국측 이 일방적 으로가
아니라 한일 양국 의 교섭 에 의하여 결정 되여야 한다.

1. 한국측 이 일본측 에 정식 으로 제출한 청구권 주장 은 오로지
상기한바 1952 년 에 제출된 8 개항목 뿐인고로 재한 구 일본
재산 에 대한 청구권 주장 철회 를 고려할 한국 청구권 의
대상 은 해 8 개 항목 청구권 뿐이다.

일본측 의 주장 의 요지 는 상술한것으로 이해하고 있는 한국측 은
다음 과 같은 모순 을 지적 한다.

1. 첫째 일본 정부는 재한 구일본 재산 을 상기 각서 를 수락 한

1957 년 12 월 31 일 에 비로소 [illegible] 하여 포기 한것이
아니라 재한 일본 재산 은 재한 미군정청 [illegible] 하여 1945 년
8 월 9 일부로 귀속 소유 되였고 1948 년 9 월 11 일자
재정 급 재산 에 관한 한미간 최초 협정 에 의하야 한국 에
소유가 이양 되였으며 일본은 여차한 일본 재산 의 처분 을
1951 년 9 월 8 일 에 조인 된 상항 평화 조약 에서
Recognize 하였던 것이다. 이에도 불구 하고 일본 이 재한
재산 에 대한 청구권 을 평화 조약 조인 후에도 계속 주장
한것은 전기 미국 각서 에서 보듯 상기한바 재한 미군정청 이
행한 소위 귀속 명령, 한미간 의 재산 이양 협정 및 평화
조약 제 4 조 B 항 의 "용어, 이유 및 의도 와 상치
되는것 " 이였다.

1. 전기한 미국 각서는 평화 조약 제 4 조 의 해석 에 관한것이지 해 각서 자체가 어떤 새로운 합의 를 조출 시킨것도 아니고 조출 시킬수도 없었던 것이다.

1. 한국측 은 1952 년 2 월 21 일 에 일본측 에 대하야 8 개항목 청구 를 제출 함에 있어 평화 조약 에서 확정된바 재한 구 일본 재산 의 한국 귀속 이라는 사실 에 대하야 충분한 고려 를 행한것으로 이러한 고려 의 사실은 한일회담 이때 일본측 에 대하여 설명 되였던 것이며 특히 일본측이 말하는 평화 조약 발효전 8 개항목 제출 운운 은 타당한 법률적 견해 로 생각 할수 없다.

1. 재차 지적 하겠거니와 전기 미국 각서는 단순히 평화 조약 해석 에 관한것으로 동 각서 수락 은 한국 의 8 개항목 대일 청구권 자체 에 하등 의 영향도 미치지 않는것이다.

1. 재한 구 일본 재산 의 한국 귀속 [illegible] 의 전반적 인 대일 청구권을

어느 정도 만족 시켰는가 [illegible]것은 [illegible]일 양국 에 의하여 교섭 되여야 할 문제 이라는 점 에 대하여는 이견 을 갖지않는다. 그러나 상술한바와 같이 한국측 은 1952 년 에 소위 8 개항목 을 일본측 에 제출함에 앞서 충분히 이를 고려 한것으로서 1957 년 12 월 31 일 전기 미국 각서 수락 에 제하야 행해진 한일간 합의 의사록 에 보듯 일본이 8 개항목 의 한국 청구 를 해결 하기 위하여 성의것 오의 할것을 동의 한것은 전기 한바와 같은 경위 를 일본이 이미 양승 한것으로 한국측 은 이해 하여 왔다.

1. 결론 으로서 8 개 항목 자체는 재한 일본 재산 의 한국 귀속 에 의한 영향 을 받을 성질 의 것이 않임 을 재차 주장 하는 바이다.

이 상

3月22日請求権小委員会第
7回会合における吉田主査代
理の発言要旨

日本側は、3月15日に開かれた本小委員会の第6回会合において韓国側劉彰順主査が読み上げられたステートメント及びその後3月17日に韓国側から提出された右ステートメントの要旨を慎重に検討いたしました。

日本側としては、このステートメントにおいて韓国側が提起せられた諸問題を含み、韓国側の請求権の主張に対する日本側の法律的見解は、後日適当な機会に随時これを明らかにして行く所存でありますが、とりあえず、本件に関して次のとおりその見解を申し述べたいと思います。

1957年12月31日に在本邦米国大使より日本国外務大臣に対し通報された「米国の見解の表明」によれば。

(1) 日本が平和条約第4条b項により在韓日本財産の処理の効力を承認したことは、第4条a項に定められている特別取極の考慮に「

relevant である」こと、

(2) 平和条約の起草者は、韓国の請求権が在韓日本財産の所属変更によりある程度満たされたことは明らかであつたが、平和条約中に解決を定めるためには十分な事実も、また、適用される法理論の十分な分析も持ち合わせているとは考えなかつたので、これらの問題を全く関係国間の取極に任せたこと、及び、

(3) この特別取極は、韓国が在韓日本財産を取得したことによつてどの程度まで韓国の対日請求権が消滅しまたは満たされたと認めるかについての決定を含むべきこと

が明記されております。

これは、日本が在韓日本財産の処理の効力を承認したことにより、どの程度まで韓国の対日請求権が消滅しまたは満たされたかは、韓国側が一方的に決定すべきことではなく、日韓間の交渉において決定さるべきであるということを疑いもなく意味するものであり、この extent

の決定こそまさしく本小委員会の最も重要な任務の一なのであります。この点は、前回の会合において卜部主査代理が、「劉主査の御発言は、『米国の見解の表明』を全体として御覧になつた上での御発言というより、その一部に特に重点をおかれての御発言のように思われる」旨述べて、すでに御指摘申し上げたところであります。

そもそも、韓国側の８項目の対日請求は、平和条約の効力発生前の１９５２年２月２１日に韓国側によつて提示せられ、この「米国の見解の表明」の一部は、最初は同年４月２９日米国国務長官からワシントン駐在の韓国大使に通報せられたものでありますが、第１次から第３次に至るまでの日韓会談において、請求権問題に関する日本と韓国との法律的見解が根本的に対立し、それが一つの大きな原因となつて、これらの会談がいずれも不成功に終つたため、日韓両国が速やかに友好関係を確立することを熱望した米国より、日韓双方がこれを基礎として友好的に請求権問題を解決し、日韓会談を成功裡に導くことを可能ならしめるために、更めて日本側に提示されたものであることは、韓国側もよく御承知のとおりであります。

韓国政府は、１９５７年１２月３１日に署名された合意議事録の第４項において、韓国も上記の「米国の見解の表明」と同意見であることを確認しておられます。

また、日本政府は、１９５７年１２月３１日の口上書によつて、上記の「米国の見解の表明」を基礎として在韓日本財産に対する請求権主張を撤回したのであります。

なお、もう一点特に申上げたいことは、前回の本小委員会において、劉主査が韓国側は当初非常にぼう大な対日請求原案を作成したが、日本が旧在韓日本財産に対し正当な請求権を有しないことを認めたことを考慮して、旧在韓日本財産をはるかに上廻る額を差引いた上、８項目の対日請求として第1次会談に提出したと述べられましたが、日本側としては韓国側が第1次会談に提出された8項目のみを唯一、正式の韓国側の対日請求と見做しており、従つて、この8項目のみが当初より交渉の基礎であつたと考えるものであります。

以上のような「米国の見解の表明」の言辞、「米国の見解の表明」が提示されるに至つた経緯、韓国が「米国の見解の表明」と同意見であることを確認された事実、および、「米国の見解の表明」を基礎として日本が在韓財産に対する請求権主張を撤回した経緯に鑑みれば、1960年11月10日に開かれた本小委員会の第1回会合において韓国側が提出された「韓国の対日請求要綱」に掲げられている8項目の請求が、日本が在韓日本財産の処理の効力を承認したことにより、当然影響をうけるべきことは明らかであります。

12. 재산청구권 문제에 관한 미 국무성 각서에 관한 정부의 입장 훈령의 건, 1961. 3. 29

한국 외교문서 718, 제5차 한일회담 예비회담 일반청구권소위원회 회의록, 제1~13차(1960-61)

1961년 3월 24일 자 한국 대표단의 청훈에 대한 본부 훈령을 전달하는 전문이다.

외 무 부 정 무 국

발 신

발신번호: WJ-037/1(?) 2

발신일시: 95

수신인: 한일 회담 수석 대표

발신인: 장 관

담 당	과 장	국 장	차 관	장 관	결 재

건명: 재산 청구권 문제에 관한 미 국무성 각서에 관한 정부의 입장 표명의 건.

상기 전문으로 청훈하신 미 국무성 각서 해석 문제에 대한 우리 정부의 입장을 다음과 같이 천명합니다.

문제의 미 국무성 각서에서 표시된바와 같이 일본의 대한 청구권 (Japanese Claim against Korea)은 1952년 4월 28일에 발효한 대일 평화 조약 제 4조에 의하여 일본에 그러한 청구권이 없다는것이 확인되었던것이다. 다시 말하면 일본의 대한 청구권 자체가 최초 부터 존재하지 않는다는것을 분명히 한것이며 이러한 법 이론의 근거는 연합국이 전 일본 점령지에 관하여 취한 "완전한 비 일본화" 라는 기본 정책에 있는것이다. 미 국무성 각서는 대일 평화 조약 제 4조에 대한 해석으로서 미국 정부가 한일 양 정부에 제출한것인데 동 각서도 역시 상술한것과 같은 해석을 하였으며 일본도 1957년 12월 31일자로 이를 승인하였다. 이러한 승인의 사실은 어디 까지나 일본이 서명한 평화 조약 제 4조에 대한 해석의 내용을 승인한 것으로서 결코 형성권적 성질을 갖는것이 아니라 기존 사실의 확인에 불과한것이므로 1957년 12월 31일에 비로소 어떤 권리 의무가 발생 또는 소멸한것은 아니다.

당초 한국이 일본에게 재산 청구권을 행사 할때 평화 조약 제 4조에 의하여 일본의 대한 재산 청구권이 없어졌다는 사실을 충분히 고려하여 방대

외 무 부 정 무 국

발 신

발신번호:

발신일자:

수신인:

발신인:

담당	과장	국장	차관	장관	결재

한 각종 청구권 중에서 극히 중요한것 내지 사법상의 채무 변제의 성질을 가진것만을 택하여 8개 항목으로 추려 제출하였던것이다. 그러함에도 불구하고 일본측이 전기의 8개 항목을 소위 일본의 "대한 청구권 포기" 와 관련시켜 "상쇄" 운운한다는것은 어불성설 이며 일본이 끝 까지 동 주장을 고집한다면 한국측으로서는 당초에 생각하였던 방대한 청구액을 제출하는수 밖에 없다. 그러나 이렇게 된다면 양국간의 교섭에 있어서 문제를 복잡화 하는 결과가 될것이다. 그런 고로 일본으로서는 한국 정부가 제출한 8개 항목의 청구권에 대하여 항목 별로 그들의 견해를 밝혀주어야 할것이다.

한국이 일본의 대한청구권이 없어졌다는 사실을 고려했다는 것은 한국의 8 개항목 청구가 Restitution 에 속하는것이고 Reparation 에 속하는 것은 포함되어 있지 않은것을 보더라도 분명하다. 일본측이 "청구액상쇄의 문제는 한국이 일방적으로 정할 문제가 아니고 회담에서 교섭에 의하여 결정할 문제라" 운운한것은 회담의 조속하고 원만한 진행을 지연시키려는 의도에서 나온것이라고 생각할수 밖에 없다.

끝으로 지난 3 월 22 일에 개최된 일반청구권 위원회 제 7 차 회의에서 일본측은 "한국측의 8 개항목 대일청구는 평화조약 효력발생 이전인 1852 년 2 월 21 일에 한국측에 의하여 제출 되었으며 "일본의 대한청구권이 없다는점을 고려하였다"는 한국측

외 무 부 정 무 국

발 신

발신번호:

발신일시:

수신인:

발신인:

담당	과장	국장	차관	장관	결재

설명이 마치 사실과 다르다는 뜻의 발언을 하였는데 동 평화조약은 1951 년 9 월 8 일에 이미 연합국제국과 일본간에 서명되고 동 조약 4 조 b 항에 의하여 일본의 대한청구권이 없어졌다는 내용이 확정 되었으며 1952 년 2 월 21 일에 한국측이 " 8 개항목의 대일청구 " 를 제출할때에는 이미 동 조약의 내용을 충분히 고려에 넣었다는것을 지적해 두는바이다.

추기 : 본건에 관하여 참고로 다음 사항을 알려 드립니다.

1. 1957 년의 " 김 용 식 – 나가가와 " 회담에서 한국측의 " 이니시아팁 " 에 의하여 문제의 미국무성구서를 받았다.
2. 1956 년 8 월에 서울에서 열린 한국정부측과 Dowling 전 주한미 대사 와의 회담에서도 Restitution 의 성격을 갖인 전술한 8 개항목은 아무런 제한을 받지 않는다는 양해가 성립 되었었다.

13. 제5차 한일회담 예비회담 제8차 일반청구권소위원회 회의록, 1961. 3. 29

한국 외교문서 718, 제5차 한일회담 예비회담 일반청구권소위원회 회의록, 제1~13차(1960-61)

1961년 3월 29일 개최된 제5차 한일회담 예비회담 일반청구권소위원회 제8차 회의 회의록이다.

한국 측은 일본 측이 지난 회의에서 행한 반론에 대해 본부 훈령을 토대로 재반론 〈한국의 8개 항목 청구는 reparation(배상)이 아닌 restitution(반환) 요구〉하였다. 이어 대일청구 제2항목에 대한 토의가 계속되었다.

회 의 록

제 5 차 한일 회담 예비회담 일반 청구권 소위원회
제 8 차 회의

회의 개시전 에 김학천 및 홍윤섭 전문위원 을 소개 하였음.

한국측 - 전번 회의 에서 행한 일본측 Statement 에서 표명된 일본측 Legal Position 에 대하여 한국측 입장 을 밝히 겠다고 본부 훈령 에 따라 발언함.
(참조: 3 월 27 일자 본부 전문 WJ -03182 호 및
3 월 30 일자 한일 예회 제 63 호)

일본측 - 문서 를 입수한후 이야기 하겠으나 몇가지점을 이야기 하면 한국측 주장 은 전과 다름 없다고 생각 되는데 어떤 의미 에서는 예상 이상 으로 강조 되여 있는 인상 을 받었다.
Reparation 이라는 말 이 나왔는데 이것도 문제 가 많은 말 이며 요전 에도 이야기한 제 3 점 " thus the special arrangements between Korea and Japan would encompass determination of the extent"

에 대하여서는 전혀 언급 이 없으니 이해 하기 곤란 하다.
앞으로 8 개항목 의 내용 을 구체적 으로 검토 하여 명백히 하겠지만 이회담 의 목적 자체가 한국 의 일방적 인 요구 에 의하여 결정 되는것이 아니라 쌍방 의 협의 에 의하여 결정 된다는것을 강조 하고 싶다.

한국측 - 그점 에 대하여서는 지금 이야기한 가운데 언급 되여 있는 것으로 생각 한다.

일본측 - 어쨌든 한국측 의 서류 를 받고 이야기 를 하겠다.

한국측 - 항목별 토의 를 계속 하는것이 좋겠다. 전번 에 내가 이야기 한것 가운데 미심한점 이 있으면 질문 하라.

일본측 - 위체 저금 에 관하여서는 Print Miss 인지 모르며 전문가 가 오면 회답 하겠다고 하였는데 이야기 하여 달라.

한국측 - 오전번 회의 때 대답한것과 같이 Print Miss 며 우편 위체 이다.

일본측 - 국채 및 저축 채권 에 관하여 국채 는 알겠으나 저축 채권 을 체신부 가 갖이고 있었다고 하는데 이것은 예금 으로 맡어 갖이고 있었는지 자금 운영용 으로 갖이고 있었는지.

한국측 - 일본 은행 및 일본 권업 은행이 원리금 의 상환 대금 을 공급 하기 위하여 우편국 에 자금 을 보내 왔는데 이자금 이 공급되지 않은체 때불 된것이다.

일본측 - 과초금 및 간이 생명 보험 수자는 1953 년 Aid-Memoire 에 나온 14 억 수자 말이냐 하는 질문 을 하였는데 이에 대하여 조사가 되었는가.

한국측 - 확실한것은 이야기 할수 없으나 일본측이 말한 수자와 크다란 차이 가 없다.

일본측 - 후일 상세 한것을 알려 주기 바란다. 대장성 예금부 에서는 이돈 을 받고 한편 상당액 을 환원 융자 하였는데 이에 대하여 어떻게 생각 하는가.

한국측 - 전번 회의때 이에 관하여 이야기 한것으로 기억 하는데 법령 제 33 호 에 의하여 일본인 재산 을 인수 하였으나 그 부채 는 인수 하지 않었음으로 이문제 에 대하여서는 더 이야기 할 필요 가 없다고 생각 한다.

일본측 - 이문제 는 채권 채무 가 서로 연결 되여 있음으로 채권 은 없어지고 채무만 남게 되여 있어 양분 하여 생각 하는 것은 상식적 으로 이해 하기 곤란 하다. 이문제 는 앞으로 구체적 으로 연구 하겠지만 개별적인 문제 에 있어서 채권 채무 는 서로 분리 할수 없는것이라고 생각 한다.

그러면 다음 항목 을 하자. 전번 체신관계 를 이야기 하였는데 해외 위체 저금 및 채권 에 관하여 이것이 무엇인지 이야기 하여 주었으면 좋겠다.

한국측 - 이것은 한국 이외 의 일본 관할지역 에 거주 하던 많은 한국인 이 귀국시 가지고온 위체 증서, 저금 통장, 채권 증서 등 에 의하여 체신관서 에 신고 된것을 [illegible] 하는 것이다.

일본측　일본서 가지고 간것인가.

한국측 - 일본 본토, 화태, 남양군도 또는 일본의 점령지대 에서 가지고 온것이다.

일본측 - 본토 뿐인가 또는 만주중국 등도 포함 되어 있는가.

한국측 - 일본 체신성 의 사업이 미치는 관할 지역 전체이니 만주 또는 중국도 포함 된다.

일본측 - 우편저금 만인가.

한국측 - 우편저금, 진체 저금, 우편 위체 등과 그리고 그 사람들이 가지고 온 국채, 채권 도 포함 되여 있다.

일본측 - 이것이 총독부 채무 로 되여 있는데 총독부 에서 접수 한것인가.

한국측 - 체신부 는 총독부 조직안 에 있었기 때문에 편의상 이것을 총독부 채무 로 하였다. 그리고 8 월 9 일 이라고 한것은 8 월 9 일 현재 및 8 월 9 일 이후 의 것으로서 총독부 정치 가 계속된 기간중의것을 포함 한다.

일본측 - 언제까지 총독부 정[illegible] 가 계속 되였는가.

한국측 - 미군 진주 가 9 월 25 일 [illegible]였는데 그후 10 월 중순 까지 계속 된데도 있으니 10 월 중순 까지도 포함 되여 있는 것이였다.

일본측 - 해외우편 저금 은 지불 된것이냐.

한국측 - 지불 하지 않었다.

일본측 - 지불 하지 않은것을 청구 하는것은 이해 하기 곤란 하다.

한국측 - 그 지불자금 을 청구 하는것이다.

일본측 - 한국내 의것 은 계속 지불 되여 있었나.

한국측 - 그렇다.

일본측 - 우편저금 은 총독부 가 일본정부 의 의탁 을 받어서 사무취급 한데 불과 하므로 이것을 총독부 의 채무로서 청구 하는것은 이해 하기 곤란 하다.

한국측 - 같은 이야기인데 한국 체신부 는 일본 체신성 의 지접 성격 을 가지고 있었으나 조선 총독부 조직안 에 포함 되여 있었으므로 이상 총독부 채무로서 청구 하는것이다.

일본측 - 구일본 영토내외 지역별 액 등 알고 있는가.

한국측 - 알고 있다.

일본측 - 차후 에 그내용에 관한 자료 를 받을수 있는가.

한국측 - 좋다.

일본측 - 우리측 으로서는 총독부 채무 로서 보다 개인 의 청구권 이 아닌가 생각 하고 있는데 이것은 후일 에 미루고 앞으로 계속 하자. 연합군 총사령부 포고령 제 3 호 에 의하여 접수된 한국 청구권 은 무었인가.

한국측 - 간단히 말하면 체신부 의 미달 계정 이다. 8 월 9 일 이후 체신 관계 거래는 그대로 계속 되었다. 그후 포고령 제 3 호 에 의하여 대외 금융 거래 가 중지 되였다. 이로 인하여 우리들은 해외로 부터온 Voucher 를 가지고 있었으나 지불을 하지 못하였다. 이지불 자금 을 청구 하는것이다.

일본측 - 그것은 한국내에서 해결 할 문제 가 아닌가.

한국측 - 해외 에서 위체 증서 가 왔는데 자금 결재가 중단 된 까닭에 지불 못한것을 말한다.

일본측 - 그것이 어떻게 총독부 채무 가 되느냐.

한국측 - 총독부 채무 토서는 별도로 하더라도 체신부 관계 채무 라고
생각 하면 이해가 갈것이다.

일본측 - 모두 해외로 부터 의 이야긴가.

한국측 - 그렇다. 증서, 통장 및 Voucher 는 가지고 있으나 자금
영달 이 않된것을 청구 한다.

일본측 - 제 2 항은 법령 2 호에도 관련 이 되는가

한국측 - 법령 2 호 에도 관련 된다.

일본측 - 좌우간 해외로 부터 의 위체 송금 을 이야기 하는것인가.
해외 지역별 액수 를 알고 있는가.

한국측 - 그렇다. 액수 를 알고 있다.

일본측 - 다음 을 계속 하자. 1945 년 8 월 9 일 이후 일본인 이 한국
내 각은행 으로 부터 예금 을 인출 하였다는것은 이해가 가나
그것이 어떻게 총독부 채무 가 되느냐. 8 월 9 일 이라는
일자 에도 의문 이 있다.

한국측 - 총독부 채무 라는것은 분류상 포활적 으로 분류 한것이다. 1945 년
8 월 9 일 에 일본 이 포스담 선언 을 수락 하였고 법령 제 2
호 및 33 호 는 8 월 9 일 이후 일본인 의 재산 [illegible] 을 금지
하였다.

그런데 1945 년 8 월 9 일 이후 총독부 는 일본인 의 예금
인출 을 무제한 허용 하므로서 미군이 진주 하기 까지
약 1 개월 내에 지폐를 배로 난발 하였다. 이는 한국 경제
를 혼란과 파탄 에 모라 넣는 계기 가 되였다. 우리는
이러한 총독부 의 조치 에 대하여 행정적인 책임을 묻는바
이며 또한 인출된 예금 의 환원 조치 를 요구 하는것이다.

일본측 - 잘 이해 못하겠다. 예금 인출은 무제한 허용 하였다고 하는데
일본인 이 자기가 예금한 금액 범위 내에서 인출 하는것은
개인 의 권리 가 아닌가.

한국측 - 우리들은 여기에서 개인적인 문제 를 이야기 하는것이 아니고
어대까지나 국가대 국가 의 청구권 을 말하는것이다.

일본측 - 우리는 총독부 의 행정적 책임 이라는 것이 무었인지 잘모르겠다.

한국측 - 법령 제 2 호 와 33 호 에 있는것과 같은 타당한 조치 를
총독부 가 취하지 않았음을 이야기 하는 것이다.

일본측 - 개인적인 일본인 의 생활비, 인출도 그러한가.

한국측 - 그것은 어대까지나 개인적인 문제 이며 우리들은 군정 법령
에 의하여 요구 하는것이다.

일본측 - 군정법령 제 2 호 에서도 생활비 인출은 인정 한것으로
보는데 어떻게 생각 하느냐.

한국측 - 이것은 어디까지나 개인 문제 이며 개인문제 를 여기 에 결부
하지 않는것이 좋겠다.

일본측 - 행정 책임 은 별개 의 문제 로 하더라도 대부분 이 살기 위하여
예금 을 인출 하였고 군정청 도 이 생활비 인출 을 묵인 하였다.
물론 일부분 은 법위반 도 있었겠지만 대부분 이 그러하다.
그리고 미군정청 당국 에서도 어느정도 예금 인출 을 묵인 한
것 이라면 청구 할수 없는 것이 아닌가.

한국측 - 행정 책임 문제 는 우리로서 견해 가 다르다. 생활비는 개인 에
관한 문제 로 8 월 9 일 이후 대한 민국 에 귀속 되였음으로
생활비 문제 와는 관련 이 없다.

일본측 - Vesting Decree 에 관하여서는 차차 이야기 하겠으나
Vest 는 미군에 의하여 Vest 된것이다.
내가 알기로서는 미군이 비인정적인 처리 를 하지 않은것으로
알고 있으며 생활비 의 인출은 미군정청 이 묵인 한것으로
알고 있다. 그리고 일본인도 생활비 이상 으로 다액 을 인출
하지 못하였을것이다. 어쨌든 법령 제 2 호 및 3 호 는 미군
에 대하여 Vest 된것으로 생각 하는데.

한국측 - 미군 에게 Vest 되였다고 하는 점 은 무었이냐.

일본측 - 물론 그후 한미 협정 에 의하여 한국 에 Vest 되였으나
재한 일본인 재산이 동결과 동시에 한국 의 소유 로 되지
않었다. 한미 협정 에서 어떤것이 이양 되였는지 그내용
을 알고 싶다. 그리고 만약 예금 인출에 관하여서 행정적인
책임이 있으면 미군 이 기히 요청 했을것으로 본다.
더욱이 일본인 의 재산 동결이 8 월 9 일 에 통고 되리라고
예상 하였으면 몰라도 종전 약 1 개월후 에 미군이 진주 하여
통고 하였다.

한국측 - 재한 일본 재산 을 소급 동결 귀속 시킨 군정 법령 의 입법 취
지 에 비추어 생활비 도 예외 가 될수 없다.

일본측 - 앞에서도 말한바 있는 이생활비 인출 은 미군정당국 에서 묵인
하였고 법령 2 호 에 의하면 생활비 인출 이 허용 된것으로
안다. 그리고 생활비 인출에 관하여서는 1946 년 2 월
은행지령 제 6 호 에 의하여 귀국자 는 1,000 환 을 인정
받었다.

한국측 - 개인적인 문제는 여기서 문제가 되지 않는다. Equity 의
입장 으로 볼때 종전 직후 그로 인하여 발행고 가 배가 되
여 한국 경제 가 혼란 에 빠지게 된것을 당연 하다고 생각
하는가.

일본측 - Equity 문제는 전체적 문제로서 논할수 있[illegible]만 이 소위원회 의 Terms of Reference 가 아니다. 이소위원회는 사실 관계, 법률 관계를 조사 검토 하는것이 위임 사항 으로 알고 있다.

한국측 - Item by Item Discussion 에 있어서도 역사적 사실 을 고려 하지 않을수 없다. 그렇다면 미군정청이 재한 일본인 재산 을 8 월 9 일 로 소급 하여 귀속 시킨것은 무었을 의미 하느냐.

일본측 - 이문제 는 검토 하여 다음 회의때 대답 하겠다. 요컨데 예금 의 인출은 대부분이 생활비 라는 것을 이야기 하고 싶다.

한국측 - 개인 의 생활비 문제를 관련 시킬 필요는 없고 국가 와 국가 와 의 청구권 문제로서 군정법령 33 호 에 의하여 이야기 하는것이다.

일본측 - 전쟁 종결시에는 어느곳에서도 이러한 일 이 있으며 이것은 생활비 라는것을 의미 하는것 뿐이다. 그리고 지금 이야기한 미군 으로 부터 인계 받은 내용 에 관하여 우리에게 서류 를 줄수 없겠는가.

한국측 - 한국 에 양도된 재산 목록 을 여기서 제출할 필요는 없다고 본다.

일본측 - 만약 에 우리가 지불할것을 지불한다고 [illegible]하더라도 재한 일본인 재산 의 처분 경위와 그내용 을 국민 에게 [illegible] 하지 않고서는 납득 시키기가 어려우므로 재산 목록 의 제출 이 [illegible] 하다.

한국측 - 우리가 누차 이야기 한것 같이 당초 방대한 청구권[illegible] 생각 하였으나 이러한 일본 의 재한 재산 을 접수[illegible]것을 고려 하여 8 개 항목 만 을 내였으며 1957 년 12 월 [illegible] 일 의 Agreed Minutes 에서도 8 개 항목 해결 을 위하여 토의 하게 되여 있다. 이문제는 여기서 관련 시킬 필요 가 없다고 본다.

일본측 - 미군이 평화 조약 에 의하여 재미 일본 재산 을 몰수 하였을때 에도 그 명세서 를 받았는데 한국측 의 의도 를 알수 없다. 우리로서는 구체적 으로 조사 할수 없으니 미군 으로 부터 이양 받을때 상태 가 어떠한 것이냐 뭇는것은 당연한 것 으로 보고 있으며 재한 일본재산 을 포기 한것이라고 하며 라도 그 내용 을 알려 주는것은 우호적인 입장 에서 국제 간 의 상예 이다. 일본 의 재한 재산 의 대한 청구권 이 있다는 것이 아니고 사실 확인 으로서 얻고자 하는 것이다.

한국측 - 이 문제 는 8 개 항목 이 토의 된후 에 하는게 좋겠다.

일본측 - 오늘 은 이정도 로 하자.

한국측 - 좋다.

일본측 - 다음 회기는 수요일 로 정하자.

한국측 - 4 월 5 일 이 우리들 의 공휴일 이니 목요일 로 하자.

일본측 - 목요일 하오 3 시 에 하자.

한국측 - 좋다.

일본측 - 신문 발표 는 항목 을 넣고 발표 하자.

한국측 - 좋다. 우리가 행한 Statement 를 넣고 발표 하자.

일본측 - 좋다. 토론 은 토론 이니 문제를 해명 하기 위하여 듯기 싫은 이야기 가 있더라도 서로 이해 하자.

한국측 - 잘 알겠다.

12 시 40 분 종료 이 상

3월 29일 제 8 차 일반 청구권 소위원회 에서 행한 한국측 의 발 언 요 지

문제의 미국무성 각서 에서 표시된바와 같이 일본의 대한청구권 (Japanese Claim Against Korea) 은 1952 년 4 월 28 일 에 발효한 대일 평화 조약 제 4 조 에 의하여 일본에 그러한 청구권 이 없다는 것이 확인 되였던것이다. 다시말하면 일본의 대한 청구권 자체가 최초부터 존재 하지 않었다는것을 분명히 한것이며 이러한 법이론 의 근거는 연합국이 전일본 점령지에 관하여 취한 "완전한 비일본화" 라는 기본 정책 에 있는것이다. 미국무성 각서는 대일 평화 조약 제 4 조에 대한 해석 으로서 미국정부가 한일 양정부 에 제출 한것인데 동각서도 역시 상술한것과 같은 해석 을 하였으며 일본도 1957 년 12 월 31 일자 로 이를 승인 하였다. 이러한 승인 의 사실은 어디까지나 일본이 서명한 평화 조약 제 4 조 에대한 해석 의 내용 을 승인한 것으로서 결코 형성권적 성질 을 갖는것이 아니라 기존 사실 의 확인 에 불과 한것이므로 1957 년 12 월 31 일 에 비로서 어떠한 권리 의무 가 발생 또는 소멸 한것은 아니다. 당초 한국이 일본 에게 재산 청구권 을 행사 할때 평화 조약 제 4 조 에 의하여 일본 의 대한 재산 청구권 이 없어 졌다는 사실 을 충분히 고려 하여 방대한 각종 청구권 중에서 극히 중요한것 내지 사법상 의 채무 변제의 성질 을 갖인것만을 택하여 8 개항목 으로 추려 제출 하였던것이다. 그러함에도 불구 하고 일본측이 전기의 8 개항목 을 소위 "일본 의 대한 청구권 포기" 와 관련 시켜 "상쇄" 운운 한다는것은 부당 하며 일본이 끝까지 동주장 을 고집 한다면 한국측 으로서는 당초 에 생각 하였던 방대한 청구액 을 제출 하는수 밖 에 없다.

그러나 이렇게 된다면 양국간 의 교섭 에 있어서 문제를 복잡화 하는 결과 가 될것이다. 그런고로 일본 으로서는 한국정부가 제출한 8 개항목 의 청구권 에 대하여 항목별로 그들의 견해 를 밝혀 주어야 할것이다. 한국이 일본 의 대한 청구권 이 없어졌다는 사실 을 고려 했다는것은 한국의 8 개항목 청구 가 Restitution 의 성질 에 속하는 것이고 Reparation 의 성질 에 속하는 것은 포함 되어 있지 않은것을 보더라도 분명 하다. 일본측 이"청구액 상쇄 의 문제는 한국 이 일방적 으로 정할문제 가 아니고 회담 에서 교섭 에 의하여 결정할 문제다" 운운 한것은 회담 의 조속하고 원만한 진행 을 지연 시키려는 의도 에서 나온것이라고 생각 할수 밖 에 없다. 끝으로 지난 3 월 22 일 에 개최된 일반 청구권 위원회 제 7 차 회의 에서 일본측 은 "한국측 의 8 개항목 대일 청구는 평화 조약 효력 발생 이전인 1952 년 2 월 21 일 에 한국측 에 의하여 제출" 되였으며 "일본의 대한 청구권 이 없다는점 을 고려 하였다"는 한국측 설명이 마치 사실 과 다르다는 뜻의 발언 을 하였는데 동 평화 조약 은 1951 년 9 월 8 일 에 이미 연합국 제국과 일본간 에 서명 되고 동 조약 4 조 B 항 에 의하여 일본의 대한 청구권 이 없어졌다는 내용 이 확정 되였으며 1952 년 2 월 21 일 에 한국측 이 " 8 개 항목 의 대일 청구 " 를 제출 할때에는 이미 동조약 의 내용 을 충분히 고려 에 넣었다는것을 지적 해두는 바이다.

이 상

14. 제5차 한일회담 예비회담 제9차 일반청구권소위원회 회의록, 1961. 4. 6

한국 외교문서 718, 제5차 한일회담 예비회담 일반청구권소위원회 회의록, 제1~13차(1960-61)

1961년 4월 6일 개최된 제5차 한일회담 예비회담 일반청구권소위원회 제9차 회의 회의록이다.

일본 측은 제8차 회의에서의 한국 측 재반론에 대하여 원래 한국은 reparation(배상)을 청구할 수 있는 입장이 아니었다고 주장하였다. 일본 측은 또한 미군정령 제33호의 효력이 미치는 공간적, 시간적 범위에 대해서도 한국이 1945년 8월 9일 이후의 조치에 대한 반환을 요구하는 것은 문제가 있다고 주장하였다.

이어 양측은 대일청구 제3항목(1945년 8월 9일 이후 한국으로부터 이체 또는 송금된 금원의 반환)에 관해 토의하였다.

1. 시일 및 장소 : 단기 4294 년 4 월 6 일
하오 3 시 부터 - 4 시 50 분
일본 외무성 회의실

2. 참석자 명:

한국측 -	이상덕	대표	수석 위원 대리
	이천상	〃	
	정일영	〃	
	김학천	전문 위원	
	홍윤섭	〃	
	김정훈	보좌관	
	황수영	자문 위원	(옵서 - 버)
	이수우	전문 위원	〃
	김상석	수행원	〃

일본측 -	요시다	(吉 田)	대표	주사 대리
	우라베	(卜 部)	〃	
	마에다	(前 田)	보좌	
	이구찌	(井 口)	〃	
	사구라이	(櫻 井)	〃	
	가네마쯔	(兼 松)	〃	
	야나기야	(柳 谷)	〃	
	다마기	(玉 置)	〃	
	혼다	(本 田)	〃	
	수기야마	(杉 山)	〃	
	이께베	(池 部)	〃	

회 의 록

제 5 차 한일 회담 예비 회담 일반 청구권 소위원회
제 9 차 회의

일본측 - 전번 회의 에서 한국측 이 행한 Statement 에 대하여 이야기 하겠다고 하면서 하기 참조 문서 를 낭독 하였음.
(참조: 단기 4294 년 4 월 7 일자 한일 예회 제 66 호 별첨 일본측 Statement)

한국측 - 지금 이야기 한것을 서면 으로 받을수 있겠는가.

일본측 - 좋다.

한국측 - 서면 을 보고 검토 한후 에 이야기 하겠으나 한가지 이야기 하겠다.
일본 은 1957 년 12 월 31 일 US Memorandum 의 수낙 으로 재한 재산 을 포기 했다는 종래 의 주장 이 변경 된것인가.

일본측 - 종래 의 견해 에 변경 이 없다.

한국측 - 서면 을 보고 이야기 하겠다.

일본측 - 그러면 다음 항목 에 들어가도 좋으냐. 1945 년 12 월 6 일 에 발포된 군정법령 33 호 의 해석 에 관하여 일본측 의 의견 을 하기 참조 문서 내용 으로 발언 하였음.
(참조: 단기 4294 년 4 월 7 일자 한일 예회 제 66 호 [illegible] 일본측 Statement)

한국측 - 지금 일본측 견해를 들었다. 군정령 33호의 일자에 대하여는 우리측은 다른 견해를 가지고 있으나 지금 일본측의 발언은 기 이야기고 법률적 문제이기 때문에 문서를 주면 검토후에 우리측 견해를 이야기 하겠다.

일본측 - 대단히 중요한 문제이다. 문서를 주겠다. 다음 계속 하자. 전번 토의한 예금 문제도 일자 문제와 관련이 많으니 이것은 보류 하고 다음 문제로 넘어 가자. 국고금의 근거가 없는 세출금 즉 무실 세출금 이란 그 의미가 무엇인가.

한국측 - 일본측 번역이 어떻게 되었는지 몰라도 종래 수입된 국고금은 일본 은행으로 보내고 세출에 있어서는 일본 은행으로부터 자금을 가지고 와서 지출 하였다. 그런데 1945년 8월 9일 이후 국고금은 그러한 자금 조치 없이 지출 되였다. 다시 말하면 조선 은행이 대불 한것을 청구 하는것이다.

일본측 - 총독부의 국고금을 말하는것인가. 일본정부의 국고금을 말하는것인가.

한국측 - 양측을 모두 포함 한다.

일본측 - 미군이 진주 할때 까지 조선 총독부의 사무는 인정 하고 있는것이므로 그지출은 일응 유효 하다고 생각 하는데 그점에 대하여서는 어떻게 생각 하는가.

한국측 - 8월 9일 이후 에는 군정 법령 에 의하여 동결 되었는데 지출 되었다.

일본측 - 점령군 이 점령 행정 을 할때 까지 총독부 가 행한 활동 에 대하여 부당 한것은 군정청 이 그 책임 을 추구 하였다고 생각 하는데 이것은 그 부당 지출 로서 책임 을 추구받은것을 말 하는것인가.

한국측 - 요컨데 일본 은행 에서 자금 이 와서 지불 된것은 문제 가 아니지 마는 자금 이 오지 않고 지불 된것을 이야기 하는 것이다.

일본측 - 총독부 가 8월 9일 이후 점령군 이 와서 현실적 으로 책임 을 면할때 까지 그기관 의 세출 은 일본 의 국고금 을 사용 하지 않었다는것을 의미 하는것인가.

한국측 - 8월 9일 이후 일본 육해군 관계 종전 처리 지출 이 상당히 많었는데 이러한 지출 에 있어서는 일본 은행 에서 자금 조치 가 있어야 하나 자금 조치 가 없었고 또 총독부는 세입 을 초과 해서 지출 하였는데 이것을 포함 한다.

일본측 - 문제 는 군관계 지출과 총독부 관계 지출 을 두가지 로 나누어 지는데 총독부 자체 지출은 세입 초과분이 있어을찌 모르나 이런것은 어느 나라 에서도 보통 있을수 있는 일이며 특히 혼란 한 시기 에 있어서는 부득히 한것으로 생각 한다.

한국측 - 우리는 그렇게 생각 하지 않는다.

일본이 포츠담 선언 을 수낙한 이상 미군이 진주 할때까지 일본인 재산 은 현상 대로 진주군에게 넘겨 주어야할 입장 에 있으메도 불구 하고 정권 이 계속 되는 동안 에 자금 조치 없는 지출 을 함부로 했고 심지어는 종정 처띠비 명목하에 또는 관리 월급 을 6 개월 분 을 지출 하였다. 이러한것은 타당 한 조치 라고 볼수 없다.

일본측 – 원칙적 으로 이야기 하면 8 월 9 일 이후 9 월 까지 점령 의 시차 는 있으나 현실적 문제 로서 그러한 행정 은 사실 존재 하였고 그때 어떠한 지출 을 하였는지 모르나 그지출 내용 은 미군정청 이 요구 하여 부당 한것은 처벌 당한 일도 있었다고 듣고 있다. 따라서 지출 자체는 부득히 한것으로 현재 그것을 청구 하는 근거 로는 되지 않는다고 생각 하는데.

한국측 – 법적 으로는 위에서 말한바와 같고 조리상 으로 보아서도 부득히 한 지출 이라 하지마는 부득히 한것이 아니고 부당 한것이다.

일본측 – 우리들도 부족한점 이 있었다고는 생각 하나 그러한 청구 라고 할까, 질권 이라고 할까 그러한것을 미군 이 접수 하여 한국 에 이양 하였다고는 생각 할수 없다.

한국측 – 33 호 로 귀속된 재산 일체 가 우리에게 넘어 왔다. 군정법령 33 호 및 이의 해석 에 있어서 시간 이라던가 지역적 문제는 근본적 으로 의견 이 다르나 법령 33 호는 동[illegible]에서 제외한 이외 의 일체 의 재산 을 한국 에 이양 된것이다.

일본측 - 총독부 관계로서 이야기 하였으나 군과 일본 은행 이 어
떠한 관계 가 있었는지 우리 도 연구 하고 있으나 이에 관한
한국측 의 조사 자료 가 있으면 제시 해주면 좋겠다. 지금 까지
이야기 한것으로 한국측 의 요구 는 대체적 으로 알겠으나
법률적 으로 조금 모르는 점 이 있다. 다음 문제 로 들어가자.
총독부 의 동경 사무소 는 있었으나 재산 은 없었다고 보는데, 그것은
동산 인가 부동산 인가.

한국측 - 부동산 이다.

일본측 - 우리들 이 알기로서는 교통국 공제 조합 으로 부터
빌린 것으로 알고 있다. 그리고 교통국 은 일본 의 교통국 이 아니고
총독부 의 교통국 인것 같다.

한국측 - 알겠다. 우리도 조사 하겠다.

일본측 - 이 항목 에 " 기타 " 에 무슨 특별한것이 있는가.

한국측 - 별로 없다.

일본측 - 그러면 일본측 이 행한 법적 견해 를 검토 하고 진행 하는
것이 어떻겠는가.

한국측 - 그문제 는 전체 와 관련 되는 문제 이기 때문에 사실 문제
는 사실 문제 로서 병행 하는 것이 좋다고 생각 한다.

일본측 - 송금 과 예금 을 별개 의 문제 로서 취급 하고 있으나 송금 과 예금 은 관련 이 있다고 보는데.

한국측 - 그점 은 중복 되고 있다.

일본측 - 조선 은행 과 기타 금융 기관 과는 특별히 구분 하고 있는데, 무슨 특별한 이유 가 있는가.

한국측 - 특별한 이유 가 있다. 제 2 항 은 일반 일본인 이 본국 으로 송금 한것 을 의미 하며 제 1 항 은 조선 은행 이 통화 의 발행 준비 로서 많은 국채 를 가지고 있었고 그것은 일본 은행 에 등록 되어 있었는데 8 월 25 일 로 동경 지점 으로 이체 되였다.

일본측 - 그점 사실 관계 를 조사 하겠으나 일자 문제 그리고 재산 의 Location 문제 와 결부 되여 있는것으로 알고있다.

등록 국채 의 금액 은 어느 정도 인가.

한국측 - 47 억 정도 이다.

일본측 - 일반 송금 에 관하여는 후일 일자 문제 와 관련 이 있다고 보는데 일자별로 금액 을 알수 있는가.

한국측 - 알고 있다.

일본측 - 한국내 금융 기관 은 일본 에 본지점 을 가지고 있는 것을 말하는것인가.

한국측 - 송금 취급 할수 있는 금융 기관 전부 를 포함 한다.

일본측 - 자료 를 얻을수 있는가.

한국측 - 필요 할때는제시 하겠다.

일본측 - 미군 점령 지역 내 의 금융 기관 인가.

한국측 - 한국내 의 은행 이므로 그렇다.

일본측 - 이러한것에 대한 미군 으로 부터 의 권리 이양 에 관한 명세 는 있는가.

한국측 - 그것은 포괄적 으로 되어있다.

일본측 - 그러한 자료 를 얻을수 있는가.

한국측 - 여기에 관계 되는 부분 에 한하여서는 필요 할시 줄 용의 가 있다.

일본측 - 여기에도 기타 항목 이 있는데 특별한것이 있는가.

한국측 - 별로 없다. 우편국 관계 는 제 1 항목 에 들어 있다.

끝으로 33 호 와 귀속 재산 의 날자 문제 [illegible]지 한미 협정 에 의한 이양 재산 와 법적 견해 는 다음 기회 에 이[illegible] 하겠으나 조리상 으로 보더라도 포스담 선언 을 8 월 9 일 에 수닉[illegible]

미군 이 진주 하기 까지 약 한달 반 에 생활비 지출 부득이한 지출 을 넘어서 지출 한것은 무책임한 조처 가 않일수 없다.
이점 한국 국민 은 대단히 부당 하게 생각 하고 있다. 일본측 이 아모리 법이론 이 선다 하더라도 납득 이 가지 않으며 특히 8 월 25 일 조선 은행 의 47 억 에 달하는 국채 를 가지고 간것은 말이 안된다. 법 의 취지 에도 8 월 9 일 이후 에는 일체 의 재산 이동 이 금지 되였는데도 불구 하고 경찰 과 군대 의 힘 으로 총독 부 가 행정 을 담당 하고 있는 동안 에 이러한 조치 를 했다는 것 은 부득이 하여 했다던지 살기 위해서 해다던지 하더라도 납득 이 가지 않는다.

일본측 - 여기 에 대하여서는 여러가지 논의 할 문제 가 있으나 오늘 은 이정도 로 하자. 다음 회의 는 수요일 오전 10 시 30 분 으로 하자 .

한국측 - 좋다.

4 시 50 분

15. 일반청구권소위원회 관계 문서 송부의 건, 1961. 4. 7

한국 외교문서 718, 제5차 한일회담 예비회담 일반청구권소위원회 회의록, 제1~13차(1960-61)

제5차 한일회담 예비회담 일반청구권소위원회 제9차 회의 시 일본 측 반론 요지를 본부에 송부하는 문서다.

번역

4월 6일 청구권소위원회 제9차 회의에서 요시다 주사 대리 발언 요지(1)

일본 측은 3월 29일 개최된 본 소위원회 제8차 회의에서 한국 측 이상덕 수석위원 대리가 발언한 내용을 신중히 검토한 결과, 이에 대한 견해를 다음과 같이 말씀드립니다.

1. 일본이 미군에 의한 재한일본재산 처리의 효력을 승인한 것은 평화조약 제4조 b항에 의한 것이며, '미국의 각서'는 그 자체로 어떠한 권리, 의무를 창설하는 것이 아니라 단순히 평화조약 제4조의 해석을 명확히 하는 것이라는 점에 대해서는 일본 측의 견해도 동일합니다. 따라서 한일 양국이 '미국 각서'에 나타난 견해와 일치하는 견해를 표명함으로써 "일본이 평화조약 제4조 b항에 의해 재한일본재산 처리의 효력을 승인한 것은 제4조 a항에 규정된 특별협정의 고려와 관련이 있다"고 하면서 "이 특별협정은 한국이 재한일본재산을 취득함으로써 한국의 대일청구권이 어느 정도까지 소멸 또는 충족되었다고 인정할 것인지에 대한 결정을 포함해야 한다"는 것이 평화조약 제4조의 해석으로 확인된 것입니다. 이는 한국의 대일청구권이 어느 정도까지 소멸 또는 충족되었는지에 대한 '정도'는 한국 측이 일방적으로 결정할 것이 아니라 한일 간 협상에서 결정되어야 함을 의미하는 것입니다.
2. 다음으로 이 수석위원 대리는 "한국이 일본의 대일청구권이 없어졌다는 사실을 고려했다는 것은 한국의 8개 항목 청구가 restitution의 성격에 속하는 것이고, reparation의 성격에 속하는 것은 포함되지 않았다는 것을 보아도 명백하다"는 취지로 언급하였습니다. 우리 측의 이 점에 관한 기본적 견해는 8항목에 대한 구체적인 설명을 들은 후 다시 언급할 생각이지만, 다만 이 기회에 한 가지 말씀드리고 싶은 것이 있습니다. 그것은 한국은 일본에 대한 교전국도 아니고 평화조약의 서명국도 아니며, 또한 동 조약 제14조의 혜택을 받는 관계도 아니기 때문에 일본에 대한 reparation을 청구할 권리는 없다는 것입니다. 따라서 본래 없었던 reparation의 성격에 속하는 권리가 있었다는 가정에 근거하여 그러한 가상의 권리와 일본의 대일 청구권이 없어졌다는 것을 관련지어 말씀하신 것은 전혀 이해가 가지 않는 것입니다.
3. 이 수석위원 대리는 "일본 측이 '청구권 상쇄 문제는 한국이 일방적으로 결정할 문

제가 아니라 회담에서 협상을 통해 결정해야 할 문제'라고 한 것은 회담의 조속하고 원만한 진행을 지연시키려는 의도에서 나온 것으로 볼 수밖에 없다"라고 말씀하셨는데, 그런 의도는 전혀 없습니다. 그런 의도는 전혀 없었다는 것은 이런 식으로 이야기를 진행하는 상황에서도 알 수 있다고 생각합니다.

4월 6일 청구권소위원회 제9차 회의에서 요시다 주사 대리 발언 요지(2)

본 소위원회의 지금까지의 회의에서 한국 측은 1945년 12월 6일 자 주한미군사령부 군정청 법령 제33호(이른바 군령 제33호)에 대해 세 차례에 걸쳐 언급했지만, 동 군령의 법적 효력이 미치는 시간적 범위에 대한 일본 정부의 기초적인 견해를 밝힘으로써 향후 논의의 원활한 진행에 기여하고자 한다.

주한미군사령관(Commanding General USAF in Korea)은 연합국 최고사령관(Supreme Commander for the Allied Powers)의 하부기관이며, 일본 정부는 연합국 최고사령관 총사령부 지령 제2호(1945-9-3)에 의해 "동 지휘관(Commander)에 의하여, 또는 그 위임에 의하여 발령된 명령 및 훈령은 연합국 최고사령관의 권한에 의거하여 전 사령부 구역 내에서는 연합국 최고사령관의 권한으로 간주한다"는 취지의 지시를 받고 있었다. 이와 같이 주한미군사령관의 권한은 명시적으로 지역적 제한하에 인정된 것이므로, 그 권한 행사로서 내리는 명령은 당연히 그러한 지역적 관할 범위 내에서만 효력을 발휘해야 할 것이다.

군령 제33호는 ① 1945년 8월 9일 현재 또는 그 이후 일본국 또는 일본 국민이 소유하고 있는 재산에 대하여, ② 이를 9월 25일 자로 미군 정부에 소속을 변경시키기 위하여, ③ 12월 6일에 공포된 것이다. 이 세 가지 날짜의 법적 의미를 좀 더 구체적으로 설명하면 다음과 같다.

(가) 8월 9일 현재 관할구역 내에 소재한 재산

군령 제33호에 언급된 8월 9일이라는 날짜는 군령의 대상인 재산의 '일본성'을 결정하기 위한 기준으로 사용되었을 뿐, 소속 변경 행위 자체와 직접적인 법적 연관성을 갖는 것은 아니다.

따라서 8월 9일 이후 9월 25일까지 주한미군 정부의 관할구역 밖으로 반출된 재산은 소속 변경의 대상이 되지 않는 것이 명백하다.

(나) 9월 25일 현재 관할구역 내에 소재한 재산

군령 제33호는 소속 변경의 효력을 9월 25일로 소급하여 발생시키고 있다. 즉, 12월 6일에 동 군령의 대상이 된 재산은 9월 25일 이후 미군 정부로 소속을 변경한 재산으로 간주되므로, 12월 6일 현재 미군 정부의 관할구역 내에 있어 소속 변경의 대상이 된 재산에 대해서는 소속 변경의 법적 효력이 9월 25일로 소급하여 발생하였다고 볼 수 있다는 것은 사실일 것이다.

그러나 동 군령이 소속 변경의 대상으로 삼고 있는 것은 12월 6일 현재 'located within the jurisdiction of this command'의 재산에 한정되어 있으므로, 9월 25일 현재 군정부 관할 지역 내에 있었더라도 군령 공포의 작성일인 12월 6일 현재 관할구역 내에 존재하지 않는 재산에 대해서는 소속 변경의 결과가 미치지 않는 것이 분명하다.

(다) 12월 6일 현재 관할구역 내에 소재한 재산

위에서 언급한 바와 같이 군령 제33호 공포 당시인 1945년 12월 6일에 군정의 관할권에 속하는 지역에 존재했던 재산은 미군정에 귀속 변경된 것이다.

그러나 주한 미군정이 군령 제33호에 의해 행한 처리는 이들 재산을 미군정 소속으로 변경한 것에 불과하며, 곧바로 이를 한국 소유로 귀속시킨 것은 아니다. 후자의 소유권 이전은 1948년 한미재산협정에 따라 미군 정부가 행한 이전을 통해 비로소 효력이 발생한 것이다. 따라서 군령 제33호에 의해 처리된 일본재산에 관하여 한국 측이 그 소유권을 주장하고 현실적으로 점유하고 있지 않은 것에 대하여 일본에 대하여 그 인도를 청구할 수 있으려면, 해당 재산이 정당하게 군령 제33호의 대상으로서 미군에 소속을 이전한 것이어야 하고, 또한 한미협정에 따라 미군 정부로부터 한국으로 이전된 것임을 입증해야 할 입장에 있는 것은 분명하다.

단기 4294 년 4 월 7 일

한일 예회 제 66

제 5 차 한일 회담 예비회담
수 석 대 표 유 진 오

외 무 부 장 관 귀 하

일반 청구권 소위원회 관계 문서 송부 의건

머리의건, 4 월 6 일 제 9 차 일반 청구권 소위원회 에서 일본측이 낭독한 Statement 에 관하여는 단기 4294 년 4 월 7 일 부 전문 JW -0437 호 로서 그요지를 보고 하였아온바 금일 문서 로서 상세한 Gist 를 입수 하여 자이 송부 하오니 사수 하시기 바라나 이다.

기

1. US Memorandum 에 대한 일본측 견해

2. 군정법령 제 33 호 중 일자 에 관한 일본측 법적 견해

3月22日請求権小委員会第7回会合における吉田主査代理の発言要旨

日本側は、3月15日に開かれた本小委員会の第6回会合において韓国側劉彰順主査が読み上げられたステートメント及びその後3月17日に韓国側から提出された右ステートメントの要旨を慎重に検討いたしました。

日本側としては、このステートメントにおいて韓国側が提起せられた諸問題を含み、韓国側の請求権の主張に対する日本側の法律的見解は、後日適当な機会に随時これを明らかにして行く所存でありますが、とりあえず、本件に関して次のとおりその見解を申し述べたいと思います。

1957年12月31日に在本邦米国大使より日本国外務大臣に対し通報された「米国の見解の表明」によれば。

(1) 日本が平和条約第4条b項により在韓日本財産の処理の効力を承認したことは、第4条a項に定められている特別取極の考慮に「

relevant　である」こと、

(2) 平和条約の起草者は、韓国の請求権が在韓日本財産の所属変更によりある程度満たされたことは明らかであつたが、平和条約中に解決を定めるためには十分な事実も、また、適用される法理論の十分な分析も持ち合わせているとは考えなかつたので、これらの問題を全く関係国間の取極に任せたこと、及び、

(3) この特別取極は、韓国が在韓日本財産を取得したことによつてどの程度まで韓国の対日請求権が消滅しまたは満たされたと認めるかについての決定を含むべきこと

が明記されております。

これは、日本が在韓日本財産の処理の効力を承認したことにより、どの程度まで韓国の対日請求権が消滅しまたは満たされたかは、韓国側が一方的に決定すべきことではなく、日韓間の交渉において決定さるべきであるということを疑いもなく意味するものであり、この　extent

の決定こそまさしく本小委員会の最も重要な任務の一なのであります。この点は、前回の会合において卜部主査代理が、「劉主査の御発言は、『米国の見解の表明』を全体として御覧になつた上での御発言というより、その一部に特に重点をおかれての御発言のように思われる」旨述べて、すでに御指摘申し上げたところであります。

そもそも、韓国側の8項目の対日請求は、平和条約の効力発生前の1952年2月21日に韓国側によつて提示せられ、この「米国の見解の表明」の一部は、最初は同年4月29日米国国務長官からワシントン駐在の韓国大使に通報せられたものでありますが、第1次から第3次に至るまでの日韓会談において、請求権問題に関する日本と韓国との法律的見解が根本的に対立し、それが一つの大きな原因となつて、これらの会談がいずれも不成功に終つたため、日韓両国が速やかに友好関係を確立することを熱望した米国より、日韓双方がこれを基礎として友好的に請求権問題を解決し、日韓会談を成功裡に導くことを可能ならしめるために、更めて日本側に提示されたものであることは、韓国側もよく御承知のとおりであります。

韓国政府は、1957年12月31日に署名された合意議事録の第4項において、韓国も上記の「米国の見解の表明」と同意見であることを確認しておられます。

また、日本政府は、1957年12月31日の口上書によつて、上記の「米国の見解の表明」を基礎として在韓日本財産に対する請求権主張を撤回したのであります。

なお、もう一点特に申上げたいことは、前回の本小委員会において、劉主査が韓国側は当初非常にぼう大な対日請求原案を作成したが、日本が旧在韓日本財産に対し正当な請求権を有しないことを認めたことを考慮して、旧在韓日本財産をはるかに上廻る額を差引いた上、8項目

4月6日請求権小委員会第9回
会合における吉田主査代理の発
言要旨(その1)

日本側は、3月29日に開かれた本小委員会の第8回会合において韓国側李相德主査代理が行なわれた発言を慎重に検討した結果、これに対する見解を次のとおり申し述べます。

1. 日本が米軍による在韓日本財産の処理の効力を承認したのは、平和条約第4条b項によるものであつて、「米国の覚書」は、それ自体によつてなんらかの権利、義務を創設するものではなく、単に平和条約第4条の解釈を明瞭ならしめるものであるという点については、日本側の見解も全く同じであります。したがつて、日韓両国が「米国の覚書」に示された見解と同意見であることを表明したことによつて、「日本が平和条約第4条b項により在韓日本財産の処理の効力を承認したことは、第4条a項に定められている特別取極の考慮にrelevant であり」、しかも「この特別取極は、韓国が在韓日本財産を取得したことによつてどの程度まで韓国の対日請求権が消滅しまたは満たされたかと認めるかについての決定を含むべきこと」が平和条約第4条の解釈として確認されたのであります。このことは、韓国の対日請求権がどの程度まで消滅し、又は満たされたかという「程度」は、韓国側が一方的に決定すべきではなく、日韓間の交渉において決定さるべきことを意味するものであります。

2. 次に李主査代理は、「韓国が、日本の対韓請求権がなくなつたという事実を考慮したということは、韓国の8項目請求がrestitutionの性質に属するものであり、reparation の性質に属するものは含まれていないことをみても明らかである」旨述べられました。わが方のこの点に関する基本的見解は8項目の具体的説明を承つた後に改めて述べる考えでありますが、ただこの際一言申し述べておきたいことがあります。それは韓国は日本に対する交戦国でも平和条約の署名国でもなく、また、同条約第14条の利益を受けるという関係にもないのであり、日本に対する reparation を請求する権利はないことは申すまでもないということであります。したがつて、元来もつていなかつた reparation の性質に属する権利があつたという仮定に基づいて、かかる仮定の権利と日本の対韓請求権がなくなつたこととを関連せしめられた御発言は全く理解に苦しむものであります。

3. 李主査代理は、「日本側が『請求額相殺の問題は韓国が一方的に決定する問題ではなく、会談における交渉によつて決定すべき問題である』云々といつているのは、会談の速やかにして円満な進行を遅延させようという意図から出たものと考えざるをえない」旨述べておられますが、そんな意図は毛頭ないことはこういうふうにお話をすすめている状況からも理解されていることと思います

4月6日請求権小委員会才9回会合における吉田主査代理の発言要旨（その2）

本小委員会のこれまでの会合において、韓国側は、1945年12月6日付在朝鮮米国陸軍司令部軍政庁法令第33号（いわゆる軍令第33号）に再三にわたつて言及されたが、同軍令の法的効果の及ぶ時間的な範囲についての日本政府の基礎的見解を明らかにして、今後の討議の円滑な進行に貢献したいと考える。

在朝鮮米軍司令官（Commanding General USAF in Korea）は、連合国最高司令官（Supreme Commander for the Allied Powers）の下部機関であつて、日本政府は、連合国最高司令官総司令部指令第2号（1945－9－3）によつて「右指揮官（Commander）ニ依リ、若ハ其ノ委任ニ基キ発セラルル一切ノ命令及訓令ハ示サレタル区域内ニ於テハ連合国最高司令官ノ権限ニ依リタルモノト看做サル」べき旨指令されていた。このように、在朝鮮米軍司令官の権能は、明示的に地域的限定のもとに、認められているのであるから、その権能行使として発する命令は、いうまでもなく、かかる地域的管轄範囲内においてのみ効果を発すべきものである。

軍令第33号は、①1945年8月9日現在、またはそれ以後日本国または日本国民の所有する財産について、②これを9月25日付をもつて米軍政府に所属を変更せしめるため、③12月6日に公布されたものである。これらの3つの日付の法律的意味を更に具体的に説明すれば次のとおりである。

(イ) 8月9日現在管轄地域内に所在した財産

軍令第33号に言及されている8月9日という日付は、軍令の対象とする財産の「日本性」を決定するための規準として用いられているにとどまり、所属変更行為自体とは直接の法的関連を有するものではない。

したがつて、8月9日以降9月25日までに在朝鮮米軍政府の管轄地域外に持ち出された財産は、所属変更の対象とはならないことは明白である。

(ロ) 9月25日現在管轄地域内に所在した財産

軍令第33号は所属変更の効果を9月25日に遡及して発生せしめている。すなわち、12月6日に同軍令の対象となつた財産は9月25日以降米軍政府に所属を変更した財産となつていたものとみなされ、したがつて12月6日現在米軍政府の管轄地域内にあつて所属変更の対象となつた財産については、所属変更の法的効果が9月25日に遡及して発生したことは事実でありましよう。

しかしながら同軍令が所属変更の対象としているのは12月6日現在"located within the jurisdiction of this command" の財産に限られており、したがつて、9月25日現在には軍政府の管轄地域内にあつても、軍令公布の日付たる12月6日現在管轄地域内に存在しなかつた財産については、所属変更の効果が及んでいないことは明らかである。

(イ) 12月6日現在管轄地域内に所在した財産

上に述べたように軍令第33号公布時たる1945年12月6日に軍政府の管轄権の及ぶ地域に存在した財産は、米軍政府に所属変更せしめられたものである。

しかしながら、在朝鮮米軍政府が軍令第33号によつて行なつた処理は、これら財産を米軍政府の所属に変更したにとどまり、ただちにこれを韓国の所有に帰せしめたものではない。後者の所有権移転は、1948年の米韓財産協定に基づいて米軍政府によつて行なわれた移転によつてはじめてeffect　されたものである。したがつて、軍令第33号によつて処理された日本財産に関して、韓国側がその所有権を主張し、現実の占有下におかれていないものについて、その引渡しを日本に対して請求しうるためには、当該財産が正当に軍令第33号の対象として米軍に所属を移したものであり、かつ、米韓協定に従つて、米軍政府から韓国に移転されたものであることをも立証すべき立場にあることは明らかである。

16. 일반청구권소위원회 관계 청훈에 관한 건, 1961. 4. 8

한국 외교문서 718, 제5차 한일회담 예비회담 일반청구권소위원회 회의록, 제1~13차(1960-61)

제5차 한일회담 예비회담 일반청구권소위원회 제9차 회의 시 일본 측 반론에 대한 한국 측 반론 요지에 대해 본부에 청훈하는 문서(전문)다.

대한민국 외무부

착신전보　　　　CODE CABLE　　　　번 호: JW-0463

TOKYO　　　　　　　　　　　　　　일 시: 081535

수신인:　　외무부 장관 귀하

일반청구권 소위원회 관계 청훈에 관한 건,

머리의 건 4월 6일 제 9 차 일반청구권 소위원회에서 일측이 낭독한 STATEMENT 두개의 GIST 는 한일예회 제 66 호 4월 7 일자 공문으로 송부하여드린바와 같아온데 이에 대한 반론을 다음 4월 12 일에 개최되는 제 10 차 일반청구권 소위원회에서 천명코저 하오며 그 요지를 다음과 여히 청훈 하오니 검토하시고 조속히 회시 하여주시기 앙망 하나이다.

4월 6 일에 개최된 일반청구권 소위원회에서 일본측이 피력한 US MEMORANDUM 에 관한 반론 및 군정법령 33 호의 효력에 관한 견해에 대한 아측의 반론:

1. 한국측이 청구하는 8 개 항목이 재한 구 일본인의 재산 취득을 고려하고 제시된 것으로서 그것은 8 개 항목이 배상 (REPARATION) 의 성질은 가진것이 아니고 반환 (RESTITUTION) 의 성질을 가진것으로 미루어 명백하다는 한국측 주장에 대하여 일본측은 한국은 일본에 대한 교전국도 아니고 상항 평화조약의 서명국도 아니므로 원래부터 배상청구권이 없는것이라는 요지의 주장을 했는데 이에 대하여 해명하면 한국이 상항 평화조약 제 14 조에 규정된 전쟁배상 청구를 주장하고있는것이 아님은 명백한 일이다. 그러나 한국은 상항평화조약 제 4 조의 수혜국으로서 동조 B 항에서 일본인 사유재산에 대한 예외도 없이 일체의 재한 일본인 재산을 취득하였는데 이것은 무슨 근거와 이유에 의하여 행하여진것인가를 생각하면 스스로 이해가 갈줄 한다. 그것은 카이로 선언 및 포스담 선언 그리고 1945 년 9 월 7 일자 태평양 -계속-

미국육군 최고지휘관의 포고령 제 1 호에 지적한바와 같이 일본의 다년간의 한국 지배로서 사실에대한 정신적 고통과 경제적 착취의 대가를 지불하는 의미가 한 국제법상 용어로서 배상의 개념이든 보상의 개념이든 원상회복의 개념이든간에 실지적의미에서 일본의 한국 지배에 대한 보상이라는 것은 분명한 것이다. 고로 한국측은 누차 설명한바와 같이 최초 방대한 대일청구권을 준비하였으나 재한 구 일본인 재산의 취득 귀속을 고려하여 그 대부분은 제안을 보류하고 다만 엄격한 반환 (RESTITUTION) 의 성질을 가진것 및 중요한 채무변제를 추려 8 개 항목만을 청구하게된 것인데 일본측이 한국 지배의 역사적 사실 및 상항 평화조약 제 4 조 B 항 규정의 근본 정신과 이유를 진지하게 이해하고저 하지않고 용어상의 문제를 고집하는 태도는 (본 회담 진전을 위하여) 심이 유감으로 생각하는 바이다.

2. 또한 일본측은 재한 구 일본인 재산의 한국귀속이 어느정도 한국의 대일청구권을 소멸 또는 충족 시켰는냐하는 문제는 한일 양국간의 교섭에 의하여 정해야 할것이며 한국측의 일방적으로 결정할문제가 아니라는 점을 누차 언급하고 있으나 이에 대하여 해명하면 한국측은 1957 년 12 월 31 일에 양국이 소위 US MEMORANDUM 을 수락함과 동시에 합의한 AGREED MINUTES 에서 소위 고려의 범위가 양국간의 양해된것으로 생각하고 있다. 즉 다년간 한일간의 논쟁이 거듭되든 상항평화조약 제 4 조 B 항 해석에 관하여 일본은 대한 청구권이 없다는 미국의 해석을 수낙하였고 다시 일본은 한국측이 제시한 8 개 항목을 성의를 가지고 해결을 위한 토의를 할것을 합의한 경위와 사실로서 한국이 청구한 8 개 항목은 재한 일본인 재산을 한국이 취득함으로서 영향을 받지 않는 것의로 생각한다.

그러므로 일본측이 이 문제를 고집하는것은 본 회담을 원만이 진전시키는 방법이

외 신 과 - 계 속 -

아닌것으로 생각한다.

~~그것으로 규정된 부분~~고저 하는것은 상항평화조약 제 4 조 A 항 B 항의 관계이다. 일항이 ~~SIGNIFICANT~~ 하고있는것은 사중한 일이나 A 항이 B 항보다 크며 B 항이 A 항에 포함되어 있음은 법조의 해석에 있어서나 한일간의 역사적 사실에 비추어서나 그리고 소위 US MEMORANDUM 에 있어서도 명백한 것으로서 상항평화조약 제 4 조에 규정된 CLAIM 이 광범한 내용을 포함하게 됨은 당연한 일이다. 인하여 장구하게 논쟁하고싶지 않으나 한국측 청구중 어느부분이 어느정도 구 재한일본인 재산의 한국 귀속으로서 변속 또는 소멸되었는가하는 문제는 일본측이 지나간 다년간의 한일관계를 신시하게 생각함으로서 충분히 이해될줄 아는바이다.

일본은 재한 미군정법령 제 33 호의 시간적 효력에 관하여 1945 년 8 월 9 일 동 9 월 25 일 및 동 12 월 6 일의 세 일자를 들었는데 이에대한 한국측 견해를 밝하고자한다. 1945 년 9 월 7 일자 태평양 미국육군총사령부 포고령 제 1 호는 조선총독부당국 및 모든 공공단체에 대하여 재산과 기록을 원상대로 보존할것을 명령하였으며 동년 9 월 7 일자 포고령 제 3 호는 재한 일체 일본재산의 해외 이동을 금지하였으며 군정령 제 2 호로서 8 월 9 일 현재의 모든 일본 재산을 동결되고 8 월 9 일 이후 9 월 25 일 까지에 성립된 동 재산의 모든 취인은 특별히 허용된 경우 이외는 전부 무효로 되었다. 이어서 군정령 제 33 호로서 8 월 9 일 현재의 일본재산은 군정청에 귀속 소유된것이 명문으로 규정되었으며 1948 년의 한미협정으로 법령 제 33 호에 의하여 미군정청에 귀속된 전일본인 공유 또는 사유재산은 미군정청이 이미 행한 처분을 제외하고는 일체간 한국으로 이양되었다. 법문의 의미가 명확할때 해석의 필요가 없다는것은 법의 일반 원칙이다. 일본측은 8 월 9 일이라는 일자는 군정령이 대상으로하는 재산의 "일본성" 을 결정하는데 끌인다고 주장하고 있으나 이러한 주장은 법령의 명문에 계 속 — 4 —

위 견해인 것이다. 한마디 덧붙여 말하고 싶은것은 평화조약 제 4 조 B 항에 관하여는 명확함에도 불구하고 일본은 대한 청구권이 있다는 주장을 고집하므로서 다년간 회담의 진전이 조해되었는데 다시 미군정령 제 33 호에 명시된바 귀속된 재산의 범위를 결정하는 가지고 이해할수 없는 해석을 거듭하는것은 궤도에 오른 회담의 조속하고 원만한 진행을 지연시키는것으로 생각할수밖에 없다.

수석대표

1961 APR 9 PM 1 15

외 신 과

대 한 민 국 외 무 부

착 신 전 보 CODE CABLE 번 호: JW-0466

TOKYO 일 시: 101100

수 신 인: 외무부 장관 귀하

[illegible]월 8일 [illegible] 호로 정훈한 군정법령 제 33 호 일자에 관한 아국 [illegible] 조안중 갈미에 "미군정령 제 33 호에 명시된바 재산 귀속의 현[illegible] 운운은 다음과 가이 정정 하오니 양지 하시기 앙망 하나이다.

- 기 -

미군정령 제 33 에 명시된바 귀속된 재산의 범위를 결정하는 일자"

회담수석대표

17. 일반청구권소위원회 관계 청훈에 대한 답신 건, 1961. 4. 11

한국 외교문서 718, 제5차 한일회담 예비회담 일반청구권소위원회 회의록, 제1~13차(1960-61)

한국 대표단의 1961년 4월 8일 자 청훈에 대한 본부의 훈령을 전달하는 문서(전문)다.

외 무 부 정 무 국

발 신

발신번호: WJ-0488

발신일시: 11 1 0 0

급 송

수신인: 한일회담 수석대표

발신인: 장 관

담당	과장	국장	차관	장관	결재

대: JW-0463 및 0466호

대호 전문으로 청훈하신 ~~~~ 일반 청구권 소위원회 제 10 차 회의에서 진술할 우리측 설명안에 관하여는 귀청훈대로 진술하시기 바라나이다.

64년 4월 6일 양고자	기안	주무	과장	국장	차관	장관
	[seal]	[seal]	[signature]			[signature]

18. 제5차 한일회담 예비회담 제10차 일반청구권소위원회 회의록, 1961. 4. 13

한국 외교문서 718, 제5차 한일회담 예비회담 일반청구권소위원회 회의록, 제1~13차(1960-61)

1961년 4월 13일 개최된 제5차 한일회담 예비회담 일반청구권소위원회 제10차 회의록이다.

한국은 본부 훈령에 따라 일본 측의 제9차 회의 시 반론에 대해 재반론(미국 각서 및 미군정령 제33호 관련) 하였다. 이어 양측은 대일 청구 제4항목(한국에 본사 또는 주사무소가 있는 법인의 재일 재산 반환)에 관해 토의하였다.

1. 시일 및 장소

단기 4294 년 4 월 13 일 상오 10 시 30 분 ― [illegible] 시

일본 외무성 회의실

2. 참석자명

한국측 -	이상덕	대표	수석 위원 대리
	이천상	〃	
	문철순	〃	
	정일영	전문 위원	
	김락천	〃	
	홍윤섭	〃	
	김정훈	보좌관	
	이수우	전문 위원	(옵서 - 버)

일본측 -	요시다 (　　　　)	대표
	우라베 (　　　　)	〃
	사구라이 (　　　　)	보좌
	가네마즈 (　　　　)	〃
	다마기 (　　　　)	〃
	마에다 (　　　　)	〃
	혼다 (　　　　)	〃
	이와세 (　　　　)	〃
	혼마 (　　　　)	〃
	이께베 (　　　　)	〃
	수기야마 (　　　　)	〃
	히사이즈지 (　　　　)	〃

제 5 차 한일회담 예비 회담
제 10 차 일반 청구권 소위원회
회 의 록

일본측 - 대장성 의 혼마 군 을 옵서 - 버 로 참석 시키고 싶다.

한국측 - 좋다.

일본측 - 회의 순서 로서 귀측 에서 이야기 하여 주었으면.

한국측 - 오전 제 9 차 회의 에서 일본측 의 Statement 에 대하여 한국측 의 견해 를 이야기 하겠다.

(JW -463) Statement 낭독

이상 이 US Memorandum 에 대한 한국측 견해 이다.

일본측 - 지금 한국측 의 의견 을 들었는데 다음 서면 을 받고 검토후 일본측 의견 을 이야기 하겠으나 지금 발언 으로서 우리가 이해 하는 한에서는 한국측 의 의견 은 법률적 견해 라기 보다 감정적인 것 같이 생각 된다. 한국측 은 포스담 선언 을 인용 했는데 평화조약 21 조 에 14 조를 원용 하고 있지 않는점, 14 조 와 4 조 를 별개 로 규정 하고 있는점에 대해서는 전연 언급 하지 않고 있다. 그리고 전번 에 우리 가 이야기 한것은 일본이 한국에 청구권 이 있다고 하는것은 아니다. 문제는 33 호 의 효력이 지역적 시간적 으로 한정 되여 있는데 미군도 접수 취득 하지않었고 한국에도 소속 되지 않은것을 청구 하는것은 이해하기 곤란 하다. 그런 의미 에서 지금 한국측 의 발언 은 오해 가 있는것같다.

한국측 - 지금 발언중에 법률적 이 아니고 감정적 이라고 하였는데 어떤점이 감정적인가.

일본측 - 감정적 이라는 말은 주관적 이라고 정정 하겠다.

한국측 - 전번 회의 에서 군정법령 제 33 호 의 지역적 시간적 한정 에 관한 일본측 의견 에 대해서 우리 한국측 의견 을 말 하겠다.

(JW -463) Statement 낭독

일본측 - 포고령 1 호 내지 3 호 로서 재한일본인 재산 이 동결 되고 이동 이 금지되고 그 기록 을 보존 하기로 된것은 우리들 도 알고 있다. 그러나 반면 에 이러한 제한 을 군정청 의 허가 에 의하여 승인 된것도 있어서 사실상 해제 된것도 많다고 보며 나머지가 한미 협정 에 의해서 한국에 소속된것으로 생각한다.

따라서 미국이 동결한 재산이 한국에 귀속된것은 아니며 소유권 이전에 대한 해석 에 있어서도 처분된것이 이전 되었다고는 생각하지 않는다. 이점 한국측은 좀더 법률적 으로 검토 해주기 바란다.

한국측 - 일본측 은 종내나 지금 이나 미군 의 목인 한것을 제외 하고 나머지 재산 만을 한국 에 이양 하였다고 주장 하고 이으나 법령 에는 특별히 허용한 경우 이외에는 그 거래가 모두 금지 되었다. 법령 에는 사실상 승인 이라던가 묵인 이라는 말 이 없지 않는가.

일본측 - 먼저 한국측 의 발언중에서도 허용 된것 이외 의 것이라는 말 이 있었는데 이것은 허용 된것이 있었다는것을 의미 하는것으로 생각 된다. 여하튼 이문제 는 서면 을 받고 후 에 우리 의견 을 말 하겠다. 그러면 다음 항목 에 들어가자. 먼저 재일본 조선 총독부 재산 에 관하여서는 조사 가 되었는가.

한국측 - 지금 조사중 이다.

일본측 - 그러면 제 4 항 에 들어가서 1945 년 8 월 9 일 현재 한국 에 본사 또는 본점 또는 주사무소 가 있는 법인 의 재일 재산 인데 이러한 법인 의 본사 본점 은 그후 어떻게 되었는가.

한국측 - 그것은 한국내 에 있는 본사 이야기 인가.

일본측 - 그렇다.

한국측 - 존속 하고 있는것도 있고 업무상 이유 로 없어진것도 있다. 그런데 이문제는 우리가 청구 하고 있는 것과 어떠한 관련 이 있는가.

일본측 - 사실 관계 를 알고저 하는 의도 에서 물어본것이며 이러한 회사 의 그후 주주 총회 는 어떻게 되고 있는가.

한국측 - 이러한 회사 의 주식 은 정부 에 귀속 되었고 그후에 대부분 은 민간 에 불하 되여 한국인 이 주주 가 되여 주주권 을 행사 하고 있다.

일본측 - 4 항 의 (1) 연합군 최고 사령부 폐쇄 기관령 에 의하여 폐쇄 청산된 한국내 금융기관 이란 어떠한 회사 들인가.

한국측 - 조선 은행 식산 은행 신탁 회사 금융 조합 연합회 등 이다.

일본측 - 연합군 최고 사령부 폐쇄기관령 이라고 되어 있는데 사령부 는 직접 법령 을 내지 않고 사령부 의 명령 에 따라 일본정부 가 정령 을 냈는데 그것을 말하는것인가.

한국측 - 일본 에서 시행 되고 있는 법령 관계 는 잘 모르겠으나 여기 에 말하는것을 위에 말한 4 개 기관 의 재산 을 말한다.

일본측 - 4 개 기관중 조선 은행 식산 은행 신탁 회사 관계 는 대체로 알겠으나 금융 조합 연합회 는 그조직 기타 내용 을 몰라서 그처리 를 끝맺지 못하고 있다. 금융 조합 연합회 의 조직 자본 구성 금융 조합 의 소재지 금융 조합 연합회 와 금융 조합 의 채권 채무 관계 등 에 관하여 자세한것을 알고 싶으니 자료가 있으면 제출 해주기 바란다.

한국측 - 한국 법인 의 지점 재산 을 청구 하는데 그런것이 무슨 필요 가 있는가.

일본측 - 출자 나 채권 채무 관계 를 명백히 하지 않고서는 얼마만큼이 한국 에 귀속 되고 얼마만큼이 일본 에 귀속 되었는지 그 액수를 산출 할수없다.

한국측 - 그렇다면 다른 기관 은 다 알고 있는가.

일본측 - 타기관도 이러한 자료 를 얻고 싶다. 그러나 타기관분은 대략 알고 있으며 금융 조합 연합회 관계 분만이 잘 모르겠다.

한국측 - 필요 한 자료는 주지 않겠다는것은 아니나 우리가 지점 재산 을 청구 하는데 무슨 관계 가 있는지 보는점이 다른것같다.

일본측 - 지금 은 법률문제 가 아니라 사실 관계 를 알고저 하는것 뿐이다.

한국측 - 우리도 요구 가 있는데 4 개 기관이 어떻게 처리 되었는지 이에 관한 일본측 자료 를 줄수 없겠는가.

일본측 - 그러면 상오 자료 를 교환 하자.

한국측 - 알겠다.

일본측 - 2 항 은 SCAPIN 1965 호 에 의하여 폐쇄된
한국내 본점 보유 법인 의 재일 재산 으로 되어 있는데
1 항 의 4 개 기관 은 폐쇄 되었지마는 2 항 의 기관 은 폐쇄 된것이
아니고 재외 활동 만이 금지 되고 재내 활동 은 여러가지 변천
은 있었으나 인정 되고 있다. 따라서 폐쇄 된것은 아닌데
이러한 회사 의 명칭 은 알고 있는가.

한국측 - 알고 있다. 이것은 일본측 에서도 자료 를 가지고
있다고 보는데.

일본측 - 일본 에 지사 지점 이 있는것은 대략 알고 있으나
미군 관할 지역내 외 에 있든것도 있고 없든것도 있어서 명칭 이나
소재 등 을 명백히 하고자 한다.

한국측 - 잘 알겠다.

일본측 - 4 항 기타 에는 특별한것이 있는가.

한국측 - 별로 없다.

일본측 - 오늘은 이정도로 하고 다음 회의는 21 일 금요일 오전 10 시
30 분 을로 하자.

한국측 - 좋다.

19. 일반청구권소위원회 관계 청훈에 관한 건, 1961. 4. 17
한국 외교문서 718, 제5차 한일회담 예비회담 일반청구권소위원회 회의록, 제1~13차(1960-61))

대일청구요강 제5항목(개인 청구권) 가운데 징용 노무자, 군인·군속에 대한 피해 보상 요구와 관련하여 본부에 청훈하는 문서(전문)다.

대 한 민 국 외 무 부

착 신 전 보

번 호 : JW-04144
일 시 : 171350

TOKYO　　　　수 신 인 : 외무부 장관 귀하

한일회담 청구권 소위원회 관계 청훈의 건.

다음 청구권 소위원회에서는 제 5 항이 토의될 예정인바 징용 노무자 및 군인 군속에 관하여 다음과 같이 제시하고자 청훈 하오니 승인하여주시기 바라나이다.

1. 피 징용자의 피해에 대한 보상 청구는 (한일회담의 제 문제) 에 의하면 사망자 부상자에 한하여 청구대상으로 삼고 있는듯 생각 되오나 확대하여 피 징용 자 생존자 (군속 포함) 에 대하여도 정신적 고통에 대한 보상을 청구하고저 함.

2. 인원수 (가) 징용 노무자는 총수 822,111 명 그중 생존자 802,508 명 사망자 행방불명자 및 부상자 19,603 명 (나) 군인 군속은 총수 365,000 명 그중 생존자 282,000 명 사망자 행방불명자 및 부상자 83,000 명 (다) 1946 년에 신고를 받고 조사한 징용자는 총수 105,151 명 그중 사망자 12,603 명 부상자 7,000 명으로 되어있고 1953 년 AID-MEMOIRE 에 의하면 군인 군속의 전사자 부상자는 74,800 명으로 되어있으므로 이 기록과 제반 기록을 종합 감안하여 상기와 같이 추정 함.

3. 보상 청구금액 (가) 유 수석대표 의견은 우선 금액은 밝히지 않고 상당한 보상금을 요구하라는 지시에 따라 이번 회의에서는 인원수만 확인토록 하겠으나 당지 대표단의 복안은 다음과 여하오니 참고 하시고 검토하여주시기 바라나이다.
(나) 매인당 청구금액: 징용 노무자 및 군인 군속 생존자 일인당 300 불 돈 사망자

- 계 속 -

대한민국 외무부

착신전보 CODE CABLE 번호:

종별 일시:

수신인:

- 2 -

~~및 부상자 일인당 1000 불 내~~지 1,500 불 (다) 생존자 일인당 청구 300 불의 근거는 1958 년 화란에 대한 보상으로서 인도네시아의 구 일본군인 화란의 민간인 약 11 만명을 억류했든것에 대하여 억류자의 받은 고통을 보상한 예가 있는데 화란정부는 상항평화조약 체결시 대일 청구는 포기하였으나 특히 민간 억류자의 보상에 대하여는 청구권을 보류함으로서 250 불을 청구하여 일본정부와 교섭결과 일인당 약 100 불로 결정한 선례에 준하고저 하는 것임.

수석대표 대리 김윤근

20. 제5차 한일회담 예비회담 제11차 일반청구권소위원회 회의록, 1961. 4. 21

한국 외교문서 718, 제5차 한일회담 예비회담 일반청구권소위원회 회의록, 제1~13차(1960-61)

1961년 4월 21일 개최된 제5차 한일회담 예비회담 일반청구권소위원회 제11차 회의 회의록이다.

일본 측은 제10차 회의 시 한국 측 반론(미국 각서, 미군정령 제33호 관련)에 대해 재반론하였다. 양측은 대일청구 제4항목에 대한 토의를 이어 갔다.

1. 시일 및 장소

단기 4294 년 4 월 21 일 상오 10 시 30 분 부터 12 시 까지
일본 외무성 회의실

2.

참석자명

한국측	이상덕	대표	수석 위원 대리
	이천상	"	
	문철순	"	
	정일영	전문 위원	
	홍승희	"	
	홍윤섭	"	
	김정훈	보좌관	
	이수우	전문 위원 (옵서 - 버)	
일본측	요시다 (吉田)	대표	
	우라베 (卜部)	"	
	사구라이 (櫻井)	보좌	
	가네마즈 (兼松)	"	
	다마기 (玉置)	"	
	마에다 (前田)	"	
	혼다 (本田)	"	
	이께베 (池部)	"	
	수기야마 (杉山)	"	
	히사이찌 (久一)	"	

제 5 차 한일 회담 예비회담
제 11 차 일반 청구권 소위원회
회 의 록

회의 개시전 에 홍승희 전문 위원 의 소개 가 있었음.

일본측 - 전번 회의 에서 이상덕 대표 가 발언한데 대하여 우리들의 견해를 밝히겠다고 하면서 하기 참조 문서 를 낭독 하고

(참조: 단기 4294 년 4 월 24 일자 한일 회예 제 71 호 별첨 일본측 Statement)

이상이 전번 회의 에서 한국측 이 발언한 첫째 문제 에 대한 우리측 의 견해 이라함.

한국측 - 지금 이야기 한것을 서면 으로 주면 검토 하여 우리측 의 의견 을 이야기 하겠으나 우선 몇마디 답하겠다. 한국이 평화 조약 제 14 조 에 의하여 배상 을 청구 하고 있지 않다는것은 명백 하며 이 회의 석상 에서 누차 이야기 하였다. 그러나 한국은 평화 조약 4 조 의 수혜국 으로서 제 4 조 에 근거한 Claim 을 청구 하고 있다. 제 4 조 의 Claim 에 관하여는 한일간 의 다년간 의 역사적 사실 을 고려 하여야 하며 재한 일본인 재산 이 예외 없이 한국 에 귀속 된 것으로 비추어 명백 하다. 자주 이야기 하는것이나 배상 이라는 용어 의 문제 가 아니라 사실상 의 문제를 고려 한다면 우리측 견해 에 이해 가 갈줄안다. 1957 년 12 월 31 일 의 Agreed Minutes 에 관하여서도 한국이 제시한 8 개

항목 청구 에 대하여 일본측 이 성의 를 가지고 토의 한다고 한것 재한 일본재산 의 귀속 으로서 한국 의 청구권이 어느 정도 소멸 하고 만족 되었는가 하는 고려 의 문제 는 이미 양국 간 에 양해 가 된것으로 알고 있다. 따라서 8 개 항목 은 영향 을 받지 않는것으로 생각 한다.

일본측 - 우리들도 한국측 이 배상 을 요구 하고 있지 않는 것은 알고 있다. 문제는 일본 이 재한 일본 재산 의 포기 로서 한국 의 청구권이 어느정도 소멸 되고 만족 되었는가 를 토의 하자는것이며 토의 의 필요 가 없다는 한국측 의견 에 대하여 우리들 의 의견을 이야기 한것이다.

한국측 - 이문제는 문서 를 보고 이야기 하겠다.

일본측 - 다음 의 또 하나 의 문제 에 대하여 일본측 견해 를 밝 히 겠다고 하면서 하기 참조 문서 를 낭독 하였음.

(참조: 단기 4294 년 4 월 24 일자 한일 회예 제 71 호
별첨 일본측 Statement)

한국측 - 이것도 문서 를 보고 우리측 견해 를 이야기 하겠으나 법문 에 8 월 9 일 이라는 날자 가 일본성 을 결정 하는 날자 로 명시 되었다고 들었는데 8 월 9 일 이라는 날자는 법문상 동일자 현재 의 일본재산 이 한국 에 귀속 된것을 의미 하는것이지 일본성 을 결정 하는 날자 는 아니라고 생각 한다 법문 에는 on or since 로 되어 미군정 관할하에 있던것이 언제 있었느냐 그것은 8 월 9 일 현재 였다. 따라서 8 월 9 일 현재 의 일본 재산 이 미군정 에 귀속 된것으로 해석 된다. 그리고 한미 협정 에 관하여도 이야기 가 나왔는데 미군정청이 취득한 일본재산 을 재산 목록 에 의하여 한국 에

이양 된것이 아니고 포활적 으로 이양 되었다.

일본측 --그러나 미군정청 은 재한 일본 재산 을 9 월 25 일자 로 취득 한것이 아닌가.

한국측 - 취득 한것은 9 월 25 일자 이지만 그 범위 는 8 월 9 일 이었다.

일본측 - 미군정청이라 할지라도 8 월 9 일 현재 한국에 없든 일본재산 은 취득 할 권한 이 없지 않은가.

한국측 - 일본측 이 이야기 하는것은 미군정청이 재한 일본재산 을 8 월 9 일 에 소급 하여 동결 하였는데 미군정청 은 그러한 권한 이 없다는것을 의미 하는것인가.

일본측 - 미군정청 이 일본재산 을 접수 할때 그 관할 구역내 에 있었던 것은 접수 가 되었지만 그 관할 구역내 에 없었든것은 접수 되지 않었다고 본다.

한국측 - 미군정 관할 하에 있었든것이 언제 있었느냐 하는것이 문제 인데 그것은 8 월 9 일 이였고 8 월 9 일 이후 의 모든 거래 는 금지 되었으며 8 월 9 일 이후 의 거래는 법령 2 호 에 의하여 무효 가 되었다.

일본측 - 한국측 은 재한 일본 재산 이 미군정 으로 부터 포활적 으로 이양 되었다고 말 하였는데 한미 협정 에서도 미군 이 처분 한것은 제외 되고 있다. 따라서 어떠한것이 구체적 으로 어떻게 한국 에 이양 되었는지 미군 이 완전히 접수 한것일지라도 처리한 것이 상당히 있을 것이다. 그중 어떠한것이 한국 에 이양 되었는지 한국 이 청구권을 주장 함에 있어서는 구체적 으로 이양 된 재산 의 내용 을 명시 하드시여

우리를 납득 시키기 쉬울 것이고 또 우리들 이 판단 [illegible]
기본적인 자료 가 될것이다.

한국측 - 지금 일본측 에서 재산 의 처리 문제 가 나왔는데 미군 이
처분한것은 법령 에 위반 한것은 포함 되지 않는다. 여하튼 문서 를
보고 다시 이야기 하겠다.

일본측 - 전번 회의때 8 개 항목 의 제 4 항 에 관해서 몇가지 질문 을
하였는데 좀더 문의 하겠다. 폐쇄 기관령 에 의하여 폐쇄된 기관 또는
일본 에서 재외 회사 라고 일커르고 있는 한국내 본사 를 둔 법인 의
재일 재산 을 요구 하고 있는데 이러한 법인 의 주주 에는 일본인 이 상당수
있었다. 이러한 법인 의 주주권 은 그후 어떻게 되었는가.

한국측 - 전에도 이야기 하였으나 일본인 주식 은 미군정청 에 귀속 되고
그후 한국 정부 에 이양 되어 한국 정부 에서 주주권 을 행사 하고
있고 어떤것은 민간 에 매각 하여 민간 에서 주주권 을 행사 하고 있다.

일본측 - 주주 에는 한국 에 거주 한 사람도 있고 일본에 거주 한 사람
도 있는데 이점 에 관해서는 어떻게 생각 하는가.

한국측 - 주소가 어데든간에 일본인 주식은 모두 한국 정부 에 귀속
되었다.

일본측 - 당초는 미군 명의로 되고 그후 한국정부 명의로 변경 되었다는것인데
주주 명부는 서환 되었는가.

한국측 - 서환 되었다.

일본측 - 그러면 갑모 의 주 을모 의/주가 얼마나 [illegible] 되었는지는 명백히 되어 있는가.

한국측 - 물론 되어 있다.

일본측 - 미군은 한국 에서 38 도 이남만 을 그 관할 지역 으로 하였는데 38 도 이북 의 주식 은 어떻게 취급 되고 있는가.

한국측 - 어떤점 에서 일본측이 관심 을 가지고 있는지는 모르나 38 도 이북 분도 일본인 주식 은 귀속 되었다.

일본측 - 그것은 미군 이 접수 하였는가. 한국이 접수 하였는가.

한국측 - 본점 이 38 도 이남 에 있든것은 미군 이 접수 하였다가 한국 에 이양 되었다.

일본측 - 38 도 이북 의 지점 재산 은 어떻게 하고 있는가.

한국측 - 그대로 있는것이다.

일본측 - 포기 하지도 않고 또 실력 행사 도 하지 않고 있다는것을 뜻하는 것인가.

한국측 - 그렇다.

일본측 - 한국 에 본사 가 있던 회사 의 명칭 이라던가 [illegible]재지 [illegible] 재산등 을 상호 대조 하자고 하였는데 그점 어떻게 생각 하는가 한국측 - 필요한 경우 에는 하지 않으면 안된다고 [illegible] 있으나 다른것은 하지 않고 오직 이것만 하는데 대해서 본국과 [illegible]할 이 필요 함으로 절충중 이다.

일본측 - 그것만 요구 하는것이 아니다. 이세끼 아세아 국장 말에 의하면 양국 수석간에 예비 회담은 5월 말 까지 종결 시키기로 이야기 된것같이 들었는데 회의를 속히 종결 시키기 위하여서도 필요한 자료 는 속히 준비 해 주었으면 좋겠다. 그리고 그러한 회사 의 재일 재산 을 요구 하는 법적 근거 는 무었인가.

한국측 - 일반 사법상 지점 재산 은 본점에 속하는것임으로 한국에 본점 이 있는 지점재산 은 당연히 본점에 속하는것으로 생각 한다.

일본측 - 주식 이 법령 에 의하여 미군 에게 접수 된 법인은 일본이 주주가 없어 젔기 때문에 그 본점재산은 한국정부 나 한국인 소유 가 되어 일본내 재산 에도 미친다는 말인가.

한국측 - 그렇다.

일본측 - 일본 에 있던 일본인 주식 에도 접수 되었다고 생각 하는가.

한국측 - 그렇다.

일본측 - 전에 법령 제 33 호는 채무 는 계승 하지 않는다는 설명 을 들었는데 그런가.

한국측 - 그렇다.

일본측 - 주식 의 경우 법령 으로서 일본국내 에 있든 주식이 무효 가 되었다고 해석 해도 좋은가.

한국측 - 무효 로 된것이 아니고 한국 에 귀속 되었다.

일본측 - 법령 에 의하여 접수된것은 한국내에 있든 일본인 주식에 한정 된것이고 일본 국내 에 있든 일본인 주식 이 접수 되었다고는 생각 되지 않는다.

한국측 - 일본인 주식은 일본인 의 거주가 어데 있든지간에 전부 귀속 된것이다.

일본측 - 채무 관계 가 전연 문제 되지 않는다는것은 이해 하기 어렵다.

가령 한국측 입장 을 취하더라도 일본내지점이 가지고 있는 채무 가 없어 젔다는것은 어떤 법률 적 관계 로 해서 그렇게 되는것인지 우리도 연구 하겠으나 한국측에서 검토 해주었으면 좋겠다. 그러면 오늘 회의는 이만 하고 요다음 회의는 28 일 금요일 오전 10 시 30 분 으로 하자.

한국측 - 좋다.

21. 일반청구권소위원회 관계 문서 송부의 건, 1961. 4. 24

한국 외교문서 718, 제5차 한일회담 예비회담 일반청구권소위원회 회의록, 제1~13차(1960-61)

제5차 한일회담 예비회담 일반청구권소위원회 제11차 회의 시 일본 측 수석위원의 발언 요지를 본부에 송부하는 문서다.

번역

4월 21일 청구권소위원회 제11차 회의에서 요시다 주사 대리 발언 요지(1)

4월 13일 개최된 본 소위원회 제10차 회의에서 한국 측 이상덕 수석위원 대리 발언에 대한 일본 측의 견해를 다음과 같이 말씀드립니다.

평화조약상 한국은 일본에 대해 배상을 청구할 어떠한 근거도 가지고 있지 않다는 것은 제9차 회의에서 일본 측이 지적한 바와 같습니다. 또한, 지난 회의에서 한국 측은 배상과 유사한 청구권이 있는 것처럼 발언을 하였으나, 일본 측은 평화조약상 그러한 청구를 할 수 있는 근거가 없다고 생각하고 있습니다. 따라서 일본이 평화조약 제4조 b항에서 한국에 의한 재한일본재산의 취득을 인정함으로써 한국의 대일청구권이 어느 정도까지 소멸 또는 충족되었는지를 고려함에 있어서는 본 평화조약상 존재하지 않는 권리를 주장하지 않는 방식으로 이루어질 수 없음이 분명합니다.

한국 측은 지난번 일본이 평화조약 제4조 b항의 해석에 관한 U.S. Memorandum을 수용하고, 또한 일본이 8개 항목의 해결을 위해 성실하게 논의하기로 합의함으로써, 8개 항목은 한국이 재한일본재산을 취득한 것에 의해 영향을 받지 않는다는 것이 한일 양국 간에 이미 합의된 것으로 생각한다는 취지의 언급이 있었으나, 이 점에 대한 일본 측의 견해는 다음과 같습니다.

일본은 '미국의 견해 표명'을 근거로 재한일본재산에 대한 청구권 주장을 철회한 것입니다. 이는 즉, 재한일본재산에 대한 일본의 청구권은 없어졌지만, 청구권 문제에 관한 한일 간 협상은 한국이 재한일본재산을 취득함으로써 한국의 대일청구권이 어느 정도까지 소멸 또는 충족되었는지에 대한 정도(extent)의 결정이 포함되어야 한다는, 평화조약 제4조에 대한 미국의 해석을 취한 것을 의미합니다.

또한 1957년 12월 31일 합의의사록 중 "그 경우에는 일본 측은 대한민국의 그러한 청구권에 대해 해결을 위해 성실하게 논의하는 것에 이의를 제기하지 않는다"는 의미는 한국 측이 '이전 회담에서 제출한 안', 즉 8개 항목을 다시 제출할 경우 이를 의제로 논의하는 것에 반대하지 않는다는 뜻이며, 다시 말해 사전에 의제를 확정한 것에 다름 아닙니다.

따라서 본 소위원회의 임무는 한국 측이 제출한 8개 항목의 대일청구권에 대해 어느 것이 법적으로 객관적 근거가 있는 것으로 인정되는지, 나아가 한국이 재한일본재산을 취득함으로써 한국 측의 법적으로 객관적 근거가 있는 청구권이 어느 정도까지 소멸 또는 충족되었는지에 대한 논의를 행하는 것에 있다고 생각됩니다.

4월 21일 청구권소위원회 제11차 회의에서 요시다 주사 대리 발언 요지(2)

4월 13일 청구권소위원회 제10차 회의에서 이상덕 수석위원 대리가 발언한 법령 제33호의 해석에 관한 한국 측 견해에 대해, 다음과 같은 사항을 말씀드려 본 건에 관한 일본 측 견해를 명확히 하고자 한다.

(1) 8월 9일이라는 날짜가 동 군정법령의 대상 재산의 '일본성'을 결정하는 기준이라는 일본 측 견해에 대해 한국 측은 "이러한 주장은 법령의 명문에 위배된다"고 주장하고 있다. 그러나 동 군정법령의 규정은 명문을 통해 '1945년 8월 9일 이후 일본 정부, 그 기관 또는 그 국민, 회사, 단체, 조합(등)이 직접, 간접적으로 전부 또는 일부를 소유 또는 관리하는 재산(Property owned or controlled, directly or indirectly, in whole or part, on or since 1945 August 9 by the Government of Japan, or any agency thereof, or by any of its nationals, corporations, corporations, societies, associations, societies, associations …)'이라고 명시하고 있으며, 8월 9일이라는 날짜가 이들 일본 정부, 국민 등이 소유 또는 관리하는 재산인지 아닌지를 확정하기 위한 날짜로만 사용되고 있는 것은 의심할 여지없이 명백하다.

한국 측이 지적한 바와 같이, 법문의 의미가 명확할 때는 해석의 필요가 없는 것이 법의 일반원칙이다. 이 건의 경우, 동 군정법령이 12월 6일 현재 미군 정부의 관할구역 내에 소재한 일본재산(property located within the jurisdiction of this command)을 그대로 소속 변경의 대상으로 삼은 것임은 그 명문의 규정에 의해 명백히 밝혀져 있는 바와 같다.

(2) 한국 측은 1945년 9월 7일 자 태평양 미군 총사령부 포고 제1호, 동 제3호 및 동년 9월 25일 자 주한 미군정 법령 제2호를 들어 8월 9일 현재의 모든 일본재산은 동결되었고, 이후 특별히 인정된 경우를 제외하고는 이들 재산의 거래가 모두 금지되었음을 주장한다.

그러나 일본재산의 소속 변경은 군정법령 제33호에 의해 처음으로 이루어진 것이며, 그 이전에 발령된 위의 여러 포고, 법령의 경우에는 해당 재산의 권리 권원 이전에 관해서는 아무런 법적 효력을 발하지 않는 것이 분명하다. 따라서 법령 제33호 공포 이전에 미군정의 관할지역 밖으로 나간 재산에 대해서는 미군정의 관할 밖으로 나간 결과로서, 법령 제33호가 공포된 1945년 12월 6일 현재에 있어서는 이미 동 법령의 범위, 즉 '미군정의 관할 내에 소재하는 재산(property located within the jurisdiction of this command)'이 아니었음이 명백하다. 따라서 동 법령의 효력은 이들 재산에 대해 효력을 발휘할 수 없었다.

(3) 법률상 한국 정부가 일본 정부에 대해 그 정당한 소유자로서 인도를 청구할 수 있는 재산의 범위는, 미군 정부가 군정법령 제33호에 의하여 유효하게 소유권을 취득한 재산으로서 한미협정에 따라 미군 정부로부터 한국 정부에 정식으로 이전된 결과 한국 정부가 정당하게 그 소유권을 취득한 것에 한정됨은 말할 것도 없다. 군정법령 제33호에 의해 소속이 변경된 일본재산 중 얼마나 많은 재산이 한미협정에 의해 한국 정부로 이전되었는지는 한미협정의 현실적 이행이 어떻게 이루어졌는지의 문제이다. 따라서 이들 재산에 대하여 정당한 소유권을 취득하였음을 근거로 그 인도를 청구함에 있어서는 한국 측이 한미협정에 의하여 이전된 재산임을 입증할 수 있는 재산목록 기타 증거서류를 제시해야 할 입장에 있는 것은 법리적으로 당연한 것으로 생각된다.

한일 예회 제 71 호

단기 4294 년 4 월 24 일

제 5 차 한일 회담 예비회담

수석 대표 유 진 오

외 무 부 장 관 귀 하

일반 청구권 소위원회 관계 문서

송부 의건 (련:4 월 22 일자, JW-4159호)

머리의건, 지난 4 월 21 일 에 개최된 제 11 차 일반청구권 소위원회 에서 일본측 대표가 발언한 발언 요지 를 송부 하오니 사수 하시와 검토 하여 주시기 바라나이다.

별첨: 일본측 발언 요지

이 상

4月21日請求権小委員会第
11回会合における吉田主査
代理の発言要旨（その一）

4月13日に開かれた本小委員会の第10回会合において韓国側李相徳主査代理が行なわれた発言に対する日本側の見解を次のとおり申し述べます。

平和条約上韓国は日本に対して賠償を請求する何らの根拠も有しないことは第9回会合において日本側が指摘したとおりであります。また、前回会合の際韓国側は、賠償類似の請求権があるかの如き発言をされましたが、日本側としては、平和条約上そのような請求をなしうる根拠はないものと考えております。従つて日本が平和条約第4条b項において韓国による在韓日本財産の取得を認めたことによつて韓国の対日請求がどの程度まで消滅し又は満たされたかを考慮するに当つては、本来平和条約上存在しない権利を主張しないような方法でなされえないのは明らかであります。

韓国側は、前回日本が平和条約第4条b項の解釈に関する所謂 U.S. Memorandum を受諾し、また日本が8項目を解決のため誠意をもつて討議することに合意したことによつて、8項目は、韓国が在韓日本財産を取得したことによつて影響を受けないということが、日韓両国間ですでに了解されたものと考える旨述べられましたが、この点に関する日本側の見解は、次のとおりであります。

日本は、「米国の見解の表明」を基礎として在韓日本財産に対する請求権主張を撤回したものであります。これは、すなわち、在韓日本財産に対する日本の請求権はなくなつているが、請求権問題に関する日韓間の交渉は、韓国が在韓日本財産を取得したことによつて、韓国の対日請求権がどの程度まで消滅し、または満たされたかという程度(extent)の決定を含むべきであるという、米国による平和条約第4条の解釈をとつたことを意味します。

また、1957年12月31日の合意議事録中の　「その場合には、日本側は、大韓民国のそれらの請求権について、解決のため、誠意をもつて討議することに異存はない。」ということの意味は、日本は、韓国側が「以前の会談において韓国側が提出した案」すなわち、8項目を再び提出する場合は、これを議題として討議することに反対はしないということであつて、いいかえれば、予め議題を確定したもの以外のなにものでもありません。

従つて、本小委員会の任務は、韓国側が提出した8項目の対日請求について、どれとどれが法律的に客観的な根拠を有するものであると認められるか、更に、韓国が在韓日本財産を取得したことによつて韓国側の法律的に客観的な根拠を有する請求がどの程度まで消滅し、または満たされたかについて討議を行なつて行くことにあるものと考えます。

４月２１日請求権小委員会第
１１回会合における吉田主査
代理の発言要旨（その二）

４月１３日の請求権小委員会第１０回会合において、李相徳主査代理が行なつた法令第３３号の解釈に関する韓国側見解に対して、次の諸点を申し述べて本件に関する日本側見解を明確にしておきたい。

(1) ８月９日という日付が同軍令の対象とする財産の"日本性"を決定する規準であるとの日本側見解に対して、韓国側は「このような主張は法令の明文に違背する」と主張している。しかしながら、同軍令の規定は、明文をもつて、「１９４５年８月９日以後日本政府、その機関又は該国民、会社、団体、組合（等々）が直接、間接に、全部又は一部を所有又は管理する」財産（Property owned or controlled, directly or indirectly, in whole or part, on or since 9 August 1945 by the Government of Japan,

or any agency thereof, or by any of its nationals, corporations, societies, associations...)

と述べており、8月9日という日付がこれら日本政府、国民等が所有又は管理する財産か否かを認定するための日付としてのみ用いられていることは、疑いの余地もなく明白である。

韓国側の指摘するとおり、法文の意味が明確なときは、解釈の必要がないことは法の一般原則である。本件の場合、同軍令が、12月6日現在において米軍政府の管轄地域内に所在した日本財産(property located within the jurisdiction of this command)を、そのまま所属変更の対象としたものであることは、その明文の規定によつて明らかとなつているとおりである。

(2) 韓国側は、1945年9月7日付太平洋米国陸軍総司令部布告第1号、同第3号及び同年9月25日付在鮮米軍政府法令第2号を挙

げて、8月9日現在のあらゆる日本財産は凍結され、以後特に認められた場合を除いて、これら財産の取引はすべて禁止された旨主張している。

しかしながら、日本財産の所属変更は、法令第33号によつて初めて行なわれたものであつて、それ以前に発せられた上記の諸布告、法令の場合には、当該財産の権利権原の移転に関しては何ら法律的な効果を発するものではないことは明瞭である。したがつて法令第33号公布前に米軍政府の管轄地域外に出た財産については、米軍政府の管轄外に出てしまつた結果として、法令第33号の公布された1945年12月6日現在においては、すでに同法令の範囲、すなわち「米軍政府の管轄内に所在する財産」(property located within the jurisdiction of this command) ではなかつたことは明白である。したがつて同法令の効果はこれら財産に対して有効に及びえなかつれものである。

(3) 法律上は、韓国政府が日本国政府に対してその正当な所有者として引渡しを請求しうる財産の範囲は、米軍政府が軍令第33号によつて有効に所有権を取得した財産であつて、かつ米韓協定に基づいて米軍政府から韓国政府に対して正式に移転された結果、韓国政府が正当にその所有権を取得したものに限られることはいうまでもない。軍令第33号によつて所属を変更せしめられた日本財産のうちでどれだけが米韓協定によつて韓国政府に移転されたかは、米韓協定の現実の履行が如何に行なわれたかの問題である。従つてこれら財産に対して正当な所有権を取得したことを根拠としてその引渡しを請求するに当つては、韓国側が、米韓協定により移転された財産であることを立証するに足る財産目録その他の証拠書類を提示すべき立場にあることは、法理上当然なことと考える。

22. 일반청구권소위원회 관계 청훈에 대한 답신 건, 1961. 4. 24

한국 외교문서 718, 제5차 한일회담 예비회담 일반청구권소위원회 회의록, 제1~13차(1960-61)

한국 대표단의 1961년 4월 17일 자 청훈에 대한 본부의 훈령을 전달하는 문서(전문)다.

피징용자에 대한 보상 청구에 생존자에 대한 것도 포함하라는 내용이 담겨 있다.

외 무 부 정 무 국

발 신

발신번호: WJ-04214

발신일시: 241700

수신인: 주일 회담 수석 대표

발신인: 장 관

담당	과장	국장	차관	장관	결재

4월 22일자 JW-04187호 전문 청훈에 대하여 다음과 같이 회시 합니다.

기

~~1. JW-04142호 전문에 관하여는 18일자 WJ-04167호로 요청한바 있는 귀 대표단의 건의 이유를 조속 회시하시옵기 바라오며,~~

2. JW-04143호에 관하여는 24일자 WJ-04206호로서 이미 훈령하였아옵기 양지하시옵기 바라오며,

3. 또한 JW-04144호에 관하여는 귀 대표단의 건의 대로 1) 피 징용자에 대한 보상 청구중에 생존자에 대한것도 포함하시고 2) 해당 인원의 수는 징용 노무자 822,111명, 군인 군속 365,000명으로 하실것이며 (동 인원수의 추정에 대한 내역은 추후 보고하시옵기 바랍니다) 3) 이번 회의에서는 우선 인원만 ~~확정~~하시고 매인당 보상 금액 요구액은 밝히지 말도록 하시기 바랍니다.

4. 끝으로 JW-04158호에 관하여는 검토가 끝나는대로 지시할 예정입니다.

1. JW-04142호에 관하여는 귀 대표단의 건의대로 화재 보험 관계를 보류하고 물품 전도금 및 미수금 관계를 추가하시기 바라며,

23. 일반청구권소위원회 관계 청훈에 관한 건, 1961. 4. 25

한국 외교문서 718, 제5차 한일회담 예비회담 일반청구권소위원회 회의록, 제1~13차(1960-61)

제5차 한일회담 예비회담 일반청구권소위원회 제11차 회의 시 일본 측 수석위원의 반론(미국 각서 및 미군정령 제33호 관련)에 대한 우리 측 재반론의 요지에 관해 본부에 청훈하는 문서(전문)다.

착 신 전 보

대 한 민 국 외 무 부

CODE CABLE

종 별

번 호: JW-04210

일 시: 251230

61.4.25

수 신 인: 외무부 장관 귀하

한일회담 일반청구권 소위원회관계 청훈에 관한 건.

제 11 차 일반청구권 소위원회에서 US MEMORANDUM 및 군정법령 33 호 일사에 관하여 일본측이 표명한 견해에 대하여 28 일 제 12 차 회의에서 아국측으로서 다음과 여히 발언코저 하오니 검토하여주시기 바라나이다.

1. US MEMORANDUM 에관한 건.

일본측은 4 월 21 일 일반청구권 소위원회 제 11 차 회의에서 요시다 조사대리의 발언에서 본 소위원회의 임무는 한국측이 제출한 8 개 항목의 대일 청구권에 관하여 어느것이 어느정도 법률적으로 객관적인 근거가 있는지 인정되며 다시 한국이 재한 일본재산을 취득함으로서 한국측의 법률적으로 객관적 근거가 있는 청구가 어느정도 까지 소멸 또는 만족되었는가에 관하여 토의되어야 할것이라 주장하고 있는데 청구권 토의에 대한 일본측의 이러한 태도는 평화조약 제 4 조 B 항에서 당초부터 없어진 청구권을 있다고 주장하여오다가 1952 년 12 월 31 일 이 주장을 철회하므로서 한국측 청구권에 어떠한 BARGAIN 을 기도하는것이라 의심하지 않을수 없는바로 회담의 원만한 진행을 지연시키는 결과가 될것을 유감으로 생각한다.

일본측 주장에 대한 한국측 견해는 이미 제 10 차 청구권 소위원회에서 충분히 이해가 되었을줄 생각되나 다시 부언하면 전술한 일본측 후자의 소위 US MEMORANDUM 에 기술된 효력의 문제는 1952 년 12 월 31 일에 합의된 AGREED MINUTES 에서 기히 양해가 성립된 것이므로 본 소위원회의 임무는

- 계 속 -

일본측이 한국측의 제출한 8 개 항목의 해결을 위하여 성의를 가지고 토의하는데 있는 것은 말하며, 한국측이 배상유사의 청구를 하고 있으나 한국은 평화조약상 그와같은 청구를 할수 없다는 요지의 주장을 하고 있는데 이것 역시 전번회 제 10 차 회의에서 설명한 한국측 견해로서 충분히 이해가 되었을줄 생각된다.

한국측은 누차 설명한바와 같이 평화조약 제 14 조에 의한 전쟁배상을 청구하고 있는 것이 아니며 평화조약 제 4 조 수혜국으로서 평화조약 제 4 조에 의한 CLAIM 을 요구하고 있는것이다. 평화조약 제 4 조에 의한 한국의 일본에 대한 CLAIM 이 카이로. 포담, 선언 그리고 1945 년 9 월 7 일자 태평양 미국육군 최고사령부의 포고 제 1 호에 지적된바와 같이 일본의 다년간의 한국 지배로서 한국인의 노예화된 사실에 대한 정신적 고통과 경제적 착취등 광범한 내용의 CLAIM 이 포함되어 있음은 평화조약 제 4 조 B 항의 설정 이유에 비추어 분명이 이해된것으로 생각 한다. 인하여 한국측은 최초 방대한 청구권을 준비하였으나 재한 일본재산의 취득을 고려하여 그 대부분을 보류하고 8 개 항목만을 청구한 것이며 이 8 개 항목의 해결을 위한 토의가 1952 년 12 월 31 일 AGREED MINUTES 에서 확인된 것인데 이러한 경위와 사실을 진지하게 이해하려하지 않고 일본측은 8 개 항목을 의제로서 토의하는데 반대하지 않었을뿐 아니라 주장하여 이 해결에 대하여는 성의를 발견할수 없는듯한 발언을 함은 본 회담의 기초가 된 소위 AGREED MINUTES 의 명문 DISCUSSING FOR SETTLEMENT SUCH KOREAN CLAIMS WITH SINCERITY 에 반한다고 생각하지 않을수 없으므로 일본측의 재고를 촉구하는 바이다.

2. 군정법령 33 호 1 장에 관한 건.

(7) 재한 구 일본 재산의 처리에 관한 미군정 제 법령에 대하여 본군의 명확한 규정에도 불구하고 일본측에서 재삼 자의적인 해석을 하는데 유감의 뜻을 표한다. 이와같은

고집은 앞서 지적한바와 같이 일본측이 상항평화조약 제 4 조 ( ) 항의 명백한 [illegible] 한일회담이 다년간 지연되었다는 사실을 상기할때 이제야 궤도에 오른 금 회담의 진전을 다시금 저해하는 결과가 될것으로 생각한다. 운운의 의미가 명백할때 해석의 필요가 없고 오직 통상적인 의미로서 ([illegible]Y [illegible]ING) 이해하여야 함에도 불구하고 "1945 년 8 월 9 일 이후 (ON OR SINCE) 일본재산 일체" 라는 용어의 구성을 "일본성" 운운이라든가 또는 "일본 정부 국민등이 소유 관리하는 재산 여부를 인정하는 일자로서만 사용" 운운으로 왜곡 해석을 함은 우리로서 이해할수 없는 바이다. 일본측은 또한 군정법령 제 33 호의 일본 재산 귀속에 선행하는 포고 2 호 및 군정법령을 들어 법령과 무연한 존재같은 발언을 하고 있으나 재산의 현상 보존을 명령하고 해외 이동을 금하며 법률에 허용된 이외의 모든 거래를 소급 무효화한 연후에 귀속 조치가 취해졌다는 일련의 사실은 군정법령 제 33 호 3 호 이전에 공포된 제 포고령과 법령이 법령 제 33 호의 소위 준비입법으로서 [illegible] 하고 있는것이 명백한 것이다. 인하여 일본측은 법령 제 33 호 에 의한 재산의 소속 변경이 "12 월 6 일 현재 군정 관할내에 소재한 재산" 임이 명백하고 동령의 소속 변경이 1945 년 8 월 9 일 현재 재산에 대하여 "유효하게 미치지 못하였다" 는 주장을 거듭하고 있으나 이것은 법령 제 33 호 규정에 반하는 해석일뿐만 아니라 전기 준비입법에도 위반되는 주장이라 아니할수 없다. 다시 일본측은 1948 년의 한미 협정이 "어떠게 이행되었는가" 하는 문제를 제기하나 동 협정에서 군정청이 이미 행한 처분을 제외하고 군정법령 제 33 호 에 의하여 귀속된 일체의 구 일본 재산의 소속 변경이 명문으로 약정되어 있음에도 불구하고 그를 입증할 재산목록, 증서류의 제시 운운하는것은 이해할수 없는바로 만일에 일본측이 실재로는 포함석[illegible] 위반되지 [illegible] 주장

외 신 과

계 속

한다 ~~이에 대한~~ 거증의 의무은 일본측에 있는것으로 생각한다. 의미가 명백한 법규를 통상적 의미로 이해하지 않고 구태어 억측 해석을 하려고 고집하고 있는데 있어서는 한국측은 관계 포고령 및 법령의 입법 취지에 대한 해명을 첨가하고저 한다. 재한 구 일본재산에 대한 현상 보존을 명령하고 해외 이동을 금하고 거래를 소급 무효화하고 동결하여 8 월 9 일 현재 재산을 공유, 사유 재산의 예외 없이 일체 귀속 처분한 이유를 일본측은 결코 이해 못할바 아닐줄 사료하는바인즉 8 월 9 일 이라는 일자를 택한것은 일본이 종전 조건을 수락 함으로서 한국 독립을 기약하고 카이로 선언 포스담 선언, 미국 태평양 육군총사령관 포고 제 1 호에 구현되어있는 바와 같이 한국인에 대한 다년간의 압박과 착취를 회복시키기 위한 것이 였음에 종전후로 부터 미군 진주시까지 당연이 재산을 보존할 의무가 있었는 것이므로 그간 반출된 재산은 제 법령의 규정대로 마땅이 반환되어야 할것으로 생각한다.

수석대표

1961 Fri ~~25~~

외 신 과

24. 일반청구권소위원회 관계 청훈에 관한 건, 1961. 4. 25

한국 외교문서 718, 제5차 한일회담 예비회담 일반청구권소위원회 회의록, 제1~13차(1960-61)

제5차 한일회담 예비회담 일반청구권소위원회 제11차 회의 시 일본 측 수석위원의 반론(미국 각서 및 미군정령 제33호 관련)에 대한 우리 측 재반론의 요지에 관해 본부에 청훈하는 문서다.

23번 문서(전문)로 청훈하였으나, 그 내용에 수정을 가한 뒤 이를 공문으로 다시 청훈하였다.

한일 회예 제 72 호

단기 4294 년 4 월 25 일

제 5 차 한일 회담 예비회담

수 석 대표 유 진 오

외 무 부 장 관 귀 하

일반 청구권 소위원회 관계
청훈 에 관한건
(련: 단기 4294 년 4 월 25 일자
JW -04210 호)

머리의건, 제 11 차 일반 청구권 소위원회 에서 US Memorandum 및 군정법령 제 33 호 의 일자 에 관하여 일본측이 표명한 견해 에 대하여 오는 28 일 제 12 차 회의 에서 별호 전문 과 여히 반론 코자 하여 청훈 한바 있아와 동전문 사본 을 첨송 하오니 사수 하시기 바라나이다.

별첨 - 별호 전문 사본 1 통

추이 - 기위 송부한 전문을 수개소 삭제 및 수정하였아오니. 혜량하시기 바라오며. 본건을 정복으로 생각하시고 검토하시기 병망하나이다.

이 상

KOREAN MISSION IN JAPAN

TOKYO

OUT GOING TELEGRAM

NO. : JW-04210

DATE : 251230

COPY

KOREAN MISSION IN JAPAN RECEIVED APR 25 1961 BY. K.C. COMM. SEC.

To : 외무부장관 귀하

한일회담 일반청구권 소위원회관계 청훈에관한건.

제11차 일반청구권 소위원회에서 US Memorandum 및 군정법령 33호 일자에관하야 일본측이 표명한 견해에대하여 28일 제12차회의에서 아국측으로서 다음과여히 반론코자하오니 검토하여주시기 바라나이다.

(1) US memorandum에관한건.

~~(1)~~ 일본측은 4월21일 일반청구권소위원회 제11차회합에서 요시다 주사대리의 발언에서 본소위원회의 임무는 한국측이 제출한 8개항목의 대일청구에관하여 어느것이 어느정도 법율적으로 객관적인 근거가있는지 인정되여 다시 한국이 재한일본재산을취득함으로서 한국측의 법율적으로 객관적근거가있는 청구가 어느정도까지 소멸 또는 만족되었는가에 관하여 토의되어야할것이라 주장하고있는데 청구권토의에대한 일본측의 이러한태도는 평화조약 제4조 B항에서 당초부터 없어진 청구권을 있다고 주장하여오다가 1957년 12월31일 이주장을 철회함으로서 한국측 청구권에 어떠한 BARGAIN 을 기도하는것이라 의심하지 않을수없는바로 회담의원만한 진행을 지연시키는 결과가될것을 유감으로

口 字 発信課(起案者) 発信済

(계속 2/...) 年 月 日 時 分

(2)

생각한다. 일본측 주장에대한 한국측견해는 이미 전전회 제10차
청구권소위원회에서 충분히 이해가되었을줄 생각되나 다시 부언하면 전술한
일본측 동 차 즉 소위 US memorandum 에 기술된 그러의문제는
1957년 12월31일에 합의된 agreed minutes 에서
거의 양해가 성립된것임으로 본소위원회의 임무는 일본측이 한국측이 제출한
8 개항목을의해결을 위하여 성의를갖이고 토의하는데 있는것으로 생각한다.
다음한국측이 배상유사의 청구를 하고있으나 한국은 평화조약상 그와같음
청구를 할수없다는 요지의 주장을 하고있는데 이것 역시 전전회 제10차
회의에서 설명한 한국측 견해로서 충분히 이해가 되었을줄 생각된다.
한국측은 누차 설명한바와같이 평화조약 제14조에의한 전쟁배상을 청구하고
있는것이 아니며 평화조약 제4조 수혜국으로서 평화조약 제4조에의한
claim 을 요구하고있는것이다. 평화조약 제4조에의한 한국의 일본에대한
claim 에 카이로 포스담 선언 그리고 1945년 9월7일자 태평양
미국육군 최고사령부의포고 제1호에 지적된바와같이 일본의 다년간의 한국지배
로서 한국민의 노예화된 사실에대한 정신적고통과 경제적 착취등 광범한내용의
claim 이 포함되어있음은 평화조약 제4조 B 항의 설정이유 에비추어
분명히 이해될것으로 생각한다. 연하여 한국측은 최초 방대한청구권을 준비하였으나
재한일본재산의 취득을고려하여,, 그대부분을 보류하고 8 개항목만을 청구한것이며
이 8 개항목의 해결을위한 토의가 1957년 12월31일자 agreed minutes
에서 확인된것인데 이러한경위와 사실을 진지하게 이해하려하지않고 일본측은
8 개항목을 의제로서 토의하는데 반대하지않았을뿐이라 주장하여 이해결에대하이는
성의를 발견할수없는듯한 발언을함은 본회담의 기초가된 소위 agreed
minutes 의 명문 (discussing for Settlement
Such Korean claims with sincerety)
에 위반한다고 생각하지 않을수없음으로 일본측의 ~~정고를 촉구하는~~ 바이다.

(계속 3/ . . .)

(3)

(2) 군정법령 33호 일자에관한건

재한 구일본재산의 처리에관한 미군정 재법령에대하야 본문의 명확한 규정에도 불구하고 일본측에서 재삼 자의적인해석을 고집한데 유감의뜻을 표한다.

이와같은 고집은 앞서도 지적한바와같이 일본측이 상항평화조약 제4조 B 항의 명백한규정을 무인함으로서 한일회상이 다년간 지연되었다는 사실을 상기할때 이제야 그도에오를 본회담의진전을 다시금 저해하는 결과가될것으로 생각한다.

법문의의미가 명백할때 해석의필요가없고 오직통상적인 의미로서 (ORDINARY MEANING)이해해야함에도 불구하고 "1945년 8월9일이후 (ON OR SINCE)일본재산일체" 라는 명문의규정을 "일본성" 운운이라든가 또는 "일본 → 정부국민등이 소유관리하는 재산여부를 인정하는 일자로서만 사용" 운운으로 왜곡해석을 함은 우려로서 이해할수없는 점이다.

일본측은 또한 군정법령 제33호의 일본재산귀속에 선행하는 제포고령 및 군정법령을 당해 법령과 무연단존재같은 발언을 하고있으나 재산의 현상보존을 명령하고 대외이동을 금하며 법률에허용됨 이외의 모든거래를 소급무효화한 연후에 귀속조치가 취해젔다는 엄연의사실은 군정법령 제33호 이전에 발포된 제포고령과 법령이 법령 제33호의 소위 준비입법으로서 RELEVANT 하고 있는것이 명백한것이다. 인하여 일본측은 법령제33호에의한 재산의 소속변경에 "12월6일현재 군정관할내에 소재한재산" 임이 "명백" 하: 동령의 소속변경에 1945년 8월9일현재 재산에대하야 "유효하게 미치지 못하였다"는 주장을 거듭하고있으나 이것은 법령 제33호규정에 반하는해석일 뿐만아니라 전기 제포고및법령에도 위배되는 주장이라 아니할수없다. 또다시 일본측은 1948 년의 한미 협정 에

"어떻게 이행 되었는가" 하는 문제를 제기 하나 동법정 에서
군정청이 이미 행한 처분을 제외 하고 군정법령 제 33 호
에 의하여 귀속된 일체의 구일본 재산의 소속 변경이
명문 으로 약정 되어 있음에도 불구 하고 그를 입증할 재산
목록, 증거서류 의 제시 운운 하는것은 이해 할수 없는바로
만일에 일본측이 [이로부터 제외된 재산이 있다고] ~~실제로는 합법적 으로 이관 되지 않았다고~~
주장한다면 그에 대한 거증 의 ~~의무는 일본측 에 있는것으로~~ [책임은 법리상 당연히]
생각 한다.

削除

~~의미가 명백한 법문 을 통상적 의미로 이해 하지않고 구태여~~
~~왜곡 해석 을 할려고 고집 하고 있는데 있어서는 한국측은 관계~~
~~포고령 및 법령 의 입법 취지에 대한 해명을 첨가 하고자 한다.~~
~~재한구 일본 재산에 대한 현상 보존 을 명령 하고 대외 이동~~
~~을 금하고 거래를 소급 무효화 하고 동결 하며 8 월 9 일~~
~~현재 재산을 공유·사유 재산 의 예외 없이 일체 귀속 처분한 이유~~
~~를 일본측은 결코 이해 못할바 아닐줄 사료 하는바인즉 8 월~~
~~9 일 이라는 일자 를 택한것은 일본이 종전 조건을 수낙 하므로서~~
~~한국 독립 을 기약 하고 "카이로"선언 "포츠담" 선언, 미국 태평양~~
~~육군 총사령관 포고 제 1 호 에 구현 되어 있는바와 같이 한국민~~
~~에 대한 다년간 의 압박 과 착취 를 회복 시키기 위한~~
~~것이 였음에 종전후로 부터 미국군 진주시 까지 당연히 재산~~
~~을 보존할 의무 가 있었는 것임으로 그간 반출된 재산 은~~
~~제 법령 의 명시 되로 마땅히 반환 되어야 할것으로 생각~~
~~한다.~~

한일 회담 수석 대표

25. 일반청구권소위원회 관계 청훈에 대한 답신 건, 1961. 4. 27

한국 외교문서 718, 제5차 한일회담 예비회담 일반청구권소위원회 회의록, 제1~13차(1960- 61)

한국 대표단의 1961년 4월 25일 자 청훈에 대한 본부의 훈령을 통보하는 문서(전문)다.

외 무 부 정 무 국

발 신

발신번호: WJ-0424

발신일시: 271335

1952. 4. 27

수 신 인: 한일회담 수석대표

발 신 인: 장 관

담당	과장	국장	차관	장관	결재

대: 4월 25일자 한일회에 제 72 호

제 11 차 일반 청구권 소위원회에서 평화조약 제 4조 해석에 관한 미 국무성 각서와 군정법령 33 호에 의한 재한 일본 재산의 미군정청 귀속 일자에 관하여 일본측이 표명한 견해에 대하여 ~~귀대표단은 상기~~ 대호 공문으로 청훈하신 귀대표단의 의견대로 명 28일에 열릴 제 12차 회의에서 반론을 하실것을 훈령합니다.

26. 일반청구권소위원회 관계자료 송부의 건, 1961. 4. 27

한국 외교문서 718, 제5차 한일회담 예비회담 일반청구권소위원회 회의록, 제1~13차(1960-61)

한국 대표단이 피징용자 및 군인·군속 숫자의 근거에 관하여 본부에 보고하는 문서다.

한일 외예 제 14 호

단기 4294 년 4 월 27 일

제 5 차 한일 회담 예비회담

수 석 대 표 유 진 오

외 무 부 장 관 귀 하

일반 청구권 소위원회 관계 자료
송부 의 건
(대호 : WJ -04214 호 , 단기 4294 년 4 월 24 일)

머리의건, 대호 전문 으로 조회 하신 피징용 노무자 및 군인 군속 에 관한 추정근거 를 다음 과 같이 회보 하오니 조량 하시옵기 바라나이다.

기

(1) 피징용 노무자

1. 일본 후생성 노동국 에서 발표한 통계 에 의하면 1939 년 부터 1944 년 까지 에 동원한 한국인 노무자수는 661,684 명 이고 1945 년은 6,000 명 으로 추정 하고 있음. (미합중국 전략 폭격 소사단 " Overall Economic Effect " 및 일본 외교 학회편 "태평양 전쟁 종결" 에서 인용)

그, 대(H 1945)년은 일본이 전쟁종말 에 즈음 하여 한국인 노무자를 무차비 하게 징용 하든때 였음 으로 1945 년 의 징용자 6,000 명은 과소 추정 한것으로 생각 되는바 박재일 저 "재일 조선인 에 관한 종합 조사 연구" 에 의하면 1944 년 및 1945 년 의 재일 한국인 의 인구와 동기간 한국인 의 일본도항 추이 를 감안 하여 1945 년 의 피징용 노무자수를 160,427 명 으로 추정 하고 있음 으로 전기 일본 후생성 노동국 의 1939 년 - 1944 년 의 징용 노무자 661,684 명 에 박씨 의 1945 년 의 징용 노무자 추정수 160,427 명 을 합한 822,111 명 을 피징용 노무자 총수 로 추정 하였음.

2. 피징용 노무자 중 사망자, 행방 불명자, 부상자 와 생존자 는 이를 구분 할만한 자료 가 없으나 "대일 배상 요구 조서" 및 "1953 년 5 월 23 일 의 Aid Memoire " 에 의하면 사망자, 부상자수는 19,603 명 으로 되어 있음 으로 이수자 를 그대로 사망자, 행방 불명자, 부상자수로 하고 위의 총수 에서 이 19,603 명 을 제외 한 802,508 명 을 생존자수로 하였음.

(2) 군인 군속

1. 일본 외무부 조사 월보 Vol. 1, No.9 "수자상 으로본 재일 조선인" 에 의하면 종전당시 일본본토 에 있었던 한국인 군인군속 은 약 110,000 명 이고 일본인양 원호청 의 " 인양 원호 기록" 에 의 하면 일본본토 이외 의 외지 에서 한국 으로 귀환한 한국인은 105,343 명 (군인 군속 으로 간주됨) 으로 그합계 는 215,343 명임.

그런데 이상수자 (215,343 명) 중에는 상당수에 달할것으로 생각 되는 자력 귀환자 와 전시중 사망자 및 행방불명자 가 포함 되여 있지 안는데 한편 조선문제 연구소 의 "조선 문제 연구" Vol.II No. 4 (1958 년 12 월호) 에는 365,000 명 의 조선인 이 일본 육해군 의 군인 군속 으로 징모 되었다는 기록 이 있고 또 현지 대표단 이 별도로 입수한 정보 에 의하면 일본군 에 동원 된 한국인 의 육해군 군인 군속 은 371,000 명 임으로 총수 를 365,000 명 으로 잡고 차감 약 150,000 명 은 자력 귀환자 와 전시중 사망자 및 행방 불명자 로 추정함.

2. 이상 과 같이 총수 는 365,000 명 으로 추정 하였는데 그중 사망자, 행방 불명자, 부상자 와 생존자 를 구분 할만한 자료 는 없으나 일본경제 안정본부 에서 발표 한 "태평양 전쟁 으로 인한 아국 의 피해 종합 보고서" 에 의하면 태평양 전쟁중 일본 육군 의 사망자수 및 부상자수는 당시 육군 재적 병력수 의 23 퍼센트 에 해당 한다고 되어 있음으로 이 비율 을 인용 하여 산출 하면 군인 군속 의 사망자, 행방 불명자, 부상자 는 83,000 명 이고 생존자 는 282,000 명 으로 추정 된다.

(3) 인하여 피징용 노무자 및 군인 군속 의 생존자 와 사망자, 행방 불명자, 부상자 의 구분 은 다음 과 같이 추정함

	생존자	사망자, 행방 불명자 및 부상자	합계
피징용노무자	802,508	19,603	~~822,111~~
군 인 군 속	282,000	83,000	365,000
합계	1,084,508	102,603	1,187,111

이상

27. 제5차 한일회담 예비회담 제12차 일반청구권소위원회 회의록, 1961. 4. 28

한국 외교문서 718, 제5차 한일회담 예비회담 일반청구권소위원회 회의록, 제1~13차(1960-61)

1961년 4월 28일 개최된 제5차 한일회담 예비회담 일반청구권소위원회 제12차 회의 회의록이다.

한국 측은 미국 각서와 미군정령 제33호에 관한 일본 측의 제11차 회의 시 반론에 대하여 재반론하였다. 이어 양측은 대일청구 제5항목(개인 청구권)에 관하여 토의하였다. 일본 측은 제5항목이 사적 청구가 많으므로 국교회복 후 일본의 일반 법률에 따라 개별적으로 해결하는 방안을 제시하였으나 한국 측은 국교회복에 선행한 국가보상을 요구하였다.

1. 시일 및 장소

단기 4284 년 4 월 28 일 상오 10 시 30 분 - 12 시 20 분

일본 외무성 회의실

2. 참석자명

한국측 -	이상덕	대표	수석 위원 대리
	이천상	"	
	정일영	전문 위원	
	홍승희	"	
	홍윤섭	"	
	김정훈	보좌관	
	이수우	전문위원 (옵서 - 버)	

일본측 -	요시다 (吉 田)	대표
	우라베 (卜 部)	"
	사구라이 (櫻 井)	보좌
	수기다 (杉 田)	"
	혼다 (本 田)	"
	가네마쯔 (兼 松)	"
	이와세 (岩 瀬)	"
	다마기 (玉 置)	"
	수기야마 (杉 山)	"
	이께베 (池 部)	"
	히사이찌 (久 一)	"

제 5 차 한일 회담 [illegible]
일반 청구권 소위원회 제 12 차 회의

회 의 록

한국측 - 4 월 21 일 본소위원회 제 11 차 회의 에서 일본측 요시다 주사 대리 가 발언한 첫째 문제 에 대하여 우리측 견해를 이야기 하겠다.

Statement (단기 4294 년 4 월 25 일자 전문 JW -04210) 낭독

일본측 - 지금 발언중 우리들이 이해 하는 범위내 에서는 한국측 주장은 종래 와 하등 다름 이 없는 것같다. 이것은 보는 방식 과 생각 하는 방식 에 따라 달라 지는데 우리로서는 법률적 으로 상당히 검토를 한것임으로 우리측 견해 를 다시 한번 검토 해주기 바란다. 여하튼 한국측 의 지금 견해 는 서면 을 보고 새로운 문제가 있으면 다시 우리들 의 견해를 이야기 하겠다. 또하나 느낀점은 성의 문제 인데 우리들은 성의 를 가지고 토의 하고 있다. 성의를 가지고 토의 한다는것은 법률문제나 사실 관계 를 규명 한다는것을 말하는것이며 법률문제나 사실 관계 를 구체적 으로 검토 하지 않고서는 성의 를 가지고 토의 한다고 할수 없을것이다. 그러한 의미에서 우리들은 성의를 가지고 토의 하고 있다고 생각 하며 그점 우리들 의 입장 을 이해 하여 주기 바란다.

한국측 - 그점에 관하여서는 우리도 성의 를 가지고 회의 에 나오고 있으며 근본적 으로 같은 의견 이다.

일본측 - 이 문제는 서면 을 보고 다시 검토 하겠다.

한국측 - 다음 또 하나의 문제에 대해서 우리측 [illegible] 이야기 하겠다.

(Statement 단기 4284 년 4 월 25 일
JW -0210 호 전문 낭독)

일본측 - 본건에 관하여 우리측은 입수할수 있는 자료에 의하여 충분히 검토 하였으며 또 한국측 에서도 우리측 견해를 검토 한것으로 알고 있다. 여하튼 이문제는 문서를 보고 우리들의 견해를 명백히 할 필요가 있을경우 에는 다시 이야기 하도록 하겠다. 다음 문제로 들어 가자. 제 5 항 은 "한국 법인 또는 한국자연인의 일본국 또는 일본국민 에 대한 일본국채 일본은행권 피징용 한인 의 미수금 및 보상금 및 기타 청구권 의 변제를 청구 함 " 으로 되어 있는데 여기에 한국법인 또는 자연인은 어느 ~~법인~~ 범위 내에서 생각 하고 있는가.

한국측 - 그것은 어떤 의미 인가.

일본측 - 솔직히 말해서 현재 한국에 있는 사람은 문제가 아니나 일본 재주 한국인 으로서 북선에 간 사람이 상당히 있고 또 갈지 안갈지 모르는 사람도 많다. 또 현재 북선 에 있는 사람도 있는데 이러한 자연인 에 대하여 어떻게 생각 하고 있는가.

한국측 - 한국 법인 은 한국내에 본점 이 있는 법인을 말하며 자연인 은 이론상 어데 에 있든지간에 청구 범위내에 든다.

일본측 - 이론상 으로는 여러가지 문제가 있다고 보는데 실제 문제 로서는 어떻게 생각 하는가.

한국측 - 실제 문제로서는 현물 제시 의 문제가 있다. ~~여하튼~~ 이문제는

우리들의 내부 문제 라고 생각 한다.

일본측 - 이문제는 데리케이트 하며 사실 문제를 확인 하기 위하여서 대단히 중요 한 문제 라고 생각 한다. 현물재산판 유가증권 이라든가 재산이 한국내에 있다는 의미 인가.

한국측 - 소지 또는 소유 라는 뜻이다.

일본측 - 데리케이트 한 문제 이기때문에 여기서 직답 을 구하여도 어려울 것으로 보나 이 문제는 최종단계 에 들어가서도 논의 될것이므로 구체적인 사실을 명확히 할 필요가 있다고 생각 한다. 적당한 기회 에 검토 해 주었으면 좋겠다.

한국측 - 북선 의 무엇을 이야기 하는가.

일본측 - 자연인 이 북선 에 있을경우 그가 가지고 있는 유가증권은 어떻게 되느냐 하는 문제 이다.

한국측 - 우리로서는 이론상으로 그것을 포함한것으로 되어 있다.

일본측 - 그것을 포함 하게 되면 일본측 으로서는 대단히 곤란한 문제가 되고 책임문제가 될 가능성도 있다. 물론 법률상 또는 조약상 책임이 면하게는 되지만 현실 문제 로서는 대단히 데리케이트 하다고 생각 한다.

한국측 - 종래 의 일본 국채는 어떻게 처리 되고 있는가.

일본측 - 원칙적 으로 종[illegible]와 다름 없으며 일반 [illegible] 에 대하여 금융 조치와 같은 특별 조치는 하지 않었다. 한국 법인 [illegible] 에 본점 본사 또는 주사무소 가 있는 법인 은 제 4 항 과 중복 되고 [illegible] 않은가.

한국측 - 중복 되고 있다. ?

일본측 - 중복 하고 있는것은 한쪽 에서만 요구 하고 있는가.

한국측 - 중복 하고 있는것은 settle 할때 제외 하도록 하겠다.

일본측 - 한국법인 은 한국법 으로서 설립된 법인 을 말하는가 일본시대에 등록된것을 말하는가.

한국측 - 그당시 법률에 의하여 설립된 법인 을 말한다.

일본측 - 법인 은 모두 제 4 항 에서 이야기 하는 법인 인가.

한국측 - 아니다. 제 4 항 의 법인 은 일본 에 지점 이 있었든것 만이다.

일본측 - 제 4 항 은 일본에 지점 이 있었든 한국법인 제 5 항 은 제 4 항의 법인 을 제외 한 법인 을 말하는가.

한국측 - 우리는 분류 의 편의상 이렇게 나누었으며 제 5 항 은 제 4 항의 법인 을 포함 한다.

일본측 - 국채 는 알겠으나 공채 의 범위는.

한국측 - 국채 이외 의 지방채 를 말한다.

일본측 - 한국내 의 지방채를 포함 하는가.

한국측 - 포함 하지 않는다.

일본측 - 일본 은행권 은 현물자체 를 가지고 있다는 의미 인가.

한국측 - 일본 의 감독관 의 입회 하에 소각 한것도 있다. 제 1 차는 1946 년 4 월 22 일 에, 제 2 차 는 1947 년 11 월 14 일 에 소각 하였는데 제 1 차 소각시에는 일본 은행 의 야마모도가 제 2 차 소각시 에는 동행 의 나가가지마 가 각각 입회 하였다.

일본측 - 그당시 의 내용 을 알수 있는 문서 를 줄수 없겠는가.

한국측 - 필요 할때에는 줄생각 으로 있다.

일본측 - 피징용자란 징용령에 의하여 징용된자를 말하는가.

한국측 - 실제에 있어서 징용과 같은 방법으로 동원된자를 포함 한다.

일본측 - 국민 징용령 에 의하여 온자 또는 관의 알선 으로 징용 에 준하여 온자를 포함 하는가.

한국측 - 그렇다.

일본측 - 미수금은 구체적 으로 그내용 을 아는가

한국측 - 구체적 으로 내용은 모르나 급료, 수당 등 미불분이 있다는 SCAP 에서온 공문 이 있다. 자료는 일본측 에서 가지고 있다고 생각 하는데.

일본측 - 복잡한 문제가 있지만 귀국시 받지않고 도라간 사람이 많다. 그것을 조련이 뻗어간 것도 있다. 구체적인 사정은 후에 이야기 할 기회가 있을것으로 생각 한다.

한국측 - 급료, 수당 등 그당시 규정 에 의하여 받을것을 받지 못하고 귀환 하였음으로 일본측이 그것을 예수 하고 있다고 듯고 있다.

일본측 - 보상금 이란 어떠한 성격 의 것인가.

한국측 - 미수금 은 그당시규정 에 의하여 받을것을 받지 못한것을 말하며 보상금은 생존자, 부상자, 사망자 를 포함 하여 피징용자에 대한 보상 즉 정신적 고통 에 대한 보상 을 말 하는것이다. 그리고 이 피징용자에는 군인 군속 을 포함 한다.

일본측 - 기타 항목 으로서는 구체적 으로 생각 하고 있는것이 있는가.

한국측 - 지금 으로서는 여정 하고 있지 않으나 1 항목 이하 7 항목 의 기타 는 그 청구 를 유보 하고 있다.

일본측 – 이 항목 은 사적인 청구가 대부분이라고 생각 하는데 종래 이러한 청구는 국교가 정상화 하지 못하였기 때문에 해결을 보지 못한것으로 앞으로 국교가 회복 되고 정상화 되면 일본의 일반 법률에 따라 개별적으로 해결 하는 방법 도 있다고 생각 하는데 이점 어떻게 생각 하는가.

한국측 – 해결 방법 으로서는 여러가지가 있을수 있으나 우리는 나라가 대신 하여 해결 하고자 하는것이며 또여기에 제시한 청구는 국교회복에 선행 해서 해결 되어야 할것으로 생각 한다.

일본측 – 청구 내용 에도 따르거만 종래 일본이 제 외국 과의 관계 해결에 있어서 종전 재산에 대하여는 개별적 으로 해결 한것이 많다. 물론 그것은 정부간 의 교섭 을 계기로 하지만 이러한 방법에 의하여 사권 의 길 을 터놓는 방법 도 있다.

한국측 – 우리측 으로서는 국교 회복 에 선행 해서 해결 하고 싶다.

일본측 – 이러한 해결 방법 도 있다는것을 이해 하여 주기 바란다. 그리고 5 항 의 유 가 증권 에는 일반 주식도 포함 되어 있는것으로 생각 하는데 제 6 항 과 어떠한 관계 가 있는가.

한국측 – 제 5 항 에서 변제 를 하던지 제 6 항 에서 계속 유효 한것으로 법적 으로 인정 하던지 해달라는 것이다.

일본측 – 유 가증권은 구체적 으로 어떤것인가.

한국측 – 분류방법 에는 여러가지가 있으나 국채 지방채, 일본정부 보증 사채, 일본정부 의 보증 이 없는사채, 주식등을 말한다.

일본측 - 유가증권은 어떤 기관이 가지고 있는가. 즉 입수 ■로
인데 본래 종전 이전 부터 가지고 있든것은 개인 의 권리로서 당연■
문제가 되지 않으나 군정법령 제 33 호 에 의하여 일본 재산 으로
접수 한것은 정부 가 가지고 있는것도 있겠고 불하해서 민간 이
가지고 있는것도 있겠으나 이러한것은 현실적 으로 어떻게 생각 하는가.

한국측 - 그러한것은 정부 에서 민간에 불하 하지 않았다.

일본측 - 거래는 금지 되었는가.

한국측 - 금지 조치가 있었던것은 아니며 사실상 정지 되었다.

일본측 - 종전후 일본에 있든것을 가지고 간것도 포함 하는가.~~한국~~

한국측 - 그러한것은 없었던것으로 생각 한다.

일본측 - 일본 으로 부터 가지고 간것은 몰수나 예치 시키는등 의
조치 를 취하였는가.

한국측 - 별로 조치 하지 않았다.

일본측 - 상세한 내용을 알고 있는가.

한국측 - 우리들이 소유, 소지 하고 있는것은 주로 법인 관계 이므로
그내용 을 알고 있다. 개인 관계 는 별도 조사 하지 않고 추정 하였으나
필요한 경우 에는 싱고 시킬생각 이다.

일본측 - 종류 라든가 금액 은 알고 있는가.

한국측 - 알고 있다.

일본측 - 그러한 자료는 얻을수 있는가.

한국측 - 물론 제공 할수 있다. 그러나 개인 관계는 현재로서는 그 기록 이 없다.

일본측 - 법인중 폐쇄 기관 내지 재외 법인 보유 유가 증권 에 대하여는 국내법으로서 특수 취급 은 하고 있다. SCAPIN 에서는 현물이 없어도 외지에 있는것을 무효로 하고 국내에 있는 권리를 인정 하고 있음으로 이문제는 제 4 항과 관련이 있을지도 모르는데 ...

한국측 - SCAPIN 의 몇호 인가.

일본측 - 6912 의 A 과 1965 의 3 이다. 해석 의 문제 는 있을지 모르나 그러한 문제 가 있다는것을 고려 하여 주기 바란다.

한국측 - 제 4 항은 조선 은행 을 위시한 4 기관 관계 가 주이고 5 항목 의 대부분도 폐쇄기관 관계 가 많다. 그중에도 통화 발행 준비로서 조선 은행이 가지고 있던것이 많다. 우리들은 발행준비로서 가지고 있던 유가 증권이나 공공 기관인 금융 기관 이 가지고 있던 유가 증권에 대하여 상당히 큰관심을 가지고 있음으로 충분히 토의 하여 주기 바란다.

일본측 - 내주는 연休 관계로 휴회 하고 다음 회의는 내내주 수요일 오전 10 시 30 분 으로 하되 회의 진행 상황 을 보아서 다음주에 두번 회의 하도록 하는것이 어떠한가.

한국측 - 좋다.

이 상

28. 제5차 한일회담 예비회담 제13차 일반청구권소위원회 회의록, 1961. 5. 10

한국 외교문서 718, 제5차 한일회담 예비회담 일반청구권소위원회 회의록, 제1~13차(1960-61)

1961년 5월 10일 개최된 제5차 한일회담 예비회담 일반청구권소위원회 제13차 회의(최종) 회의록이다.

일본은 제12차 회의 시 한국 측의 미국 각서 및 미군정령 제33호 관련 반론에 대하여 재차 반론하였다. 이어 양측은 대일청구 제5항목에 대한 토의를 이어갔다. 한국 측은 강제로 동원된 피징용자의 정신적·육체적 고통에 대한 보상을 요구하였으며, 일본 측이 피해자 개인에 대하여 보상해 달라는 의미냐고 묻자 한국은 나라로서 청구한다면서 개인에 대하여는 한국 국내에서 조치하겠다는 뜻을 밝혔다.

1. 시일 및 장소

단기 4284 년 5 월 10 일 상오 10 시 30 분 - 12 시 30 분

일본 외무성 회의실

2. 참석자명

한국측 - 이 상덕 대표 수석 위원 대리

이 천상 "

문 철순 "

정 일영 전문 위원

홍 승희 "

홍 윤섭 "

김 정훈 보좌관

이 수우 전문 위원 (옵서-버)

일본측 - 요시다 (吉田) 대표

우라베 (卜部) "

사구라이 (櫻井) 보좌

가네마쯔 (兼松) "

다마끼 (玉置) "

마에다 (前田) "

수기다 (杉田) "

오와다 (小和田) "

혼다 (本田) "

이와세 (岩瀨) "

하마모도 (濱本) "

수기야마 (杉 山) 보좌
이께베 (池 部) "
히사이찌 (久 一) "

3. 회의록 제 5 차 한일 회담 예비회담
제 13 차 일반 청구권 소위원회

일본측- 지난 4 월 28 일 제 12 차 본소위원회 에서 이상덕 주사대리 가 발언한 한국측 견해 에 대하여 우리측 의견 을 이야기 하겠다 하고 별도 송부한 일본측 발언 요지 (단기 4294 년 5 월 11 일자, 한일 예회 제 78 호 참조) 를 낭독 하였음.

한국측 - 서면 을 보고 우리 의견을 진술할 필요가 있으면 하겠으나 일본측 에 오해가 있는것 같해서 한두가지 이야기 하겠다. 평화 조약에 한국은 배상 을 청구할 근거 가 없는데 청구 하고 있다고 말하고 있으나 누차 이야기 한것 과 같이 한국측 은 평화 조약 제 14 조 에 의한 전쟁 배상을 요구 하는것이 아니고 제 4 조 에 의한 claim 을 주장 하고 있는것이다. 제 4 조 의 claim 은 한일간 의 다년간 의 지배 관계 로 여러가지 내용과 넓은 의미를 갖게 되는것은 당연 하다. 또 일본측은 평화 조약 의 규정 만이 청구 의 근거 가 되는것이고 한국측 이 인용 하는 "카이로" 선언 이나 "포스담" 선언 은 claim 문제 에 관계 가 없다고 보는데 우리도 "카이로" 선언 이나 "포스담"선언 에 의하여 claim 을 청구 하고 있는것이 아님은 물론 이지만 여러가지 역사적 사실을 고려 하는데 있어서 필요[illegible]으로 인용 한것이다. 그리고 법령 제 33 호 에 관하여서도 일본측은 법령 제 33 호 이전에 발포된 포고령 및 제 법령 은 일본 재산 의 소속 변경 과는 하등 의 관련 이 없으며 준비 입법도 아니라고 주장 하고 있으나 우리도 제 포고령 에 의하여 소속 변경 되었다는 것이 아님은 물론 이며 법령 제 33 호 명문 으로서도 일본 재산이 8 월 9 일자로 소속 변경 된것이 분명 하나 법령 제 33 호 이전에 발포된 포고령 및 제 법령 을 인용한것은 법령 제 33 호가 나오게 된 내력을 보충 설명 하기 위한것이다.

일본측 - 법령 제 33 호 이전에 발포된 제 법령은 누차 이야기 한것 처름 일본성 을 결정 한것이지 소유권 의 이전 이라던가 권리 권한 에 대하여는 *Relevant* 하지 않는다고 생각 한다.

한국측 - 여하튼 서면 을 보고 검토 하겠다.

일본측 - 그러면 다음 으로 들어가 5 항목 외 일본계 통화 의 범위는 어느정도 인가.

한국측 - 종류 가 많다. 대부분은 일본 은행권이나 일본 정부 지폐 군표, 중국 준비 은행권 등도 있다.

일본측 - 군표는 종전후 귀국 에서 무효로 하였는가.

한국측 - 무효 로 하였다.

일본측 - 무효 로 한것은 유통력이 없고 무가치 하 된것인데
무가치 하게 된것을 청구 하는 근거 는 없지 않는가.

한국측 - 무가치로 한것은 우리들의 국내 조치 이며 일본에 대한
청구권을 포기한것은 아니다. 그 증거로서는 일본은 한국 에서
군표를 소각 할때 입회 한것으로 보아도 청구권은 포기 한것
않인것이 알수 있지 않는가.

일본측 - 그 소각 한데 대하여는 일본 은행권도 마찬 가지 이지만
권리 로 요구 할것을 왜 소각 하였는가. 이것은 마치 채권자가
채무 증서를 태운것과 마찬가지가 않인가.

한국측 - 무가치로 하든 소각 하든 우리의 국내 조치 인데 소각을
채무증서 의 소각 과 같다고 하는것은 무슨 뜻인가.

일본측 - 지페를 가지고 있지 않고 태운다는것이 어떤 의미를
가지는것이라고 생각 하는가.

한국측 - 그러면 일본측 은 지페를 소각 하지 않었으면 *claim* 에
응하겠으나 소각 해서 증거가 없으니 못주겠다는 이야기 인가.

일본측 - 일본측이 지페 소각때 입회 한것은 입회 한것 뿐이지
이것을 채무로 인정한 약정 은 있는가.

한국측 - 일본측은 소각 했으니 증거 가 없어서 지불 못하겠다는 이야기인지 소각 에 입회 하였더라도 채무 를 확인한것은 아니니 지불 못하겠다는 뜻인지 어느쪽 이야기 인가.
지폐 의 소각 을 가지고 청구권 을 포기 한것 같이 해석 하는것은 사사 개인 도 아니고 양국 정부 와 중앙 은행 당국 이 한일 에 대하여 이해 하기 곤란 한 말이다.

일본측 - 지폐 를 태운다는것은 중대한 문제 이다. 한국측은 일본측을 입회 시켰다고 하지만 입회 뿐만 아니라 채무를 확인 시키는 방법 을 취하였는가. 즉 통화 채무 로서 일본 정부 의 양해 하에 태운것인지 않인지 의 사실을 명백히 할 필요가 있다고 본다.

한국측 - 일본측 대표 입회하에 지폐를 소각 한것은 일본측 뮤 에 청구 하기 위한것이며 이러한 청구를 전제로 하지 않고서는 일본측 대표 를 입회 시길 필요가 없지 않은가.

일본측 - 한국측이 이야기 하는 취지는 알겠으나 우리측이 이야기 한것은 지폐를 소각 할때 claim 이 있다는 사실을 명확이 했는가를 알고자 하는것이다. 한국측 에서도 그점을 명확이 해둘 필요가 있었던것이 아닌가. 소각한 사실만 가지고 채무를 인정 한것이라고 할수 있는가.

한국측 - 우리가 이해 하기 곤란 한것은 지불 못하겠다고 일본측이 [illegible]하여 내는것은 자유라 치더라도 지폐를 소각 하였기때문에 청구권이 없다고 하는것은 알수 없는 이야기 이며 우리로서 유감된 점으로 생각 한다.

일본측 - 후에 반환 하겠다는 서면 을 받었는가.

한국측 - 소각 당시 양국간 에 교환된 서면이 있으니 그것을 보면 이해가 갈줄안다. 당연히 청구권에 포함 되는것으로 본다.

일본측 - 일본 은행권이나 군표외에 중국 준비 은행권도 소각 하였는가

한국측 - 소각 하였다.

일본측 - 일본은행과 관계 없는것 까지 태운 이유는 무었인가.

한국측 - 관계 있기에 일본측이 입회 한것이 아닌가. 아직도 알수 없는데 반대로 이야기 하면 현물을 가지고 있으면 청구권이 있고 소각한것은 청구권이 없다는 의미 인가.

일본측 - 우리들은 그결론을 이야기 하는것이 아니고 사실 관계를 알기 위해서 이야기 한것이다. 그리고 태운것 가운데 신원권도 있는가.

한국측 - 신원권은 없었던것으로 알고 있다.

일본측 - 이것은 점령군 의 행위 였는가.

한국측 - 그렇다. SCAP ,주한 미군정청, 조선은행, 일본은행 의 사자가 입회 하였다.

일본측 - 당시 한국에는 조선 은행권 이 부족 하였기 때문에 상당액의 미발행 일본은행권을 반입 하여 Stamp 를 찍으서 조선 은행권 대신에 유통 시켰다고 듣고 있는데 그점에 관하여 조사 된것이 있는가.

한국측 - 그러한 사실은 없었든 것으로 알고 있다.

일본측 - 일본은행권은 한국서 유통 하였는가.

한국측 - 당분간은 유통 하였다.

일본측 - Stamp 를 찍었는지 아닌지는 명백 하지 않으나 미발행 은행권은 유통 한것이 아닌가.

한국측 - 미발행 일본 은행권은 없었다.

일본측 - 조선 은행이 보유 하고 있든 일본은행권은 그리 많지 않었다고 생각 하는데 귀환자가 제한외로 가지고 간것을 교환 한것이 아닌가.

한국측 - 귀환자가 제한외로 가지고 간것은 그 당시 일본측 세관 에서 첵크 하지 않었는가.

일본측 - 일본은행권은 일본 세관 에서 가지고 있는것도 있는데 그러한 것도 청구 하고 있는가.

한국측 - 여기에는 포함 되어 있지 않고 다음 항목 [illegible] 고 있다. 그리고 좀더 보충 하면 소각 한것 외에 현물로서 가지고 있는것도 있고 한국 동란중 금융 비상 조치로서 소각 한것이 약 200 만환 정도 있다.

일본측 - 이러한 청구의 구체적인 방법 으로서는 그것과 대등한 원 을 말하는 말인가.

한국측 - 그렇다.

일본측 - 종류 라든가 금액 에 관한 명세 가 있는가.

한국측- 있다.

일본측 - 명세가 있으면 주면 좋겠다. 그러면 다음 항목 으로 넘어 가자. 피징용 한인 미수금에 대하여 조사한 자료가 있는가.

한국측 - SCAP 의 공문 으로서 대략은 짐작 하고 있다.

일본측 - 자료가 있으면 우리들이 가지고 있는 자료와 상호 대조 하자.

한국측 - 우리는 자료를 가지고 있지않고 1950 년 SCAP 로 부터 통보를 받은것이 있다.

일본측 - 1946 년에 신고 시켰다고 하는데 오보 인가.

한국측 - 신고 사건 일이 없다. 일본측의 자료를 연고 한다.
일본측 에는 자료 가 있다고 SCAP 의 공문 에도 있다.

일본측 - 피징용자 의 미불금은 어느정도 조사 되여 있으나 피징용자 중에는 북선 으로 간 사람도 있고 빽서 그것이 어떻게 되었는지 사실을 알수 없다.

한국측 - 총액 은 아는가.

일본측 - 불충분 하지만 미불금 관계는 대체로 조사 하여 공탁 시키는등 방법 을 취하고 있다. 그러나 지역적 조사는 되여 있지 않다.

한국측 - 군인 군속 관계도 조사 되었는가 .

일본측- 징용자 관계 만을 조사 하였다. 그런데 미불금중 일부는 조련 으로 부터 강경한 요구 가 있어서 회사측 에서 지불 한것도 있다.

한국측 - 알겠다. 다음 피징용자 보상금 으로 들어가자.

일본측 - 피징용자 중에는 한국내에서 징용된자를 포함 하는가.

한국측 - 포함 하지 않는다.

일본측 - 전쟁 으로 인한 피징용자 의 피해란 어떠한것인가.

한국측 - 전에도 이야기 하였지만 생존자, 부상자, 사망자, 행방 불명자 그리고 군인 군속 을 포함한 피징용자 전반 에 대하여 보상 을 요구 하는것이다.

일본측 - 보상 이란 국민 징용령 제 17 조 에 의하여 위족 부조료, 매장료 등을 지불 하기로 되어 있고 공장 에 있어서는 공장법에 군인 군속 에 있어서도 그러한 원호 규정 이 있었는데 당시 의 그러한 베이스 에 의한 보상 을 의미 하는 것인가.

한국측 - 그것과는 다르다. 우리들은 새로운 기초하에 상당한 보상을 요구한다.

일본측 - 새로운 기초란 어떤것인가.

한국측 - 다른 국민을 강제적 으로 동원 하므로서 입힌 피징용자 의 정신적, 육체적 고통에 대한 보상을 의미 한다.

일본측 - 여러가지 문제가 있으나 징용 될때에는 일단 일본인 으로서 징용 된것이므로 당시의 원호 같은것 즉 일본인 에게 지급 한것과 같은 원호를 요구 하는것인가.

한국측 - 우리들은 새로운 입장 에서 요구 하고 있다. 그당시 일본인 으로서 징용 되었다고 하지마는 우리들은 그렇게 생각 하지 않는다. 일본사람은 일본을 위해서 일하였겠지만 우리들은 강제적으로 동원 되었다. 이점 사고 방식 을 고쳐 주기 바란다.

일본측 - 피해자 개인 에 대하여 보상 해달라는 말인가.

한국측 - 우리는 나라 로서 청구 한다. 개인 에 대하여는 국내에서 조치 하겠다.

일본측 - 우리측 에서도 이러한 사람들 그리고 그 유족 에 대하여 상당 정도 원호 조치를 하고 있으며 한국인 피해자에 대하여서도 가능한 한 조치 하고저 하는데 한국측 에서 구체적인 조사를 할 용의 가 있는가.

한국측 - 물론 그런것도 생각 할수 있으나 이 회의 와는 직접적인 관계 가 없다고 본다. 피해자에 대한 보상은 우리국내에서 조치할 성질의 것이라고 생각 한다.

일본측 - 이소위원회는 사실 관계 와 법률관계 를 확인 하는데 있다. 한국이 새로운 기초 위에서 고려 한다는것은 이해 할수 있으나 개인 베-스 가 아니라는것은 이해 할수 없다. 원래 정식 수속 을 밟었더라면 지불 할수 있었다고 본다. 우리측 으로서는 현재라도 미불금을 지불할 용의가 있다는것은 전회담 에서도 언급 하였었다. 요컨데 우리 입장은 미불금이 본인 손에 들어가지 않으면 안된다고 본다.

한국측 - 미불금 은 알겠으나 보상금에 있어서는 일본인 상망자 부상자 에 대하여서도 상당히 보상 하고 있는데 더욱히 다른 국민을 강제로 징용 하고 정신적 육체적 으로 고통을 준데 대하여 상당한 보상을 하여야 하지 않는가.

일본측 - 징용 당시는 외국인 이 아니고 종전후 외국인 이 되었다.

한국측 - 그당시 일본인 이 였다고 하지만 좀더 사실 관계를 정확히 하면 이해가 갈것이다. 일본 에서는 어떻게 동원 되었는지 모르지만 한국 에서는 길가는 사람을 붙들어 추럭 에 실어서 탄광에 보냈다. "카이로" 선언 이나 "포스담" 선언 에도 표명 되여 있는것과 같이 일본은 한국인을 노예 취급 하였는데 그당시 일본인 이 였다는것은 사실을 몰께 하는것이다.

일본측 - 대단히 딱한 일이 였으며 의당 원호 하지 않으면 안된다고 생각 하나 그 가족이 외지에 있으면 원호 할수 없다. 이러한 사람 들의 명부를 명확히 하면 빨리 해결 할수 있다고 보는데 명확히 할수 없는가.

한국측 - 약간 의 자료가 있으나 불완전 하다.

일본측 - 우리들도 그점 정리 시키고 있으며 불완전 하지만 상호 대조 하면 명확히 된다고 생각 한다. 일본 원호법 을 원용 하여 개인 베 - 스 로 지불 하면 확실 해진다고 생각 한다. 일본측 으로서는 책임을 느끼며 피해를 받은 사람에 대하여 하등 조치 못하여 미안 하게 생각 하며 특히 부상자, 행방 불명자, 사망자나 그가족 에 대하여 조치 못한데 대하여 유감 으로 생각 하고 있다.

한국측 - 같은 이야기 인데 그것을 우리는 국내 조치 로서 우리손으로 지급 하겠다. 일본측 에서 지급할 필요는 없지 않는가,

일본측 - 징용자중에는 부상자도 있고 사망자도 있으며 또 부상자중에도 그원인 이라든가 정도 가 있는데 이러한 사실을 전연 모르고 덮어놓고 돈을 지불 할수는 없지 않는가. 일한간에 국민적인 감정이 있다면 이러한 문제 있것이며 상호 국민 의 이해를 촉진 시키고 국민 감정을 융화 하기 위해서는 개인 베 - 스 로 지불 하는것이 좋다고 본다.

한국측 - 보상금 지불 방법 문제 인데 우리는 우리의 국내 문제 로서 조치 할 생각 이며 이 문제는 인원수 라던가 금액 의 문제가 있으나 여하튼 그지불은 우리 정부 손으로 하겠다.

일본측 - 인원수 , 금액 , 피해정도는 구체적 으로 하지 않으면 안된다고 생각 하며 한국측에서도 그러한 의미에서 청구 하고 있다고 생각 하는데 개인 권리로서도 구체적인 신고를 받어서 지불 하는것이 타당 하지 않는가.

한국측 - 그점 좀더 토의 를 하면 이해가 갈줄 알며 우리들이 아무 자료 도 없이 청구 하는것은 아니다.

일본측 - 1952 년 5 월 23 일 의 *Aide Memoire* 에 의하면 한국측은 명부를 제시 하겠다고 하였는데 명부 를 제시 할수 있는가.

한국측 - 명부는 불완전 하다. 그후 조사 를 하지 않았는데 필요한 경우 에는 조사 하겠다.

일본측 - 최종문제로서는 가족의 거주지등 구체적인 문제를 정확히 하지 않으면 안되기 때문에 청구권의 권리에 대한 의무로서 당연히 개별적 구체적으로 하지 않으면 안된다고 생각한다.

한국측 - 보상할 필요는 인정하지만 구체적인 사실을 명확히 하자는 취지인가.

일본측 - 보상 여부는 상부에서 결정할 문제이나 우리로서는 그방법이 있으면 방법을 생각하지 않으면 안되고 방법으로서는 역시 개별적으로 해결하지 않으면 안된다고 생각한다.

한국측 - 실제에 있어서 조사가 곤란하며 특히 군인 군속에 관하여는 일본측이 모든 기록을 소각하지 않았는가. 그러나 군인 군속 또는 노무자가 다수 징용된것만은 사실이며 의심할 여지가 없다. 이러한 수는 여러가지 자료에 의하여 조사하였는데 명부는 없다.

일본측 - 불완전은 하지만 쌍방의 자료를 상호 대조하면 인원수가 확정되고 금액도 자연 산출되지 않는가.

한국측 - 많은 사람이 사망 또는 행방불명 된것이 사실이며 또 생존자도 정신적 육체적 고통을 받었는데 보상을 하여야 하지 않는가.
인원수는 신고시키는 방법도 있지마는 그외의 방법으로서도 확인할수 있다고 생각한다.

일본측 - 한국 에서 그러한것을 조사 하고 보상한 일이 없는가.

한국측 - 아직 하지 않었다.

일본측 - 나머지는 대체로 한번만 더 회의 하면 끝나리라고 보는데 다음 회의는 내주 수요일 오전 10 시 30 분 으로 하고 그때 까지 종결 되지 않으면 금요일 오후에 다시 한번 회의 하도록 하는것이 어떤가.

한국측 - 좋다.

이 상

29. 제13차 일반청구권소위원회에서 일본 측이 행한 발언 요지 송부의 건, 1961. 5. 11

한국 외교문서 718, 제5차 한일회담 예비회담 일반청구권소위원회 회의록, 제1~13차(1960-61)

제5차 한일회담 예비회담 일반청구권소위원회 제13차 회의에서 일본 측 수석위원 발언 요지를 본부에 송부하는 문서다.

번역

5월 10일 청구권소위원회 제13차 회의에서 요시다 주사 대리 발언 요지

4월 28일에 열린 본 소위원회 제12차 회의에서 한국 측 이상덕 수석위원 대리께서 하신 발언에 대해 일본 측의 견해를 말씀드리고자 합니다.

평화조약 제4조 (b)항 및 주한 미군정 법령 제33호의 해석에 관한 한국 측의 발언에 대해서는 충분히 검토하였으나, 본 위원회의 제10차 회의에서 이상덕 수석위원 대리께서 하신 발언을 반복한 것이며, 제11차 회의에서 우리 측이 보충 설명한 점에 대한 답변이 되지 않은 것은 유감스러운 일입니다.

따라서 일본 측으로서는 더 이상의 논의의 반복을 피하고, 특히 한국 측에서 앞서 제9차 및 제11차 회의에서 일본 측이 언급한 제반 사항을 다시 한번 잘 검토하여 일본 측 견해에 대한 올바른 이해를 얻을 수 있기를 간절히 바랍니다.

또한, 앞서 일본 측 설명 중 한국 측에서 오해하고 있는 것으로 보이는 점이 1, 2가지 있어 이에 대해 간단히 보충 설명드리고자 합니다.

(1) 평화조약상 한국이 일본에 대해 배상적 성격의 청구권을 주장할 근거가 없다는 것은 본 위원회에서 한국 측도 확인한 사항입니다. 그러나 다른 한편으로 한국 측은 평화조약 제4조에도 불구하고 카이로, 포츠담 양 선언 및 1945년 9월 7일자 태평양 미 육군 최고사령부 포고 제1호를 인용하여 마치 일본에 대해 광범위한 내용의 청구권을 주장할 수 있는 것처럼 발언하고 있는 것은 이해하기 어려운 점입니다.

카이로, 포츠담선언이나 태평양 미 육군 최고사령부 포고 제1호가 한국의 청구권에 대해 아무런 언급이 없는 것은 언제나 마찬가지입니다. 연합국이 대일 평화 처리를 최종적으로 확정한 법적 문서가 평화조약이라는 것은 두말할 나위도 없습니다. 따라서 본 위원회가 대상으로 하는 청구권의 검토는 평화조약의 실체적 규정에 따라서만 이루어져야 하며, 평화조약상 근거가 없는 주장은 인정될 수 없다는 것은 너무도 명백한 사실입니다.

(2) 평화조약 제4조 (a)항의 특별협정에 대해서는 이미 일본 측의 견해를 밝혔으나, 이해를 돕기 위해 다른 각도에서 설명하면 다음과 같습니다.

즉, 평화조약 제4조 (a)항의 특별협정의 대상은 '일본국 및 그 국민의 재산으로 (제2조에 관계되는 지역)에 있는 것 및 일본국 및 그 국민의 청구권으로 현재 이들 지역의 시정을 행하고 있는 당국 및 그 주민에 대한 것' 및 '일본국에서의 이러한 당국 및 주민의 재산 및 일본국 및 그 국민에 대한 이들 당국 및 주민의 청구권'의 처리이며, 여기서 말하는 청구권이 법적으로 유효하게 성립되어 있는 것에 한정되는 것은 말할 필요도 없습니다. 그런데 동 조 (b)항은 이 동 조 (a)항에서 말하는 일본재산 및 청구권 중 한국과의 관계에 있어서는 그 대부분이 법령 제33호에 의해 소멸된 것을 승인하는 의미를 갖는 것입니다. 이는 다시 말해 동 조 (a)항에 따라 본래 일본 측이 한국 측에 대해 주장할 수 있는 '일본국 및 그 국민의 재산 및 그 청구권'이 이 제4조 (b)항의 규정에 의해 소멸되었다는 것에 다름 아니며, 따라서 이 소멸의 사실이 '특별협정의 고려에 관련을 가진다'는 미국 해석의 의미는, 이 재한일본재산의 인도 사실이 제4조 (a)항에 따라 한국이 주장할 수 있는 법적으로 유효하게 성립된 청구권을 어느 정도까지 소멸 또는 충족시키는 효과를 가지는 것임을 확인한 취지에 지나지 않는다는 것은 매우 명백합니다.

(3) 법령 제33호에 관한 일본 측 견해에 대해서는 이미 밝힌 바와 같지만, 제12회 회의에서 한국 측이 행한 "법령 제33호 이전에 발포된 각종 포고령과 법령이 법령 제33호의 이른바 준비 입법으로서 관련성이 있다"는 주장에 대해서는, 제11회 회의에서 언급한 점, 즉 "일본재산의 소속 변경은 법령 제33호에 의해 처음으로 이루어진 것이며, 그 이전에 발령된 이들 제반 포고, 법령의 경우에는 해당 재산의 권리 권원 이전과 관련하여 어떠한 법적 효력도 발생하지 않는다"는 사실에 대해 한국 측의 주의를 환기시키고자 합니다. 즉, 이들 8월 9일 이후, 법령 제33호 이전에 발령된 제반 포고와 법령은 일본재산의 동결, 대외 거래 금지를 명한 지령의 성격을 가진 것에 불과하며, 이 단계에서는 해당 일본재산의 소유권 이전 효과가 발생하지 않고 있음은 두말할 나위가 없습니다.

따라서, 12월 6일 자 법령 제33호에 의해 행해진 소속 변경 조치의 결과로 처음으로 권리 권원을 이전받은 일본재산의 범위 여부를 결정함에 있어서, 이러한 여러 포고, 법령이 법리적으로 전혀 무관하다는 것은 매우 분명합니다. 이미 일본 측이 지적한 바와 같이, 그러한 결정은 법령 제33호의 규정과 그 법률적 효과를 검토함으로써만 이루어질 수 있습니다. 법령 제33호는 그 명문의 규정상 소속 변경의 효력을 8월 9일 현재 미군 정부의 관할하에 소재하는 모든 일본재산에 미칠 의도를 가지고 있지 않다는 것이 명백할 뿐만 아니라, 설령 그 효력을 이들 재산 모두에 미치게 하고 8월 9일 이후 소재의 여하를 불문하고 소속 변경의 대상이 되게 하려는 의도를 가지고 있었다고 하더라도, 동 법령의 본질적 제약으로 인한 법적 효과의 한계에 비추어, 12월 6일 현재 미군 정부의 관할하에 소재하지 않았던 일본재산에 대해서는 그러한 의도가 법리적으로 실현될 수 없었던 것임은 앞서 제9차 회의에서 일본 측이 밝힌 견해에서 이미 밝혀진 바 있다고 생각합니다.

한일 예회 제 18 호

단기 4294 년 5 월 [illegible] 일

제 5 차 한일 회담 예비 회담
수 석 대 표 유 [seal]

제 13 차 일반 청구권 소위원회 에서
일본측이 행한 발언 요지 송부 의건

머리의건, 5 월 10 일 에 개최된 제 13 차 일반 청구권 소위원회 에서 행한 일본측 발언 요지 를 별첨 송부 하오니 사수 하시와 검토 하여 주시기 바라나이다.

별첨: 일본측 발언 요지

이 상

5月10日請求権小委員会第13回会合における吉田主査代理の発言要旨

4月28日に開かれた本小委員会の第12回会合において、韓国側李相徳主査代理が行なわれた発言に関して、日本側の見解を一言申し述べておきたいと思います。

平和条約第4条(b)項及び在朝鮮米軍政府法令第33号の解釈に関する韓国側の発言については十分検討いたしましたが、それが本委員会の第10回会合において李主査代理の行なつた発言を繰りかえされたものであつて、第11回会合においてわが方から補足説明した点に答えられておらないのは、残念なことであります。

したがつて日本側としては、これ以上議論の繰りかえしに入ることを避け、特に韓国側において、さきに第9回及び第11回会合において日本側から申し述べた諸点をもう一度よく吟味の上、日本側見解の正しい理解を得られるよう切望いたします。

なお、さきに行なつた日本側説明の中、韓国側で誤解しておられるように見受けられる点が1、2ありますのでこれらの点につき簡単に補足説明しておきたいと思います。

(1) 平和条約上、韓国が日本に対して賠償的性質の請求権を主張する根拠のないことは、本委員会において韓国側も確認された点であります。しかるに、他方において韓国側は、平和条約第4条によりつつもカイロ、ポツダム両宣言及び1945年9月7日付太平洋米国陸軍最高司令部の布告第1号を引用せられ、日本に対し広汎な内容の claim をなしうるかの如き発言をしておられるのは理解に苦しむところであります。

カイロ、ポツダム両宣言又は太平洋米国陸軍最高司令部布告第1号が韓国の請求権について何ら言及していないことはいうまでもありません。

連合国がその対日平和処理を最終的に確定した法的文書が平和条約であることは申すまでもありません。したがつて本委員会が対象とする請求権の検討は、平和条約の実定的規定にしたがつてのみ行われるべきものであつて、平和条約上根拠を有しない主張が認められないことは余りにも明白であります。

(2) 平和条約第4条(a)項における特別取極については、既に当方の見解を述べておりますが更に理解を深めるために、別の角度から説明すると次のとおりになります。

即ち、平和条約第4条(a)項における特別取極の対象となるのは、「日本国及びその国民の財産で(第2条にかかげる地域)にあるものならびに日本国及びその国民の請求権で現にこれらの地域の施政を行つている当局及びそこの住民に対するもの」ならびに「日本国におけるこれらの当局及び住民の財産ならびに日本国及びその国民に対するこれらの当局及び住民の請求権」の処理であつて、ここでいう請求権が法律上有効に成立しているものに限られることはいうまでもありません。しかるに、同条(b)項はこの同条(a)項にいう日本財産及び請求権の中、韓国との関係においてはその大部分が法令第33号によつて消滅せしめられたことを承認するという意味をもつものであります。このことは、いいかえれば、同条(a)項に従つて本来ならば日本側が韓国側に対して主張しうるはずの「日本国及びその国民の財産ならびにその請求権」がこの第4条(b)項の規定によつて消滅したということに他ならず、したがつてこの消滅の事実が「特別取極の考慮において関連をもつ」という米国解釈の意味は、この在韓日本財産引きわたしの事実が第4条(a)項に従つて韓国の主張しうるものとしての、法律上有効に成立している請求権をある程度まで消滅又は充足せしめる効果をもつものであることを確認した趣旨に他ならないことは極めて明瞭であります。

(3) 法令第33号に関する日本側見解については既に明らかにしたとおりでありますが、第12回会合において韓国側が行なつた「法令第33号以前に発布された諸布告令と法令とが法令第33号のいわゆる準備立法として relevant である」という主張については、第11回会合において申し述べた点、すなわち「日本財産の所属変更は法令第33号によつてはじめて行なわれたものであつて、それ以前に発せられたこれらの諸布告、法令の場合には、当該財産の権利権原の移転に関しては何ら法律的な効果を発するものではない」という事実に重ねて韓国側の注意を喚起したいと思います。すなわち、これら8月9日以降、法令第33号以前に発せられた諸布告、法令は日本財産の凍結、対外取引の禁止を命じた指令たる性質をもつものにすぎず、この段階では、当該日本財産の所有権移転の効果が発生していないことはいうまでもありません。

したがつて、12月6日付の法令第33号によつて行なわれた所属変更措置の結果として、はじめて権利権原を移転せしめられた日本財産の範囲如何を決定するに当つては、これらの諸布告、法令が法理上全く irrelevant であることはきわめて明らかであります。すでに日本側が指摘してきたとおり、かかる決定は、法令第33号の規定と、その法律的効果とを検討することによつてのみなされるものに他なりません。法令第33号は、その明文の規定上、所属変更の効果を8月9日現在米軍政府の管轄下に所在した、すべての日本財産に及ぼす意図を有していないことが明瞭であるのみならず、たとえその効果をこれら財産のすべてに及ぼし、8月9日以後の所在の如何をとわず所属変更の対象としようとする意図を有していたとしても、同法令の本質的制約から生ずる法律的効果の限界に鑑み、12月6日現在米軍政府の管轄下に所在しなかつた日本財産については、かかる意図が法理上実現されえなかつたものであることは、さきに第9回会合において日本側が申し述べた見解においてすでに明らかとなつているものと考えます。

청구권 문제의 정치적 타결에 앞선 마지막 실무 협상

제6차 한일회담

1961년 5월 16일 '군사정변'으로 정권을 잡은 박정희 장군은 한국의 경제 재건을 통해 정권의 정당성을 확보하는 일이 급선무였다. 이를 위해서는 무엇보다도 한일 국교 정상화를 통해 일본으로부터 자금과 기술을 도입하는 것이 중요하다고 생각하였으며, 따라서 한일회담의 조기 타결에도 열의를 가질 수밖에 없었다. 이러한 박정희의 의지에 따라 제6차 한일회담은 이전과는 전혀 다른 양상, 즉 큰 맥락에서 실무협상이 아닌 정치적 타결을 통해 문제를 해결하는 방향으로 진행되었다.

물론 이 시기에도 한국 측의 청구권 문제에 대한 교섭의 기본 입장은 청구권과 경제협력은 일단 분리하여 대응한다는 것이었다. 하지만 사법(私法)상의 변제 원칙에 따라 청구권소위원회에서 실무 토의를 진행하되, 정치적 해결도 고려한다는 방침이 함께 수립되었다.[1] 회담 개최를 앞두고 1961년 10월 16일 박정희 의장도 직접 참석한 회의에서 작성된 대표단 훈령 중 일반청구권위원회 관련 사항을 살펴보면, "① 회담의 조속한 진행을 위하여 한국 측의 청구액에 필요한 증거의 대사(對査) 사무는 가급적 피하고, ② 매주 1회 이상 회의를 개최하여 11월 중순까지 실무회의를 끝내도록 하며, ③ 법적 이론에 관한 최종적인 결론 또는 증거 대사에 관한 결정적인 언질을 주는 일이 없도록 하라"는 내용이 포함되어 있다. 가급적 실무협의는 일본과의 충돌을 피하면서 조속히 끝냄으로써 정치적 타결을 위한 분위기를 저해하지 않겠다는 의도가 근저에 자리잡고 있었다고 보아야 할 것이다.[2] 이 훈령에는 표1과 같은 한국의 청구권 종합청구액도 첨부되어 있는데, 같은 맥락으로 '정치적 고려로 보류'하는 항목이 여럿 포함되어 있음이 눈에 뜨인다.[3]

---

1 한국 외교문서 720, 제6차 한일회담 예비교섭, 1961, 전2권(V.1 7-8월), 한일회담에 대한 정부의 기본 방침 작성의 건, 1961. 7. 8, 1765쪽.

2 유의상, 『대일외교의 명분과 실리』, 316쪽.

3 한국 외교문서 726, 외정(아) 제118호 제6차 한일회담 진행 방법, 1961. 10. 16, 381-382쪽.

표1 제6차 회담을 앞두고 작성된 청구권 종합청구액

항목	청구 내용	지출 금액 및 적요
제1항	지금과 지은	정치적 고려로 보류
제2항	체신부 관계	1,808 백만 엔
제3항	재산 반출 ㄱ. 조선은행 ㄴ. 개인 송금	 4,565 백만 엔 정치적 고려로 보류
제4항	재일본 지점 재산 ㄱ. (빈칸) ㄴ. 스카핀(GHQ/SCAPIN) 1965에 기한 것	일본 측에 자료 제출을 종용
제5항	이체 일본 국채(등록) ㄱ. 한국 내 유가증권(현물 및 등록) 일본 지점 소유분(등록 국채) 소계 ㄴ. 일본은행권 ㄷ. 징용자 미수금 ㄹ. 징용자 보상금(한국 내에서 동원된 자 제외) 생존자(93만) × $ 200 사망, 부상, 행방불명(10만)×$2,000 소계 ㅁ. 연금 기타 요 조정액	4,721 백만 엔 2,611 백만 엔 1,404 백만 엔 8,736 백만 엔 1,525 백만 엔 237 백만 엔 $186 백만 $205 백만 $391 백만 882 백만 엔 4,565 백만 엔
제6항	한국 법인 또는 민국 자연인 소유의 일본 법인의 주 또는 기타 증권을 법적으로 인정할 것을 청구함.	
제7항	전기 제 재산 또는 청구권에서 생긴 제 과실의 반환을 청구함.	정치적 고려로 보류
제8항	전기 반환 및 결제는 협정 성립 후 즉시 개시하여 늦어도 6개월 이내에 종료할 것	별도 협의함.
총계	13,246 백만 엔+391 백만 불=1,274 백만 불(1불=15엔)	

* 외교문서상에는 화폐 단위가 '원'으로 적혀 있으나 이 자료집에서는 이를 '엔'으로 바꾸었음.

제6차 한일회담 청구권소위원회는 1961년 10월 27일부터 1962년 3월 6일까지 총 11차례 개최되었다(비공식회의 2회 별도). 소위원회 산하에는 다시 '체신부 관계 전문위원회'와 '피징용자 관계 전문위원회'가 구성되어 각 4회씩 개최되었다. 한국 측은

표2 제6차 회담 청구권소위원회 및 산하 전문위원회 개최 현황

회의 차수	개최 일자		양측 수석	주요 토의 내용
제1차 소위원회	1961	10. 27	김윤근/미야카와	- 양측 수석대표 인사말, 회의 진행 관련 토의 - 한국 측의 요청에 따라 청구요강 제1항목부터 다시 설명하기로 합의
제2차 소위원회		11. 2	김윤근/미야카와	- 제1항목 지금/지은에 대해 한국 측 설명 - 일본 측은 한국의 설명이 5차 회담과 다를바 없다면서 불만 토로 * 1항목에 대한 일본 측의 질문 없이 회의 종료
		11. 12	박정희-이케다 정상회담 개최	
제3차 소위원회		11. 16	김윤근/미야카와	- 제1항목에 대해 양측 토의
제4차 소위원회		11. 22	김윤근/요시오카	- 제2항목 체신부 관계 청구에 대해 한국 측 설명 - 체신 관계 전문위원회 구성에 합의
제1차 체신부 관계 전문위원회		11. 24	이상덕/도모다	- 회의 진행 순서에 대해 협의
제2차 체신부 관계 전문위원회		11. 30	이상덕/도모다	- 우편저금, 진체저금, 우편 위체 등에 관한 양국의 계산표 비교
제5차 소위원회		11. 30	김윤근/요시오카	- 제4항목 한국에 본사를 둔 한국 법인의 재일재산에 대해 한국 측 설명 후 토의
제3차 체신부 관계 전문위원회		12. 7	이상덕/도모다	- 우편저금 관계에 대해 재차 토의
제6차 소위원회		12. 7	김윤근/마야카와	- 제4항목에 대해 토의 계속
제4차 체신부 관계 전문위원회		12. 13	이상덕/도모다	- 간이생명보험 및 우편연금 적립으로서 대장성 예금부 예금에 관한 수치 비교
제7차 소위원회		12. 15	김윤근/미야카와	- 제4항목 대해 토의 계속 - 제5항목 기타 청구권에 대해 한국 측 설명 - 제3항목 조선은행을 통하여 지출(持出)된 금원도 제5항목의 유가증권에 합쳐 토의
제8차 소위원회		12. 21	김윤근/미야카와	- 제5항목에 대해 토의 계속 - 제6항목을 '한국인(자연인 및 법인)의 일본 정부 또는 일본인(자연인 및 법인)에 대한 권리로서 이상의 요강 제1항에서 제5항에 포함되지 않은 것은 한일회담 성립 이후라 해도 개별적으로 행사할 수 있음을 인정할 것'이라는 내용으로 변경 요청, 일본은 이에 대해 반대 - 청구 금액을 엔 대 미불화 15:1로 할 것을 제의

회의 차수	개최 일자		양측 수석	주요 토의 내용
제1차 비공식회의	1962	1. 29	김윤근/요시오카	- 향후 회의 진행 방식 등 토의(한국은 비공식 회의를, 일본은 공식회의를 계속하기를 주장)
제9차 소위원회		2. 1	김윤근/요시오카	- 향후 회의방식에 대해 토의, 공식회의를 계속하면서 전문가 회의를 개최하기로 합의
제2차 비공식회의		2. 6	김윤근/미야카와	- 피징용자 전문위원회 설치에 합의
제10차 소위원회		2. 8	김윤근/미야카와	- 제5항목에 대해 일본 측 견해 표명
제1차 피징용자 전문위원회		2. 13	김윤근/우라베	- 군인 군속, 은급, 기탁금에 관한 일본 측 견해 표명
제2차 피징용자 전문위원회		2. 20	김윤근/우라베	- 군인 군속, 폐쇄 기관, 기탁금 등에 대해 토의 - 일본은행권과 교환하고 남은 조선은행권의 처리 상황에 대해 토의 - 은급 관계 토의
제3차 피징용자 전문위원회		2. 22	이상덕/우라베	- 피징용 노무자에 대해 토의
제4차 피징용자 전문위원회		2. 27	김윤근/혼다	- 피징용 노무자 보상금액 등에 대해 토의 - 재외 회사, 폐쇄 기관, 유가증권, 은급 등에 대해 토의
제11차 소위원회		3. 6	김윤근/요시오카	- 북한 문제, 미국 각서의 relevant clause, 15:1의 환산율 등에 대해 일본 측 견해 표명

* 한국 측: 김윤근 변호사, 이상덕 한국은행 참사
* 일본 측: 미야카와 신이치로(宮川新一郎) 대장성 이재국장, 요시오카 에지(吉岡英一) 대장성 이재국 차장, 우라베 도시오(卜部敏南) 외무성 참사관, 도모다(鞆田) 우정성 저금국 제2 업무과장, 혼다 유키야(本多行也) 대장성 사무관

1961년 12월 21일 개최된 소위원회 제8차 회의까지를 통해 항목별 청구권 요구액을 일본 측에 모두 제시하였다. 일본 측에 금액을 제시하지 않은 항목에 대해서는 이를 포기한 것이 아니라 유보한다는 입장임을 밝혔다.[4] 이 위원회들의 회의 개최 일자, 양측 수석위원, 주요 토의사항 등은 표2와 같다.

4 日本外交文書 506, 日韓國交正常化交渉の記錄 總說 八, VII. 軍事政權の成立と第6次韓日會談, 121-130쪽.

표3 한국의 대일 청구권 최종 요구액 및 일본 측 반응/산정액 대비표

한국				일본		
대일청구 최종 내용			요구액	수용 여부	시산액(백만 엔)	
					대장성	외무성
1		조선은행을 통해 1909년부터 1945년까지 반출된 지금과 지은의 반환 청구	지금: 249,633,198g 101,101,000,000엔 지은: 67,541,771g 743,000,000엔	×	0	0
2	1) 체신부 관계	a) 우편저금, 진체저금, 우편위체: 이 세 종류만을 개인 청구권으로 제기	1,197,725,743엔	○	258 [196]	258 [196]
		b) 국채, 저축채권 등: 5항 유가증권에 포함.	-	-	-	-
		c) 조선간이생명보험 및 우편연금: 동 보험 및 연금 가입에 따라 한국인이 지불한 것 중 적립금, 여유금 명목으로 대장성으로 예입된 것만을 개인 청구권으로 제기	135,444,445엔	○	67 [12]	67 [12]
		d) 해외위체, 저금 및 채권: 한반도 이외의 구 일본 관할 지역에서 이루어진 우편저금, 진체저금, 우편위체, 조선간이생명보험, 우편연금만을 개인 청구권으로 제기 (채권은 5항 유가증권에 포함)	69,987,800엔	○	?	?
		e) 태평양 미국 육군 총사령부 포고령 제3호로 인해 동결된 한국 수취금: 한반도 이외의 구 일본 관할 지역에서 이루어진 우편저금, 진체저금, 우편위체, 은급과 관련해 1945년 9월 16일 이후 한국 국내에서 미군정이 대신 지불한 것	45,516,884엔	×	0	?
		f) 기타: 미제기	-	-	-	-
	2) 1945년 8월 9일 이후 일본인이 한국 내 각 은행에서 인출한 예금액: 미 제기		-	-	-	-
	3) 한국에서 수입된 국고금 중 뒷받침 자금이 없는 세출에 의한 한국 수취금 관계: 미제기		-	-	-	-
	4) 조선총독부 도쿄 사무소 재산: 미제기		-	-	-	-
	5) 기타: 미제기		-	-	-	-
3	1) 8월 9일 이후 조선은행 본점에서 재일본 도쿄지점으로 이체 또는 송금된 금원: 5항 일본계 유가증권에 포함.		-	-	-	-
	2) 8월 9일 이후 재한 금융기관을 통해 일본으로 송금된 금원: 미제기		-	-	-	-
	3) 기타: 미제기		-	-	-	-
4	1) 연합국 최고사령부 폐쇄 기관령에 의하여 폐쇄 청산된 한국 내 금융 기관의 재일 지점 재산		요구액 미제시	× 단, 청산 재산 중 한국인 주주들에 대한 분배금 별도 반환	39 [?]	39 [?]
	2) GHQ/SCAPIN 1965호에 의하여 폐쇄된 한국 내 본점 보유 법인의 재일 재산		요구액 미제시			
	3) 기타: 미제시		-	-	-	-

* 일본측의 ○는 지출거부, ?는 미산출, [ ]는 이자, 〈 〉는 지불보전여부 미확정 상태

<table>
<tr><th colspan="4">한국</th><th colspan="3">일본</th></tr>
<tr><th colspan="3" rowspan="2">대일 청구권 최종 내용</th><th rowspan="2">요구액</th><th rowspan="2">수용 여부</th><th colspan="2">시산액(백만 엔)</th></tr>
<tr><th>대장성</th><th>외무성</th></tr>
<tr><td rowspan="8">5</td><td colspan="2">1) 일본계 유가증권: 한국 법인, 체신부, 한국 자연인이 등록 및 현물로서 보유한 국채, 조선식량증권, 식량증권, 일본저축권, 정부 보증사채, 지방채, 사채, 저축 및 보국채권, 기타 증권(주식은 6항에 포함)</td><td>8,735,184,324엔</td><td>△ 부분 수용: 폐쇄 기관, 재외회사 이외의 법인과 개인이 군정령과 관계없이 원래 소유한 것 및 보유 주체와 상관없이 현물로 남아있는 것</td><td>228
[146]</td><td>608
[389]</td></tr>
<tr><td colspan="2">2) 일본계 통화: 일본은행원 입회하에 소각되었거나 현물로 남은 일본은행권, 일본 정부 소액지폐, 군표, 일본은행 소액지폐, 중앙저비(儲備)은행권</td><td>1,525,493,702엔</td><td>△ 부분 수용: 유통 과정에 있었던 일본은행권 및 일본 정부 소액지폐 중 일본은행원 입회하에 소각된 것, 조선은행이 현물로 보유한 일본은행권 중 일본은행이 단지 조선은행에 기탁한 것을 제외한 발행권</td><td>1,517</td><td>1,522</td></tr>
<tr><td colspan="2">3) 피징용 한국인 미수금</td><td>237,000,000엔</td><td>○</td><td>98[38]</td><td>133[52]</td></tr>
<tr><td colspan="2">4) 전쟁으로 인한 피징용자 피해에 대한 보상: 생존자, 부상자, 사망자를 모두 대상으로 함.</td><td>3억 6,400만 불
생존자 1억 8,600만 불
사망자 1억 2,800만 불
부상자 5,000만 불</td><td>△ 부분 수용: 생존자 제외한 부상자, 사망자에 대해 '보상' 개념 외로 지불</td><td>〈2,248〉</td><td>10,184</td></tr>
<tr><td rowspan="2">5) 한국인의 대일본 정부 청구 은급 관계 기타</td><td>은급: 수급자격에 따른 개인 연금 및 일시금</td><td>306,194,970엔</td><td>△ 부분 수용: 문관에 대한 국고 지출분, 군인은 증가 은급, 군무원은 미복원자 급여법에 준함</td><td>564</td><td>11,960</td></tr>
<tr><td>기탁금: 세관 기탁분, 조선은행권과 교환한 일본은행권, 재일조선인연맹 기탁분</td><td>113,774,890엔</td><td>△ 부분 수용: 세관 기탁분 및 조선은행권과 교환한 일본은행권</td><td>63</td><td>60</td></tr>
<tr><td colspan="2">6) 한국인의 대일본인 또는 법인 청구: 한국인 개인이 가입한 생명보험회사 19개 사의 책임준비금</td><td>438,000,000엔</td><td>×</td><td>0</td><td>0</td></tr>
<tr><td colspan="2">7) 기타: 미제기</td><td>-</td><td>-</td><td>-</td><td>-</td></tr>
<tr><td>6</td><td colspan="2">한국인(자연인 및 법인)의 일본 정부 또는 일본인(자연인 및 법인)에 대한 권리 행사에 관한 원칙: 협정체결 후에도 교섭에서 다루어지지 않았던 개인 청구권을 해당 개인이 직접 제소 가능</td><td></td><td>×</td><td>-</td><td>-</td></tr>
<tr><td colspan="3">합계</td><td>3억 6,400만 불+128억 400만 엔(8억 5,360만 불) =12억 1,760만 불 (1불: 15엔)
* 지금, 지은은 1,018억 4,400만 엔(1불:360엔 환산 시 2억 8,290만 불)
총계: 15억 50만 불</td><td>* 대장성은 지금, 지은을 합쳐 한국 측 금액 합계를 15억 불로 시산</td><td>5,082 [730]= 1,600만 불 (1불: 360엔)</td><td>24,831 [649]= 7,078만 불 (1불: 360엔)</td></tr>
</table>

출처: 유의상, 『대일외교의 명분과 실리』, 323-325쪽.

청구권소위원회에서의 논쟁은 제5차 한일회담과는 달리 그리 격렬하지 않았다. 양국 모두 소위원회에서의 토의가 청구권 문제를 해결하기 위한 최종적인 것이 아니라는 점과 실무협의를 통해서는 양국의 입장 차를 극복할 수 없다는 점을 서로 잘 알고 있었기 때문이다. 제6차 한일회담의 청구권소위원회(체신부 관계 및 피징용자 관계 전문위원회 포함) 회의는 비록 양국 간에 청구의 항목이나 금액에 큰 인식의 차를 드러내기는 하였지만, 한국이 1952년부터 10여 년간에 걸쳐 계속되어 온 청구권 교섭에 있어서 일본에 대해 한국의 청구 내역을 '최종화'하여 제시하였다는 점에서 의의를 찾을 수 있다.

표3은 한국이 제시한 청구권 항목과 금액, 그리고 이에 대한 일본 측의 대응을 한눈에 볼 수 있도록 정리한 것이다. 이 표에 따르면 한국 측의 청구권 요구액은 지금, 지은을 제외한 엔화 총액이 약 128억 엔(1불=15엔으로 환산할 경우 8억 5,360만 불, 일본인 지분을 제외한 한국인 지분만 계산한 금액임), 피징용 한국인에 대한 보상요구액이 3억 6,400만 불(강제징용 한국인 수는 노무자 667,684명, 군인·군속 365,000명 총 1,032,684명이며, 이중 부상 또는 사망자는 노무자 18,603명, 군인·군속 83,300명, 계 102,603명임. 이들에 대한 보상금은 생존자 200불, 사망자 1,650불, 부상자 2,000불[5])로, 이를 합산하면 약 12억 1,760만 불에 달했다. 이에 비해 일본 측이 시산한 금액(한국 측에는 제시하지 않음)은 대장성이 1,600만 불(58억 1,200만 엔), 외무성이 7,078만 불(254억 8,000만 엔)로 한국 측 금액과는 비교가 되지 않을 정도로 적었다(일본 측 시산액은 일본인 지분을 제외하고 여기서 다시 북한 지분을 제외한 금액이며, 환율은 1불=360엔으로 계산).[6] 물론 이 표 3에 나와 있는 금액은 실제 한일 간에 청구권 문제를 타결하는 데 큰 도움이 되지는 않은 것으로 판단된다.

일본 외무성과 대장성의 금액이 달랐던 이유는 군인·군속, 피징용자에 대한 위로금과

5 한국 외교문서 750, 제6차 한일회담 청구권위원회 회의록, 1-11차, 1961. 10. 27-62. 3. 6, 일반청구권 소위원회 제7차 회의 회의록, 1961. 12. 16, 383-384쪽.

6 유의상, 『대일외교의 명분과 실리』, 322-325쪽.

표4 한일 양국 제시 피징용자 수 대비

구분		한국 측 숫자(명)[7]	일본 측 숫자(명)[8]
노무자	생존자(부상자)	655,081(7,000)	자유모집(39. 9-42. 2): 148,549 관 알선 (42. 2-44. 8): 약 32만 국민징용(44. 9-45. 4): 약 20만
	사망자	12,603	
	계	667,684	667,684
군인·군속	생존자(부상자)	300,000(18,300)	220,159(부상자 불명)
	사망자	65,000	22,182
	계	365,000	242,341(남북한 미구분, 일본 거주자 포함)
총계		1,032,684	910,025

은급에 관한 사정액이 달랐기 때문인데, 외무성이 훨씬 많이 산정했다. 청구권 문제와 관련하여 계속해서 강경 입장을 취해왔던 대장성은, 피징용자 중 사망·부상자에 대한 위로금의 지급과 한국인 군인·군속, 문관에 대한 은급은 이들의 일본국적 상실, 즉 1952년 4월 강화조약 발효를 기해 중단되어야 하며, 피징용 한국인 노무자에 대해서도 미수금 및 기탁금 이외에는 어떠한 수당도 줄 수 없다는 입장이었다. 그러나 한일회담의 주무 부처로서 한국에 대해 비교적 유화적이었던 외무성은 국제 선례와 조리(條理)에 따라 일본국적 상실 이후에도 은급은 계속 지급해야 하며, 위로금도 주어야 한다는 입장을 취했다.[9] 한일 양국이 제시한 피징용자 수를 대비하면 표4와 같다.

---

7 한국 측 숫자는 '일반청구권소위원회' 제7차 회의에서 제시된 것이다. 이 회의에서 한국 측은 노무자의 부상자와 사망자를 합친 숫자가 18,603명이라고 했는데(한국 외교문서 750, 일반청구권소위원회 제7차 회의 회의록, 1961. 12. 16, 383-384쪽), 그 뒤 개최된 '피징용자 등 관계 전문위원회' 제1차 회의에서는 사망자가 12,603명, 부상자가 7,000명, 계 19,603명으로 언급되어(한국 외교문서 750, 일반청구권소위원회 피징용자 등 관계 제1차 전문위원회 회의록, 1962. 2. 13, 511쪽) 양쪽의 숫자가 일치하지 않는다.

8 일본 측 군인·군속 숫자는 '피징용 등 관계 전문위원회' 제1차 회의에서 제시한 것이며(한국 외교문서 750, 518쪽), 노무자 숫자는 같은 위원회 제3차 회의에서 제시한 것이다(한국 외교문서 750, 일반청구권소위원회 제3차 전문위원회 회의록, 1962. 2. 22).

9 日本外交文書 1749, 韓國側對日請求額に對する大藏,外務兩省による査定の相異について, 1962. 2. 15, アジア局.

한국 외교문서	일본 외교문서
1. 720, 제6차 한일회담 예비교섭, 1961, 전 2권 V.1 7-8월, 한일회담에 대한 정부의 기본 방침 작성의 건, 1961. 7. 8	
2. 726, 제6차 한일회담 본회의 회의록 및 종합 보고, 1961-62. 2, 외정(아) 제118호 제6차 한일회담 진행 방법, 1961. 10. 16	
3. 750, 제6차 한일회담 청구권위원회 회의록, 1-11차, 1961. 10. 27-62. 3. 6, 일반청구권소위원회 제1차 회의 회의록, 1961. 10. 27	
4. 750, 제6차 한일회담 청구권위원회 회의록, 1-11차, 1961. 10. 27-62. 3. 6, 일반청구권소위원회 제2차 회의 회의록, 1961. 11. 2	
5. 750, 제6차 한일회담 청구권위원회 회의록, 1-11차, 1961. 10. 27-62. 3. 6, 일반청구권소위원회 제3차 회의 회의록, 1961. 11. 16	
6. 750, 제6차 한일회담 청구권위원회 회의록, 1-11차, 1961. 10. 27-62. 3. 6, 일반청구권소위원회 제4차 회의 회의록, 1961. 11. 22	
7. 750, 제6차 한일회담 청구권위원회 회의록, 1-11차, 1961. 10. 27-62. 3. 6, 체신부 관계 전문위원회 제1차 회의 회의록, 1961. 11. 24	
8. 750, 제6차 한일회담 청구권위원회 회의록, 1-11차, 1961. 10. 27-62. 3. 6, 체신부 관계 전문위원회 제2차 회의 회의록, 1961. 11. 30	
9. 750, 제6차 한일회담 청구권위원회 회의록, 1-11차, 1961. 10. 27-62. 3. 6, 일반청구권소위원회 제5차 회의 회의록, 1961. 11. 30	
10. 750, 제6차 한일회담 청구권위원회 회의록, 1-11차, 1961. 10. 27-62. 3. 6, 체신부 관계 전문위원회 제3차 회의 회의록, 1961. 12. 7	
11. 750, 제6차 한일회담 청구권위원회 회의록, 1-11차, 1961. 10. 27-62. 3. 6, 일반청구권소위원회 제6차 회의 회의록, 1961. 12. 7	

한국 외교문서	일본 외교문서
12. 750, 제6차 한일회담 청구권위원회 회의록, 1-11차, 1961. 10. 27-62. 3. 6, 체신부 관계 전문위원회 제4차 회의 회의록, 1961. 12. 13	
13. 750, 제6차 한일회담 청구권위원회 회의록, 1-11차, 1961. 10. 27-62. 3. 6, 일반청구권소위원회 제7차 회의 회의록, 1961. 12. 15	
14. 750, 제6차 한일회담 청구권위원회 회의록, 1-11차, 1961. 10. 27-62. 3. 6, JW-12268 청구 요강 제6항의 변경 건의 전문, 1961. 12. 18	
15. 750, 제6차 한일회담 청구권위원회 회의록, 1-11차, 1961. 10. 27-62. 3. 6, WJ-12175 일반청구소위원회 지시사항 전달 전문, 1961. 12. 19	
16. 750, 제6차 한일회담 청구권위원회 회의록, 1-11차, 1961. 10. 27-62. 3. 6, 일반청구권소위원회 제8차 회의 회의록, 1961. 12. 21	
	17. 1735, 일한회담 청구권 관계의 심의에 관해(日韓会談請求権関係の審議について), 1962. 1. 8
	18. 1736, 일한회담의 청구권 문제 처리에 있어서의 문제점(日韓会談の請求権問題処理にあたっての問題点), 1962. 1. 10
	19. 1736, 한국 측 대일청구액 및 대장성, 외무성 시산액(韓国側対日請求額および大蔵省, 外務省試算額), 1962. 1. 10
20. 750, 제6차 한일회담 청구권위원회 회의록, 1-11차, 1961. 10. 27-62. 3. 6, JW-01443, 청구권위원회 제1차 비공식회의 결과 보고 전문, 1962. 1. 30	
21. 750, 제6차 한일회담 청구권위원회 회의록, 1-11차, 1961. 10. 27-62. 3. 6, 일반청구권소위원회 제9차 회의 회의록, 1962. 2. 1	

한국 외교문서	일본 외교문서
22. 750, 제6차 한일회담 청구권위원회 회의록, 1-11차, 1961. 10. 27-62. 3. 6, JW-02114, 제2차 청구권위원회 비공식 회의 보고 전문, 1962. 2. 7	23. 1222, 제6차 일한전면회담일반청구권 문제 비공식 회담(제1회) 기록(第6次日韓全面会談一般請求権問題非公式会談(第1回)記録) 1962. 2. 6
24. 750, 제6차 한일회담 청구권위원회 회의록, 1-11차, 1961. 10. 27-62. 3. 6, 일반청구권소위원회 제10차 회의 회의록, 1962. 2. 8	
	25. 1749, 한국 측 대일청구권에 대한 대장, 외무 양성에 의한 사정의 상이에 관해(韓国側対日請求権に対する大蔵, 外務両省による査定の相異について), 1962. 2. 15
26. 750, 제6차 한일회담 청구권위원회 회의록, 1-11차, 1961. 10. 27-62. 3. 6, 피징용 관계 전문위원회 제1차 회의 회의록, 1962. 2. 14	
27. 750, 제6차 한일회담 청구권위원회 회의록, 1-11차, 1961. 10. 27-62. 3. 6, 피징용 관계 전문위원회 제2차 회의 회의록, 1962. 2. 20	
28. 750, 제6차 한일회담 청구권위원회 회의록, 1-11차, 1961. 10. 27-62. 3. 6, 피징용 관계 전문위원회 제3차 회의 회의록, 1962. 2. 22	
29. 750, 제6차 한일회담 청구권위원회 회의록, 1-11차, 1961. 10. 27-62. 3. 6, 피징용 관계 전문위원회 제4차 회의 회의록, 1962. 2. 27	
30. 750, 제6차 한일회담 청구권위원회 회의록, 1-11차, 1961. 10. 27-62. 3. 6, 일반청구권소위원회 제11차 회의 회의록, 1962. 3. 6	

1. 한일회담에 대한 정부의 기본 방침 작성의 건, 1961. 7. 8
한국 외교문서 720, 제6차 한일회담 예비교섭, 1961,
전 2권 V.1 7-8월

제6차 한일회담에 임하는 한국 정부의 기본 방침이 담긴 문서다.

이 문서의 한국 청구권 기본 방침에는 청구권과 경제협력은 별도로 하여 대응하며, 사법(私法)상의 변제 원칙에 따라 청구권소위원회에서 실무 토의를 진행하되, 정치적 해결도 고려한다는 입장이 수립되었다.

다음과 같은 공문을 발송. 시행함이 어떠하오리까

장관

차관

정무국

특별보좌관

아주 과장

차관

1962년 2월 17일 아주과장
직권으로 Ⅲ급 비밀로 재분류

기안자

편찬류별		류	단기 4294년 7월 8일	기안
보존종별		종	단기 429 년 월 일	결재
기 장	발송		단기 429 년 월 일	발송. 시행

외 ( ) 제 호

단기 429 년 월 일

— 품의안 —

외무부

귀하

건 명 : 한일회담에 대한 정부의 기본 방침 작성의 건

머리의 건, 앞으로 재개될 한일회담에 있어서 우리정부가 취할 기본 방침을 다음과 같이 결정함이 어떠하올지 품의 하나이다.

기

별첨 : 한일회담에 대한 정부의 기본 방침.

이상

次官用寫本

韓日會談에 對한 政府의 基本方針

一、在日韓人法的地位

1. 永住權 賦與(子孫包含)、退去強制 不認定.
2. 大韓民國 國民임을 認定.
3. 歸國者의 財產搬出 自由.
4. 送金은 外資導入形式 自由.
5. 在日韓人에 對한 內國民과 同等待遇.

二、漁業 및 平和線

1、漁業資源 保護 및 國防上의 目的으로 維持.

2、滿限未到達 漁業資源保存에 關하여는 漁業協定 締結로서 解決.

3、漁業協定은 다음 事項을 包含.

(1) 管轄區域

(2) 規制區域

(3) 共同操業區域

三、韓国請求権

1、請求権과 経済協助는 別途.

2、請求権問題는 私法上과 辯済原則에 基하되 政治的 解決도 考慮.

3、一般請求権 請求額은 最高 一九 億弗 最低 五 億弗.

4、船舶은 新造船으로 最高 十三 万屯、最低 三〇 万屯

5、文化財는 日本国有는 全的으로 返還、私有는 返還을 推進.

2. 제6차 한일회담 진행 방법, 1961. 10. 16
한국 외교문서 726, 제6차 한일회담 본회의 회의록 및 종합 보고, 1961-62. 2

박정희 최고회의 의장이 직접 참여한 제6차 한일회담 대책 회의에서 수립된 회담 진행 방법(대표단에 대한 훈령) 및 대책 회의 기록이 담긴 문서다.

청구권소위원회 회의는 일본과의 충돌을 피하면서 조속히 끝냄으로써 정치적 타결을 위한 분위기를 저해하지 않겠다는 의도가 근저에 자리잡고 있었던 것으로 보인다.

외교회의 의장　　외교국방 위원장

내각수반　　다음과 같은 공문을 발송. 시행함이 어떠하오리까

장관

차관

정무 국장

아주과장

기안자

편찬류별	류	단기 429 년 월 일	기 안
보존종별	종	단기 429 년 월 일	결 재
기 장	발 송	단기 429 년 월 일	발 송, 시 행

외정 (아) 412제　　호

단기 4294 년 10 월 16 일

외 무 부

귀 하

건 명 : 제6차 한일회담 진행방법

오는 10월 20일부터 일본 동경에서 개최되는 제6차 한일회담의 진행방법 및 정부 기본방침에 관하여 제6차 한일회담 수석대표에게 다음과 같이 훈령할 것을 건의함.

훈 령 안

외정 (아) 제 118 호

단기 4294년 10월 17일

외 무 부 장 관

제6차 한일회담 수석대표　　귀하

제목 : 제6차 한일회담 진행방법 (제6차 한일회담 정부훈령 제1호)

오는 10월 20일부터 일본 동경에서 개최되는 제6차 한일회담의

진행방법 및 정부 기본방침에 관하여 다음과 같이 훈령함.

기

1. 일반훈령

가. 회의 용어

한국어, 일본어 및 영어를 회의용어로 하고, 통역관을 둔다.

나. 보고서의 제출

1) 전문 보고

본회의, 각 분과위원회 회의, 전문가 회의 및 기타 비공식 회의의 개최상황, 토의내용 및 그 결과등에 관하여 즉시 전문으로 본부에 보고한다.

2) 회의록의 작성 보고

상기 각 회의의 회의록을 작성하여 본부에 보고한다.

3) 정기 보고

매 2주 1회 청훈 또는 건의사항을 포함한 정기 종합보고서를 본부에 제출한다.

다. 회의 개최수

1) 본회의는 필요에 따라 수시 개최하도록 한다.

2) 각 위원회 회의는 매주 1회 이상 개최하도록 한다.

라. 본부에 대한 청훈

본 훈령의 범위 외의 사항을 논의 또는 언급할 경우에는 필히 본부의 사전 허가를 얻어야 한다.

마. 공보활동

한일회담과 관련된 제반 사항의 발표 및 대외선전등 공보 활동은 수석대표의 지휘 감독하에 주일대표부 공보관 (이계련)이 행한다.

바. 신문발표

1) 본회의, 각 위원회 회의, 전문가 회의 및 기타 회담과 관련된 비공식 회의의 개최상황, 토의내용 및 결과등에 관한 신문발표는 각 회의에서 양측이 발표하기로 합의된 사항에 한한다.

2) 기타 사항의 발표는 본부의 사전 허가를 얻어야 한다.

사. 대표단의 서무

1) 대표단원중 1명을 지명하여 대표단의 행정 및 재정사무를 담당하게 한다.

2) 대표단의 경비는 주일대표부의 경비와 분리하여 별도로 집행한다.

2. 재일한인 법적지위 위원회

가. 회의 진행방법

1) 법적지위 문제에 관한 일반적인 토의는 제5차 한일회담 예비회담시에 일단 종결된 것으로 하고, 금차회담에서는 전차회담에서 합의된 사항을 제외한 부분에 한하여 토의를 진행하도록 한다. 단, 제5차 회담에서 합의된 사항에 대하여서는 타문제 (미합의)의 토의를 개시하기 전에 재확인하도록 한다.

2) 토의 진행방법으로서는 우선 각 문제점에 관하여 원칙적인 점을 토의하고, 양측의 합의가 성립된 연후에 구체적인 ~~[illegible]~~합의의사록을 작성하기로 한다.

~~단, 이 경우에 있어서도 각 조문의 최종적인 결정은 본부의 훈령을 받은 후 행한다.~~

나. 문제점에 대한 우리의 입장

1) 영주권의 부여범위

제2차 대전 종결 이전에 도일하여 본 협정 발효당시까지 계속하여 일본에 거주하는 자의 자손으로서 본 협정 발효당시까지

출생한 자에 대하여는 당연히 영주권을 부여하기로 하고, 그 이후에 출생하는 자에 대하여는 본 협정 발효 20년후 양체약국중 일방의 요청이 있을때 재검토 하기로 한다.

영주권을 부여 받은자와 그 자손은 본인들의 희망에 따라 수시로 특별한 조건 없이 일본인으로 귀화할수 있도록 한다.

2) 영주권 부여방법

영주권 해당자 (배우자 포함)는 신청서의 제출로서 일본국으로 부터 영주권을 부여 받기로 하되, 신청서에는 본협정의 관계 조항에 의하여 영주권을 신청한다는 뜻을 명시하기로 한다.

3) 퇴거 강제

일본국 헌법 또는 정부를 혁명 또는 폭력에 의하여 파괴 내지 전복하려는 죄로서 유죄판결은 받은 재일한인에 한하여 퇴거강제의 대상이 되도록 한다.

4) 영주권 신청 기간

영주권의 신청기간은 본협정 발효후 5년간으로 한다.

5) 재산권 및 직업권

재일한인은 그들이 제2차 대전 종결당시에 일반적으로 향유하고 있던 일체의 권리를 계속 인정 받도록 한다.

6) 생활 보호

영주권이 허가 된 자로서 생활보장법에 해당하는 빈곤한 자에 대하여는 계속 일본인과 동등한 보호를 주도록 한다.

7) 재산반출 및 송금

재산반출 품목에서 제외될 범위는 마약등과 같은 금지품 및 객관적으로 상품으로 인정되는 품목으로 국한 하되, 산업용 기계등은 한국정부의 확인을 조건으로 제한하지 않도록 한다.

또한 영주 목적으로 귀국하는 자에 대한 이시 송금은 매세대 당 10,000불까지로 하고, 잔여금은 과중한 조건없이 송금할 수 있는 특별계정에 예치하도록 한다.

7) 극빈자에 대한 귀국 보조금

일본의 생활 보호법의 적용을 받는 극빈자 한인으로서 귀국을 희망하는 자에 대하여는 일본정부가 매세대 당 2,000불을 지급하도록 한다.

8) 국적 확인 문제

본 문제는 일단 조장하여 보기로 하되, 회담 진행에 따라 대표단이 적당하다고 사료되는 바에 따라 처리한다.

3. <u>일반 청구권 위원회</u>

가. 회의 진행 방법

1) 일본측으로서는 제6차 한일회담 예비회담에서 토의 미진된 부분인 대일청구 요강 제5항의 잔여 부분의 토의를 주장할 가능성이 있으나, 우리측으로서는 일반적인 토의는 제6차 회담에서 일단 끝난 것으로 하고, 본 회담에서는 제1항목부터 시작하여 토의를 계속하기로 한다.

2) 청구 토의에 수반되는 증거의 세부적 대사 사무는 회담의 조속한 진행을 위하여 가급적 이를 피하도록 한다.

3) 실무 회의에 있어서는 법적 이론에 관한 최종적인 결론 또는 증거대사에 관한 결정적인 언질을 주는 일이 없도록 하여야 한다.

4) 대표단이 제출한 청구액은 회담 진행 도중 변경할 필요가 있을 시에는 본부의 사전 허가를 받은 후 행하여야 한다.

4. <u>평화선 및 어업 위원회</u>

가. 회의 진행 방법

1) 대표단은 회의 개시와 동시에 당분간 어업 자원론을 계속하고, 앞으로 양측이 어업 자원 보존수역으로 새로이 획정한 선을 확보하는 방향으로 이론 전개한다.

2) 평화선은 국방상의 목적으로 계속 유지하도록 하고, 한일간의 어업문제는 협정체결로서 해결한다.

3) 대한민국의 법률에 의하여 설정된 일체의 어업 금지구역은 협정상에서도 인정되어야 한다.

4) 협정체결 대상수역으로서는 2개의 규제구역으로 구분한다.

ㄱ) 한국연안으로부터 40마일 이내의 수역은 단독규제구역으로 하고, 동구역내에서는 대한민국이 단독적으로 관할권 (재판 관할권 포함)을 행사한다.

~~단, 재판관할권 문제는 정세에 따라 재고할수 있다.~~

ㄴ) 한국연안으로부터 40마일 이외의 수역은 한일간의 공동규제의 대상수역으로 한다.

5) 전기의 40마일 측정의 기산점은 직선기선방식에 의하기로 한다.

6) 어업자원론이 일단락 되면, 아측은 "한일간의 어업협정 체결을 위한 기본요강" 을 제출하기로 한다.

ㄱ) 기본요강중에는 협정대상 수역을 표시하되, 직선기선 방식을 기산점으로 한 40마일 수역을 경도 및 위도로서 표시한다.

ㄴ) 어업규제방법, 공동위원회의 설치, 협정의 성격 (잠정적인 것인가의 여부)등 제반 기술적인 문제는 대표단이 적당하다고 사료되는 방법을 본부에 건의하여 그의 승인을 얻은 다음 기본 요강중에 포함시키기로 한다.

ㄷ) 本委員会의 会議進行은 一般請求權小委員会의 進展成果를 勘案하여 調整한다.

5. <u>선박위원회</u>

가. 회의 진행방법

1) 본 위원회의 토의에 있어서는 법이론문제에 관한 토의는 회담의 조속한 진행을 위하여 가급적이면 피하도록 하고, 각개 선박에 대한 대사사무에 치중하도록 한다.

2) 각 의제에 대한 토의의 순서는 과거 회담에서의 예에 따라 의제 A, B, C, D 의 순위로 행하도록 한다.

3) 과거 회담에서 우리측이 제출한 의제 A 해당 선박 310척 및 이중 일본측이 한국치적선으로 확인한바 있는 선박 26척은 금차회담에 있어서도 그대로 유효한 것이라는 것을 회의시초 재확인 하도록 한다.

4) 의제 A (1945년 8월 9일 현재 한국 치적선의 반환에 관한 건) 에 관한 토의

ㄱ) 제5차 한일회담 예비회담에서 우리측이 추가로 제출한 202척의 선박중 일본측이 조사결과를 우리측에 통보하지 않은 124척의 선박에 대한 그후 조사결과를 일본측으로 부터 통보받도록 한다.

ㄴ) 전기 124척의 미조사분에 대한 토의가 어느 정도 진행되면 대표단에서 작성한 402척 (총 37,406.83톤)의 추가 선박명단을 한국측의 최종적인 것으로서 일본측에 제출한다. 단, 동 추가명단의 제출시기는 회의 진행에 따라 대표단이 결정 한다.

ㄷ) 과거 회담에서 제출한 310척 및 금차회담에서 제출한 402척 도합 712척에 대한 사실조사가 일단락되면, 이미 일본측이 전차회담에서 조사완료한 선박중 치적사실이 확인되지 않은 분에 대한 우리측의 그후 조사사항을 제시하도록 하고 이에 대한 일본측의 반증이 재차 있을 때에는 그 문제는 미해결 상태로 남겨두기로 한다.

5) 의제 B (1945년 8월 9일 또는 그후 한국수역에 소재한 선박의 반환에 관한 건)의 토의에 있어서는 법이론은 보류하고 사실대사에 그치도록 하며, 만일 일본측이 의제 B 에 관한 토의에 응하지 않을 경우에는 우리측은 의제 C 또는 의제 D 와 토의에 응하지 않는다.

6) 의제 C (한국에 대여한 선박 5척의 반환의 건) 에 관하여는 우리측은 동선박이 의제 A 에 해당하는 한국치적선으로서 이미 반환된 것으로 간주한다는 것을 주장하고, 일본측이 다만 동선박에 관한 현상 또는 기타 필요한 사항에 관하여 조회하여 왔을 경우에는 이에 응하도록 한다.

7) 의제 D (한국에 나포된 일본어선에 관한 건) 에 해당되는 161 척의 문제는 실무자회의에서는 토의하지 않기로하고 양측의 고위측 간에서 해결하도록 하자는 전차회의의 예에 따르기로 한다.

6. 문화재 위원회

가. 회의 진행방법

1) 일본이 1905년 이래 한국으로부터 불법 또는 부당한 방법으로 반출하여 간 한국문화재로서 다음 7개항목을 토의의 대상으로 하여 회의를 진행하도록 한다.

(ㄱ) 일본정부에서 중요 문화재 또는 중요미술품으로 지정한 문화재.

ㄴ) 소위 조선총독부 또는 조선 고적연구소에 의하여 반출된 문화재

ㄷ) 소위 총독 또는 통감에 의하여 반출된 문화재 .

ㄹ) 경상 남북도 소재 분묘 및기타 유적에서 출토된 문화재.

ㅁ) 고려시대 분묘 기타 유적에서 출토된 문화재.

ㅂ) 서화, 전적 및 지도원판

ㅅ) 일본 개인이 소장하고 있는 각종 문화재

2) 본 위원회에 일본 문부성 관계관을 정식 대표로서 참석 시킬 것을 일본측에 요구하고, 만일 일본측이 이에 응하지 않을 경우에는 제5차 한일회담 예비회담에서와 같은 전문가 회의를 개최하도록 하되, 동 전문가회의를 위원회에서 공식회의로 확인하도록 한다.

단, 일본측이 위의 두가지 경우에 대하여도 응하지 않을 시에는 전차 회담에서와 같은 성격의 전문가회의를 개최 하여 이를 앞으로 계속해나가므로서 기정사실화 하도록 한다.

3) 전문가 회의에 있어서는 전차 회담에서 토의하여오던 재일 한국문화재의 상태에 관한 실태조사를 계속하도록 한다.

4) 문화재의 반환범위, 반환방법등에 관하여는 앞으로 정치회담에서 토의하기로 미루고 실무회의에서는 오로지 일본측 전문가로 하여금 우리의 반환요청이 정당하다는 것을 납득하도록 하는 방향으로 회의를 진행한다.

추기 : ~~본 훈령범위 이내에 관한 사항은 일체 대표단의 재량으로 행한다.~~ ~~에따라~~

本訓令事項施行에 있어서는 代表團은 最善의 方法이라고 생각하는바에 따라 首席代表의 承認을 얻어 伸縮性 있는 交涉을 推進하는 것으로 한다

<u>회 의 요 록</u>

1. 개최 일시 : 단기 4294년 10월 17일 오후 3:30—5:30

2. 개최 장소 : 국가 재건 최고회의 회의실

3. 참석자 : 박 의장, 송 내각수반, 유 외교국방 위원장,

김홍일 의장 고문, 이용희 교수

(대표단 관계)

배의환 수석대표, 이한기 고문, 김윤근 대표,

이천상 대표, 지철근 대표

(외무부 관계)

최 장관, 이 차관, 전 정무국장, 엄 아주과장

4. 회의 내용 :

가. 전 정무국장이 한일회담 대표단에 대한 훈령 제 1호에 관한 "부리—핑"을 행하였음.

나. 이용희 교수가 거반 일본 정계 지도자들과 접촉한 결과에 관한 보고를 행하였음.

다. 훈령안 내용에 관한 토의에 들어가

ㄱ. 이용희 교수는 특히 청구권에 관련하여 일본의 정치계 지도자들과 외무성의 태도가 반드시 부합되지 않은바, 정계 지도자들이 정치적인 해결을 중요시하고 변제액수도 많이 고려하고 있는데 반하여 외무성은 실무적인 토의를 구체적으로 행함으로서 청구권 액수를 대폭적으로 감소

사키따는 실무자 회의 중심의 토의 진행을 희망하고 있다고 관측됨에 비추어, 우리측이 실무자 회의에서 구체적인 토의를 행하여 나간다면 자칫 일본측의 "페이스"에 휩쓸릴 가능성이 있으므로 실무자 회의에서는 적당히 우리측의 성의만을 표시하고 회의를 천연시키는 방향으로 나감이 좋을 것이라고 말 하였음.

ㄴ. 김홍일 고문은 지금은 이 종합 청구에서 삭제되어 있는데 조금 억지가 된다 하더라도 그것도 포함시켜 주장하여 봄이 가할 것이라고 말하였음. 이에 대하여 정무국장은 안 에서 삭제된 항목도 일본측에 대하여 제시될 때에는 "보류"로서 제시되는 것이며 완전한 "포기"가 아니라고 해명하였음.

라. 위의 토의 결과 원안 중에서 3. 일반 청구권 위원회 가. 의 (2) 및 (4) 항을 삭제 하기로 합의 하였음.

부 전 용 지

[illegible] 년 10월 17 일

수 신 자 :

발 신 자 :

건 명 :

〔내 용〕

본 발췌는 당초 품의문 중에는 포함되어 있었으나, 10월 17일 하오 2시부터 열렸던 한일회담 관계자회의 (박의장, 내각수반, 우 위원장, 한일회담 대표 등 참석) 결과 수정할 것으로 합의되었으나, 따라서 재품의케 된 것임

외 무 부

또한 영주목적으로 귀국하는 자에 대한 일시 송금은 매세대 당 10,000불 까지로 하고, 잔여금은 과중한 조건 없이 송금할수 있는 특별계정에 예치 하도록 한다.

8) 극빈자에 대한 귀국 보조금

일본의 생활 보호법의 적용을 받는 극빈한 한인으로서 귀국을 희망하는 자에 대하여는 일본정부가 매세대 당 2,000불을 지급하도록 한다.

9) 국적 확인문제

본 문제는 일단 주장하여 보기로 하되, 회담진행에 따라 대표단이 적당하다고 사료되는 바에 따라 처리한다.

3. 일반 청구권 위원회

가. 회의 진행방법

1) 일본측으로서는 제5차 한일회담 예비회담에서 토의 미진된 부분인 대일청구요강 제5항의 잔여부분의 토의를 주장할 가능성이 있으나, 우리측으로서는 일반적인 토의는 제5차 회담에서 일단 끝난 것으로 하고, 본회담에서는 제1항목부터 시작하여 토의를 계속하기로 한다.

X 2) 회담 진행에 따라서 우리측은 청구권에 관한 종합청구를 아래와 같이 행하고, 동청구에 대한 명세는 각 항목별 토의의 진전에 따라 제시하도록 한다. 단, 청구의 명세 및 자료의 제시는 회의 진행 상황에 따라 대표단이 적당하다고 사료되는 시기에 수석대표의 재량하에 행하도록 한다.

항 목	청구내용	지출금액 및 적요
제1항	지금 및 지은	정치적 고려로 보류
제2항	체신부 관계	1,808 백만원
제3항	재산 반출 ㄱ. 조선은행 ~~ㄴ. 개인송금~~	 4,565 〃 ~~[illegible] 〃~~ 정치적고려로 보류
제4항	재일본 지점 재산 ㄱ. ㄴ. SCAPIN 1965에 기한 것	일본측에 자료 제출을 종용
제5항	이체 일본국체 (등록) ㄱ. 한국내 유가 증권 (현물 및 등록) 일본지점 소유분 (등록 국체) 소계 ㄴ. 일본 은행권 ㄷ. 징용자 미수금 ㄹ. 징용자 보상금 (한국내에서 동원된자 제외) 생존자 (93만) @$200 사망,부상,행방불명 (10만) @$2,000 소계 ㅁ. 년금 기타 오 조정액	4,721 백만원 2,611 〃 1,404 〃 8,736 〃 1,525 〃 237 〃 $186 백만 $205 〃 $391 〃 882 백만원 1076 4,565 〃 [illegible]

총계 ~~14,574~~ 백만원 + 391 백만불 ~~972백만불 — 391백만불~~ ~~1,363~~백만불
13246 1274

제6항	한국법인 또는 한국 자연인 소유의 일본 법인의 주 또는 기타 증권을 법적으로 인정할 것을 청구함.	
제7항	전기 제재산 또는 청구권에서 생한 제 과실의 반환을 청구함	정치적 고려로 보류
제8항	전기 반환 및 결제는 협정 성립후 즉시 개시하여 늦어도 6개월 이내에 종료할 것.	별도 협의함.

주: 전기 일화 및 불화의 환산율은 15:1로 계산한 것임.

3) 해 종합청구 안에 필요한 증거의 대사사무는 회담의 조속한 진행을 위하여 가급적이면 피하도록 한다.

× 4) 청구권에 관한 실무회의는 가급적이면 11월 중순까지 종료하도록 하고, 이 목적을 위하여 필요하다면 매주 1회 이상 회의를 개최하도록 한다.

5) 실무회의에 있어서는 법적이론에 관한 최종적인 결론 또는 증거대사에 관한 결정적인 언질을 주는 일이 없도록 하여야 한다.

6) 대표단이 제출한 청구안을 회담진행 도중 변경할 필요가 있을시에는 본부의 사전허가를 받은 후 행하여야 한다.

4. 평화선 및 어업 위원회

가. 회의 진행방법

1) 대표단은 회의 개시와 동시에 당분간 어업 자원론을 계속하고, 앞으로 아측이 어업자원 보존수역으로 새로이 획정할 선을 확보하는 방향으로 이론을 전개한다.

3. 일반청구권소위원회 제1차 회의 회의록, 1961. 10. 27

한국 외교문서 750, 제6차 한일회담 청구권위원회 회의록, 1-11차, 1961. 10. 27-62. 3. 6

1961년 10월 27일 개최된 제6차 한일회담 일반청구권소위원회 제1차 회의 회의록이다.

한국 측의 요청에 따라 청구 요강 제1항목부터 다시 설명하기로 합의가 이루어졌다.

※ 문서 상태 불량으로 새로 타이핑한 내용을 다음 수록함.

일반청구권소위원회 제1차 회의 회의록

1. 회의 개최 일시: 단기 4294년 10월 26일 오전 10시부터 약 30분간

2. 회의 개최 장소: 가유 회관

3. 참석자:

한국 측 - 김윤근 수석위원
이한기 고문
고범준 대표
홍승희 〃
이상덕 〃
정일영 〃
문철순 〃
이규현 공보관
홍윤섭 전문위원
엄영달 〃
김낙천 〃
김태지 보좌

일본 측 - 미야카와(宮川) 주사
우라베(卜部) 부주사
요시오카(吉岡) 〃
가메노리(亀德) 보좌
사쿠라이(櫻井) 〃
혼마(本間) 〃
오기소(小木曾) 〃
마에다(前田) 〃
고와다[10](小和田) 〃

---

10 오와다의 오기.

가네코(金子) 〃

와타나베(渡辺) 〃

스기야마(杉山) 〃

히사이치(久一) 〃

4. 토의 내용:

미야카와 일반청구권소위원회 개회에 앞서 간단히 인사 말씀을 드리겠다. 일반청구권소위원회의 임무는 한국 측 청구에 대한 사실 관계 및 법률 관계를 명확히 하려는 데 있으며 따라서 매우 기술적인 문제를 취급하게 될 것인바, 이 점 김 대표 이하 여러분의 이해와 협력을 바란다.

김 대표 오늘 미야카와 대표 이하 일본 측 대표와 같이 이 회의를 가지게 된 것을 대단히 기쁘게 생각한다. 재산청구권 문제는 한일회담의 가장 중요한 의제로 되어 있다. 따라서 본인은 이 회담이 조속히 타결됨으로써 양국 간의 우호 관계의 기초가 되기를 바란다.

미야카와 일본 측 위원을 소개하겠다(일본 측 위원의 소개가 있었음).

김 대표 한국 측 위원을 소개하겠다(한국 측 위원의 소개가 있었음).
이 고문은 앞으로 때때로 이 회의에 참석하겠는데 양해하여 주기 바란다.

미야카와 다음 의사 진행에 대하여 묻겠는데 의사 진행 방법으로서 용어는 일본 측은 일본어, 한국 측은 한국어로 하고 종래와 같이 통역을 대기로 하고, 의사록은 필요한 때에 쌍방 합의하에 작성하고 신문 보도는 양측에서 대표를 내어 담당하도록 함이 어떠한가.

김 대표 좋다.

미야카와 그러면 신문 보도 담당관으로서 일본 측은 마에다 과장을 지명한다.

김 대표 한국 측은 이규현 위원을 지명한다.

미야카와 본 회의의 중요성에 감하여 본인은 가능한 한 출석하겠으나 광범한 사무 관계로 때로는 결석할지도 모르겠다. 그 경우에는 우라베 참사관 또는 요시오카 이재국 차장이 부주사로서 본인 대신 회의를 진행시키도록 하겠다.

김 대표 잘 알겠다.

미야카와　회의 진행 방법으로서 제5차 한일회담에서는 한국의 8개 항목 청구권 중 제5항의 4까지 토의가 끝났으므로 이번 회의에서는 제5항의 5 즉 한국인의 대일본국 청구 중 은급 기타로부터 시작하는 것이 좋으리라고 생각되는데 어떠한가.

김 대표　그 점에 관하여 한국 측은 다음과 같이 생각한다. 과거 제5차 한일회담에서는 청구권의 대강의 줄거리만이 설명된 것에 지나지 못하였는데 이 회담에서 결실을 맺는다고 할 것 같으면 좀 더 자세히 설명하는 것이 일본 측의 이해를 용이하게 할 것이므로 제1항목부터 시작하는 것이 좋을 것 같다.

미야카와　멤버도 바뀌고 김 대표도 제안하므로 제1항목부터 시작하는 데 찬성한다. 회의는 원칙적으로 주 1회 정도로 함이 어떠한가.

김 대표　주 1회 개최하는 데 찬성한다. 오늘은 법적지위위원회가 이 장소에서 곧 개최하게 되므로 오늘 회의는 이 정도로 하고 산회하는 것이 어떠한가.

미야카와　좋다. 그러면 다음 회의는 11월 2일(목요일) 오전 10시에 개최하도록 하는 것이 어떤가.

김 대표　본국과의 연락 관계도 있으므로 원칙적으로 하오 2시로 하는 것이 좋겠다.

미야카와　좋다. 오늘 회의의 신문발표는 앞으로의 진행 방법을 합의하였다는 것과 청구권 의 제1항목부터 자세히 재토의하기로 되었다는 정도로 함이 어떠한가.

김 대표　좋겠다.

이상

한일청구권소위원회 제2차 회의

회 의 록

1. 회의 개최 일시 : 단기4294년 10월 26일 오전10시부터 약 30분간

2. 회의 개최 장소 : "가유" 회관

3. 참 석 자 :

한국측 -	김 윤 근	수석위원
	이 한 기	고문
	고 범 준	대 표
	홍 승 희	"
	이 상 덕	"
	정 일 영	"
	문 철 순	"
	이 규 현	공보관
	홍 윤 섭	전문위원
	엄 영 달	"
	김 낙 선	"
	김 태 지	보 좌

- 6 -

일본측	니야가와 (宮川)	주사
	우라베 (卜部)	부주사
	요시오까 (吉岡)	"
	가나노네 (兎徳)	보좌
	사구라이 (櫻井)	"
	혼마 (本間)	"
	오기소 (小木曾)	"
	마에다 (前田)	"
	고와다 (小和田)	"
	가네고 (金子)	"
	와다나베 (渡辺)	"
	스기야마 (杉山)	"
	히사이찌 (久一)	"

4. 토의 내용 :

"니야가와" 일반청구권 소위원회 개회에 앞서 간단히 인사 말씀을 들이겠다. 일반청구권 소위원회의 임무는 한국측 청구에 대한 사실관계 및 법률관계를 명확히 하려는데 있으며 따라서 매우 기술적인 문제를 취급하게 될 것인바, 이 점 김 대표 이하 여러분의 이해와 협력을 바란다.

김 대표　오늘 "미야가와" 대표 대리 일본측 대표와 같이 이 회의를 가지게 된 것을 대단히 기쁘게 생각한다. 재산청구권 분과는 한일회담의 가장 중요한 의제로 되어 있다. 따라서 본인은 이 회담이 조속히 타결됨으로써 양국간의 우호관계의 기초가 되기를 바란다.

"미야가와"　일본측 위원을 소개하겠다. (일본측 위원의 소개가 있었음.)

김 대표　한국측 위원을 소개하겠다. (한국측 위원의 소개가 있었음.) 이 고문은 앞으로 때때로 이 회의에 참석하겠는데 양해하여 주기 바란다.

"미야가와"　다음 의사 진행에 대하여 묻겠는데 의사진행 방법으로서 용어는 일본측은 일본어, 한국측은 한국어로 하고 종래와 같이 통역을 대기로 하고, 의사록은 필요한 때에 쌍방 합의하에 작성하고 신문 보도는 양측에서 대표를 내어 담당하도록 함이 어떠한가.

김 대표　좋다.

"미야가와"　그러면 신문 보도 담당관으로서 일본측은 "마에다" 과장을 지명한다.

김 대표　한국측은 이묘선 위원을 지명한다.

"미야가와"　본 회의의 중요성에 감하여 본인은 가능한 한 출석하겠으나 광범한 사무관계로 때로는 결석할 지도 모르겠다. 그 경우에는 "우라베" 참사관 또는 "요시오까" 이재국 차장이 부주사로서

본인께선 회의를 [illegible] 개최키로 [illegible]

김 대표 잘 알았다.

미야가와대리 회의 진행 방법으로서 지난 한일회담에서는 한국의 8개 항목 청구권 중 제5항까지 토의가 끝났으므로 이번 회의에서는 제5항의 한국 법인의 재일본국 청구 중 은급 기타부터 하는 것이 좋으리라고 생각되는데 어떠한가.

김 대표 그 점에 관하여 한국측은 다음과 같이 생각한다. 과거 제6차 한일회담에서는 청구권의 내용의 근거 및 법이 설명된 것에 지나지 못하였는데 이 회담에서 관심을 갖는다고 할 것 같으면 좀 더 자세히 설명하는 것이 일본측의 이해를 용이하게 할 것이므로 제1항목부터 시작하는 것이 좋을 것 같다.

미야가와대리 그렇다면 바꾸고 김 대표도 제안하므로 제1항목부터 시작하는데 찬성한다. 회의는 원칙적으로 주 1회 정도로 함이 어떠한가.

김 대표 주 1회 개최하는데 찬성한다. 오늘은 법적지위 위원회가 이 장소에서 곧 개최하게 되므로 오늘 회의는 이 정도로 하고 산회하는 것이 어떠한가.

미야가와대리 좋다. 그러면 다음 회의는 1[illegible]월 [illegible]일 (목요일) 오전 10시에 개최하도록 하는 것이 어떤가.

김 대표 본국과의 연락관계도 있으므로 원칙적으로 오후 2시로 하는 것이 좋겠다.

[illegible] 좋다. [illegible]의 신분 [illegible] 해결 방법은 [illegible]이었다

는 것과 청구권의 [illegible]목부터 자세히 재토의하기로 되었다는

정도로 넘어 [illegible].

김 대표 좋겠다.

이 상

4. 일반청구권소위원회 제2차 회의 회의록, 1961. 11. 2
한국 외교문서 750, 제6차 한일회담 청구권위원회 회의록, 1-11차, 1961. 10. 27-62. 3. 6

1961년 11월 2일 개최된 제6차 한일회담 일반청구권소위원회 제2차 회의 회의록이다.

한국 측이 청구요강 제1항목인 지금과 지은에 대해 설명하였으나, 일본 측은 한국의 설명이 제5차 한일회담과 별로 다를 바 없다면서 불만을 토로하였다.

※ 문서 상태 불량으로 새로 타이핑한 내용을 다음 수록함.

일반청구권소위원회 제2차 회의 회의록

1. 개최 일시: 단기 4294년 11월 2일 오후 2시 – 3시 10분

2. 개최 장소: 외무성 회의실

3. 회의 참석자: 한국 측 – 김윤근 수석위원

고범준 위원
홍승희 〃
이상덕 〃
문철순 〃
이규현 〃
홍윤섭 〃
김낙천 〃
박상두 〃
김태지 〃

일본 측 – 미야카와(宮川) 주사
우라베(卜部) 부주사
요시오카(吉岡) 보좌
사쿠라이(櫻井) 〃
혼마(本間) 〃
오기소(小木曾) 〃
가네코(金子) 〃
가네마쓰(兼松) 〃
고와다[11](小和田) 〃
야나기야(柳谷) 〃
스기야마(杉山) 〃
히사이치(久一) 〃

---

11 오와다의 오기.

4. 토의 내용:

한국 측 회의 개최에 앞서 우리 측의 전문위원 박상두를 소개한다.

제1항목은 제5차 회담 시 일본 측에 자료를 제시한 바와 같이 일본이 한국 통치 기간 중, 즉 1909년부터 1945년까지 36년간에 한국으로부터 일본으로 반출하여 간 지금 은의 반환을 청구하는 것이다. 1909년부터 1945년까지 사이에 일본으로 반출된 지금 은의 양은 지금이 249여 톤이고 지은이 67여 톤이다. 이것은 그 양에 있어서 볼 때 동 기간 중 한국에서 산출된 금 총량의 대부분을 점하는 것이다. 금으로 말하면 그 자체 상품인 동시에 화폐로서, 환언하면 대외 지불 수단으로 특수한 직능을 가지고 있다는 것은 우리가 다 아는 바이다. 한국의 신금량의 대부분을 일본으로 반출하여 간 것은 결국은 한국경제를 일본에 예속시키기 위하여 취하여진 것이라고밖에 볼 수 없다. 금은 또한 가치 저장수단으로서의 기능을 가지고 있다는 것도 우리가 다 아는 바인데 한국 내에 조선은행이라는 중앙은행을 두면서 한국의 신금을 한국에 두지 않고 그 대부분을 일본으로 반출하였다는 사실은 일본의 이익만을 중심으로 행하여졌다고 아니할 수 없다. 지금 말한 바와 같이 지금 은의 반출은 그 반출의 목적 자체가 부당하다고 하지 않을 수 없다. 따라서 이와 같은 부당한 목적을 달성하기 위하여 여러 가지 법을 제정하여 금을 일본으로 반출한 이상 그 반출 행위가 매매라는 합법적인 형식을 취하였다 하더라도 그 매매는 합법을 가장한 것이므로 그 매매행위는 무효라고 하지 않을 수 없다. 특히 전쟁 초부터 헌납이라든가 공출이라든가 그러한 목적하에 금이 반출된 사실을 상기한다면 이것은 누구나 정당한 매매였다고는 인정할 수 없다. 한국은 이상의 이유로서 지금 은의 반환을 청구하는 것이다. 이에 대하여 일본의 의견을 듣고 싶고 또 여기에 대하여 질문이 있으면 질문하여 주기 바란다.

일본 측 지금 한국 측의 설명을 들었는데 대체로 제5차 회의 때의 설명과 대차 없는 것으로 생각한다. 한 항목마다 우리 측의 의견을 말하기 전에 한국 측의 설명을 모두 듣고 싶다. 물론 그동안 항목별로 질문이 있으면 질문하겠지만 우리 측의 의견은 나중에 이야기하겠다.

한국 측 지금 미야카와 대표의 말은 8개 항목 전반에 걸친 한국 측의 설명을 듣고 그

후에 일본 측의 의견을 말하겠다는 의미인가.

일본 측 그렇다. 요전 회의 때 김 수석위원께서 제1항목부터 새로이 보충 설명하겠다고 하였으므로 우리 측으로서는 우선 한국 측의 새로운 설명을 듣고 그 후에 우리 측 의견을 말하도록 하겠다.

한국 측 제1항목부터 다시 토의를 시작하자고 한 것은 그러한 의미가 아니다. 내가 말한 취지는 우리 측이 제시한 8개 항목은 법적 근거라든지 그 내용에 있어서 각각 독립적인 성질을 가진 것이므로 우리 측의 설명만이 아니라 항목마다 일본 측의 의견을 듣고자 한 것이다.

일본 측 그저 한국 측의 설명만을 듣고자 하는 것은 아니다. 질문이 있으면 질문하고 8개 항목의 설명을 다 들은 후에 우리 측의 의견을 말하겠다.

한국 측 개개 항목에 관하여 상호 의견을 교환한다고 하여서 결론을 내자는 것은 아니지만 각 항목은 독립적인 것이므로 각 항목마다 토의를 하는 것이 어떠한가.

일본 측 우리는 오해하고 있었다. 전번 회의 때 우리 측은 제5항목의 4은급 기타부터 시작하자고 하였으나 한국 측이 좀 더 구체적으로 설명한다고 하기에 종래와 다른 새로운 한국 측 주장을 듣고자 한 것인데 종래와 같은 이야기라면 되풀이하는 것이 되어 시간만 걸리니 차라리 5차 회담에서 남은 것을 먼저 하고 또다시 처음부터 시작하는 것이 어떤가.

한국 측 전번 회의에서 우리 측이 제1항목부터 시작하자고 한 것은 우리 측만이 설명한다는 것이 아니고 쌍방의 의견을 교환하자는 취지였으며 결론은 내지 않더라도 항목별 의견 교환은 필요하다고 생각한다. 일본 측의 의견 표시 없이 우리 측 설명만 들은 다음 다시 쌍방의 의견 교환을 하기로 하면 회의 진행상 오히려 장구한 시일이 걸릴 것이므로 각 항목마다 그때그때 양측이 서로 의견을 교환하도록 함이 좋지 않겠는가.

일본 측 우리 측으로서는 오늘은 각 항목에 걸쳐서 한국 측의 설명만을 들어도 상당한 시간이 걸릴 것이므로 별로 질문을 준비하지 않았다. 지금 산발적인 질문을 한다 하더라도 별 성과가 없을 것이므로 우리 측끼리 상의한 후 다음 회의에서 질문하도록 하겠다.

한국 측 문제는 결론은 내지 않는다 하더라도 항목별로 차례차례 일본 측의 의견도 같이 들을 수 있다면 회담의 유효적인 진행을 위하여 의의가 있다고 생각한다.

일본 측 그 취지는 알겠으며 가급적 회담을 우호적으로 진행하고자 하나 각 항목이 복잡하며 사무적으로는 한국 측의 주장에 응하기 어려운 점도 많다. 따라서 질문이 많아질 것이고 또 일본 측의 의견을 이야기하여 일본 측의 입장을 명백히 할 경우도 있을 것이나, 그것이 최종적인 의견이 아니라는 것을 미리 양해하여 주기 바란다(우라베의 발언 ---). 진행 방법에 관하여서는 제5차 회담 시에 여러 가지로 논의되었으므로 잘 알 것으로 보는데 제5차 회담 시에는 제1항목부터 제5항목까지를 한국 측에서 법률 관계, 사실 관계를 설명하고 그때그때 우리 측에서 질문이라든가 의견을 개진하였다. 우리 측에서는 5개 항목 전반에 관한 법률적, 사실적 근거를 확인한 후에 general response를 할 예정이었으나 제5차 회담이 중단되었기 때문에 제6차 회담에서는 제5차 회담 시 미진한 부분을 종전과 같이 진행하는 것으로 알았는데 한국 측이 전번 회의에서 제1항목부터 다시 설명한다기에 우리 측에서 좀 더 구체적으로 알고 싶은 점이 있어서 제1항목부터 다시 시작하기로 한 것이다. 그런데 오늘 회의에서 한국 측 설명을 들을 것 같으면 요전번 회의에서 설명한 것과 별 차이가 없는데 한국 측에서 새로운 의견이 나오지 않는 한 우리 측의 질문도 요전 것이 되풀이 되고 그렇게 되면 재차 같은 회의를 반복하는 결과가 된다. 같은 말을 되풀이한다는 것은 유쾌한 것이 아니며 또 시간의 낭비이다. 요전번 회의의 결과도 있으므로 반복하지 않도록 하는 것이 어떤가.

한국 측 (이상덕) 일본 측에서는 전번 회의와의 관계를 이야기하지만 제5차 회담 시에는 우리 측에서 item by item으로 discussion을 하자고 제의한 데 대하여 일본 측에서 fact-finding을 먼저 해야 한다고 하기에 결국 두 가지를 병행하기로 된 것으로 알고 있다. 이번에는 과거 우리 측 설명이 불충분하였던 점과 귀측의 인식이 잘못된 점을 시정하기 위하여서는 다소 내용이 같다 하더라도 제1항목부터 다시 시작한다는 것이 결코 시간 낭비라고는 보지 않는다.

일본 측 (우라베) 시간의 낭비라고 한 것은 좀 지나친 말인지 모르나 전번 회의에서 우리 측은 제1항목 청구에 대하여 부정적인 의견을 말하였다. 부정적인 것을 다시 질문한다는 것도 어떨까 생각한다. 의론을 격화시켜서 언짢은 인상을 남기는 것은 될 수 있는 대로 피하고 싶다. 나의 의견으로서는 요전번 설명과는 다른 것을 기대하고 있었는데 요전번 설명과 같은 것이라면 별로 질문할 것도 없다.

한국 측 (이상덕) 부정적이라 하지만 어떤 점으로 보아서 부정적인지 우리로서는 명확히 알아야 하겠다.

일본 측 우라베 참사관의 설명은 어떤 방식으로 회의를 진행하였으면 좋은가에 대하여 의견을 말한 데 불과하다. 우리 측에서는 한국 측 청구권에 대하여 좀 더 구체적인 근거를 기대하고 있었다. 한국 측에서는 회의를 성공적으로 진행시키고자 하는 열의도 보이고 또 전번 회의에서 설명이 불충분하였다고 하므로 한국 측 설명을 다시 한번 듣도록 하겠다.

한국 측 우리 측도 어떻게 하면 이 회의를 효과적으로 끝을 내는가가 문제인데 이것은 제1항목에만 그치는 것이 아니라 앞으로 전 항목 토의를 위한 원칙 문제라고 본다. 우리 측 의견을 말하기 전에 먼저 일본 측의 의견을 묻겠는데 일본 측은 한국 측의 설명만을 순차적으로 8개 항목 전반에 긍하여 들은 다음 어떤 방식으로 회의를 진행할 생각인가.

일본 측 결국 회의는 결론을 내는 것이 목적이다. 결론을 내는 경우 여러 가지 방법이 있는데 한국 측에서 8개 항목에 대한 설명이 끝나면 일본 측이 이에 대하여 general response를 하고 일본 측의 general response에 대하여 한국 측이 반론을 하면 다시 일본 측이 general response를 되풀이하면 결국 상호간의 의견이 접근되지 않겠는가. 우리 측에서는 general response 하기 전에 아직 법률 관계, 사실 관계에 있어서 미심한 점이 있으므로 계속하여 설명을 듣고 싶다.

한국 측 항목에 따라서는 법적 근거도 필요하지만 매 항목마다 토의하자는 것은 쌍방이 가지고 있는 자료를 서로 대조하면서 회의를 진행하는 것이 효과적이라고 생각하였기 때문이다. 일본 측 주장대로 의견 교환도 없이 회의를 진행한다면 시간을 더 끌면 끌었지 효과적인 진행 방법은 아니라고 생각한다. 일본 측은 우리 측 제안대로 하면 제5차 회담의 되풀이가 되어서 오히려 회의 진행이 지연되는 결과밖에 안 된다고 하지만 각 항목마다 결론은 내지 않는다 하더라도 쌍방의 입장을 명확히 하기 위하여서는 설명과 의견교환을 병행하는 것이 좋으리라고 생각한다. 일본 측에서는 다음 회의에서 제1항목에 대하여 질문을 하겠다고 하니 질문을 들어 보고 제2항목 이하의 진행 방법에 대하여 우리 측의 의견을 말하겠다.

일본 측 (우라베) 우리 측으로서는 만약 제5차 회담에서 토의 미진한 분을 먼저 토의하면 앞으로 한 번만 더 토의하면 족할 것으로 생각하였으며 그 후는 때에 따라서 전문위원회를 구성하여 사무 당국에서 정할 것도 있고 사무 당국에서 정하지 못하는 것은 본회의에 상정하여 결론을 내리도록 하는 것이 현명한 진행 방법으로 생각하였다.

한국 측 잘 알겠다. 우리 측의 주장을 알기 쉽게 예를 들어 말하면 체신부 관계 문제 같은 것은 제5차 회담 시에는 수액에 관한 자료의 대조가 없었으므로 우리 측은 이번 회의에서 그러한 수액도 말하면서 제1항목부터 토의하자고 제의한 것이다. 경우에 따라서는 제5차 회담 때와 별다른 것이 없을지 모르나 원칙적으로 이렇게 함으로써 귀측의 이해에 편리한 그리고 자료에 근거한 내용 설명도 나가리라고 본다. 따라서 제5차 회담 시와 별 차 없는 것은 간단히 넘어가지 않겠는가.

일본 측 취지는 잘 알겠다. 제5차 회담 시와 중복되더라도 다시 한번 설명을 듣겠다. 제1항목에 대한 것은 다음 회의 때 질문하겠다. 앞으로 8개 항목 설명에 있어서 전번 회의 때와 중복되는 것은 간단히 하고 그렇지 않은 것은 좀 더 자세히 설명을 하여 달라. 다만 GENERAL RESPONSE는 8개 항목 전반에 대한 한국 측 설명을 들은 다음에 하겠다.

한국 측 일본 측 의향은 잘 알겠다. 다음 회의에서 제1항목에 대한 일본 측 질문을 듣고 회의 진행 방법에 대한 우리 측 의견을 이야기하고 싶다.

일본 측 다음 회의는 언제 하는 것이 좋은가.

한국 측 원칙적으로 주 1회 하기로 한 것이니 다음 주 11월 9일 목요일 하오 2시로 하자.

일본 측 좋다. 신문 발표는 제1항목에 대하여서 한국 측으로부터 상세한 설명을 들었다는 정도로 하자.

한국 측 좋다.

– 이상 –

일반청구권 소위원회 제[illegible]차 회의

회 의 록

1. 개회 일시: 단기[illegible]년 11월 2일 오후 2시 - 3시 10분

2. 개회 장소: 외무성 회의실

3. 회의 참석자: 한국측 - 김윤근 수석위원

고범준 위원

홍승미 〃

이상덕 〃

문철순 〃

이구면 〃

황윤섭 〃

김낙현 〃

박상두 〃

김태지 〃

일본측: 미야가와(宮川) 주사

우라베(卜部) 부주사

요시오까(吉岡) 〃

사꾸라이(櫻井) 보좌

혼마(本間) 〃

오기소(小木曽) 보좌
가네꼬(金子) 〃
가네마쯔(兼松) 〃
고와다(小和田) 〃
야나기야(柳谷) 〃
스기야마(杉山) 〃
히사이찌(久一) 〃

4. 토의 내용 :

한국측 회의 개최에 앞서 우리측의 전문위원인 박상무를 소개한다. 제1항목은 제5차 회담시 일본측에 제시한 바와 같이 일본이 한국 통치 기간 중 즉 1909년부터 1945년까지 36년간에 한국으로부터 일본으로 반출하여 간 지금은의 반환을 청구하는 것이다. 1909년부터 1945년까지 사이에 일본으로 반출된 지금은의 양은 지금이 249여톤이고 지은이 67여톤이다. 이것은 그 양에 있어서 볼 때 통치 기간 중 한국에서 산출된 금 은량의 대부분을 점하는 것이다. 금으로 말하면 그 자체 상품인 동시에 화폐로서, 환언하면 가치저장수단으로 특수한 기능을 가지고 있다는 것은 우리가 다 아는 바이다. 한국의 산금량의 대부분을 일본으로 반출하여 간 것은 결국은 한국 경제를 일본에 예속시키기 위하여 취하여진 것이라고 밖에 볼 수 없다. 금은 또한 [illegible]가치저장 수단으로서의 기능을 가지고

있다는 것도 우리가 다 아는 이전에 한국내에 소재한 재산이라는
속성을 가지면서 한국의 본점을 한국에 두지 않고 그 대부
분을 일본으로 반출하였다는 사실은 일본의 이익만을 중심으로
생각하였다고 아니할 수 없다. 지금 말한 바와 같이 지금은의
반출은 그 반출의 목적 자체가 부당하다고 아니할 수 없다.
따라서 이와 같은 부당한 목적을 달성하기 위하여 여러가지
법을 적용하여 금을 일본으로 반출한 이상 그 반출 행위가
매매라는 합법적인 형식을 취하였다 하더라도 그 매매는 합법을
가장한 것이므로 그 매매행위는 무효라고 아니할 수 없다.
특히 전쟁초부터 헌납이라든가 공출이라든가 그러한 목적하에
금이 반출된 사실을 상기한다면 이것은 누구나 정당한 매매
였다고는 인정할 수 없다. 한국은 이상의 이유로서 지금은의
반환을 청구하는 것이다. 이에 대하여 일본의 의견을 듣고
싶고 또 여기에 대하여 질문이 있으면 질문하여 주기 바란다.

일본측 지금 한국측의 설명을 들었는데 대체로 제5차 회의때의 설명과
대차없는 것으로 생각한다. 한 항목마다 우리측의 의견을 말하기
전에 한국측의 설명을 모두 듣고 싶다. 물론 그 동안 항목별로
질문이 있으면 질문하겠지만 우리측의 의견은 나중에 이야기
하겠다.

한국측 지금 이야기와 대조의 말은 6개 항목 전반에 걸친 한국측의

설명을 듣고 그 후에 일본측의 의견을 말하겠다는 의미인가.

일본측　그렇다. 오전 회의 때 기수석위원께서 제5항목부터 새로이 보충 설명하겠다고 하였으므로 우리측으로서는 우선 한국측의 새로운 설명을 듣고 그 후에 우리측 의견을 말하도록 하겠다.

한국측　제1항목부터 다시 토의를 시작하자고 한 것은 그러한 의미가 아니다. 내가 말한 취지는 우리측이 제시한 6개 항목은 법적 근거라든지 그 내용에 있어서 각 각 독립적인 성질을 가진 것이므로 우리측의 설명만이 아니라 항목마다 일본측의 의견을 듣고자 한 것이다.

일본측　그저 한국측의 설명만을 듣고자 하는 것은 아니다. 질문이 있으면 질문하고 6개 항목의 설명을 다 들은 후에 우리측의 의견을 말하겠다.

한국측　개개 항목에 관하여 상호 의견을 교환한다고 하여서 결론을 내자는 것은 아니지만 각 항목은 독립적인 것이므로 각 항목마다 토의를 하는 것이 어떠한 가.

일본측　우리는 오해하고 있었다. 전번 회의때 우리측은 제5항목의 4 은급 기타부터 시작하자고 하였으나 한국측이 좀 더 구체적으로 설명한다고 하기에 종래와 다른 새로운 한국측 주장을 듣고자 한것인데 종래와 같은 이야기라면 되풀이 하는 것이 되어 시간만 걸리니 차라리 5차 회담에서 남은 것을 먼저 하고 또다시 처음부터 시작하는 것이 어떤가.

한국측 전번 회의에 우리측이 1항목부터 시작하자고 한 것은 우리측만이 설명한다는 것이 아니고 쌍방의 의견을 교환하자는 취지였으며 결론은 내지 않더라도 항목별 의견 교환은 필요하다고 생각한다. 일본측의 의견 표시없이 우리측 설명만 듣은 다음 다시 쌍방의 의견 교환을 하기로 하면 회의 진행상 오히려 장구한 시일이 걸릴 것이므로 각 항목마다 그 시 그 시 양측이 서로 의견을 교환하도록 함이 좋지 않겠는가.

일본측 우리측으로서는 오늘은 각 항목에 걸쳐서 한국측의 설명만을 들어도 상당한 시간이 걸릴 것이므로 별로 질문을 준비하지 않았다. 지금 산발적인 질문을 한다 하더라도 별 성과가 없을 것이므로 우리측끼리 상의한 후 다음 회의에서 질문하도록 하겠다.

한국측 문제는 결론은 내지 않는다 하더라도 항목별로 차례 차례 일본측의 의견도 같이 들을 수 있다면 회담의 유효적인 진행을 위하여 의의가 있다고 생각한다.

일본측 그 취지는 알겠으며 가급적 회담을 유효적으로 진행하고자 하나 각 항목이 복잡하며 사무적으로는 한국측의 주장에 응하기 어려운 점도 많다. 따라서 질문이 많아질 것이고 또 일본측의 의견을 이야기하여 일본측의 입장을 명백히 할 경우도 있을 것이나. 그것이 최종적인 의견이 아니라는 것을 미리 양해하여 주기 바란다. (우나베의 발언 ---) 진행방법에 관하여서는 제5차 회담시에 여러가지로 논의되었으므로 잘 알 것으로 보는데 제6차 회담시에는 제1항목부터 제8항목까지를 한국측에서 법률관계, 사실관계를 설명하고 그때 그때 우리측에서 질문이라든가 의견을 개진하였다. 우리측에서는 8개 항목 전반에 관한 법률적, 사실적 근거를 확인한 후에 general response를 할 예정이었으나 제6차 회담이 중단되었기 때문에 제7차 회담에서는 제6차 회담시 미진한 부분을 종전과 같이 진행하는 것으로 알았는데 한국측이 전번 회의에서 제1항목부터 다시 설명한다기에 우리측에서 좀더 구체적으로 알고 싶은 점도 있어서 제1항목부터 다시 시작하기로 한 것이다. 그런데 오늘 회의에서 한국측 설명을 들은 것 같으면 요전번 회의에서 설명한 것과 별 차이가 없는데 한국측에서 새로운 의견이 나오지 않는 한 우리측의 질문도 요전 것이 되풀이되고 그렇게 되면 재차 같은 회의를 반복하는 결과가 된다. 같은 말을 되풀이한다는 것은 유쾌한 것이 아니며 또 시간의 낭비이다. 요전번 회의의 결과도 있으므로 반복하지 않도록 하는 것이 어떤가.

한국측 (이상덕) 일본측에서는 전번회의와의 관계를 이야기하지만 제6차 회담시에는 우리측에서 item by item 으로 discussion을 하자고 제의한데 대하여 일본측에서 fact-finding을 먼저 해야 한다고 하기에 결국 두가지를 병행하기로 된 것으로 알고 있다. 이번에는 과거 우리측 설명이 불충분하였던 점과 귀측의 인식이 잘못된 점을 시정하기 위하여서는 다소 내용이 같다 하더라도 제1항목부터 다시 시작한다는 것이 결코 시간의 남기려고는 보지 않는다.

일본측 (우[illegible]께) 시간의 낭비라고 한 것은 좀 지나친 말인지 모르나 전번 회의에서 우리측은 제1항목 청구에 대하여 부정적인 의견을 밝히였다. 부정적인 것을 다시 설문한다는 것도 어떨까가 생각한다. 의론을 격화시켜서 언짢은 인상을 남기게는 것은 될 수 있는데로 피하고 싶다. 나의 의견으로서는 요전번 설명과는 다른 것을 기대하고 있었는데 요전번 설명과 같은 것이라면 별로 질문할 것도 없다.

한국측 (이상덕) 부정적이라 하지만 어떤 점으로 보아서 부정적인지 우리로서는 명확히 알아야 하겠다.

일본측 우라베 참사관의 설명은 어떤 방식으로 회의를 진행하였으면 좋은가에 대하여 의견을 내는데 불과하다. 우리측에서는 한국측에서 [illegible] 좀 더 구체적인 안을 기대하고 있었다. 한국측에서는 회의를 성공적으로 진행시키고자 하는 성의도 보이고 또 전번 회의에서 설명이 불충분하였다고 하므로 한국측 설명을 다시 한번 듣도록 하겠다.

한국측 우리측도 어떻게 하면 이 회의를 효과적으로 끝을 내는가가 문제인데 이것은 제1항목에만 끝이는 것이 아니라 앞으로 전항목 토의를 위한 원칙 문제라고 본다. 우리측 의견을 말하기전에 먼저 일본측의 의견을 묻겠는데 일본측은 한국측의 설명만을 순차적으로 8개항목 전반에 관하여 듣은다음은 어떤 방식으로 회의를 진행할 생각인가.

일본측 결국 회의는 [illegible] 것이 목적이다. 결론을 내는 경우 이제까지 [illegible]항이 있는데 한국측에서 8개항목에 대한 설명이 끝나면 일본측이 이에 대하여 general response 를 하고 일본측의 general response 에 대하여 한국측이 반론을 하면 다시 일본측이 general response 를 되풀이 하는 결국 상호간의 의견이 접근되지 않겠는가. 우리측에서는 general response 하기 전에 양국 법률관계, 사실관계에 있어서 미심한 점이 있으므로 계속하여 설명을 듣고 싶다.

한국측 항목에 따라서는 법적 근거도 있으며 시간 내 항목마다 토의하자는 것은 쌍방이 가지고 있는 사고를 서로 대조하면서 회의를 진행하는 것이 효과적이라고 생각하였기 때문이다. 일본측 주장대로 의견 교환도 없이 회의를 진행한다면 시간을 더 끌면 끌었지 효과적인 진행 방법은 아니라고 생각한다. 일본측은 우리측 제안대로 하면 제5차 회담의 되풀이가 되어서 오히려 회의 진행이 지연되는 결과밖에 안된다고 하지만 각 항목마다 결론은 내지 않는다 하더라도 쌍방의 입장을 명확히 하기 위하여서는 설명과 의견 교환을 병행하는 것이 좋으리라고 생각한다. 일본측에서는 다음 회의에서 제1항목에 대하여 질문을 하겠다고 하니 질문을 들어 보고 제2항목 이하의 진행 방법에 대하여 우리측의 의견을 말하겠다.

일본측 (우라베) 우리측으로서는 만약 제6차 회담에서 토의 미진한 분을 먼저 토의한 다음으로 한번 만 더 토의하면 족할 것으로 생각하였으며 그후는 때에 따라서 전문위원회를 구성하여 사무당국에서 정밀

것도 있고 [illegible]국에서 [illegible]하지 못하는 것은 본 회의에 상정하여 결론을 내리도록 하는 것이 현명한 진행방법으로 생각한다.

한국측 잘 알겠다. 우리측의 주장을 알기 쉽게 예를 들어 말하면 체신부 관계 문제 같은 것은 제5차 회담시에는 수액에 관한 자료의 대조가 없었으므로 우리측은 이번 회의에서 그러한 수액도 밝히면서 제1항목부터 토의하자고 제의한 것이다. 경우에 따라서는 제5차 회담때와 별 다른 것이 없을지 모르나 원칙적으로 어떻게 함으로써 귀측의 이해에 편의한 그리고 자료에 근거한 내용 설명도 나가리라고 본다. 따라서 제5차 회담시와 별 차 없는 것은 간단히 넘어가지 않겠는가.

일본측 취지는 잘 알겠다. 제5차 회담시와 중복되더라도 다시 한번 설명을 듣겠다. 제1항목에 대한 것은 다음 회의때 질문하겠다. 앞으로 6개 항목 설명에 있어서 전번회의때와 중복되는 것은 간단히 하고 그렇지 않은 것은 좀 더 자세히 설명을 하여 달라. 다만 GENERAL RESPONSE 는 6개 항목 전반에 대한 한국측 설명을 들은 다음에 하겠다.

한국측 일본측 의견은 잘 알겠다. 다음 회의에서 제1항목에 대한 일본측 질문을 듣고 회의 진행방법에 대한 우리측 의견을 이야기하고 싶다.

일본측 다음 회의는 언제 하는 것이 좋은가.

한국측　원칙적으로 주 1회 하기로 한 것이니 다음 주 11월 1일 목요일 오전 10시로 하자.

일본측　좋다. 신문 발표는 제5항목에 대하여서 한국측으로부터 상세한 설명을 들었다는 정도로 하자.

한국측　좋다.

— 이 상 —

5. 일반청구권소위원회 제3차 회의 회의록, 1961. 11. 16

한국 외교문서 750, 제6차 한일회담 청구권위원회 회의록, 1-11차, 1961. 10. 27-62. 3. 6

1961년 11월 16일 개최된 제6차 한일회담 일반청구권소위원회 제3차 회의 회의록이다.

한국 측이 지난 회의에서 설명한 청구 요강 제1항목(지금, 지은)에 대해 양측이 토의하였다.

일반청구권 소위원회 제3차 회의

회 의 록

1. 개최 일시: 단기4294년 11월 16일 오전 10시부터 약 2시간

2. 개최 장소: 일본 외무성 회의실 제234호

3. 회의 참석자:

한국측	김 윤 근	수석 위원
	고 범 준	위원
	이 상 덕	〃
	홍 승 희	〃
	정 해 섭	〃
	홍 윤 섭	〃
	이 규 현	〃
	김 낙 천	〃
	박 상 두	〃
	김 태 지	〃
일본측	미야가와(宮川)	주사
	우라베(卜部)	부주사
	사구라이(櫻井)	보좌
	가네마쯔(兼松)	〃
	마에다(前田)	〃
	혼마(本間)	〃
	오기소(小木曽)	〃
	가네꼬(兼子)	〃
	고와다(小和田)	〃
	야나기야(柳谷)	〃
	스기야마(杉山)	〃
	히사이찌(久一)	〃

4. 토의 내용 :

미야가와 : 전번 회의에서 한국측이 제1항목의 지금은에 관하여 설명을 행하였는데 그 설명이 제5차 회담시의 설명과 다소 다른 점이 있으므로 그 점에 대하여 질문을 하려고 한다.

김 대표 : 우리측 생각으로는 전번 회의에서 아직 앞으로의 회의 진행 방법에 대하여 합의를 보지 못하였으므로 우선 회의 진행 방법을 결정하고 다음에 제1항목을 토의하였으면 하는데 어떠한가.

미야가와 : 찬성한다. 회의 진행 방법에 관하여 의견이 있으면 말하여 주기 바란다.

김 대표 : 오전번 회의때에도 말하였던 바와 같이 이번 회의를 빨리 그리고 원만하게 해결하기 위하여서는 청구권의 각 항목마다 쌍방의 의견을 교환하는 것이 회의를 조속히 진행하는데 도움이 되리라고 생각한다. 더욱이 금번 정상 회담후에 있어서는 어러한 점을 절실히 느끼게 된다.

미야가와 : 오전번 회의에서도 말한 바와 같이 우리측은 8개 항목 청구에 대한 한국측의 설명을 모두 들은 다음에 GENERAL RESPONSE 를 할 생각이다. 소위원회에서의 발언은 중요하며 또한 최종적인 ~~위계실~~ 의견은 나스기!!! 수석이나 정부 수뇌의 의견을 듣지 않고서는 말할 수 없으므로 전반적인 회답은 귀측의 설명을 전부 들은 다음에 하겠다. 그러나 한국측의 설명만 듣고 일본측이 이에 대한 의견을 이야기하지 않는다면 한국측에서 불만

으로 여길 것이므로 회의 도중에 주사로서의 의견은 될 수 있는대로 이야기하도록 하겠다.

김 대표 : 여기에서 한가지 말할 것은 1957년 12월 31일자 한일간의 AGREED MINUTES에는 일본측이 한국의 청구권에 대하여 각 항목마다 성의를 가지고 토의하기로 되어 있으므로 그것에 의하여 회의를 진행함이 어떤가.

미야가와 : 좋다.

김 대표 : 그러면 제1항목에 대하여 질문하여 달라.

미야가와 : 먼저 지금은에 관하여 제5차 회담시에는 조선은행을 통하여 반출한 지금은으로 되어 있으나 이번 회담에서는 한국으로부터 반출된 지금은으로 되어 있어서 그 표현에 있어 다르나 무슨 다른 의미가 있는가.

김 대표 : 별로 다른 뜻이 없다. 금은 결국 조선은행을 통하여 매매 형식을 취하여 가져갔다는 것인데 여기에서는 그 경로를 부연하여 설명한데 불과하다.

미야가와 : 다음은 수량에 들어가 지금이 249톤여, 지은이 67여톤 여로 되어 있으나 이 수자의 근거를 설명하여 달라.

김 대표 : 그것은 조선은행에 비치된 장부에 의하여 산출된 것이다.

미야가와 : 제5차 회담시에 제시받은 수량이 있는데 그 수량이 정확하다고 보아도 좋은가.

김 대표 : 좋다.

미야가와 : 제5차 회담시에는 조선은행의 은행권 발행 준비로서 가지고 있어야 할 것을 반출한 것으로 설명되어 있으나 이번에는 발행 준비라는 말이 없는데 청구의 근거가 달라진 것인가.

김 대표 : 조선은행을 통하여 금을 반출하였다는 것은 일본이 금을 한국으로부터 반출한 경로의 일부를 설명한 것에 불과하며, 금 반환 청구의 근거의 전부는 아니다. 금 반환을 주장하는 근거는 가격이 불균등하였다는 것과 금을 매매치 않을 수 없게 한 당시의 부자유스러운 분위기에 비추어서 그 매매가 무효라는데 있다.

미야가와 : 제5차 회담시에는 조선은행권의 발행준비에 충당하여야 할 것을 충당치 않고 반출하여 갔다고만 설명하였는데 이번에는 그러한 설명이 없으니 그러면 발행준비라는 것은 생각하지 않아도 좋은가.

김 대표 : 은행권 발행준비로서 충당하여야 할 것을 가지고 갔다는 점도 있지만 금은 금 본위 제도가 없다 하더라도 당연히 은행권의 뒷받침이 되어야 할 것을 일본은 이러한 뒷받침을 하지 않고 대부분의 금을 한국으로부터 반출함으로써 조선은행권의 남발을 초래하고 한국 경제에 좋지 않은 영향을 주었다. 이것은 일본의 이익만을 위주로 한 행위였다고 아니 할 수 없다. 그러나 이것은 금 반출의 목적 또는 그 결과를 설명한 것이고 우리가 금 반환을 주장하는 법적 근거는 그 가격이 불균등하였다는 것과 자유스러운 분위기속에서 가지고 간 것이 아니었기 때문에 설사 일본이 금을 한국으로부터 반출하는데 있어서 매매 형식을 취하였다 하더라도 불균등한 가격으로

그리고 자유의사에 의하지 않고 매매되었으므로 그 무효를 주장하는 것이다.

미야가와 : 우리가 알기에는 당시 조선은행은 관리통화제이고 조선은행법 제22조에 의하면 조선은행권의 발행준비로서는 지금은이 아니라도 일본은행권을 가지고 있으면 되는 것으로 알고 있다. 일본이 금을 반출하는데 있어서는 적정한 가격으로 매입하였고 또 조선은행은 조선은행법에 의한 업무의 하나로서 정당히 거래한 것이므로 그 매매는 합법적으로 이루어진 것이라고 인정하여야 할 것이 아닌가.

김 대표 : 일본측은 부당한 가격이 아니었다는 것을 주장하는 ~~것인가~~ 것인가.

미야가와 : 그렇다.

김 대표 : 그러면 일본측은 그 당시 금 대가로 일본은행권을 한국에 지불하였기 ~~때~~ 때문에 부당한 것이 아니라는 말인가.

우라베 : 모두 합법적이냐 아니냐 하는 것은 금 가격이 통제되어서 일반적으로 세계 시장 가격보다도 쌀 때가 있었으므로 문제가 된다면 그 시대가 문제되지만 그 당시 딴 상품 가격도 통제되어서 쌌었다. 금 매각자에게는 ~~원~~ 일본은행권을 주었는데 금 매각자는 금 매각 대가로서 싼 다른 물건을 살 수 있었으므로 가격의 불균등은 없었다고 본다.

김 대표 : 지금 우라베 부주사의 이야기는 어떤 ~~시기에 있~~ 시기에 있었어는 가격의 불균등이 있었다고 하는데 어떤 시기에 가격이 불균등하였는가. 우리는 전 기간을 통하여 불균등하였다고 생각한다.

우라베 : 내가 아는 한에 있어서는 금 해금 시대가 있었고 금의 자유 매매시대도

있었는데 그러한 시대는 전연 문제되지 않는다. 문제가 되는 것은 합방 시대의 말기 즉 1930년대의 후기부터 금 가격이 통제되었기 때문에 그러한 문제가 일어난다고 본다. 그러나 1930년대에 들어서는 금뿐만 아니라 다른 모든 물자 즉 자본재나 소비재도 가격 통제가 강화되었다. 이러한 가격 통제는 귀국뿐만 아니라 대만이나 일본 본토에도 동일하게 적용되었으며, 조선이라고 해서 더 싸게 통제한 적은 없었다.

김 대표 : 우리가 이야기하는 것은 가격 통제에 있어서 일본 정부가 일본보다도 한국에 있어서 차별 대우하였다는 것을 의미하는 것은 아니다. 우라베 부주사는 1930년 대 이후에 있어서 금 가격은 불균등하였지만 그 대가로 통제된 다른 물건을 살 수 있었다고 하는데 살 수 있는 물건은 그 수량이 제한되어 있었다. 만일 살 수 있는 것이 있었다면 이는 오로지 적자 국채뿐이었으므로 일본측에서도 금 매매 가격이 불균등하였다는 것은 인정하지 않을 수 없다고 본다.

우라베 : 본 소위원회에서는 법률적으로 규명하여야 하는데 한국측에서는 당시의 금 매매가 부당하다 하므로 우리측은 그렇게 부당한 것이 아니었다는 것을 설명한 것이며 한국측 주장은 법적 근거에 의한 것이 아니라고 생각한다.

김 대표 : 가격이 불균등하였으므로 법률적 문제가 된다.

우라베 : 제2차 회담에서 각 항목별로 설명을 들은 적이 있는데 그 때 한국측 주사가 누구인지는 명확하지 않으나 제1항목의 청구는 권리로서

주장하는 것이 아니고 장차 양국의 친선을 위한 정치적인 고려하에 청구하는 것이라고 하였고 또 제5차 회담시 유창순 주사은 발행 준비로서 가지고 있어야 할 금을 반출한 것을 청구하는 것이라고 설명하였는데 일본측은 이에 대하여 법적 근거가 없다고 이야기하였다. 또 제6차 회담에서 김 주사께서 좀 더 상세한 설명이 있었으나 합법적인가 아닌가를 생각할 때에는 아무리 생각하여도 한국측 주장은 법률 이전의 이야기인 것 같다.

김 대표: 제2차 회담에서 정 치적인 고려하에 청구한다고 설명한 일은 없다. 설사 있었다 하더라도 그보다도 앞서 일본측이 알아야 할 것은 우리측이 전 회담을 통하여 일관하여 주장한 바 가 있다. 그것은 누차 말한 사실이 있는 바와 같이 우리가 청구하는 8개 항목은 모두 법적 근거가 있는 것 만을 청구하는 것이며 정치적 근거 또는 배상적 성질의 것으로서 청구하는 것은 없다는 것이다. 설사 설명에 있어서 그러한 언사가 있었다 하더라도 그것은 어데까지나 일시적 사정론으로 해석하여야 하며 금에 관하여 정치적인 고려하에 주장한다고 생각하면 곤란하다. 8개 항목 청구권 중에서 가장 중요한 것이 지금은이며 이것을 제1항목으로 내세운 까닭도 여기에 있다.

우라베: 우리측은 한국 청구권의 법적 근거가 무엇인가를 찾는데 노력하고 있는데 이 문제는 제2차, 제5차, 제6차 회담에서 한국측 설명이 약간씩 다르므로 그 점을 지적한데 불과하다.

김 대표: 사정은 잘 알겠으나 우리측은 법적 근거가 있어서 주장하는 것이며

만약 우리측 설명이 불충분하다면 그 점을 지적하면 언제라도 보충, 설명하겠다. 다시 말하거니와 일본측은 금과 일본은행권과 교환되었다 즉 합법적으로 매매된 것이다. 이렇게 주장하나 일본은행권의 가치는 시시 각각으로 변동하여 우라베 부주사도 언급한 바 있거니와 1930년대 이후는 그 가치가 저락 일본에 있어 전쟁 말기에는 사실상 종이 조각이나 다름없을 정도로 되었는데 금은 국제 상품인 동시에 그 자체가치의 변동이 없는 것이다. 우리가 주장하는 것은 이러한 가치의 변동이 없는 것과 종이 조각과 교환한 것이므로 불균등하였다는 것이고 일본이 말하는 유상이었으니까 정당하였다는 것은 아무리 생각하여도 이해가 가지 않는다. 한가지 더 덧붙여 말하면 일본은 한국의 금이 일본으로 집중되겠끔 분위기를 만들었는데 그러한 부자유스러운 분위기속에서 매매된 것이기 때문에 그 매매는 합법적이 아니라는 것이다.

일본측 (미야가와) : 결론을 너무 서둘어서는 안된다. 이 소 위원회의 임무는 법률관계와 사실관계를 명확히 하는데 있으며 지금 우라베 부주사가 한국측의 주장은 법률에 근거한 것이라고 보기 보다는 다분히 정치적인 감이 있다고 말하였는데 본인도 그렇게 느껴진다. 가격의 불균등 문제에 관하여 사쿠라이 과장으로부터 보충 설명이 있겠다.

사쿠라이 : 조금전에 우라베 부주사가 1930년대에 가격이 불균등한 때가 있었다고 말한데 대하여 한국측의 오해가 있는 것 같아서 그 진의를 보충 설명하겠다. 통제시대에는 금 가격뿐만 아니라 다른 상품가격도

통제하였고 그 통제 가격은 조선에서뿐만 아니라 일본이나 대만에서도 동일하였기 때문에 한국에서만 부당한 가격을 설정한 것이 아니었으므로 가격이 불균등하다는 것은 사실문제와 다르다는 것이다.

김 대표 : 조금 전에도 이야기하였지만 내가 말하는 불균등이란 일본정부가 시행한 정책이 일본과 한국에서 차별이 있었다던가 불균등하였다는 것이 아니고 금의 가치와 일본은행권의 가치가 불균등하였다는 것이다. 따라서 일본에서 매상한 가격과 한국에서 매상한 가격사이에 차이가 없었다는 점을 강조하는 것은 본인의 생각을 오해한데 기인하는 것으로 본다. 일본은 액면에 있어서 같은 단위로 거래되었기 때문에 불균등이 없었다고 하지만 금이 관리통화인 일본 은행권보다 그 가치나 효용에 있어서 유리하다는 것은 일본측도 부인할 수 없는 사실이 아닌가.

이 대표 : 유상 합법의 문제인데 일본측은 일본은행권을 지불하였기 때문에 유상이다. 또 금은 조선은행법에 의해여 거래되었기 때문에 합법적이었다고 주장하나 가치의 변동이 없는 금과 가치의 변동이 있는 일본은행권과 교환한 것이 과연 타당한 것이었는가 또 한국에서 산출된 금은 전부 일본으로 가지고 갈 수 있도록 법이 제정되었는데 지금 그 법을 기본으로 하여 합법 여부를 논의한다는 것이 과연 타당한 것인가가 문제이다.

미야가와 : 조선에서 산출된 금을 조선이 가지고 있었으면 상당한 가치가

되었으리라는 것은 알겠으나 그 당시 조선은행법에 의하여 조선은행은 그 업무의 하나로서 정당한 거래를 한 것을 합법적이 아니라는 것은 이해할 수 없다.

김 대표: 지금 이상덕 대표의 설명은 하나의 사정론이고 법률적으로는 정당한 가격을 지불한 것이 아니라는데 있다. 따라서 가격의 불균등문제를 여기에서 토의하여 만약에 가격이 불균등하지 않았다면 모르되 가격이 불균등하였다면 법적 근거가 있는 것으로 안다.

이 대표: 일본은 그 당시 명목상이지만 조선은행이라는 좀 악은 행을 설립하고 있으면서 금을 전부 가지고 갔다는 것은 심하지 않은가.

미야가와: 그 기본은 알겠으나 당시는 동일 경제 단위였고 동일 경제 단위라는 전제밑에서 여러가지 매매 행위가 같은 조건하에 행하여진 것은 사실인데 이 사실은 사실로서 인정하지 않으면 안되지 않은가. 금 문제는 적정한 가격을 지불하지 않았다면 문제가 되지만 우리로서는 부당한 가격을 지불하였다고는 생각하지 않는다.

김 대표: 이 대표는 금 매매가 부자유스러운 분위기속에서 행하여졌다는 것을 설명하는 것이고 내가 이야기하는 것은 금이 정당한 가격으로 가지고 갔으면 문제가 되지 않지만 금은 결코 정당한 가격으로 가지고 간 것이 아니라는 것을 설명한 것이다.

사구라바: 일본은행권도 그 당시 조선에서는 구매력이 있었고 결국 종이 조각은 아니었다. 그 당시 정당한 가격으로 지불하였으면 되지 않는가.

고 대표: 내가 보충 설명하겠다. 일본측은 서로 동등한 가치를 가진 것과

교환되었다고 주장하는데 우리는 그 구매력이 동등하지 않았다는 것을 주장하는 것이다. 다만 일본에서나 한국내에서나 명목상의 가격은 동일하게 나타나고 있었지만 그 경제적인 실제 가치는 동등하지 않았다는 것을 주장하여 온 것이다. 물론 이 금은 생산과 매매에 있어서 자유분위기안에서 이루어졌다면 이러한 문제는 일어나지 않았을 것이다. 이것은 다 아는 바와 같이 금의 생산과 매매에 있어서 한때는 자유분위기속에서 행하여졌지만 대부분의 기간은 일본 본토의 경제를 위주로 하여 생산을 강행하고 또 생산한 금은 자유 매매를 금지하는 동시에 종앙은행인 조선은행에 집중시켜 다시 일본에 집중하게 하여 금은 한국내에는 하나도 남기지 않고 한국에는 불환지폐만 남기고 일본에는 국제적인 상품인 금만 남기기 때문에 금과 은행권을 교환하는 순간에 있어서 그 교환은 동등하지 않았음을 의미한다. 이것을 단적으로 표현하면 금 매매 자체가 법률적으로 완전한 것이라고 볼 수 없기 때문에 금의 반환을 주장하는 것이다.

우라베: 매매가 불법적인 것이었다면 그 당시 재판소에 소송하면 시정되었을 것이다. 한국측 주장은 법률 이전의 이야기이며 법적근거가 있는 것으로는 생각되지 않는다. 다만 사실관계는 알겠으나 법률면으로 본다면 납득이 가지 않는다.

김 대표: 우라베 부주사는 법적으로 보아서 불법이었다면 그 당시 재판소도 있어서 시정되었을 것이라고 말하였는데 소송하느냐 안하느냐는

문제와 그 매매가 무효라는 문제와는 구별하여야 한다고 본다.

우라베: 나의 설명에 오해를 산 것 같은데 만약 그 당시 금 매입이 불법이라고 하면 공정 가격보다도 싸게 매입하였다는 것일 것이고 그렇게 되면 법적으로 시정되었을 것이라는 것이다.

김 대표: 우리측 설명이 불충분하여 오해가 있을지 모르나 이 문제는 결국 그 가격이 동등하였느냐가 문제이다. 따라서 이 문제는 법률이 어떠하였는가 하는 문제가 아니라 서로 교환된 양개의 물체의 경제적 가치 비교의 문제이며 금이 조선은행을 통하여 일본으로 집중된 것은 별 문제로 하더라도 그 가격은 불균등하였다. 우라베 부주사는 1930년 후기에 있어서 가격이 불균등하였다고 보고 있으나 우리는 전 기간에 걸쳐 불균등하였다고 본다.

우라베: 내가 말한 1930년대 이후 불균등한 가격 운운한 것은 1930년대 이후 금 가격이 통제되었다는 뜻이고 아까 사꾸라이 과장이 보충 설명한 것과 같이 당시에는 금 이외의 다른 상품도 통제되어 금 매각 대가로 통제된 싼 상품을 살 수 있었고 또 일본은행권은 당시 구매력을 가지고 있었으므로 가격이 불균등하였다고는 보지 않는다.

미야가와: 회의 진행 방법인데 청구권에 대하여는 상호 입장이라면가 견해 차이가 있는 법이고 의견이 대립되면 그 이상 회의가 진행이 안 되는데 어느 정도 토의가 되면 다음 항목으로 넘어가는 것이 어떤가.

김 대표: 쌍방의 의견 교환은 회담 진행을 위하여 대단히 유익하다.

쌍방간에 이 정도의 의견 교환이 없으면 무의미하다고 본다.

의견 대립點을 피하기 위하여 구저 앞으로만 진행한다는 것은

결코 회의 진행상 좋은 방법은 아니라고 본다.

미야가와: 이 정도면 대체로 우리측이 생각하는 방향은 알았으리라고 본다.

귀측은 불만이 있겠지만 이 문제에 대한 의견 대립은 나중에 조정

하기로 하고 이 정도로 끝이면 어떠한가.

김 대표: 제1항목은 이 정도로 하자는 것인가.

미야가와: 아니다. 우리측의 의견 종합도 필요하니 이 문제는 8개 항목의

토의가 끝난 후에 다시 의견을 교환하도록 하자.

김 대표: 그러면 이 문제는 일단 이 정도로 하고 다음 항목에 들어가는데

찬성한다.

미야가와: 다음 목요일은 공휴일이므로 다음 회의를 언제 개최하였으면

좋은가.

김 대표: 11월 22일 (水) 오전 10시로 하자.

미야가와: 좋다. 신문 발표는 전번회의에서 한국측이 제1항목 지금은에

관한 설명에 대하여 일본측이 질문하고 서로 의견을 교환하였으나

견해 차이로 결론을 얻지 못하고 금후 다시 의견을 까 조정하기로

되었다는 정도로 하자.

김 대표: 좋다.

이 상

6. 일반청구권소위원회 제4차 회의 회의록, 1961. 11. 22

한국 외교문서 750, 제6차 한일회담 청구권위원회 회의록, 1-11차, 1961. 10. 27-62. 3. 6

1961년 11월 22일 개최된 제6차 한일회담 일반청구권위원회 제4차 회의 회의록이다.

한국 측이 청구요강 제2항목 체신관계 청구에 대해 설명하였다. 양측은 일반청구권소위원회 산하에 체신부 관계 청구권을 전문적으로 토의할 전문위원회 구성에 합의하였다.

일반청구권 소위원회 [illegible]차 회의

회 의 록

1. 개최 일시 : 단기4294년 11월 22일 오전 10시부터 약 1시간 50분

2. 개최 장소 : 일본 외무성 회의실 제234호

3. 참석자 :

한국측	김 윤 근	수석위원
	고 범 준	위원
	이 상 덕	〃
	홍 승 희	〃
	정 태 섭	〃
	이 규 현	〃
	홍 윤 섭	〃
	김 낙 천	〃
	박 상 두	〃
	김 태 지	〃
일본측	요시오까(吉田)	주사대리
	우라베(卜部)	부주사
	사꾸라이(櫻井)	보좌
	마에다(前田)	〃
	혼마 (本間)	〃
	가네꼬(金子)	〃
	스기다(杉田)	〃
	오와다(大和田)	〃
	오기소(小木曽)	〃
	이구찌(井口)	〃
	야나기야(柳谷)	〃

- 2 -

소기야마(杉山) 보좌
와다나베(渡辺) 〃
히사이찌(久一) 〃

4. 토의 내용 :

오지요가 : 회의 개최에 앞서 한가지 한국측의 양해를 얻고 싶다. 미야가와 주사가 외국에 여행중이므로 미야가와 주사가 부재중은 본인이 미야가와 주사를 대신하여 회의를 진행하겠다.

김 대표 : 잘 알겠다. 오늘은 우리측이 제시한 8개 항목 청구 중 제2항목 청구에 대하여 설명하겠다. 제2항목은 1, 2, 3, 4, 5의 소항목으로 세분되어 있는데 그 중 2, 3, 4, 5의 네 항목은 이 회담에서는 일단 토의하는 것을 보류하고 체신부관계만을 토의하도록 하겠다. 그리고 체신부관계도 여섯가지 조목으로 나누어져 제1이 우편 저금, 진체 저금, 우편 위체로 되어 있는데 이것을 먼저 설명하겠다. 이 관계에 있어서 우리측 주장은 다음과 같다. 1945년 9월 15일 현재 이 세가지 조목 즉 우편 저금, 진체 저금, 우편 위체가 한국인, 일본인 분을 합쳐서 총액이 약 14억원이 되는데 그 중 한국인분을 청구하는 것이다. 그런데 총액 14억원 중 한국인분을 계산하는데 있어서는 당시의 인구 비례, 구좌수 또는 과거의 실적등을 고려하여 결정하는 것이 합리적으로 생각하며 우리측은 이와 같은 원칙하에서 자료 대조와 수자를 산출하기 위하여 Ad-Hoc Committee 를 만들어 쌍방이 서로 대사하도록 하는 것이 좋으리라고 생각한다.

오시오까 : 질문에 앞서 한가지 양해를 구하고 싶다. 상부측에서도 속히 사무적으로 추진하라는 말이 있고 전번 수뇌회담에서도 이번 회담이 최종적인 것이 되도록 하라는 말이 있어서 우리측은 사실관계를 확실히 하기 위하여 사무적으로 상당히 규명할 것이고 따라서 언짢은 질문이 있을지도 모르니 그 점 미리 양해하여 주시기 바란다. 그리고 종래 우편저금관계 설명에 있어서는 일본 대장성 예금부에 예입한 과초금이라고만 설명되었었는데 이번에는 다르니 어떤 의미인지 설명하여 달라.

김 대표 : 한국인이 일본 정부를 상대로 우편 저금, 진체 저금, 우편위체를 예입 또는 의뢰한 것을 말한다.

오시오까 : 우편 저금관계는 전문가가 아니기 때문에 혹 잘못 알았는지는 모르나 당시 우편 저금관계에 있어서는 특별 회계가 있어서 한국인이 한국에 있는 우편국에 예입하면 그 돈은 일본 체신성을 통하여 대장성 예금부에 예입되었는데 여기서 말하는 것은 한국인 개인이 우편국에 예입한 것을 말하는 것인가. 또는 다음 단계를 말하는 것인가. 그 어느 쪽인가를 설명하여 달라.

김 대표 : 앞서도 말한 것과 같이 한국인이 일본 정부를 상대로 예입한 것을 말하며 진체 저금, 우편 ■■■위체도 또한 같다.

오시오까 : 한국인 개인이 일본 정부에 예입한 것이라고 해석하여도 좋은가.

김 대표 : 그렇다. 우리가 대장성 예금부를 이야기한 것은 그 액수를 설명하기 위한 것이고 한국인이 일본 정부를 상대로 예금한 것을 말한다.

요시오까 : 잘 알았다. 1945년 9월 15일 현재의 14억원이라는 수자는 어떤 근거에 의하여 산출되었는가. 원부나 통장에 의하여 집계한 것인가.

김 대표 : 이것은 통장에 의하여 집계한 것이 아니고 원부에 의하여 집계한 것이다.

요시오까 : 원부는 남, 북한에 있는데 어느 정도로 집계된 것인가.

김 대표 : 서울에 있는 종합 결산표에 의하여 집계하였다.

요시오까 : 당시의 인구 비례, 구좌수, 과거의 실적 등이라고 말하였는데 이 셋은 각 각 수자가 다를 것이며 이 셋을 적당히 종합한다는 의미인가.

김 대표 : 셋을 종합하여 일정한 비율을 산출하였다.

요시오까 : 비율이란 일본인과 한국인의 비율을 의미하는 것인가.

김 대표 : 그렇다.

요시오까 : 남북한의 비율은 어떻게 되어 있는가.

김 대표 : 그것은 고려하지 않았다.

요시오까 : 한국측은 별도 전문가 위원회를 구성하여 수자를 상호 대사하자고 하였는데 전문가 위원회 구성에 대하여는 별 이의가 없다. 그리고 우편 저금의 잔고라든가, 우편 저금의 일, 한입간 비율에 관하여는 검토하여 다음 회의에서 우리측 의견을 말하겠으나 또 한가지 물어 볼 것은 종매의 회담에서는 체신부의 과초금이라든가 조선 총독부의 채무로서 설명되어 왔으나 오늘 설명으로는 한국인 개인의 채무로서 해석되는데 청구 내용이 달라진 것으로 해석하여도 좋은가.

김 대표 : 좋다.

우라베: 과거의 실적이라든가 구좌수, 잔고등을 확실히 하기 위하여 먼저 전문가 위원회를 구성하는 것은 좋다고 생각한다.

김 대표: 전문가 위원회를 구성할 경우, 이 전문가 위원회에서는 인구 비례, 구좌수, 과거의 실적과 잔고 이 네가지 사항을 다루게 하는 것이 좋겠다.

우라베: 인구 비례는 우편관계자도 전문외의 일이므로 과거의 실적이라든가 구좌수, 잔고 등 우편 저금이나 진체 저금, 우편위체등에 관하여 알 수 있는 범위 내에서 먼저 결정하여 가면 되리라고 보는데 어떤 것을 다루느냐하는 것도 전문가 위원회에 위임하면 될 것이다. 여하던 이 전문가 위원회에서는 사실관계를 확인하는 작업을 진행하여 가면 되리라고 본다.

김 대표: 전문가 위원회가 어느 범위내에서 대사할 것인가는 먼저 정하여야 할 것으로 생각한다.

우라베: 인구 문제는 별도로 하고 그 외의 사실관계를 확인시키도록 하는 것이 어떤가.

요시오까: 남, 북한 관계는 어떻게 할 것인가.

김 대표: 인구 문제는 체신부 관계 사람이 아니라도 간단히 알 수 있는 것이므로 이것을 일단 빼고 그외에 필요한 사항을 조사한다는 것으로 하는 것이 어떤가. 그리고 일본측은 남, 북한관계를 이 전문가 위원회에서 조사시키는 것 같이 말하였는데 우리측 입장으로서는 아무리 사실관계를 조사하는 전문가 위원회라 하더라도 남, 북한을 구별하여 취급한다는 것은 받아들일 수 없다는 것을 명백히 말하여 둔다.

요시오까: 대단히 어려운 문제인데 일본측으로서는 입장이 다르므로 그 점

신중히 생각하여야 한다고 본다.

김 대표 : 일본측이 신중히 생각하여야 하겠다고 말하였는데 한국측은 일본측보다 몇배나 더 신중히 생각한 후에 청구하는 것이므로 남, 북한 문제를 구별한다면 이 회의는 이 이상 더 진행할 수 없다고 본다.

우따베 : 남, 북한 문제는 장차 나오게 될지도 모르겠오나, 현 단계로서는 전문가 위원회에서 조사하지 않아도 좋다.

김 대표 : 내가 말하는 것은 이 회담에서 뿐만 아니라 다른 어떤 회합에서도 이것을 구별할 수 없다는 것이다. 남, 북한을 구별하여 조사하지 않는 것으로 전문가 위원회를 구성하도록 하자.

요시오까 : 한국측에서는 남, 북한 문제를 신중히 고려한 후라고 말하였는데 전체의 사실관계를 명확히 하는 취지에서도 남, 북한 문제는 일본측에서도 신중히 다루지 않으면 안된다고 생각한다. 그리고 종래 우편관계는 조선 총독부의 채무라든가 체신부 채무로서 설명되어 왔지만 이번에는 한국인 개인의 채권으로 된 결과 일본 정부가 한국인 개인에 대하여 지불하게 되는 인상을 받게 되는데 그 관계는 어떻게 되는가.

김 대표 : 개인관계는 한국 정부에 마끼고 그것을 이 회담에서 결정하여 한국 정부에 지불하여 달라는 것이다.

요시오까 : 개인관계가 되면 대 국회 설명을 위하여서도 자료라든가 증거를 엄밀히 하지 않으면 안되기 때문에 말하였다. 그러면 전문가위원회의 개최 일시를 먼저 정하고 다음으로 진행하는 것이 좋으리라고 생각하는데 어떤가.

김 대표 : 체신부관계는 이것 하나에 국한되지 않고 딴 것도 있으므로 체신부 관계를 전부 설명한 다음 전문가위원회를 구성하도록 함이 어떤가.

오시오까: 그렇게 하는 것이 좋겠다.

김 대표: 다음은 국채 및 채권으로 되어 있는데 이 것은 제5항에 넘겨서 제5항 토의시 같이 토의하도록 하겠다.

오시오까: 좋겠다.

김 대표: 셋째번은 간이 생명 보험 및 우편 연금으로 되어 있는데 이것도 1945년 9월 15일 현재 한국인이 불입한 보험료 및 연금을 청구하는 것이며 그 금액은 한국인, 일본인을 합하여 322 백여만원이다.

오시오까: 제5차 회담에서는 우편 저금의 경우와 같이 대장성 예금부에 예입된 것으로 되어 있고 이번 설명에서는 일본 정부에 대한 개인의 채권으로서 설명하고 있는데 설명 내용이 달라진 것이라고 양해하여도 좋은가.

김 대표: 좋다.

오시오까: 1945년 9월 15일 현재의 생명 보험료, 연금이라고 말하였는데 어느 시점까지의 누적이라는 의미인가.

김 대표: 그 때까지 누적된 수자이다.

오시오까: 322 백만원의 수자는 어떤 자료에 근거한 것인가.

김 대표: 보험 및 연금관계 장부에 의한 것이다.

오시오까: 우편 저금의 경우는 일본과 한국이 일체가 되어 한 개의 특별 회계로 되어 있었으나 간이생명보험은 한국에서 독립한 특별 회계로 되어 있어서 우편 저금과는 다르다고 보는데 그 관계는 어떻게 되어 있는가.

김 대표: 우리는 별 차이가 없다고 보는데 차이가 있다면 어떤 점에 차이가 있는 것인지 설명하여 달라.

요시오가: 나는 전문가가 아니기 때문에 혹 잘못 된 점이 있으면 정정하기로 하고 결론적인 이야기는 아니나 내가 이해하기에는 우편 저금 특별 회계는 일본과 한국이 일체가 되어 한개의 특별 회계로서 그 특별회계는 일본에 있었고 간이 생명보험 특별 회계는 특별한 특별회계로서 한국에 있었으므로 일본측에 있었던 특별 회계와는 법률관계에 있어서 다소 다르다고 본다.

고 대표: 나도 전문가가 아니기 때문에 혹 잘 못 안 점이 있을지 모르나 잘 못 안 점은 나중에 정정한다는 전제하에 말하겠다. 일본측에서 우편저금은 한국하고 일본이 "일체"이었다고 이야기하는 것은 그 자금이 일본 대장성 예금부 특별회계에 예입되었기 때문에 "일체"라는 의미로 해석하는 것이라면 이 조선간이생명보험도 그 당시 일본이 제정한 예금부 관계 법규에 의하여 그 자금이 사실상 일본 대장성 예금부 특별 회계에 직결되었던 경위로 보아 그 성질이 동일한 것이며 개인관계로 볼 때에는 우편 저금이나 간이생명보험이나 구태여 이것을 구별할 필요를 느끼지 않는다고 본다.

김 대표: 일본측이 간이생명보험은 우편 저금과 다른 점이 있다고 지적하는 것은 간이생명보험 가입자의 채무자가 일본 정부가 아니고 조선총독부라는 말인가.

요시오가: 지금 고대표는 사실상 그 자금이 예금부 예금에 예입되었다고 말하였으나 사실상 문제는 어떻던 간에 법률적인 면으로 본다면 우편저금 특별회계는 일본에 있었기 때문에 한국의 우편국은 일본의 지점격으로 볼 수 있으나 간이생명보험 특별회계는 한국에 있었기 때문에 그 점 다르지 않느냐고 생각한다.

김 대표 : 일본측 취지는 알았다. 그를 검토하여 다시 우리측 의견을 이야기 하겠다. 그러면 다음으로 들어가 넷째번은 해외 위체 및 채권으로 되어 있는데 그 중 채권 문제는 제5항에서 토의하고자 한다.

오시오까 : 좋겠다.

김 대표 : 해외 위체란 일본 정부가 관할하고 있던 지역내에 거주하던 한국인이 그 거주지에서 종전전 행한 우편 저금, 우편 위체, 진체 저금, 간이생명 보험, 우편 연금을 말하며 그 금액은 약 7천만원이다.

오시오까 : 일본 정부의 관할 지역이란 한국을 제외한 관할 지역이라는 뜻인가.

김 대표 : 그렇다.

오시오까 : 그 금액은 어떤 자료에 의하여 산출된 것인가.

김 대표 : 제5차 회담때에도 그 근거를 말하였지만 종전후 한국에 귀환한 한국인으로부터 2차에 걸쳐 신고받은 수자이다.

우라베 : 제5차 회담시 일본 본토, 남양군도 등 야전우편국이 있었던 곳이라고 설명하였는데 신고뿐인가. 또는 통장도 있었는가.

김 대표 : 신고시 통장으로 확인한 것이다.

오시오까 : 그러면 그것도 전문가 위원회에서 태사시키도록 하자.

김 대표 : 좋다. 그외에 질문이 있는가.

오시오까 : 없다.

김 대표 : 다섯째는 한국을 제외한 일본 관할 지역에서 한국인과 일본인이 행한 우편 저금, 진체 저금, 우편 위체등을 1945년 9월 16일 이후에 우리가 일체 지불한 것과 종전전부터 한, 일 양국인이 일본 정부로부터 지급받고 있던 은급을 역시 1945년 9월 16일 이후에 일체 지불한 것이다.

우라베 : 이것은 포고령 제3호에 의하여 동결된 한국 수취금 계정이라는 항목을 설명하는 것인가.

이 대표 : 그렇다. 9월 15일 이후는 포고령에 의하여 대외 거래가 없었으나 실제 우체국에서는 9월 16일 이후 귀환 동포라든가 일본인에게 우편 저금 등을 지불하였는데 그 지불 자금을 받지 못하였다.

오시오까 : 은급을 지불하였다고 하는데 어떤 것을 지불하였는가.

김 대표 : 지불 통지가 있는 것을 지불하였다.

오시오까 : 먼저번 것은 한국인 개인의 채권이지만 이것은 우편국의 채권이라는 의미인가.

김 대표 : 이것은 당시 미군정청이 입체 지불한 것이다.

오시오까 : 그 금액은 얼마나 되는가.

김 대표 : 45,516,884 원이다.

오시오까 : 우편저금과 은급을 나눌수 있는가.

김 대표 : 나눌수 있다.

오시오까 : 이것도 전문가위원회에서 대사하도록 하자.

김 대표 : 좋겠다.

오시오까 : 9월 15일이라는 일자를 말하였는데 그것은 그 때까지 자료가 완비되었다는 말인가. 또는 다른 의미가 있는 것인가.

김 대표 : 자료에 근거 둔 것이 아니고 일본 정부와 실제로 법률관계가 계속된 것이 9월 15일까지라는 말이다.

오시오까 : 그것은 미국의 군정이 시작된 것이 9월 15일이라는 말인가.

이 대표 : 일본 정부측의 우편 대차 관계가 9월 15일까지 계속되었다는 것이다.　미군의 한국 진주는 9월 7일이고 미군 진주후에도 일본과의 대차관계는 계속되었다.

요시오까 : 일체 지불은 형식적으로는 우편국 관계이지만 실질적으로는 개인 관계라는 뜻인가.

김 대표 : 그렇다.

우라베 : 제2항의 제1호 체신부관계는 끝이 난 것으로 보는데 아까 한국측에서 말한 바와 같이 나머지 2,3,4호는 후에 토의하게 될지도 모른다고 하였는데 그러면 제2항은 일단 끝난 것으로 좋은가.

김 대표 : 좋다.

요시오까 : 그러면 전문가 위원회의 위원과 위원회의 개최일시를 정하도록 하는 것이 좋겠다.

김 대표 : 우리측은 이 회의를 속히 진행하는 의미에서 전문가 위원회는 명일부터라도 일을 시작하게 하고 본 소위원회는 소위원회대로 계속하는 것이 좋으리라고 생각한다.

요시오까 : 이 회의 석상에서 결정하기도 곤란하므로 후에 결정하여 통지하겠다. 한국측에서는 위원회 위원이 결정되어 있는가.

김 대표 : 그러면 쌍방 위원을 결정하여 오늘 오후에 통지하기로 하자.

우라베 : 전문가 위원회는 금요일에 서로 대면하게 하고 내주부터 일을 시작하게 하는 것이 어떤가.

김 대표 : 좋다. 그리고 일본측에 요청할 것은 일본측이 가지고 있는 자료도 이 전문가위원회에 가지고 와서 서로 대조하도록 하였으면 좋겠다.

우라베: 그것은 전문가 위원회에 위임하자.

김 대표: 오늘은 이정도로 하고 이 회의를 "스피드 업"하는 의미에서 내주 월요일에 제3항을 토의하도록 하는 것이 어떠한가. 내주는 두번 회의를 가졌으면 좋겠다.

오시오가: 우리측에서도 속히 회의를 진행시키고 싶으나 이 회의는 중요한데 우리측 사정도 있고 또 미야가와 주사가 28일에 귀국하므로 다음 회의는 수요일 이후에 개최하도록 하여 주었으면 좋겠다.

김 대표: 주 1회 정도의 회의로서는 년내에 끝이 안 나지 않겠는가.

오 시오가: 우리측도 회의를 속히 진행시키고 싶으나 예산작업관계도 있고 해서 시기가 좋지 않다. 대장성 입장으로는 이 회의를 주 2회 연다는 것은 어렵다고 본다. 회의 수보다도 토의 내용을 능률적으로 하는 것이 어떠한가.

김 대표: 그러면 회의는 원칙적으로 주 1회로 하되 사정에 따라서는 주 2회 하도록 하고 다음 회의는 11월 30일 (목요일) 오후 2시에 하자.

오시오가: 좋다. 신문 발표는 "한국측이 제시한 제2항목 청구에 대하여 일본측이 질의하고 이에 대하여 전문가위원회를 구성하여 검토하기로 하였다." 는 정도로 하자.

김 대표: 좋다.

— 이 상 —

7. 체신부 관계 전문위원회 제1차 회의 회의록, 1961. 11. 24

한국 외교문서 750, 제6차 한일회담 청구권위원회 회의록, 1-11차, 1961. 10. 27-62. 3. 6

1961년 11월 24일 개최된 제6차 한일회담 일반청구권소위원회 산하의 체신부 관계 전문위원회 제1차 회의 회의록이다.

양국은 회의의 진행 순서 등에 관해 협의하였다.

일반청구권 소위원회 체신부관계 전문위원회

제1차 회의 회 의 록

1. 개최 일시 : 단기4294년 11월 24일 오후 3시부터 약 1시간 20분간

2. 개최 장소 : 일본 외무성 회의실

3. 참석자 : 한국측 이 상 덕 위원 (주석)

홍 윤 섭 "

김 낙 천 "

일본측 도모다 (豐田) 위원 (주석)

이시나베(石鍋) "

스기게가와(早川) "

스즈끼(鈴木) "

오노(大野) "

노다(野田) "

보세나(保科) "

야스지마(八十島) "

가네꼬(金子) "

사기다 (杉田) "

이와세(岩瀬) "

오모리(大森) "

와다나베(渡辺) "

미사이찌(久一) "

4. 회의 내용 :

회의에 앞서 양측 위원의 상호 인사 소개가 있었음.

이 대표 : 11월 22일 일반청구권 소위원회 본회의에서 본 전문위원회에

-2-

위임한 일을 어떠한 순서와 방법으로 하여 나가는 것이 능률적일 것인지 우선 생각하도록 하자.

도모다: 전번 일반청구권 소위원회 본회의에서 귀측으로부터 일단 수자의 제시를 받은 바 있는 바, 우리측에 있어서도 종전후에도 대장성 예금부에 예탁하였던 관계로 이에 대한 수자는 어느 정도 가지고 있으나 양측 수자에 상당한 수자의 차이가 있으니 한국측이 어떠한 방식으로 수자를 산출하였는지 알고저 한다.

김 위원: 종전 당시 한국에 있던 저금관리국에서의 결산이 지연되어 일본에 결산표를 보낸 것이 1943년 11월분까지이고 또 각 종 일계표는 1945년 10월 중순경까지 보[illegible] 낸 것으로 알고 있는데 도착되었는지 알고 싶다.

도모다: 도착되었다.

이 대표: 조금전에 귀측에 도착된 일계표에 의하여 집계한 수자와 우리측의 수자와 차이가 많다고 하였는데 그 차가 몇 억 정도 되는가.

도모다: 그렇다.

이 대표: 차이가 있는 것은 상호 결산표에 의하여 검토하여 나[illegible]감으로서 축소하여 갈 수 있다고 본다.

도모다: 한국측 수자는 1945년 9월 15일까지 구절하여 계산한 것인가. 결산표라면 8월 말이라던가 9월 말이라던가 월말이어야 하는데 어떻게 산출한 것인가.

이 대표: 실무적으로 보면 월말 계산으로 하여야 하나 8월 말 잔고와 9월 잔고를 합하여 추산한 것이다. 그러나 실질적으로 큰 차이가 없다.

도모다 : 1946년 9월 15일자 일계표에 의하여 구절하는 것이 어떤가.

이 대표 : 그것도 좋은 방법의 하나이다. 그러나 이와 같이 수자만을 이야기 하여도 한이 없으나, 수자 대사에 앞서 우선 우리가 위임받은 일을 능율적으로 진행하기 위한 순서와 방법을 정하는 것이 좋겠다. 우선 1945년 9월 15일을 기준하여 결산표를 작성하여 다음회의에서 교환하는 것이 좋을 것이며, 그 중 우편 위체, 우편 저금, 진체 저금등이 문제될 것이다. 이에 대한 차이가 있으면 상호 검토하여 잔고가 어느 정도 일치점에 도달하는 작업을 하도록 하자. 또 한, 일인간의 비율관계에 관하여도 우리로서는 종전전에 일본 정부의 강압에 의하여 소위 창시 개명을 한 관계로 보관된 원부에 의하여도 구별할 수 없으니 본회의에서도 토의된 바와 같이 과거 실적, 구좌수, 인구 비례등을 상호 가지고 있는 자료에 의하여 시산을 내 보도록 하자.

도모다 : 그러한 방식이 좋을 것이다. 참고로 묻고 싶은 것은 개인의 예금을 지불한다 하면 증거 자료에 문제가 있는데 북한에 있는 원부는 없으리라고 보는데 . . . . 한국측의 의견은 어떤가.

이 대표 : 원부를 가지고 와서 토의하자는 것인가. 남, 북한 문제는 재산청구권 본회의에서도 토의된 것으로 안다. 토의 결과, 결산표에 의한 자료를 대사하기로 된 것이며 그 작업을 이 ad hoc committee에서 위임받은 것이므로 그 문제를 다시 토의하는 것은 우리들 임무 범위외의 일이라고 본다.

가네꼬 : 알겠다. 남, 북한 문제는 이 전문위원회에서 취급하지 않기로 하였지만

본 회의에서도 증거문제는 확실한 말이 된 것 같이 않는데 이것도 범위외라고 보는가. 우리측은 다만 참고적으로 물어 본 것이다.

이 대표 : 내가 알기에는 본 위원회에서 여러가지 법률 문제가 토의되었으나, 그 결과 1945년 9월 15일 현재 걸 상표에 의하여 수자를 대사하자는 것과 한, 일인간 분류는 인구 비례, 후좌수, 과거 실적등을 감안하여 산출하기로 하고 그 작업을 이 전문가위원회에 위임한 것으로 알고 있다. 그러므로 우리들은 다른 문제를 너무 관련시켜 생각할 필요가 없다고 본다.

가네꼬 : 세번째인 간이 생명보험 문제인데 이것은 조선총독부가 관장한 사업이라고 보는데 한국측에서는 간이생명보험에 관한 내용의 수자를 가지고 있는가, 또 일본 정부는 종전 후 소화 29년 경 입법 조치를 하여 ● 해외에서 인양한 자에게 해외 거주지에서 저금한 것을 지불하여 주었다. 따라서 한국에서 저금한 것도 지불하였다. 그러나 간이생명보험은 지불하지 않았다. 그 런 점이 의문되어서 전번 재산청구권 본회의에서 요시오까 부주사가 말한 것이며, 한국측에서도 다시 이야기하겠다. 고 하였는데 이것도 수자를 대사하느냐.

이 대표 : 그 문제는 법류관계를 재산청구권 본회의에서 다시 논의할 것으로 한 것이고 수자만은 대사하기로 된 것이 아닌가.

가네꼬 : 그렇다. 그리고 전번 재산청구권 본회의에서 보험료를 청구한다고 하였는데 보험료를 산출하자면 대단히 어려운 일이며 거기에는 사무비도 있고, 지불준비금도 있고, 책임●적립금도 있고 해서 한국측은 어떠한 방법으로 산출하였는지 알고 싶다.

이 대표 : 그러한 문제점이 있다는 것은 우리도 알고 있다. 청구근거는 불입한 보험료를 청구하는 것이지만 금액은 적립액 및 운용액을 역산 산출하는 방식에 의하고자 한다. 그리고 본 보험도 우편저금의 경우와 같은 방법으로 산출하여 대사하도록 하자.

도모다 : 좋다.

이 대표 : 그러면 다시 요약하자면 본 위원회에서 이야기된 바와 같이 1945년 9월 15일 결산표를 대조하고 또 한, 일인 분류는 인구비례, 구좌수, 과거 실적을 감안하여 산출하는데 그저 산만하게 대조 작업을 하여도 진첩이 되지 않으니, 진행 방법으로 각기 자기측 [illegible] 자료를 기초로 삼기 시산을 해 보도록 하자. 그리고 그 시산 수자를 다음 회합에서 교환하도록 하자. 그 다음에는 교환한 수자를 [illegible] 서로 검토하여 수자의 차이를 좁혀 들어가는 작업을 하자. 이러한 순서로 하여 나가자는 것을 우리측은 제안하는 것이다.

도모다 : 좋다.

이 대표 : 일본측 시산은 언제 나올 수 있는가.

도모다 : 우리측 준비관계가 있으니 다음 주 목요일 상오 10시에 다음회합을 갖도록 하자.

이 대표 : 좋다.

일반청구권 소위원회 청구항목 제2항 체신부관계 전문가회의 한국측 명부

책임 위원	한국은행 감사	이 상 덕 (李相德)
위 원	경제기획원장 비서관	홍 윤 섭 (洪允燮)
〃	체신부 환금저금과장	김 낙 천 (金洛天)
〃	외무부 아주과 사무관	김 태 지 (金太智)

一般請求権小委員会要綱才2項 通信局関係実務者会議日本側名簿

省	局課	氏名	職名
郵政省	貯金局才二業務課	鞆田	課長
		石鍋	補佐
		助川	事務官
		鈴木	事務官
		大野	事務官
	簡易保険局業務課	野田	課長
		保科	補佐
		八十島	補佐
大蔵省	理財局外債課	金子	課長補佐
		杉田	事務官
		岩瀬	事務官
外務省	条約局条約課	大森	事務官
	アジア局北東アジア課	渡辺	事務官
		久一	事務官

8. 체신부 관계 전문위원회 제2차 회의 회의록, 1961. 11. 30

한국 외교문서 750, 제6차 한일회담 청구권위원회 회의록, 1-11차, 1961. 10. 27-62. 3. 6

1961년 11월 30일 개최된 제6차 한일회담 일반청구권소위원회 산하의 체신부 관계 전문위원회 제1차 회의 회의록이다.

양국은 우편저금, 진체저금, 우편 위체 등에 관한 계산표를 비교하였다.

일반청구권 소위원회 체신부관계 전문위원회

제2차 회의 회의록

1. 개최 일시 : 단기4294년 11월 30일 오전 10시부터 약 1시간 20분간

2. 개최 장소 : 일본 외무성 회의실 826호실

3. 참석자 :

한국측	이 상 덕 책임 위원
	김 낙 천 위원
	김 태 지 〃
일본측	도모다(鞆田) 위원 (주일)
	이시나베(石鍋) 〃
	소께가와(曽川) 〃
	스즈끼(鈴木) 〃
	오노(大野) 〃
	노다(野田) 〃
	호시나(保科) 〃
	야소지마(八十島) 〃
	가네꼬(金子) 〃
	스기다(杉田) 〃
	이와세(岩瀬) 〃
	오모리(大森) 〃
	와다내베(渡辺) 〃
	스기야마(杉山) 〃
	히사이찌(久一) 〃

4. 토의 내용 :

이 대표 : 전번회합에서 상호 가지고 있는 자료에 의하여 시산 금액을 교환

하기로 되어 있는데 일본측은 다 되었는가.

도모다: 우리측은 이문제에 대하여 이렇게 빨리 수자를 산출하여 교환하게 될 줄은 생각하지 않은 일이라 전부 못하였다. 또, 인구 비례, 구좌수, 과거 실적등을 감안한 한, 일인간의 비률에 의하여 산출한다는 것은 어떻게가 하여 아직 산출하지 못하고 다만 총계 수자만은 산출하였다. 물론 우편저금, 진체저금, 우편위체 별로는 되어 있다.

그리고 한국으로부터 인양한 일본인에게 한국에서 예입한 우편저금을 지불한 것도 집계되었다. 이것은 우리측으로서는 과거 실적으로서 가장 좋은 한 자료라고 생각하고 있다.

이 대표: 합계 수자는 언제 날자를 현재로 산출하였는가.

도모다: 1945년 9월 15일 현재이다. 종전 전후는 한국으로부터 보내오는 각종 일계표가 원칙으로 매일매일 보내와야 하나 몇일식 모아서 오기 때문에 일자별로 나눈다는 것이 어려운 일이라 전부 합하여 9월 15일은 2분지 1로 추정 산출하였다.

이 대표: 그렇다면 우리측과 같은 산출 방법이다.

도모다: 전번 회합에서는 상당한 차가 있다고 하였는데 다시 산출하여 보니 합계 수자는 한국측 수자와 대차 없다.

이 대표: 알겠으나 한,일인 비률에 의한 산출은 내지 않겠다는 말인가. 혹은 다음 회합에서라도 내겠다는 말인가.

도모다: 우리측도 일단 산출할 예정이다. 아니, 다음 회합까지는 꼭 내겠다.

이 대표: 그렇다면 시산은 대체로 어느 정도의 일수가 필요한가.

도모다 : 정식 문서라면 주저하지만 정식은 아니니 그렇게 어렵게 생각은 하지 않지만 그러나 상사의 의견도 물어 보아야 하니 앞으로 1주일은 걸릴 것 같다.

이 대표 : 좋다. 다음, 귀환한 일본인이 우편저금을 지금도 찾아 가는가.

도모다 : 거의 없다. 대개 잔고가 소액이라 오지 않으나 약간은 있을 것이다.

(여기에서 준비된 자료 중 한, 일인 비율표와 같이 생명보험을 제외한 학기 자료를 상호 교환함.) 상호 교환한 자료는 별첨하였음.

이 대표 : 일본측이 제출한 자료 중 제2항 일본인에 대한 지불고는 어떠한 자료에 의하여 집계된 것인가.

도모다 : 통장에 의하여 기록된 것을 집계한 것이다.

김(낙) 위원 : 구수 110만구라는 것은 지불회수인가 혹은 구좌수인가.

도모다 : 전불한 것이 67만구이고 남어지는 지불회수이다.

이 대표 : 일본측 자료중 제3항 해외위체저금이라는 것은 무엇인가.

도모다 : 이것은 주로 탄광 노무자등이 사업장에 두고 간 저금을 말하는 것이다.

이 대표 : 그러면 직장 예금같은 것으로 생각되는데, 이것은 우리측에서 제출한 체신부관계 제3 소목의 청구와 별개의 것이며 그것에 추가되어야 할 성질의 것으로 생각된다.

도모다 : 그런 예금이며, 그러한 성질의 것으로 생각한다.

이 대표 : 일본측 자료중 제4항과 제5항의 수자는 우리가 행하고 있는 작업에 직접적인 관계가 없는 것으로 보는데 무슨 의미가 있는가.

도모다 : 직접적인 관계는 없는 수자이지만 참고로 계상한 것이다.

이 대표 : 다시 말하겠는데 금일 교환된 잔고표에 의하여 상호 연구하여 내주에 다시 토의하기로 하고 때때마이 생명보험 가액 소자를 교환하기로 하자.

가네고 : 전번 청구권 소위원회에서 한국측 김윤근 주사가 다음 회의에서 간이생명보험에 관한 의견을 말하시겠다고 하였는데 다음 회의인 오늘 오후의 회합시에 해하시는 설명을 들은 후 산출, 제출토록 하겠다.

이 대표 : 알겠다.

도모다 : 참고로 묻겠는데 한국에서는 종전 후 우편저금이라든지 간이생명보험을 계속 지불하였는가.

이 대표 : 계속 지불하였다. 다음 회합은 12월 7일 오전 10시에 하자.

도모다 : 좋다.

이 상

9. 일반청구권소위원회 제5차 회의 회의록, 1961. 11. 30

한국 외교문서 750, 제6차 한일회담 청구권위원회 회의록, 1-11차, 1961. 10. 27-62. 3. 6

1961년 11월 30일 개최된 제6차 한일회담 일반청구권소위원회 제5차 회의 회의록이다.

청구요강 제3항목(조선은행을 통하여 지출된 금원)은 제5항목 유가증권에 합쳐 토의하기로 하였으며, 이 회의에서는 제4항목 한국에 본사를 둔 한국 법인의 재일 재산에 관한 한국 측 설명 후 토의가 이루어졌다.

일반청구권 소위원회 제5차 회의

회 의 록

1. 개최 일시 : 단기4294년 11월 30일 오후 3시부터 약 1시간 20분

2. 개최 장소 : 일본 외무성 회의실 제826호실

3. 참석자 :

한국측	김 윤 근	수석위원
	고 범 준	위원
	이 상 덕	〃
	홍 승 희	〃
	김 낙 현	〃
	이 창 수	〃
	김 해지	〃
일본측	요시오까(吉岡)	주사대리
	우라베(卜部)	부주사
	사꾸라이(櫻井)	보좌
	마에다(前田)	〃
	가네꼬(金子)	〃
	혼마(本間)	〃
	스기다(杉田)	〃
	오와다(小和田)	〃
	오기소(小木曽)	〃
	이구찌(井口)	〃
	도모다(鞆田)	〃
	야나기야(柳谷)	〃
	와다나베(渡辺)	〃
	스기야마(杉山)	〃
	히사이찌(久一)	〃

4. 오의 내용 :

오시오가 : 미야가와(宮川)주사의 귀국이 늦어 오늘도 본인이 대리하겠다. 그리고 또 하나 양해를 구할 것은 우리측 사정이 오늘 미기와(三宅)수상이 귀국하기 때문에 오늘 회의는 될 수 있는대로 3시 30분경에 끝날 수 있도록 하여 주기 바란다.

김 대표 : 잘 알았다. 그러면 전번회의에서 다시 설명하기로 한 청구권 제2 항목 간이생명보험 문제에 대하여 부연 설명하겠다. 즉, 제2항에서 보험 관계로 우리가 청구하는 것은 한국인 보험가입자가 불입한 보험료를 대장성 예금부에 예금한 적립금과 여유금중에서 한국인분에 해당하는 것을 청구하는 것이다. 그것은 결국 보험 가입자의 이익을 위하여 대장성 예금부에 예치하여 두고 있는 것이기 때문에 그 반환을 청구하는 것이다. 이것은 일본의 입장으로 보더라도 그것을 반환치 않고 이득을 볼 성질의 것은 아니라고 본다. 따라서 그와 같은 취지에서 전문위원회에서 상호간 수자의 대사를 하자고 한 것이며 그렇게 하는 것이 좋다고 본다.

오시오가 : 전번 회의에서는 한국인이 불입한 보험료와 년금의 불입금(가●●● 계깅)의 누적액을 청구한다고 설명하였는데 이번에는 대장성 예금부에 예금한 적립금과 여유금 가운데서 한국인관계를 청구한다고 말하는데 나는 전문가가 아니라 잘 모르겠으나 여유금이란 대체 무엇인가.

이 대표 : 내가 알기에는 보험관계로 적립금과 여유금의 명목으로 두가지 구좌로 대장성 예금부에 예입되어 있다고 알고 있다.

오시오가 : 조선총독부 특별회계에서 적립금과 여유금의 두가지 명목으로 된 구좌로 대장성 예금부에 예금되어 있었다는 것인가.

김 대표 : 그렇다.

요시오가 : 그러면 전쟁(?)의 때와 수자의 차이가 있을 것인가.

김 대표 : 다소 있다고 본다.

요시오가 : 그러면 한국에 있는 간이생명보험 특별회계가 일본 대장성 특별회계에 예입된 것을 청구하는 것인가.

김 대표 : 우리측 생각으로는 결국 그것은 개인의 채권의 청구의 성질을 가진 것이라고 본다.

요시오가 : 귀측에서 말하는 것은 실질적인 의미에서는 그럴지도 모르겠으나 적어도 법률적으로는 개인관계는 일단 끊어졌다고 본다.

김 대표 : 법률적 근거에 대한 이론 구성에 있어서는 상호 다른 방식이 있을지도 모르겠으나 우리가 청구하는 것은 조선총독부가 개인에 대신하여 대장성에 예입한 것 또는 바꾸어 말하여 총독부가 개인의 이익을 위하여서 대장성에 예입한 것을 대상으로 하고 있는 것이며 그와 같이 언젠가는 개인에게 반환하여야 할 금전으로서 예수하고 있는 금전을 이득한다는 것은 일본 정부로서도 가입자의 돈을 이유없이 부당이득을 보게 되는 것이 아닌가. 또 금액으로 보아도 사무비를 제외하고 남은 금액을 청구하는 것이니 그러한 점으로 보아도 일본측에서 부당이득을 볼 필요가 없다고 본다.

요시오가 : 이것도 역시 1945년 8월 15일 현재로 산출[illegible] 될 것인가.

김 대표 : 그렇다.

요시오가 : 취지는 잘 알겠다. 우리측에서는 질문할 준비도 되어 있지 않고

또 !!미야가와!! 주사도 아직 귀국전이고 하니 이 문제는 다음 기회에 다시 토의하기로 하고 오늘은 다음 항목에 대한 설명을 하여 주기 바란다.

김 대표 : 실은 오늘 회합에서는 제3항목을 설명할 예정이었으나 그동안 우리측 홍대표가 임시 귀국하였던 관계로 제4항목 토의를 먼저 하자는 것은 사전에 귀국측에도 양해가 되었다고 아는데 연락이 되었는가.

우라베 : 알고 있다. 제4항목에 들어 가기전에 한가지 확인하여 보고자 한다. 내가 들기에는 체신부 관계 전문위원회에서 증빙 대사는 전문위원회의 임무가 아니라고 한국측에서 증빙 대사에 응하지 않는 것 같이 들리는데 사실인가.

이 대표 : 그것은 어떠한 착오인지는 모르나 전번 전문위원회에서 우편저금의 원부 보관문제에 관하여 귀측에서 남한에 있는 것은 보관되어 있으리라고 보나 북한에 있는 것은 보관되어 있지 않으리라고 보는데 숫자 산출은 어떻게 하였는가의 질문이 있어서 우리측에서는 종합 결산에 의한 총 숫자를 마추자고 한 것이지 원부를 가지고 와서 대조하여야 되느냐고 대답한 것이다.

도모다 : 전번 본 회의에서 구좌수, 인구 비례, 과거 실적 등을 감안하여 상호 시산을 내 보자고 한 것이기 때문에 취급자로서의 나의 책임도 있고 또 이 문제는 일본 정부의 대 예입자 채무관계임으로 사실관계를 알기 위하여는 원부 보관 여부를 알아야 하겠기에 다만 참고적으로 물어 본 것이다.

우라베 : 없는 증빙을 내 놓으라는 것은 아니지만 있는 것은 될 수 있으면 사실 관계를 확인하기 위하여 내 달라는 의미에서 말한 것이라고 본다.

이 대표 : 우편 저금의 통장을 우리가 가지고 있지 않다는 것은 이미 이야기한 바 있으며 기타 증빙관계는 그 내용의 성질에 따라서 생각할 문제이라고 본다.

우타베: 물론 그런 문제도 있을 것이다.

김 대표: 그러한 이야기는 과거 본 회의에서도 이야기가 있었다고 본다.

우타베: 있는 자료는 될 수 있으면 내 보여 주어야 할 것이다.

김 대표: 그러면 다음 항목으로 들어가서 제4항목을 설명하겠다.

이것은 1945년 8월 9일 현재 한국에 본사 또는 주 사무소가 있는 한국 법인의 재일 재산을 청구하는 것이다. 이것은 두가지로 세분할 수 있는데 먼저 제1은 연합군 총사령부 명령인 폐쇄기관령에 의하여 폐쇄된 폐쇄기관의 재일재산이고 제2는 SCAPIN 1965호에 의하여 한국내 본점 보유 법인의 재일재산을 각 각 청구하는 것이다. 그리고 이것은 일본에서 관계 법령에 의하여 진행된 것이니 일본측은 이에 대한 진행상황이라던가 관계법령 제 몇 호에 의하여 청산중이라던가 하는 것을 설명하여 주기 바란다. 그것은 일본측의 설명 여하에 따라 우리측의 청구도 신축성있게 고려하겠다는 의미에서 말하는 것이다.

오시오까: 그보다도 한국측의 청구 근거를 말하여 주기 바란다.

김 대표: 청구 근거는 한국 법인의 재산이라는데 있다. 우리측은 US Memorandum 이나 SCAPIN 등 명령에 의하여 일본측이 청산중이라는 말을 들었는데 일본측의 설명 내용에 따라 우리가 납득할만한 것이 있으면 재 [illegible] 검토하여 우리측 청구 내용을 달리 [illegible] 하겠다는 의미에서 일본측에서 청산 근거를 설명하여 달라는 것이다.

오시오까: 전번 제5차 회담시에는 이 문제는 군정법령 제33호에 의하여 한국에 귀속된 것을 청구한다고 되어 있었는데 청구 근거가 군정법령 33호임에는 변경이 없는가.

김 대표: 전번 회담시에 군정법령 제 33호를 근거로 하여 청구한다는 말을 한일이

없다고 보며 우리측은 무용한 의론을 하고자 하는 것이 아니니 청산 사무는 이미 곳 일본에서 하고 있는만큼 일본측이 먼저 청산근거를 설명하여 주어서 우리측의 의문을 풀어 주고 양측의 논의점의 거리를 좁혀야 한다는 것이 우리의 제의 취지이다.

우라베: 우리측에서 정리한 기록에 의하면 전번 제5차 회담에서는 군정법령 33호에 의하여 일본인 주가 한국에 귀속되었으니 청구한다고 되어 있다.

김 대표: 그것은 청구 근거를 의미하는 것이 아니라고 본다. 법인의 성격문제를 말한 것이며 (일본측이 현재) 청산중이라는 것은 사실인가. 우리가 알기에는 관계법인을 조선은행 지점, 식산은행 지점, 조선신탁 회사 지점, 조선금융조합 연합회 등 4개 기관으로 알고 있는데 사실인가.

일본측: (오시오 가) 그럴것이라고 생각하는데 우리측의 이해가 틀렸는지는 모르나 전번 제5차 회담에서는 군정법령 제33호에 의하여 미 군정청에 귀속되었고 또 그것을 한국이 인계받았기 때문에 청구한다는 것으로 이해하고 있었는데 오늘 회의에서는 한국의 법인 재산이 청구하는 것으로 설명하는 것인가.

김 대표: 우리의 주장은 청구 항목에 있는 바와 같이 한국에 본사를 둔 법인의 재일재산이니 반환을 청구하는 것이다.

오시오 가: 그러면 군정법령과는 관계가 없다는 말인가.

김 대표: 군정법령에 걸리고 안 걸리는 것은 주식 귀속의 경위이고 청구근거는 한국의 법인 재산이라는 점이다.

오시오 가: 그러한 법인에는 일본인의 주주가 많았는데 일본인 주주의 권리와 청구권관계와의 조화는 어떻게 생각하는가. 역시 군정법령 33호에 근거를 둔 것아닌가.

김 대표 : 군정법령 제33호로 주식은 귀속된 것이나 우리가 청구하는 것과 군정법령 제33호와의 관계 유무와는 별개의 문제이다. 귀속된 주주의 권리와 사법상 본, 지점관계에서 청구할 수 있을 것이므로 그런 의미에서는 우리측에서는 일본측의 청산 근거가 되는 법령의 ■■ 내용이라던가 그 정리상황등의 설명을 듣고서 우리의 청구 내용을 재검토하고자 하는 것이다.

요시오까 : 군정법령 제33호에 의하여 ■■■ 회사 재산 전체가 귀속되었다는 데 군정청은 SCAP 밑에 있었기 때문에 일본에 있는 재산에 대하여 한국에서 시행한 군정법령의 효력은 미치지 못한다고 본다. 우리측으로서는 일본에 있는 재산의 처리였으므로 ■■■ 여기서 청산 상황을 설명하여야 할 필요는 없다고 생각한다.

김 대표 : 우리로서는 사실관계에 있어서 청산상황이라던가 잔여재산의 운명이라던가를 알고자 하는 것이며 귀측의 설명에 따라 우리측 생각에 수정할 필요가 있으면 수정하려고 하는 것이다.

요시오까 : 우리측으로서는 군정법령 효력 범위외에 있는 것이니 정리상태에 관한 설명은 오히려 무용한 일이라고 본다.

김 대표 : 법률 해석이 서로 다르다고 하여서 그렇게 사실관계를 ■■ 토의할 필요가 없다고 단정하여 버리면 회의 진행이 곤란하여진다.

우라베 : 우리로서는 근거가 되는 군정법령 제33호의 성격에 대하여 당초부터 지역주의를 견지하고 있고 이런 경우에 국제적 예를 보더라도 청구가 불가능하다는 입장은 종전의 우리측 주장과 같다.

이 대표 : 일본측도 제5차 회담과 관■■■ 련하여 이야기하지만 5차 회담에서는 군정법령으로 귀속한 주식의■■■■ 이■■■■■■ 치느냐 못 미치느냐 하는 법률

론이 토의되는 한편 사실 확인의 이야기가 병행되었고 그 당시 일본측 에서는 LILC 기관 중 조선은행, 식산은행, 신탁회사는 알겠으나 금융조합 연합회는 연합회와 금융조합과의 관계 또는 금융조합의 출자관계 등에 관하여 잘 모르겠으니 자료를 달라고 우리측에 요청하였으며, 또 SCAPIN 1965호에 의한 정리회사도 그 명칭, 재일 재산 상태, 출자 관계등에 관하여 한국측이 알고 있으면 자료를 서로 교환하자고 하였는데 이번 회의의 일본측 태도는 사실관계 설명에 전연 응하지 않으니 일본측 태도에 변경이 온 것이냐

우라베: 우리측 의견을 정리하여서 다음 기회에 이야기하기로 하겠으나, 결국은 군정법령 제33호의 효력론이 될 것으로 믿고 있다. 법적으로 효력이 없다는 결론이 나오게 되면 사실관계를 조사하는 것은 불필요하게 되는 것이다.

김 대표: 우리측도 이러한 문제에 대하여는 어느 정도 조사하였으나, 서로 무용의 의론을 되풀이 하는 것을 생략하기 위하여서 아까부터 우리측이 제의한대로 다음 회의에서는 일본측에서 1. SCAP Memorandum 등 재일재산 청산의 근거 2. 청산 대상 범위내의 재산은 어느 정도이며 8. 지금 어느 정도 정리가 진행되고 있는가 4. 또 청산 결과 남은 잔여 재산은 어떻게 되는가. 이러한 네가지 점을 설명하여 주기 바란다.

요시오까: 지금 우라베 대표가 설명한 것과 같이 다음 회의에 우리측 법적 견해를 정리하여 설명하겠으나, 기타 재산관리 상황의 설명은 필요하지 않다고 생각한다.

그 대표 : 한가지 질문하겠다. 우리측 ■■■■ 이 청구하는 제4항에 해당하는 재일재산을 일본측이 현재 청산하고 있는 근거는 군정법령에 근거한 것인지 혹은 기타 SCAP Memorandum 에 근거하고 있는지 일본측에서 법적 근거를 설명할 때에 그 점을 명백히 하여 주기 바란다.

우라베 : 그 질문은 이미 대답이 되어 있다고 본다. 우리로서는 군정법령 제33호가 있었다는 것은 전연 모르고 나중에야 알게 된 것이다.

그 대표 : 그렇다면 우리측에 근거가 있느니 없느니 하는 것보다 우리측이 무슨 근거로 청산하고 있는지 밝혀야 할 것이니 다음 회합에서는 일본측 청산의 근거, 대상 재산 범위, 처리 진행 상황, 잔여 재산이 있을 때의 처리 문제등을 우리측에 대하여 설명하여 주■■어야 할 것이다.

우라베 : 우리측에서는 다음 회합에서 그 중에 첫째의 점만을 설명하고자 한다.

김 대표 : 우리측으로서는 네가지 사항 전부에 대한 설명이 있기를 희망한다. 우리측도 일본측이 우리측 해석에만 추종하여 달라는 것이 아니고 일본측 설명을 들은 뒤에 우리측 자신의 생각에 틀리는 점이 있으면 시정할 예정이다.

우라베 : 법적으로는 토의 범위외에 속하게 된다. 논 뜻으로 요시오카 주사 대리가 말한 것 같다. 제5차 회담에서는 우리측이 다소 애교를 부렸는지도 모르겠으나(일본측 ■■■■■■ 에서 소성) false expectation 을 드리게 되어서는 회담의 최종단계에 들어가서 좋지 않을 것이기 때문에 다음 회합에서는 귀측에서 요구하는 대상 재산 범위, 처리 상황, 잔여 재산 문제 등은 미야가와 주사가 오면 상의하기로 하겠으나 될 수 있으면 우리측의 법률 근거 설명으로 끝내주기 바란다.

고 대표 : 아까 귀측에서 말하기를 군정법령 제33호가 있은줄도 모르고 그것과는 관계없이 청산한 것이라고 하였는데 우리측도 청산에 관하여서 SCAP 법령이 어떤 것이 나왔는지 일부는 알고 있지만 전부는 모른다. 따라서 귀측에서 설명하여 줄 때에는 과거와 같이 군정법령 제33호의 효력론의 반복이 아니라 SCAP 법령 또는 구체적으로 근거 법령의 종별과 내용을 자세히 설명하여 주어야만 우리측에서 일본측 청산의 경위를 이해할 수 있을 것으로 안다.

우라베 : 그것에 관하여서는 관리 법령집이 나와 있을 것이다.

김 대표 : 그러면 법적 근거는 다음 회의에 설명을 듣기로 하고 남어지 세가지 문제는 미야가와 주사가 돌아 온 후에 듣기로 하겠다. 아까 우리측에서 말한 것은 제4항의 1호, 2호를 공통적인 것으로 해서 설명하였으니 그렇게 양해하여 주기 바란다.

요시오까 : 우리측도 그렇게 생각한다.

김 대표 : 그러면 아까 귀측의 요청도 있었으므로 오늘 회의는 이 정도로 하고 다음번 회의에서 일본측의 설명을 듣기로 하자.

요시오까 : 좋다. 다음 회의는 12월 7일 (목) 하오 2시부터 하는 것이 어떠한가.

김 대표 : 좋다.

요시오까 : 다음 회의에서는 시간이 있으면 제3항에 대한 설명도 하여 주었으면 좋겠다. 그리고 오늘 회합에 대한 신문 발표는 어떤 정도로 하는 것이 좋겠는가.

김 대표 : 제4항에 대하여 한국측 설명을 듣고 상호 의견을 교환하였으며 다음회의에서는 제4항에 대하여 일본측 견해를 설명하기로 하였다는 정도로 하자.

오시오까 : 좋다.

이 상

10. 체신부 관계 전문위원회 제3차 회의 회의록, 1961. 12. 7

한국 외교문서 750, 제6차 한일회담 청구권위원회 회의록, 1-11차, 1961. 10. 27-62. 3. 6

1961년 12월 7일 개최된 제6차 한일회담 일반청구권소위원회 산하의 체신부 관계 전문위원회 제3차 회의 회의록이다.

양측은 지난 회의에 이어 우편저금 관계에 관해 계속 토의하였다.

일반청구권 소위원회 체신부관계 전문위원회

제3차 회의 회 의 록

1. 개최 일시 : 단기4294년 12월 7일 오전 10시부터 약 2시간

2. 개최 장소 : 일본 외무성 회의실 제234호

3. 참석자 :

한국측	이 상 덕 책임 위원
	김 낙 천 위원
	김 해 지 〃
일본측	도모다(朝田) 위원 (주입)
	소기게가와(影川) 〃
	오노(大野) 〃
	스즈기(鈴木) 〃
	데라다(寺田) 〃
	가네꼬(金子) 〃
	호시나(保科) 〃
	사또(佐藤) 〃
	와다나베(渡辺) 〃
	히사이찌(久一) 〃

4. 토의 내용 :

이 대표 : 전번회의에서 미 교환된 우편저금, 진체저금, 우편위체등과 간이생명보험에 대한 한, 일인간의 비율에 의한 시산액을 금일 회의에서 교환키로 되었는데 일본측은 다 되었는가.

도모다 : 한, 일인 비율에 앞서 총계 수자를 검토하면 산출 시점을 1945년 9월 15일로 하느냐, 9월 30일로 하느냐는 문제에 대하여 한국측은 9월 15일로 하는 것을 원하나 그 시점을 어느날자로 하느냐 하는 것은 별 문제로 하더라도 상호간

산출한 내용을 보면 9월 30일 현재 수자를 산출하여 9월 15일은 9월분을 2분지 1로 반분하고 있으나, 될 수 있는 한 정확한 수자를 내기 위하여는 9월 30일로 하는 것이 좋으리라고 생각되어 우리측은 9월 30일로 다시 집계하였다. 그렇게 하여도 약간의 차가 있다. 물론 차이가 있으리라는 것은 예상하였던 것이다. 이러한 차이의 원인을 대체적으로 생각하여 보면 종전 직전 전국이 치열하여진 이후부터 각종 일계표와 내외지간의 관련된 수자(관구 교섭금) 가 미착되어 차이가 생긴 것으로 본다. 그리고 이러한 차이는 미착된 청산월표에 의하여 완전한 결산표를 작성한다면 어느 정도 정확한 계산이 나올줄 안다.

김(낙) 위원: 관구교섭금에 대한 것은 일본측 수자에 가산될 경우도 있고 감산될 경우도 있을 것이니 별로 큰 차이는 없으리라고 본다.

도모다: 내가 말한 것은 대략적인 원인을 예시적으로 말한 것이며 결국은 앞으로 상호간의 차이를 조사하여야 하는 것이며 이것은 전문적인 일이므로 계수와 증거서를 대조하는 것이 되는데 그 증거서가 상호간 어느 정도 가지고 있느냐가 앞으로의 진행하는데 문제라고 본다.

이 대표: 귀측이 말하는 취지는 총체 수자를 맞추는 순서로서 먼저 9월 30일로 하자는 것과 수자의 차이는 주로 각종 일계표와 관구교섭금의 미착한 까닭이라는 것과 그러한 차이를 조사하는데 있어서는 증거서를 대조하자는 것 같은데 그러한 작업은 복잡하고 또한 장시일이 걸릴 것이다. 나의 생각으로는 우리측은 종전후도 체신 사업을 계속하여 정산월표를 만든 것이니 당연히 정확성이 있다고 본다.

김(낙) 위원: 우리 수자가 정확하다는 점을 예시적으로 말하면 전번 회의에서 교환된 귀측 제1표의 우편위체의 현재고는 1,671 천원인데 제2표의 지불고는

12,672 천원으로 되어 있어서 잔고를 초과한 지불이 있다는 모순성을 보여 주고 있다. 이러한 것을 보더라도 우리측 수자가 귀측보다 정확성이 있다는 것을 증명한다.

도모다: 그러나 우리측이 납득할만한 자료를 제시해 주어야 우리가 납득할 수 있는 것이 아닌가.

이 대표: 말하는 취지는 잘 알았다. 그러나 우리측 수자가 어디서 기록된 것을 베껴 가지고 온 것도 아니요, 또한 무슨 신고 받은 기록도 아니라 관청 장부에 의한 정산월표 금액이므로 신용하여도 좋으리라고 본다.

도모다: 다음은 한, 일인간의 비율에 의한 시산 문제인데 우리측도 밝힌 하여야 하겠는데 우리측 계산은 1945년 9월 30일 현재로 한, 일인 합한 총액이 1,202,180 천원이며 1945년 10월 1일 이후 일본인에게 지불한 것이 937,171 천원이다. 이것은 우리측으로서는 과거 실적으로서의 유일한 자료인 동시에 한, 일인간의 비율 산출에 있어서의 고려하여야 할 수자이라고 생각한다.

이 대표: 일본에서 지불한 937, 171 천원에 대하여 연도별 월별로 수자를 내 줄 수 없는가.

도모다: 월별로 하면 시일이 걸릴 것이며 년도별로는 단시일내에 내 줄수 있다. 좌우간 빠른 시일내에 주도록 하겠다.

김(낙) 위원: 건불 구수 67만이 정확한가. 그리고 남어지는 지불 구수인가.

도모다: 정확한 건불 구수는 668,661 구이고 남어지는 한 통장으로 여러번 지불하였다 하더라도 1 구로 계상하였다.

김 (낙) 위원: 그렇다면 1,100 천구 전부가 통장 수라는 말인가.

도모다: 결국 그렇다.

이 대표 : 참고적으로 묻겠는데 귀측에서 종전후 외지에서 가지고 온 우편저금을 지불한 경위를 구체적으로 설명하여 줄 수 없는가.

도모다 : 최초에는 외국위체관리법에 의하여 전연 금지되었으나 1946년 초기에 대장성고시로 군사우편은 매월 1가족당 1천원, 한국같은 외지의 것은 500원으로 제한되었다가 1949년 6월경에 군사우편저금은 1945년 8월 15일 이전에 예입한 것은 전액, 8월 16일 이후에 예입한 것은 일인당 월 1천원, 외지의 것은 9월 30일 이전에 예입한 것은 전액 지불하였으며 그후 1954년 5월 경 군사우편저금 특별처리법에 의하여 1945년 8월 15일 이전에 예입한 것은 전액, 8월 16일 이후 예입한 것에 대하여는 예입한 지역과 금액에 따라 신원으로 환산을 한 액을 전액 지불하였다.

이 대표 : 그러한 것에 대한 구체적인 관계 법령이라던가 수자를 내 줄수 없는가.

도모다 : 후일 주겠다.

이 대표 : 한국에서 가지고 온 통장으로 예입도 할 수 있었는가.

도모다 : 원칙적으로 금지하였다.

이 대표 : 간이생명보험에 대한 수자는 산출하였는가.

도모다 : 이것은 원칙적으로 귀측이 대장을 가지고 있으니 귀측에서 먼저 수자를 내줄수 없는가.

가네꼬 : 간이생명보험 특별회계법 및 동 규칙을 보니 적립금과 여유금이 있었다는 사실은 알았다. 그리고 가입자를 위한 책임준비금등을 우리측[illegible]도 참고적으로 알고자 하니 그 액수도 산출하여 주었으면 좋겠다.

이 대표 : 잘 알겠다. 오늘 우리측에서[illegible] 준비된 우편저금, 진체저금, 우편위체등과 간이생명보험에 대한 한,일인간의 비율에 의하여 시산한 것을 주겠으니

(우리측에서 제시한 즘의표 별첨함) 다음회의시에는 귀측 시산액도 내주도록 하였으면 좋겠다.

도모다: 상사의 의견도 물어 보아야 하나, 될 수 있는 한 내도록 하겠다. 그리고 귀측에서 제시한 해외위체 저금에 대하여 구수를 알려줄 수 없는가.

김(낙) 위원: 지금 가지고 있지 않으니 후일 알려 주겠다. 그리고 이것은 1947년 3월 25일부터 5월 13일까지 50일간, 1948년 4월 26일부터 5월 25일까지 30일간의 2차에 걸쳐 신고받은 것이다.

이 대표: 귀측에서 지불한 ●937,171 천원에 대한 증거서를 가지고 있으면 우리측 원부와 대조하여 볼 필요가 있으니 내줄 수 있는가.

도모다: 증거서는 보존기간이 지났으므로 폐기 처분되어 없다.

김 (낙) 위원: 참고로 하고자 하니 혹시 가지고 있으면 전불 통장을 단 1통 만이라도 보여 줄 수 없는가.

도모다: 그것도 없다.

이 대표: 잘 알 았다. 그러면 다음 회의는 12월 13일 (수) 오전 10시에 여는 것이 어떠한가.

도모다: 좋다.

— 이 상 —

11. 일반청구권소위원회 제6차 회의 회의록, 1961. 12. 7

한국 외교문서 750, 제6차 한일회담 청구권위원회 회의록, 1-11차, 1961. 10. 27-62. 3. 6

1961년 12월 7일 개최된 제6차 한일회담 일반청구권소위원회 제6차 회의 회의록이다.

양측은 청구요강 제4항목에 관한 토의를 계속 진행하였다.

번역

한국 측 청구 요강 4에 관한 일본 측 견해

(1961. 1. 27 미야카와 주사 발언 요지)

지난 소위원회 회의에서 한국 측은 요강 4에 관한 청구에 있어서 그 청구의 법적 근거를 이 요강 4의 대상이 되는 법인은 모두 '한국 법인'이기 때문에 그 재일재산을 청구하는 것이라고 설명한 바 있습니다.

한국 측이 이들 재일 법인을 '한국 법인'으로 보는 이유에 대해서는 아직 명확하게 제시되지 않았으나, 한국 측의 논거가 구체적으로 어떤 것이든 재일재산에 대한 청구는 성립할 수 없다고 생각합니다. 즉

(1) 애초에 사유재산 존중의 원칙은 국제법적으로 확립된 원칙입니다. 즉, 영역의 분리 양여의 경우에도 그 분리 양여된 지역에 존재하는 사유재산은 아무런 영향을 받지 않으며, 새로운 영유국은 종래와 같이 이를 존중할 의무가 있습니다. 따라서 한국의 영역이 일본의 통치하에서 분리된 것을 이유로 재한 법인의 재산의 소유권이 한국 측으로 이전되었다고 주장한다면 그것은 성립할 여지가 없다고 생각합니다. 또한 이를 법인의 국적의 문제로 보더라도 그 국적이 어느 나라에 있더라도 법인의 재산은 직접적으로는 법인 자체, 궁극적으로는 그 구성원인 주주(등)에게 귀속되는 것으로 볼 수밖에 없습니다. 즉, 법인의 국적이 가령 한국으로 옮겨졌다고 하더라도 이를 이유로 그 법인의 재산의 귀속이 달라졌다고 볼 수 없다고 생각합니다.

이상과 같이 한국 측이 어떤 논거로 주장하든, 재한 법인의 소재지 독립 또는 재한 법인의 국적 이동을 이유로 이들 법인의 재일재산에 대하여 한국 정부로서 청구권을 주장할 이유는 전혀 존재하지 않는다고 생각됩니다.

(2) 다음으로 한국 측의 주장이 군령 제33호에 의해 한국 정부가 이들 법인의 주식을 취득하였다고 하여 이러한 주주권에 근거하여 그 재일재산에 대한 청구를 한다는 것이라면, 군령 제33호에 의한 해당 법인의 주식취득이라는 내용이 문제가 되는 것입니다.

애초에 군령 제33호에 의한 미군정의 재한일본재산 처리는 정당한 보상을 수반하지 않는 외국인 사유재산의 수용이며, 국제법상 몰수(confiscation)에 해당되는 조치입니다. 즉,

(가) 일반 국제법상 이러한 몰수 법령의 효력은 일국의 관할권이 미치는 범위에 있는 재산에 한정되는 것이며, 이 범위를 넘어서는 효력은 직접적이든 간접적이든 이를 주장할 수 없다는 것이 확립된 원칙입니다(territoriality의 원칙).

(나) 또한 군령 제33호에 대해 구체적으로 보더라도 제5차 회담에서 우리가 말씀드린 바와 같이, 주한미군사령관의 권한은 연합국 최고사령관의 하부기관으로서 그 관할구역이 한정되어 있었다는 것은 명시되어 있었으며(Office of the SCAP Directive No.2.3항), 그러한 지역적 제한을 받은 권한에 근거하여 내린 군령의 대상이 당연히 관할 지역에 있는 재산에 한정되는 것은 분명합니다. 뿐만 아니라 동 군령 자체도 명시적으로 그 대상을 '본 군정청 관할 내에 존재하는 재산(property located within the jurisdiction of this command)'으로 규정하고 있습니다. 따라서 동 군령의 효력으로서 미군 정부가 명백히 그 관할범위 내에 소재하는 재산에 대하여 권리를 취득하였다고 하는 것은 불가능하다고 할 수밖에 없습니다.

(다) 또한 SCAP의 지시에 따라 이루어진 재일재산의 실제 처리도 이러한 국제법의 기본 원칙에 근거한 법적 입장을 뒷받침하는 것입니다. 즉, 폐쇄기관 및 재외 회사와 관련하여 발령된 SCAPIN은 이들 법인 종전부터의 주주 관계를 전제로 재일재산에 대한 청산 조치를 지시하고 있는 것입니다. 만약 한국 측의 주장대로 군령 제33호에 의한 주식 수용의 효력이 재일재산에까지 미쳤다면 재일재산의 정리는 일체의 재산을 한국재산으로 하는 입장에서 이루어졌을 것이나, 실제로는 이러한 처리가 이루어지지 않았다는 사실에 의해 이들 법인의 재일재산은 재일 미군 정부에 의해 취해진 조치와 전혀 무관한 것임이 분명하다고 하지 않을 수 없습니다.

이상의 원칙 및 기본적 사실에 비추어 볼 때, 한국 측이 명백히 미군 정부의 관할 범

위 밖에 소재하는 본건 재일재산에 대하여 군령의 효력으로 어떠한 권리도 취득한 것이 아님이 명백하다고 판단됩니다.

이상

일반청구권 소위원회 제6차 회의

회 의 록

1. 개최 일시: 단기 4294 년 12월 7일 오후 2시부터 약 1시간 30분

2. 개최 장소: 일본 외무성 회의실 234호

3. 참석자:

한국측	김 윤 근	수석 위원
	고 범 준	위 원
	홍 승 희	〃
	이 상 덕	〃
	김 낙 천	〃
	김 태 지	〃
일본측	미야가와(宮川)	주사
	요시오까(吉岡)	부주사
	우라베(卜部)	〃
	가메노리(亀徳)	보좌 (도종회석)
	사구라이(櫻井)	〃
	혼마(本間)	〃
	가네꼬(金子)	〃
	스기다(杉田)	〃
	오기소(小木曽)	〃
	이와세(岩瀬)	〃
	야나기야(柳谷)	〃
	오와다(小和田)	〃
	스기야마(杉山)	〃
	와다나베(渡辺)	〃
	히사이찌(久一)	〃

4. 토의 내용 :

미야가와 : 그동안 해외 출장관계로 2차나 결석하여 대단히 미안하다. 귀국후 "요시오까" 주사대리로부터 보고도 듣고 또 의사록을 보니 그동안 회의가 원활히 진행되었다고 본다. 전번회의시에 제 4 항 한국법인의 재일 재산 반환 청구에 대하여 일본측은 법적 근거가 없다고 주장하여 한국측과 의견의 대립이 있었다고 보는데 오늘은 일본측의 공식적인 견해를 명확히 말하고자 한다.

김 대표 : 좋다.

미야가와 : 그러면 우리측 견해를 읽겠는데 좀 길어서 미안하게 생각하나 어차피 이것을 "메모" 로 하여 귀측에 들이고자 한다.

(일본측이 낭독한 발언 내용은 별첨하였음.)

김 대표 : 대체로 일본측이 말하는 취지의 윤곽은 알았으나, 이에 대한 우리측 견해는 다음 기회에 말하기로 하고 다만 이 자리에서 원칙적[illegible]인 우리측 주장의 골자를 요약해서 말하고자 한다.

전번 회의에서 말한 것이 다소 되풀이 되는데, 우리가 재일 한국 법인의 재산을 청구하는 이유는 군정법령에 의하여 일본에 있는 지점의 재산이 한국에 이전 되었다던가 법인의 국적이 한국법인이 되었다던가 하는 것이 아니라 그것은 어디까지나 종전전부터 한국 법인이요 그 법인의 재산인 이상 일본에 있는 유체물이라하더라도 그것은 한국법인의 재산이기 때문에 청구하는 것이다. 따라서 군정법령 제33호와는 직접적인 관련이 없다는 것은 전번 회의에서도 명백히 밝혀 둔 바 있다.

단지 군령 33호에 의하여 귀속된 것은 한국법인 주식 중 일본인이 소유하였던 것이 귀속되었다는 것뿐이[illegible]. [illegible]의 소재는 역시 본점 소재지인 한국에

있다고 보아야 한다. 따라서 주식 귀속의 효과는 불가분적이지 ~~구것다~~
그것이 가분적으로 된다는 근거는 군령 33호에도 나와 있지 않다.
이상이 대체로 우리측이 주장하는 요점이다.
아까 일본측에서 SCAP 지령에 언급한 것이 있는데 우리가 알기에는
SCAP 가 그 지령에 의하여 어떤 법인의 지점을 폐쇄시킨 것이 있다고
보는데 SCAP 에서 그렇게 한 이유는 이 기관은 전쟁 목적을 수행하기
위한 목적으로 활동한 성격에 비추어 폐쇄하는데 그칠이는 것이지 한거름 더
나가서 일본에 있는 한국법인의 재산을 일본에 귀속시킨다는 취지는 포함되어
있지 않을뿐더러 그와 같은 일본 귀속의 효과를 가졌다는 법적 근거는
SCAP 지령에서도 발견할 수 없다.
이상은 일본측에서 낭독한 memo 에 대한 나의 단편적인 견해이나 귀측에서
memo 를 주면 그것을 보고 자세한 것은 다음회의에서 말하기로 하겠다.
미야가와: 우리측 "메모"를 나중에 드리겠다.
김 대표: 그러면 전번회의에서도 말한 바와 같이 폐쇄기관에 관한 것이라던가 기타
한국법인의 지점 재산에 대한 처리 상황을 설명하여 주기 바란다.
미야가와: 전번 회의에서 "오시오가" 주사대리가 답변하였다고 보는데, 이 문제에
대하여는 한국측 주장과 일본측 주장에 상당한 간격이 있어서 상호간 말이
많았는데 일본측이 그 구체적 처리 내용에 대하여 대답한다는 것은 청구권
범위외이라고 보나 양국간의 우호관계상 참고적으로 간단히 말하겠다.
한국에 본점을 둔 재일지점재산은 SCAPIN 에 근거한 일본 관계 법령에
[illegible] 의하여 정리, 청산되었다.

김 대표: SCAP 지령에 의하여 행하여진 청산 대상 재산은 어떤 범위인가.

미■ 야가와: 폐쇄기관으로서 조선은행, 식산은행, 신탁회사는 청산이 결료되었고, 금융조합연합회는 자료 미비로 아직 청산중이다. 그리고 기타의 재외 회사 관계로서는 재일지점 184사를 청산■■ 결료하였고 그 외에 금융조합 (600 여개 조합을 한 단위로 함), 산업조합 등 4 사는 청산이 ■■■■ 아직 결료되지 않고 있다.

김 대표: 그러면 청산이 끝난 후 남은 재산은 어떻게 처리되었는가.

혼마 보좌: 채권·채무를 정리한 결과 자산이 남으면 분배하는 것이다.

김 대표: 그러면 ■■■ 아까 청산이 끝났다는 것은 잔여 재산의 분배도 끝났다는 말인가.

혼마: 그렇다.

오시오가: 아까 한국측 김 주사 말에 대하여 한가지 질문하겠다.

김 대표: 좋다.

오시오가: 법인의 국적■이 군정법령 33호에 의하여 비로서 움직여진 것이 아니라는 것은 알았다. 그러나 종전전부터 한국에 있는 법인이라고 한다면 극단적인 예를 들어 그 법인의 주주가 전부 (1) 한국인인 경우 (2) 제3국인 경우 (예를 들면 영국인) (3) 일본인 경우 를 생각하여 (2)의 경우에는 여기 의제에 안들어 있다고 보며 (1)의 경우에는 우리측에서도 문제삼을 것이 없다고 보는데 다만 (3)의 일본인 경우가 문제되어 그 주식이 귀속되였다는 것은 군정법령 제33호에 관계가 있다고 생각하는데 그렇게 해석하여도 무방한가.

김 대표: 한국 법인의 기준이 어떤데 있는가 하는 문제에 있어서 주주 구성 여하의 문제와 법인의 국적문제와는 ■■가 없는 것이다. 그 점도 다음 회의에서 우리측 견해를 보충설명하겠■.

오시오까 : 나의 해석으로는 (3)의 경우의 일본인의 주주권이 군정법령에 의하여 접수되었다고 보는데 그 효력은 군정 관할 지역내에 한하여 분활적인 것으로서 재일 재산에는 미치지 못한다는 것을 명백히 하여 둔다.

김 대표 : 아까 말한 바와 같이 한국법인의 국적은 그 구성 주주의 비율에 의하여 결정되는 것은 아니다. 예를 들어 말한다면 조선은행의 출자주에는 한국인과 일본인이 있었는데 일본인 출자주의 지위가 군령 33호에 의하여 귀속되었기 때문에 그 법인이 한국법인이 되었다는 것이 아니다.

그러면 아까 의견 교환 좀 중단되었던 문제로 돌아가겠는데 청산이 끝난 조선은행, 식산은행, 신탁회사 등의 재일재산 청산 결과 잔여 재산은 어떻게 되었으며 또 그러한 법인에는 한국인 주주가 있는 것으로 아는데 그 점은 어떻게 고려되었는가.

미야가와 : 그전에 아까 "오시오까" 부주사의 질문에 대하여 귀측이 설명한 것을 memo 로 하여 주었으면 한다.

김 대표 : 좋다. 그러나 그 점은 내가 질문한 것과 다른 점인데 한국인 주주 관계는 어떻게 되었는지 설명하여 주기 바란다.

미야가와 : 지금 김 주사말은 한국인 주주에 대한 잔여 재산 분배에 대한 질문인 것으로 생각되나 한국인 분은 유보하고 있다.

우라베 : 아까 김 주사가 군령 33호와는 관계 없이 종전전부터 한국에 있는 법인이라는 것이 무슨 말인지 잘 모르겠으니 그 점에 대하여 다음 회의에서 memo 로 줄 것을 부탁한다.

김 대표 : 우리생각으로는 청산을 하는데 있어서 본점이 부담하고 있는 부채를 고려하여야 할 것이라고 보는데 그 점은 어떻게 처리되었는가.

혼마: 폐쇄 기관의 청산이란 일본내에 있는 점포의 채권 채무만 청산하게 되어 있으며 그것은 고려 대상이 되지 않는다.

김 대표: 한국측은 아까도 말한 바와 같이 한국법인의 재일재산의 소유에 변동이 없을 것이기 때문에 반환을 청구하는 입장이다.

그리고 귀측에서 말한 SCAP 지시의 내용이 어떠한 것인지는 모르나 그것은 폐쇄 기관을 청산하여 일본인 주주에게 부당한 이득을 줄려고 한 취지의 것이 아니라고 보기 때문에 본점 부채도 당연히 고려되어야 할 줄 안다. 그리고 한국인 분에 대한 잔여 재산을 유보하였다고 하였는데 그 청산 상황과 청산 대상 재산목록등을 서면으로 줄 수 없는가.

미야가와: 아까도 말한 바 있지만 여기에 대하여서는 우리로서는 어디까지나 한국측의 요청을 받아들일 수 없다. 우리로서는 이 점에 대하여 너무 깊이 설명할 필요는 없다고 보며 귀측이 요망하는 수자가 방대하여 귀의에 응하기 곤난하다.」

김 대표: 그것은 일본측이 이 문제를 한일회담 토의 의제와는 별개의 것인 것처럼 보고 하는 말같은데 우리는 재일 재산 전부를 청구하는 입장에 있는 만큼 그의 일부분인 지분권 문제 같은 것을 토의하는 것은 당연한 일이며 따라서 이와 같은 토의는 한일회담의 토의 사항에 포함되는 것으로 본다.

미야가와: 여러가지 자료중에는 당장 조제(11조오세이11) 할 수 있는 것과 조제치 못하는 것이 있으므로 관계 소관국과 상의하여서 제시가능 여부를 다시 말하겠는데 귀측에서도 이에 관련하여 한미협정에서 한국에 이양된 재산 목록이 있으면 내 주었으면 좋겠다.

이 대표 : 그것은 제4항과 무슨 관계가 있는가. 별개의 신입인가.

미야가와 : 별개의 신입이나 우리측도 청구권을 정확하게 알기 위하여 참고적으로 알고자 한다.

우라베 : 그것은 전체적인 문제와 항상 관계가 있다고 본다.

김 대표 : 그 점은 다음 기회에 말하겠다. 그리고 아까 !!혼마!! 과장이 청산하는데 있어서 지점을 중심으로 하였다고 하는데 지점 명의의 채██ 채무만을 청산하였다는 취지로 이해하여도 좋은가.

혼마 : 꼭 그렇다고는 할 수 없다. 다만 located in Japan 이란 생각하에서 한 것이다.

이 대표 : 자료를 주는 것을 주저하고 있으니 무엇을 그렇게 어렵게 생각하는가. 될 수 있는대로 충분히 설명하여서 우리가 납득하도록 하여 주었으면 좋겠다.

미야가와 : 담당 소관 국장이 그런 자료를 내 놓는 것을 꺼려하고 있기 때문이다. 좌우간 상의하여 보겠다.

우라베 : 우리측으로서는 재세한 설명을 하였다고 보는데 후에 우리측 memo를 주겠으니 잘 연구하여 주기 바라며 귀측 설명 중에는 우리가 이해할 수 있는 것도 있고 이해할 수 없는 것도 있으니 귀측도 memo 를 주기 바란다.

김 대표 : 알겠다. 그러면 우리측도 서면으로 주겠다. 그리고 우리측이 재일 지점 재산 전부를 청구하는 중에는 주주의 지분관계도 포함된 것이기 때문에 잔여 재산에 대한 것은 물론 전체에 대한 내용을 설명하여 주지 않으면 그대로 넘어 갈 수는 없을 것이다.

미야가와 : 전체를 운운한다는 것은 논외로 하더라도 그 중에서 한국인 주주에 대한 청산 재산 분배 상황을 밝혀 달라는 것인가.

김 대표 : 권부에 대한 청구이니 그것도 당연히 이 청구에 포함되어야 한다고 보는 것이다.

우라베 : 그러면 다음에 서면을 보고 의견을 조정하기로 끝내고 다음으로 진행하는 것이 어떤가.

김 대표 : 아까 말하기에는 본점의 채무는 그렇지 않았다고 하였는데 사실인가.

미야가와 : 따로 남아 있는지 ... 경우에 따라 질문 요지를 서면으로 주어도 좋다.

김 대표 : 그러면 우리측은 청산관계도 역시 이 회담 의제내에 들었다고 보기 때문에 이상의 우리측 질문에 대하여 다음 회의에 귀측에서 설명하는 것을 듣기로 하고 다음 회합에서는 본 항을 계속하는 것으로 하면서 다음 항목 토의에 들어가는 것으로 하겠다.

미야가와 : 그것에는 이의가 없으나 이 소위원회에서 최종적인 결론을 조정한다는 것은 무리한 일이므로 어느 정도 상호 주장하는 차이를 재고하여 다음 회의에서 의견을 교환하도록 하고 제3항 토의로 들어 가는 것이 어떤가.

김 대표 : 다음 회의에서 토의할 항목에 대하여서는 우리측에서도 미리 오늘 회의에는 제4항을 마저 토의하고 제3항을 제5항에 포함하여 같이 설명하려고 하고 있다.

우라베 : !! 좋습니다!! (한국어로 발언, 일동 소성)

이 회담을 10년이나 하였는데 아직 5,6,7,8 항목에 대한 것은 전연 설명도 못들었다. 그래서 년내에 될 수 있으면 대체적인 설명을 듣고 다음 단계로 들어가는 것이 좋으리라고 본다.

김 대표 : 년내에 될지 안될지는 모르나 우리측도 마지막 항목까지 가급적 빨리 하고자 한다. 그렇다고 하여서 의견 교환도 없이 넘어갈 수는 없는 것이니 될 수 있는 한 년내에 ● 끝낼 수 있도록 상호 노력하자.

미야가와 : 년내라 하지만 어느날까지 하기로 하였으면 좋겠는가.

김 대표 : 크리스●●●마스 직전까지는 하여야 할 것이 아닌가.

우라베 : 년내에 토의를 끝낸다는 것이 불가능하더라도 일단 설명만은 끝내 주었으면 한다. 그리고 다음 회의는 12월 16일 (목) 하오 2시로 하자.

김 대표 : 가급적 그렇게 되도록 하자. 다음 회의의 일자와 시간은 그대로 좋다.

미야가와 : 신문발표는 "제4항에 대하여 전번회의에 이어 한국측 설명이 있었고 이에 대하여 일본측의 견해 설명이 있은 후 상호 의견이 있었다. 다음 회의에서는 계속하여 제4항의 토의를 행하고 다음 항목으로 넘어가기로 하였다" 는 정도가 어떤가.

김 대표 : 좋다.

이 상

韓国側請求要綱4に関する日本
側見解

（36.1.27　宮川主査発言要旨）

前回の小委員会会合において、韓国側は要綱4に関する請求にあたり、その請求の法的根拠を、これら要綱4の対象となる法人はすべて"韓国法人"であるからその在日財産を請求するものであると説明されたのであります。

韓国側がこれら在韓法人を"韓国法人"とされる理由については、未だ明らかに示されてはいませんが、韓国側の論拠が具体的にいかなるものであるにしても、在日財産に対する主張は成立し得ないものと考えます。すなわち、

(1) そもそも、私有財産尊重の原則は国際法上確立した原則であります。すなわち、領域の分離割譲の場合においても、その分離割譲された地域に存在する私有財産はなんら影響をうけるものではなく、新領有国は従来どおりこれを尊重する義務があります。したがつて、韓国の領域が日本の統治下から分離したこと

を理由に在韓法人の財産の所有権が韓国側に移転したとの主張をされるのであれば、それは成立する余地がないと考えます。また、これを法人の国籍の問題としてみても、その国籍がいずれの国にあるにしましても、法人の財産は、直接的には法人自体、究極的にはその構成員である株王（etc）に帰属するものと考えざるを得ません。すなわち、法人の国籍が仮りに韓国に移つたとしても、これを理由にその法人の財産の帰属が変わつたとすることはできないと考えます。

以上のように、韓国側がいずれの論拠によられるにしても、在韓法人の所在地の独立ないし在韓法人の国籍の移動を理由に、これら法人の在日財産に対して韓国政府として請求権を主張される理由はなんら存在しないと考えるものであります。

(2) つぎに、韓国側の主張が、軍令第33号によつて、韓国政府がこれら法人の株式を取得されたとして、このような株主権に基づいてその在日財産に対する請求を行なわれるということであるならば、軍令第33号による当該法人の株式取得ということの内容が問題となるわけであります。

そもそも、軍令第33号による米軍政府の在韓日本財産処理は、正当な補償を伴わない外国人私有財産の収用であつて、国際法上没収（confiscation）に相当する措置であります。すなわち，

(イ) 一般国際法上、このような没収法令の効果は、一国の管轄権の及ぶ範囲にある財産に限られるものであつて、この範囲をこえる効果は、直接的にせよ間接的にせよ、これを主張しえないことは確立した原則であります（territorialityの原則）。

(ロ) また軍令第33号について具体的に見て

も、第5次会談でわれわれが申上げたように、在鮮米軍司令官の権能は、連合国最高司令官の下部機関として、その管轄区域が限定されていたことは明示されていたところでありまして（Office of the SCAP Directive No. 2. 第3項）、かかる地域的限定をうけた権能に基づいて発した軍令の対象が、当然管轄地域にある財産に限られることは、明らかであります。のみならず同軍令自体も明文でその対象を"本軍政庁管轄内に存在する財産"（"property located within the jurisdiction of this command"）と規定しています。したがつて、同軍令の効果として、米軍政府が、明らかにその管轄範囲外に所在する財産に対して権利を取得したとすることは不可能といわざるをえないのであります。

(ハ) さらに、SCAPの指令に基づいて行なわれた在日財産の実際の処理もこのような国際法の基本原則に基づいた法律的立場を裏書きするものであります。すなわち、閉鎖機関及び在外会社に関して発せられた諸SCAPINは、これら法人の従前からの株主関係を前提として、在日財産に関する清算措置を指令しているのであります。もしかりに韓国側の主張されるように、軍令第33号による株式接収の効果が在日財産に及んだとすれば、在日財産の整理は一切を韓国財産とする立場から行なわれたはずでありますが、実際は、このような処理がなされなかつたという事実によつて、これら法人の在日財産は在鮮米軍政府によつてとられた措置と全く無関係であつたことが明らかであつたと申さねばなりません。

以上の原則及び基本的事実からみて、韓国側が、明らかに米軍政府の管轄範囲外に所在している本件在日財産に対して、軍令の効果として、いかなる権利をも取得されたものでないことは、明白であると考えます。（以上）

12. 체신부 관계 전문위원회 제4차 회의 회의록, 1961. 12. 13

한국 외교문서 750, 제6차 한일회담 청구권위원회 회의록, 1-11차, 1961. 10. 27-62. 3. 6

1961년 12월 13일 개최된 제6차 한일회담 일반청구권소위원회 산하의 체신부 관계 전문위원회 제4차 회의 회의록이다.

양측은 간이생명보험 및 우편연금 등 대장성 예금부 예금에 관한 수치를 비교하였다.

번역

MINISTRY OF FINANCE
THE JAPANESE GOVERNMENT

조선 간이생명보험 및 우편연금의 예금부 저금조
일은 본점 계산에 의한 1945년 11월 30일 현재

종별	금액(엔)	
적립금	111,017,343	762
여유금	13,522,033	376
계	124,539,377	132

우편저금 불제고 조서

연도별	금액(엔)
1955년 10월부터 1956년 3월까지	223,291,857
1954년도	385,372,405
1955	141,856,903
1956	101,830,831
1957	44,856,870
1958	20,485,946
1959	4,847,714
1960	17,828,416
1961	6,518,768
1962	10,324,002
1963	3,352,810
1964	5,544,505
1965	2,918,670
1966	909,794
1967	1,437,942
1968	2,924,107
계	974,901,540

주: 본 계수에는 총액 37,130,875엔의 이자가 포함되어 있음.

일반청구권 소위원회 선박관계 전문위원회

제 4 차 회의　　회 의 록

1. 개최 일시: 단기 4294년 12월 13일 오전 10시 부터 12시 까지,

　　약 한시간 동안.

2. 개최 장소: 일본 외무성 회의실 제234호

3. 참석자:　　한국측　　이 상 덕 책임 위원
　　　　　　　　　　　　김 낙 천 위원
　　　　　　　　　　　　박 상 두 위원

　　　　　　　일본측　　도모다(鞆田) 위원 (주임)
　　　　　　　　　　　　스게가와(助川) 〃
　　　　　　　　　　　　오노(大野) 〃
　　　　　　　　　　　　스즈기(鈴木) 〃
　　　　　　　　　　　　데라다(寺田) 〃
　　　　　　　　　　　　가네꼬(金子) 〃
　　　　　　　　　　　　호시나(保科) 〃
　　　　　　　　　　　　사또(佐藤) 〃
　　　　　　　　　　　　와다나베(渡辺) 〃
　　　　　　　　　　　　히사이찌(久一) 〃
　　　　　　　　　　　　노무라(野村) 〃
　　　　　　　　　　　　데라다(寺田) 〃
　　　　　　　　　　　　우에하라(植栗) 〃

4. 토의 내용:

도모다: 회의를 시작하기전에 우리측에서 새로나온 대장성 자금과의 "노무라" 위원을 소개한다.

이대표: 우리측도 새로나온 박상두위원을 소개하겠다.

도모다: 년말도 가까와저서 이 전문위원회가 위임받은 작업을 속히 하여야한다는것을 느끼고 있다. 우리측은 위선 총액을 대사하는데있어 종전직후 한국으로 부터의 입계표가 미착되어 안만는다는 대체적인 원인을 알고 있음으로 원측적으로는 한국측에서 산출제시한 수자가 정확하다고 보고 그간 미착분을 추정하여 얼마나 일본측이 한국측에

마춤수 있다하는 작업을 하였는데 [illegible] 도중에 중지 하였다.
그러나 쌍방의 계수 [illegible] 합원인을 일계표미착으로보니 일본측보다
한국측수자가 더욱정확하다는것은 말할수있다. 그러나 한국측이
정확하다고는 말할수있는 정도이지 전적으로 한국측 수자대로는 따를
수는 없다. 그것은 예를 들어 말하면, 9월 15일로 산출한 수자중 우편
위체에 있어 한국측은 76,000 천원인데 일본측은 1,671천원으로 되어
있어 약 70,000천원 이라는 많은 수자의 차이가 있다. 이것은 우리로
서는 납득이 안간다. 1945년 3월 말 잔고를 보면 8,990천원 밖에 되지
않는데 우편위체의 평균잔고가 갑자기 오른다는것은 이해할수없으며
또 전번회의에서 귀측이 우리측 수자중 우편위체의 현재고 1,671천원
보다 일본에서 지불한 수자가 많다고 지적하였는데 그것은 한국에서
송금한 수자의 일계표의 미착이요 또한편 종전전후를 통하여 일본에
송금이 많았다는것을 추측할수 있는점이다. 우리측 계산을 보면 9월
30일은 오히려 약 2,860천원 적자이며 현재로서는 약 10,270천원 적자
이다. 따라서 적어도 한국에서 송금하여 일본에서 지불된것은 공제
하여야된다고 본다.

김위원: 그러나 매년 이용율이 늘어 그 평균잔고가 상승한다는것은
상식적으로 알수 있는 일이며 일본측 수자 또한 현재고 보다 지불고가
많다는것은 있을수 없는것이다.

이대표: 우편위체의 적자란 무슨 의미인가. 또, 현재 약 10,270천원
적자라는것은 무슨관계를 말하는것인가. 일본에서 지불한것이 12,672
천원 이래서 적자라는 것인가.

도모다: 그렇다.

이대표: 귀측에서 말하는 송금이 많았다든가 일본인 인양자가 가지고
왔다든가 하는것은 짐작은 할수있으나 그것은 어데까지나 한일인간의
비율을 산출하는데 참고는 되겠지만 총액을 마추는데는 관계가 없다고
보며 총액에 있어서는 귀측에서 원측적인 문제로 말한바와같이 우리측
계산이 정확하다고 본다. 그리고 전체수자중 특히 우편위체에 의문을
가지고 있는것같은데 어떻게 하면 귀측의 의문을 해명할수있는가 하는
점은 생각은 해보겠으나 우리측은 [illegible] 계속하여 사업을 하였고 또
정산한 수자이니 신용하여도 [illegible]이라고 본다.

도모다: 다음은 한일인간의 비율에 의한 시산문제인데 1) 우리 실무자는 일단 계산은 하였으나 상사의 의견을 타진못한 관계로 아직 내놓지못하였으며 2) 시산을 내는 전제로 한가지 말할것은 산출시점을 한국측은 8월 15일로 말하고 있으나 그것은 계산하는데 복잡함으로 청구권 본회의에서 상호간 정하도록 하고 우리로서는 편의상 9월 30일로 산출하겠으니 양해를 해주기 바란다.

김 위원 : 전번에 9월 30일로 하여 우편저금은 1,202,180 천원이라고 하였는데 기타 진체저금과 우편위체는 얼마인가?

도모다 : 진체저금이 179,540 천원이고 우편위체가 2,860 천원 적자이다. 우편위체는 적자라 비율을 산출할수 없다.

이 대표 : 알었다. 그리고 몇가지 확인하고저 한다. 1) 일본측이 준 산출표 제2표중 우편저금 지불구수 1,100 천구는 취급건수가 아니고 구좌수라는 것이 틀림이 없으며, 진체저금 359도 구좌수가 틀림 없는가? 또 우편위체의 지불구수는 모르는가? 2) 제3표의 해외 위체저금 4,824천원은 귀측에서 말하기를 주로 한국인 원광 노무자가 두고간 통장에 의하여 집계하였다고 하였는데 이것은 우리측이 제시한 수자와는 별개라고 보는 동시 우리측 수자에 가산되어야 된다고 보는데 어떻게 생각하는가?

도모다 : 1) 우편저금 1,100 천구는 취급권수가 아니고 구좌수가 틀림 없고 진체저금은 일부 불출증서에 의하여 지불한 것도 있으나 대부분 불입환부금이니 가입구좌수로 가입구자수로 보아 대체 없으며, 우편위체의 지불구수는 모른다. 2) 해외 위체저금도 [illegible] 일부 군인 군속에 대한 것은 이중으로 된 것이 있으나 대부분 귀측이 말한 대로이다.

이 대표 : 다음은 귀측에서 한일간에 비율산출에 있어 일본인에게 지불하였다는 937,171천원을 과거 실적으로 고려하여 달라는 문제인데 그 증거서류로서 통장은 없다고 하더라도 혹시 수령증에 의하여 기번호라도 알수 없는가?

도모다 : 통장은 보존기관만이 1년이고 불여수령증은 3년이라 폐기처분한 관계로 알수 없다.

이 대표 : 귀측에서 과거 실적으로 [illegible]하는 937,171천원에 대하여 만일 귀측 계산대로 하면 현재고 1,1[illegible]183천원[illegible]서 지불[illegible]였다는 937,171천원을 공제하면은 약 190,00[illegible]천원이 남는데 이것을 전부 한국인 것으로 보더라도 일본인은 1구좌당 평균 850원이며 한국인은 13원정도 [illegible] 밖에 안된다는 도저히 납득할수 없는 수자가 되며, 더욱이 당시 일본본토에서의 우편저금 1구좌당 평균의보다 수배나 많다는 결과가 되는데 이러한 것은 도저히 상식적으로 납득할수 없는 수자이다. 일본측으로서는 재조사할 생각이 없는가?

도모다 : 이것은 움직일수 없는 실지 지불한 수자이다.

이 대표 : 그러나 당시 일본 본토와 같은 정도라면 몰라도 그보다 수배나 많다는 것은 의문이다.

도모다 : 한국측에서 제시한 해외 위체저금에 대한 구수를 알었으면 좋겠다.

김 위원 : 지금 가지고 있지 않으니 후일 알려 주겠다.

도모다 : 다음에 한국에서 9월 16일 이후 입체 지불하였다는 45,516천원의 일부는 한국측에서 제시한 현재고 수자에 계상하고 또 입체불 수자에 계상한 것이 아닌가?

김 위원 : 한국외의 것을 입체불한 것이니 관계가 없다.

도모다 : 알었다. 이것도 9월 15일 날자관계가 있으니 청구권 분회의에서 정하도록 하겠다.

가내고 : 해외위체저금 항목중 간이생명보험 및 우편년금에 관한 자료를 보관하고 있는가?

김 위원 : 산발적으로 보관되고 있다.

가내고 : 우리는 종전후 일본 본토에서 보험에 가입한 한국인이 귀국할때 해약을 하여주고 해약 환부금을 지불하였다. 따라서 해약을 하지 않고 그대로 가지고 가서 신고하였다면 공평한 취급을 하기 위하여서는 역시 해약 환부금을 지불하게 될 것이므로 금액은 얼마 안되나 참고적으로 물어 본 것이다. 그리고 한국측에서 제시한 수자에 의하여 대장성 예금부 예금관계를 자세히 조사하여 보았는데 그 결과는 직접 담당하고 있는 노무라 위원이 설명하겠다.

노무라 : 우리측 정부는 간이생명보험 및 우편년금별로는 되어 있지 않고 단지 적립금과 여유금 만으로 되어 있어 한 수자로만 대사한바 약 24,000천원 차이가 있으며, 한국에 있던 일본은행 대리점으로 부터 최종수자를 받은 날이 1945년 11월 12일 이여 11월 12일로 마감한 것이다. (금액표는 별첨함)

이 대표 : 한일인간의 비율에 의한 시산은 하였는가?

가네코 : 이것은 우편저금과 성질이 다른 점이있어 여러가지 방법으로 생각은 해 보았다. 한국측에서 산출한 비율은 어떤 표준에 의하였는가?

김 위원 : 1945년 8월분을 표준하였다.

가네코 : 그것은 합리적인 것이 못된다고 본다. 보험은 계약자의 년령, 계약 금액이 일정하지 않을 뿐더러 장기간에 걸쳐 불입한 것이므로 시작한때부터 세밀히 계산하여야 하며, 또 보험특별회계법 제2조에는 세입을 가지고 세출에 충당하되 잉여금이 생기면 적립금으로 예금하라고 되어 있으니 어느정도의 잉여금을 예입하였는지는 모르겠으나 그러한 것도 있다고 보면 한국측에서 1945년 8월분을 표준한 것은 합리적이 아니라고 본다. 따라서 전번 회의에서 책임준비금이 얼마인가를 알수있으면 알려달라고 한 것이다. 우리측도 확실하다고는 할수 없으나 위에서 말한 여러가지를 기초로하여 시산한 것이 한국인이 8 일본인이 2 로 추산하고 있다. 물론 때에 따라서는 한국인이 8할이 넘는 때도 있다. 그리고 우편년금은 1945년 3월 현재로 일본인이 7 한국인 3의 비율로 추산된다.

이 대표 : 이러한 차이는 금액상으로 보아 큰 차가 안된다고 보며, 또 비율 산출방법에 있어서의 표준문제는 더 연구하도록 하자. 그리고 본 전문위원회에서는 상호간의 수자의 차이를 좁혀가는 방법에 있어 간단히 될 것 같지 않고 또 일을 속히 진행하여야 되니 전번회의에서 귀측에서 언급한 것 가치 현재의 차이 그대로 각기 자기측 수석을 통하여 일반청구권 소위원회에 보고하도록 하고, 다음 지시를 받도록 하는 것이 어떠한가?

가네코 : 보험관계는 좋다.

도모다 : 한국측으로부터 한일인 간의 비율에 의한 산출액을 받았는데 우리측도 주어야 하겠으니 한번만 더 하였으면 좋겠다.

이 대표 : 그러면 내주 월요일에 하는 것이 어떠한가?

도모다 : 그렇게 빠른 시간 안에는 어렵다고 본다. 약 일주일은 걸린다고 본다.

이 대표 : 그러면 다음주 청구권 소위원회의 보고와 동시 한일인 간의 비율에 의한 시산액을 우리측에 주는 것이 어떤가?

도모다 : 좋다.

이 대표 : 그러면 아가 말한 바와 같이 각기 의견이 다르므로 공동보고 형식은 어려울 것 같으니 상호수석을 통하여 청구권 소위원회에 보고하도록 하되 보고내용은 대체로 총액, 비율, 상호간의 문제점등을 들어보고 하도록 하는 것이 어떤가?

도모다 : 좋다.

MINISTRY OF FINANCE

THE JAPANESE GOVERNMENT

朝鮮簡易生命保険及び郵便年金の預金部預金調

日銀本店計算による１９４５年１１月３０日現在

種別	金額	
	円	
積立金	111,017,343	762
余裕金	13,522,033	370
計	124,539,377	132

[illegible]

年度別	金額
昭和20年10月から 同21年3月まで	223.291.857 円
昭和21年度	385.372405
22	141.856903
23	101.830831
24	44.856870
25	20.485.946
26	4.847.714
27	17.828.416
28	6.518.768
29	10.324.002
30	3.352810
31	5.544.505
32	2918.670
33	909.794
34	1.437.942
35	2924.107
計	974.301.540

注： 本計数には、総額37.130.875円の利子が含まれている。

13. 일반청구권소위원회 제7차 회의 회의록, 1961. 12. 15
한국 외교문서 750, 제6차 한일회담 청구권위원회 회의록, 1-11차, 1961. 10. 27-62. 3. 6

1961년 12월 15일 개최된 제6차 한일회담 일반청구권소위원회 제7차 회의 회의록이다.

양국은 청구요강 제4항목에 대한 토의를 마무리 짓고 제5항목 일본 유가증권, 일본계 통화, 피징용인 미수금, 전쟁으로 인한 피징용자의 피해에 대한 보상, 한국인의 대일본 정부 청구(은급 관계 및 기타) 한국인의 대일본인 또는 법인 청구, 기타 청구권에 대한 한국 측 설명을 들었다.

번역

소위 폐쇄기관 및 재외회사가 일본 국내에 가지고 있던 재산의 처리에 대하여

(1961. 12. 15 미야카와 주사 발언 요지)

이른바 폐쇄기관 및 재외회사가 일본 국내에 보유하고 있던 재산을 어떻게 처리했는지에 대해 요청이 있어 다음과 같이 설명합니다.

1. 법적 근거에 대하여

(1) 폐쇄기관에 대해서는 SCAPIN 74호 등 일련의 연합국 최고사령관의 명령 및 이에 따라 제정된 '폐쇄기관령' 등 일련의 일본법령.

(2) 재외회사에 대해서는 SCAPIN 1965호 등 일련의 연합국 최고사령관의 명령 및 이에 따라 제정된 '구 일본 점령지역에 본점을 둔 회사의 본국 내에 있는 재산의 정리에 관한 정령'(이하 재외회사령) 등 일련의 일본법령이 근거가 되고 있습니다.

2. 대상 재산에 대하여

구 조선지역에 본점을 가지고 있던 법인으로 폐쇄기관으로 지정된 것은 4개 사(조선은행, 조선식산은행, 조선신탁주식회사 및 조선금융조합연합회), 재외회사로 지정된 것은 조선금융조합연합회의 단위조합인 금융조합 및 산업조합 외에 348개 사(북한에 본점을 가지고 있던 법인을 포함함. 이 중 161개 사는 일본 국내에 재산이 없어 지정이 해제됨)이며, 이들 법인이 일본 국내에 보유하고 있는 모든 재산입니다.

(가) 폐쇄기관에 대해 SCAPIN 74호는 이들 기관의 일본 내 모든 자산을 압류한 것이고, SCAPIN 163호 및 SCAPIN 1253호는 그 청산을 명령한 것입니다. 즉 '폐쇄기관의 채무 지급 절차에 관한 폐쇄기관정리위원회 및 일본은행에 대한 지침'(Instructions to CILC and Bank of Japan of procedure for Payment of claims of Closed Institutions, 11, July, 1947)은 "국내 재산은 국내 부채의 지불에 충당한다. 이 결과 재외채무는 청산 절차에 들어가지 않게 된다"(Domestic assets are to be used for payment of Domestic claims and corollary thereof is that foreign claims will not enter into this procedure)라고 명시하고 있습니다. 또한 이 외에도 점령군의 승인을 얻어 제정된 폐쇄기관령에서도 제1조에 '그 본국

내에서의 업무를 정지하고 그 본국 내에 있는 재산을 청산할 것'이라고 명시적으로 규정되어 있습니다.

(나) 재외회사에 대해서도 SCAPIN 1965호는 '구 일본 점령 지역에 본점을 둔 회사의 본국 내에 있는 모든 재산의 청산을 실시할 것'(effect the liquidation of all property in Japan of Companies with head offices in areas formerly occupied by Japan)이라고 규정하고 있고, SCAPIN 1965/1은 "구 일본 점령 지역에 본점을 둔 회사의 본국 내에 있는 재산은 본국 내에서 재외 본점이 소유하거나 청구권을 가진 모든 재산을 포함한다"(property in Japan in property of companies occupation will include all property located in Japan owned of claimed by claimed by the head office abroad)라고 명시하고 있으며, 점령군의 승인을 얻어 제정된 재외회사령 제1조는 '본국 내에 있는 재산'을 정리하라고 명백히 규정하고 있는 것입니다.

3. 청산절차

위와 같이 국내재산과 국외재산을 분리하고, 국내재산을 청산의 대상으로 하여 이에 대한 채권자에 대한 변제, 주주에 대한 잔여재산의 분배를 하는 것을 목적으로 하고 있습니다.

그리고 잔여재산의 분배는 일본국법에 따라 적법하게 주식을 취득한 모든 주주에게 행하는 것이 원칙이며, 주주에 대한 잔여재산 분배분 중 아직 분배가 완료되지 않은 부분은 현재 보관 또는 공탁 중에 있습니다.

4. 청산 결과

(가) 폐쇄기관

조선은행은 잔여재산을 가지고 신 회사 일본부동산은행을 설립하여 청산을 완료하였습니다. 조선은행 주주에게는 잔여재산을 현금으로 분배하는 대신 신 회사 일본부동산은행의 주식을 교부하였으며, 아직 교부를 완료하지 못한 신 회사 주식에 대해서는 신 회사 일본부동산은행에서 해당 주권을 보관 중에 있습니다.

조선식산은행은 사채의 일부만 지급하고 생산을 완료하였습니다. 따라서 잔여재산의 분배는 이루어질 수밖에 없는 것이다.

조선신탁주식회사는 잔여재산을 분배하고 청산을 마쳤습니다. 주주에 대한 분배금

중 아직 분배를 완료하지 않은 금액은 보관 중입니다.

조선금융조합연합회는 자료가 부족하여 아직 청산이 완료되지 않았습니다.

(나) 재외회사

일본 국내에 재산을 보유하고 있던 184개 사의 청산을 완료하였으며, 현재 청산 중인 것은 조선금융조합연합회의 단위조합인 금융조합 및 산업조합(금융조합은 614개, 산업조합은 21개였던 것으로 알려짐) 외에 3개 사입니다.

재외회사에 대해서도 잔여재산 처리에 있어서 신 회사를 설립하여 현금 배분 대신 신 회사 주식을 분배한 것이 있으며, 해당 회사도 그렇고 그렇지 않은 회사도 아직 분배를 완료하지 못한 부분은 공탁 중입니다.

일반청구권 소위원회 제7차 회의

1. 개최일시: 1961년 12월 15일 오후 2시부터 5시 까지

2. 개최장소: 외무 회관

3. 참석자:

한국측 김윤근 수석위원

고범준 위원

홍승희 "

이상덕 "

정태섭 "

김낙선 "

홍윤섭 "

이창수 "

이상훈 "

일본측 미야가와 (宮川) 주사

요시오까(吉岡) 부주사

우라베 (卜部) "

가메노리 (亀徳) 보좌

사꾸라이 (櫻井) "

혼마 (本間) "

가네꼬 (金子) "

스기다 (杉田) "

오기소 (小木曽) 보좌

마에다 (前田) 〃

야나기야 (柳谷) 〃

고와다 (小和田) 〃

도모다 (鞆田) 〃

스기야마 (杉山) 〃

와다나베 (渡辺) 〃

히사이찌 (久一) 〃

4. 토의 내용:

일본측: 오늘 회의는 어떤 방식으로 진행 하겠는가.

한국측: 지난 번 회의에서 끝을 맺지못한 제4항을 끝내고 가능하면 제2항과 제5항에 관하여 서로 의견을 교환했으면 좋겠다.

일본측: 제4항의 한국에 본점 또는 본사를 둔 자의 재산에 관하여는 전번회의에서 우리측의 법적근거를 간략하게 설명하였으나 오늘 다시 법적근거라던가 처리상황등에 관하여 좀더 상세하게 설명하고저 하는데 전번 회의에서 한국측 의견을 오늘 듣기로 되어 있으므로 먼저 한국측 의견을 말하여주기 바란다.

한국측: 그렇지 않아도 오늘 설명할 예정으로 있었는데 이것을 전번 회의에서 구두로 설명한것을 좀더 부연하여 메모화 한것이다. 이 메모를 읽겠다. (제4항에 관한 김수석위원의 서면 발언요지 별송문 참조) 이상이 우리측 의견인데 이 메모는 명일까지

일본측에 전달하겠다.

일본측: 지금 귀측 견해에 대한 일본측의 의견은 후일에 이야기 하겠다. 오늘은 법적근거에 들어가는 이 이상의 토의를 피하고 폐쇄기관이나 재외 회사가 어떤 방식으로 처리되었는가에 대하여 그 사실을 설명하겠다.

(요시오까) 그 견에 한가지 질문 하겠다. 지금 낭독한 한국측 설명의 제 일단은 군정법령의 효력 여하가 아니고 한국의 법인 이기 때문에 청구 하는것이라고 말하고있는것 같은데 주주가 일본인이 아니고 전부 제삼국인 인 경우도 한국정부가 청구할수 있다는 입장을 취하고 있는것인가.

한국측: 주주의 국적과 법인의 국적은 별개문제이다. 그러므로 국제적으로 문제가 된다면 그것이 한국법인 인 이상 정부가 책임을 져야하는것이다.

일본측: 그러면 제삼국인의 주주에 대하여서도 한국측에서 주장

(요시오까) 하겠다는 뜻인가.

한국측: 주주는 제삼국인 이지만 법인은 한국법인 이라는것을 시인하면서 하는 질문인가.

일본측: (요시오까) 한국법인에 의하여 설립된 한국법인 이지만 그 주주가 영국인만으로 되어있을 때에도 그 법인의 재일재산을 주장할수있다하는가의 의미로 질문하는것이다.

한국측: 한국법인의 전 주주가 제삼국인 이란 실제로는 있을수없는

있어나 가설적으로 그러한 경우에도 그것이 한국법인이라면

국제적 문제에 있어서는 역시 정부가 책임을 지고 대리하여야

하는것이다.

일본측: (요시오까) 한국측 설명의 제 이단은 무슨 뜻인가.

한국측: 군정법령 제 33호에 의하여 일본인 소유 주식이 귀속된것을

인정하는 이상 한국법인의 재일재산을 가분적인것으로 보아서는

안된다는 뜻이다.

일본측: 제삼단은 스캐핀 의 규정에 관한 문제이나 여하튼 후일 귀측의

(요시오까)메모를 보고서 다시 우리측 의견을 이야기하도록 하겠다.

(미야가와) 그러면 한국에 본점 또는 본사를 둔 재일지점 재산이

어떻게 처리되었는지 그 법적근거라던가 대상재산, 청산수속,

청산결과등에 관하여 설명하겠다. (별첨 설명서 낭독)

한국측: 총내는 얼마나 되는가.

일본측: 집계하기 전에는 알수없다.

한국측: 청산내용에 관하여 설명이 있었는데 시간관계상 공탁금 내용을

서면으로서 받을수있다면 제 4항은 이정도로 끝냈으면 좋겠다.

일본측: 금액이 복잡하고 소관부도 다르나 가능한 한 서면으로 줄수

있도록 노력하겠다.

한국측: 청산 에 있어서는 본점 부채가 고려되어있는가.

일본측: 본점뿐만 아니라 재외점포 전부의 자산 부채를 종합하여

계산하였는데 자산초과의 경우에는 잔여재산을 분배하고

부채초과의 경우에는 부채초과 부분만큼 유보하기로 되어있다.

고대표: 그 후 사의 경우에 있어서의 유보재산의 처분은 어떻게

하였는가.

일본측: 그러한 경우도 있을수 있다는 견지에서 만들어진 규정이었

으나 그러한 부채초과가 없기때문에 실제로는 유보된것이 없다.

한국측: 그것은 어떠한 방식으로 계산하였는가.

(이상먹)

일본측: 나도 잘 모르지만 그 당시의 장부에 의하여 산출하였다고

본다. (미야가와)

우라베: 그당시의 회사는 모두 건실한 경영을 한 모양으로 재외재산

초과상태가 되어 그러한 결과가 된것같은데 그 예로서 "요고하마"

정금은행 같은것은 상당한 재외 재산이 있었다고 한다.

한국측: 한국인분으로서 환당된 내용 이라던가 공탁된 금액등에

관하여는 일본측에서 조사중인 금액등의 자료를 내주중으로 주기

바라며 좀더 설명을 듣고 싶으나 시간이 없기때문에 내년 재개시에

다시 질문하기로 하고 제 4항은 이정도로 하자.

일본측: 좋다.

한국측: 제 3항은 요견에도 말한것과 같이 제 5항 설명과 함께

설명하기로 되어있는데 제 3항의 2와 3은 이번 회의에서 토의

하는것을 보류하겠다.

일본측: 제 3항의 2, 3 을 뺀인가

이상덕: 제3항은 오전에도 말한대로 제 5항과 합해서 설명하기로 하겠다. 제 3항의 2는 1945년 8월 9일 이후에 일본인이 한국내 금융기관을 통하여 송금한것인데 금차 회담에서는 이것을 유보하고 여기서는 제 3항의 1에 해당하는 조선은행을 통하여 이체한것만을 문제로 삼는것이다.

김대표: 제 5항은 한국법인 또는 한국 자연인의 일본국 또는 일본 국민에 대한 일본국채, 공채, 일본은행권, 피징용한국인의 미수금, 보상금 기타 청구권의 반제를 청구하는것인데 이것을 대별하면 (1) 일본유가증권 (2) 일본계 통화 (3) 피징용인 미수금 (4) 전쟁으로 인한 피징용자의 피해에 대한 보상 (5) 한국인의 대일본정부 청구 (은급관계 및 기타) (6) 한국인의 대일본인 또는 법인 청구이다.

그러면 먼저 제 1의 일본 유가증권 부터 설명하겠다. 이것은 1. 일본국채 2. 조선 식량증권 및 식량증권 3. 일본저축권 4. 일본정부 보증사채 5. 일본지방채 6. 일본사채 7. 저축 및 보국채권 8. 기타 증권 9. 일본주식, 이상 9개 항목으로 되어있으며 이것을 당시의 일본원으로 말하면 ....

홍대표: 그 금액은 그당시의 일본원으로 1. 일본국채 7,371,189,111원 69전, 2. 조선식량증권 및 식량증권 152,006,330원 08전,

3. 일본저축권 18,673,950원 4. 일본정부 보증사채 833,246,100원

5. 일본지방채 1,327,500원 6. 일본사채 261,941,514원

7. 저축 및 보국 채권 4,380,027원 50전 8. 기타증권 92,417,781원 29전 9. 일본주식 28,848,250원 합계 8,765,030,574원 56전 이다.

일본측: 지금의 수자는 서면으로 받을수 있는가 또 그것은 어떤 자료에 의하여 계산하였는가.

한국측: 현물 또는 장부에 의하여 계산하였다.

일본측: 소유자별로 알수있는가.

한국측: 먼저 우리가 청구하는 이유를 간단히 설명하겠다. 일본유가증권은 한국법인 또는 자연인이 소유하기 때문에 청구할뿐 아니라 이중에 45억원의 국채가 들어있는데 이것은 원래 조선은행 본점이 가지고 있던것을 종전후 혼란한 시기를 이용하여 1945년 8월 25일자로 장부상 조선은행 동경지점으로 이체하였다. 그러나 이것은 연합군 총사령부 포고령 제 3호 및 군정법령 제 2호에 위반된 것이므로 그러한 이체가 무효이나 설령 이체가 포고령 또는 군정법령과 관계없이 유효하다고 가정적으로 생각한다하드라도 본점과 지점사이에는 채권 채무관계가 발생한다는 것을 부가해서 주장하는바이다. 이상 지금 가정적으로 설명한것이 제 3항에서 설명하려든 것이다.

일본측 : 그러면 군정법령 33호에 의하여서가 아니라 포고령 제 3호 및 군정법령 제 2호에 의하여 전후 혼란한 틈을 타서 일본으로 가지고 온것을 이야기하는 것인가.

한국측 : 그렇다.

일본측 : 제 5차 회담에서는 47억 이라고 말하였는데 지금 이야기로서는 45억으로 그 수자가 다른것인가.

한국측 : 47억은 액면이고 45억은 장부가격이다. (이상덕)

김대표 : 한국측은 군정법령 33호와 관계없이 청구하는 것이지만 가령 33호에 관련시키더라도 그것은 전부 귀속된것이다. 그리고 또하나 생각하는 점을 말하면 지금 이야기한것처럼 87억원의 유가증권중 약 60억원에 가까운 국채가 조선은행의 소유인데 그 당시 조선은행의 발행고는 이 금액에 미달하였다. 그런데 지금 말하는 일본측의 견해와 같이 귀속도 되지않고 한국법인의 소유도 아니라고 하면 조선은행권의 담보는 하나도 없는 결과가 된다. 뿐만 아니라 전쟁이 시작된 이후 제 1항목의 금은 일본은행권 그리고 국채로 변하였는데 이러한 과거의 경과를 기초로 하더라도 일본측의 견해에 의하면 금은 무상으로 가지고 간 결과가 된다. 그러나 소괘진 은 그러한 결과를 초래키 위한 것도 아니고 또 일본에 부당이득을 주기 위한것도 아니다. 따라서 일본에 부당이득이 있다고하면 일반 법이론에 따라

불합리한 점은 참작하지 않으면 안된다. 조리상으로 보더라도 조선은행권의 담보가 전부 일본에 소유로 된다는것은 아무 리 생각하여도 납득할수가 없다. 가령 일본측의 군정법령 33호에 대한 견해가 정당한것이라고 가정하더라도 그 법령의 취지는 일본측에 부당이득을 주기위한 것이 아니였고 또 조리상으로 보더라도 불합리하므로 우리측은 청구의 법적근거가 있다고 주장하는것이다. 즉 조리가 법원(法源)의 하나이라는것은 일본에 있어서도 이론이 없는것이다.

일본측: 이것은 대단히 중요한 단계이며 한국측이 이야기하는 취지는 알겠다. 유가증권중 한국인이 합법적으로 취득한것은 고려하겠으나 조선은행의 취득분에 대하여는 의의가 있다. 여하튼 이 문제에 대하여는 다시한번 종합적으로 우리측의견을 이야기할 기회가 있으리라고 보는데 한국측은 소유자 여하에 불구하고 청구하고 있으나 소유자별로는 알수 없는가.

한국측: 소유자별로는 모르나 우리는 그것을 구분할 필요가 없다고 생각한다.

일본측: (우라베) 장부에 의하면 알수 있는것이 아닌가

한국측: 전연 모르는 것은 아니지만 현재로는 소유자별로 되어있지 않다.

우라베: 법률 외에 조리가 있다는것은 알겠으나 조리론은 딴데서 취급할 문제이고 우리들은 법률관계 사실관계를 명확히 하지

않으면 안되기 때문에 모르는 것은 할수 없지만 아는 분에 대하여서는 개인, 법인, 정부등으로 구별하여 알려줄수 없는가.

한국측: 지금 당장 알수있는것은 현물과 등록으로 구분한 액수 87억원중 현물이 약 6억 5 천 만원 이고 나머지는 대체로 등록된 것이다.

오시오기: 등록처은 일본은 은행인가

홍승희: 국채는 일본은행이고 사채 및 지방채는 여러 등록기관에 등록되어 있다.

우라베: 지방채란 몇인가.

홍승희: 東京都하며(?)시의 것이다.

일본측: 최종적인 교섭은 고위층에서 결정될 문제이고 또 그 사실을 모르고서는 *general response* 를 할수 없으므로 소유자별로 좀더 상세히 알려줄수 없는가.

한국측: 내 견해로서는 소유자별은 별로 필요없다고 생각한다.

우라베: 그저 막연히 87억원만으로는 이야기가 안되며 역시 사실관계로서 소유자별로 구별하지않으면 안된다고 생각한다. 지금 당장 곤란하다면 명년 재개시에 따로 좋다.

한국측: (이상덕) 종류별, 등록현물별로는 조사가 되어있으나 소유자별로는 되어있지않다.

오시오기: 사채는 민간회사와의 관계도 있고 등록국채는 우리측

에서도 확인할수없으면 안되기 때문에 알수있는대로 구별을 하여달라.

한국측: 그러면 알수있는데까지 알려주겠다.

오시오까: 제6항의 주식과 여기의 주식은 어떠한 관계가 있는가.

한국측: 관계가 없다. 제 6항은 일반적, 원측적인 것이다.

일본측: 그러면 일본계 통화에 들어가자.

한국측: 일본계 통화는 금액으로 해서 1,525,493,702원 13전 이다.

일본측: 통화별 내용은 알수 있는가.

한국측: 대별하면 일본은행권이 1,491,616,748원 과 6,442,831원 이고 일본정부 지폐가 23,800,042원 90전 과 1,781,538원 50전 일본군표가 216,183원 36전, 일본은행 소액지폐가218,301원 65전 중국중앙준비은행권이 1,418,056원 72전, 이상과 같다.

일본측: (우라베) 일본은행권은 금액을 둘로 나누고 있는데 나눈 이유는 뭣인가.

한국측: 별로 나눌 필요는 없는것이나 전자는 소각한 것이고 후자는 현물이 있는것이다.

일본측: 소각한것은 일본은행권 만인가.

한국측: 그 외에도 있다. 소각한 내용은 일본은행권이 1,491,616,748원 일본정부 지폐가 23,800,042원 90전 일본 군표가 216,183원 36전 중국중앙 준비은행권이 1,418,056원 72전이다.

일본측: 소각에 관한 자료를 받지못하였는데 증거가 될만한
것을 줄수 없는가. (우라베)
한국측: 소각할때 일본은행 직원이 입회한 기록이 있다.
일본측: 동란중 소실한것도 이안에 들어있는가.
한국측: 그것은 안들어있다.
우라베: 일본은행권의 6,442,831원은 현물을 가지고 있다는 뜻인가.
한국측: 그렇다.
오시오가: 현물을 가지고 있는것은 어느 어느 것인가.
이상덕: 현물을 가지고 있는것은 일본은행권 6,442,831원 만이고
남어지는 소각한것인데 그중 약 2백만원은 동란중 일본측의
입회없이 소각하였다.
일본측: 통화를 청구하는 근거는 뭣이며 또 그 소유자는 알수있는가.
한국측: 그것은 전부 조선은행이 소유하고 있는것이다.
우라베: 한국 국민이 상금 가지고 있는것은 없는가.
한국측: (이상덕) 지금은 없을것으로 안다. 개인이 가지고 있던
것은 교환하여 모두 조선은행에 집중하였다.
오시오가: 미발행권은 없는가.
이상덕: 제 5차 회담때에도 이야기 하였지만 그러한 것은 있을리
없다.
우라베: 지불하느냐 안하느냐 하는것은 상부에서 결정할 문제이지만
이밖에도 후에 개인이 가지고 와서 지불하여 달라고 할 경우도

있을지 모르는데 그러한 때에 문제가 된다고 본다.

사꾸라이: 개인 소유분이 조선은행에 집중된것은 조선은행이 폐쇄

되기 전인가.

이상덕: 물론 폐쇄되기 전이다.

오시오가 :국회에 대한 설명 자료도 되는데 소각시의 증거자료를
우라베

줄수 없는가.

김대표: 자료를 주도록 하겠다.

이상덕: 입회자가 싸인한 기록이 있다.

우라베: 전번 회의 에서도 이야기 한바가 있어서 의론을 반복하지는

않겠느나 일본측의 입회없이 소각한 이유는 몇인가.

이상덕: 그 금액은 얼마 되지 않는데 그에 관한 장부등이 있으므로

신용하면 어떤가.

우라베: 소각한것은 의론이 있었으나 입회없이 소각한것은 문제 가

된다고 본다.

사꾸라이: 소각은 언제 하였는가.

이상덕: 1946년과 1947년 에 두 차례에 걸쳐 소각하였다.

사꾸라이: 전부를 소각한다고 하기에 입회하였던것인데 남어있는

것은 무슨 이유인가.

이상덕: 어떤 형편에 의하여 조선은행에 남아있던것이다. 그러나

그 금액은 얼마 되지 않는다.

오시오까 : 소각한 취지를 명확히 하지않으면 안된다고 보는데 그 이유는 뭣인가.

그법촌 : 우리가 가지고있는 영문 자료를 보면 그 안에 구체적인 이유가 기재되어 있다.

일본측 : 소각에 관한 자료는 나중에 받기로 하고 일본은행권과 일본정부 지폐는 모르나 군표와 중국중앙 준비은행권은 괴뢰 정권이 발행한것이기는 하나 배상과의 관련도 있는것이므로 문제가 된다고 보는데 여하튼 후일에 다시 우리측 의견을 이야기 하겠다.

오시오까 : 각지 우편국에서 압류한 일본은행권이 약 3억원 된다는 이야기가 있는데 여기에서 청구한는 것과 우편저금과는 그만큼 중복된 것같은 감이 드는데 어떤가.

한국측 : 그럴리는 없다. 압류되었다고 하는데 그것은 몰수를 의미 하는뭣인가.

일본측 : 한국인이 우편저금에 예입할때 그 금액중에 일본은행권이 섞여 예입된 경우등을 말한다. (오시오까)

한국측 : 일본은행권은 조선은행에 집중되었는데 불법으로 집중된것이 있다면 몰라도 그외에는 중복될리 없다고 본다.

일본측 : (오시오까) 이것은 기술적인 문제인데 가령 우편저금에 예입한 현금중에 일본은행권이 섞여있어서 그 일본은행권을 청구한다면 일본은행권으로도 청구하고 우편저금으로도 청구하는

결과가 되어 중복될 것이 아니야 하는 뜻이다. 중복된것 같은 감이 든다.

정해섭: 한국인 개인이 예입한 우편저금은 개인의 청구권을 기초로 하여서 청구하는것이고 일본은행권은 조선은행이 가지고있던 통화관계를 기초로 하여 청구하는 것이므로 그 청구권자의 주체가 다른것이어서 중복되었다고는 볼수 없다.

그범준: 중복되었다는것은 어느 특정일의 어느 순간을 상정한 이야기인것 같은데 그와같이 순간적으로 중복되는 경우도 이론상 있을수 있을지 모르나 그렇게 짧은 시간에 (예를 들면 영업마감시의 30분 가량의 시간내에) 계산차고에서 중복되는 부분이 있었다하드라도 기십만원이면 몰라도 3억원이나 중복 된다는것은 이해할수 없는 말이다.

오시오끼: 금액은 확실치 않으나 이 문제는 이정도로 하자.

한국측: 제 5항의 3 은 한국인 피징용자의 미수금 관계인데 여기에는 임금, 봉급, 수당등이 포함되며 그 금액은 약 2억 5천만원 가량이다.

일본측: 피징용자는 일본에서 징용된자들인가.

한국측: 그렇다.

일본측: 그 수자의 근거는 무엇인가

이상덕: 종전후 한국인 피징용자들은 봉급, 수당등을 받지않고 귀환 한것이 있다. 그러한 자료를 일본측이 가지고있다고 들었는데

1950년 스캡 당국으로부터 통고하여 온것이다. 제 5차 회담 때에도 그러한 자료가 일본측에 있다는 말이 없었다.

우라베: 공탁한것이 있으나 재일 조선인의 강요로 회사측에서 지불한것도 있다고 듣고있다. 2억 5천만원은 어떠한 방식으로 조사하였는가.

한국측: 아까 이대표가 이야기한것과 같이 스캡에서 온 서장이 있다.

일본측: 그러면 그 서장의 사본을 줄수 없는가.

한국측: 주관자는 일본인데 일본측에 자료가 있지않은가.

우라베: 정부 관계는 조사해보면 알수있으나 개인회사 관계는 알수 없다.

한국측: 그것든 일본정부를 통하여 행한것이니 정부에서 알수 있을것이 아닌가

혼 마: 종전후 혼란때문에 확실한 자료가 없다. 조사는 해보겠으나 뭣이든 근거될만한 것이 있으면 좋겠다.

이상덕: 사본을 주어도 좋으나 일본측 수자가 머 크지않을까 생각한다.

일본측: 가능한 한 조사해보겠다.

한국측: 주관자가 일본정부인데 일본정부에서는 알수있는일이 아닌가. 우리로서는 지금 이것을 조사할 방법이 없다.

일본측: 자료에는 공탁되었다고 있다고 쓰여져 있으나 일본측 수자는 1억정도에 불과하다. 귀측의 자료에는 얼마로 되어 있는가.

한국측: SCAP 으로부터 받은 서면의 금액을 보면 237,000,000원으로 되어있다.

일본측: SCAP은 무슨 근거가 있었을것이므로 그 사본을 줄수 없는가.

한국측: 주겠다.

일본측: 그러면 그 사본을 받기로 하고 다음으로 진행하자.

한국측: 제5항의 4는 한국인 피징용자에 대한 보상금인데 이것은 과거 일본에 강제징용된 한국인이 그 징용으로 말미아마 입은 피해에 대하여 보상을 청구하는 것이다. 태평양 전쟁을 전후하여 다수의 한국인이 노무자로서 또는 군인 군속으로서 일본에 강제징용 되었다. 우리측이 조사한바에 의하면 태평양 전쟁 전후를 통하여 일본에 강제징용된 한국인은 노무자가 667,684명 군인 군속이 365,000명으로서 그 합계는 1,032,684명에 달하며 그중 노무자 19,603명과 군인 군속 83,000명 합계 102,603명이 부상 또는 사망하였다. 우리 국민은 일본인과는 달리 단지 일본의 전쟁수행을 위한 희생으로서 강제징용 되었던 점에 비추어 사상자에 대한 보상은 물론 생존자에 대하여도 그 피해에 대하여 보상을 청구하는 것이다. 금액은 이대표가 설명하기로 하겠다.

이상덕: 전번 회담에도 이야기 하였지만 이 피징용자에는 노무자 외 군인 군속을 포함한다. 보상금은 생존자에 대하여 1인당 200불, 사망자에 대하여 1인당 1,650불, 부상자에 대하여 1인당 2,000불로 하여 그 금액은 각기 생존자가 186백만여불, 사망자가 128 백만여불, 부상자가 5천만불이다.

요시오까: 피징용자에는 군인 군속을 포함한다고 말하였는데 전후의 피징용자에서도 그런가.

이상덕: 그렇다.

일본측: (요시오까) 조선에서 징용된자도 포함하는가.

이성덕: 포함되어있지 않다.

요시오까: 군인 군속도 그런가.

이상덕: 그렇다.

우라베: 조선에서 징용된자를 포함하지 않은것은 무슨 이유인가.

이상덕: 한국내에는 실제 그 수가 그리 많지 않았고 또 자료도 불충분하여 포함하지 않았다.

일본측: 보상금의 기준은 뭣인가.

이상덕: 사망자와 부상자는 일본인에 대하여 보상하고 있는것을 기준으로 하였다.

요시오까: 군인, 군속, 징용자는 각기 기준이 다른데 그것을 어떻게 계산 하였는가.

이상덕: 징용자도 군인을 기준으로 하였다.

오시오까: 그것은 [illegible]적으로 계산한것인가.

이상덕: 그렇다.

일본측: 다음 생존자의 기준은 무엇인가.

이상덕: 생존자는 육체적, 정신적으로 입은 피해와 고통을 고려한 것이다.

오시오까: 피징용자를 조선의 각지역으로 구별할수 없는가.

한국측: 주로 일본 서적을 자료로 하여 거기에 나오는 수자를 기준으로 하였는데 이러한 서적들은 대체로 일본에 온자만을 다루고 있다.

우라베: 어떤 결론이 될지 그것은 별도로 하드로도 기본적으로는 인원수등을 규명하여야한다고 생각한다.

한국측: 우리측은 다음과 같은 문헌을 참조해서 인원수를 확정하고 있다. 노무자관계는 일본 후생성 발표, 미합중국 전략폭격 조사단의 Overall Economic Effect, 일본 외교학계편 "태평양 전쟁 종결론" 박재일 저 "재일조선인의 종합 조사연구" "소화사" "Far Eastern Economic Review" 등을 기준으로 하였다. 이점도 일본측에 더 상세한 수자가 있을것으로 본다. 군인 군속은 일본외무성 조사월보, 일본후생성의 "인양 원호 기록", 일본 경제안정본부의 "태평양 전쟁으로 인한 아국의 피해상황" 등을 기준으로 하였다.

일본측: 우리측에서도 조사해보겠으나 지금 이야기한 저서의 명층

등을 적어서 내일이라도 줄수 없는가

한국측 : 어떤것은 서로 충분히 토의하지 않으면 안된다고 보는데 수자문제는 내년 재개시에라도 좀더 충분히 상호대조하기로하면 어떤가.

오시오가 : 지금 알수있는 자료만이라도 줄수없는가. 우리측에서도 후일에 비난을 받지않기 위해서 수자를 확인하여야 하므로 아는 자료는 속히 주었으면 좋겠다.

한국측 : 그 외 질문은 없는가.

우라베 : 한국측이 생각하는것을 대강은 알았다. 엄밀히 한다면 부상자라 할지라도 부상정도를 알아야하고 사망자의 경우 언제 사망하였는가 사망의 원인은 무엇인가 당시 사망자에 대하여는 매장료를 지불하였는데 그것은 후에 달라졌지만 이러한 매장료의 지불은 어떻게 되어있는가등을 확인하지 않으면 아니되므로 상호간의 수자를 대조하는 작업은 아무래도 필요하다고 본다.

오시오가 : 한국측의 수자는 실제 조사한것이 아니고 자료에 의거한것인가.

이상덕 : 불확실하지만 일부는 조사한것도 있다.

일본측 : 한국측의 주장을 확실히 하기위해서는 자료를 명재히하지 않으면 안된다고 생각하는데 한국측의 생각은 대체로 알았으므로 오늘은 이정도로 하면 어떤가.

우라베: 그러면 제4항에 관한 한국측의 메모를 내일까지 주었으면 좋겠다.

한국측: 내일까지 주겠다.

일본측: (오시오까) 보상금은 이것만으로도 3억여불이나 되는 금액인데 우리는 결론적인 수자만을 들었을 뿐이므로 좀더 상세한 설명을 들어야 하겠다.

한국측: 그러나 회의는 앞으로 한번 밖에 남지 않었으므로 그것을 토의할 시간이 없지 않는가.

우라베: 재개시는 전문가회의라도 만들어서 이문제를 좀더 철저히 토의하자. 금액도 큰데 단한번만의 회의로서는 부족한 감이 없지 않다.

한국측: 우리들로 그러한 감이 없지 않다. 다음 공식 회의에서 그것을 철지히 하도록 하자.

이상덕: 다음 회의 까지 비공식회담이라도 한번만 더 가졌으면 좀더 상세한 이야기를 할수있다고 생각하는데 일본측 형편은 어떠한가.

우라베: 예산관계도 있고 또 이문제는 후생성, 노동성, 운수성 의 3성에 관계되는것이기 때문에 대단히 어렵다고본다.

미야가와: 단 한번만의 회의로서는 결론은 도저히 나오지 않을것이므로 이문제는 전문가회의에서 취급하는것이 좋으리라고 생각한다. 내년 재개시에 소위원회와 병행해서 하기로 하고 다음회의 (12월 21일 목요일) 에서는 6,7,8 항에 대한 한국측의 대체적인 설명을 듣고 우리측에서도 대체적인 의견을 이야기하도록 하는것이 어떠한가.

한국측 : 좋겠다.

고범준 : 아까 말한 잔여재산의 분배상황에 관한 일본측 서면은 다음 회의 전까지 우리측에 줄수 없겠는가.

일본측 : 소관국장은 문외불출의 수자라고 하나 독촉하여 얻도록 해보겠다. 우리측에서 요구하는 한국측 자료도 있는것은 우리에게 주고 준비되어 있지않는것은 내년에라도 주었으면 좋겠다.

한국측 : 좋다. 그러면 오늘회의는 이정도로 하고 신문발표는 제5항의 4가지 들어가 서로 의견을 교환하였다는 정도로 하자.

일본측 : 좋다.

끝.

유첨 : 김수석위원 발언 요지

[illegible] 발언 요지

전회의 소위원회 회합에서 한국측 청구 제4항에 대하여 일본측이 낭독하신 견해에 대하여서는 이미 동회합에서 한국측의 즉각적인 견해를 표명하여둔바 있으나 일본측 요청에 의하여 한국측 견해를 다음과 같이 재천명하고저 합니다.

한일회담에서의 한국 [illegible] 제4항에 관한 한국측의 주장

제1. 한일회담에서의 한국청구 제4항은 한국에 본점, 본사, 기타 주사무소를 둔 법인의 재일재산을 청구하는 것으로서 이를 한국 법인이라고 함은 동법인의 구성원 (주주등)의 국적이 한국이라는 것이 아닙니다. 법인의 국적문제는 그 구성원의 그것과는 전연 별개의 관념으로서 일본 본토와 한국 (구조선)은 종전전에 있어서도 법역을 서로 달리하였는바, 전기 법인은 모다 한국 (구조선)에만 시행되는 법에 의하여 설립되었을뿐아니라 그 주사무소가 한국 (구조선) 에 설치되어 있든 법인입니다. 그뿐아니라 특히 조선 은행은 구한국의 중앙은행이었던 구 한국은행을 계승한 법인으로서 이상 제법인이 한국법인임은 이론의 여지가 없다고 생각합니다. 그리고 이 결론은 미군령제 33호의 적용의 결과가 아닙니다. 따라서 이상 법인의 재일재산에 대한 소유권은 동 군령에 의하여 취득한 것이 아닌 동시에 동군령에 의하여 좌우되는것이 아닙니다. 즉 동군령의 적용대상은 그 법인 자체가 아니고 동법인의 일본인 소유주식에 불과 하므로 동법인의 재일재산에 대한 소유권은 종전 전후를 통하여 조금도 변동이 없읍니다. 법인의 재산이 주주의 유에 속한다는것은 다만 경제적 관념으로만 이해된다고 봅니다.

제2. 그리고 군령 제33호에 의하여 일본인 소유주식이 귀속 (vested) 되었다는 점은 시인하면서 그 내용에 있어서 문제가 있다고 하시는

いわゆる閉鎖機関及び在外会社が日本国内に有していた財産の処理について

（36.12.15.宮川主査.発言要旨）

いわゆる閉鎖機関及び在外会社が日本国内に有していた財産を如何に処理したかについて、御要望もあり次のとおり説明いたします。

1 法的根拠について

(1) 閉鎖機関については、SCAPIN74号等一連の連合国最高司令官の命令及びこれを受けて制定された「閉鎖機関令」等一連の日本法令。

(2) 在外会社については、SCAPIN1965号等一連の連合国最高司令官の命令及びこれを受けて制定された「旧日本占領地域に本店を有する会社の本邦内にある財産の整理に関する政令」（以下在外会社令という）等一連の日本法令が根拠となつております。

2 対象財産について

旧朝鮮地域に本店を有していた法人で、閉鎖機関に指定されたものは4社(朝鮮銀行、朝鮮殖産銀行、朝鮮信託株式会社及び朝鮮金融組合連合会)、在外会社に指定されたものは朝鮮金融組合連合会の単位組合である金融組合及び産業組合のほか348社(北朝鮮に本店を有していた法人を含む。なお、このうち161社は日本国内に財産がないため指定を解除されている)であり、これら法人が日本国内に有するすべての財産であります。

(イ) 閉鎖機関について、SCAPIN74号は、これら機関の日本国内のすべての資産を差押えたのであり、SCAPIN163号及びSCAPIN1253号はその清算を命じております。すなわち「閉鎖機関の債務支払手続に関する閉鎖機関整理委員会及び日本銀行宛指令」

("Instructions to CILC and Bank of Japan of Procedure for Payment of claims of Closed Institutions" 11, July, 1947)は

「国内財産は国内債務の支払に充てるものとする。この結果在外債務は清算手続に入らないことになる。」

（"Domestic assets are to be used for payment of Domestic claims and corollary thereof is that foreign claims will not enter into this procedure."）

と明示しております。またこのほか占領軍の承認を得て制定された閉鎖機関令においても第一条に「その本邦内における業務を停止し、その本邦内に在る財産の清算をなすべきもの」と明白に規定しているのであります。

(ロ) 在外会社についても SCAPIN 1965号は、「旧日本占領地域に本店を有する会社の本邦内にある総ての財産の清算を実施すること」("effect the liquidation of all property in Japan of Companies with head offices in areas formerly occupied by Japan")

と規定し、またSCAPIN 1965／1は、「旧日本占領地域に本店を有する会社の本邦内にある財産は、本邦内において在外本店が所有し、または請求権を有するすべての財産を含む。」("property in Japan of companies with head offices in areas of former Japanese occupation will include all property located in Japan owned or claimed by the head office abroad")

と明記しており、占領軍の承認を得て制定された在外会社令第一条は「本邦内にある財産」を整理すると、明白に定めているのであります。

3　清算手続

上記のごとく、国内財産と国外財産を分離し、国内財産を清算の対象として、これに対する債権者への弁済、株主に対する残余財産の分配を行うことを趣旨としているのであります。

そして、残余財産の分配は、日本国法に基づいて合法的に株式を取得した全株主に対し行う建前となつて居り、株主に対する残余財産の分配分で未だ分配を完了していない分は、現に保管又は供託中であります。

4　清算の結果

(イ)　閉鎖機関

朝鮮銀行は残余財産をもつて新会社日本不動産銀行を設立し、清算を結了しました。朝鮮銀行の株主に対しては、現金による残余財産の分配に代えて新会社日本不動産銀行の株式を交付しており、未だ交付を完了していない新会社の株式については、新会社日本不動産銀行において、当該株券を保管中であります。

朝鮮殖産銀行は社債の一部の支払を行つたのみで、清算を結了しました。従つて残余財産の分配は行われるに由なかつたのであります。

朝鮮信託株式会社は残余財産を分配し、清算を結了しました。株主に対する分配金で未だ分配を完了していない分は保管中であります。

朝鮮金融組合連合会は資料の不足もあり、まだ清算は結了しておりません。

(ロ) 在外会社

日本国内に財産を有していた184社の整理を結了し、現在整理中のものは朝鮮金融組合連合会の単位組合である金融組合及び産業組合（金融組合は614、産業組合は21あつたと言われている）のほか3社であります。

在外会社についても、残余財産の処理にあたり、新会社を設立し、現金による分配に代えて、新会社の株式を分配したものがあり、かかる会社も然らざる会社も、未だ分配を完了していない分は供託中であります。

14. JW-12268 청구 요강 제6항의 변경 건의 전문, 1961. 2. 18

한국 외교문서 750, 제6차 한일회담 청구권위원회 회의록, 1-11차, 1961. 10. 27-62. 3. 6

대일청구 요강 제6항의 변경에 관한 대표단 건의 문서(전문)다.

대표단은, 제6항을 "요강 제1 내지 제5항에 청구권의 범주에 속하지 않는 권리로서 한국인(법인 및 자연인)이 일본 정부, 일본인(법인 및 자연인)에 대하여 가지고 있는 것에 관하여는 한일회담 성립 후일지라도 각 해당 한국인이 이를 행사할 수 있음을 인정하되 해 권리에 관한 시효는 한일 국교가 정상화될 때까지는 진행되지 않는 것으로 할 것"으로 바꿀 것을 본부에 건의하였다.

대한민국 외무부

번 호: JW-12268

일 시: 101700

수 신 인: 외무부 장관 귀하

6개 항목중 6항을 아래와 같이 변경함이 좋다고 생각되는바 이 건의에대한 찬부를 지시하여주시기 바라나이다. 또한 이 안이 허용된다면 요강 제 5항중에 포함된 주식에 관한 청구는 본항에 포함되는것으로 하고 이를 제5항에서 삭제함이 가하다고 사료됨. 의제-본 한일회담 토의요강 제 7 내지 제 5 항의 청구권범위에 속하지 않는 권리에 관한 원측적 주장- , 청구의 취지- 요강 제1 내지 제5항에 청구권의 범주에 속하지 않는 권리로서 한국인(법인 및 자연인)이 일본 정부, 일본인(법인 및 자연인)에 대하여 가지고있는것에 관하여는 본 한일회담 성립후일지라도 각 해당 한국인이 이를 행사할수 있음을 인정하되 해 권리에 관한 시효는 한일국교가 정상화 될때까지는 진행되지 않는것으로 할것.

수석대표

15. WJ-12175 일반청구소위원회 지시사항 전달 전문, 1961. 12. 19

한국 외교문서 750, 제6차 한일회담 청구권위원회 회의록, 1-11차, 1961. 10. 27-62. 3. 6

요강 제6항의 변경관련 대표단 건의에 대한 본부의 승인 내용을 통보하는 문서(전문)다.

대 한 민 국 외 무 부

암 호

종 별

번 호: WJ-12175

일 자: [illegible]

수 신 인: 한일회담 수석대표

대: JW-12268호

일반청구권 소위원회 관계로 다음 사항을 지시합니다.

1. 대호 전문으로 건의하신 우리측 청구 제6항의 변경을 승인함.

2. 동 6항을 변경하는 이유에 관하여 일본측이 구체적인 설명을 요청할 시에는 제5차 회담시 외정 (아) 제1422호 (4293. 12. 3)로 송부한 바 있는 신가파 고려인회 관계 소각 군표 (남방개발금고에서 발행한 것), 월남 거주 교포 "김 태 성"의 대 일본 정부 청구 사항(귀 대표단 일반청구권 소위원회에서 관계 서류를 1부 보관중임) 및 화재 보험 청구 관계 등을 예로 설명하는 것이 좋을 것으로 사료함. (정. 아)

장 관

16. 일반청구권소위원회 제8차 회의 회의록, 1961. 12. 21

한국 외교문서 750, 제6차 한일회담 청구권위원회 회의록, 1-11차, 1961. 10. 27-62. 3. 6

1961년 12월 21일 개최된 제6차 한일회담 일반청구권소위원회 제8차 회의 회의록이다.

양측은 제5항목에 대한 토의를 계속하였다. 이어 한국 측은 청구요강 제6항목을 "한국인(자연인 및 법인)의 일본 정부 또는 일본인(자연인 및 법인)에 대한 권리로서 이상의 요강 제1항에서 제5항에 포함되지 않은 것은 한일회담 성립 이후라 해도 개별적으로 행사할 수 있음을 인정할 것"으로 변경할 것을 요청하였으며, 일본 측은 이에 반대의 입장을 표명하였다.

한국 측은 또한 청구 금액의 엔 대 미불화 환산율을 15:1로 할 것을 제의하였다.

일반청구권 소위원회 제6차 회의

회 의 록

1. 개회 일시: 단기 4294년 12월 21일 오후 4시부터 2시간

2. 개회 장소: 일본 외무성 회의실

3. 참석자:

한국측	김 윤 근	수석위원
	고 범 준	위원
	이 상 덕	〃
	정 매 섭	〃
	홍 승 희	〃
	김 낙 천	〃
	홍 완 섭	〃
	이 창 수	〃
일본측	미야가와(宮川)	주사
	요시오까(吉岡)	주사대리
	우라베(卜部)	부주사
	사꾸라이(櫻井)	보좌
	혼마(本間)	〃
	가네꼬(金子)	〃
	스기다(杉田)	〃
	모리모또(森本)	〃
	도모다(鞆田)	〃
	스께가와(助川)	〃
	오기소(木曾)	〃

오와다(小和田) 보좌

야나기야(柳谷) "

스기야마(杉山) "

와따나베(渡辺) "

히사이찌(久一) "

사사다(笹田) "

4. 토의내용 :

미야가와 : 오늘은 최후의 회의이고 시간도 없는데 어떤 방식으로 회의를 진행할 생각인가.

김 대표 : 전번회의에서 토의미진한것은 먼저 끝내고 그뒤에 선박 관계 전문위원회의 결과를 어떻게 처리할것인가를 결정하고 그 결정에따라 처리한후에 요강의 제6항까지 끝내도록 할 생각이다.

미야가와 : 요강 7,8,9에 대하여는 견해를 달리하는점도 있으나 연내에는 시간이 없기때문에 내년 재개시 상세한 의견을 이야기 하겠다.

김 대표 : 좋다. 그전에 일본측으로부터 폐쇄기관과 재외회사에관한 일본측 주장의 메모를 받았는데 의문나는점, 견해를 달리하는점도 있으나 일본측이 그렇다면 우리도 내년재개시 하겠으나 단지 잔여재산중 한국인 재산처리에관한 자료를 주면 다음으로 진행하여도 좋다고 본다.

미야가와 : 폐쇄기관과 재외회사에관한 [illegible] 및 재외채권자 즉, 재외 주주를 위하여 유보한 재산의 처리에관하여는 관계당국에 요청하였으나 거절하는것은 아니지만 예산관계도 있고 그 자료가 방대하고 복잡하며 또 기구도 달라졌기때문에 미처 준비하지 못하였다. 이자료는 내가 성의를 가지고 내년 재개시에 제출하도록 노력하겠으니 양해하여주기 바란다.

김 대표 : 그러면 그 자료는 휴회중이라도 우리 대표부를 통하여 보내 주었으면 좋겠다.

미야가와 : 될수있는대로 노력하겠다. 아까 말한바와같이 요강 4에대하여 일언어발은 한국측 주장에 대한 일본측의견은 다음에하겠으나 우선 한마디 소견을 말하겠다. 요강 4에 대하여 한국측은 종전전부터 한국법인이라는데 그 근거를도고 있으나 에에대하여는 근본적으로 소견을 달리하고 있다. 지역적으로 볼때는 구 일본영토이고 또 그 준거 법규는 한국법이 아니고 일본법이 였기 때문에 한국법인이라는 메는 동五하기 곤난하다.

김 대표 : 지역적으로 볼때에는 구 일본통치하의 지역이 였더라도 법역이 별개이었고 또 준거법도 한국에만 실시하기위한 법율이었음으로 한국 법인 이라고 하는것인데 이러한것을 오늘 이자리에서 되풀이 하고 싶지는 않으나 그 점을 밝혀두는 바이다. 그리고 전문가회의는 어떻게 취급할 생각인가.

미야가와 : 김 주사도 보고를 받었겠지만 나도 보고를 받었으나 쌍방에서 검토하지 않은점도 있고 또 자료를 어떻게 취급할것인가 하는 문제도 있다. 자료를 어떻게 취급할것인가 하는 관계정과도 의논하여재개시 검토하기로 하겠다.

김 대표 : 그러면, 전문가 회의는 일단 끝난것으로 하고 각기 받은 보고를 어떻게 취급할것인가는 내년 재개시에 이 소위원회에서 결정하자는 뜻인가.

미야가와 : 그렇다.

김 대표: 그렇다면 그렇게 하기로 하자.

미야가와: 그리고 요강 2,5에 관하여 자료를 주기로 되여있는데 준비되어 있는가.

김 대표: 준비하고 있다. 자료는 이회의가 끝난후에 주도록 하겠다.

우라베: 준비된 자료는 어떠한것인가.

김 대표: 유가 증권 명세표, 일본은행권등 소각증명서, "스캐핀"에서 통고해온 한국인 피징용자 미수금관계 서장(스캐프), 피징용자 인원수 조사표 및 인원조사 문헌표 등이다.

외시오가: 그외 보상금 금액 산출의 금액에 관한 자료는 준비 되어 있는가.

이 대표: 그것은 준비 되어 있지 않다.

요시오가: 그것도 내주기 바란다.

김 대표: 내보도록하겠으나 일본인에게 주는것과 같은 계산임으로 일본측에서도 알것으로 생각한다.

우라베: 그러면 제 5항의 5에 들어가자.

김 대표: 그전에 일전에 설명한 보상금 관계에 대하여 혹시 착오가 있으면 안됨으로 한마디 보충할 것이 있다.

(이상덕) 보상금관계 설명에 있어서 한국내에서 징용된자를 포함하는가의 질문에 대하여 포함하지 않는다고 말하였는데 그것은 노무자만을 포함하지 않었다는 것이며 군인 군속은 임지를 묻는것이기 때문에 포함된것이다. 오전에도 그런 뜻으로 설명한것이지만 그점 오해 없기를 바란다.

미야가와: 잘 알었다.

김 대표 : 제노역의 는 한국인의 대일본 정부청구이며 이것은 연금 기타로 되어있으나 기타는 기탁금 관계이다. 연금은 과거의 소위 은급인데 이것은 또 연금과 일시금으로 구별되어있다. 그 청구액등에 대하여는 이대표가 설명하기로 하겠다.

(이상덕) 금액은 연금은 35,120 명에 289,645,000 원이고 일시금은 20,268명에 16,549,870 으로 합계 55,388명에 306,194,870원이다.

요시가와 : 은급은 문관의 군인 군속을 포함하는가.

이 대표 : 포함 한다.

요시오까 : 군인 군속과 민간의 구분은 아는가.

이 대표 : 구분은 모른다.

요시오까 : 문관은급은 국고에서 지불되는것도 있고 지방정부나 조선의 지방 자치단체에서 지불되는것도 있어서 그 종류가 많아 복잡한데 문관은급은 어느 범위내의 것인가.

이 대표 : 자원출처 관계는 조사되어 있지않으나 해당자 소속 관서별로는 알고있다.

요시오까 : 소속관서별로도 대체로는 알수있을것이다. 그러면 그금액은 일년분인가.

이 대표 : 1년분을 산정해서 20년만 보았다.

요시오까 : 언제 부터 기산하여 20년인가.

이 대표 : 종전후 부터이다.

요시오까 : 조사 자료는 관서별인가.

이 대표 : 그렇다.

김 대표 : 1946년 미군정청에서 각 우편국 또는 우편소를 통하여 조사한 것을 기초로 하였는데 어느 정도 정확한지는 모르겠으나 일본측에서 말하고 있던 금액보다는 적은것이다. 은급관계는 오히려 일본측에 정확한 자료가 있을것이다. 은급관계는 귀측에서 어떻게 처리하고 있는가.

요시오까 : 우리도 잘모르나 은급국에서 재정한것이외에는 모르는것이 사실인것 같다.

이 대표 : 재정분은 어떻게 되어 있는가.

우라베 : 그것은 재정한 이상 기록이 있어서 명확하나 인원수에관하여는 전에 이야기한 기억이있으나 지금 자료를 가지고 있지 않기때문에 확실치 않다.

요시오까 : 미 재정분도 들어 있다고 하는데 그것은 어떠한 방식으로 계산 하였는가.

이 대표 : 신청중에 있든것을 자료로하여 계산 하였다.

우라베 : 일시금이 있는데 그것이 미재정분을 의미하는것인가.

이 대표 : 그렇치 않다. 일시금에도 재정분 미재정분이 있다.

요시오까 : 미 재정분은 얼마나 되는가.

이 대표 : 지금 즉답하기 어려우나 일본측은급국에 있는 자료와 우리의 것과 서로 대사 하도록 하자.

요시오까 : 그렇게 할수밖에 없는것이다. 귀측 생각의 대강은 재정분과 신청중의 분이라는 뜻인가.

김 대표 : 그렇다.

요시오까 : 전의 보상금과 이 은급과는 어떠한 관계가 있는가.

중복되지는 않는가.

김 대표 : 중복된것은 아니다.

요시오까 : 상병은급은 포함하지 않는가.

이 대표 : 포함하지 않는다. 이것은 보통은급 뿐이다.

요시오까 : 그러나. 전의 사망자의 대한 보상금 1,650불의 산출기초를 알면 그간의 사정은 잘 알수 있는것인데 생존자에 대한 보상금 200불은 별로 기초 라는것이 없을것이지만 사망자에대한 보상금은 어떻게 계산한것인지 그것을 알고싶다.

김 대표 : 내가 아는 한에서는 평균하여 지금의 일본의 원호법의 중간을 취한것으로 생각한다.

요시오까 : 종전후 시기에따라 보상액이 다른데 어느 시기의것을 택하였는가.

김 대표 : 현재 시행중인 것이다.

요시오까 : 20년이라고 한것은 어떤생각에서인가.

김 대표 : 평균수명으로 보았다.

요시오까 : 은급법에는 일본인에게 한하기로 되어있으며 이것은 법적 지위와도 관계가 있는데 일본인이 아니라도 은급을 달라는 의미인가.

김 대표 : 기금을 지출하였기 때문에 그관계를 고려에 넣은것이다.

요시오기가 : 그것은 보험과는 달리 명목적인것에 불과하다. 여하튼 한국측의 취지는 잘 알었는데 이것은 전문가로 하여금 대사 시키도록 하여야 하겠다.

김 대표 : 다음은 기탁금인데 이것은 종전후 재일 한국인이 귀국할때 일본정부에 예탁한것을 청구 하는것이다.

우라베 : 이것은 세관에서 보호 예수한것인가. 그 금액은 얼마나 되는가.

이 대표 : 이것은 셋으로 나누어 지는데 일본세관이 보관하고 있는것이 10,510,200원 58전, 이것도 세관에서 보관하고 있는것으로 인정되는 것이나 일본정부가 한국인 귀환자에 대하여 일본은행권을 조선은행권으로 교환해준것이 48,714,680원. 그리고 구 조련에 기탁하였으나 후에 일본정부에 압수된것이 54,5 0,000원이다.

요시오기가 : 둘째번의 일본은행권과 조선은행권이 교환되었다는 것은 무슨 뜻인가.

이 대표 : 귀환자를 위해서 일본은행권을 조선은행권과 교환받은것이다.

우라베 : 귀국에서 조선은행권을 가지고 왔다는 의미인가.

이 대표 : 그렇다. 한국인 귀환자가 가지고 있는 일본은행권을 조선은행권과 교환하기 위하여 미군정부에서 제공한것이다.

김 대표 : 이경우 일본은행권을 반환하라는 뜻은 아니고 그 대가를 반환하라는 것이다.

미야가와 : 교환대전을 못받었다는것인가.

김 대표 : 그렇다.

우라베 : 세관에 기록이 있을가.

요시오까 : 첫재것은 세관에 있다고 보나 둘째재것은 있을지 없을지 조사해보지 않고서는 모르겠다.

이 대표 : 우리에게는 결제된 흔적이 없고 그 당시 제공한 그대로 남아 있다.

요시오까 : 조련에 기탁이란 무엇인가.

이 대표 : 귀환자의 소지금은 제한 되었는데 그 제한외의 금원은 조련 등에 예탁 하였던것이다. 그후 조련은 불법단체로서 해산되고 그 재산은 일본정부에 압수된것으로 알고 있는데 그 압수된 재산속에 들어 있든것을 말한다.

우라베 : 이것은 법무성 관계인데 사실관계를 조사 해보도록 하겠다.

요시오까 : 첫재것은 신고 시킨것인가.

김 대표 : 1951년 8월 7일 일본 대장성에서 (구마시로 명의) "스캐프"에 보낸 서장의 사본이 있다. 여기에는 조련것을 제외하고는 모두 명세가 나와있다.

요시오까 : 그러면 그 사본을 줄수 없는가.

김 대표 : 주겠다.

(미야가와 퇴석)

김 대표 : 다음은 제5항의 6인데 이것은 일본인 또는 일본 법인에 대한 청구로 되어있다. 제목은 일반적인것으로 되어 있으나 여기서는 한국인의 일본 생명보험 회사에대한 청구권에 한정하겠다. 이것은 한국인 개인이 종전당시까지 일본생명보험회사에 가입 [illegible]는 불입한것을 말하는것인데

상세한것은 이 대표가 설명하기로 하겠다.

이 대표 : 이것은 생명보험의 책임 준비금을 청구 하는것인데 그 금액은 438,000,000원이며 일본측의 관계회사는 19개 회사이다. 가입자의 명부는 없어졌으나 회사별로는 조사해둔것이 있다.

우라베 : 회사별로는 아는가.

이대표 : 안다. 우리가 듣기에는 일본측에서도 회사별로 분류하여 가지고 있는것이 있다고 들었다.

요시오까 : 회사별로된 표를 얻을수 있는가.

우라베 : 생명보험관계는 대단히 귀찮은것으로 생각 한다. 이것은 개인이 회사에 가서 청구할 성질의것이 아닌가.

김 대표 : 개인이 일일히 추심할수도없고 또 그 금액도 알고 있음으로 이 회담에서 토의하여 결정하자는것이다. 보험관계외에도 개인대 회사가 되면 실제문제로서는 대단히 어렵게 된다고 본다.

우라베 : 그러한 방법도 있으나 책임준비금이라면 회사별로 다르다고 보는데 그것을 어떻게계산하였는가. 또 금액이 큰데.

김 대표 : 전시중 저축 아니면 보험가입으로서 반 강제적으로 한것이기 때문에 그 금액이 큰것이다.

우라베 : 그러면 그것도 자료를 줄수 없는가.

김 대표 : 주겠다.

요시오까 : 한국측은 우편저금과 동일한것으로 보고 청구하고 있으나 청구측 입장으로 본다면 동일한것이 될려는지는 모르겠으나 생명보험과 같이 사기업의 경우는 우편저금과는 달라 청구할때 명부가 없으면 문제가 대단히 어렵고

김 대표 : 그렇게도 말할수 있으나 이것은 정부가 전연 관여 안한 것도 아니므로 정부대 정부로서 해결하자는 것이다.

우라베 : 무리하게 정부를 개입시키는것이 어떠할가 생각한다.

김 대표 : 다음은 제5항의 6 가항 인데......

우라베 : 이것은 제5차 회담때 청구할것이 없다고 들었는데......

이 대표 : 예정하고 있지않다고 말했을 뿐 없다고 이야기한적은 없다.

김 대표 : 이 항목은 토의를 보류한다는것이고 항목 자체를 삭제한다는 뜻은 아니다. 제 6항은 제목이 "한국법인 또는 한국 자연인 소유의 일본법인의 주식 또는 기타 증권을 법적으로 인정할것을 청구함"으로 되어 있으나 내용은 같으나 그 제목을 "한국인 (자연인, 법인을 포함함) 의 일본인 (자연인, 법인 을 포함함) 또는 일본정부에 대한 권리행사 에관한 원측"으로 변경 하겠다. 우리측이 주장하는 내용은 한국인 (자연인, 법인)의 일본인 (장연인, 법인) 또는 일본정부에대한 권리 로서 요강 제 1항 내지 제 5항에 포함되지 않은것은 한일회담 성립후라 할지라도 이것을 개별적으로 행사 할수있는것으로 한다. 이경우에 있어서는 양국간의 국교가 정상화 할때가지는 시효는 진행하지않는 것으로 한다. 이것을 너은 취지는 회담진행 도중에 여러가지 종류의 청구를 주장해오는것이 있는데 이것을 검토할 시간도 없거니와 과연 그 주장이 근거가 있는것인지 없는것인지도 알수 없기때문에 이것은 별개 취급으로하여 회담성립후라도 개인이 청구할수 있는길을 터 놓기 위한것이다.

오시오가: 제 1 항목 내지 제 5 항목에 들어 있는 개인 청구권 관계는 어떻게 되는가.

김 대표: 그것은 이회담에서 일괄하여 결정하게 되는것이므로 개인으로서는 주장할수 없고 그 외의것은 실제 있는지 없는지는 모르겠으나 있을경우에는 그 권리를 주장할수 있게 하자는것이다.

우라베: 오갑 5의 주식은 어떻게 되는가.

김 대표: 제 5항에서 제외되어 제 6항에 넣었다.

우라베: 국채등은 후에 개인이 가지고 올경우에도 그 지불을 하지않어도 좋다는 의미인가.

김 대표: 그렇다.

우라베: 그러나 그렇게되면 군령 33호 관계로 회담이 시초로 도라가게 되는 결과가 되지 않을가 우려된다. 모처럼 정부간에 결정을 보더라도 이런것이 있으면 곧 "루-푸 홀-" 이 남는것이 아닌가.

김 대표: 그것은 다시 정부간에 회담하는것이 아니고 개인적으로 청구하게 되는것이기때문에 "루-푸 홀" 이라고는 보지 않는다.

요시오가: 지금 미야가와 주사가 없기때문에 무어라 말할수 없으나 이문제는 상당이 이론이 있을것으로 생각한다.

김 대표: 그러한 개인의 청구권이 있다 하드라도 이회담에서 다시 토의하자는 것이 아니고 이회담은 이것으로 끝내고 그러한 청구권은 개별적으로 청구할수 있는길을 터 놓자는 의미이다.

우라베: 군령 제 33호와의 관계로서 한국인의 대일 부채는 없어지고 대일 채권은 회담 성립후에도 남는 [illegible] 하면 큰 문제가 일어나지 않겠는가.

김 대표 : 군령 33호와는 관계가 없다. 이것을 그러한 청구권이 성립하느냐 않하느냐를 정하는 단계까지는 가지않고 청구권이 있다고 주장할경우 재판소에서 재판하는 여지는 아죽 있게 하자는 것이다.

우라베 : 군령 33호의 효력은 법정시 소멸하는것으로 대항 요건을 넣으면 몰라도 군령 33호를 인정하고 그 무효를 주장할수 없는한 재판소에 소송이 되드라도 역시 문제가 된다고 본다.

김 대표 : 그것은 법률적으로 재판관이 지시하면 그 지시를 따라야하나 예를 들어 종전전부터 동경에 체납된 집세가 있는데 이것이 이회담의 의제에 들어있지 않다는데도 불구하고 이 회담이 성립되었다고 해서 이러한 개인 청구권이 없어지게 된다면 그것도 곤난한 문제가 아닌가. 따라서 이경우에는 회담과는 관계없이 개인간의 청구 또는 재판소에 소송을 제기 할수 있게 하자는 것이다.

요시오가 : 거꾸로 양측에 집세관계로 채권채무가 있을때는 곤난하지 않는가.

김 대표 : 재판소에 소송한다면 하등 곤난할것이 없지 않는가. 재판소의 명령이 있으면 그것은 별도로 당사자간에 채권채무를 정리 할수있는 길을 남겨두게 하자는것이다.

요시오가 : 이경우 상쇄하자고 주장할 경우에는 어떻게 되는가.

김 대표 : 그것은 재판관에 일임할 문제이고 상쇄하기로 된것이라면 물론 그것은 상쇄하여야 될것이다.

오시오기: 취지는 알겠으나 여태가지로 문제가 있다고 본다. 여타른 후엔 다시 우리측 의견을 이야기 하겠다.

우라베: 역시 곤난한 문제가 일어날것으로 본다.

김 대표: 일어나지 않을것이므로 안심해도 좋은것이다. 이조항은 오히려 설명적 조항이니가 일본측에도 의견이 있을줄안다. 그리고 6항목에 대한 취지와 내용을 메모로 해서 주겠다. (별첨 참조)

우라베: 일본측의 입장도 있음으로 그점은 신중히 생각해주기 바란다. 우리로서는 역시 자연인이나 법인관계의 청구권일체가 이회담에서 해결 되었으면 하는 희망이다. 또 일본에서는 개인관계의 사유재산권은 보호 한다는 입장을 취하고 있음으로이러한 항목을 넣지 않는다 하더라도 그 권리는 남게 될것이다.

김 대표: 그러나 회담에서 지금가지의 항목에 나온것이나 안나온것이나 모두 회담 성립이라는 이유로서 소멸된것이라고 하면 소송이 있을때 재판소에서 판단하는데 오히려 곤난할것이다.

우라베: 그러한 경우에는 회담에서 체결한 협정해석에 관하여 행정권과 사법권이 대립하는 결과가 되지 않는가.

김 대표: 별로 지장이 없을것으로 본다.

사구라이: 그렇게 된다면 군령 33호와의 관계로서 사적 청구권의 관하여는 근본적으로 재고 하지않으면 안되리라고 본다.

김 대표: 회담은 의제로 되어있는것, 즉 8개 항목에 들어 있는것을 해결

하자는 취지로 알고있다. 따라서 8개 항목에 들어 있는것을 있지 않은 개인 청구는 주장할수 있게 하고 재판소에서 주장할수 없는 것이라고 하면 몰라도 주장조차 할수 없게 한다면 그것도 곤난한 문제이다.

이 대표: 각 항목에는 기타가 있으나 여러가지 잡다한것이 있어서 그것을 전부 망라할수는 없음으로 역시 개별적으로 해결하는길밖에 방법이 없다고 본다.

우라베: 어떠한 예가 있는가.

이 대표: 남방에서 일본내 요고하마 정금은행으로 송금한 송금 수표를 가지고 온 경우등이 그 예인데 개인이 정금은행에 가서 일본법에 의하여 추심할수 있다면 추심하게 할수 있도록 하자는것이다.

우라베: 그런것은 비교적 간단한 예인데 찾을려면 찾을수 있는것이라고 본다. 내가 듣기에는 한국인 귀환자가 대판에서 예금한것이 있으나 아직 찾지못한것이 있다고 한다.

김 대표: 그러기 때문에 그와같은 예금 채권등을 이회담이 성립한후 청구 할수없는것이라고 하면 곤난하다고 하는것이다.

우라베: 지금의 예와같이 사유재산이 보호되고 있는 즉 무해한것 또는 형편이 나쁘지 않은것을 별문제이겠지만 그외의 경우는 간단한것이 않이므로 역시 곤난한 문제가 있다고 본다.

김 대표: 그러나 개인재산이 존중되는 경우라도 정부간에 일단 협정이 되면 이 회담을 방패로 거부하게 되면 곤난하다.

우마베: 한국측의 취지는 알겠으나 이것은 역시 문제가 크다고 본다. 지금 당장 결론을 낼 필요도 없는것임으로 일단 검토한 후에 다시 우리측 의견을 이야기 하도록 하겠다.

김 대표: 그외에는 별로 질문이 없는가.

일본측: 없다.

김 대표: 대체로 제 1 항목에서 제6항목 까지의 설명이 끝난는데 지금 까지의 우리측 주장을 요약하면 다음과같다. 우리는 청구항목의 대부분을 편의상 일본화폐인 원화로서 설명하였으나 그 지불은 1945 년의 일본원대 미 불화의 환율로 환산한 금액을 청구 하는것이다. 환율은 이론적으로는 1945년 8월 9일 현재가 될것이나 그직후 개정된 15대 1로 청구하는것이다. 그리고 지금 까지 이회합에서 토의를 보류한 사항이 있었는데 그 유보 사항과 각 항목의 기타로 표시된 항목은 전연 권리를 포기 하는것이 아니고 토의를 보류해둔다는 취지이고 또 지금 까지 한국측에서 제시한 수자나 자료 또는 발언 요지등에 착오가 있을 경우에는 언제든지 정정 하는것으로 양해해주기 바란다. 그리고 원화를 미 불화로 환산하는것은 일본원으로 제시한 항목에 끄치는 것이며 그렇지 않은 예를 들면 제 1항목 같은것은 일본원이 아니므로 환산과는 관계가 없는것이다.

사구라이: 이론적으로는 8월 9일 현재의 환율이지만 15대 1로 한다는것은 그 환율이 불명이 였기 때문이라는것인가.

고 대표: 그런뜻이라고 생각하지만 그 당시에는 환율이 1불당 4원 25전에

를 틀림없었을 것이라고 생각하는데 환율은 종전후에 1불당 15원으로 변경된것이 아닌가.

사꾸라이: 3월 9일 현재의 환율은 1불당 4원 25전이 었던것으로 안다.

요시오가: 취지는 잘 알았다. 지금 이야기한 세가지 문제중 일부 항목과 각 항목에 표시된 기타 항목에 대하여 토의를 보류한다는것과 수자 자료 받언 오지는 후에 결정할수 있는것이라는데 대하여는 별 이의가 없으나 다만 첫재번의 환산율 15대 1은 대단히 중요한 문제이고 또 전예도 없는 일이므로 여기서는 무어라 말할수없고 후에 우리측 의견을 이야기 하겠다.

우라베: 요 다음 회의는 언제 할것인가.

김 대표: 그것은 본회의에서 결정할것이다.

야나기야: 제 5항목의 6은 제목이나 내용을 모두 변경하는 것인가.

김 대표: 제목은 변경하는것이 아니고 단지 그 내용에 있어서 생명보험에 한정하는것이다. 그러면 오늘 회의는 이정도로 할것인가.

김 대표: 신문발표는 6항목 까지 한국측에서 설명이 있어서 서로 의견을 교환하였다 정도로 하자.

요시오가: 그렇게 하자.

우라베: 6항목의 제목이 변경되었음으로 6항목의 제목이 변경되었다는 것을 추가 하자.

김 대표: 좋다.

우라베 : 명일 본회의에서 [illegible]한 각위원회에서 [illegible]의한 일을 확인 하기로 되어 있는데 다음과 같은 안으로 하면 어떤가. 이것은 전화로 연락한것이지만 어업위원회등과 내용을 같이 한것이며 공동보고의 형식이 아니고 소위원회의 장이 각기 수석대표에게 보고하는 형식을 취한 것이다.

김 대표 : 다만 본문 6행의 "구 조선 총독부 체신부"관계는 "요강 제2항으로 변경하고 다음의 임시소위원회는 우리측 에서 전문가 위원회라하고 있음으로 임시 소위원회 라도 좋으나 다음에 괄호해서 Ad Hoc Committee 의 영문을 삽입하자.

우라베 : 좋다.

이 상

김 수석 위원 발언 요지

1961. 12. 21

청구권 요강 제 6 항을 아래와 같이 수정합니다.

제 목 : "한국인 (자연인 및 법인) 의 일본정부 또는 일본인 (자연인 및 법인)에 대한 권리 행사에 관한 원칙"

내 용 : 한국인 (자연인 및 법인)의 일본정부 또는 일본인 (자연인 및 법인)에 대한 권리로서 이상 요강 제 1 항 내지 제 5 항에 포함되지 않은것은 한일회담 성립후 일지라도 개별적으로 행사할수 있음을 인정할것. 이 경우에는 국교 정상화될때까지 시효는 진행되지 않는것으로 할것.

17. 日韓會談請求權關係の審議について, 大藏省 理財局 1962. 1. 8

日本外交文書 1735

한국 측이 제6차 한일회담 일반청구권소위원회 제1차~제8차 회의에 걸쳐 일본 측에 제시한 '대일청구요강' 각 항목의 액수에 대하여 일본 대장성이 그 액수와 청구 취지 등을 검토한 결과가 기재되어 있는 문서다.

번역

일한회담 청구권 관계 심의에 대하여

1962년 1월 8일 대장성 이재국

1. 한국의 대일청구 8항목에 대해서는 작년 12월까지 한국 측이 그 제6항까지의 구체적 내용을 설명하고 우리 측은 이에 대해 수시로 질문을 하여 약간의 사항에 대해서는 실무 당국으로서 우선 소견을 말해 왔다(별지 참조).
2. 한국 측 청구는 제1항목의 지금(249여 톤), 지은(67여 톤)(현재 평가액 2억 82백만 불) 외에 현재 가액 12억 17백만 불(한국 측이 주장하는 1불=15엔의 환산율에 의함)에 이르지만 그 내용을 개괄(概括)하면,
   (1) 한국의 청구 사유에 대하여 우리 측으로서 법적으로 납득하기 어려운 것들. 예컨대 제1항목 지금·은, 제2항목의 재한 우편국의 입체금(立替金), 제3항목의 대체(代替) 또는 송금의 금원(金員), 제4항목의 재한 폐쇄기관, 재외회사의 내지 재산, 제5항목 중 일본유가증권의 대부분, 군표 등 일본계 통화, 징용 한인의 생존보상금, 민간 생명보험금 등
   (2) 한국의 청구 사유에 대해서는 일단 이유가 있다고는 생각할 수는 있으나 계수적으로 아직 합의되어 있지 않은 것들. 예컨대 제2항목의 우편저금, 간이보험, 해외 위체(爲替)저금, 제5항목의 일본 유가증권, 일본계 통화의 대부분, 징용 한인(군인, 군속을 포함)의 미수금, 미수 은급, 기탁금 등
   또 이들에 대해서는
   가) 우편국 관계에 대해서는 실무자 회의에서 어느 정도 자료의 대조를 했으나 쌍방의 계산에는 상당한 현격(懸隔)이 있다.
   나) 상기 우편국 관계 외의 몫에 관해서는 현재까지 실무자 회의도 없고 따라서 자료의 대조는 아직도 행해지지 않고 있다.
   다) 통틀어서 자료의 산실(散失)이 많고 앞으로의 실무 절충에 의하여 특별한 진전을 예측할 수 있는 것도 아니지만, 그러나 현 단계에서는 한국 측의 개산 근거는 물론이고 우리 측이 찾을 수 있는 자료의 보완조차 행해지지 않

고 있다.

(3) 상기 (1) 및 (2)를 통해서 한국 측은 소위 남북한의 분할 계산에 관하여 극히 강한 반대의향을 나타내고 있으며 이를 꺼낸 경우 청구권위원회의 중지조차도 시사하고 있다.

(4) 상기(1) 및 (2)를 통해서 한국 측은 종전 시 엔화 청구액을 당시의 군표 환율 1불=15엔으로 환산하고 있다.

3. 이상과 같이 한국 측의 제5항목까지의 청구 취지는 일단 이를 청취했으나 현재 단계에서 우리 측이 적산(積算)할 수 있는 금액은 종전 시 가격 18억 46백만 엔이며, 또 이론적으로도 계수(計數)적으로도 검토해야 할 점이 너무나도 많다.

따라서 청구권 문제로써 해결을 도모하기 위해서는 앞으로 아직 당분간은 이들에 대해 관계각 성청(省廳)과도 충분히 연락하면서 실무적 절충을 계속함으로써 얻을 수 있는 자료에 의하여 되도록 실무적 구명을 하는 것이 선결이라고 생각된다.

(별첨)

○ 요강 1 (한국으로부터 가져온 지금·은의 반환 청구)

한국 측은 일본이 한국경제의 기반인 지금·은(1910년부터 1945년까지 36년간에 지금 249여 톤, 지은 67여 톤이라고 칭함)을 가져간 것을 부당 불법이라고 하여 그 반환을 요구하고 있으나, 우리 측으로서는 본 건 지금·은은 정당한 대가를 지불해서 행해진 상업 거래에 의해 구입한 것이며 아무 부당한 일은 없고 한국 측 주장은 법률적 청구의 범위를 일탈한 것이기 때문에 청구는 이유가 없다고 생각한다.

○ 요강 2 (일본 정부의 대조선총독부 채무의 변제 청구)

한국 측은 종래의 청구 항목들 중, 체신국 관계의 항목만을 꺼내어,

(i) 우편저금, 대체(代替)저금, 우편위체(爲替)(한국 측 주장액 1,197백만 엔, 일본 측 견적액(남·북한 포함) 368백만 엔)

(ii) 조선간이생명보험 및 우편연금(한국 측 주장액 135백만 엔, 일본 측 견적액(남·북한 포함) 96백만 엔)

(iii) 해외에 거주하던 한국인 지참 우편저금 등(한국 측 주장액 70백만 엔)

(iv) 한국 우편국의 입체(立替) 지불금(한국 측 주장액 45백만 엔)

등에 대하여 개인 청구권의 변제를 요구하는 형태로 청구하고 있으나, 우리 측으로서는 한국 측 주장 금액에 대하여 납득 못하는 것들이 있을 뿐만 아니라 지불하는 취지에 대해서도 개인 청구권의 변제라는 형태로 설명하기 어려운 면도 있고 더 한층의 검토를 요할 것으로생각된다.

○ 요강 3 (8월 9일 이후의 부체(付替) 또는 송금)

본 항에서는 한국 측은 조선은행 소유의 등록 국채의 본·지점 간의 부채(금액은 45여억 엔)를 내걸고 도쿄지점에로의 부채는 군령 위반, 본·지점 간 채무 관계, 지금·은 매각 자금에의 한국채 취득 등의 이유에 의하여 일본 측에 반환 의무가 있다고 하고 있지만, 군령의 날짜에 대한 해석, 폐쇄기관의 청산 처리에 대한 방법론, 재한일본재산의 vest 등의 사태에 대한 종합적 고려 등의 관점으로부터 청구를 인정할 수 없다고 생각한다.

○ 요강 4 (재한 본사 법인의 재일재산의 반환)

한국 측은 재한 본사 법인이 종전 전부터 한국 법인이라는 이유로부터 그 재일재산

은 당연히 한국 측에 귀속한다는 견해를 취해 청구를 하고 있으나, 우리 측은 종전 전부터 한국 법인이었다는 주장을 승인 못하는 것은 두말할 것도 없고, 한국의 독립에 의하여 그러한 법인의 재일재산이 당연히 한국 측에 귀속한다는 것은 인정되지 않으며 한국 측 청구는 이유가 없다고 생각한다(단 그러한 법인의 본래 한국인 주주의 잔여재산의 분배 청구라고 한다면 별도 고려할 여지는 있다).

○ 요강 5 (한국인의 일본 정부 및 일본인에 대한 청구)

(i) 일본 유가증권(한국 주장액은 요강 3 조선은행 등록 국채를 포함하여 8735백만 엔이지만 그 대부분은 폐쇄기관, 재외회사 소유의 유가증권으로 보인다)

(ii) 일본계 통화 (한국 주장액 1,525백만 엔, 일본 측 견적액 1,522백만 엔)

(iii) 피징용 한국인의 미수 급여(한국 주장액 237백만 엔)

(iv) 동상(同上)에 대한 보상금(한국 주장액 364백만 불)

(v) 한국인에 대한 미불 은급 등(한국 주장액 419백만 엔)

(vi) 사영(私營) 보험회사에 대한 한국인 계약자에 관한 책임 준비금 (한국 주장액 458백만 엔, 일본 측 조사로는 일본인 계약 몫도 포함하여 108백만 엔)

등의 반환 내지 지불을 청구해 오고 있다.

이들 청구에 관하여 한국 측 주장에는 어느 정도 수긍할 수 있는 것도 포함되어 있지만, 보상금 청구 하나를 보아도 법적 근거, 인원, 금액에 대하여 우리 측으로서 가볍게 용인 못하는 것이 있으며 각 항목마다 사실 규명을 중심으로 더한층 신중한 검토를 요하는 사항들이 많이 남겨져 있다.

○ 요강 6 (한국인의 대일본인 권리 행사에 관한 원칙)

이것은 제6차 회담에서 처음으로 제출해 온 것들이지만, 한국 측은 상기 각 청구에 포함되지 않았던 한국인의 권리에 대해서는 일한 국교 관계 수립 후에도 개별적으로 그 행사를 할 수 있도록 보장할 것을 요구하고 있다. 이러한 주장에 대하여 우리 측으로서는 청구권 문제의 최종적 해결이 불가능하게 될 것, 재한일본재산의 Vest와의 관계, 국내 전후 처리 결과의 법적 안정성을 위협할 우려가 있는 것 등의 배려에 의하여, 이를 인정해서는 안 된다고 생각된다.

○ 기타(공통 문제)

가) (남북한 문제) 한국 측은 상기 각 항목에 대하여 북한 몫도 청구 내용에 포함시

키고 있으나, 우리 측으로서는 평화조약의 해석, 종래의 내외에 대한 태도 등으로부터 이를 인정할 수는 없다.

나) (달러 환산 문제) 한국 측은 상기 청구 금액에 대하여 종전 시의 엔 표시 가격을 당시의 대불 시세(15엔=1불)로 환산한 달러 가치의 반환(지금·은 외의 한국 주장 금액을 합계하면 12억 불에 달함)을 요구하고있으나, 우리 측으로는 금전채권에 관한 원칙, 전후의 청구권 처리 방식 등에 비추어 그런 주장을 인정할 수는 없다.

日韓会談請求権関係の審議について

（３７．１．８大蔵省理財局）

1　韓国の対日請求８項目については、昨年１２月までに、韓国側がその第６項までの具体的内容を説明し、わが方は、これに対し随時質問を行ない、若干の事項については事務当局としての一応の所見を述べて来た。（別添参照）

2　韓国側の請求は、第１項目の地金（２４９トン余）地銀（６７トン余）（現在評価額２億８２百万ドル）の他、現在価額１２億１７百万ドル（韓国側の主張する１ドル＝１５円の換算率による）にの役るが、その内容を概括すれば、

(1)　韓国側の請求事由について、わが方として法的に納得しがたいもの。例えば第１項目の地金銀、第２項目の在韓郵便局の立替金、第３項目の振替又は送金の金員、第４項目の在韓国法人機関・在外会社の内地財産、第５項目のうち、日本有価証券の大部分、軍票等の日本系通貨、徴用韓人の生存補償金，民間生保金額等。

(2)　韓国側の請求事由については、一応理由ありとは考えられるものの、計数的に未だ合意されていないもの。例えば第２項目の郵貯、簡保、海外為替貯金、第５項目の日本有価証券、日本系通貨の大部分、徴用韓人（軍人軍属を含む）の未収金、未収恩給、寄託金等。

なお、これらについては、

イ　郵便局関係については実務者会議で或程度の資料の突合を行つたが彼我の計数にはかなりの懸隔がある。

ロ　上記郵便局関係以外の分については、現在までに実務者会議もなく。従つて資料の突合は未だ行われていない。

ハ　総じて資料の散佚が多く、今後の事務折衝により特段の進展が予測できるというわけではないが、しかし現段階では韓国側の精算根拠はもとより、わが方の採り得る資料の捕捉すら行われていない。

(3)　上記(1)および(2)を通じて、韓国側は、いわゆる南北鮮の分割計算について極めて強い反対意向を示しており、これを持ち出した場合の請求権委員会の中止すらも示唆している。

(4)　上記(1)および(2)を通じて、韓国側は、終戦時円貨債請求額を当時の軍票レート１ドル＝１５円で換算している。

5　以上のように韓国側の第6項目までの請求趣旨は一応これを聴取したが、現在の段階でわが方として積算できる金額は、終戦時価格18億46百万円であつて、なお、理論的にも計数的にも検討すべき点が余りにも多い。

請求権問題としての解決を図るためには、

従つて、今後なお当分の間は、これらについて関係各省庁とも十分連絡しつつ事務的折衝を続けることにより、捉え得る資料によつて、出来る限りの事務的究明を行うことが先決であると考えられる。

（別添）

○要綱１（韓国から持出した地金銀の返還請求）

韓国側は、日本が韓国経済の基盤たる地金銀（明治４２年から昭和２０年までの３６年間に地金２４９トン余、地銀６７トン余と称す）を持去つたことを不当不法としてその返還を求めているが、わが方としては本件地金銀は正当な対価を支払つて行われた商取引により買入れたものでなんら不当ではなく、韓国側の主張は法律的請求の範囲を逸脱したものであるから請求は理由がないと考える。

○要綱２（日本政府の対朝鮮総督府債務の弁済請求）

韓国側は従来の請求項目のうち逓信局関係の項目のみをとり上げ、

(i) 郵便貯金、振替貯金、郵便為替（韓国主張額１,１９７百万円、日本側見積額（南北鮮とも）３６８百万円）

(ii) 朝鮮簡易生命保険及び郵便年金（韓国主張額１３５百万円、日本側見積額（南北鮮とも）９６百万円）

(iii) 海外に居住した韓国人持帰り郵便貯金等（韓国主張額７０百万円）

(iv) 韓国郵便局の立替払金（韓国主張額４５百万円）

などについて個人請求権の弁済を求める形での請求を行つているが、わが方としては、韓国側主張の金額について納得できないものがあるのみならず、支払の趣旨についても個人請求権の弁済という形で説明しにくい面もあり、なお一層の検討を要するものと考えられる。

○要綱５（８月９日以後の付替又は送金）

本綱では韓国側は朝鮮銀行所有の登録国債の本支店間の付替（金額は４５億円余）をとり上げ、東京支店への付替は軍令違反、本支店間債務関係、地金銀売却資金による国債取得等の理由により日本側に返還の義務ありとしているが、わが方としては、軍令の日付の解釈、閉鎖機関の清算処理についての考え方、在韓日本財産の vest 等の事態の綜合的考慮等の観点からして、請求を認めることはできないと考える。

○要綱４（在韓本社法人の在日財産の返還）

韓国側は、在韓本社法人が終戦前から韓国法人であるとの理由からその在日財産は当然韓国側に帰属するとの見解をとつて請求を行つているが、わが方としては終戦前から韓国法人であつたとの主張を承認できないことはもとより、韓国の独立によつてかかる法人の在日財産が当然に韓国側に帰属するものとは認められず、韓国側の請求は理由がないと考える。（ただし、かかる法人の本来の韓国人株主の残余財産の分配請求ということであれば、別途考慮の余地はある）

○要綱5　(韓国人の日本政府及び日本人に対する請求)

(i)　日本有価証券（韓国主張額は要綱3の登録国債を含め8,735百万円であるが、その大部分は閉鎖機関、在外会社所有の有価証券とみられる）

(ii)　日本系通貨（韓国主張額1,525百万円、日本側見積額1,522百万円）

(iii)　被徴用韓国人の未収給与（韓国主張額237百万円）

(iv)　同上に対する補償金（韓国主張額364百万ドル）

(v)　韓国人に対する未払恩給等（韓国主張額419百万円）

(vi)　私営保険会社に対する韓国人契約者に係る責任準備金（韓国主張額438百万円、日本側調査では日本人契約分も含めて108百万円）

等の返還ないし支払を請求してきている。

これらの請求について韓国側の主張にはある程度首肯できるものも含まれているが、補償金請求一つを取上げても法的根拠、人員、金額についてわが方として軽々しく容認できないものがあり、各項目とも事実の究明を中心としてなお一層慎重に検討を要する事柄が多分に残されている。

○要綱6　韓国人の対日本人権利行使に関する原則）

これは第6次会談ではじめて提出してきたものであるが、韓国側は上記各請求に含まれなかつた韓国人の権利については日韓国交関係樹立後も個別的にその行使ができるよう保障することを求めている。このような主張に対してわが方としては、請求権問題の最終的解決が不可能となること、在韓日本財産のVest との関係、国内の戦後処理の結果の法的安定性を害するおそれのあること等の配慮により、これを認めるべきではないと考えられる。

○その他（共通問題）

(イ)（南北鮮問題）　韓国側は上記各項目について北鮮の分も請求の内容に含めてきているが、わが方としては、平和条約の解釈、従来の内外に対する態度等からして、これを認めるわけにはいかない。

(ロ)（ドル換算の問題）　韓国側は上記請求の金額について終戦時の円表示価格を当時の対ドル相場（15円≒1ドル）で換算したドル価値の返還（地金銀以外の韓国主張金額を合計すると12億ドルに達する）を要求しているが、わが方としては金銭債権に関する原則、戦後のクレーム処理方式等に照らしてかかる主張を認めることはできない。

18. 日韓会談の請求権問題処理にあたっての問題点, 1962. 1. 10, 대장성 이재국, 외무성 아시아국

日本外交文書 1736, 첫 번째 문서

한국 측의 대일청구요강 금액 제시 이후 일본 측(대장성, 외무성)이 청구권 처리 문제에 관해 검토한 의견이 기재되어 있는 문서다.

국회 설득을 위해 필요한 법적 근거가 있는 금액은 한국 측 요구에 비해 상당히 소액이 될 수밖에 없기 때문에 한국 측을 납득시켜 나가기 위해서라도 실무적 논의를 계속해 나갈 필요가 있으며, 마지막에는, 한국 측과 최종적으로 합의해야 하는 숫자에 대해 '청구권'이라는 명칭을 피하고, 별도의 명칭을 고려하는 방향으로 본 건 해결을 시도하는 것이 오히려 현명한 것이 아닌가 사료된다는 견해가 적혀 있다.

번역

일한회담 청구권 문제 처리에 있어서의 문제점

1962. 1. 10

대장성 이재국,

외무성 아시아국

1. 일한회담 청구권 처리에 있어, 한국 측이 지불을 청구하고, 일본 측이 그 지불에 응하는 것은 충분히 '법적 근거'가 있는 청구에 한한다는 것은, 작년 11월 이케다 총리·박 의장 회담에서도 확인되었으며, 그 후의 청구권위원회도 이러한 취지에 따라 토의를 계속하고 있다.
2. 여기서, 충분히 법적 근거가 있는 청구로서 일본 측이 인정할 수 있는 것이 어느 정도의 금액에 달하는가 계산할 필요가 있지만, 그 계산은 다음과 같은 어려운 점들이 있다.

(1) 사실 관계 확인이 매우 곤란하다는 점

이 점은 금 후에 예정된 한국 측과의 자료 대조 또는 일본 측의 오래된 자료 재조사 등에 의해 상당 부분 분명해질 것으로 기대되지만, 6·25전쟁에 의해 현재 자료의 상당 부분이 망실된 사실도 있고, 예를 들어 군인·군속, 징용 노동자의 총수, 사망자 수, 부상자 수 및 그 정도, 종전 시의 상황 등은 대부분 추정을 할 수밖에 없으며, 추정의 방법 여하에 의해 금액의 증감이 현저해 질 수 있음.

(2) 법적 근거를 어떠한 점에서 요구해 나갈까 하는 점

이케다 총리가 박 의장에 대해 '개인 청구권에 관해서는 일본인과 동일하게 취급한다는 원칙을 가지고 지불할 용의가 있다'라고 언급하였지만, 일례를 들면, 우리나라의 은급법에 의하면 수급권자는 일본 국민에 한정되어 있어 한국인에 대한 은급 지불은 이 한국인이 평화조약 발효에 의해 일본 국민의 지위를 상실한 시점을 기준으로 해야 할 것이고, 또한 국적 여하에 관계 없이 정책적 배려 위에서 종신(또는 적어도 상당한 장기간) 지불하는 것이 좋을까(국적 선례에도 그러한 취급을 한 경우가 많음) 하는 부분은 신중하게 고려할 필요가 있는 문제이며,

법제상의 검토도 금 후 부탁해야 하는 실정임.

(3) 남·북한의 구별은, 한국 측은 계속해서 이것을 완전히 무시하고 있고, 또한 구분할 경우에도 어떠한 방법에 의하더라도 총괄적이 될 수밖에 없다는 점
만일 어떤 청구 항목에 관해 남북한을 합친 정확한 숫자가 산출된다고 하더라도 그 가운데 한국에 지불해야 하는 몫을 정확히 산출하는 것은 매우 어려움. 따라서 예를 들어, 우편저금에 관해서는 남북의 인구 비례를 기준으로 삼아 (한국에) 70%를 적용하는 등, 포괄적인 산출 방식을 취할 수밖에 없음.

(4) 평화조약 제4조에 관한 이른바 미국 해석을 여하히 적용할까 하는 점
일본 측은, 종래부터 일관되게 이 '미국 해석'에 의해, 재한일본재산에 대한 청구권 주장의 철회 사실이 한국 측의 일본에 대한 청구권 처리에 있어 고려되어야 한다는 주장을 유지해 왔기에, 각 항목의 금액을 산출함에 있어 항상 이 점을 염두에 두지 않으면 안 되지만, 한국 측은 종래부터 이것에 대해 일본 측과 해석의 차이를 보이고 있어, 쌍방이 납득할 수 있는 결과를 도출하는 것이 지극히 어려움.

3. 충분한 '법적 근거'가 있는 청구로서 일본 측이 인정하는 것을 계산함에 있어, 법적 근거라고 하는 의미를 엄격하고 순수하게 해석한다면(즉, 추정에 의한 숫자나 총괄적 합산을 일절 피하고, 실정법만을 기준으로 한다면) 현 단계에서는 물론, 금 후 사실 확인 작업을 상당 부분 진행한다고 해도, 상기 2와 같은 제 사정에 비추어 볼 때 (일본이 인정하는 금액은) 매우 작은 액수가 될 수밖에 없다.

4. 이상에 비추어, 금 후 일한 간의 청구권 처리를 진행해 나감에 있어, 충분한 법적 근거가 있는 청구라고 계속 칭해 나가면서, 추정에 의한 숫자나 정치적 배려를 대폭 반영하여 산출한 금액을 가지고 교섭을 행할 경우, 국회 등에 대한 설명이 매우 곤란해 질 수 있음. 따라서 그 부분에 대해서는 법적 근'가 있는 금액은 한국 측 요구에 비해 상당히 소액이 될 수밖에 없음을 한국 측에 납득시켜 나가기 위해서라도 실무적 논의를 계속해 나갈 필요가 있음. 그러나 마지막에는, 일본 측으로서는 일한 간에 최종적으로 합의해야 하는 숫자에 대해 '청구권'이라는 명칭을 피하고, 별도의 명칭을 고려하는 방향으로 본 건 해결을 시도하는 것이 오히려 현명한 것이 아닌가 사료되며, 이 점에 관해서는 금 후 재차 신중한 검토가 필요하다.

日韓会談の請求権問題処理
にあたつての問題点

37.1.10
大蔵省理財局
外務省アジア局

1. 日韓会談の請求権処理にあたつて、韓国側が支払いを請求し、日本側がその支払いに応じ得るものは、十分に「法的根拠」のある請求に限られるということは、昨年11月の池田総理・朴議長会談においても確認せられ、その後の請求権委員会もこの趣旨に従い討議を継続している。

2. そこで、十分に「法的根拠」のある請求として日本側が認め得るものはどの位の金額に達するかを計算する必要があるわけであるが、その計算にあたつては主として次のような重要な困難がある。

(1) 事実関係の確認が極めて困難であること。

この点は今後に予定されている韓国側との資料のつき合せや日本側の古い資料の再調

査等によりかなり明らかになる点も期待されるが、朝鮮動乱により現地資料の相当部分が亡失したという事情もあり、例えば軍人軍属、徴用労務者の総数、死亡者数、負傷者数およびその程度、終戦時の状況等は大巾な推定を余儀なくせられ、推定の仕方如何により金額の増減が著しい。

(2) 「法的根拠」をいかなる点に求めていくかということ。

池田総理が朴議長に対し「個人の請求権については日本人並みに取扱うという原則をもつて支払う用意がある」と述べられているが、一例をあげれば、わが国の恩給法によれば受給権者は日本国民に限られているので、韓国人に対する恩給支払いはこれら韓国人が平和条約発効により日本国民たる地位を喪失した時点をもつて打切ることにすべきか、もしくは、国籍の如何にかかわらず、政策的配慮のもとに、終身(ないしは少くとも相当長期間)

支払うのがよいか（国際先例にもそのように取扱つたものが多い）、この辺は慎重な考慮を要する問題であり、法制上の検討もあげて今後に委ねられている実情である。

(3) 南北鮮の区別は、従来韓国側はこれを全く無視しており、かつ、区分する場合も、如何なる方法によつても、概括的たらざるをえないこと。

仮りにある請求項目につき全朝鮮分の正確な数字が算出されたとしても、そのうち韓国に支払うべき分を正確に算出することは至難である。従つて、例えば郵便貯金については南北の人口比例を基準として７０％を掛ける等、概括的な算出方式をとらざるをえない。

(4) 平和条約第４条に関するいわゆる「米国解釈」を如何に適用するかということ。

日本側は、従来より一貫して、この「米国解釈」により、在韓日本財産に対する請求権主張の撤回という事実が韓国側の対日請求権処理にあたつて考慮に入れられるべきであるとの主張を維持しているので、各項目ごとに金額を算出するにあたつては常にこの点を念頭におかなくてはならないのであるが、韓国側は従来からこれについて日本側とは解釈を異にしており、双方の納得し得る結果を生むことは極めて困難である。

3. 十分に「法的根拠」のある請求として日本側が認めうるものの計算にあたり、「法的根拠」という意味を厳格かつ純粋に解するならば（すなわち、推定の数字や概括的積算を一切避け、また実定法のみを基準とするならば）、その数字は、現段階においては勿論、事実確認の作業を今後相当行なつたとしても、上記2.のような諸事情にかんがみ、極めて少額に留まらざるをえないものと認められる。

4. 以上にかんがみ、今後日韓間の請求権処理を進めるにあたつて、十分に「法的根拠」のある請求と称しつつ、推定の数字や政治的配慮を大幅に交えて算出した金額をもつて交渉を行なつた場合、将来国会等に対する説明が極めて困難でないかと認められる。よつて差当りは、「法的根拠」のある金額は韓国側の要求に比していかに少額のものとならざるを得ないかを韓国側に感得せしめるためにも、事務的論議を進める必要がある。しかし、最後には、日本側としては、日韓間で最終的に合意すべき数字に対し「請求権」という名称は避け、別途の名称を考慮するという方向で本件の解決を図るのがむしろ賢明ではないかとも思料されるが、この点については今後更に慎重な検討を必要とする。

19. 韓國側對日請求額および大藏省, 外務省 試算額, 1962. 1. 10

日本外交文書 1736, 두 번째 문서

한국 측이 제시한 청구 금액과 일본 대장성 및 외무성의 시산액이 함께 기재된 표다. 일본 측 시산액은 먹칠로 가려져 있다.

번역

쇼와 37(1962)년 1월 10일

극비

한국 측 대일청구액 및 대장성, 외무성 시산액

대장성 이재국
외무성 아시아국

요강	청구 항목	한국 측 청구액 (단위 백만 엔)	대장성 안		외무성 안	
			시산액	시산 근거	시산액	주
I	지금은 지금 249톤 지은 67톤	현물 청구 시가 100,845 737				
	소계	101,582				
II	총독부 관계 1. 체신국 관계 (a) 우편저금 등 (b) 국채, 저축채권 등 (c) 조선간보연금 (d) 해외위체저금 (e) 동결 수취금 2. 일본인 예금 인출 3. 증빙 없는 국고금 지출 4. 총독부 도쿄 사무소	 1,198 요강 V1.에서 청구 135 70 46 토의 유보 토의 유보 토의 유보				
	소계	1,449				
III	한국으로부터의 송금 환원 1. 조선은행 본점으로부터의 진체 송금 2. 일본에의 송금	 요강 V1.에서 청구 토의 유보				
	소계	-				
IV	재일재산 청구 1. 폐쇄 기관, 재외회사 재일 재산 2. 본래 한국인 주주에의 분배	재일재산의 범위, 청구 상황, 잔여재산의 처리 방침을 들은 후 한국 측 청구 내용을 정하고 싶다면서, 한국인 유보분에 강한 관심을 표명				
	소계	불명				

요강	청구 항목	한국 측 청구액 (단위 백만 엔)	대장성 안		외무성 안	
			시산액	시산 근거	시산액	주
V	한국인의 대일본인 및 일본 정부 청구					
	1. 유가증권	8,735				
	(내역)					
	일본국채	7,371				
	조선식량증권 및 식량증권	152				
	일본저축권	19				
	일본정부 보증 사채	833				
	일본지방채	1				
	일본회사채	262				
	저축 및 보국채권	4				
	기타 증권	92				
	2. 일본계 통화	1,526				
	(내역)					
	소각 일은권	1,492				
	기타 현물 등	34				
	3. 한국인 피징용자 미수금	237				
	4. 피징용자 보상금	364				
	(내역)					
	생존자 1인 200달러	186				
	사망자 1인 1,650달러	128				
	부상자 1인 2,000달러	50				
	5. 은급 청구 등					
	(1) 은급 55,388인	306				
	(내역)					
	연금 35,120인	290				
	일시금 20,268인	16				
	(2) 귀국 한국인 기탁금	114				
	(내역)					
	통화액	11				
	미결제 조선은행권	49				
	조련 기탁 차압분	55				
	6. 생보 준비금 청구	438				
	소계	11,356 364백만 달러				

요강	청구 항목	한국 측 청구액 (단위 백만 엔)	대장성 안		외무성 안	
			시산액	시산 근거	시산액	주
Ⅵ	한국인의 일본 정부 또는 일본인에 대한 권리 행사에 관한 원칙	한국인의 일본 정부 또는 일본인에 대한 권리로서, 요강 I 및 V에 포함되지 않은 것은, 회담 타결 후에라도 개별적으로 행사가 가능함을 인정함. 이 경우 국교 정상화까지는 시효가 진행되지 않는 것으로 한다.				
Ⅶ	과실	아직 미설명				
Ⅷ	지불 방법	아직 미설명				
	합계	엔 채무 12,805백만 엔 (853.6 백만 달러) 달러 채무 364백만 달러 현물(지금·은) 282백만 달러 합계 1,500백만 달러 (단, 엔 채무의 달러 평가는 15엔 대 1달러로 함)				

昭和３７年１月１０日

韓国側対日請求額および大蔵省、外務省試算額

大蔵省理財局

外務省アジア局

要綱	請求項目	韓国側請求額	大蔵省案 試算額	大蔵省案 試算の根拠	外務省案 試算額	外務省案 注
I	地金銀	現物請求				
	地金 249トン	時価 100845 百万円				
	地銀 67トン	737 百万円				
	小計	101,582 百万円				
II	総督府関係					
	1. 逓信局関係					
	(a) 郵便貯金等	1,198百万円				
	(b) 国債、貯蓄債券等	要綱Vの1.にて請求				
	(c) 朝鮮簡保年金	135百万円				
	(d) 海外為替貯金	70百万円				
	(e) 凍結受取金	46百万円				
	2. 日本人預金引出額	討議留保				
	3. 裏付資金のない国庫金の支出	討議留保				
	4. 総督府東京事務所	討議留保				
	小計	1,449百万円				

要綱	請求項目	韓国側請求額	大蔵省案		外務省案	
			試算額	試算の根拠	試算額	注
Ⅲ	韓国よりの送金返還					
	1. 鮮銀本店からの振替送金	要綱Vの1.にて請求				
	2. 日本への送金	討議留保				
	小計	―				
Ⅳ	在日財産請求					
	1. 閉鎖機関、在外会社の在日財産 2. 本来の韓国人株主への分配	在日財産の範囲、清算状況、残余財産の処理方針をきいた上韓国側請求の内容をきめたいとしつつも韓国人留保分に強い関心を示した。				
	小計	不明				

要綱	請求項目	韓国側請求額	大蔵省案 試算額	大蔵省案 試算の根拠	外務省案 試算額	外務省案 注
V	韓国人の対日本人及び対日本政府請求					
	1. 有価証券	8,735百万円				
	(内 訳)					
	日本国債	7,371百万円				
	朝鮮食糧証券及び食糧証券	152百万円				
	日本貯蓄券	19百万円				
	日本政府保証社債	833百万円				
	日本地方債	1百万円				
	日本社債	262百万円				
	貯蓄及び報国債券	4百万円				
	その他証券	92百万円				
	2. 日本系通貨	1,526百万円				
	(内 訳)					
	焼却日銀券	1,492百万円				
	その他現物等	34百万円				

要綱	請求項目	韓国側請求額	大蔵省案		外務省案	
			試算額	試算の根拠	試算額	注
	3. 韓国人被徴用者未収金	237百万円				

要綱	請求項目	韓国側請求額	大蔵省案 試算額	大蔵省案 試算の根拠	外務省案 試算額	外務省案 注
V (続)	4. 被徴用者補償金	364百万ドル				
	〔内訳〕					
	生存者1人 200ドル	186百万ドル				
	死亡者1人1,650ドル	128百万ドル				
	負傷者1人2,000ドル	50百万ドル				
	5. 恩給請求等					
	(1) 恩給 55,388人	306百万円				

要綱	請求項目	韓国側請求額	大蔵省案		外務省案	
			試算額	試算の根拠	試算額	注
V 5(1) (続)	〔内訳〕 年金　35,120人 一時金　20,268人	 290百万円 16百万円				

要綱	請求項目	韓国側請求額	大蔵省案		外務省案	
			試算額	試算の根拠	試算額	注
V 5. (続)	(2) 帰国韓国人寄託金	114百万円				
	〔内訳〕 通貨類	11百万円				
	未決済 為替券	49百万円				
	朝連寄託差押分	55百万円				
	6. 生保準備金請求	438百万円				
	小計	{11,356百万円 364百万ドル				

要綱	請求項目	韓国側請求額	大蔵省案 試算額	大蔵省案 試算の根拠	外務省案 試算額	外務省案 注
VI	韓国人の日本政府または日本人に対する権利の行使に関する原則。	韓国人の日本政府ないし日本人に対する権利であつて、要綱I ないしVに含まれないものは、会談成立後も個別的に行使できることを認定すること この場合、国交正常化までは時効は進行しないものとする。				
VII	果実	未だ説明なし				
VIII	支払方法	未だ説明なし				
	合計	円債務 12805百万円 （8 5 3.6 百万ドル） ドル債務 3 6 4 百万ドル 現物（地金銀） 2 8.2 百万ドル 合計 1.5 0 0 百万ドル （但し、円債務のドル評価は15円対1ドルとする）				

20. JW-01443, 청구권위원회 제1차 비공식회의 결과 보고 전문, 1962. 1. 30

한국 외교문서 750, 제6차 한일회담 청구권위원회 회의록, 1-11차, 1961. 10. 27-62. 3. 6

1962년 1월 30일 개최된 제6차 한일회담 일반청구권소위원회 제1차 비공식 회의 결과를 보고하는 문서(전문)다.

이 회의에서는 향후 소위원회의 진행 방식 등이 논의되었다. 한국 측은 비공식 회의를, 일본 측은 공식 회의를 계속할 것을 주장하였다.

대한민국 외무부

번호: UW-01443

일시: 301125

착신전보

62. 1. 30

수신인: 외무부 장관 귀하

1, 1월29일 (월요일) 12시30분 부터 1시간 가유회관 에서 아측 김윤근 수석과 이상덕 위원은 청구권 위원회 운용방법에 관한 비공식 접촉을, 일본측 "요시오까" "우따베" 양 부주사와 갖었는바 먼저 우리측이 매주 1회를 원측으로 하는 비공식 회담으로서 진행할것을 제의 하였든바 "요시오까"~이에 대하여 전번 비공식으로서 하자는 반대 주장을 하여 쌍방의 의견이 일시 대립 되자 일측 "우따베" 이 일본 국민에 대한 관계로 보아 비공식를 우물주물 한다는 인상이 주지 않은다는 의미 에서 제1회 회합 만이라도 공식으로 회합을 가지고 그후에것은자료를검토할 필요가 남어 있는것도 적지 않으니 이런것을 검토 하기 위하여(AD-HOC) 전문위원회 또는 비공식 회합등을 가질 필요가 있는가 없는가를 제1회공식 회합에서 결정 하도록함이 좋을것이라는 제안을 함으로 우리측은 이점을 고려하여 다시 회합 할것을 약속 하고 해산 하였음, 그리고 이회합에서 일측이 발언한 중요한 사항은 아래와같음,

(1), 청구요강 7,8항을 토의 하여야겠다는것,

(2), 징용자 관계와 은급 관계를 쌍방의 자료를 토대로 하여 검토할 필요가 있다는것,

(3), 제 1 회 회합은 2 월 1일 을 희망 한것,

2, 위의 회합 결과에 의하여 우리측 태도를 아래와같이 결정 하였음,

(1), 이상 회담의 경위로 보아 제1회 회합은 2월1일에 가지되 동회담은 공식회담으로 할것,

(2) 동석상 에서 앞으로의 회담은 비공식으로 할것을 주장하되 일측이 응치 않으면 전문위원회를 가지는데 응할것, (그러나 이경우에도 당분간 인원 보충을 하지 않고 수석 위원 출석 하여도 무득이 하다고 봄), 이상 보고함 수석대표

21. 일반청구권소위원회 제9차 회의 회의록, 1962. 2. 1

한국 외교문서 750, 제6차 한일회담 청구권위원회 회의록, 1-11차, 1961. 10. 27-62. 3. 6

1962년 2월 1일 개최된 제6차 한일회담 일반청구권소위원회 제9차 회의 회의록이다.

향후 소위원회의 회의 방식에 관해 토의하였다. 양측은 공식 회의를 계속하면서 전문가 회의를 개최하기로 합의하였다.

※ 문서 상태 불량으로 새로 타이핑한 내용을 다음 수록함.

일반청구권소위원회 제9차 회의 회의록

1. 개최 일시: 1962년 2월 1일 오후 3시-3시 45분

2. 개최 장소: 가유 회관

3. 참석자: 한국 측-김윤근 수석위원
이상덕 위　　원
정일영　〃
김정태　〃
박상두　〃
일본 측-요시오카 에이이치 부주사
우라베 도시오　〃
가네코 지타로　보　좌
오기소 모토오　〃
야나기야 겐스케　〃
와타나베 고지　〃
스기야마 지마키　〃
이구치 다케오　〃

4. 토의 내용

요시오카: 미야카와 주사가 나오지 못하여 제가 대리하겠다. 작년 연말에 중단되었다가 다시 재개되었는데, 일본 측으로서는, 아직 미진한 점이 있어서 질문이 많겠는데, 앞으로 어떻게 회의를 진행하였으면 좋겠는가.

김 대표: 회의를 일주 1회 갖되, 비공식으로 하는 것이 좋을 것이다.

요시오카: 일본 측으로서는 종전과 같이 주 1회의 공식 회의와 2, 3개 항목에 관한 전문위원회를 가져, 자료의 대조가 필요하다고 생각한다.

김 대표: 전문위원회가 필요하다는 2, 3개 항목이란 구체적으로 무엇이냐.

요시오카: 징용자 관계, 은급, 유가증권 관계 등은 필요하리라 생각한다. 그러나, 두 개 정도로 줄여도 무방하다.

김 대표: 한국인 귀환 동포 기탁금 같은 것은 자료 대사가 필요하다고 생각하지 않는가.

이상덕 대표: 작년 회의 때, 일본 측에서 세관에 알아보아야 하겠다고 그랬는데, 알아보았는가.

요시오카: 아직 알아보지 못하였다.

우라베: 한국 측이 준 자료가 너무 간단한 것이라 그것만으로는 곤란하며, 더 자세한 자료를 내주기 바란다. 그러한 자료 대사도 필요하나, 독립된 전문위원회를 가질 것인지 또는 다른 전문위원회를 가질 것인지의 문제 등은 상의해서 정하면 좋을 것으로 생각한다.

이상덕 대표: 생명보험은 알아보았는가.

가네코: 알아보았는데, 한국 측 숫자와는 엄청나게 차가 나온다.

김 대표: 자료 대사는 우리들의 비공식 회합에서 해나갈 수 있으리라 생각한다.

우라베: 아니다. 간단한 것은 할 수 있는 것도 있을 것이나, 징용자나, 은급 같은 것은 전문가를 참석시켜야지 어려울 줄 안다. 또, 일본 측으로서는 국회나 여론이 실무적으로 따지지 않고 정치적으로 흥정한다는 비난이 많으므로 이것을 막기 위하여 실무적으로 일을 많이 하고 있다는 것을 표시하여야겠다.

김 대표: 일본 측 사정은 그러하다 하더라도 우리 측으로서는 작년 12월에 실무적 토의가 일단락되었다고 우리 국민에게 PR 되어 있으며, 또 그 당시 청구권위원회에서 본회의에 대한 보고도 그렇게 되어 있지 않는가. 이런 점 우리 국민에 대하여 곤란하니 비공식으로 진행함이 좋을 것 같다.

우라베: 그러나 청구권위원회에서는 작년에 미진한 분은 재개 회담에서 하자고 되어 있으며, 일본 측 general respanse도 하여야겠으므로 비공식은 곤란하다.

김 대표: 비공식으로 하되, 필요할 때, 수시 공식으로 하면 될 것 아니냐. 우리 측이 일본 측 질문이나, 자료 대사를 하지 않는다는 뜻이 아니다. 비공식이든 공식이든 전문위원회든 결국 이야기는 다 나오게 되는 것이며 오히려 비공식이 이야기가 많이 진척될 것이며, 또 지금 나와 이 대표만이 와 있는데, 이 회의 저 회의 그리 많이 만들 수 없는 형편이다.

우라베: 두 분의 사정은 잘 알겠으나, 한국 국민에 대하여 곤란하다는 것은 어떤 점이 곤란하다는 것이냐.

이상덕 대표: 솔직히 말하여 일본 측은 일하고 있다는 것을 PR하기 위하여 공식으로

여러 위원회를 만드는 것이 좋겠다는 것이지만, 한국 국민은 속히 정치적 결단을 내려야 할 단계가 왔는데, 또 한없이 대론이 반복될 실무적 회의를 계속하는 것은 일본 측 지연책에 넘어가는 것이라는 여론의 비난을 받는다. 그러므로, 실질적으로 일하는 것이 필요하며 또 일본 측이 미진한 부분이 있다 하면 이에 대하여 해명해야 할 것은 물론이지만 문제는 형태를 그러한 거창한 형태가 아니더라도 충분히 토의와 자료 대사가 가능하지 않느냐는 점이다.

우라베: 잘 알겠다. 앞으로 일본 측도 한국 측에 사정 이야기를 할 경우도 있을 것이니, 내주 초 화요일(2월 6일)경에 우리끼리 다시 비공식 회의를 가지고, 거기서 전문위원회에 넘기지 않고 해나갈 수 있는 항목이 어떠한 것이며, 어떠한 항목에 관하여 어떤 전문가위원회가 필요한가를 우리들이 사전에 추려보기로 하자. 일단 그렇게 하는 것이 좋은 듯한데 어떠냐.

김 대표: 좋다.

우라베: 또, 주 1회 회의를 공식 회담으로 할 것인지, 비공식 회담으로 할 것인지, 비공식으로 하다가 필요에 따라 공식으로 할 것인지 하는 점도 지금 정하지 말고, 좀 더 생각해서 나중에 결정하기로 하고, 우선 내주 목요일은 제4항 이하에 대한 일본 측 견해를 표명하고 싶으니, 공식 회의를 개최하기로 하자.

김 대표: 그러면 내주 화요일에 비공식을 갖고 목요일에 공식을 갖자는 것인가.

우라베: 우선 내주일 스케줄을 그렇게 하도록 하자.

김 대표: 좋다. 그리고, 전에 부탁한 CILC 및 재일 지점 잔여재산 유보액 명세는 준비되었는가.

요시오카: 가지고 왔으니 드립니다. 신문 발표는 어떻게 하면 좋겠는가. 회의 진행 방법을 토의하고, 내주 화요일에 비공식, 목요일에 공식 회의를 갖기로 했다는 정도가 어떤가.

김 대표: 좋다.

일한 청구권 소위원회 제 6 차 회의

회 의 록

1. 개최 일시: 1962 년 2 월 3 일
오후 3 시 — 3 시 45 분

2. 개최 장소: "가유" 회관

3. 참석자 : 한국측:

김윤근 수석위원
이상덕 위 원
정일영 "
김성태 "
박상두 "

일본측:

요시오까 에이이찌 부주사
우라베 도시오 "
가네꼬 시따로오 보 좌
오기소 모도오 "
야나기야 겐스께 "
와다나베 고오지 "
스기야마 시마끼 "
이구찌 다께오 "

4. 토의 내용:

요시오까: 미야가와 주사가 나오지 못하여 제가 대리하겠다. 작년 연말에 중단되었다가 다시 재개되었는데, 일본측으로서는, 아직 미진한 점이 있어서, 질문이 많겠는데, 앞으로 어떻게, 회의를 진행하였으면 좋겠는가.

김대표: 회의는 일주 2회 갖되, 비공식으로 하는 것 좋을 것이다.

요시오카: 일본측으로서는, 종전과 같이 주 1회의 공식회의와, 2, 3개 항목에 관한 전문 위원회를 가져, 사무적 대화가 필요하다고 생각한다.

김대표: 전문 위원회가 필요하다는 2, 3개 항목이란 구체적으로 무엇이냐.

요시오카: 증용자 관계, 은급, 유가 증권 관계 등은 필요하다고 생각한다. 그러나, 두 개 정도로 축소하여도 무방하다.

김대표: 한국인 귀환 동포 기탁금 같은 것은, 자료 대사가 필요하다고 생각하지 않는가.

이상덕 대표: 작년 회의 때, 일본측에서 세관에 알아보아야 하겠다고 그랬는데, 알아 보았는가.

요시오카: 아직 알아보지 못하였다.

우라베: 한국측이 준 자료가 너무 간단한 것이냐. 그것 만으로는 곤난하며, 더 자세한 자료를 내주기 바란다. 그러한 자료 대사도 필요하나, 독립된 전문 위원회를 갖일 것인지 또는 다른 전문 위원회를 갖일 것인지의 문제 등은 상의에서 정하면 좋을 것으로 생각한다.

이상덕 대표: 생명보험은 알어 보았는가.

가네코: 알어 보았는데, 한국측 수자와는 엄청나게 차가 나온다.

김대표: 자료 대사는 우리들의 비공식 회합에서 해나갈 수 있으리라 생각한다.

우라베: 아니다. 간단한 것은 할 수 있는 것도 있을 것이나, 증용자나, 은급 같은 것은 전문가를 참석시켜야지 어려울 줄 안다. 또, 일본측으로서는 국회다 여론이 사무적으로 따지지 않고 정치적으로 흥정한다는 비난이 많으므로 이것을 막기 위하여 사무적으로 많이 일을 하고 있다는 것을 표시하여야 겠다.

김대표: 일본측 사정은 그러하다 하드라도, 우리측으로서는 작년 12월에 사무적 토의가 일단락되었다고 우리 국민에게 PR 되어 있으며, 또 그 당시 청구권 위원회에서 본회의에 대한 보고도 그렇게 되어 있지 않는가. 이런점 우리 국민에 대하여 곤난하니 비공식으로 진행함이 좋을 것 같다.

우대표: 그러나 청구권 위원회에서는 작년에 미진한 분은 재개 회담에서 하자고 되어 있으며, 일본측 general response 도 하여야겠음으로 비공식은 곤난하다.

김대표: 비공식으로 하되, 필요할 때에, 수시 공식으로 하면 될 것 아니냐. 우리측이 일본측 질문이나, 자료제시는 하지 않는다는 뜻이 아니다. 비공식이면 공식이면 전문 위원회면 결국 이야기는 다 나오게 되는 것이며 오히려 비공식이 이야기가 많이 진첩될 것이며, 또 지금 나와 이대표 만이 와 있는데, 이 회의 저회의 그렇게 많이 만들수 없는 형편이다.

우대표: 두분의 사정은 잘 알겠으나, 한국 국민에 대하여 곤난하다는 것은 어떤점이 곤난하다는 것이냐.

이상덕대표: 솔직히 말하여 일본측은 원하고 있다는 것을 PR 하기 위하여 공식으로 여러 위원회를 만드는 것이 좋겠다는 것이지만, 한국 국민은 속히 정치적 결단을 내려야 할 단계가 왔는데, 또 한없이 대론이 반복될 사무적 회의를 계속하는 것은 일본측 지연책에 넘어 가는 것이라는 여론의 비난을 받는다. 그러므로, 실질적으로 일하는 것은, 필요하면 또 일본측이 미진한 부분이 있다하면 이에 대하여 해명해야 할 것은 물론이지만 문제는 형태를 그러한 거창한 형태가 아니더라도 충분히 토의와 자료 대사가 가능하지 않느냐는 점이다.

우라베: 알았습니다. 앞으로 일본 측도 한국 측에 사정이야기를 할 경우도 있을 것이니, 내주 화요일 (2월 6일) 경에 우라베가 다시 비공식 회의를 가지자. 거기서 소분위원회에 넘기지 않고 해나갈수 있는 항목이 어떠한 것이며, 어떠한 항목에 관하여 어떠한 분과위원회가 필요한가를 우리들이 사전에 추려보기로 하자. 일단 그렇게 하는 것이 좋은듯한데 어떻냐.

김대표: 좋다.

우라베: 또, 주 1 회 회의를 공식회담으로 할 것인지, 비공식 회담으로 할 것인지, 비공식으로 하다가 필요에 따라 공식으로 할 것인지 하는 점도 지금 정하지 말고, 좀더 생각해서 나중에 결정하기로 하고, 우선 내주일 목요일은 제 4 항 이하에 대한 일본측 견해를 표명하고 싶으니, 공식 회의를 개최하기로 하자.

김대표: 그러면 내주 화요일에 비공식을 갖고 목요일에 공식을 갖자는 것인가.

우라베: 우선 내주일 스케쥴을 그렇게 하도록 하자.

김대표: 좋다. 그리고, 전에 부탁한 CILC 및 재일지점 잔여재산 유보액 명세는 준비되었는가.

오시오까: 가지고 왔으니 드립니다.

신문 발표는 어떻게 하면 좋겠는가. 회의 진행 방법을 토의하고, 내주 화요일에 비공식, 목요일에 공식회의를 갖기로 했다는 정도가 어떻가.

김대표: 좋다.

22. 제2차 청구권위원회 비공식 회의 보고 전문, 1962. 2. 7

한국 외교문서 750, 제6차 한일회담 청구권위원회 회의록, 1-11차, 1961. 10. 27-62. 3. 6

1962년 2월 7일 개최된 제6차 한일회담 일반청구권소위원회 제2차 비공식 회의 결과에 관한 보고 문서(전문)다.

양측은 피징용자 전문가위원회 설치에 합의하였다.

대한민국 외무부

번 호: JW-02114
일 시: 071205

종 별

수 신 인: 외무부 장관 귀하

건명: 제 2 차 청구권 위원회 비공식 회의보고.

작 2월 6일 오후 3시 부터 60분간 일본 외무성 회의실에서 개최된 제 2 차 비공식 회의결과를 아래와같이 보고함.

1. 일본측으로부터 앞으로 전문위원회같은것을 만들어서 자료의 대사등을 하여야 하겠는데 여하한 항목에 관하여 필요한지를 추려보자는 제의가 있은 다음, 일본측이 좀더 자세히 알어야할것은 예컨데 유가증권에 있어서는 등록국채의 합계 (70 억) 로 되어있으나 그소유자별 명세를 알어야하겠으며 또 식량증권은 현물로 청구하고 있으나 일본측이 아는 범위로는 등록증권같으니 조사하여야 하겠으며, 징용자 미수금에 있어서는 "스캪" 서한을 근거로하여 청구되어있는데 당시 일본정부에서 "스캪" 에 제출한 보고중 착오로 중복된것이 있으므로 검토가 필요하며, 징용자 보상금에 있어서는 인원수의 파악과 일인당 청구 금액의 산출기초등을 좀더 자세히 알어볼 필요가 있으며, 은급에 있어서는 비고적 일본측의 자료가 정비되어있는데 이를 한국측과 검토하여야 할 필요가있다고 말하였음.

이에 대하여 아측은 그러한 항목중에서 가장많은 토의 시간을 소요로하는것이 무엇이겠느냐고 묻고, 각항에 관하여 서로 검토한 결과 징용자 보상금 관계가 가장 시간이 걸릴것이며, 은급관계도 약간의 시간이 걸릴것이라고 합의되었음.

우리측은 전문위원회에서의 작업을 2월 말까지는 완료하여야겠다고 주장하였는바 일본도 이에관하여는 양승하였으며 회의 "스케쥴" 에관하여는 공식 및 전문가 회의를

계 속

매주 각 1 회식 개최하고 전문가 회의는 징용자 보상금 및 은금을 위하여 별개의 위원회를 설치하지않고 합해서 취급하기로 협의하였으며 만일 전문가 회의가 2 월말까지 토의를 끝내기 어려울경우에는 공식회담을 주력 전문가 회의에 돌리기로 협의하였음.

다음에 일본측이 전번 회의시에 수교한바있는 제 4 항에 관한 자료 (재일 지점 재산, 한국인 주주에 대한 잔여재산의 분배 유보액 명세표) 에관하여 아측에서 조선은행에관한 두개의 질문을 하고 일본측 설명을 들었는바 이에관하여는 별도 보고위계임. 다음 전문가 회의는 2 월 13 일 (화요일) 에 개최키로 하는동시에 매주 화요일로 회의일을 정하였으며 그 명칭은 " 징용자 등에관한 전문위원회 " 로 하기로하였음.

2. 작일 회의 결과는 이상과 여하온데 회담재개이후 일본측과 공식, 비공식으로 접촉한 결과는 이미 보고드린바와 같이 일본측의 태도가 작년에 계속하는 회의진행을 강경히 요구하여 오므로 이것을 너무 회피하는것은 사무적 토의 미진의 구실을 잡혀 3 월초로 예정되어있는 정치회담에 악영향을 끼칠염려가 있다는점, 또 일본측이 질문과 자료대사를 요구하는데 대하여 청구하는 아측 입장에서 이에 응하지 않을수없다는점을 감안하여 오히려 사무적 토의를 2 월말까지 종료한다는 약속하에 일본측 요망에 응하는것이 현명하다고 판단되어 (현지대표단 전체회의결과) 이상과같은 예정대로 나갈것을 결정하였아오니 양승하시기 바라오며 항목별토의 진행방침을 1 월 15 일자 (외정아 제 24 호) 에의거 진행하겠압기 이점에관하여도 양승하시기 바랍니다.

수석대표

23. 第6次日韓全面會談 一般請求權問題非公式會談(第1回) 記錄, 1962. 2. 6

日本外交文書 1222

제6차 한일회담 일반청구권소위원회 제2차 비공식 회의에 관한 일본 측 기록이다.

일본 측은 이 회의를 제1차 비공식 회의로 기록하였다.

번역

第6차 일한전면회담의 일반청구권 문제 비공식 회담(제1회) 기록

1962. 2. 6

북동아시아과

1. 일반청구권소위원회 제9회 회합의 결정에 따른 일반청구권 문제에 관한 비공식 회담은 금일 6일 오후 3시부터 약 40분간 외무성 234호실에서 다음과 같이 양국의 관계자가 참석한 가운데 개최되었다.

일본 측 참석자

대장성 이재국	미야카와(宮川)	국 장
대장성 이재국	요시오카(吉岡)	차 장
외무성	우 라 베(卜部)	참사관
대장성 이재국 외채과	가 네 코(金子)	사무관
〃 〃	스 기 타(杉田)	사무관
외무성 아시아국 북동아시아과	스기야마(杉山)	〃

한국 측 참석자

변호사	김윤근(金潤根)
한국은행 참사	이상덕(李相德)
외무부장관 자문위원	정일영(鄭一永)
대표부 2등서기관	김정태(金正泰)

의사 요지

(1) 우라베 참사관이 오늘은 전문위원회에 관해 그 진행 방식, 토의해야 할 문제점 등을 협의하고 싶다, 일본 측은 은급, 징용 한인, 유가증권을 일단 그 대상으로 생각하고 있는데, 한국 측이 생각하고 계신 기탁금 문제도 있다고 생각한다라고 말하였고, 이어서 요시오카 차장이 다음과 같이 설명하였다.

(가) 유가증권 문제에 관해 한국 측이 건네준 조서 중 현물이 있는 것은 문제가 없으나, 내용이 좀 더 확실하지 않으면 일본도 이론을 세우기 어렵다. 예를 들어 조선식량증권의 경우 일본 측은 이것이 등록채였다고 알고 있다. 또 등록채는 소유자별, 입수 경로 등 일본 측이 알 필요가 있다고 생각한다.

(나) 피징용 한인 미수금의 문제로 넘어가서 한국 측이 제출한 SCAP 서한을 보면 그 수치 중 명백히 중복되는 부분이 있다. 즉 노동자분의 집계에는 착오에 기인한 오류가 있고, 또 법무성 관계, 구 해군 관계에서도 오류가 있으므로 그 사정을 설명하고 전문가가 납득할 필요가 있다고 본다.

(다) 피징용자 명수 문제를 보면, 한국 측 수치의 출처인 잡지, 보고 등도 더 상세하게 알 필요가 있다(이 점에 대해 김 대표는 일본 측에도 수치가 있을 것이니 그것을 제시해 달라고 희망하였고, 일본 측도 이를 받아들였다).

(라) 유가증권은 자료만 받으면 된다고 생각한다. 은급은 일본 측에 자료가 있고 또 기탁금 관계는 특별히 문제가 없는 듯하다.

(2) 김 대표는 이상의 일본 측 설명을 받아들인 뒤, 2월 말까지 대략 7, 8항목까지 끝낼 필요가 있다고 생각한다라고 말하였다. 그러자 우라베 참사관이 일단 끝낸 후 일본 측이 general response를 하고 그에 대한 한국 측의 의견을 경청하고 양국 간에 일치하지 않는 점은 정치적 대화로 넘기는 것이 순서인 듯하다라고 말하였다. 이에 대해 김 대표는 2월 말까지 정치회담의 토대를 마련해 둘 필요가 있다고 생각하는데, 명수의 대조, 미수금 관계 등을 어느 선에서 끝낼 생각이냐고 물었다. 그러자 요시오카 차장이 미수금 관계는 큰 문제가 없으나, 징용자 명수 관계는 꽤 시간도 소요될 것이라고 답한바, 김 대표는 유가증권 문제는 우리 쪽 전문가가 아니어도 자료 제출은 가능하다라고 하고, 징용 관계에 대해 징용과 은급을 같은 전문위원회에서 협의하는 것이 어떠냐고 제안하였으며, 일본 측도 참석자 멤버가 바뀔 수 있다는 양해를 구하고 이를 받아들였다.

(3) 김 대표가 2월 말까지 공식 위원회를 세 차례 열 수 있을 듯한데 공식 회의는 사정에 따라 전문위원회를 위해 생략해도 좋다고 말하자, 우라베 참사관이 정치회담이 시작되어도 이들 회의를 중단할 필요는 없다고 발언한 바, 김 대표는 정치회담에 필요한 자료를 제공하는 것이 이 회담의 역할이라고 지적하였다. 이에 대해 미

야카와 국장이 정치회담이 언제, 어떤 형태로 열릴지 알 수 없는 현 상황에서 그 문제를 확실하게 정할 필요도 없다고 반박하자, 결국 명칭은 전문위원회(후에 한국 측이 징용자 관계 등 전문위원회로 하자고 제안하였고 일본 측이 이를 받아들임)로 하기로 하고, 공식위원회와 전문위원회를 주 1회씩 개최하기로 합의한 뒤 다음 주 전문위원회는 화요일(13일) 오후 3시부터 열기로 정하였다.

(4) 한국 측이 전문위원회에 일본 측 대장(大藏), 외무 외에 관계 성청이 참가할 것으로 생각되는데, 보통 첫 회합 때는 그 구성이나 진행 방식 등을 놓고 옥신각신하므로 이를 가능한 한 원활하게 진행하기 위해 회담 개최 전에 미리 기초 자료를 교환해 두고 그것을 숙지하고 회담에 임하고 싶다라고 희망하자, 미야카와 국장도 가능한 한 능률적으로 회담을 진행하는 것에는 찬성한다라고 말하였고, 우라베 참사관은 일본 측으로서는 다음 회담 전날까지 수치의 제출이 불가능할지도 모르며, 설사 제출해도 그 수치를 정정할 가능성도 있으나 어쨌든 노력해 보겠다, 육·해군 관계는 일본 측 명부까지 정비하고 있으므로 문제는 없을 거로 생각한다라고 말하였다.

(5) 김 대표가 목요일의 공식 회의 의제를 질문하자, 요시오카 차장이 요강 5의 유가증권 문제부터 시작하고 싶다고 답하고, 이에 관한 자료, 특히 등록 국채의 소유자 등에 관한 자료를 가능한 한 제출해 달라고 부탁하였다.

(6) 이 대표가 오늘 협의에 관해 한두 가지 확인하고 싶다고 말하고, (가) 미수금 관계에서 SCAP 지령에 중복이 있다고 했는데 그에 관한 자료를 받을 수 있냐고 묻자, 일본 측도 이를 승낙하였고, (나) 유가증권에 대해서는 소유자별, 등록번호 등은 이쪽에서 자료를 주겠다, 식량증권이 현물인지 여부도 자료를 제출하겠다, (다) 징용자 명수는 한국 측도 자료를 준비하겠으나, 일본 측으로부터도 육·해군 관계자료 등을 받고 싶다라고 말하였다.

(7) 이어서 한국 측은 이전 소위원회에서 일본 측이 제출한 재외회사 등의 구 조선인 주주에 대한 잔여 재산 분배 유보액 표와 관련해 다음과 같은 점을 지적하고 일본 측의 설명을 요구하였다. 즉 조선은행의 경우, 현금 잔여분이 0인 점, 청산 처리 상황, 그 후신인 [illegible]가 한국 측이 소유한 주주명부에서 볼 때 과도하게 적은 점, 그 잔여 재산은 상당히 거액이었던 점, 그리

고 그 밖의 회사에 대해서는 제2회사의 명칭 등을, 또 이 표와는 별개로 조선금융조합연합회의 현재 재산도 알고 싶다라고 말하였다. 이에 대해 일본 측은 일단 다음과 같이 설명하였다. 즉 조선은행에 관해서는

한편, 조선은행 이외의 회사의 경우, 제2회사가 설립된 것은 신회사의 명칭 등도 알려줄 수 있다. 또 신회사가 설립된 것으로 현금 잔여가 있는 것은 단주를 정리하면서 현금이 남은 것이 있다.

이에 대해 한국 측은 이 문제와 관련해서는 여전히 석연치 않은 점도 있으니, 또 다른 기회에 관계자가 출석해 설명을 듣고 싶다고 희망하고 그 기회를 목요일의 공식위원회 뒤로 지정하였으나, 일본 측에서는 기회를 봐서 재차 외무성을 통해 연락하겠다고 답하였다.

또 일본 측이 요강 5의 생명보험 관계에 대해 한국 측이 제시한 회사수, 금액과 일본 측의 조사 결과 간에 차이가 있다고 지적하고, 언젠가는 자료를 제출하겠지만 민간회사 관계도 있어 시간이 걸린다고 설명하였다.

第６次日韓全面会談の一般請求権
問題非公式会談（第１回）記録

３７．２．６
北東アジア課

１．一般請求権小委員会第９回会合の決定に基づく一般請求権問題に関する非公式会談は、本６日午後３時から約４０分間外務省２３４号室において次のとおり双方関係者出席の下に開催された。

日本側出席者

大蔵省理財局	宮川	局長
大蔵省理財局	吉岡	次長
外務省	ト部	参事官
大蔵省理財局外債課	金子	事務官
〃　〃	杉田	事務官
外務省アジア局北東アジア課	杉山	〃

韓国側出席者

弁護士	金潤根
韓国銀行参事	李相徳
外務部長官諮問委員	鄭一永
代表部二等書記官	金正泰

議事要旨

(1) ト部参事官より、今日は専門委員会についてその進め方、討議すべき問題点等について話合つてみたいと思う。日本側としては恩給、徴用韓人、有価証券を一応その対象と考えているが、韓国側の考えておられる寄託金の問題もあると思うと述べ、次いで吉岡次長より次のような説明を行なつた。

(イ) 有価証券の問題に関し、韓国側から渡された調書のうち現物のあるものは問題ないが、なかみがもう少し明らかでないと日本側としても理論の立てようがないものがある。たとえば朝鮮食糧証券について、日本側はこれは登録債であつたと承知している。また、登録債については、所有者別、入手の経路など日本側としては知る必要があると考えている。

(ロ) 被徴用韓人未収金の問題に関し、韓国側提出のＳＣＡＰの書簡の数字に明らかな重複がある。すなわち、労働省分の集計に錯誤に基づく誤が、また法務省関係、旧海軍関係にも誤があるので、その事情を説明して専門家に納得して貰う必要があると思う。

(ハ) 被徴用者の人数の問題について、韓国側数字の出所となつている雑誌、報告などについてもさらに詳しく知る必要がある。

（この点につき、金代表より、日本側にも数字があると思うから、それを出して貰いたいと希望し、日本側もこれを了承した。）

(ニ) 有価証券は資料さえ貰えればいいと考えている。恩給については日本側に資料があり、また寄託金関係は特に問題はないように思う。

(2) 金代表は以上の日本側説明を了承した上、2月末までに一通り、7.8項目まで終る必要があると考えている旨述べたので、卜部参事官より、一応終つた後日本側からジェネラル・レスポンスを行ない、それに対する韓国側の意見を聞き、双方不一致の点を政治的話合いに持込むというのが筋道のように考えると述べた。これに対し、金代表は、2月末までに政治会談の素地を作つておかねばならぬと考えているが、人員のつき合わせ、未収金関係などどのくらいで終ると考えておられるかと尋ねたので、吉岡次長より、未収金関係は大して問題ないが、徴用者の人員の関係は相当時間もかかると述べたところ、金代表は、有価証券の問題は当方専門家でなくとも資料の提出はできると述べ、徴用関係について徴用と恩給を一つの専門委員会にすることにしてはどうかと提案、日本側も出席者の顔ぶれが変ることがあるとの了解の下に、これを了承した。

(3) 金代表より、2月末までに公式委員会を3回開けると思うが、公式会談は都合によつては専門委員会のために割愛してもかまわないと述べたので、卜部参事官より、政治会談が始まつても、これらの会議を止める必要もあるまいと発言したところ、金代表は、政治会談に必要な資料を与えるのがこの会議の役割りである点を指摘した。これに対し、宮川局長より、政治会談が何時、どういう形で開かれるかわかつていない現在、その問題をはつきり決める必要もなかろうと述べ、結局、名称は専門委員会（後になつて韓国側より徴用者関係等専門委員会とすることの申出があり、日本側これを了承した）とすることとし、公式委員会と専門委員会を週1回ずつ開くことを申合せ、来週の専門委員会は火曜日(13日)午後3時からとすることを決定した。

(4) 韓国側より、専門委員会には日本側大蔵、外務のほか関係官庁が参加されると思うが、最初の会合でその構成や進め方などでもめるのが普通であるので、これをできるだけスムーズに進めるため、会談を開く前に予め基礎的な資料を交換しておき、それを頭に入れて会談に臨むようにしたいと希望したので、宮川局長も、できるだけ能率的に会談を進めることは賛成であると述べ、卜部参事官よりは、日本側としては次回の前日までに数字をだすことは不可能かもしれないし、たとえ出せてもその数字は訂正することあるべしとするような数字になるかも知れないが、とにかく、努力してみよう。陸海軍関係は日本側名簿まで整備しているので問題はないと思うと述べた。

(5) 金代表より、木曜日の公式会議の議題について質問したので、吉岡次長より、要綱5の有価証券の問題から入りたい旨答え、これに関する資料、特に登録国債の所有者等に関するできるだけの資料提出方をお願いすると述べた。

(6) 李代表より、今日の打合せに関し、1. 2確認しておきたいと述べ、(イ)未収金関係でSCAP指令に重複がある点は、資料は貰えるのかと問い、日本側もこれを承諾、(ロ)有価証券については、所有者別、登録番号等は当方から資料を差上げる。食糧証券が現物かどうかについても資料を出す、(ハ)徴用者の人数に関しては韓国側でも資料の準備はするが、日本側でも陸海軍関係の資料などいただきたいと述べた。

(7) 次に、韓国側は、前の小委員会で日本側から提出した在外会社等の旧朝鮮人株主に対する残余財産の分配留保額の表に関し、次のような点を指摘して日本側の説明を求めた。すなわち、朝鮮銀行の場合現金残余分が零となつている点、清算処理の状況、その後身たる が韓国側所有の株主名簿からみて少なすぎる点、その残余財産は相当多額であつた点、並びに、その他の会社については、第2会社の名称等について、また、この表とは別に朝鮮金融組合連合会の現在の財産についても承知したいと述べた。これに対し、日本側より、一応次のような説明を行なつた。すなわち、鮮銀についてはなお、鮮銀以外の会社については、第2会社の設立されたものについては、その新会社の名称などもお知らせできる。また新会社が設立されたもので現金残余のあるのは端株の整理として現金が残つたものである。

これに対し、韓国側は、この問題についてはなお釈然としない点もあるので、別の機会に関係者の出席を願つて説明を承りたいと希望し、その機会を木曜日の公式委員会の後と指定したが、日本側では何れ改めて外務省を通じて連絡することにしたいと答えた。

また、日本側より、要綱5の生命保険関係について、韓国側から出た会社数、金額と日本側調査結果との間に開きがある旨指摘、何れ資料を出すが民間会社の関係でもあり、時間がかかる旨説明した。

24. 일반청구권소위원회 제10차 회의 회의록, 1962. 2. 8

한국 외교문서 750, 제6차 한일회담 청구권위원회 회의록, 1-11차, 1961. 10. 27-62. 3. 6

1962년 2월 8일 개최된 제6차 한일회담 일반청구권소위원회 제10차 회의 회의록이다.

대일청구 제5항목에 대한 일본 측의 견해 표명이 있었다.

한일 청구권 소위원회 제 10 차 회의

회 의 록

1. 개최 일시: 1962 년 2 월 8 일
   오후 3 시 — 4 시 10 분

2. 개최 장소: 일본 외무성 제 224 호 실

3. 참석 자 : 한국측:

김 윤 근	수석위원
이 상 덕	위원
이 규 성	"
김 정 태	"

일본측:

미야가와 신이찌로	주사
오시오가 에이이찌	부주사
우나베 도시오	"
가네꼬 지따로오	보좌
오기소 도모오	"
가네마쓰 다께시	"
야나기야 겐스께	"
와다나베 고오지	"
오와다 히사시	"
스기야마 지마끼	"
이구찌 다께오	"

4. 토의 내용:

미야가와: 전번 비공식 회의에서 합의된 바 있는 "징용자 등에 관한 전문 위원회" 의 설치를 여기서 정식으로 확인하고 싶은데 한국측 의견은 어떤가.

김 대표: 이의 없다.

미야가와: 다음은 일본 측으로부터, 한국측 청구권 제5항에 대한 견해를 표명하고자 한다. 그런데, 이것은 일본 정부의 최종적인 견해라고 생각하지 말기 바라며, 단지 소위원회 주사로서 한국 측의 설명만 듣고 일본 측의 반응을 표시하지 않는 것은 한국측도 불만일 것임으로 일본 측의 사고 방식 (일어로 "간가에가다") 이라는 뜻으로 이야기 하겠다.

김 대표: 나중에 문서로 메모라도 받을 수 있느냐.

미야가와: 메모 교환은 그만 두겠다. 지금 이야기 같이 이것은 일본측의 공식 견해가 아니며, 문서로 적으면 약간 오가 나기 쉬우니, 메모는 생략하고 싶다.

유가 증권에 관하여는 종류별로는 현물과 등록으로 구분할 수 있으며 소유자 별로는 (가) 폐쇄기관 및 재외회사의 분, (나) 체신부의 분, (다) 기타 법인과 개인 소유의 분 3종으로 구분할 수 있는데, (가) 의 폐쇄기관 및 재외 회사가 소유하는 등록국채는 해회사가 일본법 체계 하의 일본 법인이었으며, 한국측이 주장하드시 한국 법인이라고 볼수 없다. 또, 등록증권은 등록지가 일본 본토 내에 있음으로 일본에 소재하는 권리로 생각한다. 이것은 SCAPIN 1865—3 과 동 1868—A 에서 원리금 지불 장소를 일본으로 지정한 것으로 미루어 보아도 명료하다. 따라서, 폐쇄기관 및 재외회사가 소유하는 등록 증권은 한국측이 주장하드시, 한국 법인의 재일재산이 아니고 일본 법인의 재일 재산이므로 반환에 반대한다.

다음, 관점을 달리하여 군령 33 호에 의거하더라도, 동 군령의 효력이 일본에 미치지 않는 고로 한국측 청구에 응할 수 없다.

다음 체신부 소유 분은 한국측 주장의 근거를 잘 모르는 점이 있는데, 총독부를 계승한다는 데에 청구 근거를 둔다면 국제 관례 상 납득할 수 없으며, 또 군령 33 호에 의한다면 지금 이야기와 같은 취지로 납득 할 수 없다.

(다) 기타 법인 및 개인 소유에 관하여는, 사실을 규명해서 한국인의 본래의 소유라면 지불하여도 좋다는 생각이다. 그리고 등록이 아니고 현물이 있을 때에는 현물의 제시를 조건으로 청구에 응할 수 있다고 생각한다.

이상덕 대표: 폐쇄기관 및 재외회사가 현물을 가지고 있을 경우는 어떻게 된다는 의미인가.

미야가와: 현물을 가지고 있을 경우는 폐쇄기관 소유 분도 지불에 응하겠다.

이상덕 대표: 개인이 등록 증권을 가지고 있을 경우는 어떻게 된다는 의미인가.

미야가와: 등록 증권이라고 하여-개인의 경우마저 지불하지 않는 것은 조리에 맞지 않을 것이므로 그것은 지불에 응하겠다.

미야가와: 다음 통화에 관하여는 일본은행원의 입회 하여 소각한 일계 통화 중, 일본은행권은 유통과정에 있었던 것에 한하여 지불하겠고, 군표 및 추비은행권도 소각 중에 들어 있으나, 이것은 발행 지역 당국과 이야기 해서 해결할 문제이지, 한국 측과는 관계가 없다고 생각한다. 또, 소각한 것 이외에 현물이 있다고 하는 데, 이것은 현물의 제시를 조건으로 지불하겠으나, 일본은행원의 입회 없이 6.25 동란 중에 소각했다는 분은 지불에 응할 수 없다고 생각한다.

이상덕 대표: 유통과정에 있었던 일본은행권이라는 의미는 무엇인가.

요시오까: 일본은행권은 단지 물리적으로 기탁한 것 만으로는 통화가 아니고, 미발행권이다. 이에 대해 기탁증은 공제하여야 한다는 것이다.

이상덕: 그러한 미발행 은행권은 없었다는데.

요시오까: 한국측이 제시해준 소각에 관한 영문 자료 중에도 기탁분이 포함되어 있다.

이상덕 대표: 알고 있으나, 그것은 내외보관분이며, 미발행권으로서 기탁받은 것은 없다. 일본측에 자료가 있는가.

요시오까: 일본은행에 뭐가 있다는 이야기를 듣고 있으나, 자세히는 모르겠다. 다만, 유통과정이라는 것은 그런 의미로 이해하여주기 바란다.

이상덕 대표: 군표와 추비은행권의 경우 지역 당국과 해결이라는 의미는 무엇인가.

요시오까: 군표나 추비 은행권 같은 것의 청구나 배상 문제는 그것을 발행한 지역의 당국자와의 사이에서 해결할 문제이며 한국과는 관계가 생기지 않는다는 의미다.

미야가와: 징용자 미수금에 관하여는, 금액에 납득할 수 있는 숫자를 밝혀 지불하겠다는 생각이다.

이상덕 대표: 지난 회의에서 미수금에 중복이 있다는 말이 있었는데, 자료를 속히 주면 좋겠다.

미야기와: 징용자 보상금에 관하여는, 한국측은, 생존자에 대하여 정신적 고통에 대한 보상을 청구하고 있으나, 그 당시의 한국인의 법적 지위가 일본인이었다는 점에 비추어 일본인에 지불된 바 없는 보상금은 지불할 수 없다고 생각한다. 그러나 사망 및 상병자에 대하여는 당시의 국내법에

의하여 급여금이 지불[illegible]을 군인 [illegible] 미지불된 것이 있으면 피징용자 미수금으로 정리될 것이니 그 항목에서 검토하는 것이 좋을 것으로 생각하며, 따라서 피징용자 보상금이라는 독립된 항목으로서는 응하기 어렵다.

은급에 관하여는 기재정분 만은 지불하겠다는 좁은 태도는 아니지만, 인원은 맞어 국고지변 분에 한한 것이라는 생각이며, 지방 지변 분은 대상외로 생각한다. 예를 들면, 문관, 관공립 학교 교원은 국고지변이고, 경무관 순사도 국고지변이고, 도 (道) 순사 초등학교 교원도 국고지변이다. 그러나 도 소방수, 도 지방관, 지방비 지변 문관, 도 이원 (吏員), 부 이원 등은 지방비 지변이매 이것은 응할 수 없다.

이상덕 대표 : 얼마나 되는가.

미야가와 : 전문위원회에서 마쳐가도록 하겠다. 여기서 한가지 특별히 이야기 하여야 할 것은 군인 군속 관계인데, 일본인과 같이 취급해야 한다고 생각하나, 종전 후 군인 은급이 폐지되었다가 부활된 것이 한국의 독립 후며, 평화조약의 발효가 1952 년이었다는 시기 관계로 감안하여 증가은급 이외에는 지급의 여지가 없으며 미복원자에 관하여는 미복원 급여법에 의거하는 것 이외에 생각할 수 없다는 생각이다.

우라베 : 은급법은 입법의 근본이 일본인 국적을 가진자라는 제한이 있고, 또 수취자에게 전해 주는 것으로 되어 있어서 이러한 점에 문제가 있다.

김 대표 : 은급법의 국적 규정은 개인의 사정으로 일본 국적을 이탈한 경우에 생각할 수 있고, 이러한 경우를 상정한 것이 아니라고 생각한다.

우라베 : 그렇다고 할수도 있으나, 법에는 일본국적자로 되어 있으니까...

미야가와 : 다음 기탁금에 관하여는 일본 세관이 보관하고 있는 분은 수자를 맞우어서 지불하겠[illegible]으며, 세관에서 교환으로 보관하고 있는 분도 역시

수자를 맞우어 처분하겠으나, 조총련에 대한 기타는 사실관계가 명백하지 않은 바. 설사 조련 재산 중에 들어 있다 하더라도 이것은 SCAP 지시에 의하여 처분한 것이고 처분 대금은 일본 각의 양해 사항으로 재일 조선인의 생활 보호비로 썼음으로 새삼스럽게 한국 청구에 응하여 반환할 수 있다고 생각하지 않는다.

이상덕 대표: 사실관계 수자는 얼마나 되는가.

요시오까: 한국측 수자와 얼마 틀리지 않는다. 이것도 전문 위원회에서 대사하자.

미야가와: 생명 보험에 관하여는, 한국측 청구 요강 제 6 항과도 관계가 있으므로 그 때에 이야기 하겠다.

우라베: 보험회사에 청구하면 보험회사는 한국에 두고온 재산이 있다하여, 간단히 말할 수 없는 문제가 나올 것이므로 이것을 어떻게 취급할 것이냐는 요강 제 6 항과 같이 매우 어려운 문제인 것이다.

요시오까: 일본 측으로서는 앞으로 남은 문제는 (가) 요강 제 6 항의 문제, (나) 요강 제 7, 8 항 문제, (다) 남북한 간의 문제, (라) *relevant clause* 문제 등이 될 것으로 생각한다. 전부 끝이 난 다음 *general response* 를 하겠으나, 우선 제 5 항에 대한 일본측 생각을 표시한 것이다.

김 대표: 요강 제 1 부터 제 4 까지는 언제 하겠는가.

요시오까: *general response* 에 포함될 것이다.

김 대표: 일본측 주장에 대하여는 다음 기회에 반론하겠다. 법이론도 계속하고 사실관계는 사실관계 대로 진행하자. 오늘은 이 정도로 하자. 내용이 매우 복잡한데 문서로 줄수 없겠는가.

요시오까: 일본 측의 일응의 생각을 마한 것으로 공식 견해가 아니며, 메모

7가지 에서 한국에 줄것인가 의문점에 대하여 상세하여 주기 바란다.

25. 韓國側對日請求額に對する大藏,外務兩省による查定の相異について, 1962. 2. 15 アジア局

日本外交文書 1749

일본 외무성 아시아국이 한국 측의 청구액에 대한 일본 대장성과 외무성의 사정액이 상이한 점에 대해 설명한 내용이 기재된 문서다.

번역

한국 측 대일청구액에 대한 대장, 외무 양성의 사정(査定) 상이에 관하여

1962. 2. 15

아시아국

한국 측의 대일 청구 금액에 대한 대장, 외무 양성의 사정은, 대장 약 1,000만 달러, 외무 약 1억 달러 정도인데, 그 상이는 주로 군인, 군속, 피징용자에 대한 위로금 및 은급에 관한 사정액의 차이에 의한 것으로, 그 외 대부분의 항목에서는 양성의 사정이 일치하고 있다. 또한, 양성 안 모두 엔 채무에 화폐 가치 변동의 사실을 고려하지 않고 있다는 점(한국 측은 1 달러 대 15엔의 환율을 적용할 것을 주장하고 있음)과 본 건 청구권 처리는 모두 남한 분에 한정된다는 원칙을 견지하고 있다는 점도 공통적이다.

양성 안의 주된 상이점은 다음 두 가지에 있다.

첫 번째는, 조선인에 대한 은급 지급 등의 조치를 일본 국적 상실 시점까지로 한정할 것인가 아닌가에 있다. 다시 말해, 대장 안은 조선인 군인 군속 문관에 대한 은급 지급 등의 조치를 일본 국적 상실, 즉 평화조약 발효 시까지 인정하고, 그 이후에도 인정하는 것은 현재로서는 곤란하다는 입장인데, 이에 따라 조선인 문관 은급 지급은 쇼와 27년(1952년) 4월로 끝나며, 또한 평화조약 발효 후 실시된 군인 은급(쇼와 28(1953)년 8월 1일부터 부활) 및 전상병자 전몰자 유족 등 원호법(쇼와 27(1952)년 4월 30일 공포)은 조선인 군인 군속의 사망자 및 부상자에는 적용되지 않는다는 것인데 대해, 외무 안은 국제 선례 및 조리에 기초하여 일본 국적 상실에도 불구하고 조선인에 대해 일본인에 준하는 현행 은급법(군인 은급 포함) 및 원호법을 적용, 해당자 전원 권리를 상실할 때까지의 몫을 일시에 지불해야 한다는 입장을 취하고 있다.

두 번째 차이점은, 제2차 대전 중 일본 내지에 집단 이입(移入)된 징용 노동자 및 복원 군인 군속에 대해, 수당을 지급하는가 아닌가에 관한 것이다. 다시 말해, 대장 안은 실정법상 이러한 사람들에 대해 어떠한 조치도 취해서는 곤란하다는 입장을 취하고 있는데 대해, 외무 안은 오히려 관방장관이 시사한 바도 있지만, 종전 시 현재의 이입 노무자 및 복원 군인 군속에 대해 귀환자 급부금에 준하는 위로금을 지급한다는 것이다.

그 밖의 차이점은 유가증권 지불액, 귀국 조선인 노무자 미수금 및 귀국 조선인 기탁금 등 3항목에 있는데, 금액이나 기본적인 사고방식에서나 큰 차이가 있는 것은 아니다. 이하는 양성 사정에 상이가 있는 부분에 대한 설명이다.

1. 유가 증권

대장 안		228백만 엔
	이자	146백만 엔
외무 A안		608백만 엔
	이자	389백만 엔
외무 B안		4,560백만 엔
	이자	2,918백만 엔

대장 안은, 등록 국채 14백만 엔(일본은행 조사에 따르면 조선을 지불지로 하는 등록 국채 23백만 엔의 조선인분 20백만 엔 가운데 남한 분 70%), 그 외 국채 109백만 엔(쇼와 23(1948)년 대장성 관리국 조사에 따른 추정액 156백만 엔 가운데 남한 분 70%), 그 외 증권 105백만 엔(권은(勸銀) 조사에 따른 추정액 158백만 엔에서 체신국 분 8백만 엔을 감액, 그 것의 남한 분 70%)의 합계다.

외무 (A) 안은, 한국 측이 증권의 현물을 보유하고 있다고 주장하는 것을 전부 지불하는 것인데, 등록채는 베스팅 디크리의 효력 외에 있다고 보아 인정하지 않고 있다. 한편, (B) 안은 상기 현물채권 및 조선은행 보유 등록채 58억의 70%를, 한국의 중앙은행 지불보증 준비로서의 성격을 감안, 지불하는 것으로 하고, 이자에 관해서는 대장 안의 이율을 준용했다.

2. 미수금(요강 V의 3)

대장 안		98백만 엔
	이자	38백만 엔

외무 안 133백만 엔

이자 52백만 엔

노동성 등의 조사에 따르면 미불금 [redacted] 분에 관해서는, 양성은 의견이 일치하고 있으나, 대장 안은 조선인 피징용자 가운데 남한 분 70%로 추정하고 있는 것에 대해, 외무 안은 징용 노무자의 대다수가 남한 출신이라는 사실(북한은 공업지대가 집중되어 있어 과잉 노동력은 거의 존재하지 않고 있었다는 점에 기인)에 착안, 남한 분을 95%로 하고 있다.

3. 피징용자 보상금(요강 V의 4)

대장 안 0

외무 안 20,149백만 엔

대장 안은 피징용자, 군인, 군속의 수당은 법적 근거가 결여되어 있다는 이유로 원칙적으로 인정하지 않고 있다.

외무 안은 일단 일본인과 같은 대우를 부여한다는 취지에 의해 사정했다. 외무성 사정의 세목은 다음과 같다.

○ 노무자 위로금 6,103백만 엔

○ 복원 군인 군속 위로금 2,895백만 엔

○ 사망 군인 군속 조위금 776백만 엔

○ 사망 군속 연금　　　　9,900백만 엔

○ 군속 장해 연금　　　　475백만 엔

4. 은급 청구(요강 V의 5)

대장 안

외무 안

대장 안은 은급국 시산에 의한 문관 은급(미결정분 포함)을 평화조약 발효 시(쇼와 27(1952)년 4월)까지 지급하는 것으로 하여 총액 이 되며, 그중 남한분(70%)을 지불하고, 군인 은급은 평화조약 발효 후 부활했으므로 조선인 해당자에 대해서는 거의 인정하지 않고 있다.

외무 안은 문관, 군인 공히 현행 은급법을 적용, 기 결정자 및 외무, 후생 양성의 추정에 의한 미결정 은급 수급권자 수에 관해 전원 권리를 상실할 때까지 일본 국적 상실에도 불구하고 연금, 일시금을 지불하는 것으로 하여 의 남한 분(70%)를 지불하는 것으로 되어 있다. 대장 안에서는 이자를 가산하고 있으나 외무 안은 계산하지 않고 있다.

5. 귀국 한국인 기탁금(요강 V의 5의 (2))

대장 안	81백만 엔
외무 안	60백만 엔

대장 안은, 귀국 조선인의 세관 기탁금 ███████, SCAP으로부터 기탁받아 조선인 귀국 시 교환 사용한 조선은행권 48백만 엔, 조련 기탁 차압금 ██████의 각 남한 분(70%)를 지불하는 것으로 하고 있다.

외무성 안은 한국 측이 제시한 기탁금 11백만 엔, 미결제 조선은행권 49백만 엔을 귀국 조선인은 전부 한국에 귀국했다다는 사실에 착안하여 전액을 지불하는 것으로 하고, 조련 차압 분에 관해서는 미정으로 하고 있다.

○

참고적으로, 양성 안의 사정이 일치하고 있는 항목을 설명하면 다음과 같다.

A. 양성 모두 한국 측 청구를 거부하고 있는 항목

지금·은(금 249톤, 은 67톤, 시가 약 280백만 달러)의 반환 및 민간생보의 지불 준비금 중 한국인 분 ███████ 및 폐쇄기관(조선은행 등), 재외회사의 재일재산의 반환 요구에 관해서는 양성 모두 거부하고 있다. 또한, 한국 측이 이번 회담에서 토의 유보한 1945년 8월 9일 이후의 재조선 일본인 예금 인출액, 동일 이후의 국고금 지출, 동일 이후의 내지 송금액 등의 각 청구 및 총독부 도쿄 사무소의 반환 청구에 관해서도 양성이 공히 지불 의무가 없다는 이유로 거부하고 있다.

B. 양성 사정액이 일치하고 있는 항목

1. 우편저금 등(요강 II, 1. a)　　258백만 엔

　　이자　　196백만 엔

우정성 추정에 의한 조선인 저금고 368백만 엔 가운데 남한 분(70% – 현 인구 비)을 지불

2. 조선간보연금(요강 II, 1.c)　　67백만 엔

　　이자　　12백만 엔

조선간보연금 특별회계에 의해 예금부에 예입된 금액 124백만 엔 가운데 조선인 분 96백만 엔의 남한 분(70%) 지불

3. 한국인 주주 유보분(요강 IV)　22백만 엔

이자　6백만 엔

4. 일본계 통화(요강 V의 2)　1,522백만 엔

소각 일은권 1,492백만 엔 및 구 일은권 현물 30백만 엔 지불

양성의 사정액은, 대장 안은 금년(1962년) 1월 10일 자 시산, 외무 안은 금년(1952년) 2월 7일 자 시산에 의한 것이다. 금 후 검토 결과 계수에 약간의 수정이 가해질 것으로 예상된다.

韓国側対日請求額に対する大蔵、外務
両省による査定の相違について

37.2.15
アジア局

韓国側対日請求金額に対する大蔵、外務両省の査定は、大蔵案約1,000万ドル、外務案約1億ドルであるが、その相違は主として、軍人、軍属、被徴用者に対する見舞金及び恩給に関する査定額の違いによるものであり、その他大部分の項目に関しては両省の査定は一致している。また、両省案ともに、円債務に貨幣価値変動の事実を考慮に入れていないこと（韓国側は1ドル対15円のレート適用することを主張している）、及び本件請求権処理は全て南鮮分に限るとの原則を堅持している点においても共通している。

両省案の相違の主な点は、次の2点である。

第1点は、朝鮮人に対する恩給支給等の措置を日本国籍喪失の時点までに限るか否かである。すなわち、大蔵案においては、朝鮮人軍人軍属文官に対する恩給支給等の措置を日本国籍喪失、すなわち、平和条約発効時まで認め、それ以後にも認めることは現在のところ困難であるとの立場にたち、従つて、朝鮮人文官恩給支給は昭和27年4月で打切り、また、平和条約発効後実施された軍人恩給（昭和28年8月1日より復活）、及び戦傷病者戦没者遺族等援護法（昭和27年4月30日公布）は、朝鮮人軍人軍属の死亡者及び負傷者に適用されないとしているのに対し、外務案においては、国際先例及び条理に基づき、日本国籍喪失にも拘らず朝鮮人に対し、日本人に準じ現行恩給法（軍人恩給を含む）及び援護法を適用し、該当者全員失権までの分を一時に支払うとの立場をとつている。

相違の第2点は、第2次大戦中内地に集団移入せしめられた徴用労務者及び復員軍人軍属に対し、何らかの手当を行なうか否かである。すなわち、大蔵案は実定法上これらの者に対して、如何なる措置をとることも困難であるとの立場をとつているのに対し、外務案においては大平官房長官の示唆もあり、終戦時現在の移入労務者及び復員軍人軍属に対し、引揚者給付金に準じて見舞金を支給するものとしている。

この他の相違点は、有価証券の支払い額、帰国朝鮮人労務者の未収金及び帰国朝鮮人寄託金の3項目であるが、金額的にも、基本的考え方にも、大きな違いがあるわけではない。以下は、両省査定に相違のある項目の説明である。

1. 有価証券（要綱Vの1）

大蔵案		228百万円
	利息	146百万円
外務A案		608百万円
	利息	389百万円
外務B案		4,560百万円
	利息	2,918百万円

大蔵案においては、登録国債14百万円（日銀調による朝鮮を支払地とする登録国債23百万円から朝鮮人分20百万円のうち南鮮分70％）、その他国債109百万円（昭和23年大蔵省管理局調による推定額156百万円のうち南鮮分70％）、その他証券105百万円（勧銀調による推定額158百万円より逓信局分8百万円を減額、その南鮮分70％）の合計である。

外務案(A)案においては、韓国側が証券の現物を保有していると主張しているものをすべて支払うが、登録債はヴェスティング・デクリーの効力外であるとして、これを認めていない。他方、(B)案においては、上記現物債券および鮮銀保有の登録債58億の70%を、韓国の中央銀行の支払保証準備としての性格を勘案し、支払うものとし、利息については大蔵案の利率を準用した。

2. 未収金(要綱Vの3)

大蔵案		98百万円
	利息	38百万円
外務案		133百万円
	利息	52百万円

労働省等の調査による未払金[redacted]分に関しては、両省は意見一致しているが、大蔵案においては、朝鮮人被徴用者のうち、南鮮分を70%と推定しているのに対し、外務案において、徴用労務者の大多数が南鮮出身である事実(北鮮は工業地帯が集中していたため過剰労働力は殆んど存在していなかつたことに起因する)に着目、南鮮分を95%としている。

3. 被徴用者補償金（要綱Ｖ の4）

大蔵案　　0

外務案　　20,149百万円

大蔵案においては、被徴用者、軍人、軍属の手当は法的根拠が乏しいとの理由により原則として認めていない。

外務案においては、一応日本人並みの待遇を与えるとの趣旨により査定した。外務省査定の細目は次のとおり。

○労務者見舞金　　6,103百万円

○復員軍人軍属見舞金　2,895百万円

○死亡軍人軍属弔慰金　　776百万円

○死亡軍屬年金　　　　9,900百万円

○軍屬障害年金　　　　475百万円

4. 恩給請求(要綱Ⅴの5)

大蔵案

外務案

大蔵案は、恩給局試算による文官恩給(未裁定分を含む)を平和条約発効時(昭和27年4月)まで支給するとして総額 となり、その南鮮分(70%)を支払うとし、軍人恩給は平和条約発効後復活したため朝鮮人該当者には殆んど認めていない。

外務案は、文官、軍人、ともに現行恩給法を準用、既裁定者及び外務、厚生両省にて推定の未裁定恩給受給権者数につき、全員失権まで、日本国籍喪失にかかわらず、年金、一時金を支払うとして、 の南鮮分(70%)を支払うものとしている。大蔵案では利子を加算しているが、外務案では計算していない。

5. 帰国韓国人寄託金（要綱Vの5の(2)）

大蔵案　　　　　81百万円

外務案　　　　　60百万円

大蔵案においては、帰国韓国人の税関寄託金[redacted] SCAPから寄託を受け鮮人引揚に際し交換使用した鮮銀券の額48百万円、朝連寄託差押金[redacted]の各南鮮分（70%）を支払うとしている。

外務省案においては、韓国側の提示した寄託金11百万円、未決済鮮銀券49百万円を、帰国朝鮮人は全て韓国に帰国したという事実に着目し、全額を支払うこととし、朝連差押分については未定としている。

―――――――――――― ○ ――――――――――――

なお、参考までに両省案の査定が一致している項目を説明すれば次のとおりである。

A、両省とも韓国側請求を拒否している項目

地金銀(金249トン、銀67トン、時価約280百万ドル）の返還及び民間生保の支払準備金中韓国人分[redacted]、及び

閉鎖機関（朝鮮銀行等）、在外会社の在日財産の返還要求については、両省ともに拒否することに一致している。また、韓国側が、今次会談において討議留保した、1945年8月9日以後の在鮮日本人預金引出額、同日以後の国庫金の支出、同日以後の内地送金額等の各請求及び総督府東京事務所の返還請求についても一致して支払義務なしとの理由で拒否している。

B、両省査定額が一致している項目

1. 郵便貯金等（要綱Ⅱ、1.a）　258百万円
利息　196百万円
郵政省推定による朝鮮人貯金高368百万円の内、南鮮分（70%－現人口比）を支払うもの

2. 朝鮮簡保年金（要綱Ⅱ、1.c）　67百万円
利息　12百万円
朝鮮簡保年金特別会計より預金部に預入した金額124百万円中の朝鮮人分

９６百万円の内、南鮮分（７０％）を支払うもの

3. 韓国人株主留保分（要綱Ⅳ）　２３百万円
利息　６百万円

4. 日本系通貨（要綱Ⅴの２）　1,522百万円
焼却日銀券１,４９２百万円及び旧日銀券現物３０百万円を支払うもの

両省の査定額は、大蔵案については本年１月１０日付の試算により、外務案については本年２月７日付のものである。今後の検討の結果計数に若干の修正が加えられることが予想される。

26. 피징용 관계 전문위원회 제1차 회의 회의록, 1962. 2. 14

한국 외교문서 750, 제6차 한일회담 청구권위원회 회의록, 1-11차, 1961. 10. 27-62. 3. 6

1962년 2월 14일 개최된 제6차 한일회담 일반청구권소위원회 산하 피징용자 전문가 회의 제1차 회의 기록이다.

이 회의에서 일본 측은 군인 군속, 은급, 기탁금 등에 관한 견해를 표명하였다.

번역

구 조선 지구에 본점이 있었던 폐쇄기관 및 재외회사의 신 회사조

법인명	신 회사명
폐쇄기관 조선은행	주식회사 일본부동산은행
재외회사 소림광업주식회사	다이젯트 공업주식회사
재외회사 대일공업주식회사	대일연공업주식회사
재외회사 주식회사정자옥상점	주식회사정자옥상점
재외회사 일보광업개발주식회사	일보광업주식회사
재외회사 일본고용파중공업주식회사	일본고용파광업주식회사
재외회사 경인상선주식회사	대인상선주식회사
재외회사 일경산업주식회사	일경도기주식회사
재외회사 서일본기선주식회사	신서일본기선주식회사
재외회사 풍국제분주식회사	
재외회사 전십대창고주식회사	
재외회사 황해농업주식회사	풍국제분주식회사
재외회사 제등합명회사	
재외회사 제등정미주식회사	
재외회사 주식회사대교농장	대교임업주식회사
재외회사 조선피혁주식회사	동화피혁주식회사
재외회사 일본내화재료주식회사	일내주식회사
재외회사 성환광업주식회사	미황광업주식회사
재외회사 조선석유주식회사	석유화학공업주식회사
재외회사 반도농업토목주식회사	주식회사신개지영화관
	신개지토지주식회사
재외회사 조선우선주식회사	도쿄우선주식회사
재외회사 주식회사조선저축은행	저은흥산주식회사
재외회사 주식회사조흥은행	주식회사 조흥사
재외회사 주식회사조선상업은행	대창상사주식회사

귀환 조선인으로부터의 보관 물건 집계표

일은권:	10,048,746.63엔
조은권:	3,994,892.50엔
대은권(台銀券):	640.00엔
연은권(連銀券):	9,820.00엔
□□券(CRB$)(□□권):	460,000.00엔
군표(PRSO)(軍票):	796.00엔
B호 군표:	35.00엔

(주) 남북한 구별은 하지 않음.

조선 관계 은급 계수

		보통은급		증가은급		보통부조료		공무부조료		합계	
		인원(인)	금액(천엔)	인원(인)	금액(천엔)	인원(인)	금액(천엔)	인원(인)	금액(천엔)	인원(인)	금액(천엔)
문관	은급국장 재정	1,754	118,562			427	21,224	47	5,173	2,228	144,959
	조선총독 도지사 재정	4,626	219,895			1,006	41,573			5,632	261,468
	계	6,380	338,457			1,433	62,797	47	5,173	7,860	406,427
군인	은급국장 재정	159	33	10	118	7	1			176	152
합계	은급국장 재정	1,913	118,595	10	118	434	21,225	47	5,173	2,404	145,111
	조선총독 도지사 재정	4,626	219,895			1,006	41,573			5,632	261,468
	계	6.359	338,490	10	118	1,440	62,798	47	5,173	8,036	406,579

주) 1. 본 계수는 전 조선분이며, 남북한 구별은 하지 않음.
2. 본 계수에는 일본 재주 은급권자를 포함함.

조선 관계 군인 군속 수

	신분	복원	사망	계
육군	군인	89,108	5,870	94,978
	군속	45,404	2,991	48,395
	계	134,512	8,861	143,373
해군	군인	21,008	308	21,316
	군속	64,639	13,013	77,652
	계	85,547	13,321	98,968
합계	군인	110,116	6,178	116,294
	군속	110,043	16,004	126,047
	계	220,159	22,182	242,341

주) 1. 본 계수는 전 조선분이며 남북한 구별은 하지 않음.
2. 본 계수는 일본 재주자를 포함함.

일반청구권 소위원회 피징용자등 관계 제 1차 전문위원회

회 의 록

1. 개최 일시 : 1962. 2. 13. 하오 3시 - 4시 30분

2. 회의 장소 : 일본 외무성 회의실

3. 참석자 :

한국측	김 윤근	수석위원
	이 상덕	위원
	홍 윤 섭	〃
	김 정 태	〃
	이 기 변	〃
	오 채 기	〃
일본측	우라베 (卜部)	참사관
	사구라이 (櫻井)	보좌
	나가지마 (中島)	〃
	이다가끼 (板垣)	〃
	무라오까 (村岡)	〃
	와다나베 (渡辺)	〃
	외 9 명	

4. 토의 내용 :

일본측 : 피징용 노무자 관계는 아직 수자정리가 되어있지 않으므로 후에 미루고 오늘은 군인 군속 관계를 먼저 토의 했으면 좋겠다.

한국측 : 좋다.

일본측 : 한국 관계 군인 군속의 일본측 소자는 표 (별첩 조선 관계 군인

군속수 참조)에서 보는바와 같이 그 총수는 242,341 명이고 그중 사망자가 22,182 명, 복원자가 220,159 명인데 복원자 중에는 부상자를 포함한다. 그리고 육해군 별로는 육군관계가 143,373 명 해군관계가 98,968 명 이다. 이 수자는 후생성에 있는 명부에 의하여 집계한 것이며 그 자료는 육군관계는 종래 각부대에서 가지고 있던 명부 (종전후 복원국에 제출되었다함) 와 소화 20년 3월 육군성이 행한 "임시 군인계" 에 의하여 각 가정으로 하여금 제출시킨 자료 및 종래 각부대의 단편적인 자료를 종합하여 정리한것이며, 해군관계는 군인에 관해서는 종래 진해에 있던 병적관계 기록을 종전후 연합군 총사령부의 허가를 얻어서 일본으로 가지고 왔으므로 그 기록에 의하였고, 군속 관계는 일본 본토에 있어서는 "구야꾸소" (区役所) 에 대장이 있었고 또 일본 본토 이외의 외지에서도 일본으로 통보되어 대장이 작성 되었던 것이므로 그 기록에 의하여 정니된 것이다.

한국측 : 해군 관계는 우리가 추계한 수자와 대차가 없으나 육군관계 특히 육군 군인은 우리측이 18만 명으로 추계 (비공식으로 입수한 일본정부측 자료 참조) 되는데 반하여 일본측 수자는 9만 4천명으로 큰 차이가 있다. 육군 군인의 지역별 내용은 알수 있는가.

일본측 : 한국내가 약 8만명 일본 본토가 약 1만 7천명 (군인 6,000 명 군속 11,000 명), 해외가 약 5 만 명 이다.

한국측 : 일본 본토는 약 1 만 7천명이라 고 말하였는데 일본 외무성 조사월보 Vol. I No 9 에는 약 11 만명으로 되어있어 9만명 정도 차이가 있고 또 일본 후생성의 "인양원호 기록" 에 의하면 태평양 지구등 일본

본토 이외의 외지에서 한국으로 귀환한 한국인 군인 군속이 10만 5 천명으로 되어있는데 일본측은 5 만명으로 예외 관계도 상당한 차이가 있다.

일본측: 한국관계 군인 군속은 양심적으로 조사한 것이기 때문에 실제수와 대차 없는것으로 보나 지금 한국측이 지적한 점은 다시 조사해서 다음 회의때 설명하도록 하겠다. 그리고 한국내에도 군인 군속에 관한 자료가 있는가.

한국측: 일부는 조사하고 일부는 일본측 자료에 의하여 추정하였다. 그리고 전번 회의때 군인 군속 관계에 있어서 증가은급 이외에는 고려할수없다고 말하였는데 그것은 무슨 뜻인가.

일본측: 전사자의 유가족에 대한 은급은 종전후 연합군 총사령부 지시에 의하여 그 지급이 정지되고 상병자에 대한 증가은급 만은 금액에 제한은 있었으나 계속 지불해 왔으므로 상병자에 대한 증가은급은 고려할수 있으나 전사자에 대한 은급은 일본 군인에게도 지불하지 않았으므로 한국 군인에 대하여 지불할수 없다는 뜻이다. 그리고 평화조약이 발효된것은 1952년 이므로 일본 국적을 가지고 있었던 1952년 까지는 지불해도 좋다는 뜻이다. 다음은 은급 관계인데 은급은 본인의 신청에 의하여 은급국장이 재정하였으며, 재정된 금액은 일본측 숫자로는 8,036 명에 406,579천원 (별표 조선관계 은급 계수 참조) 이다. 은급은 보통은급, 증가은급, 보통부조료, 공무부조료로 나누어지며 보통은급은 일반 문관에 있어서는 17년 이상 재직한자

결산에 있어서는 13년 이상 재직한 자에게 지급되는 것이며 증가은급은 공무로 인하여 부상한자, 보통부조료는 보통은급을 받던자가 사망했을 경우, 공무부조료는 공무로 인하여 순직한 자에게 각각 지급되는 것이다. 그리고 문관 군인 별로는 문관이 406,427천원인데 반하여 군인은 152천원으로 군인관계 은급이 적으나 군인은급이 적은것은 소화 21년 1월한 군인은급이 폐지되었기 때문이다. 이 은급 계수는 후생성에서 발표하고 있는 관측 사망율을 그 때 그 때의 은급금액에 승하여 산출한것이다. 종전후 공무원은 "베이스.업" 되었는데 "베이스.업" 되었을 경우에는 "베이스.업" 된 금액에 전기 관측사망율에 의하여 얻은 인원수를 승하여 계산하였다.

그리고 이 406 백만원에는 그간 기위 지불한 금액이 포함되어 있다.

한국측: 지불한 금액은 얼마나 되는가.

일본측: 2,945,298원이다.

한국측: 인원수는 알수 있는가.

일본측: 모른다.

한국측: 관측 사망율은 어떻게 되어있는가.

일본측: 수자는 잘 모르나 매년 후생성에서 발표하고 있다.

한국측: 일본측 계수는 지방정부 지변분과 미재정분을 포함하지 않은 것인가.

일본측: 그렇다.

한국측: 은급에 관한 명부는 있는가.

일본측: 지불대장이 있으면 조선총독부 문서 있다.

한국측: 일본측의 인원수는 우리측 인원수와 상당한 차이가 있다

일본측 숫자는 검토해 보겠으나 문제는 미재정분에 있다고 보는데

미재정분은 일본측에서 알수 없는가.

일본측: 은급은 본인의 신청이 없으면 계산할수 없는것이므로 미재정분은 알수없다. 한국측은 일년간 은급액에 평균 수명을 감안하여 20년분을 계산하였다고 하는데 1년간 은급액은 어떠한 근거에 의하여 산출하였는가.

한국측: 관서별로 금액이 다른데 그점은 조사해서 다음 기회에 설명하겠다.

일본측: 피징용 노무자 관계는 다음 기회에 토의하기로 하였으나 한가지 물어볼것은 노무자중 사망자 12,603 명과 부상자 7,000명은 어떠한 근거에 의하여 산출한것인가.

한국측: 사망자는 1946년에 미군정청이 신고를 받아 직접 조사한것이고 부상자 역시 미군정청에서 추정한 숫자이다.

일본측: 군인 군속의 사망자 6,5000 명도 직접 조사한 숫자인가.

한국측: 군인 군속은 추정하였다.

일본측: 사망자 12,603 명의 명부는 있는가.

한국측: 명부는 있었으나 6.25 동란중 소실되었다.

일본측: 피징용자와 군속은 중복하고 있지 않은가. 피징용자와 군속은 어떠한 방식에 의하여 구별하였는가.

한국측: 우리측 숫자는 피징용자와 군속의 신분관계를 조사하여 산출한 것이 아니고 일본측 자료에 의하여 산출한것이기 때문에 중복은 없다.

일본측: 그러면 다음은 폐쇄기관과 재외회사 관계를 설명하여야 하겠으나 담당자인 "혼마" 과장이 병으로 결근하였으므로 전번 회의때 한국측에서 요청한 폐쇄기관 및 재외회사의 종전후 신설된 회사명칭은 조사하였으나 (별첨 참조) 그 설명은 다음 회의때 "혼마" 과장이 설명하도록 하고 다음은 기탁금 관계를 설명하겠다. 기탁금 중 세관에 기탁한 금원은 한국측 수자와 대차 없으며 일본은행권은 오히려 일본측 수자가 약간 많다 (별첨 귀환 한국인으로부터의 보관물건 집계표 참조) 그리고 기탁금중 제 2항의 조선은행권과 일본은행권의 고환으로 보관중인 일본은행권은 한국측이 제시한 수자와 동액이므로 별도 조사표를 준비하지 않았다.

한국측: 조선은행권의 고환 잔액이 아직 73백 여만원 가량 남어있는 것으로 알고있는데 그 금액은 그후 어떻게 처리되었는가.

일본측: 연합군 총사령부에 반환하여 폐기하였다. 그러면 이제 남은 것은 구조선에 기탁한 재산내용과 피징용 노무자, 재외회사 관계등인데 이것은 내주 화요일에 있을 전문위원회에서 토의 하기로 하자. 그리고 금주 목요일에는 소위원회를 개최하기로 되어있으나 오강 6,7,8 항목에 대한 일본측 준비가 덜 되었으므로 휴회 했으면 좋겠는데 한국측 의견은 어떤가.

한국측: 일본측에서 준비가 되지 않았다면 할수없는 일이니 휴회하도록 하자.

끝

유 첨: 1. 구조선지구에 본점이 있었던 폐쇄기관 및 재외회사의 신회사표

2. 귀환 조선인으로부터의 보관물건 집계표

3. 조선관계 은급 계수

4. 조선관계 군인 군속 수

각 1통

旧朝鮮地区に本店のあった閉鎖機関及び在外会社の新会社調

法人名		新会社名
閉鎖機関	朝鮮銀行	株式会社日本不動産銀行
在外会社	小林鉱業株式会社	ダイジエツト工業株式会社
〃	大日工業株式会社	大日鉛工業株式会社
〃	株式会社丁子屋商店	株式会社丁子屋商店
〃	日窒鉱業開発株式会社	日窒鉱業株式会社
〃	日本高周波重工業株式会社	日本高周波鋼業株式会社
〃	京仁商船株式会社	大仁商船株式会社
〃	日硬産業株式会社	日硬陶器株式会社
〃	西日本汽船株式会社	新西日本汽船株式会社
〃	豊國製粉株式会社	豊國製粉株式会社
〃	全北倉庫株式会社	
〃	黄海農業株式会社	
〃	斉藤合名会社	
〃	斉藤精米株式会社	
〃	株式会社大橋農場	大橋林業株式会社
〃	朝鮮皮革株式会社	同和皮革株式会社
〃	日本耐火材料株式会社	日耐株式会社
〃	成歓鉱業株式会社	美幌鉱業株式会社
〃	朝鮮石油株式会社	石油化学工業株式会社
〃	半島農業土木株式会社	株式会社新開地映画館
		新開地土地株式会社
〃	朝鮮郵船株式会社	東京郵船株式会社
〃	株式会社朝鮮貯蓄銀行	貯銀興産株式会社
〃	株式会社朝興銀行	株式会社朝興社
〃	株式会社朝鮮商業銀行	大昌商事株式会社

引揚朝鮮人からの保管物件集計表

	円
日　銀　券	10,048,746.63
鮮　銀　券	3,994,892.50
台　銀　券	640.00
連　銀　券	2,820.00
儲　備　券（CRB$）	460,000.00
軍　票（PESO）	796.00
B　号　軍　票	35.00

（注）　南北鮮の区別をしていない。

朝鮮関係恩給計数

		普通恩給		増加恩給		普通扶助料		公務扶助料		合計	
		人員	金額	人員	金額	人員	金額	人員	金額	人員	金額
		人	千円	人	千円	人	千円	人	千円	人	千円
文官	恩給局長裁定	1.754	118.562			427	21.224	47	5.173	2.228	144.959
	朝鮮総督道知事裁定	4.626	219.895			1.006	41.573			5.632	261.468
	計	6.380	338.457			1.433	62.797	47	5.173	7.860	406.427
軍人	恩給局長裁定	159	33	10	118	7	1			176	152
合計	恩給局長裁定	1.913	118.595	10	118	434	21.225	47	5.173	2.404	145.111
	朝鮮総督道知事裁定	4.626	219.895			1.006	41.573			5.632	261.468
	計	6.539	338.490	10	118	1.440	62.798	47	5.173	8.036	406.579

注 1. 本計数は全朝鮮分であり、南北鮮の区別を行つていない。

2. 本計数には、日本在住の恩給権者を含む。

朝鮮関係軍人軍属数

身分		復員	死亡	計
陸軍	軍人	89,108	5,870	94,978
	軍属	45,404	2,991	48,395
	計	134,512	8,861	143,373 ✓
海軍	軍人	21,008	308	21,316
	軍属	64,639	13,013	77,652
	計	85,647	13,321	98,968 ✓
合計	軍人	110,116	6,178	116,294
	軍属	110,043	16,004	126,047
	計	220,159	22,182	242,341 ✓

注 1. 本計数は全朝鮮分であり、南北鮮の区別を行なつていない。

2. 本計数には日本在住者を含む。

27. 피징용 관계 전문위원회 제2차 회의 회의록, 1962. 2. 20

한국 외교문서 750, 제6차 한일회담 청구권위원회 회의록, 1-11차, 1961. 10. 27-62. 3. 6

1962년 2월 20일 개최된 제6차 한일회담 일반청구권소위원회 산하에서 개최된 피징용자 전문가 회의 제2차 회의 기록이다.

군인 군속, 폐쇄기관, 기탁금, 일본은행권과 교환하고 남은 조선은행권의 처리 상황, 은급 관계 등에 관해 토의하였다.

일반 청구권 소위원회 피징용자관계등 제 8차 전문위원 회의

회 의 록

1. 개최 일시: 1962. 2. 20. 오후 3시부터 5시 까지

2. 회의 장소: 일본 외무성 회의실 230호

3. 참석자:

한국측:	김 윤 근	수석위원
	이 상 덕	위원
	홍 윤 섭	〃
	오 재 기	〃
일본측:	우다베	참사관
	혼마	보좌
	사꾸라이	〃
	나가지마	〃
	이다가끼	〃
	무라오까	〃
	와다나베	〃
	외 12 명	

4. 토의 내용:

일본측: 전번 회의에서 군인 군속에 관한 일본측 숫자는 외무성 조사월보나 인양원호기록에 표시되어있는 숫자와 상당한 차이가 있다는 한국측 발언이 있어서 그동안 후생성에서 외무성 조사월보와 인양원호기록에

표시된 수자의 근원을 조사해 보았는데 오늘은 먼저 그 결과를 말하겠다. 외무성 조사월보의 수자는 그 표시에도 명시되어 있는 바와 같이 이것은 어데까지나 개인의 조사자료이며 외무성의 의견을 표명하는것은 아니라는 점을 양해하여주기 바란다. 조사월보에는 확실히 종전당시 한국인 군인군속이 11 만명 있었던 것으로 되어 있다. 이 수자는 입국관리청이 가지고있던 사료를 근거로 한것인데 동 자료는 후생성이 제공한것이다. 당시의 후생성 기록에 의하면 이 11 만명의 내역은 해군이 5 만명, 육군이 6 만명으로 되어있는데 육군의 6 만명중 4만 3천명는 사무상의 수자이며 6 만명에서 4만 3 천명을 감한 1 만 7천명만이 육군관계이다. 사무상의 수자 4만 3 천명이라는것은 한국군인의 중복여부를 조사하기 위한 대상으로서의 수자에 불과한데 이것을 입국관리청이 외무성에 잘못 제공한데서 일어난 착오이다. 일본본토의 한국인 육군관계 1 만 7 천명은 종전후 각부대의 명부 기타 병적관계 기록에 의하여 대조한 것이므로 이 수자가 정확하다. 그리고 인양원호기록의 수자는 미국측으로부터 받은 통계인데 이 수자는 모두가 군인 군속만이 아니고 그중에는 일반인도 포함된것이다.

한국측: 군인 군속만이 아니고 일반인도 포함되었다고 하는데 그 일반인이란 무엇을 말하는 것인가.

일본측: 과거부터 그 지방에 거주하고 있던 민간인을 말하며, 인양원호 기록에 의하면 하와이로부터 한국인이 귀환한것으로 되어있으나

하와이에는 군인 군속이 있었을 뿐 없을것이므로 일반인이 아닌가 한다.

한국측: 지금 예를 들은 하와이의 경우는, 종전후 하와이에서 한국에 귀환한 일반 민간인은 한사람도 없었으므로 그수자는 오히려 모두가 억류된 군인 군속이 아닌가 생각한다. 그리고 호주에서 귀환한 자도 있는데 호주에는 당시 거주자가 없었으므로 그것을 보아도 이수자는 모두가 군인 군속이 아닌가.

일본측: 호주는 백호주의를 주장하는 나라이므로 호주에서 온자는 민간인이 아니고 군인군속이라고 생각하나 아까도 이야기 한것 처럼 이자료는 미국으로부터 제공받은 통계이며 이 통계는 그것이 군인 군속에 관한것인지 민간인을 포함하는 것인지 명확하지 않다. 그러나 각부대의 명부나 기타 병적관계 기록에 의하여 조사한 수자와는 차이가 있으므로 일반인도 포함되지 않았나 생각한다.

한국측: 이 수자에 관하여 지금 당장 결론을 낼수없을것이고 다음 몇가지 질문을 하겠는데, 전번회의에서 복원자 중에는 부상자도 포함한다고 말하였는데 부상자 수는 알수있는가.

일본측: 상병관계 기록이 없으므로 그 수는 모른다.

한국측: 행방불명자는 이표에서 어떻게 처리되고 있는가.

일본측: 행방불명자는 종전후 조사되었으므로 사망자나 복원자중 어느 쪽엔가 들어 있다.

한국측: 종전후 한국인 군인군속은 일본정부의 알선에 의하여 귀환한 자도 있으나 자력에 의하여 귀국한 자도 있는데 이러한 자력귀환자는

어떻게 수록되어 있는가.

일본측: 일본의 숫자는 부대명부를 기초로 하였기 때문에 사망이든 생부안신귀환이든 복원자 계수에 들어있다.

한국측: 일본측은 한국인 군인군속을 각 부대의 명부에 의하여 조사하였다고 하는데 당시 한국인의 성명은 일본인과 같았으므로 명부만으로는 구별하기가 곤란하였을것으로 보는데 그것을 어떻게 구별하였는가.

일본측: 명부에는 본적과 당천명이 기재되어 있으므로 구별할수 있다.

한국측: 그 조사로는 한국인 군인 군속의 전부가 "카바" 되었는가.

일본측: 부대명부와 잔류가족의 계출의 두가지 자료에 의하여 조사하였으므로 전부 "카바" 되어있다고 생각한다.

한국측: 잔류가족의 계출은 소화 27년 3월에 실시된 것이므로 그 이후분이 누락되어있지 않은가.

일본측: 소화 27년 3월 이후에도 한국인이 징모되었지만 그것은 부대명부에 의하여 조사하였다.

한국측: 일본의 경우는 조사가 가능하였을지 모르나 한국의 경우는 실제 그러한 작업이 지난하여 그 전부를 "카바" 할수 없었을것으로 본다. 부대별로 한국인이 어떻게 소속되었는지 그러한 자료는 있는가.

일본측: 종나는 그러한 자료가 있었으나 그 자료를 흩어서 촌 (무라)별로 분류하였기 때문에 지금 그것을 부대별로 재분류하기는 대단히 곤란하다.

한국측: 그러면 그 촌별 분류표나도 좋으니 그것을 줄수 없는가.

일본측: 육군의 경우는 가능하나 해군의 경우는 군속은 촌별로 분류가

되어있으나 군인은 일제시기별 연호별로 분류가 되어있기 때문에 그것도 용이하지 않다. 한국측의 365,000 명은 신고시킨것인가 그렇지 않으면 외무성 조사보고등에 의해서 추정한것인가.

한국측: 일본외무성 조사보고는 일본측 숫자가 적기 때문에 반대자료로 반한것에 불과하며 그것을 근거로 한것은 아니다.

일본측: 일본은 명부가 있기 때문에 한국측이 말하는 365,000 명에 대하여는 그 근거를 알지 않으면 안된다.

한국측: 부분적으로는 자료가 있으나 전반적으로는 추정한것이다.

일본측: 일본측 숫자는 추정에 의한것이 아니고 명부에 의한 것이기 때문에 군인군속별로도 알수있다. 따라서 한국측의 반대자료가 없는한 이 숫자는 간단히 움직일수 없는 숫자라고 생각한다.

한국측: 일본측 숫자는 명부에 의한것이라고 하나 의문점이 없지 않다. 부대별 명부가 있으면 대사하는 방법도 있는데 부대별 명부가 없으면 촌별, 도별 통계라도 좋으니 줄수 없는가.

일본측: 촌별, 도별 통계를 다시 만들수는 있으나 지금 당장은 어렵다.

한국측: 참고로 묻겠는데 한국 군인군속의 유골은 어떻게 되어있는가.

일본측: 반환 교섭이 좌절되었기 때문에 현재 후생성에서 보관하고있다.

한국측: 그 수는 얼마나 되는가.

일본측: 지금 숫자를 가지고있지 않으므로 후에 조사해서 통지하겠다. 그러면 군인군속관계는 이정도로 하고 다음으로 진행하는것이 어떤가.

한국측: 좋다.

일본측: 일전 한국측이 요청한 폐쇄기관 및 재외회사에 관한 자료중

현재 정리중의 재외회사 신한공사와 조선금융조합연합회의 재산 목록 (별표 참조) 은 가지고 왔으나 나머지 (1) 폐쇄기관 (4 사) 및 재외회사 (164 사) 의 명세 및 각 청산 종료인가 (2) 폐쇄기관의 한국인 주주 명세 및 어느 시일의 주주명부를 기준으로 하였는가 (3) 구 조선은행의 1945년 말의 재일재산 상황등 자료는 아직 덜 준비 되었으므로 준비되는대로 주겠다. 참고로 폐쇄기관은 조선에 본점이 있는것을 포함하여 그 총수는 1080 사인데 그중 1067 사가 청산을 완료하였으며 청산된 회사의 청산 서류는 대장성이 인계하여 보관하고 있고 신회사 설립의 경우는 신회사가 인계하여 보관하고있다. 따라서 한국측이 요청하는 자료를 작성하기 위하여서는 대장성이나 신회사가 가지고 있는 자료에 의존하여야 하는데 현재 대장성이 가지고있는 이 자료관계만도 8 천여 상자나 되므로 다소 시일이 걸리겠다. 그리고 (1) 의 폐쇄기관 및 재외회사의 명세 의 명세는 무엇을 의미하는 것인가.

한국측 : 그 명칭을 말하는 것이다.

일본측 : 명칭만이라면 곧 작성할수 있다. 그 명칭은 한국측에서도 알고 있지 않은가.

한국측 : 우리측에는 200 여개사로 되어있으므로 대조해보려고 한다.

일본측 : 한국측에 그 리스트가 있으면 우리측 리스트와 서로 교환하자.

한국측 : 좋다. 그리고 금년의 재산목록을 보면 자산이 1,162 백만원 부채가 약 2백만원인데 차액이 자산 초과라는 뜻인가.

일본측 : 자산중에는 환가할수 없는것도 있으나 장부 가격으로서는 차액이

자산초과가 된다. 한국측에서는 연산의 사의 잔여재산 분배시의 주주명부를 요청하고 있으나 한국측에서는 지금 이러한 회사의 주주 명부를 가지고 있는가.

한국측: 동경에는 없으나 곧 부쳐올수 있다.

일본측: 일전 한국측은 일본측이 한국인 주주를 퍽 적게 보았다는 말이 있었으나 주주명부는 일본인 명으로 되어있고 그 명부에 의하여 한국인 주주를 추린것이기 때문에 그점에서는 약간 사실과 상치되는점이 있는지 모르겠다.

한국측: 그러면 다음은 기탁금 관계에 들어가자 .

일본측: 기탁금 관계에 있어서는 구 조선에 기탁한 재산이 그후 어떻게 처리되었느냐하는 한국측의 질문인데 조선 재산은 법무성에 공탁중인 것도 있고 각 현에서 보관중인 것도 있으나 구체적인 내용은 현재 법무성에 조회중에 있으므로 다음 기회에 설명하겠다. 그리고 "스캪" 공문의 237 백만원은 중복된 것인데 중복된것은 알고 있으나 그것이 어느 정도 인지는 현재 조사중에 있다.

한국측: 조선자산은 "스캪" 지시에 의하여 처분하였다고 하였으므로 그 지시문 사본을 요청하였는데 준비되었는가.

일본측: 다음 회의때 제공하겠다. 그런데 한국측은 한국인 귀환자가 조선에 기탁한 재산은 5 천만원이라고 하였는데 그 액수 는 어떻게 알았는가.

한국측: 조사해서 다음 회의때 설명하겠다.

일본측: 다음은 일본은행권과 교환하고 남은 조선은행권의 처리상황인데

그 사이는 소각한것이 [illegible]원, 이 소각에는 조선은행의 김진영 씨가 입회하였다. (별첨 소각증명서 참조) 소화 20년 1월 20일 연합국 총사령부에 반환한것이 1[illegible]1,000,000 원. 동년 11월 2[illegible]일 "팔푸" 과한것이 101,323,500 원이며 후 양자는 총사령부 지령에 따라 폐기처분한것이다. 다음은 은급관계로 들어가는것이 좋은것으로 보는데 은급관계는 한국측에서 자료를 제출하기로 되어있다. 은급관계 자료는 준비되었는가.

한국측: 준비하였다. (별첨 년금 청구명세 참조)

일본측: 기재정분은 누가 재정한것인가.

한국측: 기재정분은 재정자 별로 구분되지 않았으나 미재정분는 국고부담과 지방부담별로 구분되어있다.

일본측: 미재정의 15,888 인은 국고, 지방 별로 구별되어 있다고 하는데 그것은 실제 조사한것인가.

한국측: 각 관서별로 국고, 지방분을 조사하였다.

일본측: 기재정분은 신고시킨것인가.

한국측: 각지 우편국과 은급금고에 있는 자료에 의하여 조사하였다.

일본측: 금액은 1년분을 20배 한것인가.

한국측: 그렇다.

일본측: 미재정분의 개념은 어떤것인가.

한국측: 재정을 위하여 수속중에 있던것과 아직 지불을 받지 못한것을 말한다. 은급법에서 미재정분이란 어떤것을 말하는것인가.

일본측: 은급법에 정해있는 일정 년한을 재직한 후 퇴직한자를 말하며

재정신청을 하지 않았더라도 그것은 미 지불의 범주에 속한다.

미재정분은 추계한것인가.

한국측: 각 관서별로 조사한 것이고 이북는 추산하였다.

일본측: 기재정분도 이북분을 포함하고 있는가.

한국측: 그렇다. 이북분은 기재정분이나 미재정분 모두 추산하였다.

일본측: 국고지변분은 지불내용이 있으므로 그 수를 확실히 알수있는데 한국측의 기재정분은 19 천여명으로 지방지변분을 포함한 것으로 아나 그렇다 하더라도 지방지변분이 너무 많은것 같다. 은급은 은급법에 의거한것과 지방자치단체 재체의 구측에 의하여 지불하는 것이 있으며 지방자치단체 자체의 구측에 의하여 지불하는 것은 국고와는 전연 관계 없이 도나 읍이 계약에 따라 그 사용인에게 지불하는 것이 있는데 여기 기재정분에는 이러한 것을 포함한 것이 아닌가.

한국측: 그 내용은 잘 알수 없으나 그런 것이 있었는가

일본측: 국고와는 관계없이 도에서 지불한 것으로는 도리원(道吏員) 부리원(府吏員) 이 있었는데 그런것을 포함한 것이 아닌가. 도리원 부리원을 포함하지 않고서는 그렇게 많은 인원이 될리는 없을것으로 생각한다.

한국측: 도리원 부리원이란 어떤것을 말하는가.

일본측: 서기 주사등을 말한다.

한국측: 그런것은 포함되지 않았다.

일본측: 미재정분은 국고부담과 지방부담별로 구별되어 있다고 하는데 국고부담과 지방부담은 어떻게 되어있는가.

한국측: 우리측 분류방법은 약간 다르며 대개. 총독부 재정분과 도 재정분으로

구하고 있다.

일본측: 그 외는 그 구좌는 어떻게 되어있는가.

한국측: 전체 일본에 도하여 나간. 총독부 재정분이 1, 또 사정분이 6의 비율로 되어있다.

일본측: 기재정분은 또 재정분이라도 국고수납분은 대장이 있어서 그 수를 정확히 알수있으나 미 재정분은 일본측에서도 사실상 잘 모른다. 기재정분은 당시 관계의 장부들이 있어서 직원부를 보면 무엇보다 그 수를 조사할수 있는것이나 미재정분은 추정상의 착오나 지방지변분의 혼입이 없는지 그 점을 알고싶다.

한국측: 미재정분에 대해서는 일본측에서 어떤 생각을 가지고 있는가.

일본측: 전문위원회는 수자나 금액을 확인하는데 있으므로 그 문제는 공식회담에서 논의하기로 하고 공식회담에서 지불한다는 방침이 결정되면 그때 다시 수자를 대사하도록 하는것이 좋겠다. 다음 피징용 노무자 관계를 계속할것인가.

한국측: 피징용 노무자 관계는 다음 목요일에 토의하도록 하자. 다음 목요일에는 공식회담이 있으나 공식회담을 유회하고 이 피징용 노무자 관계를 토의하도록 하자.

일본측: 좋다.

유 첨: 1. 미재정리종의 재외회사 일람표

2. 폐쇄기관 조선금융조합 연합회의 재산목록

3. 조선은행권 소각증명서

4. 연금 청구명세

각 1통 끝.

연금 청구 명세
年金請求明細

20年分

연 금: 年金	기재정 旣裁定	19,232 인	115,400,500 원
	미재정 未裁定	15,688 인	174,175,500 원
	계 計	35,120 인	280,645,000 원
일시금: 一時金	기재정 旣裁定	109 인	130,064 원
	미재정 未裁定	20,109 인	16,41[illegible],836 원
	계 計	[illegible],208 인	16,5[illegible]8,870 원
	총 계 總計	55,368 인	306,1[illegible]4,870 원

28. 피징용 관계 전문위원회 제3차 회의 회의록, 1962. 2. 22

한국 외교문서 750, 제6차 한일회담 청구권위원회 회의록, 1-11차, 1961. 10. 27-62. 3. 6

1962년 2월 22일 개최된 제6차 한일회담 일반청구권소위원회 산하 피징용자 전문가 회의 제3차 회의 기록이다.

피징용 노무자에 대한 토의가 이루어졌다.

번역

소각된 조선은행 지폐의 세부 사항

액면	금액
100엔 지폐	3,661,700.00엔
10엔 지폐	9,299,930.00엔
합계	12,961,630.00엔

위 서명인들은 1950년 8월 23일에 위와 같은 조선은행 지폐가 일본은행 소각로에서 자신들의 입회하에 소각되었음을 증명합니다.

증인

한국은행

C. H. Kim.

부총재

재무부

H. Mitsugi,

일본은행

T. Sakura,

책임자, 출납부

집단 이입 조선인 노무자 수 (* 일본 측 제출)

1. 총수 667,684
2. 종전 시 현재 수 322,890
3. 집단 이입의 종류

종류	기간	인원
총수	1939년 9월–1945년 4월경	667,684
자유 모집	1939년 9월–1942년 2월	148,549
관 알선	1942년 2월–1944년 8월	약 32만
국민 징용	1944년 9월–1945년 4월경	약 20만

4. 1945년 3월 말 이입 노무자 현재원 수

이입자 수	604,429
감모 수	328,567
귀환만료 귀선자	52,108
불량 송환자	15,801
(내역) 직장 이탈자	226,497
소재 불명자	209,750
발견 송환자	4,121
복귀자	(12,626)
기타	46,306
현재원 수	288,488

일반청구권 소위원회 제 3차 전문위원회의

회 의 록

1. 개최 일시: 1962. 2. 22. 하오 3시부터 4시까지

2. 회의 장소: 일본외무성 회의실 235 호

3. 참석자:

한국측:	이 상 덕	위원	
	홍 윤 섭	〃	
	오 재 기	보좌	
일본측:	우라베	참사관	
	시미즈	보좌	(노동성)
	나가다	〃	〃
	사꾸라이	〃	(대장성)
	스기다	〃	〃
	이와세	〃	〃
	사사다	〃	〃
	모리다	〃	(외무성)
	스기야마	〃	〃
	와다나베	〃	〃
	스미가와	〃	〃
	후지다	〃	〃
	호리	〃	〃

4. 토의 내용 :

일본측: 오늘은 피징용 노무자관계를 토의하도록 하는것이 어떠한가.

한국측: 좋겠다.

일본측: 그러면 우리측에서 한국인 노무자에 관하여 표를 준비하였는데 (별첨 집단 이입 조선인 노무자수 참조) 한국측에서는 피징용 노무자로 되어 있으나 표제를 "집단 이입 조선인 노무자" 로 한것은 일본에 온 한국인 노무자는 국민 징용령에 의하여 징용된자 외에 자유모집, 관알선에 의하여 온자들이 있기 때문이다. 집단적으로 이입된 한국인 노무자에 관하여는 당시 각 직장에서 그 명부를 작성하고 있었으며 그 명부에는 사망, 부상, 직장 이탈등에 관한 기록이 기입되었었다. 그리고 그에 관한 자료는 각 부현을 통하여 중앙에서 집계되었으므로 종전 당시의 통계도 있다. 그러나 중앙에서는 각 부 현에서 보내오는 통계를 집계한데 불과하였으므로 개인별 명부는 없다. 개인별 명부는 후생성에서 소화 21년 6월에 각 부 현을 통하여 수집한바 있는데 17현 분이 수집이 되어 현재 노동성에서 보관하고 있고 17현 이외분은 조회중에 있다. 그리고 집단 이입 한국인 노무자에 관하여는 후생성 외에 내무성 경무국에서도 관계 통계를 집계하고 있었다. 1939년 9월 이후 종전까지 집단적으로 일본에 온 한국인 노무자 총수는 667,684 명 이며 이 수자는 진실에 가까운 수자이다. 그러나 이 수는 1939년 이후의 총누계이며 그간 계약 기만의 만료로 귀환한 자 직장이탈자등이 있어서 종전당시의 취로 (就労) 자수는 후생성 통계에 의하면 표 2에

기재되어 있는바와 같이 322,890명이다. 그리고 집단 이입의 종류는 자유모집이 146,549 명, 관알선이 약 32만명, 국민 징용령에 의하여 징용된 자가 약 20만 명이다. 표의 4 는 내무성 통계인데 후생성 통계로는 집단 이입자중 종전시의 수를 제외한 약 34 만여명의 내용이 명확치 않으나 내무성에서는 그것을 조사한 통계가 있으므로 그 통계를 참고로 게재하였다. 이에 의하면 그 수는 후생성 통계와 약간의 차는 있으나 계약 기한 만료 귀환자가 52 천명, 불량 송환자가 약 16 천명, 직장 이탈자가 226 천명으로 합계 328 천명이다. 그리고 표의 "복귀자" 는 직장을 이탈하였다가 다시 직장으로 돌아온자 (이수는 감모수에 포함되지 않았음), "기타" 는 사망하거나 병으로 한국에 귀환한자 등이다.

한국측: 종전시의 현재수 322,890 명은 어떤 방식으로 조사하였는가.

일본측: 자료에 의거한것이며 그것이 어떤 방식으로 조사되었는지는 명확치 않다.

한국측: 징용은 1945년 4월 경까지로 되어있으나 그후는 어떻게 되었는가.

일본측: 한국내 훈련소에는 상당한 인원이 있었다고 듣고 있으나 그 당시는 일본 본토의 공습, 관부 연락선의 두절등으로 1945년 4월 경 이후는 일본 내항이 거의 없었다.

한국측: 한국에 귀환자가 있다고 하는데 관부 연락선의 두절로 한국에는 귀환할수 없었던것이 아닌가.

일본측: 관부 연락선은 1945년 3월 경에 두절되었으며 여기의 귀환자수는 1939년 이후의 누계이다.

한국측: 직장 이탈자가 상당히 많으며 그중 소재 불명자가 대부분인데

소재 불명자란 무엇인가.

일본측: 대부분이 도망자인데 소재 불명자로 표시하였다.

한국측: 당시 일본 연락선에서는 형사가 내왕하는 한국 사람을 일일이 조사하였으므로 한국에 돌아올수 없었고 따라서 만약에 직장을 이탈한 자가 있었다면 일본에 있었다고 볼수 밖에 없는데 경찰의 조사가 심하고 식량도 배급하던 당시에 일본에 숨어있을수 있었을가.

일본측: 총수로는 20 여만명이 되나 이들 노무자는 각지방에 분산되어 있었으므로 지방별로 보면 그리 많은 수는 아니다.

한국측: 직장별 한국인 노무자 수는 알수 있는가.

일본측: 17년 분에 관해서는 알수있다. 한국측은 노무자중 사망자가 12 천명이나 된다고 하는데 그 근거는 무엇인가.

한국측: 1946년에 조사한 숫자이다.

일본측: 소화 17년 12월 말까지는 명부가 있어서 사망자 수를 정확히 알수 있으나 12 천명까지는 되지 않으리라고 보며 지금 그 내용을 조사하고 있다. 한국측에서는 사망자를 조사한 것이라고 말하였는데 어떤 방식으로 조사하였는가.

한국측: 행정관청을 통하여 조사하였다.

일본측: 군인 군속과 중복되지 않았는가.

한국측: 노무자만을 조사한 것이므로 군인 군속은 들어 있지 않다. 사상자관계는 일본측에서 알수 없는가.

일본측: 명부가 각 직장에 있기 때문에 아직 잘 모른다.

한국측: 일본측 숫자는 좀 더 검토해 보겠지만 아까도 언급한바와 같이 경찰의 조사라던가 식량 배급제 등 당시의 실정으로 보아 직장 이탈자

20여만명이란 수자는 이해하기 곤란하다.

일본측: 종전당시 직장에 남어있던 한국인 노무자가 32만명이라는 것은 우리들의 상식으로 되어있다.

한국측: 그리고 또 한가지 지적하고 싶은것은 일본측은 전시중 동원된 한국인 노무자를 관알선, 징용등으로 구분하고 있으나 관알선이건 징용이건 당시 한국인 노무자를 일본으로 끌고간 방법은 대단히 혹독하였었다는것을 알어주기 바란다.

일본측: 지나친 점이 있었을지 모르나 한국인 노무자라고 해서 그 당시 특별히 차별대우 하였다고는 생각하지 않는다. 그러면 피징용자 관계는 오늘 이 정도로 하는것이 어떠한가.

한국측: 좋다.

일본측: 그리고 은급 관계는 아직 잘 모르는 점이 있는데 은급은 어느 시점을 기준으로 계산한 것인지 또 미재정이나 일시금의 국고, 지방 부담별 내용은 어떻게 되어있는 것인지, 그리고 은급의 산출 기초를 좀더 상세히 밝혀주었으면 좋겠다.

한국측: 다음 회의 때 까지 준비하겠다.

일본측: 유가증권의 소유자별 내용도 아르켜주기로 되어있는데 어떻게 되었는가.

한국측: 이것도 다음 회의때 까지 준비하겠다.

일본측: 식량증권은 원문이 있는가.

한국측: 지금 본국에 조회하고 있다.

일본측: 조련에 대한 기탁재산의 산출 근거는 알았는가.

한국측: 구체적인 것은 잘 모르겠으나 기록이 있다. 피징용자 미수금의 종목 내용은 조사되었는가.

일본측: 대체적인 윤곽은 알고있으나 구체적인 것은 아직 조사중에 있다. 그러면 오늘 회의는 이 정도로 하고 내주 화요일(1월 21일) 에 다시 회의를 가지도록 하자.

한국측: 좋다.

유 첨: 집단 이입 조선인 노무자수 1부 끝.

Particulars of the Bank of Chosen Notes
incinerated

Denomination	Amount
100 yen notes	¥3,661,700.00
10 yen notes	¥9,299,930.00
Total	¥12,961,630.00

The undersigned hereby certify that the above-mentioned Bank of Chosen Notes were destroyed in the incineration furnace in the Bank of Japan in their presence on August 23, 1950.

Witnesses:

Bank of Korea

C.H. Kim,
Deputy-Governor

Ministry of Finance

H. Mitsugi,

Bank of Japan

T. Sakuma,
Chief, Cashier's Dep't.

集団移入朝鮮人労務者数

1. 総数　667.684

2. 終戦時現在数　322.890

3. 集団移入の種類

種類	期間	人員
総数	1939年9月－1945年4月頃	667.684
自由募集	1939年9月－1942年2月	148.549
官斡旋	1942年2月－1944年8月	約32万
国民徴用	1944年9月－1945年4月頃	約20万

4. 昭和20年3月末移入労務者現在員数

移入者数			604.429
減耗数			328.567
内訳	帰還満了帰鮮者		52.108
	不良送還者		15.801
	職場離脱者		226.497
		所在不明者	209.750
		発見送還者	4.121
		復帰者	(12.626)
	その他		46.306
現在員数			288.488

29. 피징용 관계 전문위원회 제4차 회의 회의록, 1962. 2. 27

한국 외교문서 750, 제6차 한일회담 청구권위원회 회의록, 1-11차, 1961. 10. 27-62. 3. 6

1962년 2월 27일 개최된 제6차 한일회담 일반청구권소위원회 산하 피징용자 전문가 회의 제4차 회의 기록이다.

피징용 노무자 보상금액, 재외회사, 폐쇄기관, 유가증권, 은급 등에 대한 토의가 이루어졌다.

※ 문서 상태 불량으로 새로 타이핑한 내용을 다음 수록함.

일반청구권소위원회 제4차 전문위원회의 회의록

1. 개최 일시: 1962년 2월 27일 하오 3시부터 4시 15분까지

2. 개최 장소: 일본 외무성 회의실 235호

3. 참석자

한국 측	김윤근	수석위원
	이상덕	위 원
	정태섭	〃
	홍윤섭	〃
	박상두	〃
일본 측	혼마	보 좌
	마에다	〃
	가네코	보 좌
	스기타	〃
	사사다	〃
	야마노	〃
	스기야마	〃
	와타나베	〃
	스미카와	〃
	히사이치	〃
	후지타	〃
	모리타	〃
	무라오카	〃
	미우라	〃
	아베	〃

4, 토의 내용

일본 측: 오늘 우라베 참사관은 사정이 있어서 못 나오고 또 대장성의 미야카와 국장이나 요시오카 차장도 예산 관계로 국회에 불리어 갔기 때문에 부득이 본인(마에다

과장)이 대신 나왔는데 대단히 미안하게 되었으나 양해해 주기 바란다.

오늘 회의에서는 (1) 일본 측에서 재외회사 및 폐쇄기관의 명부를 제출하여 한국 측 자료와 대조하고 (2) 한국 측에서 유가증권의 소유자별 명세표를 제출하고 (3) 군인 군속 노무자 은급 관계 등에 관하여 한국 측 자료에 대하여 일본 측이 질문하고 (4) 또 위에서 말한 일본 측 자료에 대하여 한국 측의 질문이 있으면 일본 측이 답변하기로 된 것으로 아는데 오늘 회의는 이런 방식으로 진행하겠는가.

한국 측: 그렇게 하자.

일본 측: 한국 측이 요구한 재외회사의 명칭과 각 회사의 청산 종료 일자는 표를 준비하였다(별첨 청산 결료한 폐쇄기관 및 재외회사 일람표 참조). 재외회사 명부는 상호 교환하기로 되어 있는데 한국 측에서는 준비하였는가.

한국 측: 회사별 명세는 우리 측에서도 조사한 것이 있으며 그 수는 약 200 정도로 알고 있는데 지금 그 내용을 조사하고 있다. 일본 측에서 그 명부를 필요로 한다면 주겠다.

일본 측: 한국 측에서도 잘 알고 있겠지만 한국 관계로 지정된 재외회사는 300여 사이나 그중 일본에 재산이 없는 것도 있어서 정리 대상이 된 것은 188사이며 그중 184사가 정리되고 아직 4사가 정리 미완료이다. 그리고 이 표에는 신 회사를 설립한 것, 한국인 주주가 없는 것, 북한에 본점이 있는 것(30여 사)도 포함하고 있다.

한국 측: 정리된 회사의 잔여재산 분배에 관하여 전번 회의 때 표를 받았는데 그 표에 표시 되지 않은 회사는 잔여재산이 없다는 뜻인가.

일본 측: 잔여재산이 없든가 한국인 주주가 없었다는 것을 의미한다.

한국 측: 재외회사에 관련하여 1955년 말 현재의 조선은행의 재산 상황과 조선은행을 포함한 폐쇄기관 3사의 주주 명부를 받지 못했던데 아직 준비되지 않았는가.

일본 측: 요전에도 이야기한 바와 같이 자료가 방대하여 시간이 걸리며 또 주주 명부는 일본 명으로 되어 있는 한국인 주주도 있어서 한국 측에서 주주 명부를 주면 대조해볼 생각이었다.

한국 측: 한국인 주주에 관하여는 이미 일본 측에서 인정한 것이 있으므로 그 인정한 것을 주면 우리 측 명부와 대조해서 정확 여부를 확인해 보겠다.

일본 측: 그러면 이 주주 관계는 상호 간 가지고 있는 자료를 이러한 회합에서 대조하

도록 하는 것이 어떤가.

한국 측: 한국인 주주 명단은 일본 측이 먼저 제시할 성질의 것이라 생각한다. 그러나 같은 이야기를 서로 되풀이하는 것도 곤란하니 이 정도로 하고 다음으로 진행하자. 일본 측에서 요구한 유가증권 소유자별 표를 준비(별첨 한국 법인소유 유가증권 조서 수교) 하였는데 질문이 있으면 질문하라.

일본 측: 표에 표시된 것은 7개 법인만인데 7 법인 이외의 법인의 소유 유가증권은 없는가.

한국 측: 7 법인 이외의 법인이 가지고 있는 유가증권도 있으나 그 내용은 우리가 아직 파악하지 못하고 있다. 전에 일본 측에 설명한 바와 같이 우리가 제시한 표 중에 개인으로 되어 있는 것은 순전한 개인 외에 여기 표시한 7개 법인 이외의 법인이 소유하는 유가증권도 포함하는 것이라고 이해하여 주기 바란다.

일본 측: 이 표는 가지고 가서 좀 더 연구해 보겠다. 그리고 식량 증권은 현물이 있는지 조사가 되었는가.

한국 측: 아직 본국에 조회 중에 있다.

일본 측: 제5항목의 생명보험은 책임준비금이며 개인 개인의 명부는 상실하였으나 회사별 숫자는 알고 있다고 말하였는데 회사의 명칭과 금액을 가르쳐 줄 수 없는가.

한국 측: 생명보험 관계는 전번 본회의에서 제6항 토의 시 토의하기로 되었으므로 자료를 준비하지 않았다.

일본 측: 6항에서 토의해도 좋으나 우리 측 금액은 한국 측 금액과 단위가 하나 틀리기 때문에 물어본 것이다.

한국 측: 일본 측 숫자는 얼마나 되어 있는가.

일본 측: 남한에 관한 분만인데 한국 측 숫자의 약 1할 정도이다.

한국 측: 북한 것은 조사하지 않았는가.

일본 측: 조사하지 않았다.

한국 측: 남북한 전체의 것이라면 회사 측에서는 알고 있는 것이 아닌가.

일본 측: 그 관계는 잘 모르겠으나 여하튼 회사 수는 한국 측의 19사에 대하여 우리 측은 18 사이고 금액도 상당한 차이가 있다.

한국 측: 기탁금의 종목 내용은 조사되었는가.

일본 측: 법무성 관계로 약 6천만 원이 종속된 것은 알고 있으나 그 외에도 노동성 관계 금액은 1억 원으로 보고되어 있으나 실제 금액은 17백만 원 가량밖에 안 되는데 그것이 어떻게 1억 원으로 보고되었는지 아직 그 관계를 조사하고 있다. 그리고 군인 군속의 수에 관하여 질문하겠는데 군인 군속의 생존자, 사망자, 부상자의 육·해군별, 군인 군속별 내용은 어떻게 되어 있으며 또 그 수를 산출한 근거 자료는 무엇인가.

한국 측: 전번 회의에서도 설명한 것과 같이 군인 군속에 관한 자료는 종전 후 일본 측에서 소각하거나 또는 가지고 갔으므로 육 해군별이라든가 군인 군속별 등 그 구체적인 내용은 모르나 총수는 여러 가지 자료에 의하여 추정하였다.

일본 측: 전번 회의에서 한국 측은 일본 측 숫자는 해군이 약 2만 명, 육군은 상당한 차이가 있다고 말하였는데 그 육·해군은 어떻게 산출하였는가.

한국 측: 그것도 추정하였다.

일본 측: 부상자는 어떻게 산출하였는가.

한국 측: 일본 측의 피해율을 참고로 하여 산정하였다.

일본 측: 한국 측에서든 외무성 조사월보와 인양원호기록을 참고로 하였다는데 그것을 근거로 한 것이 아닌가.

한국 측: 그것도 참고로 하였다. 일본 측 숫자는 명부에 의하여 산출된 것이라고 하면서 부상자 수를 모른다는 것은 이상하지 않은가.

일본 측: 확실한 것은 모르나 추정은 할 수 있다.

한국 측: 그러면 그 추정으로서는 한국인 부상자 수는 어느 정도로 되어 있는가.

일본 측: 전쟁 중 동원된 육군 총병력은 약 7백만인데 상병자로서 은급을 받고 있는 자는 약 16만 명이다.

한국 측: 그 16만 명이란 현재의 숫자인가.

일본 측: 그렇다.

한국 측: 그러면 종전 당시의 숫자는 얼마나 되는가.

일본 측: 그것은 잘 모른다.

한국 측: 해군 관계 숫자는 얼마나 되는가.

일본 측: 종전 후 가지고 온 명부에 의하면 한국인 관계 부상 또는 질병 자는 227명으

로 되어 있다. 해군에 관한 한 한국인 군인은 일선 지대에 나가지 않았기 때문에 부상자가 적은 것 같다.

한국 측: 피징용 노무자도 부상자가 있었다고 보는데 그 수를 알 수 없는가.

일본 측: 잘 모른다. 한국 측은 생존자에 대하여 200불, 사망자에 대하여 1,650불, 부상자에 대하여 2,000불의 보상금을 각기 청구하고 있으나 그 금액의 산출 근거는 무엇인가.

한국 측: 금액의 산출 방법은 다음과 같다. 생존자 200불은 징용으로 말미암아 입은 피해에 대한 최소한의 보상액이며 부상자 2,000불은 일본의 원호법을 참고로 하여 부상자의 부상 정도를 평균 5항 증으로 보고 연금을 받는 기간을 35년으로 보고 계산하였는데 5항 증의 연금액은 140불, 35년간의 연금 총액은 4,900불이 되나 이것을 일시금으로 환산하여 2,000불로 하였다. 그리고 전사자의 1,600불은 유가족을 배우자와 자녀 2인 합계 3인으로 보고 연금을 받는 기간을 15년으로 보면 연금액은 170불, 15년간의 연금 총액은 2,550불이 되나 이것을 일시금으로 환산하여 1,600불로 하였다.

일본 측: 연금을 받는 기간을 부상자는 35년으로 보고 사망자는 15년으로 본 근거는 무엇인가.

한국 측: 연금은 부상자의 경우 그 본인이 사망할 때까지 지급되지만 사망자의 경우는 그 유가족이 성년이 될 때까지만 본 때문이다.

일본 측: 보상금액의 산출은 일본법을 참고로 하였는가.

한국 측: 일본법에도 여러 가지가 있으며 또 일본법에 의하여 계산할 성질의 것도 아니라고 생각하므로 참고로 한데 불과하다.

일본 측: 군인 군속의 사망자 수에는 공무 이외의 원인으로 사망한 자를 포함하지 않았는가.

한국 측: 공무 이외의 사망자란 어떤 것을 말하는가.

일본 측: 일본 본토에 있던 군인이 병으로 사망한 경우 등을 말한다.

한국 측: 사망자의 경우는 그렇게도 말할 수 있으나 부상자의 경우는 공무에 기인한 것이 아닌가.

일본 측: 부상자의 경우는 공무이겠지만 병자의 경우는 그렇지 않은 경우도 있다.

한국 측: 군인 군속의 사망자는 일본 측 자료에 의하더라도 22,000명으로 되어 있는데 은급과의 관계에 있어서 이들에 대한 은급은 은급표의 어디에 들어있는가.

일본 측: 평화조약이 발효할 때까지 군인에 대한 은급은 정지되었으므로 은급표에는 군인에 대한 은급이 들어있지 않다.

한국 측: 사망자 은급은 없어졌으나 부상자에 대해서는 은급이 지급된 것으로 아는데 어떻게 되어 있었는가.

일본 측: 부상자에 대해서는 은급을 지급하였으며 기재정분은 포함되어 있다.

한국 측: 그러면 은급표의 은급은 언제까지의 분을 계산한 것인가.

일본 측: 군인에 대한 보통은급은 소화[昭和] 21년 1월까지 증가은급은 소화 27년 4월 평화조약이 발효할 때까지, 보통부조료는 소화 21년 1월까지의 분을 계산하였다.

한국 측: 일본의 군인 군속에 대하여는 현재 은급을 지급하고 있는가.

일본 측: 지급하고 있다. 사망자에 대하여는 소화 27년 4월 이후 지급하고 있다.

한국 측: 일본인에 대하여서는 현재 은급을 지급하고 있으나 그 당시는 지불하지 않았기 때문에 계산하지 않았다는 뜻인가.

일본 측: 그렇다. 그리고 한국 측은 은급 관계 숫자 중 기재정분은 우편국의 대장에 의하여 조사하였으나 지방 부담분은 알 수 없다고 말하였는데 그 대장에는 어떻게 기호 등이 기입되어 있는지 알 수 없는가.

한국 측: 자료가 남아 있지 않기 때문에 잘 모르겠다. 전문위원회에서는 미수금 관계를 제외 하고는 대체로 토의된 것으로 보며 미수금 관계는 일본 측이 조사될 때까지 기다릴 수도 없는 것이므로 전문위원회는 이 정도로 하고 금주 중에 본회의를 열도록 하는 것이 어떤가.

일본 측: 오늘은 우라베 참사관도 대장성 관계 사람도 나오지 않았으므로 다음 회의의 진행 방식은 돌아가 의논한 후 다시 연락하겠다.

한국 측: 그러면 내일 연락해주기를 바라며 오늘 회의는 이것으로 끝내자.

일본 측: 좋다.

일반 청구권 비공식 제[illegible]차 전문위원 회의

회 의 록

1. 개최 일시: 1962. 2. 27. 하오 2시부터 4시 30분 까지

2. 회의 장소: 일본 외무성 회의실 220호

3. 참석자:

한국측:	김 윤 근	수석위원
	이 상 덕	위원
	정 태 섭	〃
	홍 윤 섭	〃
	박 상 두	〃
일본측:	혼다	보좌
	마에다	〃
	가네꼬	〃
	스기다	〃
	사사다	〃
	야마노	〃
	스기야마	〃
	와다나베	〃
	스미가와	〃
	니시이찌	〃
	후지다	〃
	도리다	〃
	무라오까	〃

니이나 도와

다바타 〃

4. 토의 내용 :

일본측 : 오늘 오카베 심사관은 사정이 있어서 못나오고 또 대장성의 이야가와 국장이나 오시오 과장도 이 상관계로 국회에 불리어 갔기때문에 부득이 본인 (마에다 과장) 이 대신 나왔는데 대단히 미안하게 되었으나 양해하여주기 바란다.

오늘 회의에서는 (1) 일본측에서 재외회사 및 폐쇄기관의 명부를 제출하여 한국측 자료와 대조하고 (2) 한국측에서 유가증권의 소유자별 명세표를 제출하고 (3) 군인 군속 노무자 은급관계등에 관하여 한국측 자료에 대하여 일본측이 질문하고 (4) 또 위에서 받은 일본측 자료에 대하여 한국측의 질문이 있으면 일본측이 답변하기로 된것으로 아는데 오늘 회의는 이런 방식으로 진행하겠는가.

한국측 : 그렇게 하자.

일본측 : 한국측이 요구한 재외회사의 명칭과 각회사의 청산종료일자는 표를 준비하였다. (별첨 청산종료한 폐쇄기관 및 재외회사 일람표 참조)

재외회사 명부는 상호 교환하기로 되어있는데 한국측에서는 준비하였는가.

한국측 : 회사별 명세는 우리측에서도 조사한것이 있으며 그 수는 약 200 정도로 알고있는데 지금 그 내용을 조사하고 있다. 일본측에서 그 명부를 필요로 한다면 주겠다.

일본측 : 한국측에서도 잘 알고 있겠지만 한국 관계로 지정된 재외회사는 300여사이나 그중 일본에 재산이 없는것도 있어서 청산대상이 된것은

200사 이며 그중 106사가 정리되고 아직 94사가 처리 미료이다.

그리고 미료에는 신회사를 설립한것, 한국인 주주가 없는것, 국내에 본점이 있는것 (20 여사) 도 포함하고 있다.

한국측: 정리된 회사의 잔여재산 분배에 관하여 전번 회의때 표를 받았는데 그 표에 표시되지 않은 회사는 잔여재산이 없다는 뜻인가.

일본측: 잔여재산이 없든가 한국인 주주가 없었다는것을 의미한다.

한국측: 제외회사에 관련하여 1955 년 말 현재의 조선은행의 재산 상황과 조선은행을 포함한 폐쇄기관 8 사의 주주 명부를 받지 못했든데 아직 준비되지 않았는가.

일본측: 요전에도 이야기한바와 같이 자료가 방대하여 시간이 걸리며 또 주주명부는 일본명으로 되어있는 한국인 주주도 있어서 한국측에서 주주명부를 주면 대조해볼 생각이었다.

한국측: 한국인 주주에 관하여는 이미 일본측에서 인정한 것이 있으므로 그 인정한것을 주면 우리측 명부와 대조해서 정확 여부를 확인해 보겠다.

일본측: 그러면 이 주주관계는 상호간 가지고 있는 자료를 이러한 회합에서 대조하도록 하는것이 어떤가.

한국측: 한국인 주주 명단은 일본측이 먼저 제시할 성질의 것이라 생각한다. 그러나 같은 이야기를 서로 되풀이하는것도 곤란하니 이정도로 하고 다음으로 진행하자. 일본측에서 요구한 유가증권 소유자별 표를 준비 (별첨 한국법인 소유 유가증권 조서 참고) 하였는데 질문이 있으면 질문하라.

일본측: 표에 표시된것은 7개 법인만인데 7 법인 이외의 법인의 소유

유가증권은 없는가.

한국측: 7법인 이외의 법인이 가지고 있는 유가증권도 있으나 또 내용은 우리가 아직 파악하지 못하고 있다. 전에 일본측에 설명한바와 같이 우리가 제시한 표중에 개인으로 되어있는것은 순전한 개인 외에 여기 표시한 7개법인 이외의 법인이 소유하는 유가증권도 포함하는것이라고 이해하여 주기바란다.

일본측: 이 표는 가지고 가서 좀더 연구해 보겠다. 그리고 식량증권은 현물이 있는지 조사가 되었는가.

한국측: 아직 본국에 조회중에 있다.

일본측: 제 5 항목의 생명보험은 책임준비금이며 개인 개인의 명부는 상실하였으나 회사별 수자는 알고있다고 말하였는데 회사의 명칭과 금액을 가르쳐줄수 없는가.

한국측: 생명보험 관계는 전번 본회의에서 제 6항 토의시 토의하기로 되었으므로 자료를 준비하지 않았다.

일본측: 6항에서 토의해도 좋으나 우리측 금액은 한국측 금액과 단위가 하나 틀리기 때문에 물어본것이다.

한국측: 일본측 수자는 얼마나 되어있는가.

일본측: 남한에 관한 분만인데 한국측 수자의 약 1할 정도이다.

한국측: 북한것은 조사하지 않았는가.

일본측: 조사하지 않았다.

한국측: 남북한 전체의 것이라면 회사측에서는 알고있는것이 아닌가.

일본측: 그 관계는 잘 모르겠으나 여하튼 회사수는 한국측의 19사에 대하여

수치측은 28사이고 금액도 상당한 차이가 있다.

한국측: 기탁금의 송독 내용은 조사되었는가.

일본측: 법무성 관계로 약 8천만엔이 송수된것은 알고 있으나 그외에도 노동성 관계 금액은 1억엔으로 보고 되어있으나 실제 금액은 17 백만엔 가량 밖에 안되는데 그것이 어떻게 1억엔으로 보고 되었는지 다시 그관계를 조사하고 있다. 그리고 군인 군속의 수에 관하여 질문하겠는데 군인 군속의 생존자, 사망자, 부상자의 육해군별, 문인 군속별 내용은 어떻게 되어있으며 또 그 수를 산출한 그거자료는 무엇인가.

한국측: 전번 회의에서도 설명한것과 같이 군인 군속에 관한 자료는 종전후 일본측에서 소각하거나 또는 가지고 갔으므로 육해군별이라든가 군인 군속 별등 그 구체적인 내용은 모르나 총수는 여러가지 자료에 의하여 추정하였다.

일본측: 전번 회의에서 한국측은 일본측 수자는 해군이 약 2만명, 육군은 상당한 차이가 있다고 말하였는데 그 육해군은 어떻게 산출하였는가.

한국측: 그것도 추정하였다.

일본측: 부상자는 어떻게 산출하였는가.

한국측: 일본측의 피해율을 참고로 하여 산정하였다.

일본측: 한국측에서는 외무성 조사월보와 인양원호기록을 참고로 하였다는데 그것을 근거로 한것이 아닌가.

한국측: 그것도 참고로 하였다. 일본측 수자는 명부에 의하여 산출된 것이라고 하면서 부상자 수를 모른다는것은 이상하지 않은가.

일본측: 확실한 것은 모르나 추정은 할수있다.

한국측: 그러면 그 추정으로서는 한국인 부상자수는 어느정도로 되어있는가.

일본측: 전쟁중 동원된 육군 총병력은 약 7백만 인데 상병자로서 은급을 받고있는자는 약 16만 명이다.

한국측: 그 16만명이란 현재의 수자인가.

일본측: 그렇다.

한국측: 그러면 종전당시의 수자는 얼마나 되는가.

일본측: 그것은 잘 모른다.

한국측: 해군관계 수자는 얼마나 되는가.

일본측: 종전후 가지고 온 명부에 의하면 한국인 관계 부상 또는 질병자는 227 명으로 되어있다. 해군에 관한 한 한국인 군인은 일선지대에 나가지 않았기 때문에 부상자가 적은것 같다.

한국측: 피징용 노무자도 부상자가 있었다고 보는데 그 수를 알수 없는가.

일본측: 잘 모른다. 한국측은 생존자에 대하여 200불, 사망자에 대하여 1650불, 부상자에 대하여 2,000불 의 보상금을 각기 청구하고 있으나 그 금액의 산출 근거는 무엇인가.

한국측: 금액의 산출 방법은 다음과 같다. 생존자 200불은 징용으로 말미아마 입은 피해에 대한 최소한의 보상액이며 부상자 2,000불은 일본의 원호법을 참고로 하여 부상자의 부상 정도를 평균 5항증으로 보고 년금을 받는 기간을 35년으로 보고 계산하였는데 5항증의 년금액은 140불, 35년간의 년금 총액은 4,900불 이 되나 이것을 일시금으로 환산

하여 1,600 불로 하였다. 그리고 전사자의 1,600불은 유가족을 배우자와 자녀 2인 합계 3인으로 보고 년금을 받는 기간은 15년으로 보면 년금액은 17.불, 15년간의 년금 총액은 2,550 불이 되나 이것을 일시금으로 환산하여 1,600 불로 하였다.

일본측: 년금을 받는 기간은 부상자는 [illegible]년으로 보고 사망자는 15년으로 본 근거는 무엇인가.

한국측: 년금은 부상자의 경우 그 본인이 사망할때 까지 지급되지만 사망자의 경우는 그 유가족이 성년이 될때 까지만 본 때문이다.

일본측: 보상 금액의 산출은 일본법을 참고로 하였는가.

한국측: 일본법에도 여러가지가 있으며 또 일본법에 의하여 계산할 성질의 것도 아니라고 생각하므로 참고로 한데 불과하다.

일본측: 군인 군속의 사망자 수에는 공무 이외의 원인으로 사망한 자를 포함하지 않았는가.

한국측: 공무 이외의 사망자란 어떠한것을 말하는가.

일본측: 일본 본토에 있던 군인이 병으로 사망한 경우등을 말한다.

한국측: 사망자의 경우는 그렇게도 말할수 있으나 부상자의 경우는 공무에 기인한것이 아닌가.

일본측: 부상자의 경우는 고무 이겠지만 병자의 경우는 그렇지 않은 경우도 있다.

한국측: 군인 군속의 사망자는 일본측 자료에 의하더라도 22,000 명으로 되어있는데 은급과의 관계에 있어서 이들에 대한 은급은 은급표의 어데에 들어있는가.

일본측: 평화조약이 발효 할때까지 군인에 대한 은급은 정지되었으므로 은급표에는 군인에 대한 은급이 들어있지 않다.

한국측: 사망자 은급은 없어졌으나 부상자에 대해서는 은급이 지급된것으로 아는데 어떻게 되어있었는가.

일본측: 부상자에 대해서는 은급을 지급하였으며 기재금분는 포함되어 있다.

한국측: 그러면 은급표의 은급은 언제 까지의 분을 계산한것인가.

일본측: 군인에 대한 보통 은급은 소화 21년 1월 까지, 증가은급은 소화 27년 4월 평화조약이 발효 할때까지, 보통 부조료는 소화 21년 1월 까지의 분을 계산하였다.

한국측: 일본의 군인 군속에 대하여는 현재 은급을 지급하고 있는가.

일본측: 지급하고 있다. 사망자에 대하여는 소화 27년 4월 이후 지급하고 있다.

한국측: 일본인에 대하여서는 현재 은급을 지급하고 있으나 당시는 지불하지 않았기 때문에 계산하지 않았다는 뜻인가.

일본측: 그렇다. 그리고 한국측은 은급관계 수지증 기재금분은 우편국의 대장에 의하여 조사하였으나 지방 부담분은 알수 없다고 말하였는데 그 대장에는 어떻게 기호들이 기입되어 있는지 알수 없는가.

한국측: 자료가 남아있지 않기 때문에 잘 모르겠다. 전문위원회에서는 미수금 관계를 제외하고는 대체로 토의된것으로 보며 미수금 관계는 일본측이 조사될때 까지 기다릴수도 없는것이므로 전문위원회는 이 정도로 하고 금주 중에 본회의를 열도록 하는것이 어떤가.

일본측: 오늘은 우리네 조사관도 대장성 관계 사람도 나오지 않았으므로 다음 회의의 진행 방식은 돌아가 의논한후 다시 연락하겠다.

한국측: 그러면 내일 연락 해주기를 바라며 오늘 회의는 이것으로 끝내자.

일본측: 좋다.

30. 일반청구권소위원회 제11차 회의 회의록, 1962. 3. 6

한국 외교문서 750, 제6차 한일회담 청구권위원회 회의록, 1-11차, 1961. 10. 27-62. 3. 6

1962년 3월 6일 개최된 제6차 한일회담 일반청구권소위원회 제11차 회의 회의록이다.

이 회의에서 일본 측으로부터 청구권 처리와 관련한 북한 문제, 대일강화조약 해석과 관련한 미국 각서의 relevant clause, 한국 측이 주장한 일본 엔 대 미불화 15:1의 환산율에 관한 일본 측 견해 표명이 있었다.

이 회의를 마지막으로 소위원회는 더 이상 개최되지 않았다.

※ 문서 상태 불량으로 새로 타이핑한 내용을 다음 수록함.

일반청구권 위원회 제11차 회의 회의록

1. 개최 일시: 3.2.3.6. 하오 3시-4시

2. 회의 장소: 외무성 회의실(77호)

3. 참석자: 한국 측 김윤근 수석위원

이상덕 위원

정태섭 〃

홍윤섭 〃

김정태 〃

오채기 〃

일본 측 요시오카 주사대리

우라베 보좌

사쿠라이 〃

가네코 〃

오기소 〃

야나기야 〃

와타나베 〃

4. 토의 내용

요시오카: 오늘은 청구권 처리에 관한 약간의 원칙 문제에 관하여 우리 측 견해를 말하겠다. 그 내용은 첫째는 남북한 문제이고 둘째는 미국 측 각서의 relevant clause 문제이며, 셋째는 1원 대 1불의 환산율 문제이다. 그 외에 요강 6의 문제도 있으나 이 항목은 한국 측의 새로운 제안이고 또 그다음 대단히 복잡한 문제이기 때문에 좀 더 검토한 후에 의견을 말하겠다. 이상 세 가지 문제에 대하여는 이미 과거 회의에서 약간의 의견을 말한 바 있으나 이 기회에 다시 한번 우리 측 견해를 말하겠다.

(여기서 요시오카는 첫째는 남북한 문제인데라고 전제한 다음 별첨 일본 측 발언요지 그 제1항과 동일한 내용의 발언을 하다.)

김 대표: 지금 발언한 것을 문서로 써서 줄 수 없는가.

요시오카: 주겠다.

김대표: 지금 일본 측은 한국의 대일청구권은 남한에 국한되는 것이라고 말하였으나 평화조약의 해석으로도 그런 결론은 나오지 않는다. 상세한 것은 문서를 본 후에 말하겠으나 한국의 주권은 남북한 전 영역에 미친다는 것을 주장해둔다.

우라베: 법정 체결문에 남북한 문제를 모나게 집어넣자는 이야기는 아니지만 실질적으로는 평화조약의 규정으로 보아 그렇게 생각할 수밖에 없다.

요시오카: (다음은 relevant clause 문제인데 하면서 별첨 발언 요지 2항과 동일 내용의 발언을 하다.)

우라베: 전에도 한미 재산양도협정에 의하여 미군으로부터 양도된 재산목록을 받고 싶다고 요망하였으나 아직 받지 못하였는데 재산목록은 국회 설명상 필요하므로 한국 측에서 제출해줄 것을 거듭 요망한다.

김 대표: 이 문제에 대한 우리 측 견해는 종래와 변함이 없다. 배상의 성질을 가진 것은 지금까지 이 회의의 대상에서 제외하였으며 배상적인 것을 넣으면 대일청구는 막대한 것이 되나 배상적인 것은 넣지 않았다는 것을 강조한다.

요시오카: 한국 측은 relevant clause를 이미 고려하였다고 하지만 그러면 요강 6항과는 어떠한 관계가 되는가.

김 대표: 6항은 새로운 제안이 아니고 당연한 것을 설명적 규정으로 넣을 것을 주장하는데 불과하다.

요시오카: 6항은 새로운 제안으로 생각되는데 그렇게 되면 relevant clause는 어디 갔는가 하는 감이 든다.

김 대표: 종래부터 가지고 있던 한국인의 청구권이 한일회담이 성립하였다고 해서 소멸된다면 불합리하므로 6항은 이러한 청구권을 설명적으로 넣어 두고자 하는 것이다. 일본 측은 한국이 재한 일본인 재산을 취득하였으므로 대일재산 청구에 있어서는 이점을 고려하여야 한다고 하지만 재한 일본인 재산은 한국이 몰수하거나 귀속시킨 것이 아니며 미국이 몰수 또는 귀속시킨 것을 미국으로부터 양도받은 것이며 또 한국의 대일재산 청구는 막대한 배상적인 성질의 청구를 제외한 것이다. 따라서 미국이 전쟁의 사후 처리로서 재한 일본인 재산을 귀속시켰다고 하여 종전 전부터 한국인이 가지고 있던 청구권이 이로 인하여 소멸되거나 상쇄, 또는 영향을 받을 수는 없는 것이다.

요시오카: 그 점은 양측이 모두 미국 측의 해석을 기초로 하고 있다.

김 대표: 그러나 상호 간 배상적인 것이 있으면 상쇄하든가 고려한다든가 하는 문제가 나올 수도 있겠지만 예금과 같은 개인의 재산은 relevant clause와는 아무런 관계도 없는 것이므로 동 relevant clause의 영향을 받는 것이 아니고 또 본질적으로 상쇄될 성질의 것도 아니다.

우라베: 일본 측으로 본다면 전쟁과는 아무런 관계도 없는 개인의 사유재산이 몰수되어 한국 측에 넘어갔는데 회담 성립 후에도 한국 측의 청구권만이 그대로 남는다고 하면 이것은 대단히 곤란한 문제라고 본다.

김 대표: 그러나 동 6항은 당연한 규정이다. 예를 들면 종전 전부터 한국인이 '미쓰비시'은행에 예금하고 있는 것을 한일회담이 성립되었다고 하여 줄 수 없다고 한다는 것은 일본 국민들도 상상하지 못할 것이다.

우라베: 회담 성립 후에도 청구권이 남는다면 일본 측으로서는 역시 곤란하다.

이상덕 : 곤란하다고 하는데 어떤 점이 곤란한가.

우라베: 여러 가지 문제가 있다고 본다. 일한 관계는 법적으로 본다면 평화조약 제4조밖에 없는데 제4조에는 Resident 즉 주민으로 되어 있고 National 즉 국민으로는 되어 있지 않다. Resident라는 용어로 보더라도 문제가 있다고 본다. 그리고 미군으로부터 양도된 재산목록이 필요한데 줄 수 없는가.

김 대표: 재산목록은 없다. 협정에는 인도되지 않는 재산, 즉 소극적으로 제외한 재산만이 기재되어 있었을 뿐이다.

우라베: 양도된 재산은 매도하거나 불하하였을 것이므로 그러한 기록은 있지 않은가.

김 대표: 현재 가지고 있는 것 또는 처분한 것은 기록이 있지만 인수한 기록은 없다.

우라베: 인계된 기록은 남아 있는 것이 아닌가.

정태섭: 귀속된 일본인 재산은 재산목록에 의하여 인계된 것이 아니고 각 지방의 군정 당국이 직접 지방 관서에 사무인계식으로 인계한 것이기 때문에 그러한 기록은 없다.

우라베: 인계 방식은 실제 그랬을는지 모르나 시각적으로 본다면 그 내용은 알 수 있는 것이 아닌가. 인계된 것은 국유재산이 되었을 것이므로 대장이 있지 않은가.

정태섭: 국유재산과는 달리 귀속재산으로 처리된 것인데 물론 그 기록은 있으나 중앙

의 대장이나 목록으로 가지고 있지는 않다.

우라베: 일본 측으로 보면 그 당시 재한일본인 재산은 방대한 금액인데 이러한 방대한 재산을 포기하면서 그 목록도 받지 못하였다고 하면 국회 대책 상 문제가 어려워지리라고 본다.

김 대표: 일본 측은 국회 국회 하지만 대일재산 청구에는 배상적인 것이 들어있지 않기 때문에 일본 국민은 납득할 것이 아닌가.

요시오카: 일본은 배상을 지불할 입장에 있는 것이 아니고 청구권이 문제가 된다.

이상덕: 여하튼 협정에는 재산목록이 첨부되지 않았다.

우라베: 이것은 심각한 문제이므로 목록이 있으면 제출해주었으면 좋겠다.

요시오카: (다음은 그 원래 1원 대 1불의 환산율 문제인데 하면서 별첨 발언 요지 3항과 동일 내용의 발언을 하다.)

김 대표: 이 문제에 대해서도 우리 측 견해는 종래와 같다. 그리고 오늘은 7항과 8항을 설명하기로 되어 있으나 7, 8항을 설명하기 전에 과거 회의에서도 이야기하였지만 군정법령 제33호 해석에 관한 일본 측 견해에 대하여 우리 측 견해를 다시 한 번 말하겠다. 재일한국 재산은 군정법령 제33호에 의하여 귀속되었기 때문에 청구하는 것이 아니고 본질적 이론, 즉 지점은 별개의 인격을 갖는 것이 아니라는 법 이론에 의하여 청구하는 것이다. 법령 제33호에 의하여 포기하는 지점의 권리는 본점 소재지에 있다는 전제하에 귀속한 것이다. 이 점은 일본 측에서도 인정하는 바이나 그럼에도 불구하고 그 주권의 귀속이 가문적이라고 하고 있는데 이와 같은 결론은 명문상으로나 타 법 이론에서도 나오지 않는다. 또 가령 그렇다 하더라도 권리의 소재가 어디 있었느냐가 문제인데 가령 등록 주체의 경우는 그것이 조선은행 도쿄지점의 명의로 등록되어 있었다 하더라도 지점은 본점과 동일 인격이므로 권리의 소재는 본점, 즉 권리자 주소에 있다고 우리는 주장하는 바이다. 이것은 비단 등록 국채뿐만 아니라 재일재산도 마찬가지다. 다음 은급과 사망자 및 부상자에 대한 보상 관계인데 일본 측은 일본 국적을 보유하고 있던 시기를 연도로 하여 고려된다는 견해이나 그 권리가 이미 종전 전에 탄생한 것이라는 것은 일본 측도 인정하는 것이며 다만 일본 측은 일본 국적이 없어졌기 때문에 그 권리도 없어졌다고 생각하는 것 같으나 국적에 관한 규정은 기득권을 가진 개인이 그 권리의 상실을 감수하면서라도

국적을 버린다는 개인의 의사에 의하여 국적을 상실하는 경우를 말하는 법이니만큼 우리의 경우에는 적용될 수 없는 것이다. 그뿐 아니라 은급은 기금까지 거출된 사실을 알아야 할 것이다. 또 군인 군속의 사망자도 이미 사망과 동시에 권리가 발생한 것이므로 일본의 일방적인 입법 조치에 의하여 그들의 기득권이 영향을 받을 성질의 것이 아니며 또 사망해서도 일본인은 국가 보상을 받고 있다는 실정을 고려하여서 말한 것이다. 다음 전문위원회의의 정식 보고는 받지 못하였지만 피징용 노무자 중 소재 불명자가 20만 명이나 된다고 하는데 이것은 세 사람 중 한 사람이 소재 불명이라는 계산이 되어 당시의 일본 경찰이나 관청의 능력으로 보나 도저히 납득할 수 없는 숫자이다. 그 외에도 몇 가지 의견을 말하고 싶은 것이 있으나 다음 기회에 미루고 제7항과 8항은 근간 열릴 정치회담의 귀추를 봐서 토의하겠다.

요시오카: 군정법령 제33호, 은급 및 사망자 보상금 등에 대한 우리 측 의견은 이미 말한 바 있으므로 여기서 다시 되풀이할 필요는 없다고 본다. 다만 피징용자 중 직장 이탈자가 22만 명이나 된다는 것은 이해할 수 없는 숫자라고 하지만 일본 측에서 조작한 숫자도 아니다. 이 숫자는 내무성 경무국의 숫자이므로 진정한 숫자라고 본다.

김 대표: 한국 내라면 친척들도 있으나 일본에서 세 사람 중 한 사람의 비율로 소재불명되었다는 것은 이해할 수 없다.

우라베: 오늘 회의는 대체로 끝난 것 같은데 다음 회의는 어떻게 할 것인가. 정치회담의 귀추를 보아서 토의토록 하는 것이 어떤가.

김 대표: 그렇게 하는 것이 좋겠다.

우라베: 그리고 신문 발표는 relevant clause에 관하여 서로 의견을 교환하였다는 정도로 하자.

김 대표: 좋다.

끝.

<u>일반청구권 위원회 제[illegible]차 회의</u>

<u>회 의 록</u>

1. 개최 일시: [illegible]. 6. 오후 2시 - 4시

2. 회의 장소: 외무성 회의실 ([illegible]호)

3. 출석자:

한국측	김 윤 근	수석위원
이 상	이 상 덕	위원
	정 태 섭	위원
	홍 윤 섭	〃
	김 정 태	〃
	오 재 기	〃
일본측	요.시오까	조사관
	우.라베	보좌
	사꾸라이	〃
	가네꼬	〃
	오.지소	〃
	야나기야	〃
	와다나베	〃

4. 토의 내용:

요.시오까: 오늘은 청구권 처리에 관한 약관의 현실문제에 관하여 우리측 견해를 말하겠다. 그 내용은 첫째는 나독한 문제이고 둘째는 미국측

각서의 relevant clause [illegible]

[illegible] 문제이다. 그러면 우리가 대해 논의할 수 있으나 이 문제는 한국측의 제안을 받았고 또 그 내용도 굉장히 복잡한 문제이기 때문에 좀더 검토한후에 의견을 말하겠다. 이상 세가지 문제에 대하여는 이미 각기 회의에서 우리의 의견을 표명한바 있으나 이 기회에 다시한번 우리측 견해를 말하겠다.

(여기서 요시오까는 선박은 남북한 문제인데 하고 전에한 다음 별첨 일본측 발언요지 1 안과 동일한 내용의 발언을 하다.)

김 대표 : 지금 발언한것을 문서로 써서 줄수 없는가.

요시오까 : 주겠다.

김 대표 : 지금 일본측은 한국의 대일 청구권은 남한에 국한되는 것이라고 말하였으나 평화조약의 해석으로도 그런 결론은 나오지 않는다. 상세한 것은 문서를 본 후에 말하겠으나 한국의 청구권은 남북한 전 영역에 미친다는것을 주장해둔다.

우라베 : 협정 체결문에 남북한 문제를 노골하게 집어넣자는 이야기는 아니지만 실질적으로는 평화조약의 규정으로 보아 그렇게 생각할수 밖에 없다.

요시오까 : (다음은 relevant clause 문제에 언급하면서 별첨 발언요지 2 안과 동일 내용의 발언을 하다)

우라베 : 한국도 한미 재산양도 협정에 의하여 미군으로부터 양도된 재산 목록을 받고 싶다고 요청하였으나 아직 받지못하였는데 재산목록은 국회 심의상 필요하므로 한국측에서 작성해준것을 가졌으면 한다.

김 대표 : 이 문제에 대한 우리측 견해는 종래와 변함이 없다. 배상의 성질을

[illegible]한것은 [illegible] 상쇄된것을

넘으면 [illegible] 상쇄된 것은 넘지않아야 한다는것을

가[illegible]한다.

오시오가: 한국측은 relevant clause 를 이미 고려하였다고 하지만 그러면 오늘에 [illegible]는 어떠한 관계가 되는가.

김 대표: 1항은 [illegible] 재산이 아니고 [illegible]것은 선명적 규정으로 넘은 것을 조정하는데 불과하다.

오시오가: 1항은 새로운 재산으로 생각되는데 그렇게 되면 relevant clause 는 어데 갔는가 하는 감이 든다.

김 대표: 종래부터 가지고있던 한국인의 청구권이 한일재산이 성립하였다고 해서 소멸된다면 불합리함으로 1항은 이러한 청구권을 선명적으로 남겨두고저 하는것이다. 일본측은 한국이 재한 일본인 재산을 취득하였으므로 대일 재산 청구에 있어서는 이점을 고려하여야 한다고 하지만 재한 일본인 재산은 한국이 몰수하거나 귀속시킨것이 아니며 미국이 몰수 또는 귀속시킨것을 미국으로부터 양도받은것이며 또 한국의 대일재산 청구는 막대한 배상적인 성질의 청구는 제외한것이다. 따라서 미국이 점령의 사후처리로서 재한 일본인 재산을 귀속시켰다고 하여 종전 전부터 한국인이 가지고 있던 청구권이 이로 인하여 소멸되거나 상쇄, 또는 영향을 받을수는 없는것이다.

오시오가: 그점은 양측이 모두 미국측의 해석을 기초로 하고 있다.

김 대표: 그러나 상호간 배상적인것이 있으면 상쇄한다든가 고려한다든가 하는 문제가 나올수도 있겠지만 예금과 같은 개인의 재산은 relevant clause 와는 아무런 관계도 없는것이므로 동 relevant clause 의 성질은 발효전이 아니고 또, 소급적으로 실시될 성질의 것도 아니다.

우다께: 일본측으로 볼때는 성립과는 아무런 관계도 없는 개인의 사유재산이 몰수되어 한국측에 넘어가는데 회담 성립후에도 한국측의 청구권만이 그대로 남는다고 하면 이것은 대단히 곤란한 문제라고 본다.

김 대표: 그러나 동 6항은 당연한 규정이다. 예를 들면 종전 전부터 한국인이 "미쓰비시" 은행에 예금하고 있는것을 한일회담이 성립되었다고 하여 줄수없다고 한다는것은 일본 국민들도 상상하지 못할 것이다.

우다께: 회담 성립후에도 청구권이 남는다면 일본측으로서는 역시 곤란하다.

이상덕: 곤란하다고 하는데 어떤 점이 곤란한가.

우다께: 여러가지 문제가 있다고 본다. 인간관계는 법적으로 본다면 평화조약 제4조 밖에 없는데 제4조에는 *Resident* 즉 주민으로 되어있고 *National* 즉 국민으로는 되어있지 않다. *Resident* 라는 용어로 보더라도 문제가 있다고 본다. 그리고 미군으로부터 인도된 재산목록이 있으면 줄수없는가.

김 대표: 재산목록은 없다. 한국에는 인도되지 않는 재산 즉 소극적으로 제외한 재산만이 기재되어 있었을 뿐이다.

우다께: 인도된 재산은 매도하거나 유지하였을 것이므로 그러한 기록은 있지 않는가.

김 대표: 현재 가지고있는것 또는 처분한것은 기록이 있지만 인수한 기록은 없다.

우라베: 인계된 기록은 있어야 할 것이 아닌가.

성다섭: 귀속된 일본인 재산은 재산목록에 의하여 인계된것이 아니고 각 지방의 군정당국이 직접 지방관서에 사무인계식으로 인계한것이기 때문에 그러한 기록은 없다.

우라베: 인계방식은 어떠하였는지 모르나 상식적으로 본다면 그 내용은 알수있는것이 아닌가. 인계된 것은 국유재산이 되었을 것이므로 대장이 있지않은가.

성다섭: 국유재산과는 달리 귀속재산으로서 처리된것인데 물론 그 기록은 있으나 중앙의 대장이나 목록으로 가지고있지는 않다.

우라베: 일본측으로 보면 그 당시 재한일본인 재산은 방대한 금액인데 이러한 방대한 재산을 포기하면서 그 목록도 받지못하였다고 하면 국회 대책상 문제가 어려워지리라고 본다.

김 대표: 일본측은 국회 국회하지만 개인재산 청구에는 배상적인 것이 들어있지 않기 때문에 일본 국민은 납득할것이 아닌가.

요시오까: 일본은 재산을 지불할 입장에 있는것이 아니고 청구권이 문제가 된다.

이상덕: 여하튼 협정에는 재산목록이 첨부되지 않았다.

우라베: 이것은 심각한 문제이므로 목록이 있으면 제출해주었으면 좋겠다.

요시오까: (다음은 1번에 1항의 광산을 문제인데 하면서 별첨 발언요지 6항과 동일 내용의 발언을 하다)

김 대표: 이 문제에 대하여도 우리측 견해는 종래와 같다. 그리고 오늘은 7항과 8항을 설명하기로 되어있으나 7, 8 항을 설명하기 전에 과거 회의에서도 이야기하였지만 군정 법령 33호 해석에 관한 일본측 견해에 대하여

[illegible] 정[illegible] 나치관할 [illegible]. [illegible] 일본 [illegible] 강경하게 [illegible] [illegible] 청산되었기 때문에 없다는 것이 아니고 본래의 이론 즉 사람은 [illegible] 같은것이 아니라는 점 [illegible] 생각하는 것이다. [illegible] 권리는 본인 소지자에 있다는 [illegible] 귀속된 것이다. [illegible] 일본측에서도 인정하는 바이나 그 점에도 불구하고 그 청구권의 귀속이 가능한 것이라고 하고 있는데 이와같은 견해는 법리상으로나 [illegible] 법이론에서도 나오지 않는다. 또 가령 그 점을 따르더라도 권리의 소재가 어디 있느냐가 문제인데 가령 우리측에서의 경우는 그것이 [illegible] 권리도 등록되어있었다 하더라도 사람은 본점과 동일 인격이므로 권리의 소재는 본점 즉 권리자 [illegible] 있다고 우리는 주장하는 바이다. 이것은 비단 우리측 주장뿐만 아니라 세계 재산도 마찬가지이다. 다음 은급과 사망자 및 부상자에 대한 보상 관계인데 일본측은 일본 국적을 [illegible] 시기는 [illegible] 그의 범위는 [illegible] 그 권리가 이미 [illegible] 전에 발생한것이라는 것은 일본측도 인정하는 것이며 다만 일본측은 일본 국적이 없어졌기 때문에 그 권리도 없어졌다고 생각하는것 같으나 국적에 관한 규정은 기득권을 가진 개인이 그 권리의 상실을 감수하면서라도 국적을 버린다는 개인의 의사에 의하여 국적을 상실하는 경우를 말하는 법이니 다음 우리의 경우에는 적용될수 없는것이다. 그뿐 아니라 은급은 지금까지 거출된 사실을 알아야 한것이다. 또 군인 군속의 사망자도 이미 사망과 동시에 권리가 발생한 것이므로 일본의 일방적인 입법조치에 의하여 그들의 기득권이 영향을

없고 일본의 것이 아니다. 또 시이오씨는 [illegible] 보상 [illegible]

법규 내지는 관행을 가지고 있으니 [illegible]이다. [illegible] 일본 정부에서 [illegible]

[illegible]고는 [illegible] 사할린 [illegible] 공탁하거나 [illegible] 이나

[illegible] 이것은 소유권을 [illegible] 소유권 [illegible] 주장이 되어

[illegible] 이론 [illegible] 관계의 [illegible] 도저히 납득할수 없는

주장이다. 그외에도 몇가지 의견을 말하고 싶은것이 있으나 다음

기회에 미루고 제1항과 같은 [illegible] 정거 [illegible] 귀국을 [illegible]

토의 하였다.

오시오가: 금일결의 [illegible], 유류 및 사할린 [illegible]에 관한 [illegible]

의견은 이미 말한바 있으므로 여기서 다시 되풀이할 필요는 없다고 본다.

다만 피징용자를 위한 [illegible]가 그만 [illegible] 된다는것은 이해할수 없는

주장이고 [illegible] 일본측에서 [illegible] 주장도 아니다. 이 주장은 대부성

[illegible] 주장이므로 [illegible] 주장이라고 본다.

김 대표: 한국내에는 [illegible] 있으나 일본에서 [illegible] 한사람의 [illegible]

소재불명되었다는것은 이해할수 없다.

오다베: 오늘 회의는 [illegible] 끝는것 같은데 다음 회의는 어떻게 할

것인가. [illegible] 귀국을 보아서 토의 하도록 하는것이 어떤가.

김 대표: 그렇게 하는것이 좋겠다.

오다베: 그리고 신문발표는 relevant clause 에 관하여 서로

의견을 교환하였다는 정도로 하자.

김 대표: 좋다.

끝.

번역

제11차 청구권소위원회에서 일본 측 발언 요지

1962. 3. 6

청구권 문제 처리에 있어서 약간의 원칙 문제에 관한 우리 측의 견해를 말씀드리고자 한다. 내용은 (1) 남북한 문제, (2) '미국 해석'과 한국청구권과의 관계, (3) 청구 금액의 미화 환산 문제에 관한 제 점이다.

1. 남북한 문제

한국 측은 지금까지 대일청구권의 각 항목에 대한 설명에 있어서 한국청구권의 범위에 북한 지역에 관한 것이 포함되어 있다는 생각을 가지고 있는 것 같으나, 일본 측에서는 다음과 같은 이유로 한국의 대일청구권의 대상은 남한 지역에 관한 것뿐이라고 생각한다. 즉 현재 진행되고 있는 일본과 한국 간의 청구권 협상은 평화조약 제4조의 규정에 근거한 것임은 말할 필요도 없지만, 동 조 a항의 규정에 따르면 일본과 특별협정을 체결하는 것은 '현재 해당[제2조] 지역의 시정을 실시하고 있는 당국'이며, 특별협정의 대상이 되는 것은 일본 측에 대해서는 '일본국 및 그 국민의 재산으로 해당 지역에 있는 것, 그리고 이들 지역의 시정을 실시하고 있는 당국 및 그 주민에 대한 일본국 및 그 국민의 청구권'이며, 다른 한편 상대국 당국 측에 대해서는 '일본국의 이들 당국 및 주민의 재산, 그리고 일본국 및 그 국민에 대한 이들 당국 및 그 주민의 청구권'이다. 따라서 한일 양국 간에 체결되어야 할 특별협정의 대상은 한국이 현재 시정을 하고 있는 지역인 남한 부분의 청구권 범위에 한정되는 것이 분명하다.

2. 미국 해석과 한국청구권과의 관계

한국 측은 제5차 회담에서 8항목의 대일청구권은 이미 일본의 재한재산이 소속이 변경되어 한국으로 이전된 것을 충분히 고려한 청구권이기 때문에 미국의 해석을 이유로 일본 측이 한국 측 8항목의 청구권 소멸이나 감액을 주장할 근거가 없다고 주장한 적이 있다. 우리 측에서는 그때에도 우리 측의 견해를 밝힌 바 있지만, 다시 한번 이 문제에 대한 우리 측의 견해를 분명히 밝히고자 한다.

평화조약 제4조의 해석에 관해서는 한일 양국 모두 합의의사록(1957년 12월 31일)에서 1957년 12월 31일 자 미 국무부 각서(이른바 미국 해석)에 제시된 견해와 일치한다는 것을 분명히 표명하고 있다. 그러나 위 미국 해석에는 "일본이 평화조약 제4조 b항에서 효력을 승인한 재한 일본재산의 처리는 제4조 a항에 규정된 특별협정을 고려함에 있어 관련성이 있는 것"이며, 게다가 "한·일 간의 특별협정은 한국 내의 일본재산을 한국 정부가 인수하는 것에 의해 한국의 대일청구권이 어느 정도까지 소멸 또는 충족되었다고 인정하는 것에 관한 결정을 포함하게 된다"는 취지가 명시되어 있는 것이다.

한국은 일본에 대한 교전국이 아니며, 또한 평화조약 제14조를 원용하는 입장이 아님이 분명하므로, 원래 일본에 대해 배상청구권을 행사할 권리가 없다는 것은 이미 제5차 회담에서 일본 측이 밝힌 바 있으며, 따라서 미국 해석의 내용인 일본이 이 재한일본재산 처리의 효력을 승인함으로써 한국의 일본에 대한 법적 청구권이 어느 정도까지 소멸 또는 충족되었는지에 대해서는 한국 측이 일방적으로 결정해야 할 것이 아니라, 한일 간 협상을 통해 결정되어야 한다는 것은 의심의 여지가 없다.

즉 한국 측이 제시하고 있는 8개 항목의 청구권 중 법적 근거가 있다고 인정되는 항목에 대한 지급액 결정에 있어서는 당연히 이 점을 고려하여 그 구체적 적용에 대해 한·일 간에 협의해야 할 것으로 생각한다.

또한, 이와 관련하여, 그동안 일본 측이 한국 측에 제시를 요구해 온 1948년 '한·미 재정 및 재산에 관한 최초의 협정'에 의해 한국으로 이전된 재산의 목록을 제시할 것을 재차 요청한다.

3. 청구 금액의 미화 환산 문제

한국 측은 대일청구권 각 항목에서 제시한 엔화 표시 청구 금액에 대해 1945년 당시 일본 엔 대 미 달러 환율로 환산한 금액을 청구한다고 주장하고 있으며, 구체적으로 15엔=1달러를 기준으로 할 것을 제안하고 있다.

그러나 한국 측이 일본에 대한 청구권으로 제시한 엔화 표시 청구권은 모두 법적으로 엔화 표시 금전채권이며, 모두 달러 또는 금 약관이 첨부된 것이 아니다.
따라서 그 지급을 하는 경우에는 금전채권에 관한 원칙에 비추어 보더라도 해당 청구권의 내용 자체에 따라 확정되어야 할 엔화 표시 금액 자체를 지급하면 충분하며, 이에 대해 한국 측이 말하는 바와 같이 환산을 해야 할 이유는 없다고 생각된다. 참고로, 실제로 우리나라의 각국에 대한 전후 동일한 청구권 처리에서도 한국이 주장하는 것과 같은 형태로 해결된 사례는 없다.
요컨대 한국 측의 주장은 우리 측으로서는 도저히 인정하기 어려운 것이다.

第11回請求権小委員会における日本側発言要旨

37.3.6

請求権問題処理にかかる若干の原則問題に関するわが方の見解を申し述べることといたしたい。内容は、(1)南北鮮問題、(2)「米国解釈」と韓国請求権との関係、(3)請求金額の米ドル換算の問題についての諸点である。

1. 南北鮮問題

韓国側は、これまで対日請求権の各項目についての説明に当つて、韓国請求権の範囲に北鮮地域に関するものが含まれているという考え方を採つておられるようであるが、日本側としては以下述べるような理由によつて、韓国の対日請求権の対象となるのは南鮮地域に関するもののみであると考える。すなわち現在行なわれている日本と韓国との間の請求権交渉は、平和条約第4条の規定にもとづくものであることはいうまでもないが、同条a

項の規定によれば、日本と特別取極を行うのは「現に当該〔第2条〕地域の施政を行つている当局」であり、特別取極の対象となるのは、日本側については「日本国及びその国民の財産で当該地域にあるもの、ならびにこれらの地域の施政を行つている当局及びそこの住民に対する日本国及びその国民の請求権」であり、他方相手当局側については「日本国におけるこれらの当局及び住民の財産、ならびに日本国及びその国民に対するこれらの当局及びそこの住民の請求権」である。従つて日韓両国の間に締結されるべき特別取極の対象は、韓国が現に施政を行つている地域である南鮮部分の請求権の範囲に限られることは明らかである。

2. 「米国解釈」と韓国請求権との関係

韓国側は、第5次会談において8項目の対日請求はすでに日本の在韓財産が所属を変更され韓国に移転されたことを十分に考慮した上での請求であるから米国解釈を理由に重ねて日本側から韓国側8項目の請求の消滅ないし減額を云々される筋合ではないと主張されたことがある。わが方からはその際にも当方の見解を明らかにしたのであるが、今一度この問題についてのわが方の見解をはつきり述べておきたい。

平和条約第4条の解釈に関しては、日・韓両国とも合意議事録(1957年12月31日)で1957年12月31日付米国務省覚書(いわゆる「米国解釈」)に示された見解と同意見であることを明確に表明している。しかして上記「米国解釈」には、「日本が平和条約第4条b項において効力を承認した在韓日本財産の処理は、第4条a項に定められている特別取極を考慮するに当つて関連があるものであり」、しかも、「日・韓間の特別取極は、韓国内の日本資産を韓国政府が引取つたことにより、韓国の対日請求権がいかなる程度まで消滅され、又は満たされたと認めるかについての決定を含むこととなる」旨が明記されているのである。

韓国は日本に対する交戦国ではなく、また平和条約第14条を援用する立場にないことは明らかであるから、もともと日本に対して賠償的請求を行なう権利がないことは、すでに第5次会談で日本側から明らかにしたところであり、したがつて、「米国解釈」の内容とするところは、日本がこの在韓日本財産処理の効力を承認したことによりどの程度まで韓国の日本に対して有する法律上の請求権が消滅し又は満されたかについては、韓国側の一方的に決定すべきことではなく、日韓間の交渉において決定されるべきであることは疑いを容れない。

すなわち韓国側の提示している８項目の請求のうち法的根拠ありと認められるものに対する支払金額の決定にあたつては、当然この点を考慮し、その具体的適用について日・韓間で協議されるべきものと考える。

また、これに関連して、かねて日本側より韓国側に提示を求めておいた１９４８年の米韓の「財政及び財産に関する最初の取極」により韓国に移転された財産の目録を提示されるよう、重ねて要請する。

3. 請求金額の米ドル換算の問題

韓国側は、対日請求各項目において提示した円貨表示の請求額について、1945年当時の日本円対米ドルレートで換算した額を請求すると主張し、具体的には15円=1ドルによることを提案されている。

しかし、韓国側の日本に対する請求権として挙げられた円貨表示債権は、いずれも法的に円貨建金銭債権であり、いずれもドルあるいは金約款の付せられていたものではない。

従つてその支払を行う場合には、金銭債権に関する原則に照らしても、当該債権の内容そのものによつて確定すべき円貨表示金額自体を支払えば足りるのであつて、これに対して更に韓国側のいわれるごとき換算を行うべき筋合とは考えられない。ちなみに、現にわが国の各国に対する戦後の同種クレーム処理に当つても、韓国の主張するような形で解決された例はない。

これを要するに韓国側の主張はわが方としては到底認めがたいものである。

한일회담 자료총서 20

한일회담 청구권 교섭 핵심 자료집 II

대일청구요강안을 중심으로 한 실무교섭

초판 1쇄 인쇄 2025년 11월 30일
초판 1쇄 발행 2025년 12월 10일

엮은이 동북아역사재단
해제·번역·감수 조윤수, 유의상
펴낸이 박지향
펴낸곳 동북아역사재단

등록 제312-2004-050호(2004년 10월 18일)
주소 서울시 서대문구 통일로 81 NH농협생명빌딩
전화 02-2012-6065
홈페이지 www.nahf.or.kr
제작·인쇄 역사공간

ISBN 979-11-7161-246-8 94910
979-11-7161-234-5 (세트)